Barbara Stelzl-Marx – Silke Satjukow (Hg.)

Besatzungskinder

Kriegsfolgen-Forschung

Wissenschaftliche Veröffentlichungen des Ludwig Boltzmann-Instituts
für Kriegsfolgen-Forschung, Graz – Wien – Raabs

Herausgegeben von Stefan Karner
Band 8

In Kooperation mit dem Institut für Geschichte der
Otto-von-Guericke-Universität Magdeburg

Advisory Board der Wissenschaftlichen Veröffentlichungen des Ludwig
Boltzmann-Instiuts für Kriegsfolgen-Forschung:

Jörg Baberowski
(Humboldt-Universität Berlin)

Csaba Békés
(Ungarische Akademie der Wissenschaften, Budapest)

Günther Bischof
(University of New Orleans)

Stefan Creuzberger
(Universität Rostock)

Thomas Wegener Friis
(Süddänische Universität)

Kerstin Jobst
(Universität Wien)

Rainer Karlsch
(Berlin)

Mark Kramer
(Harvard University)

Hannes Leidinger
(Universität Wien)

Peter Lieb
(Royal Military Academy Sandhurst)

Ulrich Mählert
(Bundesstiftung zur Aufarbeitung der SED-Diktatur, Berlin)

Horst Möller
(Bayr. Akademie der Wissenschaften, München)

Verena Moritz
(Universität Wien)

Bogdan Musial
(Kardinal Stefan Wyszyński-Universität Warschau)

Ol'ga Pavlenko
(Russische Staatliche Geisteswissenschaftliche Universität, Moskau)

Dieter Pohl
(Universität Klagenfurt)

Pavel Polian
(Albert Ludwigs-Universität Freiburg)

Peter Ruggenthaler
(Ludwig Boltzmann-Institut für Kriegsfolgen-Forschung)

Roman Sandgruber
(Universität Linz)

Daniel Marc Segesser
(Universität Bern)

Erwin Schmidl
(Landesverteidigungsakademie, Wien)

Barbara Stelzl-Marx
(Ludwig Boltzmann-Institut für Kriegsfolgen-Forschung)

Ottmar Trașca
(Universität Cluj-Napoca)

Stefan Troebst
(Universität Leipzig)

Oldřich Tůma
(Tschechische Akademie der Wissenschaften, Prag)

Alexander Vatlin
(Moskauer Staatliche Universität)

Gerhard Wettig
(Kommen)

Jürgen Zarusky
(Institut für Zeitgeschichte, München – Berlin)

Vladislav Zubok
(London School of Economics)

Barbara Stelzl-Marx – Silke Satjukow (Hg.)

Besatzungskinder

Die Nachkommen alliierter Soldaten in Österreich und Deutschland

2015
Böhlau Verlag Wien · Köln · Weimar

Gedruckt mit Unterstützung durch
Amt der Niederösterreichischen Landesregierung
Amt der Salzburger Landesregierung
Amt der Steiermärkischen Landesregierung
Kulturamt der Stadt Wien

Das Projekt wurde unterstützt von
Zukunftsfonds der Republik Österreich (P11-0995)
Stadt Graz

Bibliografische Information der Deutschen Nationalbibliothek:
Die Deutsche Nationalbibliothek verzeichnet diese Publikation in der
Deutschen Nationalbibliografie; detaillierte bibliografische Daten sind
im Internet über http://portal.dnb.de abrufbar.

Umschlagabbildung: Helmut Köglberger mit einer Kindheitsfreundin,
Oberösterreich, etwa 1949
Quelle: Sammlung Stelzl-Marx, Bestand Köglberger

© 2015 by Böhlau Verlag GmbH & Co. KG, Wien Köln Weimar
Wiesingerstraße 1, A-1010 Wien, www.boehlau-verlag.com

Alle Rechte vorbehalten. Dieses Werk ist urheberrechtlich geschützt.
Jede Verwertung außerhalb der engen Grenzen des Urheberrechtsgesetzes ist unzulässig.

Lektorat: Elisabeth Klöckl-Stadler, Hitzendorf
Korrektorat: Philipp Rissel, Graz
Einbandgestaltung: Michael Haderer, Wien
Satz: Bettina Waringer, Wien
Druck und Bindung: Balto, Vilnius
Gedruckt auf chlor- und säurefreiem Papier
Printed in the EU

ISBN 978-3-205-79657-2

Inhaltsverzeichnis

EINLEITUNG

Silke Satjukow – Barbara Stelzl-Marx
Besatzungskinder in Vergangenheit und Gegenwart 11

Sabine Lee – Ingvill C. Mochmann
Kinder des Krieges im 20. Jahrhundert 15

Marie Kaiser – Svenja Eichhorn – Philipp Kuwert – Heide Glaesmer
Psychosoziale Konsequenzen des Aufwachsens als
Besatzungskind in Deutschland
Psychologische Hintergründe eines quantitativen Forschungsprojekts. . 39

Miriam Gebhardt
Eine Frage des Schweigens? Forschungsthesen zur Vergewaltigung
deutscher Frauen nach Kriegsende 62

SOWJETISCHE BESATZUNGSKINDER

Barbara Stelzl-Marx
Kinder sowjetischer Besatzungssoldaten in Österreich
Stigmatisierung, Tabuisierung, Identitätssuche 93

Silke Satjukow
„Russenkinder"
Die Nachkommen von deutschen Frauen und Rotarmisten 136

Elke Kleinau
„Ich wollte unbedingt zur Schule,
ich bin so gern zur Schule gegangen."
Bildungsbiografie eines Besatzungskindes
vor der Bildungsexpansion. 166

AMERIKANISCHE UND BRITISCHE BESATZUNGSKINDER

Ingrid Bauer
„Ich bin stolz, ein Besatzungskind zu sein."
Zeitgeschichtliche Forschungen als Impulse für Empowerment?
Befunde mit Blick auf die einstige US-Zone in Österreich 183

Regina Fritz – Marion Krammer – Philipp Rohrbach – Niko Wahl
„Guter Dauerpflegeplatz gesucht."
Kinder afro-amerikanischer GIs und österreichischer Frauen in
der Besatzungszeit. 207

Eva Maltschnig
Österreichische „War Brides" und ihre Kinder in den USA 218

Karin M. Schmidlechner
Kinder und Enkelkinder britischer Besatzungssoldaten in Österreich . . 238

Silke Satjukow
Nachkommen amerikanischer und britischer Soldaten in
Nachkriegsdeutschland. 259

Heide Fehrenbach
„Farbige" Besatzungskinder in der
westdeutschen Nachkriegsgesellschaft 294

Annette Brauerhoch
„Toxi"
Zur filmischen Repräsentation schwarzer Kinder
in Nachkriegsdeutschland 321

FRANZÖSISCHE BESATZUNGSKINDER

Renate Huber
Französische und marokkanische Besatzungskinder in Vorarlberg
Historisches Phänomen und diskursiver Nachhall 355

Rainer Gries
Les Enfants d'État
Französische Besatzungskinder in Deutschland 380

AUTOBIOGRAFISCHE TEXTE

Sowjetische Besatzungskinder

Emilie Romanik
Briefe an Kolitschka 411

Inge Schnabl
Ihr passt doch nicht hierher. 417

Eleonore Dupuis
Die lange Suche nach meinem russischen Vater 421

Maria Silberstein
Eine Erfolgsstory. 426

Reinhard Heninger
Ein Russenkind erzählt 429

Michael-Alexander Lauter
Auf der Suche 436

Amerikanische Besatzungskinder und -enkel

Ute Baur-Timmerbrink
„Das solltest du nie erfahren"
Verschwiegene Eltern. 446

Stefan Köglberger
Großvater, namenlos
Die Weise von Liebe und Tod des unbekannten schwarzen Mannes . . . 453

Britische Besatzungskinder

Lucia Ofner
Ich bin ein britisches Besatzungskind 462

Gitta Rupp
Mein Vater Nirgendwo 466

Peter Habura
Liebe oder Hiebe
Meine Suche nach Antwort. 471

Französische Besatzungskinder

Elisabeth F.
Bericht einer französischen Tochter 477

Michael Martin
Kind des Krieges – Kind der Liebe. 483

ANHANG

Karten der Besatzungszonen. 497
Abkürzungsverzeichnis 499
Literaturverzeichnis 502
Archivverzeichnis. 527
Ortsregister. 529
Personenregister. 532
Verzeichnis der Autorinnen und Autoren 535

Einleitung

Silke Satjukow – Barbara Stelzl-Marx

Besatzungskinder in Vergangenheit und Gegenwart

Im Frühjahr 1945 marschierten die Truppen der Alliierten in Deutschland und in Österreich ein. Neun Monate später kamen die ersten Besatzungskinder zur Welt. Schätzungen gehen davon aus, dass im ersten Nachkriegsjahrzehnt in Deutschland etwa 400.000 Kinder geboren wurden, deren Väter Besatzungssoldaten waren, in Österreich waren es rund 30.000.

In der späteren Bundesrepublik Deutschland bezeichnete der amtliche Begriff „Besatzungskinder" jene Nachkommen von deutschen Müttern und alliierten Soldaten respektive Zivilbeamten, die zwischen August 1945 und Mai 1955 auf dem Gebiet der späteren westlichen Besatzungszonen gezeugt wurden. Im allgemeinen sprachlichen Verständnis wurden unter dem Rubrum „Besatzungskinder" in Deutschland wie in Österreich jedoch sämtliche durch alliierte Soldaten mit einheimischen Frauen im ersten Nachkriegsjahrzehnt gezeugte Nachkommen verstanden. In der Sowjetischen Besatzungszone bziehungsweise in der Deutschen Demokratischen Republik verwendete man – nicht zuletzt aus politischen Gründen – keine eigene Bezeichnung, sondern zählte sie ganz allgemein zu den „unehelichen" Kindern. Bei den Besatzungskindern handelte es sich sowohl um Folgen sexueller Gewaltnahmen als auch um Kinder aus pragmatischen Versorgungspartnerschaften sowie engen Liebesbeziehungen. Das galt nicht nur für die westlichen, sondern auch für die sowjetischen Zonen der beiden Länder.

Zwar blieben die Besatzungskinder nicht die einzigen unehelichen Kinder, die in den Nachkriegsjahren geboren wurden, doch stellte sich für sie ein außergewöhnliches Problem: Ihre Väter weilten allenfalls für eine begrenzte Zeitdauer an ihrem Stationierungsort. Oft waren sie bereits in die Heimat zurückgekehrt, bevor ihr Nachwuchs zur Welt kam. Vaterschaftsfeststellungen ließen sich, wenn überhaupt, nur auf deutschem bzw. österreichischem Territorium, nicht aber in den Herkunftsländern durchsetzen. So kam es, dass nur ein geringer Teil der Väter ihre Söhne und Töchter anerkannte, noch weniger zahlten Unterhalt. In den sowjetischen Zonen verbot die Militärregierung sogar offizielle Vaterschaftserklärungen und verhinderte damit selbst bei gutwilligen Erzeugern jedwede reguläre Unterstützung.

Die Sorge für die Kinder musste in allen vier Zonen der beiden Länder mehrheitlich von den Müttern getragen werden. Das Gros der Besatzungskinder wuchs in „unvollständigen" Familien und in finanziell, materiell und sozial desaströsen Verhältnissen auf. Zur wirtschaftlichen Not kamen psychische und sozialpsychische Belastungen, kam häufig die gesellschaftliche Ächtung. Vor allem im näheren Umfeld, besonders in Dörfern oder Kleinstädten, glaubten die Einheimischen nämlich, genau über die Herkunft dieser Kinder Bescheid zu wissen. In vielen Gemeinschaften wurde das Wissen darum, was die betreffende Frau damals „getan" hatte respektive was ihr „angetan" worden war, über Generationen weitergetragen.

Tabuisierungen, Verheimlichungen und Lügen: Die Besatzungskinder trugen vielfach ein doppeltes Stigma; sie waren von unehelicher Geburt *und* Kinder einer Beziehung mit dem „Feind". Sie wuchsen in einer Welt auf, in der ein existenzielles Konstituens – ihre Herkunft – idealisiert, verteufelt oder verschwiegen wurde. Bei einem großen Teil sind die Folgen von Stigmatisierung und Ausgrenzung bis heute spürbar. Die gesellschaftliche Ächtung – oder die Angst davor – prägte den Lebenslauf einer Vielzahl der Besatzungskinder. Dies war und blieb besonders schmerzhaft, wenn wenig bis nichts vom Vater bekannt ist. Die Suche nach dem Vater, dies wird in den Beiträgen dieses Buches offenbar, stellt daher für viele der Betroffenen ein Grundthema ihres Lebens dar.

Heute, siebzig Jahre nach Ende des Zweiten Weltkrieges, artikulieren sich Betroffene in öffentlichen und semiöffentlichen Foren. Die Gründe für diese sich mehrenden Wortmeldungen liegen zum einen im hohen Alter der Mütter und Väter – so diese überhaupt noch am Leben sind: In diesen Jahren enden die letzten Möglichkeiten, sich im Gespräch mit ihnen der eigenen Herkunft zu versichern. Die Besatzungskinder selbst sind meist nicht mehr erwerbstätig. Damit drängen Erinnerungen aus der Kindheit und Jugendzeit wieder stärker heran, und die sich abzeichnenden Grenzen der Lebenszeit fordern dazu auf, sich den problematischen Punkten der eigenen Biografie auf neue Weise zu stellen. Diesem Befund steht die Tatsache entgegen, dass es bislang weder in Deutschland noch in Österreich staatliche Hilfestellungen für diese besondere Gruppe von Kriegskindern gibt. So irren diese meist von Instanz zu Instanz und es wird bislang – abgesehen von einigen Selbsthilfegruppen – allein den Wissenschaftlern überlassen, sich um solche Bitt- und Hilfegesuche zu bemühen.

Zur Soziologie und Geschichte, zur Psychologie und Sozialpsychologie der Besatzungskinder in Deutschland und Österreich gab es jahrzehntelang nicht nur keine Unterstützung durch staatliche Initiativen, es existierten auch kaum wissenschaftliche Studien. Erst heute beginnt sich ein Netzwerk von Forschern zu gründen, das nationale Befunde in international verhandelte Kontexte zu Kriegskindern stellt. Erstmals überhaupt trafen sich im September 2012 Wissenschaftler und Zeitzeugen zu einer vom Ludwig Boltzmann-Institut für Kriegsfolgen-Forschung, Graz – Wien – Raabs, und dem Institut für Geschichte der Universität Magdeburg veranstalteten Konferenz in Wien, um über die Geschichte und die gegenwärtige Lage von Besatzungskindern zu debattieren. Als Ergebnis entstand dieser Sammelband.

Mit diesem Buch legen wir eine gemeinsame Veröffentlichung derjenigen Wissenschaftler vor, die sich mit Aspekten der Geschichte, der Soziologie sowie der Pädagogik und Psychologie der Besatzungskinder in Deutschland und Österreich befassen. Es wagt erstmals einen Überblick über die Situation der Besatzungskinder in den unterschiedlichen Besatzungszonen und rekonstruiert ihre Sozialisations- und Lebensbedingungen. Dabei gilt es, im Sinne der Entwicklungspsychologie nicht bei der Beobachtung ihrer Kindheit und Jugend zu verharren, sondern ihre gesamte Biografie in den Blick zu bekommen. Der Band zeichnet die Umgangsweisen der drei deutschsprachigen Nachkriegsgesellschaften mit den Besatzungskindern nach.

Überdies zeigen wir die Sozialpsychologie und Politik der Besatzungskinder auf: Welche Bedeutung kam ihnen bei der Entwicklung der deutschen und österreichischen Nachkriegsgesellschaften zu? Fünfzehn Jahre nach Kriegsende hießen die einstigen „Franzosen-, Engländer- und Amerikanerkinder" – bzw. in Österreich auch „Russenkinder" – im amtlichen Sprachgebrauch nunmehr „uneheliche Besatzungskinder" deutscher respektive österreichischer Staatsangehörigkeit. Eine Ausnahme bildete die DDR, wo diese Kinder weiterhin beschwiegen wurden. Die sperrige amtliche Bezeichnung lässt die langwierigen, von vielen Fehltritten begleiteten Lernprozesse sowohl für Politiker und Funktionäre als auch für die Bevölkerungen erahnen. Das Bild der Besatzungskinder hatte sich seit den 1940er-Jahren deutlich gewandelt. Zwar hegten Zeitgenossen immer noch Ressentiments, diese gehörten aber in den 1960er-Jahren nicht mehr zu den dominanten, öffentlich verhandelten Einstellungen gegenüber dieser Gruppe. In diesem Zusammenhang werden einige Beiträger der These nachgehen, inwieweit die Gruppe der Besatzungskinder sogar zu Mittlern und Mediatoren von kulturellen und sozialen Liberalisierungs- und Öffnungsprozessen in den Nahbereichen geworden ist.

Das Buch verknüpft damit die Rekonstruktion biografisch-individualpsychischer Geschichten von Besatzungskindern mit deren sozialpsychisch-politischer Geschichte.

Schließlich ist es uns ein Anliegen, die Europäisierung der Fragestellung nach den Besatzungskindern voranzutreiben. Es ist an der Zeit, im Anschluss an die Rekonstruktion der Geschichte dieser Gruppe der Kriegskinder in den drei mitteleuropäischen Nachkriegsgesellschaften West- und Ostdeutschlands und Österreichs als Tätergesellschaften des „Dritten Reiches", europäische Vergleichshorizonte zu eröffnen und ihre Geschichte in ausgewählten europäischen Opfergesellschaften komparativ einzubeziehen. Insofern bildet diese erste binationale Synopse einen wesentlichen Meilenstein zu einer Aufarbeitung der Schicksale von Besatzungskindern in Europa.

Für das Zustandekommen dieses Buches gilt es, mehrfach Dank zu sagen: Zunächst den Besatzungskindern selbst, die für Interviews oder Befragungen zur Verfügung standen, Unterlagen aus ihren persönlichen Sammlungen bereitstellten und einen Einblick in sehr private Bereiche ihres Lebens gewährten. Einige Betroffene stellten zudem autobiografische Texte zur Verfügung.

Zahlreiche Abbildungen illustrieren diesen privaten Aspekt der Besatzung und zeigen anhand von Einzelschicksalen ein persönliches Bild auf. Ein herzlicher Dank an alle Privatpersonen und öffentlichen Einrichtungen für die Abdruckerlaubnis.

Der Böhlau Verlag übernahm den Band in sein Verlagsprogramm, wofür Herrn Dr. Peter Rauch, Frau Dr. Eva Reinhold-Weisz und Frau Dr. Ursula Huber gedankt sei. Frau Mag. Bettina Waringer übernahm in bewährter Weise den Satz und die Betreuung der Produktion. Frau Mag. Elisabeth Klöckl-Stadler, Hitzendorf, sind wir für das sorgfältige Lektorat verbunden.

Bester Dank für die Förderung der Publikation gebührt dem Zukunftsfonds der Republik Österreich, der Stadt Graz, dem Kulturamt der Stadt Wien und dem Amt der Steiermärkischen, der Salzburger sowie der Niederösterreichischen Landesregierung.

Graz – Magdeburg, im März 2015

Sabine Lee – Ingvill C. Mochmann

Kinder des Krieges im 20. Jahrhundert

An einem sonnigen Nachmittag im Sommer vor etwa fünf Jahren traf ich (SL) mich in einem Berliner Vorortgarten mit einer freundlichen und herzlichen Dame: Ute Baur-Timmerbrink – glücklich verheiratet und Mutter zweier erwachsener Söhne und allem Anschein nach zufrieden und entspannt. Die intensive Unterhaltung brachte jedoch eine lange persönliche Geschichte zutage, die von jahrelangen Zweifeln an der Identität ihrer Eltern und der Suche nach den eigenen Wurzeln geprägt war.

Etwa drei Jahre später, Tausende von Kilometern entfernt, führten mich Forschungsarbeiten nach Barlonyo, in ein kleines Dorf im Distrikt Lira in Norduganda, ehemals ein Lager für Binnenflüchtlinge, für Menschen, die während des zwanzig Jahre dauernden Bürgerkrieges gegen die Lord Resistance Army ihre Heimatorte verlassen mussten, um in solchen Camps Schutz vor Krieg und Verschleppung zu finden. In Barlonyo sprach ich mit Jonathan[1], einem elf Jahre alten Jungen, der mit seiner Mutter und zwei Halbgeschwistern am Rande des Dorfes lebte. Auf den ersten Blick verbindet die beiden Szenen nichts – ein Kaffeeklatsch in einem luftigen grünen Berliner Vorort mit Austausch über „alte Zeiten" einerseits und die Unterhaltung im staubigen afrikanischen Busch vor einer Lehmhütte ohne Elektrizität, fließendes Wasser und in einer Umgebung, die nahelegte, dass es für die hungrigen Mägen der Kinder kaum genug zu essen gab andererseits. Doch Ute und Jonathan teilen eine wichtige Erfahrung: Beide sind Kinder des Krieges, Kinder, die von ausländischen Soldaten gezeugt und von einheimischen Müttern während des Krieges oder in militärischen Besatzungszeiten geboren wurden. So diametral entgegengesetzt die Lebensumstände von Ute und Jonathan sind, so divers sind generell die Umstände, unter welchen Kinder des Krieges im 20. und 21. Jahrhundert gelebt haben und noch immer leben. Was beide verbindet, sind die existenziellen Fragen nach der eigenen Identität und den eigenen Wurzeln.

Der vorliegende Beitrag will die Bandbreite dieser Erfahrungen, der Zeugungs- und Lebensumstände der Kinder des Krieges und ihrer Familien beleuchten. Dabei soll er sowohl Unterschiede als auch Gemeinsamkeiten aufzeigen und damit das Schicksal der Besatzungskinder des Zweiten Weltkrieges in den weiteren Kreis der Erfahrungen der Kinder des Krieges allgemein setzen.

---

1 Name geändert.

Dies wird anhand von drei Beispielen geschehen: dem Zweiten Weltkrieg, dem Vietnamkrieg und dem Bosnienkrieg. Diese Auswahl deckt nicht nur eine große zeitliche und geografische Bandbreite ab, sondern beinhaltet Konflikte, in denen sich durch die veränderte Kriegslandschaft des 20. Jahrhunderts auch das Muster sexueller Beziehungen zwischen fremden Soldaten und einheimischen Zivilistinnen stark veränderte. Ursache dafür ist, dass nach Jahrzehnten sehr geringen Interesses am Schicksal der Kinder des Krieges in den letzten Jahren, im Zuge des steigenden Bewusstseins für kriegsbezogene Sexualgewalt, auch den Erfahrungen dieser Bevölkerungsgruppe in Öffentlichkeit und Forschung mehr Aufmerksamkeit geschenkt wird.

Zur Forschungslage

Es liegt nahe, die Existenz von Kindern, die infolge sexueller Gewalt in Kriegen geboren wurden, als relativ neues Phänomen zu betrachten. Bilder der bosnischen Vergewaltigungslager,[2] die Berichte von „Human Rights Watch" über die gewaltsame Schwängerung afrikanischer Frauen durch arabische Milizen in Darfur oder im Tschad,[3] die horrenden sexuellen Übergriffe internationaler Friedenstruppen in diversen Missionen[4] oder auch die völkermordmotivierten Notzuchtverbrechen gegenüber Frauen im Bürgerkrieg in Rwanda haben das Bild der Kinder des Krieges in zweierlei Hinsicht geprägt. Einerseits werden Kinder aus Beziehungen ausländischer Soldaten mit einheimischen Frauen oft unmittelbar mit sexueller Gewalt assoziiert; andererseits werden sie weitgehend als Folge der breit rezipierten Massenverbrechen der letzten Jahrzehnte verstanden. Beide Schlussfolgerungen sind nicht wirklich zutreffend: Kinder des Krieges existieren, seitdem es kriegerische Auseinandersetzungen gibt,[5] und sexuelle Gewalt gegen Frauen begleitete mit sehr wenigen Ausnahmen alle Kriege.[6]

---

2   Siehe beispielsweise Beverly Allen, Rape Warfare. The Hidden Genocide in Bosnia-Herzegovina and Croatia. Minneapolis 1996.
3   Human Rights Watch, Sexual Violence and its Consequences among Displaced People in Dafur and Chad. New York 2004.
4   Joseph Guyler Delva. UN Haiti Peacekeepers Face Outcry over alleged Rape. Reuters, US edition, 5.9.2011;
    http://www.reuters.com/article/2011/09/05/us-haiti-uruguay-un-idUSTRE7842-DY20110905, 30.10.2014, 13.05 Uhr, Mozilla Firefox; UN staff accused of raping children in Sudan. BBC, 2.11.2014, 16.17 Uhr, Mozilla Firefox.
5   Elisabeth Vikman, Ancient Origins: Sexual Violence in Warfare, Part 1, in: Anthropology & Medicine. 12, 1, 2005, S. 21–31.
6   Elisabeth Jean Wood, Armed Groups and Sexual Violence: When is Wartime Rape Rare, in: Politics and Society. Jg. 37, H. 1, 2009, S. 131–162.

Abb. 1: *Mama Masika in Minova, dem sogenannten „Dorf der Vergewaltigten" im Kongo.* Quelle: World-Vision, Ost-Kongo

Obwohl es für historische Konflikte keinerlei Statistiken über die Kinder gibt, die aus sexuellen Beziehungen zwischen einheimischer Bevölkerung und fremden Soldaten hervorgegangen sind, existieren viele Quellen, die auf Einzeldaten beruhen und die zwei Vermutungen nahelegen: Zum einen ist anzunehmen, dass Kinder aus solchen Beziehungen durchaus keine Seltenheit waren; zum anderen legen die Einzelquellen, die seit der frühen Neuzeit die Kontakte zwischen Soldaten und weiblichen Zivilisten beschreiben, nahe, dass diese zwar von Liebesbeziehungen über sexuelle Dienstleistungen und Überlebensprostitution bis hin zu sexueller Gewalt gereicht haben, dass jedoch die Mehrzahl der Beziehungen exploitativ oder gewalttätig war. Dies lässt vermuten, dass nur eine Minderzahl der Kinder des Krieges aus reinen Liebesbeziehungen hervorging. Um der Bandbreite der Verhältnisse Rechnung zu tragen, ist es sinnvoll, die unterschiedlichen geopolitischen, sozialen und kulturellen Bedingungen zu beleuchten, unter denen die Kinder gezeugt, geboren und aufgewachsen sind. Daher wird zunächst der Forschungsstand zu Definition und Kategorisierung der Kinder des Krieges dargestellt, bevor, ausgehend vom Zweiten Weltkrieg, anhand der angeführten Konflikte unterschiedliche Aspekte, die die Erfahrungen der Kinder des Krieges prägten, vergleichend dargestellt werden.

Wer sind die Kinder des Krieges?

Eine der Herausforderungen in relativ unbearbeiteten Forschungsbereichen ist es, eine klare Definition der Begriffe zu entwickeln, die einheitlich und unmissverständlich angewandt werden kann. Nicht selten ändern sich auch Definition und Operationalisierung mit dem Zugewinn an Erkenntnissen im Laufe der Zeit. Insbesondere trifft dies zu, wenn sich der Forschungsbereich interdisziplinär und komparativ ausweitet. Auch in der Forschung zu Kindern des Krieges ist das der Fall, da hier je nach Konflikt und Land unterschiedliche Bezeichnungen existieren, wie etwa „Kriegskinder" und „war babies". Im sozialen Umfeld werden zudem oft diskriminierende Ausdrücke wie „Tyskerbarn" (Norwegen und Dänemark), „Russenbankert" (Deutschland und Österreich), „Bui Doi" (Vietnam), „Moeffenkinder" (Niederlande), „Children of Hate" (Congo), „Devil's Children" (Rwanda) verwendet. Um eine klarere Abgrenzung zu anderen vom Krieg betroffenen Kindergruppen zu ermöglichen, wurde in Anlehnung an eine frühere Konzeptualisierung[7] 2006 der neutrale Begriff „Children Born of War", auf Deutsch „Kinder des Krieges", als Bezeichnung für Kinder eingeführt, die von ausländischen Soldaten gezeugt und von Einheimischen geboren werden.[8] Die Bezeichnung umfasst alle Kinder des Krieges, unabhängig von Zeit und geografischem Kontext, Art des Konflikts und Umständen der Zeugung. Des Weiteren werden die Kinder des Krieges aktuell in vier Gruppen eingeteilt:[9]

1. Kinder feindlicher Soldaten und einheimischer Frauen: In diesem Fall sind die Soldaten klar als Gegner definiert, wie etwa die Serben in Bosnien im Bürgerkrieg im ehemaligen Jugoslawien.
2. Kinder von Besatzungssoldaten und einheimischen Frauen: Im Gegen-

---

7 In dem Bericht von Kai Grieg, The War Children of the World. Bergen 2001, S. 6, wurde der Begriff „War Children" verwendet, um ein Kind zu beschreiben, von dem ein Elternteil einer Armee oder Friedenstruppe angehörte und der andere Elternteil der lokalen Bevölkerung. Meist ist die Mutter die Einheimische, während der Vater zur Truppe gehört.
8 Weil der Begriff „War Child" bzw. „Kriegskind" mehrdeutig ist (vgl. Ebba D. Drolshagen, Besatzungskinder and Wehrmachstkinder: Germany's War Children, in: Kjersti Ericsson – Eva Simonsen (Hg.), Children of World War II. The Hidden Enemy Legacy. Oxford – New York 2005, S. 229–248, hier: S. 229f.), wurde der Begriff „children born of war" eingeführt; R. Charli Carpenter (Hg.), Born of War. Protecting Children of Sexual Violence Survivors in Conflict Zones. Bloomfield 2007, S. 3; Ingvill C. Mochmann, Children Born of War – Individual Destinies between Societal and International Responsibilities, in: Replikk. Jg. 33, 2012, S. 33.
9 Vgl. Ingvill C. Mochmann – Sabine Lee, The Human Rights of Children Born of War: Case Analyses of Past and Present Conflicts, in: Historical Social Research. 35, 2010, S. 268–298, hier: S. 271f.

satz zur ersten Gruppe können hierbei die Soldaten von der Bevölkerung in unterschiedlicher Weise wahrgenommen werden. So wurden die deutschen Soldaten im Zweiten Weltkrieg in vielen besetzten Ländern wie Norwegen, Dänemark und Frankreich von Teilen der Bevölkerung – zumindest zeitweise – als Freunde betrachtet und von anderen wiederum als Feinde. Dies war auch bei der Besetzung Deutschlands durch die alliierten Truppen nach dem Krieg der Fall.

3. Kinder von Kindersoldatinnen: Die gewaltsame und erzwungene Rekrutierung von Kindersoldaten und -soldatinnen durch Rebellengruppen ist eine Entwicklung, die vor allem in Bürgerkriegen der letzten Jahrzehnte zunahm. Diese Rebellengruppen werden in der Bevölkerung meist gefürchtet und als Feinde betrachtet. Die Kindersoldatinnen werden häufig als „Frauen" und „Sexsklaven" von Rebellenführern sexuell missbraucht, was zu Schwangerschaften und Geburten führt.[10]

4. Kinder der Friedenstruppen: Sowohl UN-Friedenstruppen als auch andere Einheiten sind aufgrund von Kriegen und Konflikten weltweit zur Sicherung von Bevölkerung und Frieden stationiert. Die stationierten Soldaten werden in der Lokalgesellschaft je nach Herkunft und Arbeitsauftrag unterschiedlich wahrgenommen. Auch hier gehen Soldaten und einheimische Frauen Beziehungen ein, die sich in einer Grauzone zwischen Liebes- und Abhängigkeitsbeziehungen, sexuellem Missbrauch und Nötigung befinden, aus denen Kinder hervorgehen.[11]

Wenngleich diese Kategorien nicht allumfassend sind, so ermöglichen sie zumindest eine grobe Zuordnung der Kinder, die in Verbindung mit der (dominierenden) gesellschaftlichen Wahrnehmung ihrer Väter steht. Diese Zuordnung kann für die Kinder in Postkonfliktsituationen für ihre Behandlung auf familiärer, gemeinschaftlicher und gesellschaftlicher Ebene von erheblicher Bedeutung sein.

Die Definition der „Kinder des Krieges" und ihre Kategorisierung sind vorläufig bewusst breit gehalten, da erst in den letzten 10 bis 15 Jahren mit einer zunehmend systematischen Sammlung von Daten und Informationen und darauf basierenden Analysen begonnen wurde. Abgesehen von dem anhaltend geringen Interesse in der akademischen Welt, sich mit diesem The-

---

10 Vgl. Eunice Apio, Uganda's Forgotten Children of War, in: R. Charlie Carpenter (Hg.), Born of War. Protecting Children of Sexual Violence Survivors in Conflict Zones. Bloomfield 2007, S. 94–109, hier: S. 94f.
11 Pagonis Pagonakis – Marcel Kolvenbach, Gefährliche Helfer. Sexuelle Gewalt durch UN-Soldaten. 2013. Fernsehdokumentation, Das Erste, 20.9.2014, 22.35 Uhr. http://programm.ard.de/TV/daserste/gefaehrliche-helfer/eid_281069299762594?list=now. 24.2.2015, 23.38 Uhr, Mozilla Firefox.

ma zu befassen, wird die Forschung durch die Tatsache verkompliziert, dass Kinder des Krieges meist zu einer versteckten Bevölkerungsgruppe[12] innerhalb der Gesellschaft gehören. Dies führt oft zu einem erschwerten Zugang und damit verbunden einer dünnen Informations- und Datenlage bezüglich dieser Gruppe. Viele ältere Kinder des Krieges wissen bzw. wussten lange nichts über ihren wahren biologischen Hintergrund. Zudem wollen viele jener, die über ihre biologische Herkunft Bescheid wissen, diese aus den verschiedensten Gründen nicht offenlegen. Weitere Probleme hinsichtlich der Informationsbeschaffung tun sich bei der Untersuchung minderjähriger Kinder des Krieges auf. Oft möchte die Mutter die biologische Herkunft des Kindes verschweigen, um Diskriminierung und Stigmatisierung zu vermeiden.

Zurzeit laufen zahlreiche Forschungsprojekte und Studien, die es in Zukunft möglich machen könnten, Ergebnisse über Unterschiede in den Lebensläufen von Kindern des Krieges, in Abhängigkeit zur Konfliktart (etwa Bürgerkriege versus transnationale Konflikte) oder zum Hintergrund der Zeugung (etwa Vergewaltigung versus Liebesbeziehung), zu erlangen. Dies ist auf Grundlage der bisherigen empirischen Evidenz nicht möglich. Zurzeit verfügbare Daten und Informationen deuten eher darauf hin, dass viele Kinder des Krieges unabhängig von Zeit und Raum ähnlichen Problemen ausgesetzt sind. Diese unterscheiden sich je nach kulturellem, geografischem, militärischem und historischem Kontext und können in unterschiedlicher Weise und Stärke die Lebensverläufe der Kinder beeinträchtigen. Vier Dimensionen lassen sich identifizieren, die einen Einfluss auf die Biografien zu haben scheinen: die sozioökonomische, die psychologische, die medizinische/biologische und die politische/juristische Dimension.[13]

Die sozioökonomische Dimension umfasst Faktoren wie Armut und soziale Exklusion, während die psychologische Dimension Faktoren wie Scham, Tabuisierung, Identität sowie Bindungserfahrungen und -fähigkeiten beinhaltet. Die medizinische/biologische Dimension bezieht sich auf Faktoren, die beispielsweise mit ethnischen Merkmalen, Traumata, Gesundheitszuständen, HIV-AIDS usw. in Verbindung stehen.[14] Letztendlich generieren politische/juristische Faktoren die Grundlagen und Rahmenbedingungen,

---

12 Versteckte Bevölkerungsgruppen können unterschiedlicher Art sein, z. B. schwer erreichbar, weil sie zu einer sensitiven Gruppe gehören oder auch, weil Mitglieder der Gruppen sich nur gering von anderen Bevölkerungsgruppen unterscheiden. S. Matthew J. Salganik – Douglas D. Heckathorn, Sampling and Estimation in Hidden Populations Using Respondent-Driven Sampling, in: Sociological Methodology. Jg. 34, 2004, S. 193–239.
13 Mochmann, Children Born of War, S. 36.
14 Siehe dazu auch den Beitrag von Marie Kaiser et al. in diesem Band.

in denen viele Kinder des Krieges, vor allem in Postkonfliktsituationen, aufwachsen. Hierzu gehören Themen wie (fehlende oder eingeschränkte) Staatsangehörigkeit und, oft damit verbunden, fehlender Zugang zu staatlichen Dienstleistungen wie Gesundheitswesen, Bildung und soziale Unterstützung. Diese Dimensionen und Faktoren sind eng miteinander verbunden und können sich gegenseitig beeinflussen, wodurch sich die Situation des Kindes zusätzlich verschlechtern oder verbessern kann. So zeigt etwa die Forschung aus der Neurobiologie, dass die Verbindungen transgenerationaler Traumata von Mutter zu Kind nicht nur durch aversive Kindheitserfahrungen, sondern auch biologisch/genetisch übertragen werden können.[15] Auch die sozioökonomische Dimension hängt mit der medizinischen Dimension zusammen, indem z. B. Armut signifikante Einflüsse auf die Entwicklung von Krankheiten wie Unterernährung, Herz-Kreislauf-Erkrankungen, Blutdruck usw. haben kann. Welche Rolle die politische/juristische Dimension hier spielen kann, wird anhand der norwegischen Wehrmachtskinder im Folgenden näher dargestellt.

Der Zweite Weltkrieg und die Wehrmachtskinder

Während des Zweiten Weltkrieges wurden wohl überall, wo deutsche Soldaten stationiert waren, sogar in den Ländern, in denen aufgrund der Rassenpolitik der Nationalsozialisten jeglicher intimer Kontakt zur Lokalbevölkerung untersagt war, Kinder mit einheimischen Frauen gezeugt. Zahlen sind nur schwer zu ermitteln, da viele Betroffene ihre Schwangerschaft verschwiegen oder die Identität des Vaters aus Angst vor Rache und Repressalien verheimlichten. Laut Schätzungen wurden zwischen 10.000 und 12.000 Kinder deutscher Soldaten in Norwegen, rund 6000 in Dänemark, 12.000 bis 15.000 in den Niederlanden, 100 in Griechenland und bis zu 200.000 in Frankreich[16] geboren. Dazu kommen Kinder in Italien, der ehemaligen Sowjetunion, Finnland, in osteuropäischen Ländern und anderen Kriegsgebieten des Zweiten Weltkrieges.

---

15 Natan P. F. Kellermann, Epigenetic Transmission of Holocaust Trauma, in: The Israel Journal of Psychiatry and Related Sciences. Jg. 50, H. 2, 2013, S. 33–39.
16 Kåre Olsen, Krigens barn: De norske krigsbarna og deres mødre. Oslo 1998, S. 48; Arne Øland, Horeunger og Helligdage – tyskerbørns beretninger. Århus 2001, S. 44; Monika Diederichs, Kindern van Duitse militairen in Nederland. En verborgen leven. Soesterberg 2012, S. 20; Kerstin Muth, Die Wehrmacht in Griechenland – und ihre Kinder. Leipzig 2008, S. 15; Fabrice Virgili, Enfants de Boches: The War Children of France, in: Kjersti Ericsson – Eva Simonsen (Hg.), Children of World War II. The Hidden Enemy Legacy. Oxford – New York 2005, S. 138–150, hier: S. 144.

Abb. 2: Adolf Eger war in Vogmandsparken/ Kopenhagen stationiert. Er erkannte im Erweiterten Präsidium in Kopenhagen die Vaterschaft seiner beiden Söhne mit Margrethe Sofie Nielsen, geboren 1942 und 1943, an. Anfang 1944 schrieb er seiner Schwester nach Deutschland, dass er Sofie nach dem Krieg heiraten wolle, und bat sie, sich um seine dänische Familie zu kümmern, falls er nicht vom Schlachtfeld zurückkehren würde. Quelle: Sammlung Arne Øland. [17]

Die umfangreichsten Forschungsergebnisse existieren bis dato zu Norwegen. Hier waren die meisten Beziehungen einvernehmlich. Da das Naziregime die Norweger als „arisch" und somit „wertvoll" für das Regime einstufte, wurden deutsche Soldaten sogar ermuntert, Beziehungen zu Norwegerinnen zu pflegen und mit ihnen Kinder zu zeugen. Den betroffenen Frauen wurde von der SS-Organisation „Lebensborn" finanzielle und materielle Unterstützung während der Schwangerschaft und nach der Geburt angeboten. Hier konnten sie auch ihre Babys anonym zur Welt bringen, sie behalten oder zur Adoption freigeben. Nicht nur in Norwegen, sondern auch in anderen okkupierten Ländern, wie Dänemark und den Niederlanden, gab es „Lebensbornheime" und Unterstützungen für die Frauen. Die meisten registrierten „Lebensbornkinder" gibt es jedoch in Norwegen, wo in rund 8000 Aktenordnern Informationen zu den Kindern und ihren Müttern festgehalten wurden.

Nach Kriegsende erfolgte eine schonungslose Bestrafung der norwegischen Frauen, die eine Beziehung zu einem deutschen Soldaten gehabt hatten. Sie wurden interniert, als unterdurchschnittlich intelligent eingestuft (da sie sich mit dem Feind eingelassen hatten), es wurden ihnen in der Öffentlichkeit die Köpfe kahlgeschoren und sie waren vielen weiteren Erniedrigungen ausgesetzt. Obwohl es offiziell nicht verboten gewesen war, zu einem deutschen Soldaten eine Beziehung zu pflegen, wurden die Frauen nun bestraft – sowohl von den Mitbürgern als auch vom Staat. Frauen, die im öffentlichen Dienst beschäftigt gewesen waren, wurden sogar entlassen. Diejenigen, die ihren deutschen Partner geheiratet hatten, verloren die norwegi-

---

17 Dank gebührt Adolfs Egers Sohn in Dänemark, P. E. Nielsen, für die Abdruckerlaubnis.

sche Staatsbürgerschaft und wurden nach Deutschland geschickt. Diese und andere Formen der Diskriminierung sind mittlerweile gut dokumentiert.[18]

Die Behandlung der Mütter ist von zentraler Bedeutung, um die Schicksale und Lebensverläufe der Kinder zu verstehen. Schließlich übertrugen sich Stigmatisierung und Diskriminierung auch auf sie. Zudem führte das Bedürfnis der Mütter, im Schutz der Anonymität ein neues Leben aufzubauen, dazu, dass ihre Kinder oft in einem Netz aus Lügen und Tabuisierung aufwuchsen. Einige Kinder wurden von norwegischen Eltern adoptiert, die ihnen einen neuen Namen gaben und den biologischen Ursprung verheimlichten. Manche wuchsen bei den Großeltern auf, in dem Glauben, diese seien ihre Eltern, während die biologische Mutter als Tante vorgestellt wurde. Analysen eines umfangreichen, von 2001 bis 2005 durchgeführten norwegischen Forschungsprojekts zeigen etwa auf Basis von öffentlichen Statistiken, dass die norwegischen Wehrmachtskinder im Vergleich zu anderen norwegischen Kindern der gleichen Alterskohorte einen schlechteren Gesundheitszustand, höhere Selbstmordraten sowie ein niedrigeres Bildungsniveau und Einkommen aufweisen.[19]

Da diese Kinder oft mit alleinerziehenden Müttern aufwuchsen, wurde auch untersucht, inwieweit sich die Wehrmachtskinder von anderen außerehelich geborenen norwegischen Kindern unterschieden. Auch unter Berücksichtigung methodischer Einschränkungen zeigen die Ergebnisse, dass die Wehrmachtskinder überdurchschnittlichen Belastungen ausgesetzt waren. Die Analysen öffentlicher Dokumente machen zudem deutlich, wie die Kinder vonseiten der Regierung und anderer öffentlichen Einrichtungen behandelt wurden. So war man sich in Norwegen in der unmittelbaren Nachkriegszeit wohl bewusst, dass diese Kinder aufgrund ihrer Herkunft Probleme bekommen könnten, und es wurde nach Lösungen dafür gesucht. Beispielsweise wurden einer australischen Delegation, die in Norwegen auf der Suche nach Arbeitskräften war, diese Kinder angeboten, was jedoch aufgrund ihrer Jugend nicht angenommen wurde. Die ohnehin prekäre finanzielle Lage der Mütter als Alleinerziehende wurde noch dadurch verschärft, dass Wehrmachtskinder von verschiedenen sozialen Unterstützungen, wie dem Unterhaltsvorschuss, ausgeschlossen wurden.[20]

---

18 Siehe zum Beispiel Helle Aarnes, Tyskerjentene. Historiene vi aldri ble fortalt. Oslo 2009, S. 161f.
19 Dag Ellingsen, En registerbasert undersøkelse, in: Statistics Norway, Rapport. H. 19, 2004, S. 3.
20 Lars Borgersrud, Staten og krigsbarna: En historisk undersøkelse av statsmyndighetenes behandling av krigsbarna i de første etterkrigsårene. Oslo 2004, S. 333f.

Die Erfahrungen der Kinder sind in mehreren Biografien und qualitativen sowie quantitativen Forschungsprojekten dokumentiert.[21] Sie zeigen, dass viele norwegische Wehrmachtskinder, neben den Lügen und Verheimlichungen ihrer Mütter, Ausgrenzungen und Übergriffen ausgesetzt waren, sowohl in der Familie als auch in Schule und Nachbarschaft. Ähnliche Erfahrungen machten Wehrmachtskinder in Dänemark,[22] wenn auch eine vergleichende Studie von Lebensverläufen norwegischer und dänischer Wehrmachtskinder zeigt, dass die Stigmatisierung und Diskriminierung hier nicht so heftig war wie in Norwegen.[23] So gaben etwa 45,2 Prozent der norwegischen Kinder im Gegensatz zu 13,4 Prozent der dänischen an, in der Kindheit „Deutschenkind" genannt worden zu sein. Auch wurden sie im Vergleich häufiger physisch und psychisch von Erwachsenen und Gleichaltrigen attackiert. Aus weiteren besetzten Gebieten wie den Niederlanden, Frankreich, Griechenland und Polen gibt es Fallstudien, die darauf hindeuten, dass Wehrmachtskinder auch dort ähnliche Erfahrungen machten wie die norwegischen und dänischen.[24]

---

21 Vgl. Per Arne Löhr Meek, Lebensborn 6210. Kristiansund 2002; Kjersti Ericsson – Eva Simonsen, Krigsbarn i fredstid. Oslo 2005; Ingvill C. Mochmann – Stein Ugelvik Larsen, Kriegskinder in Europa, in: Aus Politik und Zeitgeschichte. H. 18–19, 2005, S. 34–38; Ingvill C. Mochmann – Stein Ugelvik Larsen, The Forgotten Consequences of War: The Life Course of Children Fathered by German Soldiers in Norway and Denmark during WWII – some Empirical Results, in: Historical Social Research. Jg. 33, H. 1, 2008, S. 347–363.

22 Øland, Horeunger og helligdage, S. 51–213; Ingvill C. Mochmann – Arne Øland, Der lange Schatten des Zweiten Weltkriegs: Kinder deutscher Wehrmachtsoldaten und einheimischer Frauen in Dänemark, in: Historical Social Research. Jg. 34, H. 3, 2009, S. 282–303, hier: S. 295f.

23 Mochmann – Larsen, The Forgotten Consequences of War, S. 357f.

24 Diederichs, Kindern van Duitse militairen in Nederland 1941–1946; Jean-Paul Picaper – Ludwig Norz, Enfants maudits. Paris 2004; Fabrice Virgili, Naître ennemi. Les enfants de couples franco-allemands nés pendant la seconde guerre mondiale. Paris 2009; Muth, Die Wehrmacht in Griechenland; Maren Röger, The Children of German Soldiers in Poland, 1939–45, in: Lars Westerlund (Hg.), The Children of Foreign Soldiers. Helsinki 2011, S. 261–269; Kjersti Ericsson – Eva Simonsen (Hg.), Children of World War II. The Hidden Enemy Legacy. Oxford – New York 2005; Ingvill C. Mochmann – Sabine Lee – Barbara Stelzl-Marx, The Children of Occupation Born During the Second World War and Beyond – An Overview, in: Historical Social Research. Jg. 34, H. 3, 2009, S. 263–282, hier: S. 266.

Abb. 3: Im Frühling 1944 wurde Eger vermisst gemeldet und seine Schwester in Deutschland zur Abwesenheitspflegerin ernannt. 1956 starb seine dänische Freundin Sofie Nielsen an einer Blinddarmentzündung, die beiden Söhne kamen in ein Kinderheim. 25 Jahre nachdem der Vater vermisst gemeldet worden war, erhielten sie ihr Erbe aus dem Nachlass des ehemaligen Unteroffiziers der Deutschen Wehrmacht. Quelle: Sammlung Arne Øland. [25]

Die Frage nach der eigenen Identität ist für die Wehrmachtskinder – wie generell für Kinder des Krieges – ein zentrales Thema. So antworteten 60 Prozent der dänischen Wehrmachtskinder auf die Frage, wieso es für sie wichtig war, ihre biologische Identität zu kennen, dass sie Klarheit über den Teil ihres Lebens brauchten, an den sie selber sich nicht erinnern könnten.[26] Oft tauchten die Fragen nach der eigenen Identität im Schul- und Konfirmationsalter auf und waren in vielen Fällen die Konsequenz der Schikanen von anderen, die über die biologische Herkunft des Kindes besser Bescheid wussten als die Betroffenen selbst. Unterlagen, die Vermutungen über die biologische Herkunft des Kindes hätten bestätigen können, wurden häufig jahrzehntelang vor den Betroffenen versteckt und geheim gehalten. Zum Teil waren sie zudem verfälscht und das Kind erfuhr erst mit dem Tod der Mutter, nicht selten bei der Durchsicht ihres Nachlasses, anhand von Briefen, Fotos oder Dokumenten von der unbekannten Liebesgeschichte und dem richtigen Vater. Viele Wehrmachtskinder brauchten Jahre, um diese Entdeckung emotional zu verarbeiten, aber mit der Zeit versuchten

---

25 Dank gebührt Adolfs Egers Sohn in Dänemark, P. E. Nielsen, für die Abdruckerlaubnis.
26 Mochmann – Larsen, Kriegskinder in Europa, S. 37; Mochmann – Øland, Der lange Schatten des Zweiten Weltkriegs, S. 297–300.

die meisten eine Bestätigung dafür zu bekommen, was sie in den Unterlagen entdeckt hatten.[27]

Monika Diederichs, niederländisches Wehrmachtskind und Historikerin, berichtet ebenfalls, dass in der Nachkriegszeit in den Niederlanden niemand über den Krieg sprechen wollte, weder Behörden noch die Familie. Somit wurde die Abstammung des Kindes geheim gehalten und dem Kind das Wissen über die eigene Identität verwehrt. Für viele war die Wahrheit eine schockierende Erfahrung. Gleichzeitig bedeutete die Offenlegung jedoch eine Erleichterung, weil die erlebte Stigmatisierung, Abweisung und sogar teilweise Misshandlung in ihrer Jugend dadurch erklärt werden konnte.[28]

Welche Konsequenzen die Leugnung der Herkunft für die Kinder haben konnte, zeigt die Geschichte eines griechischen Mädchens. Weil der Pope den deutschen Nachnamen nicht ins Taufregister aufnehmen wollte, hatte sie in ihrer Kindheit keinen Nachnamen. Die fehlenden Papiere machten für sie einen Schulbesuch unmöglich.[29] Auch für die Entwicklung einer nationalen Identität hatte die biologische Herkunft des Vaters für viele Wehrmachtskinder eine Bedeutung. So sagte etwa ein griechisches Wehrmachtskind: „Ich bin zwar hier geboren, hier aufgewachsen, gehöre aber doch nicht ganz hierher."[30] Diese Spannung zwischen der nationalen Identität, in diesem Fall der griechischen, und der von der Gesellschaft zugeschriebenen, hier der deutschen, taucht in fast allen Berichten von Wehrmachtskindern, die über ihre biologische Herkunft Bescheid wissen, in sämtlichen besetzten Gebieten auf. Oft ist diese gespaltene Identität auf viele Erlebnisse in der Kindheit und Jugend zurückzuführen, die den Kindern vermitteln, dass sie keine vollwertigen Mitglieder ihrer Gesellschaft sind. Ein norwegisches Wehrmachtskind fasst es folgenderweise zusammen: „Die Wahrnehmung, das Gemeinste auf dieser Erde zu sein, was es geben könnte, hat mir als Kind viele dunkle Stunden bereitet."[31]

Was hier durch nur wenige Beispiele dargestellt wurde, zieht sich durch viele Berichte von Kindern des Krieges und zeigt sich deutlich in der bisherigen Empirie, wie am Beispiel für Norwegen und Dänemark dargestellt. Wenngleich das Ausmaß der Beeinträchtigung nicht immer gleich war, so scheinen Identitätskrisen, Ausgrenzung und fehlende Unterstützung durch das Umfeld sowie durch den Staat Phänomene zu sein, mit denen sich viele

---

27 Øland, Horeunger og helligdage, S. 46f.
28 Monika Diederichs, „Moffenkinder": Kinder der Besatzung in den Niederlanden, in: Historical Social Research. Jg. 34, H. 3, 2009, S. 304–320, hier: S. 317f.
29 Muth, Die Wehrmacht in Griechenland, S. 71.
30 Ebd., S. 76.
31 Mochmann – Larsen, Kriegskinder in Europa, S. 34.

der Betroffenen, unabhängig vom Land, in dem sie als Wehrmachtskinder im Nachkriegseuropa aufgewachsen waren, auseinandersetzen mussten.

Die „Amerasians" im Vietnamkrieg

Wie bereits erläutert, war eine der Hauptherausforderungen der Kinder des Zweiten Weltkrieges die Tatsache, dass es sich um eine Bevölkerungsgruppe handelte, die in einem Netz von Halbwahrheiten aufwuchs und sich vielfach einer „Wand des Schweigens" gegenübersah. Für sie waren die Ungereimtheiten und die Ungewissheit über die biologische Herkunft oft Hauptursache ihrer Identitätskrisen. Im Gegensatz dazu war die Situation der während des Vietnamkrieges geborenen GI-Kinder sehr eindeutig. Fast ausnahmslos waren sie sogenannte Mischlingskinder[32], hineingeboren in eine weitgehend rassenhomogene Gesellschaft. Fast ausnahmslos wurden sie stigmatisiert und diskriminiert. Aufgrund ihres Aussehens hatten sie nicht die Möglichkeit, unterzutauchen, ihre Familien konnten die Herkunft der Kinder nicht geheim halten.

Im Gegensatz zu den Erfahrungen anderer Kinder des Krieges fand das Schicksal der „Amerasians" des Vietnamkrieges vergleichsweise breite öffentliche Aufmerksamkeit, nicht zuletzt wegen der Intensität der Diskriminierung, der die Kinder gemeinsam mit ihren Familien ausgesetzt waren. Dramatisch inszeniert auf dem Broadway und im Londoner West End im Musical „Miss Saigon" oder auch dokumentarfilmisch publiziert, unter anderem in „The Daughter of Danang", wurde das Schicksal dieser Kinder über die Grenzen Vietnams und Amerikas hinaus bekannt, wenn auch das Thema in seiner Komplexität nicht erfasst wurde.

Im Folgenden sollen kurz die Entwicklungen skizziert werden, die den Hintergrund dieser vietnamesisch-amerikanischen Beziehungen darstellten. In der zweiten Hälfte der 1960er- und der ersten Hälfte der 1970er-Jahre kämpften amerikanische Soldaten gemeinsam mit der südvietnamesischen Armee gegen das kommunistische Nordvietnam. Während dieser Zeit war eine erhebliche Zahl amerikanischer GIs – oft über lange Zeiträume hinweg – in Vietnam stationiert.[33] Während dieser Stationierung entwickelten sich auch

---

32 Der Begriff „Mischlingskinder" ist wegen der ursprünglich negativen Konnotation problematisch. Wie eine vor Kurzem unter Mitarbeit von Betroffenen entstandene Dokumentation (Brown Babies: The Mischlingskinder Story, http://brownbabiesfilm.com/ 14.1.2015, 14.57 Uhr, Mozilla Firefox) zeigt, wird er jedoch auch von den Betroffenen selbst nach wie vor benutzt und daher auch hier verwendet.

33 David E. Kaiser. American Tragedy: Kennedy, Johnson, and the Origins of the Vietnam War. Cambridge 2000, Kapitel 3–7.

hier zahlreiche intime Beziehungen zwischen Soldaten und einheimischen Frauen.[34]

Auf den ersten Blick regulierte und reglementierte die amerikanische Militärführung das Sexualverhalten ihrer Mannschaften wie in vorhergegangenen Konflikten, wie etwa auch im Zweiten Weltkrieg. Es gab eine stillschweigende Akzeptanz in der Militärführung, dass Soldaten während ihrer Stationierung Ablenkung brauchten, und dass diese „Zerstreuung" auch sexuelle Befriedigung beinhalten durfte. Andererseits versuchte sie, ernsthafte und potenziell längerfristige Beziehungen zu verhindern, besonders, wenn diese in Eheschließungen zu enden „drohten". Darüber hinaus gab es den Versuch, intime Beziehungen zu reglementieren und zu kontrollieren,[35] nicht zuletzt dadurch, dass einheimische Frauen als potenziell gefährlich dargestellt wurden. Dies passierte einerseits durch Hervorhebung der sehr realen Gefahren der Übertragung von Geschlechtskrankheiten, andererseits aber auch mithilfe von erfundenen Szenarien, wie der Geschichte der „Vagina Vendata".[36]

Diese Politik unterschied sich nicht wesentlich von früheren Praktiken, doch die Umstände, unter denen sich Sozialkontakte und intime Beziehungen entwickelten, hatten sich durch die Existenz der sogenannten Camp Towns, der Vergnügungsviertel für militärische Prostitution am Rande der Militärbasen, stark verändert. Wörtlich und figurativ hatte sich in den Worten des amerikanischen Senators Fulbright „Saigon in ein amerikanisches Bordell verwandelt".[37] Abgesehen vom Umfang der Prostitution hatte sich auch die Intensität und vor allem die rassistische Ausprägung der Denunzierung einheimischer Frauen als Gefahrenquelle für Geschlechtskrankheiten, aber auch Sabotage und Spionage verstärkt.[38] Dennoch gab es eine Vielzahl ungleicher, aber keineswegs einseitiger Beziehungen, die die gesamte Band-

---

34 Vgl. Saundra Pollock Sturdevant – Brenda Stoltzfus, Let the Good Times Roll: Prostitution and the US Military in Asia. New York 1993.
35 Die amerikanische Politik in Vietnam in Bezug auf die Reglementierung der Sexualkontakte der Soldaten war im Koreakrieg entwickelt worden. Siehe Katharina H. S. Moon, Sex Among Allies: Military Prostitution in U.S.-Korean Relations. New York 1997; Ji-Hen Yuh, Beyond the Shadow of Camptown. Korean Military Brides in America. New York 2004.
36 Heather Marie Stur, Beyond Combat: Women and Gender in the Vietnam War Era. Cambridge 2011, S. 38–63; Monte Gulzow – Carol Mitchell, „Vagina Dentata" and „Incurable Venereal Disease". Legends from the Viet Nam War, in: Western Folklore. Jg. 39, H. 4, 1980, S. 306–316, hier: S. 307–309.
37 J. W. Fulbright, address to the School of Advanced Studies at John Hopkins University, 5.5.1966. Die Bemerkung war in der Presse weitläufig berichtet und kommentiert worden. Siehe etwa US News and World Report. 60, 23.5.1966, S. 113–119.
38 Stur, Beyond Combat, S. 38–63.

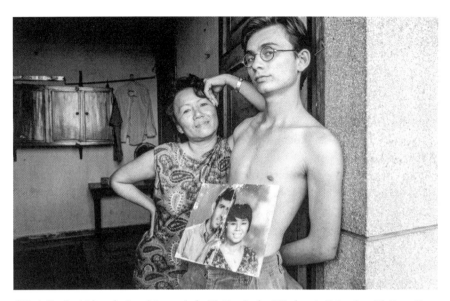

Abb. 4: Jim (rechts) und seine vietnamesische Mutter; in den Händen ein Foto seiner Mutter mit dem amerikanischen Vater. Quelle: Catherine Karnow, San Francisco

breite von Sexsklaverei und Prostitution bis hin zu Liebesbeziehungen umfassten, und aus denen schließlich viele Kinder hervorgingen.

Die amerikanische Regierung war sich durchaus der Existenz dieser GI-Kinder bewusst und reagierte darauf mit zwei „Evakuierungsmaßnahmen", die unter anderem widerspiegelten, dass „Amerasians" im kommunistischen Nachkriegsvietnam als besonders stark gefährdete Bevölkerungsgruppe angesehen wurden. Das Schicksal, das den GI-Kindern, die als Kinder des Feindes nach dem Fall Saigons und dem Rückzug der amerikanischen Soldaten im rassenhomogenen Vietnam aufgrund ihrer offensichtlichen Herkunft klar mit dem „Feind" assoziiert werden würden, bevorstand, bewegte die Politiker zur sogenannten Operation Babylift. Hier wurden mehr als 3300 Kinder in die USA, nach Kanada und Europa evakuiert, um dort adoptiert zu werden.[39] Diese Aktion wurde in Amerika durchaus kontrovers diskutiert, auch deshalb, weil internationale Adoptionen – besonders aus dem asiatischen Raum nach Amerika – ein weitgehend unreglementiertes Unterfangen waren. Des Weiteren vermuteten Kritiker aus Politik, Wissenschaft oder auch aus Nichtregierungsorganisationen, Operation Babylift sei als „act of calcula-

---

39 Rosemary Taylor, Orphans of War. Work with Abandoned Children of Vietnam 1967–1975. London 1988, S. 217–230.

ted kindness"[40] eher politisch motiviert gewesen, denn aus einer echten Sorge um das Wohlbefinden der Kinder entstanden. Diese Vermutung wurde dadurch verstärkt, dass mit der „Zufuhr" von Tausenden von adoptionsfähigen Babys und Kleinkindern die Nachfrage der adoptionswilligen amerikanischen Eltern schnell, unkompliziert und unbürokratisch befriedigt werden konnte.[41]

Das Schicksal dieser ersten Welle von vietnamesisch-amerikanischen Kindern in Amerika wurde nie systematisch verfolgt, aber eine erste Analyse legt folgende Schlüsse nahe: Ein Großteil der Kinder sah später die Adoption nach Amerika als eine glückliche Fügung, da ihnen dadurch Möglichkeiten eröffnet wurden, die den meisten der in Vietnam verbliebenen „Amerasians" verschlossen geblieben waren.[42] Trotz der in der Regel problemarmen Integration in ihre Adoptivfamilien und in ihre amerikanische Umgebung stellte sich bei vielen betroffenen Heranwachsenden der Wunsch ein, ihre asiatische Herkunft zu erkunden. Bezeichnenderweise entwickelten einige der „Babyliftkinder" später Probleme mit ihrer kulturellen Identität.[43]

Die weitaus größere Anzahl der GI-Kinder verblieb zunächst in Vietnam. Obwohl es keine Detailstudien über deren Schicksal gibt, ist es mittlerweile möglich, aus zahlreichen unterschiedlichen Quellen ein – wenn auch impressionistisches – Bild zusammenzustellen. Durch den Abzug der Amerikaner im April 1975 wuchsen beinahe alle GI-Kinder ohne ihre leiblichen Väter auf. Viele wurden außerdem – oft auf Drängen der Familien – von ihren Müttern aufgegeben, da ihre Herkunft im kommunistischen Nachkriegsvietnam eine gefährliche Last bedeutete. Obwohl die von den Amerikanern und „Amerasians" selbst befürchteten Misshandlungen durch die Vietkong in der unmittelbaren Nachkriegszeit ausblieben, wurden Südvietnamesen mit Beziehungen zu Amerika und allen voran Kinder amerikanischer Soldaten und ihre Familien systematisch diskriminiert.[44] Für die betroffenen Kinder bedeutete dies in erster Linie Stigmatisierung durch Beschimpfungen und körperliche Misshandlungen, aber die Kinder waren auch Opfer gezielter wirtschaftlicher Benachteiligungen ihrer Familien. Dazu gehörte etwa die

---

40 Gil Loscher – John A. Scanlan, Calculated Kindness. Refugees and America's Half-Open Door, 1945 to the Present. London 1986, S. 102.
41 Zur Problematik allgemein: E. B. Kapstein, The Baby Trade, in: Foreign Affairs. Jg. 82, H. 6, S. 115–125. Zur Thematik im Zusammenhang der Operation Babylift: Refugees: Clouds over the Airlift, in: Time Magazine. 28.4.1975.
42 Z. B. Judith Gaines, 2 Decades after the U. S. Carried out „Babylift" in South Vietnam, You Should See Them Now, in: St. Louis Post Dispatch. 26.2.1995.
43 Adriana Barton, Unearthing the Roots of Adoption, in: The Globe and Mail. 31.7.2007.
44 David Lamb, Children of the Vietnam War, in: Smithsonian Magazine. June 2009, http://www.smithsonianmag.com/people-places/Children-of-the-Dust.html?c=y&story=fullstory 13.10.2014, 11.21 Uhr, Mozilla Firefox.

politische und wirtschaftliche Umerziehung in den sogenannten New Economic Zones, entlegenen desolaten Zonen, durch deren Bewirtschaftung die Nahrungsmittelengpässe des neuen Vietnam behoben werden sollten. Später berichteten 71 Prozent der in den 1980er-Jahren aus Vietnam nach Amerika emigrierten vietnamesischen GI-Kinder über Diskriminierungen wie Schwierigkeiten beim Zugriff auf Schulbildung und Benachteiligung durch Lehrer, woraus sich letztendlich statistisch signifikante Bildungsdefizite dieser Bevölkerungsgruppe ergaben.[45] Darüber hinaus führte das politische Klima, das jegliche Verbindung zu Amerika extrem misstrauisch beobachtete, dazu, dass die Kinder fast ausnahmslos ohne Information über ihre Väter aufwuchsen. Die Mütter und Familien zerstörten Fotos, Briefe und alle Dokumente, die auf amerikanische Verbindungen hindeuteten.[46] Das machte es für die Kinder schwierig oder unmöglich, Details über ihre eigene Identität zu erfahren.

Die erheblichen Diskriminierungen, denen die GI-Kinder in Vietnam ausgesetzt waren, führten u. a. dazu, dass die amerikanische Regierung Mitte der 1980er-Jahre beschloss, die Einwanderung der Kinder amerikanischer Väter aus Vietnam zu erleichtern. Im Dezember 1987 wurde der sogenannte *Amerasian Homecoming Act* verabschiedet. In der Folgezeit wanderten etwa 25.000 vietnamesische GI-Kinder und etwa zwei- bis dreimal so viele ihrer Verwandten in die Vereinigten Staaten aus.[47]

Es stellt sich die Frage, warum die USA diese relativ kleine, aber dennoch signifikante Gruppe von „Amerasians" bevorzugt behandelte. Ein Kommentator bemerkte, dass die Amerikaner in diesem zweiten Akt kalkulierter Fürsorge die GI-Kinder als „Americans and potential vessels of reconciliation" betrachteten oder, um es vielleicht noch pointierter auszudrücken, als „vessels of redemption".[48] Die Entscheidung der Reagan-Regierung, die Behandlung vietnamesischer GI-Kinder zu verbessern, stellte eine willkommene Gelegenheit dar, das Image des Präsidenten aufzupolieren, der bis dato als emphathielos gegolten hatte und nun durch diese Unterstützung des „Amerasian Amendment" als mitfühlender Regierungschef dargestellt werden sollte.[49] Wichtig ist,

---

45 US General Accounting Office, Vietnamese Amerasian Resettlement: Education, Employment, and Family Outcomes in the United States. Washington, D.C. 1994, S. 2.
46 Robert S. McKelvey, Dust of Life. America's Children Abandoned in Vietnam. Seattle – London 1999, S. 7, 57, 116.
47 Amerasian Homecoming Act. http://immigrationinamerica.org/337-amerasian-homecoming-act-of-1987.html. 6.11.2014, 12.03 Uhr, Mozilla Firefox.
48 Jana K. Lipman, The face is the Road Map. Vietnamese Amerasians in U.S. Political and Popular Culture 1980–1988, in: Journal for Asian American Studies. Jg. 14, H. 1, 2011, S. 33–68, hier: S. 37.
49 Ronald Reagan, Remarks on Signing S. 1986 into Law, 12.10.1986, RR, WHROM Subject File, MA020189381.

festzuhalten, dass Kinder des Vietnamkrieges, ähnlich wie jene vorhergegangener Kriege und Besatzungen, nicht als Individuen behandelt wurden, sondern als politisches Gut, das zu politischen Zwecken instrumentalisiert wurde.

Anders als Wellen vietnamesischer Immigranten vor ihnen wanderten die GI-Kinder, zumindest in der politischen Narrative der Medien und laut offizieller Verlautbarungen, als amerikanische Bürger ein. Wie vorab erläutert, hatten die Kinder und Jugendlichen in ihrer Heimat eine Vielzahl an Diskriminierungen erfahren; der Übergang in das „Land der unbegrenzten Möglichkeiten" stellte sich jedoch für viele als weitaus schwieriger dar als die Eingliederung ihrer Altersgenossen, die 1975 im Rahmen des „Babylifts" als Adoptivkinder in amerikanische Familien integriert worden waren. Im allgemeinen Diskurs wurden die „Amerasians" als Amerikaner postuliert, und das Augenmerk wurde auf die nichtasiatischen Merkmale (wie runde Augen, blonde Haare, Sommersprossen) gelegt,[50] wodurch die Identität dieser Bevölkerungsgruppe wiederum mithilfe von Rassenmerkmalen definiert wurde. Diese Charakterisierung brachte jedoch mit sich, dass die „Amerasians" indirekt von anderen vietnamesischen Immigranten abgegrenzt wurden und sich erneut im Niemandsland zwischen Amerikanern und Vietnamesen befanden. Die Eingliederung der GI-Kinder und ihrer Familien wurde zusätzlich durch sprachliche und andere Bildungsdefizite erschwert.[51] Wie viele andere Immigrantengruppen fanden sich die „Amerasians" oft in sozial schwachen innerstädtischen Gebieten wieder; doch im Gegensatz zu diesen hatten die Amerasians nur selten starke Familienbindungen mit den daraus erwachsenden sozialen Netzwerkstrukturen in den USA, wodurch sie über wenige informelle Eingliederungshilfen verfügten, die sich oft in etablierten Immigrationsgemeinschaften finden.[52] Darüber hinaus unterschieden sich die GI-Kinder von anderen asiatischen Einwanderern, die mit weniger Illusionen über ihre Andersartigkeit nach Amerika gekommen waren. GI-Kinder waren ihr ganzes Leben lang als „amerikanische" Elemente in Vietnam ausgegrenzt worden und viele von ihnen hatten sich bereits in ihrer Heimat mit den USA identifiziert. Bei ihrer Ankunft in Amerika fanden sie sich jedoch in diversen „Klein-Saigons" der USA wiederum am Rand der Gesellschaft.

Was für viele die Situation noch erschwerte, war die Tatsache, dass sie – entgegen ihrer Erwartungen – kaum eine Chance hatten, ihre leiblichen

---

50 Lipman, The face, S. 33–68.
51 J. Kirk Felsman et al., Vietnamese Amerasians. Practical Implications of Current Research. America. D. C. Office of Refugee Resettlement October 1990, S. 9.
52 Caroline Kieu-Linh Valverde, From Dust to Gold: The Vietnamese Amerasian Experience, in: Maria P. P. Root (Hg.), Racially Mixed People in America. London 1992, S. 144–161, hier: S. 147.

Väter zu finden. Nur etwa drei Prozent der GI-Kinder konnten ihre Väter lokalisieren. Doch selbst wenn es ihnen gelang, führte dies nicht immer zu der erwünschten Familienzusammenführung und einer vorbehaltlosen Anerkennung des Kindes durch den Vater. Für die im auf die Familie fokussierten, patrilinealen Vietnam aufgewachsenen GI-Kinder waren der Wegfall des Familienrückhaltes und das eher individualistisch geprägte Amerika ein schwieriger Integrationshintergrund. Daher hatten viele GI-Kinder, wie auch deren Mütter, erhebliche Adaptionsschwierigkeiten, und es ist bei beiden Gruppen eine überdurchschnittlich hohe Prävalenz von psychischen Erkrankungen zu verzeichnen. Dabei ist zu beobachten, dass es einen klaren Zusammenhang zwischen Erwartungshaltungen und Qualität der Integrationserfahrungen bzw. psychischen Erkrankungen gibt. Hohe Erwartungshaltungen und Hoffnungen vor der Auswanderung führten zu geringerer psychosomatischer Symptomatik vor der Migration. Im Gegensatz dazu bewirkten überzogene Erwartungen und entsprechende Enttäuschungen eine höhere Inzidenz von Depression, besonders wenn Eingliederungshilfen der amerikanischen vietnamesischen Gemeinden nicht griffen.[53]

Kinder aus Vergewaltigungen im Bosnienkrieg

Anders als die Kinder des Zweiten Weltkrieges und des Vietnamkrieges waren Kinder des Bosnienkrieges häufig das Produkt mittlerweile detailliert dokumentierter systematischer Vergewaltigungsakte.[54] Hier sollen lediglich die Grundzüge der Ereignisse benannt werden, die zu einer bedeutenden Zahl an Kindern des Bosnienkrieges führten, und die wesentlich sind, um die besondere Lebenssituation dieser Kinder zu verstehen. Die Anzahl der Vergewaltigungen ist auch in diesem Konflikt nicht genau zu ermitteln. Aber aufgrund der ausführlichen Aufarbeitung der Ereignisse sowohl durch den Internationalen Strafgerichtshof für das ehemalige Jugoslawien als auch durch Beobachtermissionen der Vereinten Nationen und Dokumentationszentren von Nichtregierungsorganisationen können einige Tatsachen mit Sicherheit festgestellt werden:
1. Einige Tausend Frauen sind Opfer systematischer Vergewaltigungen geworden.

---

53 Robert S. McKelvey et al., Premigratory Risk Factors in Vietnamese Amerasians, in: American Journal of Psychiatry. Jg. 150, H. 3, 1993, S. 470–473.
54 Helsinki Watch, War Crimes in Bosnia-Herzegovina, 2 Bde. New York 1993; Center for Investigation and Documentation of the Association of Former Prison Camp Inmates of Bosnia-Herzegovina, I Begged them To Kill Me. Crimes Against the Women of Bosnia Herzegovina. Sarajevo 2002.

2. Viele Vergewaltigungsopfer waren Kinder.
3. Sexuelle Gewalt wurde oft in Gegenwart anderer, insbesondere von Eltern, Ehemännern oder Kindern der Opfer, begangen.
4. Viele Frauen wurden Opfer von Mehrfach- und Gruppenvergewaltigungen.[55]

Alle Seiten im Bürgerkrieg verübten sexuelle Gewalttaten an Frauen.[56] Die meisten Vergewaltigungen jedoch begingen serbische Soldaten (reguläre und öfter noch irreguläre Streitkräfte) an muslimischen Frauen. Diese Verbrechen waren nicht spontaner Natur, sondern geplant als Teil einer Kriegsstrategie, die auf die Erniedrigung der Opfer abzielte, aber auch auf die Demütigung der gesamten ethnischen Gemeinschaft mit dem Ziel, die Identität der Opfer zu zerstören. Dazu trug neben den Vergewaltigungen auch die Praxis bei, Frauen so lange zu vergewaltigen, bis eine Schwangerschaft nachgewiesen war, und sie so lange gefangenzuhalten, bis es zu spät für einen Schwangerschaftsabbruch war.[57] Gut fundierte Schätzungen sprechen von etwa 1800 durch Vergewaltigung erzwungene Schwangerschaften und zwischen 400 und 600 Kindern, die als Resultat solcher Schwangerschaften auf die Welt kamen.[58]

Zahlreiche Studien der letzten Jahre haben dazu beigetragen, verständlich zu machen, was es für jene Frauen bedeutete, ein im Zuge einer Vergewaltigung gezeugtes Kind auszutragen. Dasselbe gilt für die Auswirkungen auf die Kinder selbst, wenn auch nicht in dem Maß. Neuere Studien deuten allerdings darauf hin, dass allgemeine traumatische Erfahrungen der Mutter sich nicht negativ auf Mutter-Kind-Bindungen auswirken, sehr wohl jedoch interpersonale traumatische Erfahrungen (etwa Vergewaltigung, sexueller Missbrauch, Körperverletzung).[59] Bezüglich des Einflusses eines mütterlichen Traumas auf die als Folge von Kriegsvergewaltigungen geborenen Kin-

---

55 Adaptiert von Silva Meznaric, Gender as an Ethno-Marker: Rape, War and Identity in the Former Yugoslavia, in: Valentine Moghadan (Hg.), Identity, Politics and Women: Cultural Reassertion and Feminism in International Perspective. Boulder, Colorado 1994, S. 76–97, hier: S. 92.
56 Final Report of the Commission of Experts Established Pursuant to Security Council Resolution 780 (1992), S. 60, http://www.icty.org/x/file/About/OTP/un_commission_of_experts_report1994_en.pdf, 13.10.2014, 12.13 Uhr, Mozilla Firefox.
57 Beverly Allen, Rape Warfare: The Hidden Genocide in Bosnia-Herzegovina and Croatia. Minneapolis 1996, Thema 4.
58 R. Charli Carpenter, Forgetting Children Born of War. Setting the Human Rights Agenda in Bosnia and Beyond. New York 2010, S. 23.
59 Kami L. Schwerdtfeger – Briana S. Nelson Goff, Intergenerational Transmission of Trauma: Exploring Mother-infant Prenatal Attachment, in: Journal of Traumatic Stress. Jg. 20, H. 1, 2007, S. 39–51.

der sind zwei Fragen von besonderer Bedeutung: die der transgenerationalen Traumaübertragung und der Eltern-Kind-Bindung. Hinsichtlich Ersterer ist erwiesen, dass traumatische Erfahrungen sich darin äußern können, dass die Mütter Schwierigkeiten haben, dem Kind angemessene körperliche und emotionale Zuwendung zu schenken. Dies wiederum kann zu entweder verängstigtem oder drohendem Verhalten der Mutter führen, was seinerseits beim Kind ähnliche Verhaltensmuster hervorruft, die im Gegenzug von der Mutter als bedrohlich verstanden werden können.[60] Bedenkt man die Intensität der traumatischen Erfahrungen vieler bosnischer Vergewaltigungsopfer, liegt die Vermutung nahe, dass vielfach die Mutter-Kind-Bindungen zu jenen Kindern, die aus Kriegsvergewaltigungen hervorgingen, belastet waren.

Ein zweiter, damit zusammenhängender Faktor ist die Tatsache, dass Eltern-Kind-Bindungen ausschlaggebend für die emotionale Entwicklung des Kindes sind. Bei Müttern mit ausgeprägten interpersonalen traumatischen Erfahrungen wirken sich diese oft auf die Beziehung zum Kind aus und beeinflussen die pränatalen und frühkindlichen Bindungen.[61]

Diese Erkenntnisse aus der psychologischen Forschung zeigen sich auch bei Vergewaltigungskindern in den Krisengebieten der 1990er-Jahre, sei es in Bosnien oder auch im Zuge der afrikanischen Bürgerkriege. Vielfach berichten Vergewaltigungsopfer von ambivalenten Gefühlen gegenüber ihren Kindern, die zwischen Liebe (für das eigene Fleisch und Blut) und Hass (gegenüber dem Kind, das dem Vergewaltiger ähnelt oder ihn symbolisiert) schwanken.[62] Abgesehen von den psychologischen Folgen der Vergewalti-

---

60 Zeanah D. S. Schechter et al., Psychobiological Dysregulation in Violence-exposed Mothers: Salivary Cortisol of Mothers with Very Young Children Pre- and Post-separation Stress, in: Bulletin of the Menninger Clinic. Jg. 68, 2004, S. 319–336; Karlen Lyons-Ruth – Deborah Block, The Disturbed Caregiving System: Relations Among Childhood Trauma, Maternal Caregiving, and Infant Affect and Attachment, in: Infant Mental Health Journal. Jg. 17, H. 3, Autumn (Fall) 1996, S. 257–275; Mary Main – Erik Hesse, Parents' Unresolved Traumatic Experiences are Related to Infant Disorganized Attachment Status: Is Frightened and/or Frightening Parental Behavior the Linking Mechanism?, in: M. T. Greenberg et al. (Hg.), Attachment in the Preschool Years: Theory, Research, and Intervention. Chicago 1990, S. 161–182.
61 Siehe A. C. Huth-Bocks – A. A. Levendosk – G. A. Bogat, The Effects of Domestic Violence During Pregnancy on Maternal and Infant Health, in: Violence and Victims. Jg. 17, 2002, S. 169–185; A. C. Huth-Bocks et al., The Impact of Maternal Characteristics and Contextual Variables on Infant-mother Attachment, in: Child Development. Jg. 75, 2004, S. 480–496.
62 Elisa van Ee – R. J. Kleber, Child in the Shadowlands, in: The Lancet. Jg. 380, 2012, S. 642–643; Belma Bećirbašić – Dzenana Secic, Invisible Casualties of War, in: Institute for War and Peace Reporting. 2005, http://iwpr.net/report-news/invisible-casualties-war 13.10.2014, 12.24 Uhr, Mozilla Firefox.

gung für Mutter und Kind spiegeln die Erfahrungen der bosnischen Kinder die vieler anderer Kinder des Krieges wider. Viele Kinder wuchsen als Folge der gesellschaftlichen Ausgrenzung der – oft alleinerziehenden – Mutter in schwierigen wirtschaftlichen Verhältnissen auf.[63]

Das dominierende Problem für die Mehrzahl der Kinder in Bosnien, wie auch bei anderen Konflikten, blieb jedoch die alles überschattende Frage: Wer bin ich? Wer ist mein Vater und wo sind meine Wurzeln? Eindrucksvoll dokumentiert der Film „Grbavica"[64], der das Heranwachsen eines Mädchens in einem Vorort von Sarajevo beschreibt, in dem der Status der Kinder von der Kriegsvergangenheit ihrer Väter (als bosnische Loyalisten) abhing, diese Problematik. Er beleuchtet die Frage nach dem abwesenden Vater und verweist auf die Identitätskrise, in der sich viele Vergewaltigungskinder befanden, denen ihre biologische Herkunft verschwiegen wurde.

Wie weit verbreitet die in „Grbavica" behandelte Problematik ist, lässt sich nur schwer festmachen. In einer Studie über bosnische Kinder, die Kriegsvergewaltigungen entstammen, kristallisieren sich jedoch drei zentrale Themen heraus. Die Jugendlichen berichten übereinstimmend, dass sie – wegen ihres „serbischen Blutes" – oft Opfer von Hassattacken wurden und so als Ventil für Altersgenossen dienten, die mit ihrer eigenen Situation im Nachkriegsbosnien unzufrieden waren. Viele gaben an, dass sie mit den sozioökonomischen Benachteiligungen, die aus der Marginalisierung ihrer Mütter resultierten, besser umgehen konnten, als mit den Umständen, in denen sie Details zu ihrer biologischen Herkunft erfahren hatten.[65] Zum Zweiten waren bei fast allen Jugendlichen Tendenzen festzustellen, die Schuld an den Verbrechen ihrer Väter zu internalisieren und sich für die Negativerfahrungen in ihrem Leben, seien es Armut, familiäre Probleme und vor allem die komplexen Beziehungen zu ihren Müttern, verantwortlich zu fühlen.[66] Ein drittes Phänomen war das eines Rollentausches zwischen Müttern und Kindern, in denen die Töchter die Versorgerrolle der Mutter übernahmen, wenn diese krank war oder mit den vielfältigen Herausforderungen des täglichen Nachkriegslebens nicht fertigwurde.

Die Narrative einer einzigen Jugendlichen aus dieser Studie unterschied sich erheblich von den Erfahrungen ihrer Altersgenossen: Im Gegensatz zu

---

63 Carpenter, Forgetting Children Born of War.
64 Grbavica, 2006, http://www.imdb.com/title/tt0464029/. 24.2.2015, 23.36 Uhr, Mozilla Firefox.
65 Karmen Erjavec – Zala Volcic, Living with the Sins of their Fathers: An Analysis of Self-representation of Adolescents Born of War Rape, in: Journal of Adolescent Studies. Jg. 25, H. 3, 2010, S. 359–386.
66 Ebd., S. 372–373.

den anderen Befragten war sie in stabilen Familienverhältnissen aufgewachsen; sie war von ihrem Stiefvater adoptiert worden und hatte zu ihm und zu ihrer Mutter ein gutes Verhältnis. Anders als die anderen Studienteilnehmerinnen und -teilnehmer, die durchwegs negative Selbstbilder hatten, sah sich diese Jugendliche als Brücke zwischen den Kulturen, und sie beschrieb ihre Umgebung in positiver Sprache, als „Gemeinschaft" mit Lebenssinn, sie verstand sich als „Kraft für das Gute" in ihrer bosnischen Heimat.[67]

Die Studie ist weder repräsentativ noch statistisch signifikant, aber sie legt nahe, dass es einen Zusammenhang zwischen sozioökonomischen Umständen und Eltern-Kind-Bindung einerseits und Selbststigmatisierung andererseits gibt. Darüber hinaus wirft sie die wesentliche Frage auf, wie man das positive Potenzial der Kinder des Krieges konstruktiv zur Stabilisierung volatiler Nachkriegsgesellschaften mobilisieren kann.

Komplexe, überwiegend negative Kindheitserfahrungen von Stigmatisierung, Diskriminierung, sozialer und wirtschaftlicher Ausgrenzung, wie sie die Kinder in allen beschriebenen Nachkriegssituationen erfuhren, dominieren ein Bild von Gesellschaften, in denen die Bedürfnisse der Kinder des Krieges aus unterschiedlichsten Gründen weitgehend unbeachtet blieben. Nach wie vor spielen ihre Bedürfnisse in der Gestaltung von lokalen, regionalen und nationalen Konzeptionen keine Rolle, und die Folgen dieser Nichtbeachtung sowohl für die Betroffenen als auch für Gesellschaften, in die diese Kinder integriert werden müssen, sind durchwegs negativ.

Schlussbemerkung

Dieser Beitrag beleuchtete einige Aspekte, die die Erfahrungen von Kindern des Krieges in sehr unterschiedlichen Postkonfliktsituationen bestimmten. Er soll die Geschichte und die Erfahrungen der Besatzungskinder, denen der vorliegende Band gewidmet ist, in einen breiteren Gesamtzusammenhang setzen. Die hier untersuchten Kriege und auch die Nachkriegsbesatzungen Deutschlands und Österreichs unterschieden sich grundlegend; die Beziehungen der Eltern waren vermutlich sehr divers; die Nachkriegsgesellschaften, in die die Kinder und ihre Mütter sich integrieren mussten, waren räumlich, zeitlich, politisch, wirtschaftlich und kulturell sehr verschieden. Doch so unterschiedlich die Situationen der Kinder des Krieges auch waren, was selbst der sehr punktuelle und überblicksartige Vergleich hier zeigt, ist, dass die Lebensverläufe und Erfahrungen dieser Kinder, unabhängig von den individuellen Umständen, stark davon geprägt waren, dass sie Kinder auslän-

---

67 Ebd., S. 377–380.

discher Soldaten waren. Ob im Nachkriegseuropa, ob in Vietnam, den USA oder Bosnien – Kinder von fremden Soldaten hatten gegen eine Reihe von Widrigkeiten in Kindheit und Jugend zu kämpfen, die oft Langzeitfolgen bis ins Erwachsenenalter hatten. Wenn man von diesen Härten eine als dominant herausgreifen müsste, würde die Frage und Suche nach der eigenen Identität, nach den familiären Wurzeln, hervorstechen. Diese Frage durchzieht – in unterschiedlichen Manifestationen – den gesamten Band, seien es die wissenschaftlichen als auch die autobiografischen Beiträge.

Marie Kaiser – Svenja Eichhorn –
Philipp Kuwert – Heide Glaesmer

Psychosoziale Konsequenzen des Aufwachsens als Besatzungskind in Deutschland

Psychologische Hintergründe eines quantitativen Forschungsprojekts

Die Lebensbedingungen der Besatzungskinder und ihrer Mütter in Deutschland können sowohl in der sowjetischen als auch in den westlichen Besatzungszonen als psychosozial belastet bezeichnet werden. Die wirtschaftliche Not der häufig alleinerziehenden Mütter und ihrer Kinder, aber auch deren Ausgrenzung und Diskriminierung spielen dabei eine wesentliche Rolle. Hinzu kommt das fehlende Wissen um die Identität des Erzeugers vor allem bei jenen Kindern, die aus einer Vergewaltigung hervorgegangen sind. Aber auch im Falle von Liebesbeziehungen mussten die Kinder häufig ohne Väter aufwachsen, da diese entweder abkommandiert wurden oder sich freiwillig versetzen ließen. Die politischen und rechtlichen Hintergründe der Nachkriegsjahre führten dazu, dass den Müttern nur wenige Rechte und Entscheidungsmöglichkeiten eingeräumt wurden. Dies und eine fortdauernde Stigmatisierung dürften bewirkt haben, dass viele Frauen ihre Beziehungen zu den Besatzungssoldaten und/oder deren Vaterschaft verheimlichten.

Da in Konflikt- und Postkonfliktszenarien das Verhältnis von Soldaten und Zivilbevölkerung nicht immer klaren Mustern folgt, gestaltet sich die exakte Einordnung von Beziehungsgefügen oft schwierig, zumal im Bereich der sogenannten Liebesverhältnisse von einer breiten Grauzone mehr oder weniger offener Abhängigkeiten ausgegangen werden muss.[1] Oft existieren verschiedene Beziehungsmuster neben- oder nacheinander. Bei der Untersuchung der Erfahrungen der Besatzungskinder ist das Verhältnis der Eltern zueinander als ein bedeutsamer Einflussfaktor zu werten. Diese können von Liebesbeziehungen über freundschaftliche „business arrangements", Prostitution oder Zwangsprostitution bis hin zu (systematischem) gewalttätigem Missbrauch reichen.[2] In der Zeit von Krieg und Besatzung ist vor dem Hin-

---

1 Anonyma, Eine Frau in Berlin: Tagebuch-Aufzeichnungen vom 20. April bis 22. Juni 1945. Köln 2003.
2 Sabine Lee, Kinder des Krieges: Vergessene Sekundäropfer einer veränderten Kriegslandschaft im 20. Jahrhundert?, in: Trauma & Gewalt. 6, 2012, S. 94–107.

tergrund der materiellen und politischen Asymmetrien zwischen Soldaten und Einheimischen die Grenze zwischen Freiwilligkeit und Zwang nicht immer eindeutig zu ziehen.[3]

Neben dem militärischen Auftrag des Vaters im Heimatland der Mutter sowie der Art des sexuellen Verhältnisses ist zu berücksichtigen, dass vor allem die Herkunft des Vaters eine Rolle spielte. Im Zweiten Weltkrieg zeugten sowohl die westlichen Alliierten (Franzosen, Briten und Amerikaner) als auch die Soldaten der Roten Armee Kinder mit deutschen Frauen.[4] Während in der Sowjetischen Besatzungszone (SBZ) und der späteren DDR die Soldaten von offizieller Seite zu Befreiern und Freunden erklärt wurden, waren die „Ressentiments gegen die Russen", die tief in der nationalsozialistischen Ideologie verwurzelt waren, noch lange existent. Die Beziehung zwischen den Westalliierten und den Besetzten gestaltete sich moderater: Im Laufe der Zeit wurden vor allem die amerikanischen Soldaten vom Besatzer zum Befreier umgedeutet und die amerikanische Kultur gesellschaftlich eher positiv konnotiert. Dennoch erfuhren Kinder, die aus intimen Beziehungen entstanden, auch Feindseligkeit und wuchsen mit wenig Wissen über ihre Herkunft auf. Die Voraussetzungen für die Entwicklung der Identität der Besatzungskinder sind daher sowohl im Kontext der Herkunft des Vaters als auch unter Berücksichtigung des Zeugungshintergrundes zu sehen.

Die von Historikern inzwischen gut beschriebenen Lebensbedingungen der Besatzungskinder in Deutschland sind durch verschiedene Belastungen und Besonderheiten gekennzeichnet. Es ist davon auszugehen, dass diese diverse psychosoziale Konsequenzen haben, die im Weiteren beschrieben werden.

Die psychosozialen Konsequenzen des Aufwachsens als Besatzungskind

Identitätsentwicklung, das Erleben von Stigmatisierung/Diskriminierung und aversive Kindheitserfahrungen werden als zentrale Aspekte für die Betrachtung der psychosozialen Entwicklung der Besatzungskinder angenommen.[5] Man geht davon aus, dass die Ausprägungen dieser drei Aspekte auch mit dem psychischen Befinden dieser Kinder zum heutigen Zeitpunkt im Zu-

---

3   Barbara Stelzl-Marx, Stalins Soldaten in Österreich. Die Innensicht der sowjetischen Besatzung 1945–1955. Wien – München 2012, S. 49.
4   Ingvill C. Mochmann – Sabine Lee – Barbara Stelzl-Marx, The Children of Occupation Born During the Second World War and Beyond – an Overview, in: Historical Social Research. Jg. 34, Nr. 3, 2009, S. 263–282.
5   Heide Glaesmer et al., Die Kinder des Krieges in Deutschland – Ein Rahmenmodell für die psychosoziale Forschung, in: Trauma & Gewalt. 6, 2012, S. 318–328.

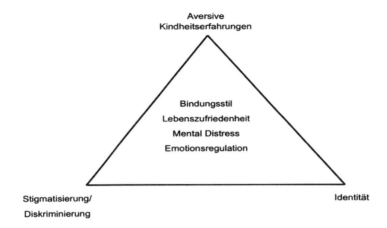

Abb. 1: Rahmenkonzept der psychosozialen Konsequenzen des Aufwachsens als Kind des Krieges. Quelle: Glaesmer et al., Die Kinder des Krieges in Deutschland

sammenhang stehen. In Abbildung 1 werden diese Gesichtspunkte als Rahmenkonzept zusammengefasst und im Weiteren näher erklärt.

Identität

Die Forschung zu Adoptiv- und Samenspendekindern macht deutlich, dass das Wissen um die eigene, hier speziell die väterliche Herkunft von zentraler Bedeutung für die Identitätsentwicklung ist.[6] Insbesondere der Zeitpunkt der Offenlegung ist entwicklungspsychologisch von großem Interesse und hat eine differenzielle Bedeutung.[7] Auch die Wahrnehmung und Bewertung der Kinder durch ihr soziales Umfeld und die Gesellschaft stellen wichtige Größen bei der Herausbildung der eigenen Identität dar.[8] Für die Besatzungskinder ist zunächst von zentraler Bedeutung, ob ihnen bekannt war bzw. ist (bzw. später bekannt wurde), unter welchen Umständen und von wem sie gezeugt wurden. Jene Kinder, die durch Vergewaltigungen ge-

---

6 Amanda J. Turner – Adrian Coyle, What Does It Mean to be a Donor Offspring? The Identity Experiences of Adults Conceived by Donor Insemination and the Implications for Counselling and Therapy, in: Human Reproduction. 15, 2000, S. 2041–2051.

7 Lynn von Korff – Harold D. Grotevant, Contact in Adoption and Adoptive Identity Formation: The Mediating Role of Family Conversation, in: Journal of Family Psychology. 25, 2011, S. 393–401.

8 R. Charli Carpenter, Surfacing Children: Limitations of Genocidal Rape Discourse, in: Human Rights Quarterly. 22, 2000, S. 428–477.

zeugt wurden, stehen als „Kinder des Hasses" und „Kinder der Täter" meist in einem besonderen Spannungsfeld.[9] Sowohl aufgrund von Tabuisierung als auch zur Vermeidung von Stigmatisierung und Diskriminierung verschweigen die Mütter zum Teil die Herkunft der Kinder – und das nicht nur bei Kindern aus Vergewaltigungen, sondern auch bei Kindern aus anderen Beziehungen zu Besatzungssoldaten.[10] So offenbaren sich manche Mütter ihrer Kernfamilie, aber dem weiteren sozialen Umfeld nicht.[11]

Gerade in kleineren Gemeinden ließen sich die Umstände der Zeugung und Geburt jedoch nicht gut verheimlichen und waren Gegenstand von Mutmaßungen. Dennoch wussten viele der Kinder nichts über ihre Herkunft, sondern wurden erst später in der Kindheit oder zum Teil auch erst im Erwachsenenalter informiert. Manche Mütter sprachen bis zu ihrem Tod nicht über diesen Teil der Vergangenheit. Fallgeschichten von Betroffenen, die durch andere Personen mehr oder weniger zufällig von ihrer Herkunft erfuhren, machen deutlich, dass dieses Erlebnis eine einschneidende und belastende Erfahrung im Leben darstellen konnte. Bei Adoptiv- und Heimkindern gestaltet sich die Aufklärung der eigenen Wurzeln noch schwieriger, insbesondere weil Nachweise über ihre Herkunft oftmals nicht mehr greifbar waren. Betroffene, die erst später von ihren leiblichen Vätern erfuhren, berichten häufig, dass sie schon lange Zeit das Gefühl hatten, dass etwas nicht stimmte, und sie mehr oder weniger unbewusst mit dem Geheimnis ihrer Herkunft gerungen haben, ohne genau zu wissen, wonach sie suchten. Die Offenlegung stellte dann häufig eine Entlastung dar. Doch selbst wenn die Kinder informiert waren, wussten die meisten wenig über ihre Väter und beschreiben häufig das unbestimmte Gefühl, dass ein entscheidendes Identitätsfragment fehlt.[12]

In Anlehnung an die Befunde aus der psychosozialen Forschung zu Adoptiv- und Samenspendekindern ist die Vatersuche auch bei den Besatzungskindern als ein existenzielles Thema der Identitätsentwicklung zu verstehen.[13] Für eine gelungene Identitätsentwicklung scheint es von wesentlichem Belang zu sein, ob es den Betroffenen gelingt, ein kohärentes Identitätsnarrativ im Hinblick auf ihre biologischen Wurzeln zu bilden. Dieses Narrativ sollte im idealtypischen Sinne ausreichend konsistent, auf einer Me-

---

9   Kai Grieg, The War Children of the World. War and Children Identity Project. Bergen 2001, abrufbar unter: http://www.childtrafficking.com/Docs/the_war_children__0309.pdf v. 18.2.2015.
10 Lee, Kinder des Krieges.
11 Glaesmer et al., Die Kinder des Krieges in Deutschland.
12 Mochmann – Lee – Stelzl-Marx, The Children of Occupation.
13 Mary Jago Krueger – Fred J. Hanna, Why Adoptees Search: An Existential Treatment Perspective, in: Journal of Counselling & Development. 75, 1997, S. 195–202.

taebene reflektierbar und hinreichend flexibel sein, um auch andere Sichtweisen zuzulassen und bei subjektiver Stimmigkeit zu integrieren.[14]

Aversive Kindheitserfahrungen

Unter dem Begriff „aversive Kindheitserfahrungen" sind Erfahrungen körperlicher oder emotionaler Vernachlässigung sowie körperlicher, emotionaler oder sexueller Missbrauch zu verstehen.[15] Viele Besatzungskinder berichten über aversive Kindheitserfahrungen bis hin zu Traumatisierungen. Die Definition des Begriffs „Traumatisierung" oder „Trauma" wird in der klinischen Psychologie bedeutend enger gefasst als dieser in anderen Disziplinen oder im umgangssprachlichen Gebrauch angewandt wird. Entsprechend der ICD-10, dem wichtigsten, weltweit anerkannten internationalen Diagnoseklassifikationssystem der Krankheiten und verwandter Gesundheitsprobleme, ist ein Trauma „ein belastendes Ereignis oder eine Situation kürzerer oder längerer Dauer, mit außergewöhnlicher Bedrohung oder katastrophenartigem Ausmaß, die bei fast jedem eine tiefe Verzweiflung hervorrufen würde".[16]

Hinsichtlich der Besatzungskinder konnten die Quellen von sowohl aversiven Kindheitserfahrungen, als auch der Erfahrung traumatischer Ereignisse vielfältig sein. Gerade die Kinder, die bei Vergewaltigungen gezeugt worden waren, erlebten häufig (jedoch nicht immer) schwierige Entwicklungsbedingungen in der Familie, wenn sie bei ihren Müttern oder nahen Verwandten aufwuchsen.[17] Ablehnendes, ambivalentes oder aggressives Verhalten der Mütter gegenüber ihren Kindern waren Ausdruck ihrer ambivalenten Gefühle, schließlich wurden sie durch die Existenz des Kindes an das eigene Vergewaltigungstrauma erinnert.[18] Gleichzeitig konnten die schwierigen Lebensbedingungen und der Umgang mit den eigenen traumatischen Erfahrungen sowie deren Folgen zur Überforderung der Mütter führen.[19]

In den letzten Jahren werden die Bedingungen in den Kinderheimen der Nachkriegszeit kritisch diskutiert. In diesem Zusammenhang ist davon aus-

---

14   Korff – Grotevant, Contact in Adoption.
15   Winfried Häuser et al., Misshandlungen in Kindheit und Jugend – Ergebnisse einer repräsentativen deutschen Bevölkerungsstichprobe, in: Deutsches Ärzteblatt. 108, 2011, S. 287–294.
16   World Health Organization, Composite International Diagnostic Interview (CIDI), Geneva 1997.
17   Glaesmer et al., Die Kinder des Krieges in Deutschland.
18   Elisa van Ee – Rolf J. Kleber, The Art of Medicine. Child in the Shadowlands, in: The Lancet. 380, 2012, S. 642–643.
19   Elisa van Ee – Rolf J. Kleber, Growing Up Under a Shadow: Key Issues in Research on and Treatment of Children Born of Rape, in: Child Abuse Review. 22, 2013, S. 386–397.

zugehen, dass viele der Kinder, die in Heimen aufwuchsen, Opfer von Missbrauch und erheblicher Vernachlässigung wurden.[20] Da etwa ein Drittel der Besatzungskinder in Heimen aufwuchs oder zur Adoption freigegeben wurde, ist zu untersuchen, ob dieses Schicksal diesen Kindern ebenfalls zuteilwurde.[21]

Stigmatisierung / Diskriminierung

Mehr oder weniger offene oder verdeckte Stigmatisierungen und Diskriminierungen gehörten zu den prägenden Erfahrungen der Besatzungskinder. Häufig wurden dabei die Vorurteile, welche im weiteren und näheren sozialen Umfeld bis in die Familien hinein gegenüber den Müttern herrschten, auf die Kinder übertragen.[22] Die Betroffenen wurden mit dem „Feind" assoziiert[23] und trugen so meist das doppelte Stigma als „uneheliche Kinder" und „Kinder des Feindes".[24] Dies äußerte sich in häufig benutzten Schimpfworten wie „Russenbalg", „Ami-Bankert" oder „Franzosenbrut", aber auch in offen erlebter Gewalt und Ausgrenzung durch Familienmitglieder, im Wohnumfeld oder in der Schule. Diskriminierung erlebten die Kinder innerhalb der Familie, wenn sie zum Beispiel vom Stiefvater abgelehnt wurden.[25]

Die Erforschung dieser Erfahrungen aus psychologischer Perspektive und unter Anwendung bestehender Stigmaforschungsansätze steht jedoch bis heute aus. Insbesondere ist zu untersuchen, welche Auswirkungen erlebte Diskriminierung oder aversive Kindheitserfahrungen, insofern diese Bestandteil der Beziehung zur Mutter oder des Kontakts zum familiären oder weiteren sozialen Umfeld waren, auf die Ausbildung spezifischer Bindungsstile und der Internalisierung des Erlebten hatten. Derartige Beziehungserfahrungen können einen langfristigen Einfluss auf die Persönlichkeit eines Menschen haben. Link und Phelan[26] sowie Corrigan und Watson[27] unterscheiden zwischen öffentlicher Stigmatisierung (der Diskriminierung gegen Menschen mit einem oder mehre-

---

20 Arbeitsgemeinschaft für Kinder- und Jugendhilfe, Abschlussbericht des Runden Tisches „Heimerziehung in den 50er und 60er Jahren". Berlin 2010.
21 Silke Satjukow, „Bankerte!" Verschwiegene Kinder des Krieges, in: Bulletin des Deutschen Historischen Instituts Moskau. 3, 2008, S. 62.
22 Lee, Kinder amerikanischer Soldaten in Europa.
23 Lee, Kinder des Krieges.
24 Mochmann – Lee – Stelzl-Marx, The Children of Occupation.
25 Silke Satjukow, „Besatzungskinder": Nachkommen deutscher Frauen und alliierter Soldaten seit 1945, in: Geschichte und Gesellschaft. Jg. 37, H. 4, 2011, S. 559–591.
26 Bruce G. Link – John C. Phelan, Conceptualizing Stigma, in: Annual Review of Sociology. 27, 2001, S. 363–385.
27 Patric W. Corrigan – Amy C. Watson, The Paradox of Self-stigma and Mental Illness, in: Clinical Psychology: Science and Practice. 9, 2002, S. 35–53.

ren umschriebenen Merkmalen durch Mitglieder der Allgemeinbevölkerung, die damit in Verbindung stehende Stereotype befürworten) und Selbst-Stigma (die Beschädigung des Selbstwertgefühls durch Internalisierung von Stereotypen). Den Zeitzeugenberichten über die Erfahrungen während Kindheit und Jugend als Besatzungskind zufolge ist anzunehmen, dass beide Arten von Stigmatisierung für diese Gesellschaftsgruppe relevant sein könnten.

Entwicklung unter schwierigen Bedingungen

Die Entwicklung unter schwierigen Lebensbedingungen ist abhängig von der Konstitution der betroffenen Person (etwa Entwicklungsstand, Alter, Bewältigungsstrategien) bzw. deren Prädispositionen (beispielsweise frühere unverarbeitete, belastende Ereignisse, bereits bestehende psychische Störung), den situativen Bedingungen (z. B. Dauer und Häufigkeit schwieriger Lebensbedingungen, schwere traumatische Ereignisse, Unerwartetheit) sowie von Merkmalen des Betroffenen selbst (Wahrnehmung der Beeinflussbarkeit der Situation, emotionale und psychophysiologische Reaktionen).[28] Es gibt Ereignisse, die als potenziell traumatisch angesehen werden. Diese beinhalten den tatsächlichen oder drohenden Tod oder eine ernsthafte Verletzung bzw. die Gefahr einer solchen für die eigene oder andere Person. Sie lösen starke Angst, Hilflosigkeit oder Entsetzen aus.[29] Wenn Menschen potenziell traumatischen Ereignissen kurzfristig oder längerfristig ausgesetzt sind, kann diese Erfahrung eine psychopathologische Entwicklung begünstigen (z. B. anhaltendes Gefühl der Hilflosigkeit, Vermeidungsverhalten).[30] Dies gilt insbesondere für Vergewaltigung, sexuellen Missbrauch sowie lebensbedrohliche Krankheiten, welche hochgradig mit der Genese einer posttraumatischen Symptomatik assoziiert sind.[31]

Nicht jedes potenziell traumatische Ereignis führt jedoch zu einer Störungsentwicklung. Es gibt auch alternative Entwicklungswege (etwa erfolgreiche Verarbeitung, Stärkung des Selbstbewusstseins). Eine Grundlage hierfür bilden die im Weiteren beschriebenen protektiven Faktoren,[32] welche sich

---

28 Z. B. Anne Boos – Julia Müller, Posttraumatische Belastungsstörungen, in: Hans-Ullrich Wittchen – Jürgen Hoyer (Hg.), Klinische Psychologie und Psychotherapie. Heidelberg 2006, S. 823–840.
29 American Psychiatric Association (APA), Diagnostic and Statistical Manual of Mental Disorders – DSM-IV-TR. Washington 2000.
30 Van Ee – Kleber, Growing Up Under a Shadow.
31 Ulfert Hapke et al., Post-traumatic Stress Disorder. The Role of Trauma, Pre-existing Psychiatric Disorder and Gender, in: European Archives of Psychiatry Clinical Neuroscience. 256, 2006, S. 299–306.
32 Z. B. Naomi Breslau, Epidemiologic Studies of Trauma, Posttraumatic Stress Disorder, and Other Psychiatric Disorders, in: Canadian Journal of Psychiatry. 47, 2002, S. 923–929.

positiv auf die psychische Resistenz bei Stress auswirken. Sie können der Entwicklung einer Posttraumatischen Belastungsstörung (PTBS) vorbeugen sowie eine salutogenetische (gesundheitsfördernde) Bewältigung ermöglichen. Protektivfaktoren, die im Zusammenhang mit PTBS erforscht wurden, sind vergleichbar mit denen bei anderen psychischen Störungen, beispielsweise infolge schwieriger Lebensbedingungen. Hier stehen z. B. Kohärenzsinn, soziale Netzwerke, Alter (> 13 Jahre) bzw. Entwicklungsstand und gute kognitive Verarbeitungskapazität (Intelligenz) im Vordergrund.[33]

Posttraumatische Reifung

Darüber hinaus kennen wir Entwicklungswege nach traumatischen Erfahrungen, die Reifungsprozesse in Gang setzen („posttraumatic growth").[34] Diese Reifungsprozesse können als die Erfahrung von Menschen beschrieben werden, die nach dem einschneidenden Lebensereignis einen Entwicklungssprung mit transformativem Charakter gemacht haben, der weit über den vorherigen Stand hinausgeht. Das Trauma selbst bleibt allerdings als belastendes Ereignis präsent. So ist posttraumatische Reifung als Konsequenz psychologischer Überlebensstrategien zu verstehen und kann mit residualer Stresssymptomatik einhergehen.[35]

In einer Interviewstudie mit Kindern, die in Folge von Vergewaltigungen im Bosnienkrieg geboren wurden, arbeiteten Kulturwissenschaftlerinnen drei metaphorische Beschreibungen zum Selbst-Bild im Rahmen eines qualitativen Ansatzes heraus.[36] Die Metaphern werden als linguistische, kognitive, affektive und soziokulturelle Werkzeuge zur Beschreibung der Identität verstanden und spiegeln die Auseinandersetzung der Mädchen mit ihrer Herkunft (Zeugungshintergrund), mit ihrer gesellschaftlichen Rolle sowie ihre Interaktion mit ihrem sozialen Umfeld wider. Während die meisten Betroffenen passive Metaphern nutzen, um sich zu beschreiben, z. B. als „Zielscheibe" („shooting target") oder „Krebs" („cancer"), nutzen zwei Mädchen eine dritte Metapher, die des Kriegers („warrior/fighter") im positiven Sinne. Sie präsentieren da-

---

33   Z. B. Andreas Maercker et al., Age of Traumatisation as a Predictor of Post-traumatic Stress Disorder or Major Depression in Young Women, in: British Journal of Psychiatry. 184, 2004, S. 428–487.

34   Richard G. Tedeschi – Lawrence G. Calhoun, Posttraumatic Growth: Conceptual Foundations and Empirical Evidence, in: Psychological Inquiry. 15, 2004, S. 1–18.

35   Tedeschi – Calhoun, Posttraumatic Growth.

36   Karmen Erjavec – Zala Volcic, „Target", „Cancer" and „Warrior": Exploring Painful Metaphors of Self-presentation Used by Girls Born of War Rape, in: Discourse & Society. 21, 2010, S. 524–543.

mit eine radikal andere Position: als aktiv Handelnde und nicht als passive Opfer. Sie beschreiben sich als Kämpfer, die beide Seiten auch als Erbgut in sich tragen und somit eine Brücke über die negativen Erfahrungen hinweg schlagen können.[37] Diese benannten Metaphern machen deutlich, dass es verschiedene Konstruktionen von Identität und Wege der persönlichen Entwicklung unter schwierigen Lebensbedingungen geben kann, wie hier im Kontext einer Zeugung durch Vergewaltigung im Krieg. Welche Faktoren die Identitätsentwicklung der Besatzungskinder im Besonderen positiv oder negativ beeinflusst haben könnten, ist bislang nicht untersucht.

Obwohl in der Forschungsliteratur immer wieder diskutiert wird, dass die Konsequenzen der Lebensbedingungen der Kinder, die in Europa im und nach dem Zweiten Weltkrieg von ausländischen (feindlichen) Soldaten mit einheimischen Frauen gezeugt wurden, zu psychischen Problemen in der heutigen Zeit führten oder führen könnten, nahm sich die Forschung der Perspektive der Betroffenen bis zur Gegenwart kaum an. Im Folgenden werden einige der wenigen bisher existierenden Studien vorgestellt.

Eine vergleichende Studie zu dänischen, norwegischen und niederländischen Kriegskindern

Unter der Leitung von Prof. Stein Ugelvik Larsen, Universität Bergen (Norwegen), wurde von einer internationalen Forschergruppe ein staatlich finanziertes Projekt durchgeführt, in welchem Mitglieder von Vereinen der Kriegskinder („Kriegs barn") des Zweiten Weltkrieges der genannten Länder zu Themen wie Sozialstruktur, Wohnorte, Jugend- und Erwachsenenleben, Identität, zu den leiblichen Eltern sowie der weiteren Familie, zu sozialer Integration und der Identität als Wehrmachts- respektive SS-Kind befragt wurden.[38] Der Fragebogen beinhaltete 250 Fragen, teils im standardisierten, teils im offenen Format. Zur Entwicklung einiger Fragen wurden Kriegskinder einbezogen, da diese Experten in eigener Sache sind. In Norwegen nahmen im Jahr 1997 650 Mitglieder des norwegischen Kriegskindvereins (NKBF) an der Studie teil, 2001 wurden 41 Mitglieder der Arbeitsgruppe für Kinder von deutschen Soldaten in den Niederlanden (CKDM) befragt und in Dänemark konnte die Erhebung im Jahr 2003 an etwa 400 Mitgliedern des dänischen Kriegskindvereins (DKBF) durchgeführt werden. Die Rücklaufquoten belie-

---

37 Siehe dazu auch den Beitrag von Sabine Lee und Ingvill C. Mochmann in diesem Band.
38 Ingvill C. Mochmann – Stein Ugelvik Larsen, Kriegskinder in Europa, in: Aus Politik und Zeitgeschichte. H. 18–19, 2005, S. 34–38; Monika Diederichs, „Moffenkinder": Kinder der Besatzung in den Niederlanden, in: Historical Social Research. 34, 2009, S. 304–320.

fen sich in allen Ländern auf bis zu 50 Prozent. Die Stichproben sind hoch selektiv und nicht repräsentativ für alle Kriegskinder, da sie ausschließlich Mitglieder der Vereine beinhalten.

Der Vergleich der dänischen und norwegischen Stichprobe zeigte, dass die befragten „Wehrmachtskinder" in Norwegen im Allgemeinen eine höhere Belastung aufweisen als die dänischen. 65 Prozent der norwegischen Stichprobe gaben an, dass sie vom deutschen Hintergrund ihres Vaters seit ihrer Kindheit respektive Jugend Kenntnis hatten. In der dänischen Stichprobe wussten im beschriebenen Zeitraum nur 47 Prozent davon. Die niederländischen Besatzungskinder wurden ihrer Herkunft mehrheitlich und meist zufällig erst im Erwachsenenalter gewahr, ein Drittel erfuhr sogar erst nach dem Tod der Mutter etwas über die Identität des leiblichen Vaters. Alle Teilnehmenden berichteten über physische und verbale Stigmatisierung, Abweisung und sogar Misshandlung in ihrer Kindheit und Jugend aufgrund ihres Hintergrundes. Personen in der norwegischen Stichprobe wiesen dabei deutlich höhere Werte im Vergleich zu den dänischen „Wehrmachtskindern" auf. Ein Großteil der Befragten der drei Stichproben gab das Auftreten gesundheitlicher Probleme während der Jugend bis zum Zeitpunkt der Befragung an.

„Posttraumatische Belastung deutscher Frauen nach sexualisierter Kriegsgewalt am Ende des Zweiten Weltkriegs" – Projekt an der Universität Greifswald

Betrachtet man die Besatzungskinder des Zweiten Weltkrieges, geraten immer auch die Mütter und deren individuelle Schicksale in den Blick. Gerade das Kriegsende 1945 brachte für viele Frauen besonders traumatische Erfahrungen. Den Schätzungen von Gerhard Reichling zufolge wurden in den ehemaligen deutschen Ostgebieten und während ihrer Flucht und Vertreibung 1,9 Millionen Frauen von Soldaten der Roten Armee vergewaltigt.[39] Die Zahl der Vergewaltigungen an deutschen Frauen durch Westalliierte ist unklar und wurde bisher nur fragmentarisch für einzelne Städte oder Gebiete geschätzt bzw. konnte lediglich den Berichten der jeweiligen Militärbehörden entnommen werden.[40] Eine aktuelle Schätzung für den gesamten deutschen Raum wird in diesem Band vorgestellt.[41] Definitive Angaben zur Zahl der Kinder, die infolge der Vergewaltigungen gezeugt wurden, sind nicht möglich. Annähernd 300.000

---

39 Barbara Johr, Die Ereignisse in Zahlen, BeFreier und Befreite. Krieg, Vergewaltigung, Kinder. Frankfurt/Main 1995, S. 58.
40 Johr, Die Ereignisse in Zahlen.
41 Siehe dazu den Beitrag von Miriam Gebhardt in diesem Band.

Kinder sollen in der sowjetischen Besatzungszone, den ehemaligen deutschen Ostgebieten sowie während Flucht und Vertreibung allein aufgrund der gewaltsamen Übergriffe der Rotarmisten geboren worden sein. Viele der Kinder starben jedoch nach der Geburt oder wurden getötet. Zahlen zu den vielfach vorgenommenen Abtreibungen sind ebenfalls schwer schätzbar.[42] Atina Grossmann[43] nennt als Hintergründe für Abtreibungen soziale, finanzielle und moralische Erwägungen, aber auch rassistische Begründungen werden angeführt.[44] Die Forschungsgruppe um Philipp Kuwert an der Universität Greifswald untersuchte posttraumatische Folgen der massenhaften Vergewaltigungen am Ende des Zweiten Weltkrieges in Deutschland.[45] Die Forscher berichten eine Prävalenz der PTBS von 20 Prozent, 50 Prozent bei Hinzunahme der partiellen PTBS, in einer kleinen Stichprobe von 27 Frauen, die zu Kriegsende vergewaltigt wurden. Die PTBS wurde mehr als 60 Jahre nach der Traumatisierung erfasst, was, in Anbetracht methodischer Limitationen des querschnittlichen Untersuchungsdesigns, als Hinweis auf die Chronizität psychosozialer Folgen von Kriegserleben gesehen werden kann. Vergewaltigung gilt als eines der schwersten Traumata. Viele Studien außerhalb des Kriegskontextes belegen die hohe Prävalenz der PTBS als Folge sexueller Gewalt[46] und eine mögliche Chronifizierung posttraumatischer Symptome.[47] Schätzungsweise 200.000 Frauen nahmen sich im Anschluss an die Vergewaltigungen zu Kriegsende in Deutschland das Leben.[48]

Gesellschaftliche Anerkennung der traumatischen Erlebnisse

Wie aus der Forschung bekannt ist, reduziert gesellschaftliche Anerkennung von traumatischen Erlebnissen das Risiko der Ausbildung einer PTBS.[49] Ku-

---

42   Johr, Die Ereignisse in Zahlen.
43   Atina Grossmann, A Question of Silence: The Rape of German Women by Occupation Soldiers, in: October. Vol. 72, 1995, S. 43–63.
44   Satjukow, „Bankerte!", S. 64.
45   Svenja Eichhorn et al., Bewältigungsstrategien und wahrgenommene soziale Unterstützung bei deutschen Langzeitüberlebenden der Vergewaltigungen am Ende des II. Weltkriegs, in: Psychiatrische Praxis. 39, 2012, S. 169–173.
46   Kaitlin A. Chivers-Wilson, Sexual Assault and Posttraumatic Stress Disorder: a Review of the Biological, Psychological and Sociological Factors and Treatments, in: Mcgill J Med. 9, 2006, S. 111–118.
47   Nitsa Nacasch et al., Prolonged Exposure Therapy for Chronic Combat-related PTSD: A Case Report of Five Veterans, in: CNS Spectr.12, 2007, S. 690–695.
48   James W. Messerschmidt, Review Symposium: The Forgotten Victims of World War II: Masculinities and Rape in Berlin, 1945, in: Violence Against Women. 12, 2006, S. 706–712.
49   Andreas Maercker – Julia Müller, Social Acknowledgment as a Victim or Survivor: A

wert und Kollegen zeigen anhand ihrer Stichprobe von kriegsvergewaltigten Frauen, dass diejenigen Frauen, die sich mit ihren Erfahrungen gesellschaftlich wertgeschätzt fühlen, Jahrzehnte später eine geringere posttraumatische Symptomatik zeigen.[50] Eichhorn und Kollegen berichten den gleichen Zusammenhang für die von den Frauen wahrgenommene soziale Unterstützung durch vertraute Personen.[51]

Inwiefern diese Erfahrungen auch Einfluss auf die Beziehungsgestaltung zum Kind hatten, lässt sich in einem größeren Zusammenhang erörtern. Frauen, die keine soziale Unterstützung erfahren, sich ausgegrenzt und wenig gesellschaftlich wertgeschätzt fühlen, haben entsprechend diesen Ergebnissen eine höhere posttraumatische Symptomatik. Laut aktuellen wissenschaftlichen Erkenntnissen zeigen Mütter mit einer posttraumatischen Symptomatik jedoch eine verringerte Sensitivität im Umgang mit ihren Kindern aufgrund von Defiziten in der Affekterkennung.[52] Stellt man dies in Zusammenhang mit der oben berichteten Diskriminierung der Mütter sowie den zum Teil auftretenden schweren finanziellen Notlagen, werden diese Frauen sich wahrscheinlich kaum in der Lage gesehen haben, ihre Kinder allein großzuziehen. Als Resultat werden sie es häufiger in Erwägung gezogen haben, ihre Kinder in fremde Obhut zu geben, zumindest scheinen sie in der Beziehungsgestaltung zum Kind beeinträchtigt gewesen zu sein.

Multiple Traumatisierung im Krieg

Frauen im Zweiten Weltkrieg, insbesondere Opfer von sexuellen Gewalttaten, erlebten in der Regel eine multiple Traumatisierung, da Traumata aus dem Kriegsgeschehen, wie Heimatverlust oder die Anwesenheit bei Kampfhandlungen, zur sexuellen Traumatisierung noch hinzukamen. Multiple Traumatisierung erhöht die Wahrscheinlichkeit der Ausbildung einer PTBS

Scale to Measure a Recovery Factor of PTSD, in: Journal of Traumatic Stress. 17, 2004, S. 345–351.

50 Philipp Kuwert et al., Long-term Effects of Wartime Rape Compared With Non-sexual War Trauma in Female World War II Survivors: A Matched Pairs Study, in: Archives of Sexual Behavior. 43, 2013, S. 1059–1064.
51 Eichhorn et al., Bewältigungsstrategien und wahrgenommene soziale Unterstützung.
52 Z. B. Kimberly L. Shipman et al., Maternal Emotion Socialization in Maltreating and Non-maltreating Families: Implications for Children's Emotion Regulation, in: Social Development. 16, 2005, S. 268–285; Lynn Fainsilber Katz – Kyrill Gurtovenko, Links Between Maternal Post-Traumatic Stress Symptoms and Parenting: The Mediating Role of Mother's Emotion Regulation, Vortrag auf Konferenz „Healing Lives and Communities: Addressing the Effects of Childhood Trauma Across the Life Span". 8.11.2014, Miami, FL, USA. (www.istss.org). 16.12.2014, 13.22 Uhr, Internet Explorer 11.

ebenso wie die von Depressionen.⁵³ Bezogen auf sexuellen Missbrauch in der Kindheit und Vergewaltigung im Erwachsenenalter berichten Breslau und Kollegen⁵⁴ von einem Zusammenhang zwischen der Anzahl der Traumata und posttraumatischer Symptomatik. Den gleichen Nexus konnten Kuwert und Kollegen⁵⁵ anhand der Stichprobe kriegsvergewaltigter Frauen nachweisen. In der Schlussfolgerung birgt Kriegstraumatisierung als besonders intensive Form der mehrfachen Traumatisierung ein sehr hohes Risiko für eine posttraumatische Belastungssymptomatik. Dies ist auch übertragbar auf mehrfach traumatisierte Mütter. Wie im vorigen Absatz beschrieben, ist die Fähigkeit von Müttern zur Emotionsregulation sowie ihre emotionale Verfügbarkeit durch erhöhte PTBS-Symptomatik eingeschränkt. So können symptomatisch belastete Traumatisierte nur bedingt ein unterstützendes und adäquates Verhalten in Bezug auf negative Emotionen ihres Kindes zeigen.⁵⁶

Projekt „Besatzungskinder: Identitätsentwicklung, Stigmatisierung und psychosoziale Konsequenzen des Aufwachsens als Besatzungskind in Deutschland"

Die Kinder des Krieges stellen weltweit eine wichtige Gruppe in Konflikt- und Postkonfliktregionen dar, deren psychosoziale Belastung, Verarbeitungsmuster und Ressourcen von der Forschung bislang nahezu komplett ignoriert worden sind. Dies trifft auch auf empirische psychosoziale Forschung für die Besatzungskinder in Deutschland, Österreich sowie in anderen europäischen Ländern zu. Methodisch betrachtet gehören diese Betroffenen zu einer kleinen, sehr spezifischen Population, die für Forschende schwer zugänglich ist. Weder ihre Existenz noch ihre Erfahrungen sind heute Thema in der Öffentlichkeit. Demnach entsprechen sie den Kriterien einer „Hidden Population" – einer schwer zugänglichen und spezifischen Zielgruppe.⁵⁷ Daraus ergeben sich folgende methodische Herausforderungen: (1) Die Personen sind

---

53 Sharain Suliman et al., Cumulative Effect of Multiple Trauma on Symptoms of Posttraumatic Stress Disorder, Anxiety, and Depression in Adolescents, in: Comprehensive Psychiatry. 50, 2009, S. 121–127.
54 Naomi Breslau, The Epidemiology of Trauma, Ptsd, and Other Posttrauma Disorders, in: Trauma, Violence, & Abuse. 10, 2009, S. 198–210.
55 Philipp Kuwert et al., Trauma and Current Posttraumatic Stress Symptoms in Elderly German Women Who Experienced Wartime Rapes in 1945, in: The Journal of Mental and Nervous Disease. 198, 2010, S. 450–451.
56 Messerschmidt, Review Symposium.
57 Ingvill C. Mochmann, Ethical Considerations in Doing Research on Hidden Populations – the Case of Children Born of War. Vortrag auf der Zweiten internationalen und multidisziplinären Konferenz „Children and War: Past and Present". Salzburg 2013.

schwer erreichbar, eine Rekrutierung muss daher vorrangig über persönliche Kontakte, öffentliche Verbände sowie über Presseaufrufe erfolgen. Für ein erfolgreiches Sampling spielen (2) die Reichweite des Aufrufs sowie (3) die Bereitschaft der Einzelnen eine zentrale Rolle. Darüber hinaus sind „Hidden Populations" Gruppen, die „von Mainstreamforschung verdeckt werden, die sich in die Richtung des größten Wohls für die größte Anzahl bewegt"[58]. Sie weisen demnach (4) Spezifika auf, die nicht mit etablierten Instrumenten erfasst werden können, weil deren Spannweite nicht die Erlebnisrealität dieser Gruppe abbilden würde. Um die deutschen Besatzungskinder in einer Studie zu befragen, bedarf es also einer aufwendigen Rekrutierungsstrategie, um eine möglichst hohe Zahl von Teilnehmerinnen und Teilnehmern zu werben, und eines Instrumentariums, welches den Spezifika der Gruppe angepasst ist.

Die Universitäten Leipzig und Greifswald initiierten 2012 ein Projekt, um die Besatzungskinder und deren Erfahrungen erstmals aus psychosozialer Perspektive zu untersuchen.[59] Im Jahr 2014 wurde diese Untersuchung auch auf die österreichischen Besatzungskinder ausgeweitet und durch die Kooperation mit dem Ludwig Boltzmann-Institut für Kriegsfolgen-Forschung in Graz unterstützt.[60] Die primären Ziele der Untersuchung sind: (1) die Erfahrungen der Besatzungskinder sowie (2) die Auswirkungen dieser Erfahrungen auf das heutige Befinden zu beschreiben. Das Projekt soll (3) auch die Sichtbarkeit dieser Gruppe auf nationaler wie internationaler Ebene fördern, um die gesellschaftliche und individuelle Bearbeitung des Themas zu unterstützen. Darüber hinaus ist (4) zu erwarten, dass die Befunde auch zur Sensibilisierung der Öffentlichkeit für die sogenannten Kinder des Krieges in aktuellen Konflikt- und Postkonfliktregionen beitragen werden und als Grundlage für die Entwicklung von Strategien zur Verbesserung der Situation dieser Kinder nutzbar sind.

1. Stufe – Fragebogenerhebung: Studiendesign

Die Studie beinhaltete ein zweistufiges Design. Im ersten Teil wurden quantitative Daten zu verschiedenen psychosozialen Aspekten per Fragebogen erhoben. Dieser erste Teil wird im nächsten Abschnitt ausführlicher beschrieben. Für den zweiten Teil der Untersuchung sind biografische Interviews ge-

---

58 www.hiddenpopulations.org, 10.7.2014, 10.13 Uhr, Internet Explorer 11.
59 Vgl. Marie Kaiser – Philipp Kuwert – Heide Glaesmer, Aufwachsen als Besatzungskind des Zweiten Weltkrieges in Deutschland – Hintergründe und Vorgehen einer Befragung deutscher Besatzungskinder, in: Zeitschrift für Psychosomatische Medizin und Psychotherapie (in Druck).
60 Siehe dazu auch den Beitrag von Barbara Stelzl-Marx in diesem Band.

plant. Gespräche mit Betroffenen haben den Vorteil, dass diese der Person mit ihrer Lebensgeschichte und spezifischen Verarbeitungsmechanismen gerechter werden können. Durch das Nachfragen am Ende des Interviews können zusätzliche Aspekte aufgedeckt und vertieft werden.[61] Sie bieten darüber hinaus den Raum, dass der Gesprächspartner mit selbst gewählter Sprache die Darstellung entsprechend der eigenen Wahrnehmung vollziehen und ein Gefühl der Kongruenz entstehen kann. Diesem Ansatz steht die Befragung mittels Fragebogen gegenüber, welcher vorrangig geschlossene Antwortformate enthält, jedoch die Möglichkeit bietet, zusätzliche Information hinzuzufügen. Beide Erhebungsmethoden haben klare Vor- und Nachteile und sollen aus diesem Grund kombiniert werden. Abbildung 2 stellt das Design der Studie schematisch dar.

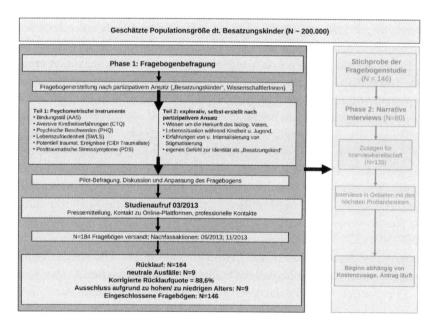

Abb. 2: Design der Studie „Besatzungskinder: Identitätsentwicklung, Stigmatisierung und psychosoziale Konsequenzen des Aufwachsens als Besatzungskind in Deutschland". Quelle: Universität Leipzig

---

[61] Julia Chaitin, „I Wish He Hadn't Told Me That": Methodological and Ethical Issues in Social Trauma and Conflict Research, in: Qualitative Health Research. 13, 2003, S. 1145–1155.

Stichprobe

Im März 2013 wurde ein Studienaufruf über eine Pressemitteilung sowie über verschiedene nationale und internationale Netzwerke[62] und Onlineplattformen von deutschen Besatzungskindern und anderen „Kindern des Zweiten Weltkrieges"[63] veröffentlicht. Interessierte wurden aufgefordert, sich bei der Studienkontaktstelle an der Universität Leipzig zu melden. Interessenten wurden in einem Telefonat über die Studie informiert und hatten die Möglichkeit, Nachfragen zu stellen. Die Studienunterlagen wurden dann postalisch zugesandt. Die Unterlagen enthielten den Fragebogen sowie Einverständniserklärungen zur Studienteilnahme und zur Kontaktaufnahme für die geplanten biografischen Interviews. Die Einverständniserklärung und den ausgefüllten Fragebogen schickten die Teilnehmenden mit einem vorfrankierten Umschlag zurück. Es wurden ursprünglich Personen in die Untersuchung aufgenommen, deren biologischer Vater Angehöriger einer Besatzungsarmee, deren Mutter Deutsche war und die ab 1944 geboren wurden.

In der zehnmonatigen Erhebungsphase wurden 184 Fragebögen verteilt, von denen 164 zurückgesendet wurden. Nur zwei Fragebögen konnten nicht zugestellt werden; sieben fehlen ohne Rückmeldung; sechs Personen teilten mit, dass sie nicht mehr teilnehmen wollten, weil es zu aufwendig sei; drei Personen nahmen nicht teil, weil sie sich psychisch sehr belastet fühlten; und zwei Personen wurden ausgeschlossen, weil sie „nur" Angehörige von Besatzungskindern waren. Von den 164 ausgefüllten Fragebögen (Rücklaufquote = 84,2 Prozent) mussten nachträglich noch 18 Personen ausgeschlossen werden, weil sie die Einschlusskriterien nicht erfüllten. In die Analysen wurden die Angaben von N=146 Personen einbezogen (Männer: 37,0 Prozent, N=54; Alter: 63,4/5,7). Insgesamt gaben 48,6 Prozent der Befragten an, dass ihr leiblicher Vater der amerikanischen Armee angehörte, 22,6 Prozent der Teilnehmenden stammen von ehemaligen Soldaten der französischen Armee ab und 21,9 Prozent von Angehörigen der Roten Armee. Der leibliche Vater von 4,1 Prozent diente in der britischen Armee. Im historischen Kontext wird meist von vier Besatzungszonen gesprochen. Die Britische, Französische und Amerikanische Besatzungszone fassen wir in den Währungsverbund der Westalliierten (Westliche Besatzungsmächte = WBM) zusammen. Weiterhin werden wir bei Soldaten der Roten Armee von Angehörigen der Sowjetischen Besatzungsmacht (SBM) sprechen.

---

62 Z. B. www.childrenbornofwar.org; www.bowin.eu. 17.09.2013, 14.32 Uhr, Internet Explorer 9.
63 Z. B. www.gitrace.org; www.coeurssansfrontieres.com. 17.09.2013, 15.02 Uhr, Internet Explorer 9.

Demnach stammen 76,8 Prozent der Teilnehmenden von einem Soldaten der WBM ab. Insgesamt gaben 75,3 Prozent an, dass ihre Mutter ein freiwilliges und positiv konnotiertes sexuelles Verhältnis zum leiblichen Vater unterhalten hatte. Davon 19,1 Prozent mit einem Soldaten der SBM, 51,8 Prozent mit einem amerikanischen und 23,6 Prozent mit einem französischen Soldaten. Insgesamt gaben 6,8 Prozent an, durch Vergewaltigung gezeugt worden zu sein, in 77,8 Prozent der Fälle von einem Soldaten der Roten Armee. 17,8 Prozent konnten keine Angaben zu ihrem Zeugungshintergrund machen. Die Arten der Beziehungen, welche die deutschen Besatzungskinder von ihren Eltern berichteten, können mit Bezug auf das Ursprungsland des biologischen Vaters der folgenden Tabelle entnommen werden.

	USA	Frankreich	Russland	Großbritannien	GESAMT
	(n=71)	(n=33)	(n=32)	(n=6)	(N = 146)
	N (%)	N (%)	N (%)	N (%)	N (%)
Freiwillig/ positiv	57 (51.8)	26 (23.6)	21 (19.1)	6 (5.5)	110 (75.3)
Vergewaltigung	1 (11.1)	1 (11.1)	7 (77.8)	-	10 (6.8)
Unbekannt	13 (56.5)	6 826.1)	4 (17.4)	-	26 (17.8)
Gesamt	71 (48.6)	33 (22.6)	32 (21.9)	6 (4.1)	
Eine kleine Zahl (n=4) von Personen wissen das Herkunftsland ihres leiblichen Vaters nicht. Die Häufigkeitsangaben für die einzelnen Länder beziehen daher sich auf N=142; die Angaben für die gesamte Stichprobe jedoch auf N=146.					

Tabelle 1: Stichprobeninformation: Herkunftsland des leiblichen Vaters und Zeugungshintergrund. Quelle: Universität Leipzig

Instrumente

Die quantitative Erhebung nahm sich im Wesentlichen der in diesem Beitrag beschriebenen Aspekte an und untersuchte aversive Kindheitserfahrungen, psychische Gesundheit, Erfahrung von traumatischen Ereignissen, Vorliegen einer PTBS sowie Bindungsverhalten. Dabei wurde größtenteils auf bereits etablierte Fragebögen zurückgegriffen. Die Instrumente wurden so ausgewählt, dass bevölkerungsrepräsentative Daten zur Verfügung stehen, die einen Vergleich der Stichprobe der Besatzungskinder mit altersparallelisierten Bevölkerungszahlen ermöglichen. Tabelle 2 gibt einen Überblick über die erfassten Konstrukte, die jeweiligen Erhebungsinstrumente und die verfügbaren Vergleichsdaten.

Konstrukt	Erhebungsmethode / Instrumente
Fragebogen	
Soziodemografische Daten	Fragen zu Alter, Geschlecht, Bildung, Familienstand
Spezifische Kindheitsbiografien	Fragen zur Herkunft des Vaters, Beziehung zum Vater, Ort des Aufwachsens (bei Mutter, Heim, Pflegefamilie), Beziehung der Eltern, Beziehung zu Geschwistern
Psychisches Befinden	Patient Health Questionnaire (Module PHQ-9 und PHQ-15 des PHQ-D, dt. Version) Posttraumatic Diagnostic Scale (PDS; dt. Version)
Lebenszufriedenheit	Satisfaction With Life Scale (SWLS; dt. Version)
Bindung	Adult Attachment Scale (AAS; dt. Version)
Aversive Kindheitserfahrungen	Childhood Trauma Questionnaire (CTQ; dt. Version)
Stigmatisierung	Explorierend; Fragen wurden in Anlehnung an Inventory of Stigmatizing Experiences (ISE) entwickelt
Selbst-Stigmatisierung	Explorierend; Fragen in Anlehnung an die Self-Stigma of Mental Illness Scale (SSMIS) und die Internal Stigma of Mental Illness Scale (ISMI) erstellt
Identität	Explorierend; Fragen zur Selbstbeschreibung Fragen wurden in Kooperation mit Besatzungskindern, I. C. Mochmann und S. Lee an deutsche Stichprobe angepasst in Anlehnung an Befragung norwegischer und dänischer „Wehrmachtskinder"

Tabelle 2: Konstrukte der Studie und Erhebungsmethoden. Quelle: Universität Leipzig

Für einige Konstrukte und Fragestellungen konnte nicht auf etablierte Instrumente und Skalen zurückgegriffen werden, weil die Situation der Zielgruppe zu spezifisch ist. So wurden zur Erfassung von Stigmatisierungserfahrungen oder Aspekten der Identitätsentwicklung die entsprechenden Instrumente in

Anlehnung an bereits existierende Fragen aus vergleichbaren Untersuchungen entwickelt. Die Konstruktion passender Items erfolgte durch eine Literaturrecherche und den Austausch mit Experten in Fokusgruppen. Im Anschluss wurden die Items durch Betroffene mit partizipativen Methoden, wie Pilotdurchlauf des Instruments, Fokusgruppen, Bedarfsanalyse und Rangfolgenbildung, auf Inhaltsvalidität, Verständlichkeit und Vollständigkeit hin überprüft und angepasst. Beim partizipativen Ansatz werden sowohl Experten als auch Betroffene selbst herangezogen, um die Konstruktion mit maximaler Nähe an der Realität der zu untersuchenden Stichprobe zu gestalten. Laut Christine Brendel, einer Expertin des Deutschen Entwicklungsdienstes, sind die Chancen für das Gelingen und Fortbestehen eines Projektes umso höher, je mehr Personen der Zielgruppe an dessen Gestaltung teilnehmen.[64] Diese Vorgehensweise ist vor allem bei der Beforschung von „Hidden Populations" empfehlenswert.[65] Fragen zu Erfahrungen während der Kindheit und Jugend sowie zur Herkunft des Vaters wurden von der historischen und sozialwissenschaftlichen Literatur abgeleitet.

Aus dem vorgestellten Projekt konnten bereits zwei weitere Projekte in europäischen Ländern angeregt und/oder unterstützt werden. In Kooperation mit der Universität Bergen/Norwegen und dem GESIS – Leibniz Institut in Köln erfolgt momentan die Neuauflage des früheren Projektes zu „Wehrmachtskindern" in Norwegen. Die Studie wird durch ein Günter-Jantschek-Forschungsstipendium unterstützt. Der im Besatzungskinderprojekt entwickelte Fragebogen wurde hierfür übersetzt, kulturell adaptiert; zum Teil wurden Äquivalente der standardisierten Instrumente eingesetzt. In Kooperation mit dem Ludwig Boltzmann-Institut für Kriegsfolgen-Forschung in Graz (Projektleitung für Österreich: Barbara Stelzl-Marx) fand eine Befragung der österreichischen Besatzungskinder mit einem kulturell und sprachlich angepassten Fragebogen statt. An der Untersuchung nahmen 112 Personen teil, 101 fielen davon in die Kategorie Besatzungskinder. Die Auswertung dieser Daten im Detail beginnt im Frühjahr 2015. Wünschenswert sind die Vernetzung mit interessierten Forschergruppen in weiteren europäischen Ländern sowie die Initiierung ähnlicher Studien in weiteren Ländern.

---

64 Christine Brendel, Partizipation und partizipative Methoden in der Arbeit des DED. Ein Orientierungsrahmen aus der Praxis für die Praxis. Bonn 2002.
65 Mochmann, Ethical Considerations in Doing Research.

Erste Ergebnisse

Erfahrungen mit Vorurteilen und Diskriminierung

Über die Hälfte der Befragten (52,7 Prozent) berichtet über persönliche Erfahrungen mit negativen Vorurteilen gegenüber Besatzungskindern. Davon gibt ein Drittel (28,6 Prozent) an, dass sie „selten", die Hälfte (50,6 Prozent) „manchmal", 19,5 Prozent „oft" und 1,3 Prozent „immer" Erfahrungen mit Diskriminierung und Vorurteilen gemacht haben. Im Vordergrund standen dabei verschiedene „Angriffspunkte", z. B. spielte bei der Mehrheit „der Fakt, dass Mutter sich mit einem Besatzungssoldaten eingelassen hat" (57,1 Prozent), eine wesentliche Rolle, wohingegen andere einen Bezug zum „Ursprungsland des Vaters" (40,3 Prozent), zu „ererbten äußerlichen Merkmalen" (24,7 Prozent) und zur Tatsache „unehelich zu sein" (11,7 Prozent) nannten. Etwa die Hälfte der Personen mit diesen Erfahrungen wurde in ihrem sozialen Umfeld (überwiegend in der Nachbarschaft, Dorfgemeinschaft oder im Bekanntenkreis) mit Vorurteilen konfrontiert, am häufigsten in Form von Beschimpfungen und Ablehnung. Auch in öffentlichen Einrichtungen und Institutionen stießen die Befragten auf Vorurteile in Form von Verweigerung oder Erschwerung der Aufnahme in den Kindergarten oder die Schule sowie durch diskriminierendes Verhalten von Lehrern. Viele erfuhren auch im direkten familiären Umfeld Ablehnung der Mutter oder der eigenen Person. Ein Fünftel der Studienteilnehmerinnen und -teilnehmer gab an, äußere Merkmale zu haben, die sie als Besatzungskind kennzeichnen (z. B. „dunkle Haut und gekräuselte Haare" oder „südländisches Aussehen"). Sie waren viel „sichtbarer" und fühlten sich stärker durch Diskriminierung beeinträchtigt.[66]

Identität als Besatzungskind

Im Fragebogen gab es Freitextstellen, in denen die Befragten Raum hatten, um die Sicht auf sich selbst darzustellen. Aus diesen Ausführungen haben wir fünf verschiedene Identitätsbeschreibungen herausgearbeitet: „Außenseiter", „Überlebenskünstler", „Kämpfer", „Opfer negativer Erfahrungen" und „Unbelastete". Die „Außenseiter" scheinen sich abseits der Gesellschaft und als nicht zugehörig wahrzunehmen, weil sie anders oder fremd sind. Die „Überlebenskünstler" erarbeiteten sich durch viel Anpassung und Leistung Akzeptanz durch die Gesellschaft. Die „Kämpfer" erarbeiten sich die Teilha-

---

66 Anna-Lena Aßmann et al., Stigmatisierungserfahrungen des Zweiten Weltkrieges in Deutschland, in: Trauma & Gewalt (in Druck); Anna-Lena Aßmann, Stigmatisierungserfahrungen der deutschen Besatzungskinder des Zweiten Weltkrieges. Masterarbeit, Universität Leipzig 2014.

be an der Gesellschaft eher durch aktive Auseinandersetzung als durch Anpassung. Die Gruppe der „Opfer negativer Erfahrungen" scheint sich selbst als „Sündenbock" zu sehen, fühlt sich kraftlos und musste aufgrund der eigenen Herkunft in einem subjektiv sehr hoch empfundenen Ausmaß wiederholt negative Erfahrungen machen. Die fünfte Gruppe ist die der „Unbelasteten". Diese Personen bezeichnen sich als normal, mit einer gleichwertigen Stellung in der Gesellschaft und einer eher unbeschwerten Kindheit.[67]

Vergleicht man die Gruppen untereinander hinsichtlich bestimmter Erfahrungen in Kindheit und Jugend, steht die Zugehörigkeit zur Gruppe der „Unbelasteten" jeweils im Zusammenhang mit dem Gefühl, während der Kindheit und Jugend von den wichtigen Bezugspersonen angenommen und von den Bezugspersonen – im Vergleich zu den Geschwistern – doppelt so häufig gleich oder bevorzugt behandelt worden zu sein. Überdies zeigen sich die „Unbelasteten" zufriedener mit ihrer aktuellen Lebenssituation.

Aversive Kindheitserfahrungen

Im Hinblick auf schlimme Kindheitserfahrungen berichten Besatzungskinder deutlich häufiger von belastenden Ereignissen und von einem höheren Schweregrad im Vergleich mit der gleichaltrigen deutschen Allgemeinbevölkerung. Die Befragten berichteten deutlich häufiger von Missbrauchs- und Vernachlässigungserfahrungen als die gleichaltrige deutsche Allgemeinbevölkerung.[68]

Aktuelle psychische und körperliche Beschwerden

Im Vergleich mit der gleichaltrigen deutschen Bevölkerung zeigte sich eine deutlich stärkere Belastung der Besatzungskinder.[69] Zum Beispiel erlebten

---

67 Diana Kunitz, „Kind des Feindes?" – Eine Untersuchung zu den Identitätsbildern der deutschen „Besatzungskinder" des Zweiten Weltkrieges. Masterarbeit, Universität Leipzig 2014: Der Begriff „Unbelastete" stellt hier ein psychologisches Konstrukt dar und beschreibt Personen, die sich selbst als unbelastet von ihrer Kindheit als Besatzungskind beschreiben. Entsprechend sind sie psychosozial unbelastet. Von dem historischen Begriff „Unbelastete" im Sinne von „deutschen Bürgern, die nach dem Entnazifizierungsverfahren unbelastet blieben", wird hier Abstand genommen.
68 Heide Glaesmer – Marie Kaiser – Philipp Kuwert, Traumata und aversive Kindheitserfahrungen bei den deutschen Besatzungskindern und Zusammenhänge mit aktuellen psychischen Beschwerden. Vortrag auf dem Kongress des Deutschen Kollegiums für Psychosomatische Medizin. Berlin 2014.
69 Marie Kaiser et al., Depression, Somatization and Posttraumatic Stress Disorder in German Children Born of Occupation after WWII in Comparison With Birth-cohort-matched General Population Sample, in: Journal of Nervous and Mental Disease (eingereicht).

die Befragten weit häufiger körperliche Gewalt oder ernsthafte Bedrohung, Vergewaltigung sowie sexuellen Missbrauch in der Kindheit als die gleichaltrige deutsche Bevölkerung. Als Folge dieser Erfahrungen haben die deutschen Besatzungskinder eine deutlich höhere Ausprägung einer PTBS, aber auch posttraumatischer Belastungssymptome, ohne eine klinische Diagnose zu erfüllen. Dies gilt auch für Depression und Somatisierung. Die Komorbidität dieser beiden Syndrome mit einer PTBS liegt bei den Besatzungskindern ebenfalls über dem Durchschnitt der gleichaltrigen Allgemeinbevölkerung. Die Hintergründe werden in den spezifischen Lebensumständen der Besatzungskinder gesehen. Insofern, als dass z. B. die ablehnende Haltung des sozialen Umfeldes das Ausgesetztsein gegenüber bedrohlichen Situationen erhöhte (z. B. Missbrauchserfahrungen in Kinderheimen oder gewalttätiges familiäres Umfeld).

Beziehungsgestaltung, Bindungsverhalten

In der Beziehungsgestaltung im Erwachsenenalter fühlen sich die befragten Personen deutlich weniger wohl mit Nähe in Beziehungen und vertrauen deutlich seltener darauf, dass nahestehende Personen bei Bedarf verfügbar sind. Dies kann als Hinweis auf inkonsistente Bindungserfahrungen in der frühen Kindheit interpretiert werden. Jedoch zeigt die Mehrheit der Befragten auch einen sicheren Bindungsstil. Entsprechend gibt es unter den 146 Befragten einen großen Anteil an Personen, die selbst bei schwierigen Lebensbedingungen eine positive innere Repräsentanz ihrer primären Bezugsperson entwickeln konnten.[70]

Zusammenfassung und Ausblick

Auch wenn inzwischen die Lebensbedingungen der Besatzungskinder in Deutschland aus historischer und politischer Perspektive relativ gut beschrieben sind, fehlte es bis vor Kurzem komplett an Studien, die sich dieser Personengruppe aus einer psychosozialen Perspektive nähern und diese empirisch zu erfassen versuchen. Das Projekt der Universitäten Leipzig und Greifswald ist eines der ersten auf diesem Gebiet und zeigt eine deutlich höhere Belastung der Betroffenen hinsichtlich aller bisher analysierten Konstrukte im

---

70 Marie Kaiser – Philipp Kuwert – Heide Glaesmer, Bindungsverhalten und Bindungsstile der deutschen „Besatzungskinder" des Zweiten Weltkrieges und Zusammenhänge mit den Lebensbedingungen in Kindheit und Jugend. Vortrag auf dem Kongress des Deutschen Kollegiums für Psychosomatische Medizin. Berlin 2014.

Vergleich zur gleichaltrigen deutschen Allgemeinbevölkerung auf. Die Unterschiede sind auch deswegen interessant, weil beide Gruppen (Stichprobe der Besatzungskinder und alters-parallelisierte Stichprobe der Allgemeinbevölkerung) äußerlich zunächst unter ähnlichen Bedingungen aufwuchsen (etwa Bedingungen der Nachkriegszeit, finanzielle Notlage, Aufwachsen ohne leiblichen Vater). Offensichtlich gibt es jedoch Erfahrungen, die spezifisch für die untersuchte Population sind und möglicherweise zu einer höheren Verletzlichkeit und entsprechend zu einer höheren Belastung bis hinein ins Erwachsenenalter führen konnten. Es bleibt zu erforschen, inwiefern die einzelnen untersuchten Konstrukte für eine Erklärung dieser Unterschiede herangezogen werden können. Zu vermuten ist, dass die gesellschaftliche Situation (Nachkriegsdeutschland, Residuen der Nazi-Ideologie) sowie die Erfahrungen der deutschen Soldaten während des Krieges (heimkehrende Soldaten trugen eventuell die Abneigung gegen die ehemaligen Feinde in sich und damit auch in die Familien der Besatzungskinder hinein) begünstigend auf ein ablehnendes Umfeld gewirkt haben und damit die Wahrscheinlichkeit für die „Kinder des Feindes" erhöhten, Situationen ausgeliefert zu sein, die bedrohlich oder traumatisch sind.

Neben den deutschen und österreichischen Besatzungskindern oder den norwegischen Wehrmachtskindern gibt es noch weitere „Kinder des Krieges" der gesamten historischen Kohorte des Zweiten Weltkrieges und der Besatzungszeit. Auch diese müssten in den Blick genommen werden. Darüber hinaus entsteht die Möglichkeit der Aufklärung über die Entwicklungsbedingungen und deren Konsequenzen für ähnliche Populationen in aktuellen Krisen- und Post-Konfliktregionen weltweit. Die „Kinder des Krieges" stellen in sämtlichen von Krieg betroffenen Ländern eine epidemiologisch relevante Gruppe dar, die von der psychosozialen Forschung bislang weitestgehend vernachlässigt worden ist. Dementsprechend besteht dringender Handlungsbedarf für methodisch differenzierte Forschung, die sich den Belastungen und Ressourcen der auch konkret „zwischen den Fronten" geborenen und aufgewachsenen Betroffenen widmet.[71] Als langfristiges Ziel der Untersuchung historischer Kohorten ist die Ableitung und Entwicklung hilfreicher Präventions- und Interventionsansätze für aktuelle und ehemalige Konfliktregionen zu sehen.

---

71 Kirsten Johnson et al., Association of Sexual Violence and Human Rights Violations With Physical and Mental Health in Territories of the Eastern Democratic Republic of the Congo, in: Jama-Journal of the American Medical Association. 304, 2010, S. 553–562. Eine aktuelle repräsentative Erhebung der Harvard School of Public Health im Ostkongo kam zu einer Prävalenz für erlebte Kriegsvergewaltigungen von 41,1 Prozent aller dortigen Einwohnerinnen.

Miriam Gebhardt

Eine Frage des Schweigens?
Forschungsthesen zur Vergewaltigung deutscher Frauen nach Kriegsende

Von den 68.000 amtlich bekannten sogenannten Besatzungskindern im Jahr 1956 in der Bundesrepublik einschließlich Berlin waren knapp 3200 Kinder oder fünf Prozent in Folge einer Vergewaltigung entstanden.[1] Einschließlich jener Kinder, die in bestehenden Ehen geboren wurden und deren Vaterschaft nicht angefochten wurde, und der vermutlich etwa gleich hohen Zahl in der DDR können wir vorsichtig geschätzt mit einer Größenordnung von 8600 Kindern rechnen, deren Mütter von fremden Soldaten unter Zwang geschwängert worden waren. Über ihr Schicksal wissen wir wenig – nicht zuletzt, weil dem Sachverhalt selbst, nämlich der massenhaften Vergewaltigung deutscher Frauen nicht nur durch die Rote Armee, sondern durch alle Siegertruppen, bislang in der Forschung wenig Aufmerksamkeit geschenkt wurde. An die noch zu schreibende Geschichte dieser Kinder können wir uns momentan nur annähern, indem wir uns mit den betroffenen Müttern beschäftigen; mit ihren unmittelbaren Reaktionen auf die Tat selbst, ihren begrenzten Aussichten auf gesellschaftliche Empathie und mit ihrem Kampf um eine finanzielle Gleichbehandlung mit denjenigen, die durch Krieg und Besatzung körperliche Schäden davongetragen hatten. Nicht zuletzt ging es den Müttern dieser „Niemandskinder" darum, ihre bürgerliche Ehre zu verteidigen, und zwar in Abgrenzung von den Frauen, die freiwillige Verhältnisse mit Besatzungssoldaten eingegangen waren.

Die Vergewaltigung deutscher Frauen zum Ende des Zweiten Weltkrieges und in der Besatzungszeit durch Soldaten der Siegernationen ist kaum erforscht. Im Angesicht der deutschen Kriegsverbrechen, der Verfolgung und Vernichtung der europäischen Juden und anderer Minderheiten und sozialer Gruppen war die Behandlung der eigenen Opfer der alliierten Truppen zu Recht nachrangig. Dazu kamen politische Loyalitäten mit den Siegernationen, die es in Ost und West nicht opportun erscheinen ließen, die Verbündeten mit ihren eigenen Untaten zu konfrontieren. Doch auch schon unmittelbar nach dem Krieg, als es eine entsprechend sensible Hierarchie öffentlicher

---

1 Sondererhebung über uneheliche Besatzungskinder Bundesarchiv Koblenz Bundesinnenministerium B 153/342, Schreiben vom 2.2.1956.

Moral noch nicht gab, tat sich die Gesellschaft schwer mit einer echten Anerkennung von überwiegend weiblichem Leid; einem Leid, das dazu geeignet war, ein zentrales gesellschaftliches Ziel zu konterkarieren – und zwar die Wiederherstellung eines nach bürgerlich-patriarchalem Muster geordneten Lebens im zerstörten Deutschland. Es war offensichtlich zu kompliziert, diskursiv zu unterscheiden zwischen Frauen, die sich mehr oder weniger freiwillig mit einem Besatzungssoldaten einließen und als Verräterinnen der eigenen Nation galten, und jenen, denen Gewalt angetan worden war. Damalige Geschlechtervorstellungen spielten diesem ungenügenden Differenzierungsvermögen zu; Misstrauen gegenüber der weiblichen Sexualität sollte auch noch jahrzehntelang individuelle Gesuche um Entschädigung und Anerkennung von vergewaltigten Frauen erschweren.[2]

Diese zeitgenössischen Erschwernisse eines einfühlsamen Umgangs mit den Opfern haben sich motivisch bis in die gegenwärtige Historiografie erhalten. Das kollektive Erinnern, wenn davon überhaupt die Rede sein kann, an die sexuelle Gewalt bei Flucht und Vertreibung und während der Okkupation Deutschlands wurde mangels systematischer Aufarbeitung von wirkmächtigen populären Darstellungen wie etwa Erich Kubys „Russen in Berlin" und bekannten Tagebüchern wie dem der „Anonyma" und dessen Verfilmung oder der Erinnerung von Margret Boveri überformt, die bis dato auch als Quellen der wissenschaftliche Aufarbeitung des Geschehens herangezogen werden.[3] Wegen ihres einseitigen Augenmerks auf Berlin und „die Russen" und wegen der Anschlussmöglichkeit an von der Nazi-Propaganda verbreiteten Schauergeschichten über „bolschewistische Bestien" konnten sich so zeitgenössische Einseitigkeiten und Vorurteile bis heute halten.[4]

Da wäre an erster Stelle die Überbetonung der sowjetischen Verbrechen in Berlin im Verhältnis zu den Taten der Rotarmisten auf der Flucht und Ver-

---

2 Vgl. Miriam Gebhardt, Als die Soldaten kamen. Die Vergewaltigung deutscher Frauen am Ende des Zweiten Weltkrieges. München 2015.

3 Die Anonymität der Autorin von „Eine Frau in Berlin" wurde inzwischen durch den SZ-Journalisten Jens Bisky gelüftet, jedoch ausdrücklich gegen ihren Wunsch, weshalb ich bei „Anonyma" bleibe. Jens Bisky, Wenn Jungen Weltgeschichte spielen, haben Mädchen stumme Rollen, in: Süddeutsche Zeitung. 24.9.2003, S. 16. Anonyma, Eine Frau in Berlin. Tagebuch-Aufzeichnungen vom 20. April bis 22. Juni 1945. Köln 2003; Margret Boveri, Tage des Überlebens. Berlin 1945. Frankfurt 1996; Erich Kuby, Die Russen in Berlin. München u. a. 1965.

4 Zur grassierenden Angst unter der Bevölkerung insbesondere vor den sowjetischen Soldaten und der daraus folgenden Selbstmordepidemie unter Zivilisten vgl. Christian Goeschel, Selbstmord im Dritten Reich. Berlin 2011, S. 230–256. Allgemeiner: Ian Kershaw, Das Ende. Kampf bis in den Untergang. NS-Deutschland 1944/45. München 2013, S. 385–389.

treibung und im restlichen Deutschland, aber vor allem auch in Relation zu denen der westlichen Siegermächte. Selbst wenn die Sexualstraftaten der Roten Armee dominierten, sind die der anderen Truppen, vor allem der Franzosen und der Amerikaner (über die der Briten ist wenig herauszufinden), nicht zu unterschätzen. Es gibt noch immer keinen wissenschaftlichen Versuch über die sexuelle Gewalt der westlichen Truppen, obwohl zumindest die amerikanische Forschung bereits dazu vorgelegt hat.[5] Ich komme konservativ geschätzt auf 860.000 Vergewaltigungen zum Kriegsende und in der unmittelbaren Nachkriegszeit.[6] Aus jeder hundertsten Vergewaltigung entstand vermutlich ein Kind. Das Verhältnis der von sowjetischen Soldaten und von westlichen Soldaten verübten Verbrechen betrug möglicherweise drei zu

---

5   J. Robert Lilly, Taken by Force. Rape and American GIs in Europe during World War II. London u. a. 2007; Mary Louise Roberts, What Soldiers Do. Sex and the American GI in World War II France. Chicago 2014.

6   Von den insgesamt knapp 70.000 unehelichen Besatzungskindern im Westen hatten 55 Prozent amerikanische, 15 Prozent französische, 13 Prozent britische, 5 Prozent sowjetische, 3 Prozent belgische, 10 Prozent Väter anderer Nationalität. Laut Angaben der Mütter waren 3200 Kinder bei Vergewaltigungen entstanden. Die zeitgenössische Schätzung der Rate von Zwangsschwängerungen unter den sogenannten Besatzungskindern betrug ca. fünf Prozent. Dieser Faktor lässt sich auch für einzelne Bundesländer bestätigen. In dieser Zahl sind die Kinder, deren Mütter mit einem Deutschen verheiratet waren, aber von einem Besatzungssoldaten oder -angehörigen geschwängert worden waren, die also Kinder durch Vergewaltigung in einer bestehenden Ehe bekamen, nicht enthalten. Wenn die Statistik der amerikanischen Militäroberstaatsanwaltschaft für die Fälle zwischen März und September 1945 richtig ist, war ein Viertel der Opfer verheiratet. Somit würde sich die Gesamtzahl der Vergewaltigungskinder um 800 erhöhen. Ebenfalls nicht enthalten sind Kinder, die unter Einzelvormundschaft und nicht unter staatlicher Vormundschaft standen, die ich in meiner Rechnung vernachlässige. So kommt man auf circa 4000 „Vergewaltigungskinder". Das sind jedoch nur Zahlen für den Westen bzw. die spätere Bundesrepublik, für die DDR tappen wir im Dunklen. Da ein Drittel der besonders von Vergewaltigungen betroffenen Flüchtlinge und Vertriebenen aus den ehemaligen deutschen Ostgebieten im Jahr 1950 in der DDR lebten, und da in der Sowjetischen Besatzungszone (SBZ)/DDR auch unter sowjetischer Besatzung häufiger vergewaltigt wurde, rechne ich zu der Zahl von 4000 noch einmal anteilsmäßig dieselbe Zahl hinzu, sodass wir insgesamt auf circa 8000 Kinder aus Vergewaltigungen kommen. Mit dem Faktor hundert hochgerechnet, komme ich auf die Gesamtzahl von rund 860.000 Vergewaltigungsopfern. Diese Zahl bezieht sich auf Frauen, die um 1955 als deutsche Staatsangehörige galten, und die während Flucht und Vertreibung, während der letzten Kampfhandlungen oder während der Besatzungszeit bis 1955 von Soldaten oder anderen Angehörigen der alliierten Armeen vergewaltigt worden sind. Da viele Frauen mehrfach vergewaltigt wurden, und da es auch männliche Vergewaltigungsopfer gab, liegt die Zahl der Taten insgesamt erheblich höher. Bundesarchiv (BA) Koblenz B/126/28038 Statistisches Bundesamt am 10.10.1956. Ausführlicher Diskussion der Zahlen vgl. Miriam Gebhardt, Als die Soldaten kamen, S. 23–38.

eins.⁷ Auch wenn Zahlen angesichts vieler Fehlerquellen nur Annäherungswerte sein können, und auch wenn sie deutlich niedriger sind als die bislang in Literatur und Forschung gehandelten⁸, bleibt die Tatsache bestehen, dass es sich bei den Ereignissen zum Kriegsende und im Nachkrieg um die größte Massenvergewaltigung in der Geschichte gehandelt hat, und zwar unter erheblicher Beteiligung auch der westlichen Alliierten.⁹

Aber auch ohne Superlative zu bemühen, ist die eigentlich relevante Frage heute die nach dem Schicksal der Opfer und den Auswirkungen des Geschehens für die deutsche Gesellschaft. Die Zeit ist überfällig, diese Fragen in den Blick zu nehmen – ohne freilich dabei aus den Augen zu verlieren, dass die deutsche Wehrmacht ebenfalls massenhaft vergewaltigt hat, und – selbstverständlich – ohne die deutschen Opfer damit von der persönlichen und kollektiven Verantwortung für die Verbrechen des Nationalsozialismus freizusprechen. Im Folgenden werde ich die in der Forschung bis heute gängigen Thesen über die unmittelbaren Nachwirkungen der Taten diskutieren: Erstens, die (überwiegend weiblichen) Betroffenen hätten sich dank einer Art Kollektivresilienz rasch von der Erfahrung sexueller Gewalt erholt. Zweitens, wenn Frauen durch eine Vergewaltigung schwanger wurden, hätten sie, aufgrund rassistischer Ressentiments, massenhaft abgetrieben. Drittens, das Ereignis habe nach der Rückkehr der Männer aus dem Krieg – quasi aus Rücksicht auf deren Befindlichkeit – in der bundesdeutschen Öffentlichkeit keine weitere Rolle mehr gespielt bzw. sei im Interesse nationaler Motive instrumentalisiert worden. Diese Annahmen sind dazu geeignet, die Erfahrung der Vergewaltigungsopfer zu relativieren bzw. ihre Vernachlässigung bis

---

7   Bei circa 3800 amerikanischen Besatzungskindern kämen wir bei der genannten 4-Prozent-Quote von durch Gewalt gezeugten Kindern auf circa 900 amerikanische „Vergewaltigungskinder". Das würde nahelegen, dass 90.000 in der Bundesrepublik lebende Frauen amerikanischen Tätern zum Opfer gefallen sind, 32.000 Frauen französischen Tätern, 11.000 sowjetischen, 9000 belgischen, 25.000 britischen. Diese Schätzungen wären jedoch nur dann richtig, wenn die 5-Prozent-Quote auf alle Besatzungsarmeen gleichermaßen zuträfe. Wer das Risiko dieser Spekulation eingeht, kommt so auf ein Verhältnis der östlichen zu den westlichen Siegermächten von 3:1.
8   In der Forschung werden noch immer die Zahlen der Arbeitsgemeinschaft um Helke Sander/Barbara Johr/Gerhard Reichling aus den frühen Neunzigerjahren übernommen, die von Zahlen von Frauenkliniken in Berlin und der Berliner Bevölkerungsstatistik von 110.000 Opfern allein in Berlin und 1,9 Millionen Opfern in den ehemaligen deutschen Ostgebieten und während Flucht und Vertreibung ausgehen, also allein für die Opfer der Roten Armee mit wesentlich höheren Zahlen aufgewartet haben. Vgl. Helke Sander – Barbara Johr (Hg.), BeFreier und Befreite. Krieg, Vergewaltigungen, Kinder. München 1992, S. 46–65.
9   Die Massenvergewaltigungen in Ruanda werden mit 5.000.000 Opfern, die im ehemaligen Jugoslawien mit 200.000 beziffert.

heute zu rechtfertigen. Sie sind mit zeitgenössischen Deutungsbedürfnissen verbunden, die es inzwischen ebenfalls aufzuarbeiten gilt.

Die These von der weiblichen Opferbereitschaft

Bislang wird argumentiert, die Vergewaltigungen seien ein angekündigtes Unglück gewesen. Die Gefahr der sexuellen Übergriffe durch sowjetische Soldaten war im Durchhaltekrieg propagandistisch weidlich ausgeschlachtet worden, daher hätten sich die Frauen immerhin darauf einstellen können, was ihnen bevorstünde. Immer vorausgesetzt, die Opfer waren entsprechend linientreu, seien sie darüber hinaus durch die Untaten in ihren Erwartungen und Stereotypien gegenüber dem Feind bestätigt worden. Eingeschworen von Goebbels hätten die Vergewaltigungsopfer ihr Leid als Kollektiverfahrung wahrnehmen und rationalisieren und im Kontext anderer kriegsbedingter Leiden wie etwa dem Verlust der Heimat oder den Tod von Angehörigen rationalisieren können. Die These wird erstaunlicherweise bis heute auch von ausgewiesenen feministischen Wissenschaftlerinnen und Wissenschaftlern wiederholt.[10]

Belegt wird diese Einschätzung durch einige wenige sprechende Quellenfunde, Selbstzeugnisse und Zeitzeugenberichte, allen voran die Reportagen des Publizisten Erich Kuby. Der wichtige Chronist der Bundesrepublik berichtete in den mittleren Sechzigerjahren mit der Beglaubigung des Zeitzeugen als einer der ersten Deutschen in einer „Spiegel"-Serie und in einer daraus entstandenen Monografie über die Massenvergewaltigungen durch

---

10 Regina Mühlhäuser, Massenvergewaltigungen in Berlin 1945 im Gedächtnis betroffener Frauen. Zur Verwobenheit von nationalistischen, rassistischen und geschlechtsspezifischen Diskursen, in: Veronika Aegerter u. a. (Hg.), Geschlecht hat Methode. Ansätze und Perspektiven in der Frauen- und Geschlechtergeschichte. Beiträge der 9. Schweizerischen Historikerinnentagung 1998. Zürich 1999, S. 235–246, hier: S. 239. Vgl. auch Regina Mühlhäuser, Vergewaltigungen in Deutschland 1945. Nationaler Opferdiskurs und individuelles Erinnern betroffener Frauen, in: Klaus Naumann (Hg.), Nachkrieg in Deutschland. Hamburg 2001, S. 384–408, hier: S. 389; Atina Grossmann, Eine Frage des Schweigens: Die Vergewaltigung deutscher Frauen durch Besatzungssoldaten. Zum historischen Hintergrund von Helke Sanders Film BeFreier und BeFreite, in: Frauen und Film. 54/55, 1994, S.14–28, hier: S. 19, 21; Atina Grossmann, A Question of Silence: The Rape of German Women by occupation Soldiers, in: Ocotober. Bd. 72, 1995, S. 43–63; Hsu-Ming Teo, The Continuum of Sexual Violence in Occupied Germany, 1945–1949, in: Women's History Review. Bd. 5, Nr. 2, 1996, S. 191–218, hier: S. 193; Sibylle Meyer – Eva Schulze, Wie wir das alles geschafft haben. Alleinstehende Frauen berichten über ihr Leben nach 1945. München 1993, S. 64. Ebenfalls skeptisch gegenüber der Resilienzthese: Norman M. Naimark, Die Russen in Deutschland. Die sowjetische Besatzungszone 1945–1949. Berlin 1997, S. 162–163.

Abb. 1: Übergriffe der Rotarmisten dominieren bislang die öffentliche Erinnerung an sexuelle Gewalt gegen deutsche Frauen zum Ende des Zweiten Weltkrieges. Quelle: ullstein bild

die Sowjets in Berlin.¹¹ Er schilderte, wie die Frauen, als sie die Gefahr der Übergriffe erkannt hätten, eine ungeheuer kreative weibliche List an den Tag gelegt hätten. Sie schminkten sich auf alt, verhüllten und verunstalteten sich, schützten Krankheiten vor, trugen fremde Babys herum, um potenzielle Übergriffe zu verhindern. Andere zeigten sich furchtlos und bemerkenswert abgebrüht, indem sie sich selbst einen starken hochrangigen Beschützer auswählten, der ihnen die (schmuddeligen, sozial schlechtergestellten) sowjetischen Vergewaltiger vom Leib halten sollte; eine Strategie, die auch (mit einem gewissen Stolz) im Selbstzeugnis der Anonyma erwähnt ist.¹² Für Österreich ist etwa der Topos der „Gerade-noch-davongekommen-Geschichten" überliefert, der ebenfalls die *Agency* der Betroffenen betont. In diesen Erzählungen schildern sich die Frauen als die Handelnden der Geschichte, die dank ihrer Stärke, ihres Mutes und ihrer List dem Angreifer „gerade noch" entkommen konnten.¹³

---

11 Kuby, Die Russen; Erich Kuby, Die Russen in Berlin, in: Der Spiegel. 19/1965–24/1965.
12 Kuby, Die Russen, S. 313, 314–315. „Und ich bin ganz stolz darauf, dass es mir wirklich gelungen ist, mir einen der Wölfe zu zähmen, wohl den stärksten aus dem Rudel, damit er mir den Rest des Rudels fernhalte." Anonyma, Eine Frau in Berlin. Tagebuch-Aufzeichnungen vom 20. April bis 22. Juni 1945, München 2005 (8. Auflage), S. 94.
13 Barbara Stelzl-Marx, Stalins Soldaten in Österreich. Die Innensicht der sowjetischen Besatzung 1945–1955. Wien – München 2012, S. 467f.

Als es überstanden war, so Kuby, aber auch die betroffene Anonyma, sprachen die Opfer nicht weiter darüber, die Frauen verarbeiteten die Gewalterfahrung als „kollektives Schicksal" und überwanden diese „erstaunlich rasch".[14] Sie gewöhnten sich einen „sachlichen Umgang" damit an, sprachen „nicht von sich, sondern vom Keller, vom Haus, vom Wohnblock, vom Krankenhaus, von der Behörde, oder welches immer die Gemeinschaft gewesen sein mag, die für die Erzähler unmittelbar überschaubar war."[15]

Diejenigen hingegen, die darüber redeten, als sei ihnen selbst schlimmes Unrecht widerfahren, seien die Männer gewesen. Männer waren es, laut Kuby, die sich zu Opfern stilisierten, und nach einer peinlichen Niederlage die Chance der psychologischen Revanche nutzten.[16] Während die Frauen mit einem verständnisvollen und „sehr weiblichen" Lächeln auf die sexuellen Übergriffe der Sowjets reagiert hätten, hätten die deutschen Männer angesichts der erschreckend potenten und heißblütigen Soldaten der Siegermacht einen Minderwertigkeitskomplex entwickelt – und zwar, weil sie wussten, dass sie „leicht selber, wenn auch auf ganz andere Art, der Vernunft entlaufen und einem dunkeln Vernichtungstrieb anheimfallen".[17] Kuby zielte damit nicht auf die sexuelle Gewalt der Wehrmachtssoldaten ab, die damals noch kein Thema war, sondern auf die anderen Verbrechen der Deutschen im Krieg. Auch in diesem Punkt hören wir von Anonyma Ähnliches; die Rückkehr ihres Partners und seine angeekelte Abwehr, das Verhalten der Frauen in Berlin zur Kenntnis zu nehmen, werden als paradigmatisch für eine generelle männliche Ignoranz dem weiblichen Leiden gegenüber gedeutet.[18]

Die abenteuerlichen Völkerstereotypen Kubys, wonach der nationalsozialistische Täter eine Ausgeburt kühler Rationalität, der sowjetische Vergewaltiger hingegen von heißblütiger „Emotionalität" getrieben gewesen sei, sollen hier nicht weiter interessieren.[19] Wichtig ist jedoch, sich die zu Kubys Zeiten herrschenden Geschlechterdiskurse vor Augen zu halten, die einer Verharmlosung der Massenvergewaltigung durch den Chronisten als angeblich lediglich „intensivste Begegnung" zwischen Russen und Deutschen in der Geschichte dieser beiden Völker Vorschub leisteten.[20] Kuby rekurrierte auf eine

---

14   Kuby, Die Russen in Berlin, S. 310.
15   Ebd., S. 308.
16   Ebd.
17   Ebd., S. 314–315.
18   Anonyma, Eine Frau, S. 274–276.
19   Zu Emotionen und Antisemitismus vgl. Anthony Kauders, Antisemitismus als Selbsthingebung, oder: Der Kampf gegen den „jüdischen Rationalismus", in: Geschichte und Gesellschaft. H. 39, 2013, S. 502–526.
20   Kuby, Die Russen in Berlin, S. 317.

Geschlechterordnung, die auf dem christlich unterlegten Bild der Frau als stummer Dulderin und alltagspraktischer Bewältigerin aller Fährnisse aufbaut. Die weibliche Tatbeteiligung am Nationalsozialismus war noch nicht das Thema, vielmehr die Selbstaufopferung als ein Versatzstück des bürgerlichen weiblichen Geschlechterideals, die nach 1933 durch Opfersymbolik und Kameradschaftsmythos weiter verstärkt worden war. Auch das Bild der hemdsärmeligen „Trümmerfrau", diesem erstaunlich leidensfähigen und robusten Frauentypus, der nach dem verlorenen Krieg kurz durchschnauft und alles wieder aufräumt, steht in dieser Tradition.[21]

Im bürgerlichen Setting der Fünfziger- und Sechzigerjahre ist dann die Frau Idealbesetzung, „die im Dienste des sozialen Aufstiegs der Familie den Haushalt effizient bewältigt, ihren Kindern mit erzieherischem Sachverstand eine gute Mutter ist und ihrem (erwerbstätigen) Ehemann als (nichterwerbstätige) intelligente, stilsichere und taktvolle Musenpartnerin zur Seite steht, ohne sich in den Vordergrund zu drängen."[22] Kurz gesagt: Wenn Erich Kuby den vergewaltigten Frauen seiner Zeit Tapferkeit, Pragmatismus, Leidensfähigkeit attestierte, so rief er den zeitgenössischen Geschlechterdiskurs auf, der von großer gesellschaftspolitischer Relevanz war, und nicht zuletzt das Selbstbild der Frauen beeinflusste. Das pragmatische Vergewaltigungsopfer gehörte zum Mythos der Kameradin und Trümmerfrau, die im Nachkrieg über erlittenes Leid tapfer zu schweigen wusste – im Interesse der Wiedererstarkung des Mannes und der patriarchalen Familie.

Auch entsprechende Äußerungen in den wenigen, immer wieder zitierten Selbstzeugnissen müssen vor dem Hintergrund dieses Geschlechtermodells interpretiert werden. Entsprechende Befunde aus der autobiografischen Literatur, die das Erlebte gelegentlich lakonisch referieren – „Ich war gerade unterwegs, um bei G. Zucker zu besorgen, da kommen zwei und ziehen mich in den einen Hauseingang. Hingelegt und Röcke hoch. Schön war das nicht, aber das war ja zu erwarten" –, müssen interpretiert werden.[23] Wir sollten quellenkritisch mit den zitierten Selbstzeugnissen umgehen. Dann werden wir feststellen, dass in den bekannten Tagebüchern wie etwa dem von Mar-

---

21 Maria Höhn, Frau im Haus und Girl im Spiegel, Discourse on Women in the Interregnum Period of 1945–1949 and the Question of German Identity, in: Central European History. Vol. 26, Nr. 1, 1993, S. 57–90, hier: S. 89; auch Annette Kuhn, Power and Powerlessness: Women after 1945, or the Continuity of the Ideology of Feminity, in: German History. Vol. 7, Nr. 1, 1989, S. 35–46.
22 Sibylle Brändli, Wünsche, Zwänge, Bedürfnisse. Geschlecht und Konsum in der Schweiz nach 1945, in: Veronika Aegerter et. al. (Hg.), Geschlecht hat Methode. Ansätze und Perspektiven in der Frauen- und Geschlechtergeschichte. Zürich 1999, S. 209–221, hier: S. 216.
23 Zit. nach: Mühlhauser, Vergewaltigungen in Deutschland, S. 389.

gret Boveri oder dem der Anonyma das Motiv der Agency oder Selbstwirksamkeit der Autorinnen das zentrale Thema war, was sich natürlich auf die Schilderung der Vergewaltigungen und der Nachwirkungen ausgewirkt hat. Sowohl Anonyma als auch Boveri breiteten in ihren Tagebüchern ein elitäres, politisch differenziertes Selbstbild aus, das sie einerseits davor feite, sich wie bedauernswerte Opfer fühlen zu müssen, andererseits in den Stand versetzte, ihre weibliche Autonomie und Vitalität zu behaupten und ihre Verachtung für den schwachen, geschlagenen Mann auszudrücken. Diese durch Bildung, Berufstätigkeit und Weltläufigkeit privilegierten Frauen waren, was die Verarbeitungsmöglichkeiten durch Sprache und Publikation anbelangt, alles andere als repräsentativ für die Masse der Vergewaltigten. Boveri geht selbst intensiv darauf ein, wie sie und Gleichgesinnte durch journalistisches Schreiben sich gleichsam neben das Geschehen stellten.[24]

Hören wir weniger prominenten Augenzeuginnen zu, lassen sich unschwer andere Erfahrungen dagegensetzen (wie wir immer zu allen Thesen passende Zitate in Selbstzeugnissen finden), die das Sprechen über die Erfahrung selbst in Berlin, wo besonders viele Frauen betroffen waren, als Gratwanderung beschreiben: Schnell hieß es, man habe sich den Sowjets gerne hingegeben. „Ja Gott, die ist eben so veranlagt", habe es geheißen. Außerdem sei es unmöglich gewesen, sich über den eigenen seelischen Zustand zu verständigen, weil die eigenen Gefühle generell kein Thema gewesen seien. Die Gefahr, als leichtfertig zu gelten, verschloss vielen Frauen die Lippen. „Weil das also in der Allgemeinheit hieß, die wird wohl selber nicht ganz unschuldig gewesen sein daran oder so, und dann hat man eigentlich lieber geschwiegen. Das war ja immer mit so einem Negativimage behaftet, und dann hat das eben auch jeder für sich behalten."[25]

Die These, die Erfahrung der Vergewaltigung sei als weibliches Schicksalskollektiv rationalisierbar gewesen, erscheint aber auch aus anderen Gründen zweifelhaft. Die ganz unterschiedlichen Abläufe und Schauplätze der Massenvergewaltigung je nach Zeitpunkt und Kriegsverlauf spielten eine Rolle: Die eine Frau traf es in einem Berliner Keller, die andere auf einem offenen Wagen während der Flucht, die dritte auf einem Hof im Beisein ihrer Familie im Schwarzwald, die vierte allein auf einer Almhütte in Oberbayern. Das hatte unterschiedliche Konsequenzen für die Betreffenden, ganz abgesehen von der persönlichen Disposition, der jeweiligen Einstellung zur Sexualität, dem Wertehorizont der Opfer und den Reaktionsweisen der Mitmenschen.

---

24 Boveri, Tage des Überlebens, u. a. S. 53.
25 Heimatmuseum Charlottenburg, Ausstellung: Worüber kaum gesprochen wurde: Frauen und alliierte Soldaten, 3.–15.10.1995, Zeitzeugenbefragung.

Verlassen wir uns nicht nur auf die wenigen gedruckten Tagebücher, die über die Vergewaltigungen durch Rotarmisten berichten, sondern ziehen andere Quellen heran, offenbaren sich eine Vielzahl von Reaktionsweisen der Opfer, die im krassen Gegensatz zur These einer kollektiven Resilienz stehen. Selbstmord nach der Tat war die drastischste Reaktionsmöglichkeit. Die aus politischen Gründen freilich mit Vorsicht zu behandelnde „Dokumentation der Vertreibung" nennt einzelne Ortschaften im ehemaligen deutschen Osten, in denen es angeblich nach dem Aufeinandertreffen mit der Roten Armee zu Hunderten von Suiziden kam.[26] Suizid war, auch wenn wir mögliche Übertreibungen abziehen, so verbreitet, dass sich die Wissenschaft damit beschäftigte. Über reaktive Selbstmorde und Selbstmordversuche in der Nachkriegszeit schrieb etwa Albin Segmüller in Nürnberg eine Doktorarbeit, die entsprechende Fälle zusammenstellte, wie den einer Vertriebenen, die sich aus Scham über eine geforderte gynäkologische Untersuchung wegen der Infektionsgefahr in einem amerikanischen Hospital versucht hatte umzubringen, oder den eines jungen Mädchens, das von einem „Neger" ungewollt schwanger geworden war, und sich deshalb selbst tötete.[27]

Auch Gabi Köpps Fall erzählt uns eine ganz andere Geschichte. Ihre Schilderung der Vorkommnisse stellt uns die schier unerträgliche existenzielle Einsamkeit eines Opfers vor Augen. Sie war 15 Jahre alt, allein und von ihrer Mutter getrennt auf der Flucht, dazu noch völlig unvorbereitet auf eine derartige Gewalterfahrung. Die Idee einer Schicksalsgemeinschaft löste sich in ihr absurdes Gegenteil auf, als sie – wie viele andere Frauen damals auch – erleben musste, dass andere Frauen das Mädchen verrieten und den Vergewaltigern zum Fraß vorwarfen, um die eigene Haut zu retten.[28] Sprechen durfte sie auch nicht darüber – ihre Mutter verbot ihr ausdrücklich jedes Wort und verwies sie stattdessen aufs Tagebuchschreiben. Das so entstandene Heftchen wurde über Jahrzehnte hinweg in der Familie wie eine tickende Bombe behandelt.[29]

Ein erschütterndes Beispiel aus der Perspektive behandelnder Ärzte bietet auch ein psychiatrisches Gutachten einer Frau aus dem Jahr 1957, die während der Besatzungszeit eine Gruppenvergewaltigung durch französische

---

26   Bundesministerium für Vertriebene (Hg.), Dokumentation der Vertreibung der Deutschen aus Ost-Mitteleuropa, Bd. I/1. Bonn 1954ff., S. 226.
27   Albin Segmüller, Über reaktive Selbstmorde und Selbstmordversuche in der Nachkriegszeit. Psychiatrische- und Nervenklinik des Städtischen Krankenhauses Nürnberg. Dissertation, Universität Erlangen 1949, S. 37–38.
28   Gabi Köpp, Warum war ich bloß ein Mädchen? Das Trauma einer Flucht 1945. München 2010, S. 78–79.
29   Ebd., S. 7–12.

Soldaten hatte überstehen müssen. G. F.[30] aus dem Landkreis Breisgau/ Hochschwarzwald, die als Wäscherin in einem Bahnhofshotel in Immendingen arbeitete, wurde dabei bis zur Bewusstlosigkeit mit dem Kopf gegen den Fußboden des Wagens, einem französischen Sanitätsauto, geschlagen, ihr wurde der Mund zugehalten, sie wurde gewürgt, geschlagen und schließlich nach einer halben Stunde aus dem Auto auf die Straße geworfen. Sie war zu diesem Zeitpunkt 52 Jahre alt.

Im ärztlichen Bericht ist zu lesen, dass sie eine starke Gehirnerschütterung mit Erbrechen und verlangsamtem Puls, gezerrte Bänder und Gelenkschmerzen, zahlreiche Hämatome, Quetschungen, Risse davongetragen hatte. „Seelisch ist die Patientin völlig erschöpft, gibt an, dass sie geglaubt habe, sie werde ermordet werden", schreiben die Ärzte nach ihrer Einlieferung ins Krankenhaus. Sie optieren für eine Unterbringung in der Psychiatrie, weil sie eine Gefahr für sich und für andere darstelle. Sie benehme sich „ungebärdig", demoliere Gegenstände und verweigere die Nahrungsaufnahme aus Angst, vergiftet zu werden. Im Januar 1951 wird G. F. entlassen. Sieben Jahre später wird die Psychiatrie Reichenau feststellen, dass sich ihr Zustand nach dem schrecklichen Erlebnis noch immer nicht gebessert hatte. Nach Angaben ihrer Nachbarn rief sie noch immer nachts um Hilfe und wiederholte im Geist das Erlebte – ein typisches Symptom für ein posttraumatisches Belastungssyndrom. Ihren „inneren Frieden" habe sie nicht wieder gefunden. Der Frau wurden 6230 Mark für ihren Verdienstausfall und für Heilungskosten auf Grundlage der Entschädigung von „Besatzungsschäden" zugesprochen.

Die Historikerin Svenja Goltermann hat herausgestellt, in welchem Maße das damalige diagnostische Instrumentarium der Mediziner und Psychiater die gesellschaftliche Wahrnehmung und Beurteilung von Gewalterfahrungen der Kriegsheimkehrer geprägt hat. Was für die „Kriegsneurotiker" galt, ist auf die Vergewaltigungsopfer übertragbar. Das Konzept eines psychischen Traumas existierte für sie nicht. Wenn ein Gewaltopfer psychisch auffällig wurde, dann musste es in der damaligen Einschätzung bereits vor dem Ereignis nach psychiatrischem Maßstab krank gewesen sein.[31] Ob der Kenntnisstand der Psychiatrie auch den psychischen Haushalt der Betroffenen selbst überformt hat, wie Goltermann vermutet? Im Sinne eines „Gefühlskonstruktivismus" können wir davon ausgehen, dass die Gewalterfahrungen ganz un-

---

30 Staatsarchiv Freiburg, Entschädigungsanträge 3889. Namenskürzel zum Schutz der Patientin geändert.
31 Svenja Goltermann, Die Gesellschaft der Überlebenden: Kriegsheimkehrer und ihre Gewalterfahrungen im Zweiten Weltkrieg. München 2009; auch Svenja Goltermann, Im Wahn der Gewalt. Massentod, Opferdiskurs und Psychiatrie 1945–1956, in: Klaus Naumann (Hg.), Nachkrieg in Deutschland. Hamburg 2001, S. 343–363.

terschiedliche Auswirkungen, vielleicht auch manchmal weniger schlimme, hatten. Die unterstellte kulturelle Überformung des emotionalen Empfindens weist jedenfalls auch in die entgegengesetzte Richtung: Frauen haben nicht nur, wie behauptet, einen forciert pragmatischen Umgang mit der Gewalterfahrung gepflegt, wozu diese Generation im Sozialisationsmuster der „Lebensbemeisterung" schließlich auch erzogen worden waren – ein wichtiges Erziehungsideal war, die Welt als Ort der Abhärtung zu ertragen und darin möglichst schmerzunempfindlich zu werden –, viele Frauen hatten auch aufgrund klaustrophobischer Gefangenschaftssituationen, Erfahrungen von Verrat durch andere Frauen, Erfahrungen von Todesangst und dem Unverständnis der nächsten Umgebung eine besonders schlechte Ausgangssituation für die „Verarbeitung" des Geschehens.[32]

Auch die These der wechselseitigen Nivellierung von Schreckenserlebnissen steht vor dem Hintergrund heutiger psychologischer Erkenntnisse auf tönernen Füßen. Die Wissenschaft spricht ganz im Gegenteil in Fällen, in denen sich schwere Erlebnisse häuften, von „kumulativer Traumatisierung". Wir wissen von Opfern, die lebenslange körperliche und psychische Schädigungen zeigten, heute würde man von Traumafolgestörung oder posttraumatischen Belastungsstörungen sprechen. Die wenigen Forscher, die speziell zu den psychischen Belastungen der kriegsbedingten Vergewaltigung deutscher Frauen wissenschaftlich arbeiten (jedoch leider nur zu den Opfern der Rotarmisten), gehen davon aus, dass bei ungefähr der Hälfte der Betroffenen die Wahrscheinlichkeit einer posttraumatischen Belastungsstörung bestand.[33] Die hohe Rate begründen sie genau damit, dass die Opfer meist noch andere kriegsbedingte Traumatisierungen wie Bombardierungen, andere Kampfhandlungen, Vertreibung aus der Heimat, den Verlust naher Menschen durchstehen mussten. „Die multiple und sequenzielle Traumatisierung durch Kriegserfahrungen erhöht insgesamt die Wahrscheinlichkeit einer Traumafolgestörung." Auch der harte Nachkriegsalltag habe dazu beigetragen, dass die seelische Verwundung nicht ohne Weiteres ausheilen konnte.[34]

---

32 Zum Erziehungsmuster der „Lebensbemeisterung" vgl. Miriam Gebhardt, Die Angst vor dem kindlichen Tyrannen. Eine Geschichte der Erziehung im 20. Jahrhundert. München 2009.

33 Dazu gehören in erster Linie Philipp Kuwert von der Psychiatrie Universität Greifswald und Svenja Eichhorn.

34 Die traumatischen Belastungsreaktionen, dazu gehörten Depressionen, Störungen des Sozialverhaltens, Schuldgefühle, Gefühlsstarre, Gedächtnisstörungen, Schlafstörungen und Albträume sowie psychosomatische Beschwerden, konnten auch erst Jahre nach dem Ereignis auftreten, zum Beispiel, wenn sich negative Lebenserfahrungen häuften oder wenn aktuelle Ereignisse wie beispielsweise Nachrichten über Massenvergewalti-

Die These von den rassistisch motivierten Massenabtreibungen

Ruth Andreas-Friedrich war Zeugin der Vergewaltigungen in Berlin. Am 18. August 1945 notierte sie, dass die Amtsärzte über eine Lockerung des Abtreibungsparagrafen diskutierten: „Die Saat, die während der ersten Maiwochen von unseren Siegern gesät wurde, ist inzwischen aufgegangen. Noch sechs Monate, und Tausende von Kindern werden das Licht der Welt erblicken, die ihren Vater nicht kennen, die in Gewalttat erzeugt, in Furcht empfangen, in Grauen geboren wurden. Soll man sie leben lassen?" Es kursierten Gerüchte, wonach die Hälfte aller Berliner Frauen vergewaltigt worden seien. Verstört saßen Mädchen und Frauen in den Wartezimmern der Ärzte. „‚Werde ich sterben?', fragen die einen. ‚Muss ich es austragen? Muss ich es zur Welt bringen?', ängstigen sich die andern." Tausende Kinder waren es in Berlin am Ende nicht. Die offizielle Zahl von Kindern in Berlin, die aus Gewalttaten sowjetischer Soldaten entstanden waren, wurde im Jahr 1956 auf circa 200 beziffert.[35] Wenn wir zugrunde legen, dass es in zehn Prozent der Fälle zu Schwangerschaftsabbrüchen kam, dann wäre es damals zu 2000 Abtreibungen gekommen. Wer sie erhielt, und wer nicht, war auch Ergebnis fröhlicher Willkür. Denn nicht alle Ärzte sahen es damals so wie Ruth Andreas-Friedrich: „Aufgezwungene Kinder sind ein Verstoß gegen die Menschenwürde. Auch die Frau hat ein Recht auf Selbstbestimmung. Es wird höchste Zeit, dass wir endlich von dem trostlosen Standpunkt abrücken, sie wäre nichts anderes als eine Gebärmaschine. Ein Mittel zum Zweck. Eine bevölkerungspolitische Milchkuh. Die Menschheit stirbt nicht aus, auch wenn der § 218 fällt." [36]

Die Angst davor, schwanger geworden zu sein, war für die vergewaltigten Frauen eine quälende Frage, die sich oft nicht schnell beantworten ließ, da aufgrund der körperlichen und psychischen Belastungen die Periode ausbleiben konnte. Wie es dann nach einer Empfängnis weiterging, hing von der Einstellung der Frauen, aber auch von äußeren Faktoren ab. In der Sowjetischen Besatzungszone (SBZ) war eine Abtreibung leichter zu bekommen

---

gungen in heutigen Konflikten das Vergangene aufrührten. Alte Menschen sind offenbar besonders gefährdet, Anzeichen (wieder) zu entwickeln, wenn im hohen Alter die geistige und psychische Belastbarkeit und Abwehrfähigkeit abnimmt, einschneidende Lebensveränderungen eintreten und sich die Frage der Lebensbilanz stellt. Svenja Eichhorn et al., Bewältigungsstrategien und wahrgenommene soziale Unterstützung bei deutschen Langzeitüberlebenden der Vergewaltigungen am Ende des II. Weltkriegs, in: Psychiatrische Praxis. 39, 2012, S. 169–173. Vgl. auch Svenja Eichhorn – Philipp Kuwert, Das Geheimnis der Großmütter. Eine empirische Studie über sexualisierte Kriegsgewalt um 1945. Gießen 2011.
35 BA Koblenz B 126/28038 Berliner Finanzsenator am 28.3.1957.
36 Ruth Andreas-Friedrich, Schauplatz Berlin. Berlin 1964, S. 215–216.

als etwa in Oberbayern oder in Baden, wo zwar in einzelnen Fällen Gnade vor Recht erging, viele Frauen jedoch von Ärzten und Krankenhäusern abgewiesen wurden. Während der Flucht wurden Möglichkeiten der Schwangerschaftsunterbrechung oft verzweifelt gesucht, wie wir über Ruth Irmgard Frettlöh nachlesen können, deren ebenfalls vergewaltigte Mutter schließlich ein Kind entband, das nach nur vier Monaten auf der Flucht starb.[37]

In Süd-Württemberg-Hohenzollern beispielsweise erging am 18. Jänner 1946 ein vertraulicher Erlass, wonach eine Vergewaltigung einwandfrei festgestellt worden und mit seelischen Folgen für die Frau zu rechnen sein müsse, damit das Abtreibungsverbot aufgehoben werden könne.[38] In der französischen Zone in Baden verschickte der Chef der deutschen Justizverwaltung am 18. Dezember 1945 ein Rundschreiben an die Oberstaatsanwälte, das darauf hinwies, dass neben der streng auszulegenden medizinischen Indikation weder eine ethische noch eine eugenische oder soziale Indikation als Rechtfertigung für den Abbruch gelte.[39] In besonderen Härtefällen stehe aber ein „Gnadenweg" offen. Wenn wir uns an den Bestand an Anträgen auf Ausgleichszahlung für sogenannte Vergewaltigungskinder im Freiburger Staatsarchiv halten, werden wir feststellen, wie oft die gewünschten Schwangerschaftsabbrüche nicht vorgenommen wurden. Ausgleichszahlungen wurden nämlich später nur gewährt, wenn die Frauen belegen konnten, dass sie vergewaltigt worden waren. Zu den geforderten Beweismitteln gehörte der schriftliche Nachweis eines Arztes, dass die Betroffene nach dem Geschehen eine medizinische Sprechstunde aufgesucht hatte, auf eine Schwangerschaft hin untersucht worden war und sich sodann gegebenenfalls um einen Abbruch zumindest bemüht hatte. Fehlte ein derartiger ärztlicher Nachweis, legte das in den Augen der Behörden später nahe, dass die Frau in Wahrheit einvernehmlichen Sex gehabt hatte.

In Hannover war den Ärzten freigestellt, Schwangerschaften infolge von Vergewaltigungen dann zu unterbrechen, wenn sich die Frauen beim Amtsarzt gemeldet hatten. Dieser Erlass wurde aufgrund einer Anweisung der Militärregierung vom 14. August 1945 wieder aufgehoben, ein Schlupfloch

---

37 Ingeborg Jacobs, Freiwild. Das Schicksal deutscher Fraune 1945, Berlin 2011, S. 73f.
38 Zur unterschiedlichen rechtlichen Lage im Abtreibungsrecht nach 1945 vgl. Fritz Naton, Schwangerschaftsunterbrechung nach Sittlichkeitsverbrechen. Dissertation, Universität München 1952.
39 In ganz Baden-Württemberg werden 1955 offiziell 471 Besatzungskinder gezählt, die aus einer Vergewaltigung stammen. Nach meiner Formel bedeutet das eine Gesamtzahl von 47.100 Vergewaltigungen, die sich jedoch, aufgrund der zwangsläufig hohen Mobilität am Ende des Krieges, natürlich nicht alle im Südwesten ereignet haben. BA Koblenz B 153/342 Statistisches Landesamt Baden-Württemberg, Sondererhebung über uneheliche Besatzungskinder vom 30.5.1955.

in Form einer kombinierten medizinisch-ethischen Indikation blieb jedoch bestehen. In der sowjetisch besetzten Zone musste ein hierfür gebildeter Ausschuss vorher die Entstehungsumstände der Schwangerschaft genau prüfen. Gerichte und Staatsanwaltschaften wurden aber angewiesen, bis zu einer gesetzlichen Neuregelung keine Verfahren wegen Verstoßes gegen Paragraf 218 einzuleiten. Ein offizielles Argument für die ausnahmsweise Aufhebung des Paragrafen 218 für Vergewaltigungsopfer war, die Gemeinschaft dürfe von einer Frau nicht verlangen, eine erzwungene Schwangerschaft auszutragen, da sie dadurch ihre persönliche Freiheit verlöre und zur Zwangsmutterschaft verurteilt sei.[40] Das Recht der Frau wurde also tatsächlich eine Zeit lang über das Lebensrecht des Kindes gestellt.[41]

Die deutsche Rechtswirklichkeit zur Abtreibungsproblematik war 1945 und 1946 mithin ein Flickenteppich, und zwar im Osten und im Westen. Auch die Alliierten wollten ein Wörtchen mitreden. In den USA war damals genauso wie in England, Frankreich und in der Sowjetunion die Abtreibung rechtswidrig, schon das schloss eine allzu liberale Haltung der Besatzungsmächte aus. So untersagte die amerikanische Militärregierung in Bayern, der anfangs jeder einzelne Antrag auf Schwangerschaftsabbruch infolge einer Vergewaltigung durch einen GI vorgelegt werden musste, diesen grundsätzlich. Nach einiger Zeit zog sich die Militärregierung aus dieser Problemzone zurück. An ihrer Stelle wurde eine dreiköpfige deutsche Ärztekommission eingesetzt, die den Abtreibungsgesuchen äußerst kritisch gegenüberstand. Konfessionell gebundene Ärzte konnten sich aus den Verfahren ohnehin heraushalten. Voraussetzung einer Bewilligung war, dass die betroffene Schwangere schon vor der Tat psychisch krank gewesen sein musste (also letztlich eine Fortsetzung der eugenischen Indikation). Argumentierte jedoch eine Frau tatsächlich mit ihren Selbstmordabsichten, wenn sie das Kind auszutragen gezwungen wäre, konnte ihr entgegengehalten werden, sie sei sicher nur über ihre eigene Unmoral verzweifelt. So geschehen in dem Fall einer Dolmetscherin bei einer amerikanischen Einheit, die zwangsgeschwängert worden war. Der Amtsarzt entschied, die betroffene verheiratete Frau habe sich anscheinend nicht ausreichend gegen ihre Vergewaltigung gewehrt. Dass sie nun wegen der Schwangerschaft an einer reaktiven Depression leide, sei „verständlich"; „dies wird jedoch wohl bei jeder gut verhei-

---

40 Naton, Schwangerschaftsunterbrechung nach Sittlichkeitsverbrechen.
41 Zu den verschiedenen Nachkriegsprovisorien in der SBZ vgl. Kirsten Poutrus, Von der Massenvergewaltigung zum Mutterschutzgesetz. Abtreibungspolitik und Abtreibungspraxis in Ostdeutschland, 1945–1950, in: Richard Besser – Ralph Jessen (Hg.), Die Grenzen der Diktatur. Staat und Gesellschaft in der DDR. Göttingen 1996, S. 170–198, hier: S. 180–190.

rateten Frau zu beobachten sein, die bei Abwesenheit ihres Mannes einen Seitensprung macht."[42]

Die Praxis war offenbar mehr als streng, während für die Schwangeren selbst die Zeit drängte. I. O. aus Penzing bei Landsberg richtete am 1. Oktober 1945 an die amerikanische Militärregierung ein verzweifeltes Schreiben. „Am 10. Mai 1945 wurde ich von einem Soldaten in amerikanischer Uniform aufgehalten und trotz heftigem Wehren von ihm mit dem Revolver gezwungen ihm willig zu sein. Der Soldat war betrunken, und es war leider niemand in der Nähe, der mir Hilfe hätte bringen können. Wie mir und meiner Familie nachgewiesen werden kann, waren wir überzeugte Gegner des Naziregimes und litten unter der Naziherrschaft die ganzen 12 Jahre. ... Im Vertrauen auf die Einsicht der amerikanischen Militärregierung, bitte ich um diese Genehmigung, da durch diese Gewalttat, die an mir verübt wurde, und deren Folgen mein Leben von neuem der Gefahr ausgesetzt ist, vernichtet zu werden, statt endlich durch den Sieg der Alliierten in Ruhe und Frieden meine Arbeit zu leisten, für ein schöneres Leben, als es unter den Nazis möglich war."[43]

Aber nicht nur von Amerikanern geschwängerte Vergewaltigungsopfer stießen auf Kompromisslosigkeit. A. K., die im Sudetenland von tschechischen Soldaten vergewaltigt worden war, erhielt vom Kreisarzt in Nördlingen die Auskunft, sie möge ihr Kind austragen und sich für die Aufnahme ihres Kindes vertrauensvoll an eine kirchliche oder christliche Organisation wenden.[44]

Zum Jahreswechsel 1946/1947 regelten auf einer Interzonentagung die Leiter der Landes-Justizverwaltungen das Problem neu. Abtreibung könne dann straffrei bleiben, wenn die Schwangerschaft nachgewiesen auf Notzucht zurückzuführen sei und die Schwangere binnen einer ganz kurz bemessenen Frist (etwa 1 Woche) nach der behaupteten Vergewaltigung deswegen Anzeige erstattet habe, was in der Regel nicht möglich war, da die deutsche Polizei für Verbrechen der Besatzungssoldaten nicht zuständig war.[45] Für die Frauen, auch das geht aus den amtlichen Quellen hervor, die nicht alle Bedingungen erfüllen konnten, blieb oft nur ein Ausweg. Sie suchten ohne offizielle Erlaubnis eine Abtreibungsmöglichkeit. Zumindest von

---

42 Staatl. Gesundheitsamt Garmisch-Partenkirchen am 6.12.1945 an die Militärregierung, Bayer. Staatsministerium des Innern betreff Schwangerschaftsunterbrechung, Abtreibung, Früh- und Fehlgeburten 1945–1986, BayHStA5086a.
43 Ebd., I. O. an amerikanische Militärregierung am 1.10.1945.
44 Ebd., Schreiben vom 17.12.1946.
45 Ebd. Bayer. Justizministerium am 19.12.1946 an die Generalstaatsanwälte in München, Nürnberg und Bamberg.

einer „Engelmacherin" wissen wir, einer Hebamme in Feldkirchen bei München, als Urheberin zahlreicher Aborte.[46]

Trotz dieser offensichtlichen Schwierigkeiten einer selbstbestimmten Entscheidung wurde in der Forschung die These aufgestellt, dass deutsche vergewaltigte Frauen „fließbandmäßig" abgetrieben, sich ihrer Schwangerschaften „entledigt" hätten, und zwar aus durchaus unlauteren Motiven – sie hätten keinen minderwertigen Nachwuchs von „Mongolen" oder Slawen zur Welt bringen wollen.[47] Schwangerschaftsabbrüche seien behördlich erlaubt und gesellschaftlich akzeptiert gewesen aufgrund einer „Mischung aus Mitleid mit den vergewaltigten Frauen, Rassismus, gekränktem Nationalstolz und Männersolidarität."[48] Gestützt wird diese Behauptung mit dem Quellenbestand eidesstattlicher Erklärungen von abtreibungswilligen Frauen des Gesundheitsamts Berlin Neukölln.

Es handelt sich hierbei um über mehr als 300 Anträge auf Schwangerschaftsabbruch, die in durchaus formalisierter Form abgefasst wurden. Nur gelegentlich lassen sich persönliche Gefühle und Motive erkennen, wahrscheinlich haben in etlichen Fällen die behandelnden Gynäkologen die Hand der Antragstellerin beim Schreiben geführt. Nach Durchsicht aller Anträge auf Abtreibung konnte ich jedoch nur einen einzigen Fall finden, in dem ein derartiges ideologisches Motiv offen ausgesprochen wurde. Da die Anträge in Zusammenarbeit mit Ärzten und Beamten formuliert wurden, wäre aber ein opportunistisches Verhalten der Frauen zu erwarten gewesen. Wenn sie davon hätten ausgehen können, dass die rassistische Begründung besonders erfolgversprechend ist, dann würden wir das in den Unterlagen auch so finden. Noch war die deutsche Gesellschaft nicht „politisch korrekt" genug, um rassistische Ressentiments zu unterdrücken. Daher gehe ich davon aus, dass die Anträge in Neukölln die wahre Motivlage der Frauen einigermaßen offenlegen.

Welche Gründe für die Schwangerschaftsabbrüche wurden aber tatsächlich vorgetragen? Es waren die Scham über ein illegitimes Kind, die Angst vor der sozialen Stigmatisierung, die befürchteten ökonomischen Folgen und, bei verheirateten Frauen, nicht zuletzt die Sorge um ihre Ehe.[49]

---

46 Schreiben eines Arztes an den Leiter des Staatlichen Gesundheitsamtes vom 22.1.1948.
47 Atina Grossmann, A Question of Silence, the Rape of German Women by Occupation Soldiers, in: Robert Moeller (Hg.), West Germany Under Construction. Politics, Society, and Culture in the Adenauer Era. Michigan 1997, S. 33–52, hier: S. 44–45. Poutrus, Von der Massenvergewaltigung, S. 179.
48 Ebd.
49 Landesarchiv Berlin, Gesundheitsamt Neukölln, Eidesstattliche Erklärungen, Rep. 214 Nr. 94.

Die meisten Antragstellerinnen gaben in ihrer eidesstattlichen Erklärung an, sie seien verheiratet oder verlobt oder verwitwet und hätten schon Kinder. Sie begründeten ihr Gesuch mit dem Schutz der Ehe oder mit den bedrängten Lebensumständen, etwa, weil der Mann kriegsversehrt sei, oder mit der Notwendigkeit zu arbeiten, weil sie verwitwet waren. Sie wiesen darauf hin, dass sie gegen ihren Willen und unter Vorhalten der Pistole zum Sex gezwungen worden seien – die Bedrohungssituation mit Waffengewalt wurde damals als notwendige Voraussetzung für eine Anerkennung erachtet. Eine Frau schrieb: „Ich habe zwei Kinder. Das Älteste dreieinhalb, das Zweite eineinhalb Jahre ist vor kurzem an Masern-Lungenentzündung im Krankenhaus verstorben. Meine jetzige Lage gestattet es nicht noch ein drittes Kind auszutragen. Außerdem bin ich gezwungen jeden Monat soziale Hilfe in Anspruch zu nehmen. Mein Mann war 6 Jahre Soldat und seit einem Jahr vermisst. Ich bin daher vollkommen auf mich gestellt – und somit genügt ein Eigenes! Um freundliches Verständnis bittend. I. H., am 27. September 1945."[50]

Wenn möglich nannten die Frauen namentlich Zeugen, die das Gewaltverbrechen bestätigen konnten. Bei E. H. waren ihre Wirtsleute und ihre vier Kinder zugegen. Viele der Antragstellerinnen waren mehrfach vergewaltigt worden, was die Wahrscheinlichkeit einer Schwangerschaft erhöhte. B. B. in Oberschlesien wurde achtzehn Mal missbraucht. Sie hatte zwei Kinder, wohnte mit der Mutter zusammen und führte an, sie habe auch keine Babyausstattung mehr. Bei B. E. geschah es in St. Blasien im Schwarzwald durch Marokkaner. Sie war Rotkreuz-Schwester und fürchtete, mit einem Kind ihren Arbeitsplatz zu verlieren. Hildegard S. war auf der Flucht aus Schlesien „des Öfteren" vergewaltigt worden. Ihr Mann war gefallen. Für ihr achtmonatiges Kind habe sie nicht einmal Wäsche zum Wechseln. „Bitte meine Lage doch zu verstehen, und bitte um eine Unterbrechung der Schwangerschaft. Ich sage hier die vollste Wahrheit."[51]

C. V. gab an, dass sie seit 22 Jahren kinderlos verheiratet sei. Ihr Mann sei gerade aus der Gefangenschaft zurückgekehrt. E. H. war zwei Monate im Flüchtlingslager Fürstenwalde, wo sie vergewaltigt und geschwängert wurde. Sie erwarte jeden Tag ihren verwundeten Verlobten zurück. „Unter diesem Leid, was ich erleben musste, möchte ich auf keinen Fall einem Kind das Leben schenken." Auch G. W. drückte ihre Befürchtungen aus: „Ich bin seit dem 23. August 1941 verheiratet und aus dieser Ehe sind zwei Kinder im Alter von vier und eineinhalb Jahren hervorgegangen. Meine Ehe steht auf dem Spiel, und ich bitte aus diesem Grund um Unterbrechung der Schwangerschaft."

---

50   Ebd.
51   Ebd.

H. S. drohte, sich andernfalls umzubringen. Sie wurde 1944 aus Westfalen nach Ostpreußen evakuiert und musste im Januar 1945 mit ihrem Säugling im Alter von vier Monaten flüchten. Das Kind wurde von einem Panzer überrollt. Sie musste für einige Monate für die Sowjets arbeiten. Jetzt sei sie im sechsten Monat und wolle zu ihrem Mann nach Gelsenkirchen. „Ich bitte Sie dringend mir das Kind abzunehmen. Ich bin seelisch nicht in der Lage, ein Kind auszutragen, das ich unter derart entsetzlichen Umständen empfangen habe. Ich habe mein Leben bisher nur ertragen in der Hoffnung auf die ärztliche Hilfe, um die ich Sie jetzt bitte. In diesem Zustand werde ich auf keinen Fall meinem Mann die Nachricht vom Tode meines kleinen Jungen bringen. Ich bitte Sie flehentlich mir zu helfen und mir schnell eine Anstalt zuzuweisen, da ich hier keine Lebensmittel bekomme und so schnell als möglich heim will. Sollte meine Bitte kein Gehör finden, so kann ich nicht mehr am Leben bleiben. In der Hoffnung auf Ihr Verständnis bin ich mit Dank Frau H. S. Am 14. September 1945."[52]

Auch die bereits oben erwähnten Freiburger Anträge von Frauen auf Ausgleichszahlungen für den Unterhalt ihrer durch Vergewaltigung gezeugten Kinder sprechen gegen die Rassismus-These. Auch wenn etliche Frauen die Kinder in Pflegefamilien gegeben oder gehofft hatten, dass die französische Besatzungsmacht sich ihrer annehmen würde, gab es in den Freiburger Beständen keinen Fall von offen rassistischen Argumenten der Mütter. Auch in den bayerischen Abtreibungsanträgen fand sich im Übrigen nicht ein Antrag, in dem der Abtreibungswunsch mit der Hautfarbe des Erzeugers begründet worden wäre.

Das bedeutet natürlich nicht, dass die deutsche Nachkriegsgesellschaft mit Kriegsende auf einmal vom Rassismus kuriert gewesen wäre. Aufseiten der die Angelegenheiten bearbeitenden Verwaltung sah die Lage sehr wohl anders aus. Die Kriterien bei der Beurteilung der Anträge auf Unterhaltsausgleich waren durchaus sachfremd: Es ging um den Lebensstil der Frauen, deren Sorgfalt bei der Haushaltsführung und der Kinderpflege, kurz gesagt, um ihre Sittlichkeit und Familientauglichkeit und nicht um ihre Notlage. Außer, es handelte sich um einen schwarzen Täter. In diesem Fall waren die Beamten geneigt, der Antragstellerin zu glauben, dass sie vergewaltigt worden war. Man hielt es schlicht für unwahrscheinlich, dass eine deutsche Frau freiwilligen Sex mit einem schwarzen Soldaten gehabt haben könnte.

Da sie bereits ein uneheliches Kind hatte, wurde T. S. zunächst nicht geglaubt, dass sie wirklich vergewaltigt worden war. Im November 1962 revidierte die Oberfinanzdirektion in Freiburg diese Ansicht – denn das Kind

---

52 Ebd.

war schwarz. Das Argument, es sei schon ein uneheliches Kind da, könne nur vorgebracht werden, wenn es sich „um einen weißblütigen Angehörigen der ehemaligen Besatzungsmächte gehandelt haben würde. ... Es liegt jenseits aller Wahrscheinlichkeit und Lebenserfahrung, dass wenn die Antragstellerin auf freiwilliger Basis sich einem Marokkaner hingegeben hätte, sie dann Ursache gehabt hätte, bei Rückkunft ihrer Mutter aufgelöst zu sein und dieser dann von der Vergewaltigung berichtet zu haben. Gerade bei einer Frau, die schon ein Kind hat, würde freiwilliger, intimer Umgang mit einem Mann wohl nicht zur Fassungslosigkeit geführt haben. Es war gerade diese Überlegung, die uns hier davon überzeugte, dass die Angaben der Antragstellerin auf Wahrheit beruhen."[53]

Die Verwaltungen haben damals also bei Entscheidungen, ob eine Frau vergewaltigt worden war oder nicht, ihre Urteile sehr wohl von rassistischen Motiven leiten lassen. Es lässt sich jedoch nicht verifizieren, dass die vergewaltigten Frauen selbst Hautfarbe und Ethnie ihres Vergewaltigers als primären Faktor bei ihrer Entscheidung betrachtet haben. Es scheint vielmehr, dass sich die Abtreibungsmotive zumeist nicht von jenen unterschieden haben, die bei jeder ungewollten Schwangerschaft eine Rolle spielten – Bedenken wegen der wirtschaftlichen Folgen und Angst vor den persönlichen Konsequenzen. Besonders die Gefährdung der bestehenden Ehe, aber auch die Angst, mit einem illegitimen Kind keinen Ehemann mehr zu finden, waren stichhaltige Argumente. Die Zeugung durch häufig als minderwertig stigmatisierte Männer spielte in der Vergewaltigungsfrage gegenüber dem Sittlichkeits- und dem restaurativen Familiendiskurs der Nachkriegszeit eine untergeordnete Rolle.

Die These von den zum Schweigen gebrachten Opfern

Bislang wird angenommen, dass mit der Rückkehr der deutschen Soldaten aus Krieg und Gefangenschaft die Opfer der Massenvergewaltigung zum Schweigen verurteilt worden seien. In der bundesdeutschen Nachkriegszeit sei die weibliche Gewalterfahrung desexualisiert, rassistisch überwölbt und tabuisiert worden.[54] Die Erinnerung an die Taten sei durch die Metapher der vergewaltigten Nation besetzt worden, den Frauen und Männern ein Ver-

---

53 Staatsarchiv Freiburg D 5/1 4925.
54 Vgl. Elizabeth Heinemann, The „Hour of The Woman", in: American Historical Review. Bd. 101, 1996, S. 354–395, hier: S. 368–370. Auch Atina Grossmann, Eine Frage des Schweigens? Die Vergewaltigung deutscher Frauen durch Besatzungssoldaten, in: Sozialwissenschaftliche Informationen. H. 24, 2, 1995, S. 109–199, hier: S. 118.

ständnis der Vorfälle als ein Ereignis, in dem die westliche Zivilisation durch die brutale sowjetische oder asiatische Kultur verletzt worden sei, nahegelegt worden.[55]

Die deutsche Gesellschaft habe den Frauen auferlegt, „über ihre persönlichen Vergewaltigungserfahrungen zu schweigen oder sich als hilfloses Opfer der Männer der feindlichen Armee zu stilisieren und ihre Verletztheit zu betonen", so Mühlhäuser. Nach jahrzehntelang auferlegtem Schweigen habe erst die Neue Frauenbewegung mit der Wiedererzählung des Frauenalltags als Ergebnis hegemonialer männlicher Gewalt begonnen und dabei „gängige Bilder von männlicher Aggression und weiblicher Passivität und Verletzbarkeit fortgeschrieben."[56]

Uns stellt sich also folgender Ablauf vor Augen: Zunächst seien die Frauen im Kollektiv aufgehoben, in ihrer Wahrnehmung ihres Geschicks authentisch und relativ resilient gegen die Gewalterfahrung gewesen, dann kamen die Männer zurück und unterbanden eine selbstbestimmte Thematisierung der Vorfälle, schlussendlich „entdeckte" die Frauenbewegung die Massenvergewaltigung neu, mit dem Ergebnis, dass Frauen auf eine neue Weise auf ihr Leiden gestoßen worden seien. Doch kann das, was für die DDR wahrscheinlich zutrifft, nämlich die Tabuisierung eines Themas aus Rücksicht auf den Großen Bruder Sowjetunion, so auch für die Bundesrepublik behauptet werden? Ein genauerer Blick in die Fünfziger- und Sechzigerjahre legt einen anderen Ablauf nahe. Wir haben es nicht mit einer plötzlichen Tabuisierung aufgrund machistischer Empfindlichkeiten zu tun, sondern mit politischen Diskursen, die sich zeitlich überschneiden, teilweise ablösen, und unterschiedliche, manchmal gegenläufige Ziele verfolgen.

Anfang der Fünfzigerjahre setzte die individuelle und kollektive Aufarbeitung in Form autobiografischer Textproduktion und politischer Aufrechnung der Verbrechen der Deutschen mit denen der Sowjets im Zusammenhang mit der Flüchtlings- und Vertriebenenproblematik ein. Das bekannteste Produkt war die historiografische Auftragsarbeit einer Dokumentation der Flucht und Vertreibung. Darin wurden auf der Quellengrundlage der „Ost-Dokumentation" mit über 11.000 Zeitzeugenberichten auch viele Fälle von Vergewaltigungen gesammelt. Die Herausgeber kommentierten in einem dem zeitgenössischen Geschlechterverständnis folgenden Duktus die Auswirkungen auf die Frauen (von männlichen Vergewaltigungsopfern war damals selbstverständlich keine Rede): Die Massenvergewaltigung habe zur „Folge, dass

---

55 Heineman, The Hour, S. 370.
56 Mühlhäuser, Vergewaltigungen, S. 390–391. Vgl. Naimark, Rape in Russian and German Memories, S. 205.

zahllose deutsche Frauen durch Geschlechtskrankheiten und sonstige körperliche Schädigungen für ihr ganzes Leben ruiniert wurden, und vor allem dass seelische Depressionen und Verzweiflung, daneben ein dumpfer Fatalismus, sich unter ihnen ausbreiteten. Viele zogen den von eigener Hand gegebenen Tod der immer wiederholten Schande vor. Viele leiden noch heute unter den psychischen Nachwirkungen des Schreckens und der Entehrung."[57]

Erklärt wurden die Taten mit einer „asiatischen" Mentalität, wodurch die eigentlich geschichtspolitische Absicht des wissenschaftlichen Projekts, auf die Gräueltaten der Sowjets hinzuweisen, unterstrichen wurde: „Es lässt sich erkennen, dass hinter den Vergewaltigungen eine Verhaltensweise und Mentalität stand, die für europäische Begriffe fremd und abstoßend wirkt, und man wird sie teilweise auf jene, besonders in den asiatischen Gebieten Russlands noch nachwirkenden Traditionen und Vorstellungen zurückführen müssen, nach denen die Frauen im gleichen Maße eine dem Sieger zustehende Beute sind, wie Schmuckstücke, Wertgegenstände und die Sachgüter in Wohnungen und Magazinen. Ohne eine solche unter den sowjetischen Truppen verbreitete Grundhaltung wären die Formen und die massenhaften Fälle von Vergewaltigungen nicht denkbar. Die Tatsache, dass sowjetische Soldaten asiatischer Herkunft sich dabei durch besondere Maßlosigkeit und Wildheit hervortaten, bestätigt, dass gewisse Züge asiatischer Mentalität wesentlich zu den Ausschreitungen beigetragen haben."[58]

Während das von Theodor Schieder angeleitete Projekt die Gewalterfahrungen der Frauen tatsächlich in erster Linie einem geschichtspolitischen Interesse unterordnete, gab es jedoch noch einen zweiten, vollständig anders gelagerten und bislang noch nicht systematisch rekonstruierten Diskurs. Dieser betraf die persönlichen Schicksale der Vergewaltigungsopfer. Anlass war die Frage einer Entschädigung für kriegs- und okkupationsbedingte Vergewaltigung. Anhand dieser Verhandlungen lassen sich unterschiedliche, auch gegenläufige Motive im Umgang mit dem Ereignis rekonstruieren. Zunächst wurde die Frage aufgeworfen, ob vergewaltigte Frauen nicht ebenso wie verletzte Soldaten als Kriegsversehrte zu behandeln seien.[59] Dies wurde jedoch

---

57 Bundesministerium für Vertriebene (Hg.), Dokumentation der Vertreibung der Deutschen aus Ost-Mitteleuropa, 5 Bände, 1953–1962. Hier: Bd. I/1. Bonn 1954, S. 61–63, hier: S. 61. Zur Kritik der Dokumentation: Mathias Beer, Die Dokumentation der Vertreibung der Deutschen aus Ost-Mitteleuropa (1953–1962). Ein Seismograph bundesdeutscher Erinnerungskultur, in: Jörg-Dieter Gauger – Manfred Kittel (Hg.), Die Vertreibung der Deutschen aus dem Osten in der Erinnerungskultur. Eine Veröffentlichung der Konrad-Adenauer-Stiftung e.V. und des Instituts für Zeitgeschichte. Sankt Augustin 2004, S. 17–37.
58 Bundesministerium für Vertriebene, Dokumentation S. 61.
59 BA Koblenz B/126/5548. Vor allem die Bielefelder SPD-Abgeordnete und „Verfas-

schnell mit dem Argument abgewiesen, für Schmerzensgeld- und Rentenansprüche bedürfe es einer Körperverletzung oder eines bleibenden Gesundheitsschadens, und als solche werde eine Vergewaltigung nicht betrachtet.[60] Die Befürchtung war offensichtlich, dass die entschädigungsberechtigten Opfergruppen zu stark anwachsen könnten.

Kniffliger lag der Fall jedoch, wenn aus einer derartigen Vergewaltigung ein Kind entstanden war. War das Kind, war die Unterhaltspflicht nicht ein andauernder „Schaden", der den Frauen als unmittelbare Kriegsfolge erwachsen war? War es gerecht, dass Frauen durch eine kriegsbedingte Vergewaltigung neben den psychischen auch die finanziellen Lasten zu tragen hatten? Waren die Frauen nicht auch stellvertretend für die unterlegene Kriegsnation in diese Lage gekommen? War ihr Opfer gegenüber dem Opfer der Soldaten und Kriegsversehrten, der Vertriebenen und Flüchtlinge so viel kleiner?

Die Diskussionen darüber wurden nicht etwa verschwiegen in den zuständigen Ministerien geführt, sondern auch im Bundestag und in den Medien. Wichtigste Triebkraft war dabei die Sorge um die Wiedererrichtung der bürgerlichen Familie. Ein Ehemann einer Vergewaltigten brachte in einer Eingabe gegenüber den zuständigen Bundesbehörden diese Sicht klar auf den Punkt: „Die Mütter, die auf sich allein gestellt, das Opfer getragen haben ohne die aufgezwungene Bürde von sich zu werfen, wie einige andere es taten, müsste man das bisschen Dank nicht vorenthalten (sic) und die Hilfe gewähren, wenn sie nicht an der Gerechtigkeit zweifeln sollen."[61]

Es ging also zum einen darum, dass die Entscheidung, nicht abzutreiben, sondern ein Kind aufzuziehen, das als Kriegsfolge unter Gewaltanwendung entstanden war, in einem bürgerlichen Familiensetting gesellschaftlich honoriert werden sollte. Zum anderen, und das gab schlussendlich den Ausschlag für die Entscheidung, Mütter von sogenannten Vergewaltigungskindern aus den Mitteln der Kompensation von Besatzungsschäden zu entschädigen, war es den Beteiligten darum zu tun, die bürgerliche Ehe und

---

sungsmutter" Frieda Nadig setzte sich für die Vergewaltigungsopfer ein und fragte an, ob den Kindern nicht Unterstützung gewährt werden könne. Sie war Mitglied des Beirats für die Britische Besatzungszone, wurde 1948 in den Parlamentarischen Rat berufen und arbeitete am Grundgesetz mit. Vgl. SPD-Pressedienst August 1956.

60 BayHSta MInn 81085, 1952–1959, Beiakt No 1 6726 Entschädigungsansprüche. „Die Mutter, die Opfer eines Gewaltakts geworden ist, kann lediglich im Falle einer Körperverletzung oder Gesundheitsschädigung Ansprüche nach dem Bundesversorgungsgesetz oder den ihr entstandenen Schaden als Besatzungspersonenschaden nach dem alliierten Gesetz Nr 47 vom 14.2.1951 geltend machen."

61 G. und E. v. H. in einem Schreiben an den Petitionsausschuss des Deutschen Bundestags am 24.2.1958. Bundesarchiv Koblenz B/126/5548.

Familie zu stärken. Als besondere Härte wurde nämlich betrachtet, dass Kinder, die aus Vergewaltigungen stammten, deren Mütter aber noch in einer rechtsgültigen Ehe lebten, da der Ehemann kriegsvermisst oder kriegsgefangen war, obwohl sie also im Rechtssinne als ehelich galten, von den Versorgungsämtern keine Waisenrente erhielten, sodass sie auf die Leistungen der öffentlichen Fürsorge angewiesen waren. Die bestehenden Regelungen könnten zudem dazu führen, dass ein Kriegsheimkehrer, dessen Frau vergewaltigt worden war, für das nicht von ihm stammende Kind alleine sorgen musste, solange sein Einkommen über den Sozialfürsorge-Richtsätzen lag. Das konnte und wollte das sich auf die Gültigkeit des patriarchalen Familienmodells berufende Land nicht dulden.

Das Für und Wider wurde lange diskutiert, doch letztlich waren es das Unrecht an der Institution Ehe und die Ungerechtigkeit gegenüber den deutschen Ehemännern, die ab 1950 die Diskussion um Entschädigungsmöglichkeiten für sogenannte Vergewaltigungskinder entscheidend beflügelten. Interessant ist zudem, dass den Stimmungsumschwung nicht nur die Lobbyarbeit der Betroffenen und Kriegsopfer-Organisationen herbeiführten, die vor allem auf das militärische und patriotische Opfer der vergewaltigten Frauen im Osten abhob.[62] Auch einzelne Betroffene, Abgeordnete aus Länderparlamenten, Kirchenangehörige hatten daran ihren Anteil.[63]

Interessant ist auch, dass die Zwangsschwängerungen westlicher Soldaten und Besatzungsangehöriger in diesen Diskurs ebenfalls mit einflossen. So kam etwa folgender Fall einer Zwangsschwängerung durch einen amerikanischen Soldaten vor den Petitionsausschuss des Bundestages: P. S. aus Heroldsberg bei Nürnberg machte am 22. November 1955 folgende Eingabe: Seine Tochter B. S. sei im Alter von 19 Jahren am 4. August 1946 in Nürnberg von dem amerikanischen Soldaten A. W. H. vergewaltigt worden. Sie bekam

---

[62] So appellierten die Sudetendeutsche Landsmannschaft, der Reichsbund der Kriegs- und Zivilbeschädigten, Sozialrentner und Hinterbliebenen und der Verband der Kriegsbeschädigten (VdK) an Repräsentanten des Staates, sich um die Vergewaltigungsopfer mit Kind zu kümmern. Schließlich seien viele Frauen als Wehrmachts-, Stabs-, Nachrichten-, Marine-, Flak-, Luftschutz- und SS-Helferinnen und Rotkreuzschwestern in sowjetische Kriegsgefangenschaft geraten oder verschleppt, vergewaltigt und zwangsweise geschwängert worden. Diese Fälle seien eindeutig Kriegsfolgeschäden, die durch Renten und Heilfürsorge kompensiert werden müssten. Außerdem drohe die Gefahr, so der VdK, dass die mütterlichen Gefühle nachließen. Es sollten deshalb Wege für einen Härteausgleich gesucht werden. „Wir sind dies den unglücklichen deutschen Frauen und Mädchen schuldig, die täglich die lebende Erinnerung an die Tage tiefster fraulicher Erniedrigung vor Augen haben." BA Koblenz B/126/5548 Eingaben ans Bundesfinanzministerium zur Gewährung einer Entschädigung für Vergewaltigungen vor dem 1.8. und außerhalb des Bundesgebietes. Schreiben vom 5.3.1951.
[63] Ebd.

Abb. 2: Der 2001 eingeweihte Gedenkstein auf dem ehemaligen Standortfriedhof in der Lilienthalstraße (Berlin-Neukölln) ist einer der wenigen Erinnerungsorte für die Massenvergewaltigung. Quelle: Sammlung Thomas Gilbhard

eine Tochter. Der von ihr eingereichte Entschädigungsantrag in Höhe von 45.000 Mark wurde mit Entscheidung des ehemaligen Claims Office Team 7728 am 31.1.1950 aus sachlichen Gründen abgelehnt. Daraufhin wendete sich der Vater der Betroffenen als Vormund des Kindes an den Bundespräsidenten und verschiedene Bundesministerien, um eine Unterhaltshilfe für sein Mündel und eine Entschädigung für seine Tochter zu erlangen.[64]

Aus der evangelischen Kirche verlauteten Argumente für eine Entschädigung der vergewaltigten Mütter. Der Landesverband der Inneren Mission der evangelisch-lutherischen Kirche in Bayern stützte sein Plädoyer für eine Unterhaltszahlung mit einem besonders anschaulichen Beispiel: „Die Ehefrau Margarete F. gebar am 27.2.1946 ein Mischlingskind, das aus einer Vergewaltigung durch einen Neger stammt. Sowohl die Mutter als auch ihre Eltern waren über die Angelegenheit außerordentlich erregt und tragen schwer an der Sache. Das Kind wurde sofort nach der Geburt in einem Säuglingsheim

---

64 Bundesfinanzministerium an den Petitionsausschuss des deutschen Bundestages 27.7.1956, BayHSta Minn 81085.

untergebracht und kam von da aus durch unsere Vermittlung in eine Pflegestelle in Winkelhaid bei Altdorf." Trotzdem müsse die vergewaltigte Frau monatlich 30 Mark Unterhalt für das Kind zahlen. Ihr Ehemann habe sich nach der Rückkehr vom Feld von ihr scheiden lassen und zahle keinen Unterhalt, weder für die Frau noch für sein eigenes eheliches Kind. „Frau Fischer will nun wieder heiraten. Der neue Bräutigam weigert sich aber, Unterhaltskosten für ‚dieses Negerkind' zu bezahlen. Also stellt die Mutter ihre Zahlungen ein, was dazu führt, dass der zuständige Bezirksfürsorgeverband die Pflegekosten dem Vater der Kindesmutter in Rechnung stellt. Der Großvater ist Rentner und magenleidend, seine Frau, ebenfalls krank, geht noch zur Arbeit, um das Einkommen der Familie zu verbessern."[65] Dieser Fall bedeutete nicht nur in den Augen der Kirchenrepräsentanten eine moralische und menschliche Härte, die der Staat unbedingt beenden sollte. Stein des Anstoßes war also die Frage der existenziellen Konsequenzen für das Familienleben und nicht die Gewalterfahrung der Frau.

Bemerkenswert erscheint mir an den zahlreichen Eingaben von Privatpersonen, mit denen die Regelung eines Entschädigungsanspruches angetrieben werden sollten, schließlich, dass wir Stimmen von Frauen *und* von Männern hören. Beiden Geschlechtern ging es abgesehen von dem Wunsch nach Anerkennung für erlittenes Leid und Kompensation finanzieller Folgen nicht zuletzt um die Wiederherstellung ihrer bürgerlichen Ehre. Im Juni 1951 legte M. K. aus Bremen eine Dienstaufsichtsbeschwerde gegen den Bundesvertriebenenminister ein, da dieser mehrere Eingaben von ihr nicht beantwortet habe. Sie stammte aus Ostpreußen, versuchte im Januar 1945 mit ihren Eltern und Geschwistern vergeblich zu fliehen. Ihre Mutter stirbt im Februar 1945, ihr Vater verhungert zwei Jahre später. Im September 1945 wird sie in Sellwethen in Ostpreußen im Beisein ihrer Schwestern von einem russischen Soldaten vergewaltigt. Sie war damals 22 Jahre alt und „unbescholten". Am 19. April 1946 kommt ihr Sohn Hans-Dieter auf die Welt. Heute, nachdem sie als Spätheimkehrerin in der Bundesrepublik aufgenommen worden sei, werde sie jedoch behandelt wie „eine beliebige uneheliche Mutter". Was ihr nicht einleuchte, sei, dass der Bund denen helfe, die durch Kriegseinwirkung ein Familienmitglied verloren, aber nicht denen, die durch Kriegseinwirkung ein Familienmitglied hinzugewonnen hätten. Sie fühle sich in gleicher Weise als ein Opfer des Krieges wie diejenigen, die Körper- oder Sachschäden erlitten hätten. Besonders wichtig sei es ihr aber, sich von den Frauen zu distanzieren, die in ihren Augen lediglich „fraternisiert" hätten und auf diese Weise schwanger geworden seien. „Die Frauen und Mädchen, die sich für Schoko-

---

65 BayHStA Minn 81085.

lade oder Zigaretten den einrückenden Truppen in die Arme geworfen haben und dadurch Mutter geworden sind, werden nicht anders als ich behandelt. In dieser Gleichstellung liegt eine Herabsetzung, gegen die ich mich wehre. Ich gehöre nicht in den großen Bezirk der unehelichen Mütter schlechthin, sondern in den Sonderbezirk der Kriegsopfer und wünsche, dass der Bund mir diese moralische Anerkennung nicht versagt."[66]

Es ist deshalb nicht richtig, dass lediglich nationalpolitische Motive, die Metapher der Vergewaltigung Deutschlands, den Diskurs der Fünfzigerjahre über die Vergewaltigungen steuerten, wie bislang angenommen wurde. Die Argumente der Familienpolitik wogen mindestens so schwer.

Der bundesrepublikanische Sittlichkeitsdiskurs fand allerdings Argumente sowohl für als auch gegen die Entschädigungsansprüche der Frauen. Denn mindestens ebenso groß wie die Sorge, dass „unschuldige" Frauen und Männer ungerechtfertigte Lasten tragen müssten, war die Sorge, „schuldige" Frauen könnten ganz ungerechtfertigte Begünstigungen erhalten. Auf der Ebene der unmittelbar mit der Abwicklung der Anträge auf Schadensausgleich Beschäftigten sind entsprechende Bedenken grenzenlos. Die große Frage war, wie ließen sich Vergewaltigungen eindeutig beweisen? Und wie verhinderte man, dass ausgerechnet diejenigen, die der Nation durch „Fraternisierung" in den Rücken gefallen waren, nun auch noch dafür staatlich entschädigt würden?[67] Dass sich das Tauziehen um eine Ausgleichszahlung für die zwangsgeschwängerten Vergewaltigungsopfer zwischen den verschiedenen Akteuren bis in die mittleren Fünfzigerjahre hinzog, ist letztlich auf diesen gesellschaftlichen Widerspruch zurückzuführen: Auf der einen Seite ein Geschlechtermodell, das selbst vergewaltigten Frauen grundsätzlich eine laxe Sexualmoral unterstellte und sogar geneigt war, ihnen die Schuld an ihrem Schicksal zuzusprechen. Auf der anderen Seite das Bedürfnis, das vom Kriegsgegner verursachte Leid zu benennen, womöglich um damit die eigene Schuld zu kompensieren, aber vor allem, um die „gesunde" Familie zu stärken.

Die Vergewaltigungsopfer und ihre seelischen Nöte standen in den gesellschaftlichen Diskursen der Fünfziger- und Sechzigerjahre mithin tatsächlich

---

66 BA Koblenz, B/126/5548, Eingabe an das Bundesministerium des Inneren am 12. Juni 1951 Unterhaltskosten für die aus feindlicher Vergewaltigung stammenden Kinder.

67 „Die Arbeitsgemeinschaft der Bayerischen Landesfürsorgeverbände hält eine besondere Fürsorge für die Frauen und deren Kinder im allgemeinen nicht für angezeigt, da es unmöglich ist, den Gegenbeweis zu erbringen und eine allgemeine Einbeziehung der betreffenden Frauen auf Grund von Behauptungen nur allzu sehr den Mißbrauch ermöglichen würde." Institut für Besatzungsfragen, Auskunft an das Amtsgericht München vom 22.12.1955, BayHstA Minn 81087 Beiakt 2 Nr. 6726.

nicht im Mittelpunkt; in erster Linie ging es den verantwortlichen Politikern und Beamten um den Schutz der Familie, die in den Fünfzigerjahren im bundesrepublikanischen Diskurs für die moralische Wiederaufrichtung des Landes eminent wichtig war. Dass Ehemännern die Finanzierung eines „fremden" Vergewaltigungskindes zugemutet werde, dass dadurch möglicherweise Familien zu Bruch gingen, dass so noch mehr alleinstehende Frauen und noch mehr uneheliche Kinder zu befürchten stünden, dass ehrbare Ehefrauen mit ehrlosen „Fraternisierinnen" in einen Topf geworfen werden könnten, waren die stichhaltigen Argumente für eine rechtliche und finanzielle Besserstellung der Vergewaltigungsopfer.

Noch im Juni 1956 hatte CDU-Bundesinnenminister Gerhard Schröder eine Entschädigung für von Angehörigen fremder Truppen Zwangsgeschwängerte abgelehnt. Am 17. Dezember desselben Jahres kam es schließlich doch zu einer Regelung. Auf Grundlage des „Gesetzes über die Abgeltung von Besatzungsschäden" vom 1.12.1955 konnte unter gewissen Voraussetzungen nun auch für den Unterhalt von Kindern, die aus einer Vergewaltigung durch Besatzungsangehörige hervorgegangen waren, ein Ausgleich aus Bundesmitteln gewährt werden. Die Höhe des Betrags bemaß sich danach, wie viel der Vater nach dem Gesetz hätte zahlen müssen. An der Regelung wurde noch lange gefeilt. Nach und nach erweiterte sich der Kreis der berechtigten Antragstellerinnen.[68] Zuletzt einigten sich Innenministerium und Finanzministerium darauf, die Ausgleichsleistungen mit einer doppelten Zweckbestimmung zu versehen, die Hälfte des Geldes war für den Unterhalt des Kindes bestimmt und die andere Hälfte sollte als Abgeltung für den immateriellen Schaden der Kindesmutter angesehen werden.

Im Ergebnis erwartete die Betroffenen ein Antragsverfahren, das sie vor schier unlösbare Nachweisprobleme stellte: Sie sollten Zeugen beibringen,

---

68 Anträge auf Ausgleichszahlungen konnten schließlich stellen: Mütter, die vor dem offiziellen Besatzungsbeginn vergewaltigt wurden; Mütter, die in den ehemaligen Koloniegebieten im Osten vergewaltigt wurden; Mütter, die verschleppt und zur Zwangsarbeit im Osten waren und dabei zwangsgeschwängert wurden; Mütter, die von Besatzungsangehörigen vergewaltigt wurden, die keine Soldaten, sondern Zivilbedienstete oder deren Angehörige waren; Aussiedlerinnen, die erst in den 1950er-Jahren aufgrund von Vertreibung und Flucht die deutsche Staatsbürgerschaft erhielten. Allgemeines Kriterium war, dass die Zwangsschwangerschaft auf Auswirkungen der Kriegs- und Nachkriegsverhältnisse zurückging. Auch die Dauer der monatlichen Rente, zunächst auf die Zeit bis zum sechzehnten Lebensjahr des Kindes befristet, wurde mit den Jahren auf das Ende der Ausbildung beziehungsweise bis zum Alter von 24 Jahren ausgedehnt. Zuständig für die Bewilligung der Anträge war das jeweilige Amt für Verteidigungslasten. B 136/2302 Gesetz über die Abgeltung von Besatzungsschäden.

sich gleich nach der Tat jemandem offenbart haben, zum Arzt gegangen sein. Es ist daher nicht überraschend, dass, wie der bereits erwähnte Bestand von Entschädigungsverfahren im Staatsarchiv Freiburg zeigt, Anträge von Vergewaltigungsopfern mit Kind regelmäßig abgewiesen wurden.

Die drei diskutierten historiografischen Thesen zur Wirkung der Massenvergewaltigung deutscher Frauen zum Kriegsende und in den Besatzungsjahren müssen, wie ich versucht habe zu zeigen, in ihren Diskurszusammenhängen in den Fünfziger- und Sechzigerjahren sowie in deren langfristigen Folgen bis in die Gegenwart verortet werden. Dann lässt sich das Bild revidieren: Weder waren die Vergewaltigungsopfer durch Ressentiments gegen die Besatzer und als Opferkollektiv vor den langfristigen psychischen Folgen der schrecklichen Erfahrungen geschützt, noch hatten sie Motiv oder auch nur Gelegenheit, die häufig erzwungenen Schwangerschaften „fließbandmäßig" zu beenden, noch war ihnen aus Rücksicht auf die remaskulinisierte Nachkriegsgesellschaft und das politische Kalkül das Sprechen über ihre Geschicke gänzlich verwehrt. Der erneute Blick auf die Folgen der Massenvergewaltigung an deutschen Frauen verdeutlicht vielmehr nicht nur eine beträchtliche psychische Hypothek des Geschehens, von der Psychologen ausgehen, dass sie in späteren Generationen weiterwirkt[69] – es zeigt sich auch ein Unvermögen zur Empathie nicht nur in der Nachkriegszeit, sondern auch noch in der Historiografie der Jetztzeit.

---

69 Vgl. etwa Bertram von der Stein, „Flüchtlingskinder". Transgenerationale Perspektive von Spätfolgen des Zweiten Weltkrieges bei Nachkommen von Flüchtlingen aus den ehemaligen deutschen Ostgebieten, in: Hartmut Radebold – Werner Bohleber – Jürgen Zinnecker (Hg.), Transgenerationale Weitergabe kriegsbelasteter Kindheiten. Weinheim – München 2009, S. 183–191.

Sowjetische Besatzungskinder

Barbara Stelzl-Marx

Kinder sowjetischer Besatzungssoldaten in Österreich

Stigmatisierung, Tabuisierung, Identitätssuche

Ende März 1945 betraten die ersten Rotarmisten österreichisches Territorium. Rund neun Monate später kamen die ersten sowjetischen Besatzungskinder auf die Welt: als Folge von Vergewaltigungen, aber auch als Resultat freiwilliger sexueller Beziehungen mit einheimischen Frauen. Sie galten in vielen Fällen als „Kinder des Feindes", obwohl ihre Väter de jure keine Feinde mehr waren, und waren oft ihr Leben lang unterschiedlichen Formen von Diskriminierung und Stigmatisierung ausgesetzt. Ihre „Schande" bestand nicht nur darin, unehelich geboren worden zu sein, sondern auch darin, den „falschen" Vater zu haben. So bildeten sie eine „ideale" Angriffsfläche für rassische, ideologische und moralische Vorurteile. Insbesondere bei den sogenannten Russenkindern wirkten nationalsozialistische Feindbilder und das durch die Erfahrungen zu Kriegsende geprägte häufig negative „Russenbild" nach. Der Kalte Krieg und der zunehmende Ost-West-Konflikt verstärkten häufig noch die ablehnende Haltung gegenüber den betroffenen Kindern.[1]

Die Nachkommen von Rotarmisten und einheimischen Frauen stellten größtenteils „vaterlose" Töchter und Söhne dar, die ihre Kindheit häufig bei Tanten, Groß- oder Pflegeeltern verbrachten. Ihre Väter – Angehörige der Sowjetischen Armee – waren meist bei ihrer Geburt bereits abwesend oder wurden bald danach an einen anderen Stationierungsort oder zurück in die Heimat versetzt. Ein Kontakt war wegen der politischen Hintergründe in den

---

1 Der vorliegende Beitrag beruht auf Barbara Stelzl-Marx, Stalins Soldaten in Österreich. Die Innensicht der sowjetischen Besatzung 1945–1955. Wien – München 2012, S. 525–558; Barbara Stelzl-Marx, Freier und Befreier. Zum Beziehungsgeflecht zwischen sowjetischen Besatzungssoldaten und österreichischen Frauen, in: Stefan Karner – Barbara Stelzl-Marx (Hg.), Die Rote Armee in Österreich. Sowjetische Besatzung 1945–1955. Beiträge. Graz – Wien – München 2005, S. 421–448. Weiterführende Recherchen erfolgten im Rahmen des vom Zukunftsfonds der Republik Österreich geförderten und am Ludwig Boltzmann-Institut für Kriegsfolgen-Forschung (BIK) in Graz von der Autorin geleiteten Forschungsprojektes „Besatzungskinder in Österreich. Eine sozial-, diskurs- und biografiegeschichtliche Analyse" (P11-0995). Besonderer Dank gebührt Prof. Stefan Karner sowie den Mitarbeiterinnen und Mitarbeitern am BIK für ihre Unterstützung bei den Recherchen, insbesondere Mag. Dieter Bacher, Mag. Harald Knoll, Mag. Florentine Kastner, Dr. Alexandra Kofler, Sigrid Lazar und Mag. Silke Stern.

meisten Fällen für mehrere Jahrzehnte so gut wie ausgeschlossen oder brach als Folge des Kalten Krieges ab. Vielfach umgab die Betroffenen eine Mauer des Schweigens, die manche bis heute nicht durchbrechen konnten. Fragen nach der eigenen Identität und die Suche nach den „Wurzeln" waren meist die Folge, die zudem in unterschiedlicher Intensität auf die nächsten beiden Generationen übertragen wurden. Doch auch manche Väter versuchten (primär ab der Ära der „Perestrojka"), ihre „österreichischen" Kinder, die die wenigsten jemals auch nur zu Gesicht bekommen hatten, auszuforschen.

Bemerkenswert erscheint, dass sich die Forschung in Österreich und Deutschland seit mehreren Jahren zunehmend intensiv mit verschiedenen Aspekten von sowjetischen Besatzungskindern im jeweiligen Land beschäftigt,[2] dass Recherchen in der ehemaligen Sowjetunion dazu aber bisher genauso fehlen wie etwa zu den Kindern von Wehrmachtssoldaten in der ehemaligen UdSSR. Dies dürfte auch im Zusammenhang mit einer immer noch vorherrschenden besonders starken Tabuisierung dieses Aspektes von Krieg und Besatzung zu sehen sein.

Vor diesem Hintergrund soll der Frage nachgegangen werden, wie sich die spezifischen historischen, politischen und sozialen Hintergründe auf die Biografien und die Identität der sowjetischen Besatzungskinder auswirkten. Am Beispiel Österreichs, das auf der Basis der Moskauer Deklaration[3] von 1943 als befreites Land galt, aus Moskauer Sicht ideologisch und politisch jedoch dem anderen, sprich westlichen „kapitalistischen" Lager zugeordnet wurde, kann dies besonders deutlich gemacht werden.

Rahmenbedingungen für die Entstehung der Besatzungskinder: zwischen Liebesbeziehung und Vergewaltigung

Sexualität und Liebe gehören ebenso zu den Erfahrungen von Krieg und Besatzung wie Brutalität und Gewalt.[4] Jede militärische Auseinandersetzung resultiert in komplexen Interaktionen zwischen einheimischen Frauen und ausländischen Soldaten und den Kindern, die daraus entstehen. Dieses Phänomen hat bis heute größte Aktualität.[5] Durch die Ausnahmesituation der

---

2   Zu den Forschungen über sowjetische Besatzungskinder in Deutschland siehe den Beitrag von Silke Satjukow in diesem Band sowie Silke Satjukow – Rainer Gries, „Bankerte!" Besatzungskinder in Deutschland nach 1945. Frankfurt – New York 2015.
3   Stefan Karner – Alexander Tschubarjan (Hg.), „Österreich wieder herstellen." Die Moskauer Deklaration 1943. Wien – Köln – Weimar 2015.
4   Ebba D. Drolshagen, Das Schweigen. Das Schicksal der Frauen in besetzten Ländern, die Wehrmachtssoldaten liebten, in: metis. 8, 15, 1999, S. 28–47, hier: S. 41.
5   Ingvill C. Mochmann – Sabine Lee – Barbara Stelzl-Marx (Hg.), Children Born of War:

Kriegs- und Nachkriegszeit ergab sich ein Spektrum von sexuellen Kontakten, das ungewöhnlich groß war. Dieses reichte von Vergewaltigungen über (Überlebens-)Prostitution bis hin zur großen Liebe des Lebens. Vielfach illegal durchgeführte Abtreibungen[6] oder Geschlechtskrankheiten gehörten dabei zu den unerwünschten „Nebenerscheinungen". In der sowjetischen Besatzungszone stellten aber auch die Verurteilungen von Frauen als feindliche Spioninnen, die sowjetische Armeeangehörige scheinbar in die „Honigfalle" hatten tappen lassen, einen Aspekt dieser Beziehungen dar.[7] Die drakonischen Strafen reichten von mehreren Jahren Haft in sowjetischen Gefängnissen und Lagern bis hin zum Tod durch Erschießen.[8]

Omnipräsenz der Sieger

Im Mai 1945 befanden sich etwa 700.000 alliierte Besatzungssoldaten in Österreich, darunter rund 400.000 Rotarmisten.[9] Zehn Jahre später waren noch mehr als 50.000 sowjetische Soldaten, Familienangehörige und Ange-

---

Second World War and Beyond. Focus. Kinder des Krieges: Zweiter Weltkrieg und danach, in: Historical Social Research. Historische Sozialforschung. Vol. 34, 3, 2009, S. 263–373, hier: S. 263.

6 Nach Paragraf 144 der ab Juni 1945 wieder in Kraft getretenen Strafgesetzordnung waren Schwangerschaftsabbrüche prinzipiell verboten. Aufgrund der zahlreichen Vergewaltigungen in der sowjetischen Besatzungszone zu Kriegsende gab etwa die provisorische Steiermärkische Landesregierung „zur Abhilfe eines Notstandes" am 26. Mai 1945 Abtreibungen „bis zur gesetzlichen Regelung durch die österreichische Bundesregierung" frei. Als „zulässig" galt der Schwangerschaftsabbruch zunächst aus gesundheitlichen Gründen. Eine Ausnahme von diesem Grundsatz war fortan aus „ethischer Anzeige bei erwiesenen Notzuchtfällen" möglich. Vgl. StLA, BH Bruck, Grp. 12, K 435, 1945, Rundschreiben der provisorischen Steiermärkischen Landesregierung an alle Gesundheitsämter betreffend Schwangerschaftsunterbrechungen aus gesundheitlichen oder ethischen Gründen, 26.5.1945. Abgedruckt in: Stefan Karner – Barbara Stelzl-Marx – Alexander Tschubarjan (Hg.), Die Rote Armee in Österreich. Sowjetische Besatzung 1945–1955. Dokumente. Krasnaja Armija v Avstrii. Sovetskaja okkupacija 1945–1955. Dokumenty. Graz – Wien – München, 2005, Dok. Nr. 118; Stelzl-Marx, Stalins Soldaten in Österreich, S. 474f.

7 Stelzl-Marx, Stalins Soldaten in Österreich, S. 487–495.

8 Siehe dazu die entsprechenden Biografien in: Stefan Karner – Barbara Stelzl-Marx (Hg.), Stalins letzte Opfer. Verschleppte und erschossene Österreicher in Moskau 1950–1953. Unter Mitarbeit von Daniela Almer, Dieter Bacher und Harald Knoll. Wien – München 2009. Auch ein Besatzungskind war indirekt betroffen, dessen Mutter, die Wienerin Ingeborg Louzek, und Vater, ein desertierter Rotarmist, u. a. wegen antisowjetischer Spionage in Moskau hingerichtet wurden. Vgl. Stelzl-Marx, Stalins Soldaten in Österreich, S. 451–453, S. 533f.

9 Franz Severin Berger – Christiane Holler, Trümmerfrauen. Alltag zwischen Hamstern und Hoffen. Wien 1994, S. 174.

stellte der Armee in Ostösterreich stationiert.¹⁰ Diesem aus der Situation heraus besonders „frauenhungrigen" Männerpotenzial im besten Alter stand ein eklatanter Männermangel der sogenannten leistungsfähigen Jahrgänge gegenüber: 380.000 österreichische Männer waren von den europäischen Schlachtfeldern nicht heimgekehrt. Dazu kommt der Blutzoll der vom NS-Regime in Gefängnissen und Konzentrationslagern ermordeten Österreicher sowie die Hunderttausenden österreichischen Kriegsgefangenen, über deren Schicksal Familienangehörige jahrelang nichts Genaues wussten. Noch 1948 rechnete man auf 100 österreichische Frauen durchschnittlich 70 Männer. Schon allein diese zahlenmäßige Diskrepanz lässt den sozialen und psychischen Konfliktstoff der Nachkriegsjahre erahnen.¹¹ Auch auf die Besatzungssoldaten in Österreich trifft somit zumindest teilweise die Charakterisierung amerikanischer GIs zu, die während des Zweiten Weltkrieges in Großbritannien stationiert waren: „overpaid, over-fed, over-sexed and over here."¹²

Durch ihre besonders großen Truppenkontingente waren sowjetische Soldaten gerade zu Kriegsende und in der ersten Nachkriegszeit beinahe omnipräsent. Als „Sieger" dominierten sie das öffentliche Leben, drangen in die Privatsphäre ein, sahen – zumindest zu einem gewissen Teil – Frauen als ihre „Beute", wie die zahlreichen Vergewaltigungen vor allem in der ersten Besatzungszeit zeigen: Allein für Wien und Niederösterreich werden die Vergewaltigungen auf 240.000 geschätzt. Gewisse Rückschlüsse auf die Zahl der Übergriffe erlauben zudem venerische Krankheiten: Niederösterreich meldete für 1945 insgesamt 47.000 Neuzugänge an Gonorrhö (von 70.000 in ganz Österreich).¹³ In der Steiermark ereilte in der kurzen Phase der sowjetischen Be-

---

10 Zentralarchiv des Verteidigungsministeriums (CAMO), F. 275, op. 140920s, d. 7, S. 145–156, Bericht des Oberkommandos der CGV an den Chef des Generalstabes, Sokolovskij, und den Chef des Hauptstabes der Landstreitkräfte, Malandin, über den Abzug der sowjetischen Truppen aus Österreich, 24.9.1955. Abgedruckt in: Karner – Stelzl-Marx – Tschubarjan, Die Rote Armee in Österreich, Dok. Nr. 188.

11 Berger – Holler, Trümmerfrauen, S. 174; Siegfried Mattl, Frauen in Österreich nach 1945, in: Rudolf G. Ardelt – Wolfgang J. A. Huber – Anton Staudinger (Hg.), Unterdrückung und Emanzipation. Festschrift für Erika Weinzierl. Zum 60. Geburtstag. Wien – Salzburg 1985, S. 101–126, hier: S. 110.

12 Die amerikanischen GIs trugen diese durch den britischen Komiker Tommy Trinder popularisierte Charakterisierung mit Humor und beschrieben ihrerseits die Briten als „underpaid, under-sexed and under Eisenhower". Vgl. Sabine Lee, Kinder amerikanischer Soldaten in Europa: ein Vergleich der Situation britischer und deutscher Kinder, in: Historical Social Research. Bd. 34, 3, 2009, S. 321–351, hier: S. 322. Vgl. hierzu auch David Reynolds Sozialgeschichte amerikanischer GIs in Großbritannien: David Reynolds, Rich Relations. The American Occupation of Britain 1942–1945. London 2000.

13 Marianne Baumgartner, Vergewaltigungen zwischen Mythos und Realität. Wien und Niederösterreich im Jahr 1945, in: Peter Eppel (Hg.), Frauenleben 1945. Kriegsende in

satzung amtlichen Aufzeichnungen zufolge etwa 10.000 Frauen dieses Schicksal, davon rund vier Fünftel in der Ost- und Südsteiermark.[14] Burgenländische Gesamtzahlen sind nicht überliefert.[15] Allerdings ist davon auszugehen, dass in diesem ersten Einmarschgebiet der Roten Armee die Übergriffe besonders häufig waren und es daher zu mindestens 20.000 Vergewaltigungen kam.[16] Im Mühlviertel wurden gemäß den Angaben der Bezirkshauptmannschaft für diese Region von Mai 1945 bis März 1946 etwa 900 Fälle registriert.[17]

Während österreichische Gendarmerieberichte und andere Dokumente voll von Anzeigen dieser „Vorfälle" sind, liegen von sowjetischer Seite keine Gesamtangaben zu den Vergewaltigungen vor. Zu sehr wurde – und wird – das Thema gerade auch vor dem Hintergrund seiner politischen Tragweite tabuisiert. Ein Teil der Moskauer Archive hält Dokumente, die dem „Ansehen der Roten Armee" und somit der Sowjetunion bzw. des heutigen Russlands schaden könnten, nach wie vor unter Verschluss. In anderen Archiven finden sich zwar verstreute, aber aussagekräftige Hinweise. Gerade sie liefern auch aus sowjetischer Perspektive den erdrückenden Beweis, dass das Problem der Vergewaltigungen – trotz aller Strafmaßnahmen, politischen Schulungen und sonstigen Reglements innerhalb der Truppen – über die Zeit des unmittelbaren Kriegsendes hinaus weiter bestand.[18]

Ungeachtet des durch die nationalsozialistische Ideologie und die Vergewaltigungen zu Kriegsende negativen „Russenbildes" entwickelte sich

---

Wien. Katalog zur 205. Sonderausstellung des Historischen Museums der Stadt Wien. Wien 1995, S. 59–72, hier: S. 64f.; Wolfram Dornik, Besatzungsalltag in Wien. Die Differenziertheit von Erlebniswelten: Vergewaltigungen – Plünderungen – Erbsen – Straußwalzer, in: Stefan Karner – Barbara Stelzl-Marx (Hg.), Die Rote Armee in Österreich. Sowjetische Besatzung 1945–1955. Beiträge. Graz – Wien – München 2005, S. 449–468, hier: S. 462.

14 Stefan Karner, Die Steiermark im 20. Jahrhundert. Politik – Wirtschaft – Gesellschaft – Kultur. Graz – Wien – Köln 2000, S. 318.

15 Pia Bayer, Die Rolle der Frau in der burgenländischen Besatzungszeit, in: Michael Hess (Hg.), befreien – besetzen – bestehen. Das Burgenland 1945–1955. Tagungsband des Symposions des Burgenländischen Landesarchivs vom 7./8. April 2005. Eisenstadt 2005, S. 139–160.

16 Das Burgenland hatte 1945 etwa 200.000 Einwohner. (Von der Gesamtzahl von 280.000 Einwohnern sind einige 10.000 Richtung Westen Geflüchtete und etwa 38.000 Wehrmachtssoldaten und Kriegsgefangene abzuziehen.) Geht man von der für Wien und Niederösterreich anzunehmenden Vergewaltigungsquote von zehn Prozent aus, ergibt sich daher für das Burgenland eine Rate von mindestens 20.000 Vergewaltigungen. Herrn Dr. Wolfram Dornik, Graz, danke ich herzlich für diesen Hinweis.

17 Gerald Hafner, Das Mühlviertel unter sowjetischer Besatzung, in: Stefan Karner – Barbara Stelzl-Marx (Hg.), Die Rote Armee in Österreich. Sowjetische Besatzung 1945–1955. Beiträge. Graz – Wien – München 2005, S. 503–522, hier: S. 511f.

18 Stelzl-Marx, Stalins Soldaten in Österreich, S. 408–429.

Abb. 1: Sowjetischer Informationsoffizier beim Tanz mit einer Österreicherin, um 1946. Quelle: ÖNB, Sammlung Obransky. Foto: Wilhelm Obransky

zudem eine große Bandbreite erotischer Annäherungen zwischen einheimischen Frauen und sowjetischen Armeeangehörigen, die von Flirts über Liebesbeziehungen für die Dauer der Stationierung – und in einigen wenigen Ausnahmefällen[19] – bis hin zu Eheschließungen reichten.

Allein wegen des beinahe flächendeckenden Einsatzes der Besatzungssoldaten ergaben sich unzählige Gelegenheiten, einheimische Frauen kennenzulernen: bei Theaterbesuchen, bei Tanzveranstaltungen, am Markt, bei der Arbeit, in Privatquartieren oder etwa bei Spaziergängen. Naturgemäß entstanden an den Stationierungsorten der Truppen besonders viele Beziehungen. Baden bei Wien, wo sich das Hauptquartier der Zentralen Gruppen der Streitkräfte befand, dürfte in diesem Zusammenhang der absolute „Spitzenreiter" gewesen sein. Aber auch in Wien oder St. Pölten gab es besonders zahlreiche Anknüpfungspunkte.[20]

---

19 Abgesehen von jenen Rotarmisten, die desertierten und daraufhin in einer westlichen Besatzungszone oder im Ausland eine Österreicherin heirateten, ist etwa der Fall des sowjetischen Kommandanten von Leoben, Šurupov, überliefert, der im Sommer 1945 seine österreichische Freundin, eine Grazerin, heiraten und mit ihr später in der Ukraine leben konnte. Ebd., S. 441, 519.

20 Ebd., S. 496–504.

Doppelmoral mit weitreichenden Folgen: Reaktionen von sowjetischer Seite

Bereits Odysseus wusste, dass eine Verbrüderung zwischen den eigenen Truppen und der einheimischen Bevölkerung ein Kommandoproblem darstellte. Im Laufe der Jahrtausende änderte sich wenig an dieser Einschätzung.[21] Auch 1945 bildeten sexuelle Beziehungen zwischen einheimischen Frauen und Besatzungssoldaten ein signifikantes Phänomen der Nachkriegszeit mit höchst unterschiedlichen Reglements.

Die Haltung der sowjetischen Seite stellte in diesem Zusammenhang einen Sonderfall dar. Offiziell existierte – wie auch in der SBZ – von Anfang an kein „Fraternisierungsverbot". Allerdings betrachtete der Kreml Geschlechtsverkehr zwischen seinen Armeeangehörigen und nichtsowjetischen Frauen im Ausland als „politisch folgenschwer" und verwerflich.[22] Hierbei kamen ideologische Überlegungen ebenso zum Tragen wie die Angst vor antisowjetischer Spionage und Vaterlandsverrat. Man sah die Frauen als gefährliche Werkzeuge westlicher Geheimdienste, da sie „undercover" Militär- und Staatsgeheimnisse ausspionieren sowie Rotarmisten zum Überlaufen bewegen konnten. Der Kreml fürchtete Ausländerinnen zudem als „epidemiologische Waffe" in den Händen des „Feindes", die über die Infektion mit Geschlechtskrankheiten Moral und Kampfkraft sowjetischer Militärangehöriger schwächen würden.[23]

Die betroffenen Frauen stufte man somit pauschal als „politisch fragwürdig" ein, weswegen intime Kontakte zwischen ihnen und sowjetischen Armeeangehörigen unerwünscht waren.[24] Sogenannte „Lebensgemeinschaften mit politisch fragwürdigen Frauen" fielen in dieselbe Kategorie „amoralischer Erscheinungen" wie Vergewaltigung, Mord, Körperverlet-

---

21 Lee, Kinder amerikanischer Soldaten in Europa, S. 19.
22 Russisches Staatliches Militärarchiv (RGVA), F. 32902, op. 1, d. 11, S. 158f., Direktive Nr. 00811 des Leiters der Politischen Abteilung der NKVD-Truppen zum Schutz des Hinterlandes der 3. Ukrainischen Front, Oberst Nanejšvili, über eine Verbesserung der erzieherischen Arbeit innerhalb des Mannschaftsstammes, 4.7.1945. Abgedruckt in: Karner – Stelzl-Marx – Tschubarjan, Die Rote Armee in Österreich, Dok. Nr. 64. Vgl. dazu Stelzl-Marx, Stalins Soldaten in Österreich, S. 314.
23 Stelzl-Marx, Stalins Soldaten in Österreich, S. 478, 518–524.
24 RGVA, F. 32914, op. 1, d. 132, S. 218–264, hier: S. 250, Bericht des Kommandeurs des 336. NKVD-Grenzregiments, Oberstleutnant Martynov, und des Leiters der Politabteilung des Regiments, Major Čurkin, an den Leiter der Politabteilung der NKVD-Truppen zum Schutz des Hinterlandes der 3. Ukrainischen Front, Oberst Nanejšvili, über den Dienst, die parteipolitische Arbeit, den politisch-moralischen Zustand und die Disziplin des Regiments im 2. Quartal 1945, [Juni 1945]. Vgl. Stelzl-Marx, Stalins Soldaten in Österreich, S. 518.

zung, Plünderung, Alkoholismus oder die Verursachung von Verkehrsunfällen.[25]

Den in Österreich stationierten sowjetischen Militärangehörigen waren Eheschließungen mit ausländischen Frauen die meiste Zeit über ausdrücklich untersagt. Hier kam – wie etwa auch in Deutschland – der entsprechende Politbürobeschluss zum Tragen, der Hochzeiten zwischen sowjetischen Bürgern und Ausländern untersagte.[26] Diese Regelung blieb de jure bis Ende 1953 in Kraft.[27] Nach dem Erlass des Präsidiums des Obersten Sowjets der UdSSR vom 24. Oktober 1953 wurde es nun Offizieren und länger dienenden Unteroffizieren der Sowjetischen Armee grundsätzlich gestattet, „Ehen mit Bürgerinnen derjenigen Länder einzugehen, in denen diese Truppenteile stationiert sind".[28] Doch auch danach blieben österreichisch-sowjetische Eheschließungen de facto die Ausnahme.[29] Den Politoffizieren fiel dabei die Aufgabe zu, die Offiziere über die „Unzweckmäßigkeit" derartiger Vermählungen aufzuklären.[30] Auch wies man von Anfang an – freilich häufig umsonst – Offiziere

---

25 RGVA, F. 32914, op. 1, d. 132, S. 329–339, hier: S. 336, Bericht des Kommandeurs des 336. NKVD-Grenzregiments, Oberstleutnant Martynov, und des Leiters der Politabteilung, Major Čurkin, über den militärischen Einsatz, den politisch-moralischen Zustand und die militärische Disziplin der Truppen von November 1944 bis August 1945, 23.8.1945.

26 Russisches Staatsarchiv für sozial-politische Geschichte (RGASPI), F. 17, op. 3, d. 1064, S. 3, Politbürobeschluss „Über das Verbot von Eheschließungen zwischen Bürgern der Sowjetunion und Ausländern", 15.2.1947. Der entsprechende Erlass des Präsidiums des Obersten Sowjets der UdSSR wurde am 18. März 1947 verabschiedet.

27 Russisches Staatsarchiv für Zeitgeschichte (RGANI), F. 3, op. 8, d. 65, S. 73–76, Beschluss des ZK der KPdSU „Über den Erlass des Präsidiums des Obersten Sowjet der UdSSR vom 15.2.1947", 13.11.1953. Innenminister Sergej Kruglov hatte Anfang November 1953 das Präsidium des ZK der KPdSU in diesem Zusammenhang darüber informiert, dass es wegen dieser Regelung zu „unerwünschten", teilweise sogar „tragischen Vorfällen" gekommen sei und „diese Fakten eine ungesunde Stimmung" unter den Ausländern hervorrufen würden. Ebd., S. 75.

28 Stiftung Archiv der Parteien und Massenorganisationen der DDR im Bundesarchiv (SAPMO-BArch), DY30/3691, Stabschef der GSBT GL Tarassov an Walter Ulbricht, 27.11.1953. Zit. nach: Christian Th. Müller, US-Truppen und Sowjetarmee in Deutschland. Erfahrungen, Beziehungen, Konflikte im Vergleich. Paderborn u. a. 2011, S. 188.

29 Obwohl in der DDR ab Ende 1953 deutsch-sowjetische Eheschließungen offiziell gestattet waren, wurden sie jedoch bis auf wenige Ausnahmen bis zum Ende der DDR verhindert. Vgl. Silke Satjukow, Besatzer. „Die Russen" in Deutschland 1945–1994. Göttingen 2008, S. 296. Die 1953 erfolgte Aufhebung des Verbots von Eheschließungen zwischen sowjetischen und ausländischen Bürgern dürfte auch für Österreich gegolten haben. Vgl. Vitalij Nikol'skij, GRU v gody Velikoj otečestvennoj vojny. Moskau 2005, S. 240.

30 CAMO, F. 3415, op. 1, d. 102, S. 24, Befehl des Leiters der Politabteilung der 6. Garde-Panzerarmee, Garde-Leutnant Filjaškin, an die Leiter der Politabteilungen über das Verbot von Eheschließungen mit Frauen ausländischer Staaten, 11.4.1945. Vgl. dazu und zum Folgenden: Stelzl-Marx, Stalins Soldaten in Österreich, S. 518f.

Abb. 2: Der sowjetische Besatzungssoldat ging mit der Tochter seines österreichischen Quartiergebers in Ternitz eine einjährige Liebesbeziehung ein. Nach seiner Rückkehr in die Sowjetunion hielt er diese Liaison geheim. Quelle: Sammlung Stelzl-Marx, Bestand Nemetz

und Soldaten darauf hin, dass Verbindungen mit Ausländerinnen generell „unerwünscht" waren.³¹

Aus dieser für die sowjetische Besatzung spezifischen Ambiguität entwickelte sich eine Doppelmoral mit weitreichenden Folgen: Man tolerierte etwa häufig stillschweigend Liebesbeziehungen von Besatzungssoldaten und österreichischen Frauen – solange diese einigermaßen „diskret" blieben. Nahmen die Verhältnisse aber etwas „offiziellere" Formen an, bedeutete dies zugleich das Ende jeglichen Kontaktes. So gab die Bekanntgabe einer Schwangerschaft oder eines Heiratswunsches meist ungewollt den Ausschlag für die Versetzung des betroffenen Armeeangehörigen an einen anderen Stationierungsort oder zurück in die Sowjetunion. Dabei bestand offiziell we-

---

31 CAMO, F. 3415, op. 1, d. 102, S. 35, Befehl des stv. Leiters der Politabteilung der Front, Oberst Katugin, an den Leiter der Politabteilung des 18. Panzerkorps, Garde-Oberst Šeleg, über das Verbot von Verbindungen der Militärangehörigen mit Frauen ausländischer Staaten, 28.4.1945.

der die Möglichkeit, eine österreichische Frau mit in die UdSSR zu nehmen, noch diese zu heiraten. Selbst Briefkontakte bildeten für mehrere Jahrzehnte die Ausnahme. Schließlich galten Verbindungen mit dem Westen noch lange nach Stalins Tod als verdächtig. Ein „Happy End" war daher so gut wie ausgeschlossen.[32]

Was es für die betroffenen Frauen bedeutete, zurückgelassen zu werden, oft auch, ohne zuvor Abschied nehmen zu können, fasste Lilly Romanik in dem folgenden Gedicht zusammen. Ihr sowjetischer Freund war versetzt worden, nachdem sie bei der Geburt der gemeinsamen Tochter Tatjana seinen Namen angegeben hatte. Der Kontakt brach daraufhin für Jahrzehnte ab: „Als du gingst, du nahmst alles mit fort, unsere Liebe, unser Glück. Verzweifelt, dem Selbstmord nahe, ließest du mich zurück. Bist du fort? Bist du wirklich fort? Nein, du bist da, all die Jahre, jeden Tag. Du lebst hier weiter, in deinem Kind. Unter Millionen Menschen würdest du sie erkennen. So ähnlich ist es dir, dein Kind. Es war mir Trost, Freude, Leid, alles zugleich. Doch gibt es nichts, gar nichts, das dich ersetzen kann."[33]

Praktiken der Ausgrenzung: Reaktionen der österreichischen Gesellschaft

Die betroffenen Frauen hatten allerdings nicht nur gegen schier unüberwindbare Hindernisse von sowjetischer Seite zu kämpfen. Zusätzlich erfuhren sie vielfach Stigmatisierung und Diskriminierung durch die Nachkriegsgesellschaft, manchmal sogar besonders intensiv innerhalb der eigenen Familie oder Dorfgemeinschaft. Hier schwangen dem Nationalsozialismus und dem beginnenden Kalten Krieg verhaftete ideologische Traditionen ebenso mit wie „rassische" Überlegungen. Frauen, die eine intime Beziehung zu sowjetischen Soldaten eingingen, und sogar jene, die Opfer einer Vergewaltigung geworden waren, wurden unter anderem diskriminierend als „Russenflitscherl" oder „Russenhure" bezeichnet. Manche bemühten sich daher mehr oder weniger erfolgreich, ihr Verhältnis mit einem Besatzungssoldaten und/oder dessen Vaterschaft zu verheimlichen.[34]

Mitunter versuchte die eigene Familie die Tochter vor einer solchen Mesalliance zu „retten". So zerriss etwa der Vater einer Wienerin, die eineinhalb Jahre mit einem sowjetischen Besatzungssoldaten befreundet gewesen war und von diesem ein Kind auf die Welt gebracht hatte, den Zettel, auf dem

---

32 Stelzl-Marx, Stalins Soldaten in Österreich, S. 497.
33 Lilly Romanik, Gedicht an den russischen Soldaten, in: Sammlung Stelzl-Marx. Siehe dazu auch den in diesem Band publizierten Brief von Lilly Romanik.
34 Stelzl-Marx, Stalins Soldaten in Österreich, S. 509–518.

sie dessen Heimatadresse notiert hatte. Er wollte jegliche weiteren Kontakt nach der Rückkehr des Rotarmisten in die UdSSR unterbinden.[35] Auch die Wienerin Ingeborg Walla-Grom erinnert sich: „Papa zerstörte unser Glück! Er wollte mich nicht an Russland verlieren und viel später erfuhr ich, warum ich plötzlich, grundlos von Iwan verlassen wurde: Er hatte ihm gesagt: Ira bolnoi! Geschlechtskrank! Das war eine Lüge! War entsetzlich unglücklich, Iwan war wie vom Erdboden verschluckt. Musste ihm doch sagen, dass es nicht wahr ist! Was mir Papa angetan hat!"[36]

Eine Rolle spielte zudem, dass diese Verbindungen ohne Trauschein bleiben sollten. Resultierte daraus eine Schwangerschaft, hatten die betroffene Frau – und ihr Kind – unter dem Makel „ledig" zu leiden. So meint ein Betroffener: „Meine Mutter lebte mit ihrer Schwester, also meiner Tante, bei den Großeltern. Beide sind mit einem Russen in Kontakt getreten, jeweils mit einem anderen. Die eine ist eben schwanger geworden, die andere nicht. Das war offenbar ein riesiger Schock für sie: ‚Jetzt habe ich ein lediges oder uneheliches Kind zu erwarten. Was sagen meine Eltern?' Und ich glaube, soweit ich sie nachher in Erinnerung habe, dass sie nie wieder sexuelle Kontakte gehabt hat. Nie wieder. Das war einmal und dann war aus. Mit all dem Druck, der von der Bevölkerung ausgeübt worden ist: ‚Schau, du bist schwanger. Lass dir den Krüppel doch wegnehmen!'"[37]

Doch noch ein weiterer Faktor kam zum Tragen: Die militärische Niederlage hatte viele ehemalige Wehrmachtssoldaten in ihrem Selbstwertgefühl, ihrer männlichen Identität und ihrem Wahrnehmungsraster nachhaltig geprägt. Somit ließ sie der Verlust angestammter Eigentumsrechte an „ihren Frauen" und das Faktum „Besatzungsbraut" diese Umstände als Zerstörung ihrer letzten Machtposition interpretieren. Der Besatzung fiel in diesem Deutungshorizont nicht nur eine militärisch-politische, sondern auch eine bedrohliche sexuelle Dimension zu.[38] Die Kinder, die diesen Verhältnissen entstammten, machten dies besonders offensichtlich.

---

35 Sonja D., Freundliche Auskunft an Barbara Stelzl-Marx. Deutsch Wagram 23.8.2005.
36 Ingeborg Walla-Grom, Brief an die Russische Botschaft Wien.
37 OHI, Alois B. [Pseudonym]. Durchgeführt von Alexandra Kofler. Wien 9.10.2014. Die zitierten Oral History Interviews und der Schriftverkehr der Autorin mit Besatzungskindern werden im Archiv des Ludwig Boltzmann-Instituts für Kriegsfolgen-Forschung (AdBIK), Graz, aufbewahrt.
38 Ingrid Bauer, „Besatzungsbräute". Diskurse und Praxen einer Ausgrenzung in der österreichischen Nachkriegsgeschichte 1945–1955, in: Irene Bandhauer-Schöffmann – Claire Duchen (Hg.), Nach dem Krieg. Frauenleben und Geschlechterkonstruktionen in Europa nach dem Zweiten Weltkrieg. Herbholzheim 2000, S. 261–276, hier: S. 265; Stelzl-Marx, Stalins Soldaten in Österreich, S. 509–518.

Besatzungskinder: zu den Zahlen

„Obwohl jetzt 15 Jahre seit dem Ende des letzten Krieges vergangen sind, haben wir erst fünf Jahre Besatzungsfreiheit. Die verschiedenen Besatzungsmitglieder, ganz gleich, ob das Franzosen oder Russen oder welcher Nationalität immer waren, haben auch außereheliche Kinder zurückgelassen. Hoher Bundesrat! Ich möchte damit nicht auf irgendeine Nation aushauen, denn ich bin überzeugt, dass auch österreichische Soldaten und auch deutsche Soldaten, die im Ausland waren, dort Kinder zurückgelassen haben. *(Heiterkeit)*. Die Opfer waren immer die Mütter, die dann weiterversorgen haben müssen, um für den Lebensunterhalt der Kinder, für die dann keine Väter da waren, aufzukommen. Ich meine, das ist eine ganz natürliche Erscheinung. Ich glaube, dass es kaum einmal einen Krieg gegeben hat, wo die einen oder die anderen in diesem oder jenem Staat nicht irgendetwas zurückgelassen haben. *(Schallende Heiterkeit.)*"[39]

Dieser Auszug aus dem Sitzungsprotokoll des Bundesrates der Republik Österreich spiegelt plakativ die Wahrnehmung von und den Umgang mit Besatzungskindern in den ersten beiden Nachkriegsjahrzehnten wider. In diesem Zusammenhang stellt sich die Frage, wie viele Nachkommen alliierter Soldaten in Österreich geboren wurden. Die österreichischen Fürsorgestellen begannen 1952, einen statistischen Bericht über die Besatzungskinder zu erstellen. Zwar entstand keine Gesamtstatistik, doch machten die einzelnen Bundesländer Angaben, wonach zwischen 1946 und 1953 rund 8000 „Soldatenkinder", wie ein zeitgenössischer Terminus lautete, geboren worden waren.[40] Die Gesamtzahl dürfte allerdings bei mindestens 20.000,[41] wenn nicht sogar jedenfalls 30.000 in allen vier ehemaligen Besatzungszonen liegen, darunter etwa 50 Prozent sowjetische Besatzungskinder. Schließlich gaben viele Mütter bei der Geburt den Vater als „unbekannt" an.

Einen gewissen Anhaltspunkt liefern Angaben zu den Truppenstärken: So befanden sich im Mai 1945 etwa 700.000 alliierte Besatzungssoldaten in Österreich, wovon allein 400.000 Rotarmisten waren. Für Herbst 1945 schätzt man ihre Gesamtstärke auf 180.000 bis 200.000[42] sowjetische, 75.000 britische,

---

39 160. Sitzung des Bundesrates der Republik Österreich. Stenographisches Protokoll. 13.5.1960, S. 3761. Die stenographischen Protokolle der Bundesrats- und Nationalratssitzungen sind abrufbar unter http://www.parlament.gv.at/SUCH, 8.1.2015, 9.52 Uhr, Mozilla Firefox.
40 Gertrud Srncik, Besatzungskinder – ein Weltproblem, in: Arbeiter-Zeitung. 3.11.1955, S. 5.
41 Stelzl-Marx, Stalins Soldaten, S. 525.
42 Manfried Rauchensteiner, Nachkriegsösterreich 1945, in: Österreichische Militärische Zeitschrift. 6, 1972, S. 407–421, hier: S. 420.

70.000 amerikanische und 40.000 französische Armeeangehörige.⁴³ Etwa fünf bis sechs Prozent der US-Truppen stellten Afro-Amerikaner,⁴⁴ in Vorarlberg waren in den ersten Nachkriegsmonaten rund 30.000 marokkanische Kolonialtruppen stationiert gewesen. Zehn Jahre später befanden sich noch mehr als 50.000 sowjetische Soldaten, Familienangehörige und Angestellte der Armee in Ostösterreich.⁴⁵ Die westlichen Alliierten hatten ihre Kontingente schon relativ rasch stark reduziert. Beispielsweise waren im Mai 1946 nur mehr 7000 französische Soldaten in Tirol und Vorarlberg stationiert.⁴⁶

Üblicherweise wird von mindestens 5000 Söhnen und Töchtern US-amerikanischer Besatzungssoldaten in Österreich, wahrscheinlich aber von viel mehr ausgegangen.⁴⁷ Zeitgenössische Quellen, die die Zahl von 4000 amerikanischen „Armeekindern" für die gesamte US-Zone Österreichs angeben, liefern lediglich einen vagen Anhaltspunkt.⁴⁸

1955 schätzte man, dass etwa 1000 österreichische Kinder britische Väter hätten; 209 davon lebten angeblich in Graz.⁴⁹ In einer Sitzung des Nationalrates 1970 ist jedoch allein für Kärnten von mindestens 1000 unehelichen britischen Besatzungskindern die Rede.⁵⁰ Auch diese Zahlen dürften zu gering angesetzt sein.

Eine gewisse proportionale Verteilung – und die zeitgenössische Haltung – lassen sich zudem aus dem Protokoll der Nationalratssitzung von Anfang 1948 ableiten, wonach die Stadt Wien die Kosten für insgesamt rund 1300 Nachkommen aller vier Besatzungsmächte zu tragen hatte: „Wir haben aber leider auch Geschenke von den Alliierten, und zwar 553 Mündel von den Russen, 426 von den Amerikanern, 222 von den Engländern, 80 von den Franzosen und auch 2 Neger."⁵¹

---

43 Berger – Holler, Trümmerfrauen, S. 174.
44 Vgl. Ingrid Bauer, Ami-Bräute und die österreichische Nachkriegsseele, in: Frauenleben 1945 – Kriegsende in Wien. Katalog zur 205. Sonderausstellung des Historischen Museums der Stadt Wien. Wien 1995, S. 73–84, hier: S. 77.
45 CAMO, F. 275, op. 140920s, d. 7, S. 145–156, Bericht des Oberkommandos der CGV an den Chef des Generalstabes, Sokolovskij, und den Chef des Hauptstabes der Landstreitkräfte, Malandin, über den Abzug der sowjetischen Truppen aus Österreich, 24.9.1955. Abgedruckt in: Karner – Stelzl-Marx – Tschubarjan (Hg.), Die Rote Armee in Österreich, Dok. Nr. 188.
46 Vgl. dazu den Beitrag von Renate Huber in diesem Band.
47 Vgl. dazu den Beitrag von Ingrid Bauer in diesem Band.
48 Vgl. dazu Harry Slapnicka, Oberösterreich – Zweigeteiltes Land 1945–1955. Beiträge zur Zeitgeschichte Oberösterreichs. Linz 1986, S. 46.
49 Siehe dazu den Beitrag von Karin M. Schmidlechner in diesem Band.
50 16. Sitzung des Nationalrates der Republik Österreich. Stenographisches Protokoll. 30.10.1970, S. 947.
51 74. Sitzung des Nationalrates der Republik Österreich. Stenographisches Protokoll. 21.1.1948, S. 2136.

Die Nachkommen sowjetischer Soldaten in Österreich bilden mit Sicherheit die größte Gruppe unter den Besatzungskindern in Österreich, gefolgt von jenen amerikanischer GIs und – mit einem großen Abstand – britischen sowie schließlich französischen Kindern.

„Russenkind": Stigmatisierung und Diskriminierung

„Die Leute, die auf der Straße gegangen sind, die haben sich gegenseitig gestoßen und gesagt: ‚Das ist so ein Russenbalg', erinnert sich Rosa S.[52] Gemeinsam mit ihren Müttern waren Besatzungskinder diversen Formen von Stigmatisierung und Diskriminierung ausgesetzt. Versteckte Anspielungen auf ihr Aussehen oder ihr „Anderssein" gehörten ebenso dazu wie Hänseleien in der Schule, offene Ablehnung seitens der Familie und Nachbarschaft bis hin zu Prügeleien und Beschimpfungen. Viele litten darunter, nur wenig bis nichts über ihren Vater zu wissen. Auch offizielle Stellen wie die Fürsorge betrachteten die meist un- oder außerehelich geborenen Besatzungskinder als „Problem". Für die breite Öffentlichkeit stellten die Betroffenen ein beliebtes Versatzstück scheinmoralischer Entrüstung dar.[53]

In diesem Zusammenhang spielte die Herkunft der Väter gleichfalls eine wesentliche Rolle, die sich auf die Identität der Besatzungskinder auswirkte. So waren die Ressentiments „gegen die Russen", die tief in der nationalsozialistischen Ideologie verwurzelt und durch die Vergewaltigungen zu Kriegsende noch weiter verstärkt worden waren, noch lange existent. Bemerkenswert erscheint, dass sich bei den seit 2007 stattfindenden Treffen von Besatzungskindern in Österreich die Kinder sowjetischer Soldaten gegen das mitunter von westlichen Besatzungskindern geäußerte negative „Russenbild" zur Wehr setzen.

Der Terminus „Russenkind" war noch in den 1960er-Jahren ein weitverbreitetes Schimpfwort unter Jugendlichen und Kindern. Sie hatten diesen Begriff von ihren Eltern als Synonym für etwas Verachtenswertes übernommen, vielfach ohne genau zu verstehen, welch schmerzhafte Beleidigung dahintersteckte.[54] So berichtet der im Februar 1947 geborene Ferdinand R., dass er als Sohn eines sowjetischen Soldaten in den Häusern seiner Freunde unerwünscht war: „Als ‚Russenkind' war ich das Letzte. Die Eltern meiner Freunde haben mich aus ihren Häusern hinausgejagt."[55]

---

52 OHI, Rosa S. Durchgeführt von Alexandra Kofler. Baden 14.11.2014.
53 Stelzl-Marx, Freier und Befreier, S. 441.
54 Berger – Holler, Trümmerfrauen, S. 189.
55 Ferdinand R., Freundliche Auskunft an Barbara Stelzl-Marx. Tulln 17.6.2004.

Zwei Gründe macht R. dafür verantwortlich, weswegen „die Russen" – und somit auch sein Vater – im Ort insgesamt und im Elternhaus seiner Mutter im Speziellen derart ungern gesehen waren: einerseits die Vergewaltigungen zu Kriegsende, andererseits der hohe Anteil an überzeugten „Nazis". In der kleinen Gemeinschaft des Dorfes, wo jeder jeden kannte und über alles Bescheid wusste, übertrug sich das negative, von der NS-Propaganda geprägte „Russenbild" auf jene Frauen, die eine Beziehung mit einem Besatzungssoldaten eingingen, sowie in der Folge auch auf jene Kinder, die einer derartigen Beziehung entstammten.[56]

Die Nachwirkung der NS-Zeit bestätigt etwa auch Karl H., der das 1955 erfolgte Ende der Besatzung Österreichs als Zäsur in seinem Leben empfand: „Nach Abzug der Russen wurde es in der Schule und im Umfeld hart. [Ich] entwickelte mich zum Einzelkämpfer, da ich von zu Hause keinen Schutz gegenüber dem sehr NS-geprägten Umfeld hatte."[57]

Auch andere Betroffene berichten von den direkten Auswirkungen der ideologischen Einstellung in ihrem unmittelbaren Umfeld. Besonders markant kommt dies etwa bei Vera-Maria F. zum Vorschein, die im April 1946 in Wien als Folge einer Liebesbeziehung ihrer damals 18-jährigen Mutter mit einem sowjetischen Fliegerleutnant geboren wurde: Ihre Großeltern waren überzeugte Kommunisten, die den sowjetischen Besatzern überdurchschnittlich positiv gegenüberstanden und ihre Enkeltochter in der Folge liebevoll aufnahmen. Ihr Stiefvater, ein Kriegsversehrter, hingegen akzeptierte sie im Gegensatz zu ihrer Halbschwester aus einer früheren Ehe ihrer Mutter nicht: „Der hat in Russland einen schweren Oberschenkeldurchschuss gehabt, eine schwere Verwundung. Und der war natürlich den Russen gegenüber nicht sehr positiv eingestellt. Das hat er mich auch spüren lassen. […] Er hat mich einfach nicht richtig akzeptiert im Gegensatz zu meiner Halbschwester aus der ersten Ehe meiner Mutter; die hat er mehr gemocht."[58]

Da sich die negative Haltung des Stiefvaters gegenüber allem „Russischen" auf Vera-Maria F. als Tochter eines sowjetischen Besatzungssoldaten übertrug, wuchs sie zunächst bei ihren Großeltern auf; ihre Mutter kam in dieser Zeit lediglich einmal pro Jahr auf Besuch.[59] Erst mit dem Tod der Großeltern zog sie zu ihrer Mutter und ihrem Stiefvater, das distanzierte Verhältnis zu den beiden besserte sich jedoch nicht wesentlich. Gegenüber ihren aus der Ehe mit dem Stiefvater geborenen jüngeren Geschwistern, die

---

56 Stelzl-Marx, Freier und Befreier, S. 441f.
57 AdBIK, FB Besatzungskinder, Nr. 91, S. 11.
58 OHI, Vera-Maria F. Durchgeführt von Alexandra Kofler. Wien 8.10.2014.
59 Ebd.

Abb. 3: Vera-Maria F. mit ihrem Großvater, einem überzeugten Kommunisten, in Wien. Ihr Stiefvater, ein ehemaliger „Russlandkämpfer", lehnte hingegen die Tochter eines sowjetischen Besatzungssoldaten ab. Quelle: Sammlung Stelzl-Marx, Bestand Vera-Maria F.

sie fortan betreuen musste, fühlte sich Vera-Maria F. generell benachteiligt.[60]

„Russenbankert", „Russenbalg" oder auch „Russenmensch"[61] zählte zu den häufigsten Schimpfwörtern, die gegenüber sowjetischen Besatzungskindern – insbesondere am Land – verwendet wurden. So berichtet etwa Maria Silberstein, 1947 in Neckenmarkt geboren, wie eine Mitschülerin beim Spielen außerhalb der Schule plötzlich deutlich sagte: „Der Russenbankert spielt aber nicht mit!" Die damals zehnjährige Maria war gerade von der Volks- in die Hauptschule gewechselt und wusste zu diesem Zeitpunkt noch nicht über ihre Herkunft Bescheid. Als sie zu Hause nachfragte, erzählte ihr die Mutter erstmals von ihrem sowjetischen Vater. Nach dem Gespräch lief Maria Silberstein im Obstgarten minutenlang im Kreis, da sie diese Neuigkeit über ihre Herkunft derart aufgewühlt hatte.[62]

Einige Jahre später, 1960, erfuhr sie nochmals eine konkrete Form der Diskriminierung: Ein Cousin der Mutter aus Neckenmarkt sollte

---

60 AdBIK, FB Besatzungskinder, Nr. 26, S. 7.
61 Bezeichnenderweise erfuhr eine Betroffene im Alter von rund sechs Jahren von ihrer Herkunft, als sie Nachbarskinder als „Russenmensch" beschimpften. Vgl. AdBIK, FB Besatzungskinder, Nr. 41, S. 8.
62 Johann Hagenhofer – Gert Dressel (Hg.), Eine Bucklige Welt. Krieg und Verfolgung im Land der tausend Hügel. Lebensspuren III. Unter Mitarbeit von Edith Auer, Friedrich Geiderer, Willibald Kornfeld, Roman Lechner, Maria Stangl und der Dokumentation lebensgeschichtlicher Aufzeichnungen. Kirchschlag 2014, S. 217. OHI, Maria Silberstein. Durchgeführt von Barbara Stelzl-Marx. Wien 25.6.2012.

zum Priester geweiht werden und Maria Silberstein war als „Primizbraut" vorgesehen. Doch im ganzen Ort entbrannten daraufhin aufgeregte Diskussionen, wie ein illegitimes Kind – zudem ein „Russenkind" – diese ehrenvolle Rolle übernehmen könne. Maria wurde zwar schließlich „Primizbraut", doch begann sie nach diesem Ereignis, sich zurückzuziehen und zu beobachten, ob sie „anders" sei als die anderen.[63]

Tatjana Herbst betont gleichfalls, dass auf dem Land die Diskriminierungen der betroffenen Kinder und ihrer Mütter spürbarer waren als in der Stadt. Nachbarn schlugen etwa die Fenster zu, wenn sie an ihren Häusern vorbeiging. In der Schule verliehen ihr die Lehrer einen neuen Vornamen, da „Tatjana" zu „russisch" klang. So versuchten sie, das Fremde zu eliminieren und das Mädchen zu einer der Ihren zu erklären. Tatjana empfand dies allerdings als Diffamierung ihres Namens. Lediglich die Kinder hätten die Koseform „Tanni" verwendet: „Das ist so eine liebliche Form, da weiß keiner, dass das Tatjana ist. […] In den Schulen haben sie mir einen anderen Namen gegeben, da heiße ich Helene, weil ja die Mutter mit dem Feind ein Kind gehabt hat. Ich bin in Großenzersdorf groß geworden. Am Land ist es ganz schlimm. Meine Mutter wurde sehr verurteilt, das weiß ich. Wenn die Leute am Haustor gestanden sind, haben sie gesagt: ‚Schau, da geht die, die einen Russenbankert hat.' Wenn du ein Russenkind bist, begleitet dich das in deiner Kindheit sehr stark."[64]

Besonders schmerzlich war es für die Besatzungskinder, wenn sie innerhalb der eigenen Familie auf Ablehnung stießen. Eine Betroffene beschreibt etwa ihre schlimmste Erfahrung in diesem Zusammenhang folgendermaßen: „Als meine Mutter mir einen Nasenbeinbruch schlug (fünf Jahre) mit den Worten: ‚Du Hurenbankert, hätte ich dich bei der Geburt gleich umgebracht.' Zwei meiner Brüder [beschimpften] mich immer wieder mit: ‚verhurter Russenbankert, schleich dich nach Russland.'"[65]

Kinder aus einer Vergewaltigung

In einem ganz besonderen Spannungsfeld standen jene Kinder, die bei einer Vergewaltigung gezeugt worden waren, als „Produkt einer Gewalttat" und „Nachkomme des Täters".[66] 77 Prozent (20 Betroffene) gaben bei der Frage-

---

63 Hagenhofer – Dressel, Eine Bucklige Welt, S. 217.
64 OHI, Tatjana Herbst. Durchgeführt von Alexandra Kofler. Wien 14.11.2014.
65 AdBIK, FB Besatzungskinder, Nr. 9, S. 20.
66 Heide Glaesmer et al., Die Kinder des Krieges in Deutschland. Ein Rahmenmodell für die psychosoziale Forschung, in: Trauma & Gewalt. Jg. 6, 4, 2012, S. 318–328, hier: S. 324.

bogenuntersuchung von Besatzungskindern in Österreich an, durch eine Liebesbeziehung ihrer Mutter mit einem Rotarmisten gezeugt worden zu sein, 3,8 Prozent (eine Person) durch eine Vergewaltigung und 19,2 Prozent (fünf Personen) vermerkten, über den Hintergrund ihrer Entstehung sei ihnen nichts bekannt.[67] Vorsichtig könnte man schätzen, dass rund vier Prozent der sowjetischen Besatzungskinder aus einer Vergewaltigung stammen. Ihr Leben war in besonderer Weise vom Hintergrund ihrer Zeugung betroffen.

Anna E. etwa, die Ende 1945 infolge einer Vergewaltigung in der Steiermark zur Welt gekommen war, litt ihr Leben lang unter dieser „Schande" und schämte sich für ihre Herkunft.[68] Ihre eigene Familie wie auch die Nachbarn ließen sie von Anfang an spüren, dass sie „nicht dazugehörte" und „nicht willkommen" war. Oft äußerte sich die Diskriminierung in scheinbaren Kleinigkeiten. Als Kind etwa hätten alle Gleichaltrigen im Dorf Honigbrote bekommen, während man zu ihr sagte: „Du geh nur heim, du Russenpamper." Bereits ihre Geburt stellte eine Sensation in der kleinen Dorfgemeinschaft dar: „Ich bin am 31. Dezember auf die Welt gekommen. Ja, das war auch lustig, wie ich auf die Welt gekommen bin. Haben alle geglaubt, ich bin irgendwie außerirdisch. Und eine Frau hat gemeint: ‚Was denn, so ein Kind von so einer Horde soll getauft werden? Du darfst die ja gar nicht taufen lassen.'"[69]

Ähnliche Erfahrungen musste Rosa S. machen, deren Mutter im Sommer 1945 von einem im Gebiet Amstetten stationierten Besatzungssoldaten vergewaltigt worden war und die im Gegensatz zu anderen Frauen keine Abtreibung vornehmen hatte lassen. Unterstützung erhielt die Kriegswitwe weder von der eigenen Familie noch von Nachbarn oder Bekannten, ganz im Gegenteil. So verweigerte etwa eine Nachbarin der Mutter Milch von ihrer Kuh für das Neugeborene mit den Worten: „Nein, für dieses Kind gebe ich nichts her."[70]

Innerhalb der Verwandtschaft bildete lediglich eine Tante mütterlicherseits eine positive Ausnahme, die das Mädchen auch taufen ließ: „Das war mein Goli [meine Taufpatin], denn die hat mich taufen lassen, denn es hätte mich niemand von den Verwandten taufen lassen. Sie ist damals mit dem Fahrrad über Stock und Stein gefahren, dass sie mich taufen lassen konnte, sonst wäre ich nicht einmal getauft worden." Eine andere Tante verbot sogar einer weiteren Verwandten, dass das Kind ihr Haus betrat: „Aber die andere,

---

67 AdBIK, Analyse der Fragebogenuntersuchung von Besatzungskindern in Österreich.
68 OHI, Anna E. Durchgeführt von Barbara Stelzl-Marx. O. O. 4.4.2007.
69 Ebd.
70 OHI, Rosa S.

die Hausbesitzerin, die auch eine Schwägerin meiner Mutter war, die hätte sogar selbst von einem Russen ein Kind gehabt, hat es aber abgetrieben und dann das Glück gehabt, dass sie den Bruder meiner Mutter bekommen hat. Die hat gesagt: ‚Wenn du den Russenbalg hereinlässt, kannst du gleich ausziehen.'"[71]

Wie sich die negative Haltung von den Erwachsenen auf die Kinder übertrug, zeigt das folgende Beispiel. Plötzlich weigerte sich ihr um einige Jahre älterer Halbbruder, auf Rosa S. zu schauen, während die Mutter zur Arbeit ging: „Und eines schönen Tages sagte er: ‚Nein, ich passe nicht auf das Kind auf!' Da sagte die Mutter: ‚Ja, Franzi, wieso passt du nicht auf das Kind auf? Das ist doch deine Schwester, die Rosi!' Da sagt er: ‚Nein, weil die Tante Hedwig hat gesagt, das ist ein Russenbalg und die gehört nicht zu uns.'"[72]

Diskriminierung erfuhr Rosa S. zudem wegen ihres dunklen Äußeren, das sie von ihrem Vater, einem Kaukasier, geerbt hatte. So durfte sie etwa im Kindergarten mit verschiedenen Kindern nicht spielen, „weil ich so schwarz war. Meine Haut war nie weiß. Ich habe unter den vielen Kindern herausgestochen und wurde immer verachtet", erinnert sie sich. Ungefähr zu dieser Zeit sagte auch ein Mann zu ihr: „Du kommst mir gerade recht, jetzt schneide ich dir deine schwarzen Augen heraus."[73]

Die Anfeindungen nahmen mit ihrem Schuleintritt weiter zu, lediglich fünf Klassenkollegen hätten sie „am Rande akzeptiert". Die anderen Kinder hätten sie beschimpft: „Russenbalg, du bist ein Russenbalg. Was tust du hier? Du gehörst hier gar nicht her! […] Manche sind aus Neugierde, oder weil sie wissen wollten, ob die Farbe runtergeht, im Schulhof hergerannt und sind mir so [über die Hand] gefahren." Zuhause fragte sie daraufhin ihre Mutter: ‚Du, Mami, die Kinder sekkieren mich. Wieso bin ich eine andere? Ich bin doch auch so wie die?' Mir ist das gar nicht aufgefallen. Ich hatte wahnsinnig schwarze Haare, blauschwarze Haare bis zum Popsch hinunter. […] Aber meine Mutter hat dann vielleicht auch den Fehler gemacht, dass sie mich immer sehr hell angezogen hat. Sie konnte es nie leiden, wenn ich dunkle oder schwarze Sachen anhatte, weil ich so schwarz war. Weil ich dunkle Haare hatte und auch immer so eine getönte Hautfarbe."[74]

Auch Verwandte diskreditierten sie wegen ihres Aussehens: „Da bin ich einmal in die Schule gegangen und da ist eine Tante von mir mit der Cousine draußen gestanden, wo ich vorbeigehen musste. Da hat sie gesagt: ‚Schau

---

71 Ebd.
72 Ebd.
73 Ebd.
74 Ebd.

dir an die Rosl-Tant, die hat einen Vogel. Die richtet ihren Russenbalg zusammen, als ob sie eine Prinzessin wäre.'" Ihretwegen hätte die Mutter auch keine weitere Beziehung eingehen können: „Die hätte Männer haben können, aber die haben alle gesagt: ‚Die Kinder mache ich mir selbst und mit dem Russenbalg fange ich mir gar nichts an.'"[75]

Ähnliche Erfahrungen musste auch der Mitte Jänner 1946 in Felixdorf geborene Roman Pulpitel machen, dessen Mutter und Tante von zwei Rotarmisten vergewaltigt worden waren. Die Tante ließ in der Folge eine Abtreibung vornehmen, „meine Mutter hat es auch versucht, aber ich bin nicht weggegangen", meint Pulpitel. Wegen seiner Herkunft durfte er nicht den Kindergarten besuchen: „Da waren andere Leute im Dorf, die wussten von der Vergewaltigung meiner Mutter, aber sie nannten sie eine ‚Russenhure'. Die sagten: ‚Wenn der Russenbalg in den Kindergarten geht, dann nehme ich mein Kind raus.'"[76]

Während der Schulzeit setzten sich die Beleidigungen fort, gegen die sich Roman Pulpitel meist handgreiflich zur Wehr setzte. „Aber in der Schule war das Problem, dass ich schnell gerauft habe. Und zu 99 Prozent war das immer darauf zurückzuführen: ‚Du bist ein Russenbub.' Und schon hat einer schon wieder eine Watsche gehabt und schon sind wir wieder zum Direktor gegangenen, und, und, und." Die Kinder ließen ihn etwa häufig nicht beim Fußball mitspielen und sagten: „‚Schleich dich, hast eh keinen Vater, du kannst nicht mitspielen!' Aber, wie gesagt, das habe ich gelöst mit anständigen Ohrfeigen, Kratzern oder ein paar Boxern und meistens gewonnen. […] Nach dem Motto: ‚Die erste Watsche gewinnt.'" Auch einer der Lehrer, ein „Nazilehrer", wie Pulpitel ihn bezeichnet, behandelte ihn herablassend, etwa indem er fragte: „Wer hat das schon wieder angefangen? Hoffentlich nicht schon wieder der Russ'!"[77]

Wegen dieser Vorfälle sollte er im Alter von etwa 13 Jahren in ein Heim eingewiesen werden und wurde gemeinsam mit seiner Mutter zum Bürgermeister ins Gemeindeamt geladen: „Ich war ja Staatsmündel, das heißt, der Bezirkshauptmann in Wiener Neustadt war der Erziehungsberechtigte, die Mutter hatte da ja nichts zum Sagen. Und der Bürgermeister war der Nächste, der gesagt hat: ‚Den müssen wir in ein Heim geben!' Und ich sagte: ‚Ich gehe in kein Heim. Ich war schon in einem Heim. Ich gehe nie wieder.'"[78]

Schließlich konnte er erfolgreich bei einem Juwelier in Wiener Neustadt eine Lehre als Uhrmacher und Goldschmied machen, nicht zuletzt deswegen,

---

75 Ebd.
76 OHI, Roman Pulpitel. Durchgeführt von Alexandra Kofler. Felixdorf 7.10.2014. Vgl. dazu und zum weiteren Lebensweg von Roman Pulpitel auch Hagenhofer – Dressel, Eine Bucklige Welt, S. 210–215.
77 OHI, Pulpitel.
78 Ebd.

da sich sein Lehrmeister von Beginn an für ihn eingesetzt hatte: „Ich bin dann in eine Lehre gekommen. Und die Mutter hat meine Herkunft erzählt. Und der Lehrmeister hat zu den Gesellen gesagt: ‚Wenn ich nur ein Wort höre über seine Herkunft, über dieses oder jenes, dann werfe ich denjenigen raus!' Also da war ich von Anfang an unter Schutz und das war sehr gut. Da war es dann aus, da brauchte ich dann nicht mehr raufen. […] Es war eine gute Lehre. Ich war sogar sein bester Lehrbub, hat er gesagt."[79]

Die Anonymität großer Städte stellte in diesem Zusammenhang häufig einen Schutz vor Diskriminierung und Stigmatisierung dar. So widerfuhr Ilona W., die gleichfalls Mitte Jänner 1946 als Folge einer Vergewaltigung geboren worden war, in Wien keinerlei Benachteiligung: „An Diskriminierung kann ich mich nicht erinnern, weil die Leute, glaube ich, selber nicht gewusst haben, dass ich ein Besatzungskind bin." Sie wuchs bei ihren Großeltern auf, nachdem sie ihre Mutter dort „deponiert" hatte: „Sie war [nach der Vergewaltigung] traumatisiert und ich bin zur Welt gekommen. Punkt. Und aufgewachsen [bin ich] bei den Großeltern, die sich glücklicherweise dazu bereit erklärt haben, was man schon sagen muss. Die haben mir wirklich alle Möglichkeiten gegeben. […] Aber die Großeltern haben mich sehr geliebt, trotzdem ich ein Russenkind bin. Zu spüren bekommen habe ich meine Abstammung väterlicherseits nie, in keinem Augenblick."[80]

Vor diesem Hintergrund überrascht es wenig, dass Besatzungskinder häufig von psychischen, psychosomatischen und auch physischen Problemen berichten, die sich vielfach bereits im Kindesalter manifestierten, sich aber teilweise erst im Erwachsenenalter erklären ließen. Ausschlaggebend für die Erfahrungswelt der Kinder ist dabei die Perzeption durch die Umwelt, nicht ihre rechtliche Lage. Neben der Stigmatisierung liegt eine weitere Ursache hierfür im häufig schwierigen familiären Umfeld bzw. in der in Heimen oder bei Pflegeeltern verbrachten Kindheit, die vielfach von Vernachlässigung oder sogar Missbrauch gekennzeichnet war. Viele verspürten ein latentes bis offenes Gefühl, im Grunde nicht erwünscht zu sein. Doch manche entwickelten trotz – oder vielleicht auch gerade wegen – ihrer mitunter schwierigen Lebensbedingungen einen besonderen Überlebenswillen sowie einen Stolz auf ihre Herkunft.

„Ich bin stolz, ein Besatzungskind zu sein"

„Eigentlich bin ich stolz, ein Besatzungskind zu sein. Ich spüre auch in mir die russische Seele. […] Ich sehe mich als Überlebenskünstlerin. Meine Fä-

---
79 Ebd.
80 OHI, Ilona W. Durchgeführt von Alexandra Kofler. Wien 8.10.2014.

Abb. 4: Tatjana Herbst Ende 1948. Quelle: Sammlung Stelzl-Marx, Bestand Herbst

higkeit, gut zu singen und tanzen hielten mich oft über Wasser. […] Ich bin eine Nesterlbauerin. Wir sind oft umgezogen – meine Familie und ich (zwei Kinder, ein Mann, zwei Meerschweinderln, eine Katze) und immer richtete ich unser Heim sehr gemütlich ein", beschreibt Tatjana Herbst ihre Identität.[81] Das Bild, das Besatzungskinder von sich haben, kann stark variieren, abhängig vom jeweiligen Charakter, den Lebensumständen in der Kindheit und Jugend sowie etwaigen Diskriminierungen. Manche geben an, durch die prekären Bedingungen in den ersten beiden Lebensjahrzehnten im Endeffekt stärker geworden zu sein und eine kämpferische Natur entwickelt zu haben. Der Stigmatisierung, der sie ausgesetzt waren, versuchten einige besondere Leistungen – etwa in der Schule – entgegenzusetzen. Trotz – oder vielleicht gerade wegen – der Ressentiments gegen die eigene Herkunft verspüren sie einen gewissen Stolz, ein sowjetisches Besatzungskind zu sein und identifizieren sich mit „allem Russischen".

---

81 AdBIK, FB Besatzungskinder, Nr. 75, S. 10f.

Abb. 5: Die erst 17-jährige Therese S. verließ wegen ihrer Liaison mit einem sowjetischen Besatzungssoldaten ihr burgenländisches Heimatdorf und zog mit ihm an den Ort seiner Stationierung. Als die gemeinsame Tochter Vera auf die Welt kam, konnten sie noch ihre ersten Lebensjahre miteinander verbringen. Quelle: Sammlung Stelzl-Marx, Bestand Ganswohl

Eleonore Dupuis etwa sei stolz, ein „Befreiungskind"[82], wie sie betont, zu sein: „Sicherlich hat mich das Wissen um die Herkunft meines Vaters geprägt. Aber nicht so stark, dass ich mich als ‚Überlebenskünstlerin' oder als ‚Außenseiterin' gefühlt habe. Eher schon ein Anflug von Stolz, dass ich zwei Kulturen in mir trage. Schon als Kind habe ich mich für russische Literatur interessiert und wie die Menschen in der UdSSR leben. […] Wahrscheinlich war ich auch geprägt von meiner Mutter, die nie ein schlechtes Wort über ‚Die Russen' gesagt hat. Einen russischen Vater zu haben, war für mich nie etwas Negatives, eher eine Bereicherung."[83] Auch Vera-Maria F. fing an, sich mit der Kultur Russlands zu beschäftigen und Russisch zu lernen, nachdem sie von ihrer Herkunft väterlicherseits erfahren hatte.[84]

---

82 Eleonore Dupuis, Befreiungskind. Wien 2015.
83 AdBIK, FB Besatzungskinder, Nr. 78, S. 11.
84 AdBIK, FB Besatzungskinder, Nr. 26, S. 9. Siehe dazu auch den Beitrag von Eleonore Dupuis in diesem Band.

Vera Ganswohl, die gleichfalls durchwegs positive Erfahrungen gemacht und selbst – im Gegensatz zu ihrer Mutter – keine Diskriminierung erlebt hatte, betont: „Ich bin stolz auf meine Herkunft und meine ‚russische' Familie. Das Wort ‚Besatzungskind' ist [jedoch] nach wie vor negativ besetzt. Ich hatte nie Probleme wegen meiner Herkunft, meine Mutter hat mir meinen russischen Vater als ihre große Liebe geschildert. Ich habe mich immer als ‚Kind der Liebe' gefühlt."[85]

Eine Betroffene, die sogar innerhalb der eigenen Familie auf vehemente Ablehnung stieß und deren Lebensqualität durch die Vorurteile gegenüber Besatzungskindern stark in Mitleidenschaft gezogen war, meint hingegen, dass sie sich in der Folge von ihrer Umwelt eher zurückgezogen habe. Die Diskriminierung habe sie zwar in ihrem Selbstwertgefühl beeinträchtigt, doch habe sie auch positive Auswirkungen gehabt: „Es hat mich gelehrt, mich nur auf mich allein zu verlassen. Nicht zu warten, dass jemand anderer etwas für dich tut. Meine Vorsicht mit dem Umgang der Menschen hat meinen sechsten Sinn sehr stark geprägt."[86]

Manche versuchten auch, ihre Startschwierigkeiten im Leben durch besondere schulische Leistungen zu kompensieren. So meint etwa ein Betroffener, der später Jus studieren und als Verwaltungsjurist Karriere machen sollte, dass er während seiner gesamten Ausbildung „immer der Beste sein wollte". Ausgezeichnete Noten hätten für ihn bedeutet, „diesen Makel auszugleichen. Den Makel, nicht aus einer vollständigen Familie zu kommen, keinen Vater zu haben. Offenbar habe ich das doch als Makel erlebt. Und dieses: ‚Ich werde es euch schon zeigen, dass ich gut bin!' Also, dass ich das nicht brauche, die Normalfamilie. […] Das war ein absolutes Beweisen."[87]

In ähnlicher Weise berichtet Renate M., die schrecklichen Erfahrungen ihrer Kindheit hätten sie gelehrt, stark zu sein, wobei bezeichnenderweise ihre schulischen Leistungen auch ihr Halt gegeben hätten: „Ich war in meiner Kindheit und Jugend unnötiger Ballast für alle Verwandten und Pflegeeltern. Die einzige Wertschätzung erfuhr ich in der Schule von Lehrern und Mitschülern, da ich eine sehr gute Schülerin war. Die Schule war für mich der einzige Ort, wo ich mich geborgen und anerkannt fühlte. Bereits ab meinem elften Lebensjahr habe ich an Selbstmord gedacht, weil mein Leben unerträglich schwer war. Es hat viele, viele Jahre der Anstrengungen bedurft, bis ich mich selbst wertschätzen konnte. Nach außen hin wirkte ich immer stark, in Wahrheit aber habe ich gerade so irgendwie überlebt. Ab meinem 18. bis zum mei-

---

85 AdBIK, FB Besatzungskinder, Nr. 63, S. 10f.
86 AdBIK, FB Besatzungskinder, Nr. 9, S. 21.
87 OHI, Alois B. [Pseudonym].

nem 27. Lebensjahr habe ich die Kontakte zu meinen Pflegeeltern und meinem Heimatort abgebrochen. […] Ich bin stolz, einen russischen Vater zu haben!"[88]

Tatjana Herbst betont hingegen, aufgrund der Diskriminierung eine „Lebensstrategie mit Ellbogen" entwickelt zu haben: „Und wenn ich bei uns am Land durch die Gassen gegangen bin, da haben die Leute die Fenster zugehauen: ‚Da geht das Russenkind.' Also du kriegst eine Lebensstrategie mit Ellbogen. Ich konnte schneller laufen als die Buben. Ich konnte die besten Pfeil und Bogen machen. Du musst besser sein, denn sonst geht es nicht, sonst gehst du unter. Und so ist es im Leben." Da sie einen Großteil ihrer Kindheit in Heimen und auf verschiedenen Pflegeplätzen verbrachte, war diese Einstellung besonders essenziell für sie.[89]

Prekäre soziale und wirtschaftliche Situation

„Meine Mutter verließ mich mit sechs Monaten, kam wieder zu Besuch mit zwölf Jahren", charakterisiert Waltraud G. ihre Kindheit, die sie in der Folge bei verschiedenen Familienangehörigen verbrachte.[90] Häufig wuchsen die Nachkommen alliierter Soldaten in Österreich bei Großeltern, anderen Verwandten, Pflege- oder auch Adoptiveltern oder in Heimen auf. So gaben zwar 20 der 26 befragten sowjetischen Besatzungskinder die leibliche Mutter als wichtigste Bezugsperson zwischen ihrem 6. und 14. Lebensjahr an, doch nannten zwölf außerdem die Großeltern, elf andere Familienmitglieder, sechs Adoptiv- bzw. Pflegeeltern, fünf den Stiefvater und drei Heimerzieher in Zusammenhang mit dieser Funktion. Der leibliche Vater schien in keinem einzigen Fall auf.[91]

Die – zumindest vorübergehende – Betreuung durch andere Personen konnte etwa notwendig werden, wenn die alleinstehende Mutter arbeiten ging oder der (spätere) Stiefvater das Kind ablehnte. Manche sprechen sogar von Hass, der ihnen entgegenschlug. So kam etwa Anna E. nach der Rückkehr ihres Stiefvaters aus der Kriegsgefangenschaft zu Pflegeeltern: „Wie mein [Stief-]Vater heimgekommen ist, hab ich fortmüssen. Er hat mich nicht mögen."[92] Fortan hatte sie eine Ziehmutter, zu der sie „Mutter" sagen musste, neben ihrer leiblichen Mutter, die sie zur Unterscheidung „Rosl-Mutter" nannte.[93]

---

88 AdBIK, FB Besatzungskinder, Nr. 128, S. 11.
89 OHI, Herbst.
90 AdBIK, FB Besatzungskinder, Nr. 123, S. 7.
91 AdBIK, Analyse der Fragebogenuntersuchung von Besatzungskindern in Österreich.
92 OHI, Anna E.
93 Ebd.

Im besonderen Maße spielten wirtschaftliche Probleme eine Rolle: Die Mütter waren häufig alleinerziehend und mussten – abgesehen von den Fürsorgeleistungen – selbst für ihren Unterhalt sowie den ihres Kindes aufkommen. Die in die Sowjetunion zurückgekehrten Väter konnten – so ihre Adresse überhaupt bekannt war – nicht zu Alimentationszahlungen herangezogen werden. Die wirtschaftliche Notlage, in der sich folglich viele der betroffenen Frauen befanden, äußerte sich etwa besonders markant in ihrer Wohnsituation und jener ihrer Kinder. So meint beispielsweise Waltraud I., sie habe aufgrund der Platznot sogar das Bett mit ihrer Schwester teilen müssen.[94] Tatjana Herbst charakterisiert die Wohnsituation ihrer Familie als Notunterkunft ohne Wasser und Strom. Im Kinderheim, in das sie später kam, habe es zwar Wasser und Strom gegeben, aber die sonstige Situation sei „schrecklich" gewesen.[95] Ähnlich waren die Lebensbedingungen von Elisabeth T.: „Sehr einfach, WC im Freien, kein Bad, kein fließend Wasser, feucht, zwei Zimmer" für fünf Personen.[96] Auch eine weitere Betroffene bezeichnet ihre Wohnsituation in der Kindheit als „armselig". Ihre Mutter befand sich in einer wirtschaftlichen Notlage, sodass sie ohne die Hilfe der Nachbarn „viel hungern hätten müssen".[97]

In manchen Fällen blieb somit nur als Ausweg, das Kind – zumindest vorübergehend – zu Pflegeeltern oder in ein Heim zu geben oder adoptieren zu lassen. Adele Z. etwa wurde von ihrer Mutter bereits als Säugling zur Adoption freigegeben, da sich die Kriegswitwe nicht in der Lage sah, zusätzlich zu ihren drei kleinen Söhnen noch ein weiteres Kind aufzuziehen: „Ja, also zuerst wollte sie mich abtreiben. Da war es aber schon zu spät, sonst wäre sie auch gefährdet gewesen. So, dann hat sie mich auf die Welt gebracht und hat gesagt, sie hat nichts für mich zu essen, sie wird mich ertränken. Und ihr Bruder hat gesagt: ‚Nein, das kannst du nicht. Meine Frau und ich, wir werden das Kind nehmen.' Seine Frau konnte keine Kinder bekommen und sie haben mich dann mit drei oder vier Monaten zu sich geholt." Erst als Jugendliche sollte Adele Z. zufällig durch eine Freundin von ihrer Adoption erfahren, da in ihrem Umfeld Stillschweigen darüber geherrscht hatte. Ihre leibliche Mutter, die sie lediglich einmal pro Jahr sah, hatte sie bis dahin für ihre Tante und ihre Brüder für Cousins gehalten.[98] Ab diesem Zeitpunkt kühlte die Beziehung zu ihrer Mutter jedoch deutlich ab, da ihre Adoptivmutter ihr in diesem

---

94 AdBIK, FB Besatzungskinder, Nr. 35, S. 6.
95 AdBIK, FB Besatzungskinder, Nr. 75, S. 4.
96 AdBIK, FB Besatzungskinder, Nr. 41, S. 3.
97 AdBIK, FB Besatzungskinder, Nr. 5, S. 4f.
98 OHI, Adele Z. Durchgeführt von Alexandra Kofler. Wien 9.10.2014.

Abb. 6: Adele Z. wuchs bei ihren Adoptiveltern in Wien auf. Erst als Jugendliche sollte sie erfahren, dass ihre „Tante" die leibliche Mutter und ihr Vater ein sowjetischer Besatzungssoldat war. Quelle: Sammlung Stelzl-Marx, Bestand Adele Z.

Zusammenhang erzählte, dass die Mutter sie als Neugeborenes töten habe wollen.[99]

Die Adoption dürfte ihr somit aus mehreren Gründen das Leben gerettet haben, meint Adele Z. rückblickend. Ihre Mutter ging bald nach der Geburt tagsüber auf den Acker arbeiten, während sie mit den drei Geschwistern allein blieb. Der Älteste, ein gerade sechsjähriger Bub, musste die Verantwortung für das Neugeborene übernehmen, was ihn nicht nur wegen der mangelnden Versorgung heillos überforderte: „Nichts zum Essen zuhause. Jetzt hat sich der Bub überlegt – ich habe so geschrien vor Hunger – und eine alte Nachbarin, zahnlos, die hat immer altes Brot so durchgememmelt. Jetzt ist er hergegangen, hat ein altes Brot gefunden, hat das auch so durchgekaut und dann hat er mich gefüttert damit. Dann habe ich noch mehr gebrüllt. Ist ja klar, denn wenn man einem zwei Monate alten Baby Brot gibt, dann geht der Bauch so auf. Aber man muss sich einmal die Belastung für so ein Kind vorstellen: Er war den ganzen Tag mit mir allein."[100]

---

99 AdBIK, FB Besatzungskinder, Nr. 47, S. 7.
100 Ebd.

Als ihr späterer Adoptivvater im Februar 1947 auf Besuch kam, beobachtete er beispielsweise, wie die drei Halbbrüder das zwölf Wochen alte Mädchen durch den halbgefrorenen Matsch rollten: „Da war Schmelzzeit, also es wurde warm, der Schnee ist weggangen. Und das war so ein alter ebenerdiger Vierkanthof und in der Mitte ist ein Lehmboden gewesen. Da haben mich die Buben durch den Gatsch gerollt. Mein [Adoptiv-]Vater hat gesagt: ‚Du hast ausgesehen wie ein Wecken Brot, voll mit Lehm und Gatsch.' Da haben sie mit mir gespielt wie mit einer Puppe. […] Ein anderes Baby stirbt. […] Ich bin der Überzeugung, dass der Überlebenswille in einem Menschen drinnen ist, auch schon als Baby."[101]

Dieses Erlebnis dürfte auch der Auslöser für die Freigabe zur Adoption gewesen sein. Adele Z. war zu diesem Zeitpunkt so schwer an Schmutzkrätze und Kieferrachitis erkrankt, dass ein Passagier in jenem Zug, mit dem ihre Adoptivmutter sie wenig später nach Wien holte, meinte: „Hauen Sie den Pampalatsch aus dem Fenster. Der hat eh keine Chance, dass er überlebt."[102]

In manchen Fällen drängte aber auch die Fürsorge, das Kind in ein Heim oder zu Adoptiveltern zu geben. So meint Rosa S.: „Die Fürsorgerin hat ihr [der Mutter] dann ein paar Mal angeraten, sie hätte einen guten Adoptivplatz für mich, dann würde sie sich besser [leichter] tun als mit zwei Kindern und da würde es mir gut gehen. Das hat meine Mutter immer abgewiesen und gesagt: Nein, das Kind wird sie nicht hergeben, denn was kann das Kind dafür?"[103]

Renate M. war bei Pflegeeltern untergebracht, nachdem ihre Mutter einen Österreicher geheiratet hatte: „Meine Kindheit und meine Jugend waren mehr als schwer, da ich als Kind eines fremden Besatzers in diesem kleinen Ort natürlich diskriminiert wurde. Meine Mutter hat 1952 einen Mann aus dem Dorf geheiratet, und ich konnte aufgrund meiner Abstammung nicht in der Familie bleiben, da ich das Hassobjekt meines Stiefvaters war. Mit sechs Jahren wurde ich von Pflegeeltern aufgenommen."[104]

Allerdings war das Leben bei den Pflegeeltern, die ihr jeglichen Kontakt zu ihrer Mutter untersagten, alles andere als ideal. Nicht nur diskreditierten sie fortwährend die leibliche Mutter von Renate M., sie ließen das Mädchen, das sie offensichtlich als „Altersvorsorge" zu sich genommen hatten, auch ständig seine wirtschaftliche Abhängigkeit spüren. Innerhalb der Pflegefamilie an unterster Stelle der internen Hierarchie platziert, galt sie als zukünftige billi-

---

101 Ebd.
102 Ebd.
103 OHI, Rosa S.
104 Renate M., Elektronische Nachricht an Barbara Stelzl-Marx. 26.1.2008.

ge Arbeitskraft. Zur sozialen Isolation kam noch sexuelle Gewalt hinzu: Von Anfang an missbrauchte sie der um zehn Jahre ältere Sohn der Pflegeeltern.[105]

Ähnliche Erfahrungen musste auch Daisy Mayer mit ihrem Stiefvater machen, der das im August 1946 in Wien geborene Mädchen nicht nur physisch und psychisch demütigte, sondern auch sexuell missbrauchte. Er habe alles zum Vorwand genommen, um sie „runterzumachen", meint die pensionierte Krankenpflegerin: „Wenn mein Bruder etwas angestellt hat, habe ich die Schläge bekommen. Mein Bruder hat die neuen Tapeten angemalt und er [der Stiefvater] hat mich daraufhin so geprügelt. Das vergesse ich nie. Er hatte so große Hausschuhe mit einer Sohle aus einem Autoreifen. Ich lag am Boden und er hat mich damit [geschlagen], weil mein Bruder die Tapeten angekritzelt hat."[106]

Das Jugendamt hatte zwar die Vormundschaft, griff jedoch trotz der offensichtlichen Missstände nicht ein: „Ich bin von der Schule nach Hause gekommen und habe mich vor der Wohnungstür angeludelt. Da kann man sich vorstellen, warum. Damals habe ich das nicht gewusst. Und dann ist immer – weil mein Vormund war ja das Jugendamt, die Fürsorge, das war so üblich damals –, die sind immer nachschauen gekommen. Und die Mama hat der Fürsorgerin, das war eine alte Dame, erzählt, dass ich mich immer vor der Wohnungstür anludle. […] Die muss doch gemerkt haben, dass da etwas nicht stimmt." Das Lehrlingsheim, in dem Daisy Mayer später untergebracht war, sah sie als Rettung, da es „nicht mehr auszuhalten war damals".[107]

Vor diesem Hintergrund gingen manche Frauen keine weiteren Beziehungen mehr ein, da sie ihr Kind vor einer etwaigen Ablehnung durch einen neuen Mann schützen wollten. So betonte Heidelinde B., die in einer warmherzigen, liebevollen Umgebung aufgewachsen war: „Mama ist meinetwegen allein, d. h. ohne Mann, geblieben, da sie befürchtete, dass ein Stiefvater zu mir nicht lieb wäre. Mama hat alles in ihrem Leben getan, damit es mir gut ging."[108] Auch ein weiteres Besatzungskind bezeichnet das Verhältnis zu seinen wichtigsten Bezugspersonen als „liebevoll, verzeihend, warmherzig". Seine „sehr fürsorgliche (teilweise klammernde)" Mutter heiratete nie und versuchte, den „überbehüteten" Sohn gegen Kinder anderer Familien stark abzugrenzen:[109] „Ich war das einzige Kind und daher überbehütet. [Meine Mutter] hat daher geklammert, damit ja nichts passiert."[110]

---

105 OHI, Renate M.
106 OHI, Daisy Mayer [Pseudonym]. Durchgeführt von Alexandra Kofler. Wien 14.10.2014.
107 Ebd.
108 AdBIK, FB Besatzungskinder, Nr. 138, S. 7.
109 AdBIK, FB Besatzungskinder, Nr. 118, S. 3, 7.
110 OHI, Alois B. [Pseudonym].

Bezeichnend ist auch die Biografie von Herbert Pils, geboren im August 1946 in Gaflenz, Oberösterreich, der seine ersten Lebensjahre bei seiner Großmutter verbrachte: „Meine Großmutter war eigentlich damals meine Mutter. [...] Und wie wir dann weggezogen sind, von Gaflenz, vom Bauernhof, das war schon hart, weil meine Oma praktisch die Mutter war." Der Grund dafür war auch in diesem Fall die Eheschließung der Mutter und der Umzug in die Steiermark. Bezeichnenderweise sollte er erst als Jugendlicher erfahren, wer sein leiblicher Vater war. Aus Angst, seine Mutter zu verletzen, und aus Scham stellte seine Herkunft jahrzehntelang ein Tabuthema dar, das von einer Mauer des Schweigens umgeben war.[111]

Der absente Vater als Tabuthema

„Mein Vater hat mit elf Jahren – durch Zufall – durch eine abfällige Bemerkung von einer der Schwestern meiner Großmutter von seiner Herkunft erfahren. Mit seiner Mutter konnte er bis in die jüngste Vergangenheit sehr schlecht über dieses Thema sprechen. Erst in letzter Zeit fallen ihr Details zu dieser Zeit ein."[112] Diese Schilderung der Enkelin eines sowjetischen Besatzungssoldaten in Österreich verweist auf zwei besonders signifikante Charakteristika des Umgangs mit Besatzungskindern: Auf der einen Seite umgab sie vielfach innerhalb der eigenen Kernfamilie eine Mauer des Schweigens. Der physisch absente Vater stellte ein Tabuthema dar, über das aus Scham, Verletzung oder auch Respekt vor der Mutter – oft jahrzehntelang – nicht gesprochen wurde. Andererseits erfuhren viele der Betroffenen zufällig und auf eher unangenehme Weise von ihren Wurzeln, etwa durch Anspielungen von Verwandten, Schulkameraden, Lehrern oder Nachbarn. Häufig löste dies einen Schock aus. Auch Inge Schnabl meint dazu: „Ich erfuhr nicht von meiner Mutter, dass er ein russischer Soldat war, dieser Vater, die Schulkinder und die Kirchengeher bemerkten das nebenbei."[113]

Der 1947 geborene Karl K. erinnert sich etwa, wie ein „Bauernbub" im Zuge einer Rauferei zu ihm sagte: „Hast eh keinen Vater." Mit etwa zehn Jahren begann er zu ahnen, weswegen er einen Stiefvater hatte und – im Gegensatz zu seiner Halbschwester und Mutter – den Mädchennamen der Mutter trug. Fragen nach seinem leiblichen Vater blieben unbeantwortet: „Meine Großmutter und einige meiner Tanten, die jünger sind als meine Mutter, trösteten mich immer auf Fragen, besonders in den frühen Jugendjahren, nach

---

111 OHI, Herbert Pils. Durchgeführt von Barbara Stelzl-Marx. Graz 16.2.2007.
112 Sabine D., Elektronische Nachricht an Barbara Stelzl-Marx. 6.10.2005.
113 Zit. nach dem Beitrag von Inge Schnabl in diesem Band.

Abb. 7: Reinhard Heninger (3. v. l. in der letzten Reihe) auf einem von der Fürsorge organisierten Ferienlager in Hochwolkersdorf. Quelle: Sammlung Stelzl-Marx, Bestand Heninger

meinem richtigen Vater. Es wurde gesagt, dass man ihn nicht kenne und er schon gestorben sei. Es gebe kein Bild und ich solle mich in den Spiegel schauen, dann wisse ich, wie er ausgesehen habe! [...] Ich hatte immer das Gefühl, dass jeder alles wusste, sich jedoch dazu nicht äußerte."[114] Erst 2005 konnte Karl K. seine Mutter „schonend" fragen, wer sein Vater sei.[115]

Die Tabuisierung und Verheimlichung der Wahrheit empfanden viele bereits als Kind als belastend, so auch der 1947 in Ybbs geborene Reinhard Heninger. Er verspürte ein „unerklärliches Unbehagen" und hatte das Gefühl, „etwas stimmt nicht". 1950 heiratete seine Mutter, Katharina Dangl, seinen vermeintlichen Vater Karl Heninger. Erst 1953 erfolgte allerdings seine Namensänderung vom ledigen Namen seiner Mutter auf „Heninger". Irritierend fand er zudem, dass die Fürsorge monatlich Besuche abstattete. Über all dies wurde in der Familie jedoch nicht gesprochen. Erst in der vierten Klasse Gymnasium erfuhr Reinhard Heninger dank des Einsatzes seines Klassenvorstandes die Wahrheit über seinen leiblichen Vater.[116]

Den primären Grund für die weiterhin anhaltende Tabuisierung seiner Herkunft stellte sein Stiefvater dar. Als „Kriegsteilnehmer im Russlandfeld-

---

114 Karl K., Elektronische Nachricht an Barbara Stelzl-Marx. 22.2.2006.
115 Ebd.
116 Reinhard Heninger, Schreiben an Barbara Stelzl-Marx. Golling 22.1.2007. Vgl. dazu den Beitrag von Reinhard Heninger in diesem Band.

zug" versuchte er, sämtliche Erinnerungen an den leiblichen Vater seines Stiefsohnes „auszuradieren". Heningers Mutter gelang es glücklicherweise, einige Fotos ihrer „Jugendliebe" und einen Brief bei einer Freundin zu verstecken. Ansonsten hätte sein Stiefvater auch diese wenigen Spuren von Anton Pokulev zerstört. Erst nach dem Tod des Stiefvaters konnte Reinhard Heninger etwas offener mit seiner Mutter über dieses Thema sprechen. Er meint dazu: „Damals galt ein Kind von einem ‚Russen' als Schande, obwohl meine Mutter nach ihren eigenen Angaben Hals über Kopf in jenen in Ybbs an der Donau stationierten Anton Pokulev verliebt war."[117]

Auch Daisy Mayer stieß innerhalb ihrer Familie lange auf eine Mauer des Schweigens. Schon früh hatte sie ebenfalls das Gefühl, etwas könne „nicht stimmen" und sie würde „da in diese Familie nicht hineingehören". Doch ließ man sie glauben, dass ihr Stiefvater ihr Vater sei, bis ihr dieser, als sie etwa 14 Jahre alt war, im Alkoholrausch die Wahrheit sagte: „Dann hat er zu mir gesagt: ‚Deine Mama ist vom Misthaufen!' Und mit so furchtbaren Worten sagte er, dass ich eben von einem Russen bin. Da habe ich Fieber bekommen. Ich habe einen Schock gehabt. So schmutzig, wie er das gemacht hat, das war ein Wahnsinn."[118]

Später habe sie ihre Mutter kontinuierlich „gelöchert", ihr etwas über die Liebesbeziehung mit dem Besatzungssoldaten zu erzählen oder ihr den Namen zu verraten: „Ja, da habe ich gesagt: ‚Mama, bitte sag mir den Namen! Vielleicht kann ich im Fernsehen nach ihm suchen!' Denn ich wusste, ich habe so viel Gutes von ihm mitbekommen. Aber sie hat das nicht können. Sie hat mir das [den Namen] am Rand der Zeitung hingeschrieben. Sie konnte das nicht sagen." Das einzige Foto ihrer Eltern habe ihr Stiefvater verbrannt. „Also habe ich nicht einmal das mehr", resümiert Daisy Mayer.[119]

Eine gewisse Zäsur stellten der Abzug der Truppen und das Ende der Besatzung beim Umgang mit den „Russenkindern" dar. Manche Frauen hatten bis dahin befürchtet, die sowjetische Besatzungsmacht könne den Sohn bzw. die Tochter des Rotarmisten „entführen". So erfuhr etwa Eleonore Dupuis, 1946 in St. Pölten geboren, im Jahr 1955, dass sie von einem sowjetischen Besatzungssoldaten abstamme. Bis dahin hatte sie ihre Mutter in dem Glauben gelassen, der bei einem Unfall ums Leben gekommene Vater der älteren Halbschwester sei auch ihr Vater.[120] Offensichtlich hatte sie ihre Mutter vor Diskriminierung bewahren und auch ein etwaiges Eingreifen der Besat-

---

117 Ebd.; Am Schauplatz: Verbotene Liebe. Eine ORF-Reportage von Doris Plank. 29.6.2007 (3sat, 4.7.2007).
118 OHI, Mayer [Pseudonym].
119 Ebd.
120 OHI, Dupuis.

zungsmacht verhindern wollen. Eleonore Dupuis empfand es jedoch stets als interessant und positiv, „etwas anderes zu sein".[121]

In anderen Fällen war die Herkunft des Vaters innerhalb der eigenen Familie bekannt, wurde aber ansonsten verschleiert, um etwaigen Anfeindungen möglichst einen Riegel vorzuschieben. So berichtet etwa ein weiterer Betroffener: „Im Familienkreis wurde die ‚Wahrheit' bekanntgegeben, nach außen war ich das Kind eines deutschen Soldaten."[122]

Auch im Fall von Monika G. wissen bis heute neben ihrer Familie nur engste Vertraute über ihren leiblichen Vater Bescheid: „Habe es so gehalten, wie man mir es als Kind gesagt hat – besser nicht erzählen." Innerhalb ihrer Familie „schwärmte man in den höchsten Tönen" von ihrem Vater, „doch mit dem Zusatz, es niemanden, z. B. [in der] Schule, zu erzählen".[123]

In anderen Familien hält das Schweigen bis heute an. Insbesondere die Frauen selbst, die eine Beziehung mit einem Besatzungssoldaten hatten, weigern sich mitunter ihr Leben lang, über diese Zeit zu sprechen. Für die betroffenen Kinder stellt dies vielfach eine große Belastung dar, wie etwa Waltraud G. betont: „Die starke und absolute Tabuisierung meines Vaters innerhalb der Familie (Mutter und Großmutter) haben mein Leben bis heute sehr stark beeinflusst und erschweren bis heute noch die Vatersuche. Obwohl beide schon gestorben sind, habe ich heute noch starke Hemmungen, Angst, das Thema anzusprechen. Mein Leben war und ist geprägt von einer großen Einsamkeit und Sehnsucht nach Familie und familiärer Geborgenheit."[124]

Manche Frauen nehmen die Wahrheit mit ins Grab. Knappe Hinweise finden sich in diesen Fällen – wenn überhaupt – erst im Nachlass oder werden – wie bei Rosa R. – beim Leichenschmaus bekannt: Die Mutter hatte versprochen, am Sterbebett „alles zu erzählen", war dann allerdings nicht mehr in der Lage dazu. Erst beim Begräbnis brachen die älteren Verwandten das jahrzehntelange Schweigen.[125]

Doch auch jene Besatzungskinder, die prinzipiell über ihre Herkunft Bescheid wissen, stoßen vielfach an eine beinahe undurchdringbare Mauer des Schweigens. Diese Tabuisierung kommt vor allem zum Tragen, wenn sich Nachkommen auf der Suche nach dem Vater oder Großvater an jede noch so spärliche Information klammern. Die „Suche nach den Wurzeln" stellt für sie eine elementare Lebensfrage dar.

---

121 Eleonore H., Freundliche Auskunft.
122 AdBIK, FB Besatzungskinder, Nr. 118, S. 8. Vgl. dazu auch OHI, Alois B. [Pseudonym].
123 AdBIK, FB Besatzungskinder, Nr. 21, S. 8, 10.
124 AdBIK, FB Besatzungskinder Nr. 123, S. 36, S. 36.
125 Rosa R., Elektronische Nachricht an Barbara Stelzl-Marx. 3.2.2006.

Ein Gesicht und eine Geschichte: Identitätssuche

„Ich denke er wird nicht mehr leben, aber ein Foto wäre schön!", beschreibt Hermine R. ihre Sehnsucht, eine Spur ihres Vaters zu finden.[126] Die Suche nach dem Vater ist für viele Besatzungskinder – und auch deren Kinder – zeit ihres Lebens ein Thema. Im Vordergrund steht die Ergründung der eigenen Identität, die Frage nach den „persönlichen Wurzeln". Auch das Bedürfnis, diese Lücke in der eigenen Vita zu schließen, unabhängig davon, ob die Betroffenen eine „glückliche" Kindheit verbrachten, ob sie in einer liebevollen Familie oder in einem Heim aufwuchsen, Diskriminierung ausgesetzt waren, früh oder spät, direkt oder indirekt, zufällig oder durch die Erziehenden gelenkt von ihren Vätern erfuhren. Selbst Kinder, die als Folge einer Vergewaltigung auf die Welt kamen, widmen sich dieser Lebensfrage.[127]

Wie in einer Studie an der Universität Leipzig in Kooperation mit dem Ludwig Boltzmann-Institut für Kriegsfolgen-Forschung (BIK) gerade erforscht wird,[128] stellen die biologische, bei den Besatzungskindern speziell väterliche, Herkunft gemeinsam mit der Wahrnehmung und Bewertung dieser Wurzeln durch das soziale Umfeld wichtige Größen bei der Herausbildung der eigenen Identität dar. Wenn die Kinder wenig bis gar nichts über ihre Väter wussten, entwickelte sich häufig das vage Gefühl, ein entscheidendes Identitätsfragment von ihnen würde fehlen.[129]

Nur einige wenige der sowjetischen Besatzungskinder lernten ihren Vater nach der Geburt kennen. Gerade in diesem Zusammenhang spielte die spezifische politische Situation der Sowjetunion eine entscheidende Rolle, galten doch Kontakte mit dem westlichen Ausland als politisch bedenklich. Spätestens mit dem Abzug aus Österreich verliert sich daher meist die Spur.[130] Persönliche

---

126 Hermine R., Elektronische Nachricht an Barbara Stelzl-Marx, 8.12.2013.
127 Barbara Stelzl-Marx, Die unsichtbare Generation. Mutter Österreicherin, Vater Angehöriger der Besatzungstruppen: Das Schicksal der damals sogenannten „Soldatenkinder" wird zurzeit von der Geschichtswissenschaft erforscht, in: Wiener Zeitung, Extra. 15./16.9.2012, S. 37.
128 Das wissenschaftliche Projekt zum psychosozialen Befinden, zu Erfahrungen mit Vorurteilen und der Identitätsentwicklung von Besatzungskindern in Österreich wird am Ludwig Boltzmann-Institut für Kriegsfolgen-Forschung, Graz, unter der Leitung von Barbara Stelzl-Marx in Kooperation mit der Universität Leipzig durchgeführt. Das Projekt ist Teil eines Projektverbundes, in dem zudem Kriegs- und Besatzungskinder in Deutschland (unter der Leitung von Heide Glaesmer) sowie Norwegen (unter der Leitung von Ingvill Mochmann und Philipp Kuwert) untersucht werden. Die Gesamtprojektkoordination liegt bei Marie Kaiser, Universität Leipzig.
129 Heide Glaesmer et al., Die Kinder des Krieges in Deutschland, S. 324.
130 Zur vergleichbaren Situation in der DDR vgl. Satjukow, Besatzer, S. 297 und den Beitrag von Silke Satjukow in diesem Band.

Kontakte zum Vater oder zu weiteren Angehörigen in der ehemaligen Sowjetunion stellen somit eine große Ausnahme dar. Häufig wurden gerade im engsten Umfeld Techniken des Vergessens und Verdrängens praktiziert, die für die betroffenen Kinder eine zusätzliche Belastung darstellten. Umso stärker brachen in den vergangenen Jahren die totgeschwiegenen Erinnerungen auf, verstärkt durch den Wunsch, mit der Öffnung der Archive und nach dem Ende des Kalten Krieges eine Spur in der ehemaligen Sowjetunion zu eruieren.

Die Ungewissheit, wer der Vater war, welches Leben er führte, was für ein Mensch er war, wie er aussah und ob er gewisse Talente, Charaktereigenschaften oder auch Krankheiten weitervererbt hatte, empfinden etliche als belastend. Viele der Besatzungskinder, die mittlerweile im Pensionsalter sind, wurden ihr Leben lang von Identitätskrisen begleitet, weswegen die Suche nach dem Vater zeitlebens eine Schlüsselrolle spielte. Karl K., der von seinem Vater lediglich einen Vornamen weiß und vor Kurzem erfuhr, dass die Fotos seines Vaters von seinem Stiefvater vernichtet worden waren, meint dazu: „Persönlich habe ich in meinem Leben so ziemlich alles, was man sich so wünschen kann, erreicht und bin damit zufrieden. Mein Wunschtraum nach den väterlichen Wurzeln bleibt! Das werde ich nie vergessen können, soviel ich mich auch bemühen werde. Wenn man ein feinfühliger Mensch ist, bleibt das immer im Herzen."[131]

Herbert Pils überlegte etwa, ob sein ausgeprägtes musikalisches Talent von seinem Vater stammen könnte: „Vielleicht war er auch musikalisch, weil ich das auch bin. Denn sonst aus meiner Verwandtschaft [mütterlicherseits] wüsste ich nicht, wo das herkommt."[132] Als er wenig später seine beiden Halbschwestern in Südrussland fand, zeigte sich, dass sein Vater und Großvater tatsächlich musikalisch gewesen waren und gerne gesungen hatten.[133] Heute betont er, stolz auf seine Herkunft zu sein: „Es ist für mich eine große Bereicherung meines Lebens!"[134]

Umso schmerzlicher ist es für viele Betroffene, wenn sie bei ihrer Suche oft jahrzehntelang nicht weiterkommen, entweder, da zentrale Informationen und Unterlagen wie Fotos beziehungsweise der Name des Vaters fehlen, oder, weil sich ihre Recherche trotz vorhandener Hinweise wie die sprichwörtliche Suche nach der Stecknadel im Heuhaufen gestaltet.

Besonders dramatisch ist etwa die Situation von Hannelore F., die im Mai 2013 im Jugendamt ihres letzten mit der Mutter gemeinsamen Wohnortes

---

131 Karl K., Schreiben an Barbara Stelzl-Marx. O. O. 7.4.2009.
132 OHI, Pils.
133 Herbert Pils, Elektronische Nachricht an Barbara Stelzl-Marx. 18.9.2008.
134 AdBIK, FB Besatzungskinder, Nr. 111, S. 11.

endlich den entscheidenden Hinweis auf den Namen ihres Vaters erhielt. Dieser war – zwar schwer leserlich, aber doch – in ihrem Pflegschaftsakt unter der Rubrik „Mündelvater" angeführt. Bald darauf konnte sie dank Eleonore Dupuis und Peter Sixl vom Boltzmann-Institut Nachkommen eines ehemaligen sowjetischen Besatzungssoldaten mit diesem Namen in Russland ausfindig machen.[135] Auf beiden Seiten war die Enttäuschung äußerst groß, als der in Graz durchgeführte Gentest schließlich negativ ausfiel.

Zu ihrer langwierigen und zunächst beinahe völlig aussichtslosen Suche meint Hannelore F.: „Ich appelliere an alle Ämter – Pflege-, Fürsorge-, Jugend- und Familien-Ämter –, noch vorhandene Akte nicht zu vernichten und diese wenigstens ein Leben lang aufzubewahren. Viele meiner Schicksalsgenossinnen konnten nichts mehr finden, weil die Akten vernichtet worden waren. Niemand kann jedoch ermessen, welchen Erniedrigungen wir ausgesetzt waren. Damit meine ich alle, die in der gleichen Situation wie ich sind! Ich selber hatte immer das Gefühl, ein Mensch zweiter Klasse zu sein."[136]

Suche von „Besatzungsenkelkindern"

Manchmal treiben auch die Nachkommen der Betroffenen, die sogenannten Besatzungsenkelkinder, die Suche nach dem unbekannten Großvater voran. So möchte etwa die Enkelin eines aus Kirgisien stammenden Rotarmisten Genaueres über ihre zentralasiatische Herkunft erfahren: „Nun ist es in unserer Familie so, dass alle blond und blauäugig sind, mit Ausnahme von meinem Vater und mir, die wir doch ‚etwas' asiatisch aussehen. Meine Großmutter liebt mich sehr und nennt mich immer eindringlich: ‚Mein kleines schwarzes Luder.' Ich weiß, dass ich eine Menge von meinem Großvater geerbt habe und dass meine Großeltern eine innige Liebe verband. Es ist mir sehr wichtig, mehr über meinen Großvater zu erfahren und ihn eventuell zu finden."[137]

Eine weitere Enkelin eines sowjetischen Besatzungssoldaten und einer Österreicherin beschreibt ihre Motivation, etwas über den unbekannten Großvater in Erfahrung zu bringen, folgendermaßen: „Besonders in den letzten Wo-

---

135 Der Pflegschaftsakt enthielt auch den Hinweis, dass der Vater von Hannelore F. nicht mehr am Leben war. Der entzifferte Name fand sich in der von Peter Sixl erstellten Datenbank sowjetischer Kriegstoter in Österreich. Vgl. dazu auch Peter Sixl (Hg.), Sowjetische Tote des Zweiten Weltkrieges in Österreich. Namens- und Grablagenverzeichnis. Ein Gedenkbuch. Unter Mitarbeit von Veronika Bacher und Grigorij Sidko. Graz – Wien 2010.
136 Hannelore F., Lebensgeschichte. Unveröffentlichtes Manuskript. O. O. 2014. Der Text wurde im Rahmen der Lesung „‚Genug geschwiegen!' Österreichische Besatzungskinder schreiben über ihre Geschichte" im Rathaus Graz am 2. Juli 2014 verlesen.
137 M. K., Schreiben an Barbara Stelzl-Marx. Berlin 6.5.2004.

chen musste ich wieder vermehrt über die Konstellation Oma – Mama – Opa nachdenken. [...] Ich frage mich derzeit konkret: ‚Was trage ich von meiner Oma und meiner Mutter an Trauer und Schmerz mit mir herum?' Und genau hier merke ich, dass die Suche, wer ist mein Opa, noch nicht abgeschlossen ist."[138]

„Mein Vater war kein ‚geliebter Feind'": Vatersuche von Kindern aus Vergewaltigungen

Wie stark der Wunsch sein kann, die eigenen Wurzeln zu kennen, zeigt das Beispiel von Anna E., die zu Silvester 1945 als Folge einer Vergewaltigung auf die Welt kam: „[Ich] glaube, mein Geburtsdatum sagt Ihrem Institut alles. Muss sagen: Mein Vater der Feind. Mein Vater war kein ‚geliebter Feind'. Habe Ihren Artikel ‚Geliebter Feind'[139] in der Kronen Zeitung gelesen. So habe ich jetzt den Mut gefasst und möchte Ihr Institut bitten, Nachforschungen über meine Herkunft anzustellen. Es war mir seelisch nie möglich, über meinen Schatten zu springen. Wollte eigentlich immer schon mehr erfahren über meine Herkunft. Aber ich hatte auch immer Angst davor. Nur jetzt bekomme ich seit Jahren die nötige Unterstützung von meinen Kindern. Soll meine Wurzeln des Vaters ausforschen lassen. Leider habe ich von meinem leiblichen Vater keine Unterlagen. Bin ein Kind der Vergewaltigung. Wo ich eigentlich kein Recht zu leben hätte. Nur meine Mutter hat sich für mich entschieden. [...] Interessieren würde es mich schon sehr, wer mein Vater war oder ist."[140]

Auch Rosa S. hätte schon immer gerne ihren Vater kennengelernt, obwohl sie ebenfalls aus einer Vergewaltigung stammt. In der kleinen dörflichen Gemeinde Wallsee aufgewachsen, sei sie als Kind eines Rotarmisten laufend diskriminiert worden. Gerne wäre sie in einer intakten Familie aufgewachsen: „Eines Tages habe ich gesagt: ‚Du, sag einmal, Mami, wieso sekkieren mich die Kinder? Wieso beschimpfen die mich so? Und wieso habe ich keinen Papa?' Das ist mir schon furchtbar abgegangen. Da war ich immer recht neidisch, weil die anderen hatten alle einen Papa, nur ich nicht. Ich habe mir so sehr einen Papa gewünscht. Und dann hat sie es mir gesagt, und hat mich aber bald abgestellt mit den Fragen und gesagt: ‚Bitte, lass mich zufrieden, du weißt gar nicht, was wir mitgemacht haben.' [...] Wenn du an das denkst, wie

---

138 B. W., Elektronische Nachricht an Barbara Stelzl-Marx. 1.2.2015.
139 Dieter Kindermann, Geliebter Feind. 60 Jahre nach dem Zweiten Weltkrieg suchen noch Mütter und deren Kinder nach Besatzungssoldaten, mit denen sie eine tiefe Beziehung hatten. Manchmal entdecken sie den Vater ihrer Kinder, in: Kronen Zeitung, Krone Bunt. 21.1.2007, S. 30–31.
140 Anna E., Schreiben an Barbara Stelzl-Marx. O. O. 21.1.2007.

du so mit Gewalt genommen wirst. Sie hat sich dann am Heuboden oben versteckt und er ist dann nachgekommen. […] Das konnte sie nie hören, wenn ich etwas wissen wollte oder sie sekkiert habe. Ich war auch manchmal böse und habe gesagt: ‚Wie kann man denn so dumm sein und sein Foto zerreißen? Ich weiß nicht einmal den Namen und hätte ihn trotzdem gerne kennengelernt.' Ich hatte einfach so eine Sehnsucht nach dem Vater."[141]

Roman Pulpitel hingegen meint resigniert, er habe sich nun damit abgefunden, nichts über seinen Vater zu wissen. „Das habe ich mein ganzes Leben ja mit mir getragen. Und das Wort ‚Vater' oder ‚Papa' ist mir ein Rätsel. Wie man mit dem fertig wird? Schwer, oder sehr schwer mitunter. Aber jetzt ist es wurscht."[142]

Ilona W. verspürt gleichfalls kein Bedürfnis, mehr über ihren Vater zu erfahren. Als Grund gibt sie das insbesondere in ihrer Kindheit und Jugend belastete Verhältnis zu ihrer Mutter an. Als sie mit etwa zehn Jahren von ihrer Cousine erfuhr, dass ihr leiblicher Vater nicht – wie bis dahin angenommen – der erste Mann ihrer Mutter war, sei ihr diese Neuigkeit gleichgültig gewesen: „Mir war das wurscht. Und warum? Weil der Kontakt zu meiner Mutter war immer sehr kühl. Sie ist immer nur gekommen, um sich das Geseiere [Jammern] von den Großeltern anzuhören, wie brav oder schlimm ich war und ist dann wieder gegangen. Und hie und da hat sie ein Präsent dagelassen und das war es. Also, das war keine besonders intime Beziehung zu meiner Mutter, also war mir auch wurscht, wer mein Vater war." Von ihrer Mutter erfuhr sie daraufhin, „dass das nicht freiwillig geschehen ist. […] Ja, ich bin die Frucht einer Vergewaltigung."[143] Die Umstände ihrer Zeugung und die Erfahrungen als Besatzungskind stellten nun allerdings keine Belastung dar, da sie zur Erkenntnis gekommen sei, dass ihre Herkunft heute irrelevant sei.[144]

Der mitunter fehlende Wunsch, diese Lücke in der eigenen Biografie zu schließen, ist jedoch kein Spezifikum von Kindern aus Vergewaltigungen. Auch der als Folge einer Liebesbeziehung mit einem Rotarmisten geborene Alois B. verspürte nie ein Interesse, seinen Vater zu finden: „Das war aber gar kein Thema, überhaupt nicht. Den [Vater] hat es nicht gegeben. Ich habe keinen Vater gehabt. Und dadurch, dass meine Schulleistungen immer exzellent waren, war es für mich auch nicht so von Bedeutung. […] Das hat mich überhaupt nicht interessiert."[145]

---

141 OHI, Rosa S.
142 OHI, Pulpitel.
143 OHI, Ilona W.
144 AdBIK, FB Besatzungskinder, Nr. 55, S. 23.
145 OHI, Alois B. [Pseudonym].

Geglückte Suche

In einigen Fällen gelingt es allerdings tatsächlich, diese zentrale Frage nach der eigenen Identität – oft erst mehr als ein halbes Jahrhundert später – zu klären. Tatjana Herbst etwa erfuhr 1989 über das Rote Kreuz in Moskau die Wohnadresse ihres Vaters in Smolensk. Wenig später erfolgte die erste Begegnung zwischen Vater und Tochter in Russland, bei der sie das Gefühl hatte, sie würde sich in den Spiegel schauen: „Und ich sehe dann einen weißhaarigen Mann auf mich zukommen. Und das ist er! Jessas na! Und das war so komisch, dann auf einmal ‚Papa'. Ich konnte nicht einmal ‚zdravstvujte' sagen, ‚privet' oder ‚Grüß Gott', nicht einmal irgendetwas. Es war eine Begegnung, ich habe ihm ins Gesicht geschaut. [...] Er hat geschrieben in dem Brief: ‚[Wir gleichen einander] wie ein Wassertropfen dem anderen. So ähnlich, die Nase, das Kinn, genau so, ähnlich. Mehr als [seine andere Tochter] Larissa. Und er hat immer gesagt: ‚Krassivaja dočenka, schöne Tochter!' Das war schön. Dann sind wir zu seiner Familie gefahren und wurden herzlichst aufgenommen. [...] Auf einmal wirst du wie ein Kind, auch wenn du 42 Jahre alt bist." Wenige Jahre später erfolgte auch ein Wiedersehen ihrer Eltern, die ihre alte Liebesbeziehung – wegen der russischen Frau des Vaters im Geheimen – erneut aufnahmen.[146]

Auch bei Reinhard Heninger zog sich die Suche nach seinem leiblichen Vater über mehrere Jahrzehnte hin und schien zunächst aussichtslos zu sein. So teilte die Österreichische Botschaft Moskau im Oktober 1957 der Jugendfürsorge des Amtes der Niederösterreichischen Landesregierung mit: „Eine Ausforschung über das sowjetische Ministerium des Äußeren ist nicht möglich, da Pokulov [recte: Pokulev] einerseits Sowjetbürger ist und überdies das genannte Ministerium Ausforschungen zu Privatzwecken ablehnt."[147]

Wie dieses Schreiben zeigt, war von sowjetischer Seite keinerlei Unterstützung bei der Suche nach den Vätern zu erwarten. Das Außenministerium stellte sich gleichsam „schützend" vor seine Bürger. Schließlich erschienen vor dem politischen Hintergrund Kontakte mit westlichen Frauen oder Kindern keineswegs als erstrebenswert. Seit dem Zerfall der Sowjetunion und insbesondere seit der sukzessiven Publikmachung des Themas in Österreich wenden sich jedoch vermehrt Kinder sowjetischer Besatzungssoldaten an das Ludwig Boltzmann-Institut für Kriegsfolgen-Forschung, die Botschaft der Russischen Föderation in Wien, die Österreichische Botschaft in Moskau

---
146 OHI, Herbst.
147 ÖBM, Personalakt Reinhard Heninger. Siehe dazu auch den Beitrag von Reinhard Heninger in diesem Band.

Abb. 8: Für das erste Treffen mit seiner österreichischen Tochter Tatjana Herbst legte der ehemalige Besatzungssoldat Nikolaj Taranenko seine schönste Uniform mit allen Orden an. Smolensk, 1989.
Quelle: Sammlung Stelzl-Marx, Bestand Herbst

bzw. direkt an das zuständige Zentralarchiv des Verteidigungsministeriums (CAMO) in Podol'sk bei Moskau. Generell wird zwar versucht, den Betroffenen – in manchen Fällen auch durchaus erfolgreich – bei ihrer Suche zu helfen, doch ist von offizieller russischer Seite eine Weitergabe von Personendaten „ohne Zustimmung der Verwandten" nicht erlaubt.

Auf außenpolitischer Ebene wurde dieses Thema im Herbst 2012 zur Sprache gebracht: Der damalige Staatssekretär des Bundesministeriums für europäische und internationale Angelegenheiten, Reinhold Lopatka, unterbreitete bei seinem Aufenthalt in Moskau am 21. September 2012 der russischen Seite die Bitte des Instituts für Kriegsfolgen-Forschung, bei der Suche von Kindern sowjetischer Besatzungssoldaten nach ihren Verwandten in Russland behilflich zu sein. Unter Verweis auf mehrere Gesetze wurde daraufhin mitgeteilt, dass das Archiv CAMO „keine Angaben mit vertraulichem Charakter preisgeben" darf. Weiters hieß es im Antwortschreiben: „Die Gewährung der angefragten Information kann nur mit Zustimmung der Verwandten oder nach Ablauf von 75 Jahren ab Datum der Abfassung des personenbezogenen Dokuments erfolgen."[148] Die unehelich während der Stationierung in Österreich gezeugten Kinder fallen derzeit anscheinend nicht in diese Kategorie. Von den ehemaligen Besatzungsmächten verpflichtete sich bisher lediglich die Re-

---

148 AdBIK, Schreiben des Botschafters der Russischen Föderation Sergej Netschajew an das Ludwig Boltzmann-Institut für Kriegsfolgen-Forschung. Wien 27.11.2012.

gierung der USA, den von US-Soldaten während ihrer Auslandseinsätze gezeugten Kindern bei der Suche nach dem leiblichen Vater zu helfen. Seit 1990 hat das zuständige Archiv, das National Personnel Records Center (NPRC), die persönlichen Daten des Vaters freizugeben.[149]

Als besonders hilfreich erwies sich in den vergangenen Jahren jedoch die russische TV-Sendung „Ždi menja" („Warte auf mich"). So gelang es Reinhard Heninger, mit Unterstützung dieses Programmes, des österreichischen Fernsehens ORF und des BIK, 2007 seine Halbgeschwister in Russland ausfindig zu machen. Ein Foto des Rotarmisten, das eine Freundin der Mutter vor dem Stiefvater versteckt hatte, wurde ausgestrahlt und von einer Verwandten in Russland wiedererkannt. Sein Vater war bereits vor vielen Jahren verstorben, doch hatte die Suche nach den Wurzeln nun ein Ende gefunden. Heninger meint dazu rückblickend: „Also, ich kann nur meinen Standpunkt lauthals vertreten, dass ich als Kind bereits spürte, dass meine Welt doch nicht in Ordnung ist. Besonders im Pubertätsalter versuchte ich dann, als Halbwüchsiger dem damaligen Rollenbild des ‚Russen' gerecht zu werden als Draufgänger und auch Draufhauer. Mit Gründung von Familie und intensivem Berufsleben wurde diese, ich möchte sagen Identitätskrise mehr oder minder verdrängt. Mit zunehmendem Alter aber tauchten wieder diese Gefühle auf: Wie ist eigentlich dein Vater? Wo und wie lebt er? Wie geht es ihm? Trage ich erkennbares Erbmaterial in mir? Und dann kam 2007, der echte Höhepunkt in meinem Leben – jetzt weiß ich, wer, wie und wo mein Vater war."[150] Nach der Rückkehr aus Moskau zeigte sich Heningers Mutter enttäuscht, dass Anton Pokulev nicht mehr am Leben war. Auf die Frage, wie lange sie auf ihn gewartet hatte, antwortete die rund 80-Jährige: „60 Jahre."[151]

Im Mai 2008 rief Heninger einen Stammtisch ins Leben, den er in der Folge als „Wurzelkinder-Treffen" bezeichnen sollte. In der Einladung, die ursprünglich lediglich an eine Handvoll Betroffene verschickt wurde, schrieb er: „Nachdem uns das Schicksal viele Parallelen beschert hat, möchte ich ein Treffen anregen, bei dem wir ein bisschen über unsere ‚Vergangenheiten' und Erfahrungen (Fotos …) plaudern können."[152] In den folgenden Jahren organisierte er mehrere dieser Treffen, die immer besser besucht wurden. Sowjetische Besatzungskinder hatten ihn selbst kontaktiert oder waren über das Boltzmann-Institut verständigt worden. Für viele bedeutete die Etablierung

---

149 Ute Baur-Timmerbrink, Wir Besatzungskinder. Töchter und Söhne alliierter Soldaten erzählen. Berlin 2015, S. 25.
150 Reinhard Heninger, Elektronische Nachricht an Barbara Stelzl-Marx. 20.11.2014.
151 Stelzl-Marx, Stalins Soldaten in Österreich, S. 549.
152 AdBIK, Einladung von Reinhard Heninger zum ersten „Wurzelkinder-Treffen". 14.4.2008.

dieser Erfahrungsgemeinschaft eine wichtige und vielfach auch erste Möglichkeit, in Kontakt mit anderen Betroffen zu kommen, sich über ihre Erfahrungen und die Suche nach dem Vater auszutauschen.

Die Etablierung solcher Erfahrungsgemeinschaften, das Herausführen aus der jahrzehntelangen Vereinzelung, könnte zugleich auch Ausdruck eines (neuen) Selbstbewusstseins sein, das mit der Enttabuisierung und Entstigmatisierung des Themas einhergeht. So betont etwa Eleonore Dupuis, die Tochter einer Österreicherin und eines Rotarmisten: „Man nannte uns die unsichtbare Generation, Kinder des Feindes, Schattenkinder, vaterlose Generation, Kinder der Schande, Niemandskinder oder Geschenk der Sowjets. Lauter abwertende Begriffe. In Österreich hat sich aber eine Gruppe ‚Russenkinder' zusammengefunden, die stolz auf ihre Abstammung ist, wir nennen uns lieber ‚Befreiungskinder'."[153] Eleonore Dupuis, die selbst seit mehr als zehn Jahren intensiv ihren Vater sucht, hilft auch anderen Betroffenen bei deren Recherchen und vernetzt – insbesondere sowjetische – Besatzungskinder in Österreich untereinander. Beispielsweise konnte Maria Silberstein dank ihrer Unterstützung 2012 ihre Verwandten in Russland kennenlernen, wodurch ihr jahrzehntelanges Suchen ein „Happy End" fand.[154]

Suche nach den Kindern

Mitunter ergriffen auch die ehemaligen Besatzungssoldaten die Initiative bei der Suche nach ihrer damaligen Freundin und dem – bisweilen nur vermuteten – gemeinsamen Kind. In diesem Kontext stellt sich generell die Frage, wie die Armeeangehörigen nach ihrer Rückkehr in die Heimat mit diesem Thema umgingen. Verheimlichten sie die sexuellen Erfahrungen, die sie während des Einsatzes im Westen gemacht hatten? Ließen sie die Kinder, die sie gezeugt hatten, als „Schande" zurück, die möglichst vergessen werden sollte? Wie lange hielt in der Sowjetunion die Angst vor möglichen Repressalien oder Benachteiligungen an, die aus Kontakten mit ausländischen Frauen resultieren konnten? Wie reagieren sie, wenn sie die Vergangenheit gleichermaßen einholt?

In diesem Kontext kommt das Spezifikum der sowjetischen Besatzung ebenfalls zum Tragen: Das politische System hatte eine dauerhafte Beziehung mit einer Österreicherin praktisch unmöglich gemacht und über Jahrzehnte

---

153 Eleonore Dupuis, elektronische Nachricht an Barbara Stelzl-Marx. 20.2.2015. Vgl. dazu auch den Beitrag von Eleonore Dupuis in diesem Band. Seit 2014 hilft mit Christian Mader auch ein Beamter des Österreichischen Innenministeriums.
154 Vgl. dazu die Beiträge von Eleonore Dupuis und Maria Silberstein in diesem Band.

hinweg jeglichen Kontakt so gut wie unterbunden. Viele glückliche Liebesverhältnisse waren wegen dieser strengen Reglementierung zerbrochen. Vor dem Hintergrund des Kalten Krieges bestand kaum Hoffnung, die zwangsweise beendete Liaison wieder aufnehmen zu können. Manche schlossen daher mit dieser Phase in ihrer Vergangenheit ab und versuchten, sie möglichst zu vergessen. Andere weihten nur engste Vertraute ein oder lüfteten noch kurz vor ihrem Tod das Geheimnis. Dank der geänderten politischen Umstände beschlossen einige daher gerade in den letzten Jahren, mehr oder weniger aktiv nach ihrer damaligen Freundin und dem gemeinsamen Kind zu suchen.[155]

Die Zahl jener ehemaligen sowjetischen Besatzungssoldaten, die nach ihrem Abzug aus Österreich mit ihrem Kind in Verbindung treten konnten, dürfte überschaubar sein. Manche wussten nichts von der Existenz eines „österreichischen" Nachkommens und erinnern sich lediglich an eine romantisch verklärte Zeit im Westen. Andere verspürten zunächst zu große Angst vor möglichen Repressalien (oder auch Ablehnung innerhalb ihrer Familie und Umgebung) und verloren danach die Hoffnung, dass eine mögliche Suche erfolgreich sein könnte. Wieder andere scheiterten bei ihren Nachforschungen, die sie über verschiedene Kanäle in die Wege geleitet hatten.

Der häufig zu beobachtende Umstand, dass (einstige) Verbindungen zwischen Österreicherinnen und Besatzungsangehörigen geheim gehalten wurden und werden, bedeutet natürlich keineswegs, dass diese nicht existierten. Dabei fiel es den im Ausland stationierten Männern ungleich leichter, nach ihrer Heimkehr derartige Liebesbeziehungen und daraus entstandene Kinder zu verheimlichen, als den betroffenen Frauen, die der sozialen Kontrolle ihrer Umgebung in einem weitaus größeren Ausmaß ausgesetzt waren.[156] Selbst mehr als ein halbes Jahrhundert nach Ende der Besatzung reichen die Spuren dieser – sowohl freiwilligen als auch zwangsweisen – Verbindungen über mehrere Generationen und über die geografischen Grenzen Österreichs hinaus.

---

155 Stelzl-Marx, Stalins Soldaten in Österreich, S. 550–558.
156 Ingrid Bauer – Renate Huber, Sexual Encounters Across (Former) Enemy Lines, in: Günter Bischof – Anton Pelinka – Dagmar Herzog (Hg.), Sexuality in Austria. Contemporary Austrian Studies. Vol. 15. New Brunswick/US – London 2007, S. 65–101, hier: S. 93.

Silke Satjukow

„Russenkinder"

Die Nachkommen von deutschen Frauen und Rotarmisten

Erika und Jewgenij: Eine Liebe in Weimar

Erika und Jewgeni verlieben sich im wunderschönen ersten Nachkriegssommer. Erika ist 17 Jahre alt und arbeitet im Restaurant ihrer Tante, Jewgenij ist drei Jahre älter und dient als Sergeant bei der Sowjetischen Militärregierung in Thüringen. Sein Quartier befindet sich ganz in der Nähe, jeden Tag schaut der junge Mann vorbei – stets in der Hoffnung, dass Erika gerade nichts zu tun hat und ein wenig Zeit für ihn erübrigen kann. Die beiden kommen sich näher und bald sind sie ein Paar. Heimlich bleibt er nun sogar über Nacht; wenn der Morgen dämmert, schleicht er sich am Zimmer der Tante vorbei zurück in seine Unterkunft.

Als Erika ihrem Geliebten eines Tages eröffnet, dass sie schwanger ist, freut er sich. Das Liebespaar ist optimistisch: Jetzt, wo ein gemeinsames Kind zur Welt kommen wird, musste es auch Möglichkeiten geben, für immer zusammenzubleiben, eine richtige Familie zu gründen. Erika und Jewgenij leben in diesen Wochen und Monaten ganz in der Gegenwart und sie hoffen auf eine lichte Zukunft. Die Feindschaft ihrer beiden Völker und die düstere Vergangenheit des Krieges fechten sie nicht an.

1946 wird ihre Tochter Karin geboren. Ihr Vater nennt sie liebevoll Marussja und schreibt seinen Eltern in Sibirien sogleich von seinem Vaterglück. Doch die Tante setzt die Wöchnerin mitsamt dem Neugeborenen vor die Tür, denn zwischenzeitlich ist ihr Ehemann aus der sowjetischen Kriegsgefangenschaft heimgekehrt. Er ist außer sich: Einen „Russenbalg" kann der ehemalige Wehrmachtssoldat unter dem eigenen Dach nicht ertragen. Für Erika bleibt einstweilen nur der Weg zurück in ihr Heimatdorf, retour nach Apfelstädt im Norden des Thüringer Waldes. Die Ortschaft ist überschaubar und es dauert nicht lange, bis alle über das ungewöhnliche Paar Bescheid wissen. Doch anders als von Erika erwartet, zeigen sich die Nachbarn dem Baby und ihr gegenüber aufgeschlossen, sogar „dem Russen" begegnet man freundlich. Mehr noch: Ist eine sowjetische Militärpatrouille im Anmarsch, findet sich immer irgendjemand, der die beiden warnt. Die Leute nennen den

Abb. 1: Jewgenij 1946. Quelle: Privatbesitz

Besatzungssoldaten familiär Gena; er hat einen guten Ruf im Ort, nicht nur, weil er bisweilen rare Lebensmittel aus den Depots der Roten Armee besorgt, sondern auch, weil er sich bemüht, Deutsch zu lernen und zu sprechen. Und auch Erika fühlt sich in der Gemeinschaft des Dorfes aufgehoben, auch sie steht unter ihrem Schutz. Immer wieder ermahnen die Nachbarn ihre allzu strengen Eltern, sie mögen sich an ihrer Tochter und dem Kleinkind nicht versündigen und ihnen ein warmes Zuhause bieten.

Es dauert nur wenige Monate, bis sich ein zweites Baby ankündigt. Doch jetzt greifen die Eltern von Erika durch. Sie stellen sie vor die Entscheidung, entweder das Kind oder die Wohnung auf dem heimischen Hof zu behalten. Sie argumentieren, die jüngste Tochter sei ebenfalls guter Hoffnung, daher gebe es für weiteren Nachwuchs keinen Platz mehr. Auch Jewgenij zeigt sich nicht mehr so erfreut wie bei seiner ersten Tochter. Er drängt jetzt ebenfalls darauf, das Kind nicht zu bekommen. Mittlerweile sieht er die Zukunft sehr wohl als problematisch, denn es ist ihm klar geworden, dass sein Aufenthalt in Deutschland nur noch von begrenzter Dauer sein würde. Zwar schreibt er seinen Eltern unbeirrt, dass er seine deutsche Freundin heiraten will, doch weiß er auch um die geltenden Verbote. Erika beugt sich dem Druck ihrer Familie nicht und bekommt das Kind. Die Eltern zeigen sich entsetzt über

Abb. 2: Jewgenij, Erika und Karin – eine Familie auf Zeit, 1948. Quelle: Privatbesitz

diese Entscheidung. Sie schicken ihre Tochter mitsamt der Enkelin Karin, die mittlerweile ein Jahr alt ist, in die Stadt Weimar zurück.

Jewgenij findet für die beiden eine schäbige Bleibe und kehrt jeden Abend zu seiner Familie „nach Hause" zurück. Er ist weiterhin ein liebevoller Partner und ein stolzer Vater. Er zeigt sich mit seiner „Frau" in aller Öffentlichkeit; die beiden genießen es, in der Stadt spazieren oder ins Kino zu gehen. Gena trägt seine „Marussja" öffentlich umher, er umsorgt und umhegt die Kleine, kauft ihr hübsche Sachen zum Anziehen. Den Dreien fehlt es wenige Jahre nach dem Kriege offenbar an nichts und sie wünschen sich sehnlichst, dass dieses kleine Paradies für immer anhalten möge. Nach einiger Zeit erreicht das Paar ein Brief von Jewgenijs Eltern, sie schreiben darin, dass sie mit einer Heirat ihres Sohnes in Deutschland einverstanden seien. Das Glück scheint also weiter auf der Seite der Liebe. Erika beginnt jetzt, die Eheschließung in die Wege zu leiten – ein schwieriges Unterfangen, denn de jure war dieser Weg bisher ausgeschlossen. Notgedrungen erklärt sich die junge Frau sogar bereit, die sowjetische Staatsbürgerschaft anzunehmen – für den Fall, dass ein solcher Schritt für ein dauerhaftes Beieinandersein unverzichtbar wäre. Doch die beiden scheitern an diesen schönen Plänen.

Im Oktober 1948 wird Gabi geboren, die zweite Tochter von Jewgenij und Erika. Justament am Tag der Niederkunft dringt eine Militärpatrouille in Erikas Wohnung ein, die junge Frau befindet sich zu diesem Zeitpunkt im Kreißsaal. Die Polizisten erklären den anwesenden Vermietern, dass sie Erika, Jewgenij und Karin suchen, von dem Neugeborenen wissen sie noch nichts. Die solchermaßen überrumpelten Vermieter lassen die Uniformierten herein, aber sie tun alles, um die kleine „Familie" zu schützen. Sie lügen und behaupten, die Kindermöbel würden ihrem Enkel gehören, ihre Untermieterin aber habe kein Kind. Auch sei ihnen ein Jewgenij nicht bekannt. Das Kommando rückt daraufhin unverrichteter Dinge ab. Als Jewgenij sich am Abend in Erikas Zimmer schleicht, helfen ihm die Vermieter ein zweites Mal: Sie statten den Uniformierten mit einem Wintermantel und einem unauffälligen Hut aus. Das konnte ihm noch einmal eine kleine Atempause und einen Aufschub verschaffen. Alle wissen, dass man sich einem bereits erteilten Befehl zur Demobilisierung allenfalls noch für ein paar Stunden entziehen kann. Alle wissen, dass Jewgenij nur mehr ein Quäntchen Zeit bleibt, um die kleine Gabi auf der Welt willkommen zu heißen. Erika erinnert sich an jenen Abend im Herbst: „Der Chefarzt kam ins Zimmer und sagte, ich müsse nun ganz stark sein. Dann sah ich schon Gena im Raum stehen, ich brachte kaum ein Wort heraus. Ich habe damals nicht verstanden, dass sich Gena verabschieden wollte. Oder ich habe es nicht wahrhaben wollen. Was wir beide in diesem Moment zueinander gesagt haben, ist aus meinem Kopf verschwunden." Jewgenij darf seine jüngste Tochter trotz der späten Stunde noch durch die Glasscheibe anschauen, dann verlässt er das Hospital.

Der Besatzungssoldat wird nie mehr nach Deutschland zurückkehren; er wird seine Familie nicht mehr wiedersehen.

Als Erika mit dem Säugling Gabi und mit der kleinen Karin aus dem Krankenhaus in ihre schäbige Kammer kommt, findet sie auf dem Tisch einen Zettel vor. In größter Hast hatte Jewgenij eine letzte Nachricht für sie gekritzelt: Die Militärpatrouille sei gekommen und habe ihn mitgenommen. Noch in derselben Nacht werde er in die Sowjetunion verbracht werden. Seinen Wohnungsschlüssel habe er mitgenommen, denn man würde sich bald wiedersehen – so Gott wolle.

Kein Zweifel, ihr Geliebter ist nun fort – und damit bleibt die kaum volljährige Erika für die beiden Töchter alleine verantwortlich. Neben den Zeilen zum Abschied liegt noch eine Quittung. Jewgenij hatte vor Wochen bei einem Schneider ein Geschenk für seine Erstgeborene in Auftrag gegeben, ein Wintermäntelchen für seine „Marussja". Es waren diese Schneidersleute gewesen, die dem Liebespaar vor einiger Zeit auch ihre Hilfe bei einer Flucht in den Westen angeboten hatten. Sie verfügten wohl über ein effektives Netzwerk; mit ihrer Unterstützung waren offenbar nicht wenige Rotarmisten gemeinsam mit ihren Freundinnen desertiert. Doch Jewgenij konnte sich zu diesem endgültigen Schritt nicht durchringen; schließlich lebten seine Eltern, die

Abb. 3: Erika mit ihren Töchtern Karin (links) und Gabi, 1949. Quelle: Privatbesitz

Geschwister und Verwandten weiterhin im Reich Stalins, die Angst vor einer Sippenhaft seiner Angehörigen lähmte ihn.

Erika ist nun mittellos, weshalb sie sich an das Fürsorgeamt wendet und wenigstens um eine finanzielle Unterstützung für ein Kinderbett nachsucht. Aber die Behörde winkt ab: Wie wolle sie das Geld ohne eigenes Einkommen denn zurückzahlen? Sie möge sich lieber eine geregelte Arbeit suchen und die Kinder in entsprechende Erziehungseinrichtungen geben. Erika trägt schwer an der Bürde: Sie muss die beiden Töchter alleine durch die schwere Nachkriegszeit bringen; ihre Eltern haben sie des Hauses verwiesen, ihr Geliebter wurde in sein Heimatland verlegt. Es fehlt an Essen und an Hausbrand, die physische und die emotionale Not ist groß. Ihre Kinder gelten den meisten als ungeliebte Bankerte und Bastarde,[1] Frauen wie sie, die sich mit fremden Soldaten einließen, als Huren und Verräterinnen.

Als ihr Vermieterpaar sich eines Sonntags zum Spaziergang aufmacht, setzt Erika einen schlimmen Gedanken in die Tat um. Sie trägt ihre beiden Töchter in die Küche, setzt sich mit ihnen auf dem Schoß vor den Herd und dreht das Gas auf.

---

1   Zur Geschichte der Besatzungskinder in allen vier Zonen und beiden deutschen Nachkriegsgesellschaften siehe ausführlich Silke Satjukow – Rainer Gries, „Bankerte!" Besatzungskinder in Deutschland nach 1945. Frankfurt/Main – New York 2015; sowie Silke Satjukow, „Besatzungskinder": Nachkommen deutscher Frauen und alliierter Soldaten seit 1945, in: Geschichte und Gesellschaft. Jg. 37, H. 4, 2011, S. 559–591.

Die kleine Karin schließt die weinende Mutter in ihre Ärmchen und drückt sie so fest an sich, wie sie nur kann. Und die Nachbarn kehren an diesem Nachmittag früher nach Hause zurück – sie schließen den Hahn rasch und bewahren Gabi, Karin und Erika vor dem Tod.

Der Einmarsch der Roten Armee

Im Frühjahr 1945 marschierten Millionen von Rotarmisten in Deutschland ein. Sie nahmen das Feindesland und seine Bewohner nach eigenem Gutdünken in Beschlag, sie drangen in private und sogar intime Sphären ein und entfachten eine Form physischer und psychischer Gewalt, die die Erinnerungen der Zeitzeugen noch nach Jahrzehnten beherrschte.[2] Wie von den Deutschen erwartet, kam es nun massenhaft zu spontanen, aber auch zu systematisch verübten sexuellen Übergriffen. Über das Ausmaß lässt sich nur spekulieren, verlässliche Quellen existieren nicht. Allein für die Metropole Berlin gehen die in der Literatur genannten Schätzungen denn auch weit auseinander. Unterschiedliche Autoren und Kommentatoren geben Kenndaten zwischen zehn und neunzig Prozent der Frauen an, die in der gefallenen Reichshauptstadt zu Opfern geworden seien.[3] Neueren wissenschaftlichen Untersuchungen zufolge wurden in Berlin zwischen Frühsommer und Herbst 1945 mindestens 110.000 Mädchen und Frauen vergewaltigt, diese Zahl entspricht etwa sieben Prozent der weiblichen Bevölkerung. Die meisten dieser sexuellen Gewalttaten geschahen in den ersten Monaten nach dem Krieg, im April, Mai und im Juni. Fundierte Berechnungen gehen für die gesamte sowjetische Besatzungszone, für die ehemaligen deutschen Ostgebiete sowie für die Vorfälle während Flucht und Vertreibung von nicht weniger als 1,9 Millionen Betroffenen aus.[4]

---

2 Silke Satjukow, Besatzer. Die „Russen" in Deutschland 1945 bis 1994. Göttingen 2008, S. 63f.; sowie Silke Satjukow, Befreiung? Die Ostdeutschen und 1945. Leipzig 2009.
3 Vgl. zu den Geschehnissen Atina Grossmann, A Question of Silence: The Rape of German Woman by Occupation Soldiers, in: October. Vol. 72, Spring 1995, S. 43–63; Susanne zur Nieden, Chronistinnen des Krieges. Frauentagebücher im Zweiten Weltkrieg, in: Hans-Erich Volkmann (Hg.), Ende des Dritten Reiches – Ende des Zweiten Weltkrieges. Eine perspektivische Rückschau. München – Zürich 1995, S. 835–860; Norman Naimark, Die Russen in Deutschland. Die sowjetische Besatzungszone 1945 bis 1949. Berlin 1997, S. 146ff.; Elke Scherstjanoi, „Wir sind in der Höhle der Bestie." Die Briefkommunikation von Rotarmisten mit der Heimat über ihre Erlebnisse in Deutschland, in: Elke Scherstjanoi (Hg.), Rotarmisten schreiben aus Deutschland. Briefe von der Front (1945) und historische Analysen. Texte und Materialien zur Zeitgeschichte Bd. 14. München 2004, S. 194–228, S. 222ff.
4 Vgl. Archiv des Instituts für Zeitgeschichte München, Sammlung ED 914 (Sammlung Helke Sander).

Entgegen der in der Forschungsliteratur gerne für alle vier Besatzungszonen aufgestellten These, wonach Vergewaltigungen in der unmittelbaren Nachkriegszeit „frauensolidarisch" beschwiegen worden seien, verweisen die Erinnerungen von Zeitzeugen vor allem aus Dörfern und kleineren Städten auf einen ganz anderen Alltag: Die physischen und psychischen Traumatisierungen der Opfer ließen sich in den Nahbereichen nur mit Mühe verbergen, Schwangerschaften konnten kaum verschwiegen werden. Mangelndes Mitgefühl der Bürgergemeinde, Sensationsgier, Schuldgefühle sowie patriarchalische Vorurteile führten regelmäßig dazu, dass den Betroffenen aufgrund ihres Verhaltens (etwa die ausbleibende Gegenwehr) eine Mitschuld an ihrem Schicksal zugewiesen wurde. Diese Stigmatisierungen übertrugen sich auch auf die „Früchte" dieser Gewalt, auf die Besatzungskinder.

Keineswegs waren alle Besatzungskinder die Folge von Gewalttaten. Auch in der Sowjetischen Besatzungszone gingen Frauen mit Soldaten freiwillig in Fühlung – sie begründeten pragmatische Versorgungspartnerschaften ebenso wie Liebesbeziehungen. Zwar war es Offizieren wie Mannschaftsdienstgraden verboten, mit Einheimischen persönliche oder gar intime Kontakte zu unterhalten, doch diese ignorierten durchwegs die Vorgaben ihrer Militärführungen: „Ich diene in der Kommandantur, wo es nicht gerade viel zu tun gibt. Ich war noch nicht einmal auf Posten. Ich gehe zu ‚meiner Frau' schlafen, keinen kümmert das. Wohin du dich legen willst, leg dich, wann immer du aufstehen willst, steh auf. Trink den ganzen Tag und niemand wird dich fragen, weshalb du trinkst. [...] Die gesamte Truppe trinkt bis zum Umfallen – und das jeden verdammten Tag."[5]

Einer der Hauptgründe, weshalb die vormaligen Frontkämpfer gegen das Fraternisierungsverbot verstießen, war – wie in den westlichen Besatzungszonen auch – Abenteuerlust und Langeweile, eine Unterforderung im Besatzungsalltag, die sie im Frieden der Nachkriegszeit mit ausgiebigen Trinkgelagen und sexuellen Liaisons zu ersticken suchten.[6] Dabei unterhielten keinesfalls nur einfache Dienstgrade oder etwa Zivilangestellte Kontakte zu Einheimischen. Auch ranghohe Vorgesetzte erwiesen sich kaum als Vorbilder: „Die Offiziere betrinken sich und gehen dann in die Wohnungen von deutschen Frauen, dort trinken sie weiter und kehren erst in den Morgenstunden nach Hause zurück."[7] Kommandeure beklagten sich über die Zügellosigkeit ihrer Untergebenen, Mannschaftsdienstgrade über die Disziplin-

---

5 Staatsarchiv der Russischen Föderation (GARF), F. 7077, op. 1, d. 181, Bl. 27, Briefausschnittsammlung vom Dezember 1945.
6 Vgl. ebd., Bl. 23f., Beschwerden an den politischen Stab der SMAD 1945.
7 Ebd., Bl. 115, Beschwerden an den politischen Stab der SMAD 1945.

losigkeit ihrer Befehlshaber. Selbst verheiratete Offiziere, deren Familien in Deutschland weilten, unterhielten solche Liebeleien. Mit aufgebrachten Briefen wandten sich Ehefrauen dann an die Vorgesetzten ihrer Männer, bisweilen sogar an Stalin persönlich. So kam es durchaus vor, dass dem Generalissimus im fernen Moskau die desolaten familiären Verhältnisse in der Hoffnung geschildert wurden, er würde in Deutschland mit starker Hand durchgreifen und die üblen Dinge richten. Solchen Fraternisierungen, die ihre Sprengkraft aus der Verbindung von maßlosem Alkoholgenuss und sexueller Libertinage gewannen, zeigten sich die Truppen- und Standortkommandeure weitgehend hilflos gegenüber – selbst wenn sie Willens waren, diesem Treiben ein Ende zu setzen. Seit Kriegsende lebten ihre Soldaten Tür an Tür mit der einheimischen Bevölkerung. Unter diesen Umständen war die von der Armeeführung in Karlshorst befohlene strenge Separierung kaum durchzusetzen. Jedweder Befehl zur Isolation, so der Chef der Sowjetischen Militäradministration in Thüringen, Iwan Kolesnitschenko, gegenüber seinem Oberkommando, würde ihn zwingen, mehr als ein Drittel seiner Offiziere in die Heimat zurückzuschicken. Schließlich bestünde die Truppe aus gesunden Männern mit einem normalen Geschlechtstrieb.[8] Infolgedessen wurden die binationalen Techtelmechtel zwar eine gewisse Zeit lang toleriert, dauerhafte und sogar juristisch abgesicherte Lebensgemeinschaften fanden jedoch keine Akzeptanz.

So wussten Jewgenijs Vorgesetzten jahrelang über seine „wilde Ehe" mit Erika Bescheid, aber sie mischten sich nicht ein. Das Paar unterhielt sogar eine gemeinsame Wohnung. Erst als die zweite Tochter Gabi geboren wurde, setzte Jewgenijs Truppenkommandeur dem verbotenen, aber lange geduldeten Spiel ein Ende. Er schickte eine Militärpatrouille zu Erikas Bleibe und ließ Jewgenij abführen. Im Handstreich beendete der Offizier eine immerhin drei Jahre andauernde enge Beziehung, aus der zwei Kinder entstanden waren.

Eine dauerhafte gemeinsame Zukunft blieb für diese Paare praktisch ausgeschlossen. Obwohl Vermählungen de jure seit 1953 gestattet waren,[9] wurden Ehen zwischen Siegern und Besiegten in der Praxis bis auf wenige Ausnahmen bis zum Abzug der sowjetischen Streitkräfte 1994 verhindert – die Heiratserlaubnis Moskaus stand also bloß auf dem Papier.[10] Weder der Kreml noch das Oberkommando der Roten Armee in Wünsdorf ließen jemals auch

---

8   Schreiben von Iwan Kolesnitschenko, 29.11.1948, zit. nach: Naimark, Die Russen in Deutschland, S. 121.
9   Bundesarchiv Berlin, DY 30, Nr. 3691, Bl. 1f., Büro Walter Ulbricht im Zentralkomitee der SED, Schreiben des Stabschefs der Gruppe der sowjetischen Streitkräfte in Deutschland (GSSD) an Walter Ulbricht, 27.11.1953.
10   Vgl. Satjukow, Besatzer. Die „Russen" in Deutschland, S. 285ff.

nur den geringsten Zweifel daran aufkommen, dass eine solch enge „Vermischung" politisch nicht erwünscht war. Diese Maxime galt auch, wenn aus unerwünschten Verbindungen Nachwuchs geboren wurde. Gerade dann, wenn eine Beziehung durch Kindersegen eine höhere Dignität für sich in Anspruch nehmen konnte, setzten Repressionen durch Vorgesetzte und Geheimdienste ein. Die Beziehung von Jewgenij und Erika, die justament in dem Moment endete, als ihre Tochter Gabi das Licht der Welt erblickte, zeugt von dieser menschenverachtenden Praxis.

Dennoch: Nach Kriegsende lebten immer mehr deutsche Frauen in familienähnlichen Beziehungen mit sowjetischen Soldaten. Die Mütter blieben irgendwann mehr oder minder allein und auf sich gestellt mit ihren Kindern in Deutschland zurück. Dabei machen die Gespräche mit den Zeitzeugen deutlich, dass die Frauen mit einem vergleichbaren psychischen Muster auf den Weggang ihrer Männer reagierten. Zunächst waren sie sich sicher, dass ihre Verlobten mit einem klaren Heiratsversprechen in die Heimat abgefahren seien. Zunächst wurden sie auch nicht müde zu erklären, dass die Väter von dort aus die Legitimierung der Beziehung und des Kindes betreiben würden. Doch nach dieser Anfangsphase, während der sich die Partner noch Briefe schickten, blieben die Lebenszeichen von jenseits der Grenzen aus. Zunächst vertrauten die Frauen ihren Verlobten, setzten ganz auf deren Wort. Jahrelang versuchten sie, sich im Angesicht einer höchst kritischen Umwelt nicht in ihrer Sehnsucht und ihrer Hoffnung beirren zu lassen. Sie glaubten fest daran, dass die Väter ihrer Kinder dereinst nach Deutschland zurückkommen und Verantwortung für die Familie übernehmen würden. Diese Gewissheit in der Ungewissheit dauerte bisweilen Jahre an und verurteilte viele Frauen mitsamt ihren Neugeborenen und Kleinkindern zu einem Leben im Wartezustand. Eingeübte Stereotypen dienten dann dazu, halbwegs plausible und erträgliche Gründe für den jähen Abbruch des Kontaktes zu finden und den Ehemann in spe zu verteidigen.

Erika brachte Anfang der Sechzigerjahre in Erfahrung, dass Jewgenij 1952 auf die ferne Halbinsel Sachalin gezogen war. Karin hatte über einen Mittelsmann Kontakt zu einer Tante aufgenommen, die ihnen von Jewgenijs Weggang aus der Heimat schrieb. Weil dort auch ein großes Gefangenenlager existierte, glaubte Erika, dass er eben wegen ihrer beider Liebe arretiert worden sei und nun unter schlimmsten Bedingungen Zwangsarbeit leisten müsse. Sie nahm diese Erklärung zu Hilfe, um zu ertragen, dass ihr Geliebter seit Jahren nicht mehr geschrieben hatte. Als dann Mitte der Sechzigerjahre die Nachricht von seinem Ableben zu ihr drang, rundete sich das Bild scheinbar: Nur der Tod konnte für sein kränkendes, schmerzliches Schweigen verantwortlich zeichnen. Erikas Erklärungsansätze stützten sich auf kollektive Bilder von massenhaften Deportationen deutscher Kriegsgefangener sowie politisch unliebsamer Staatsbürger „nach Sibirien". Die Realität sah anders aus: Tatsächlich war Jewgenij jedoch aus freien Stücken in die Erdöl-Metropole gezogen; er war jung und strebte eine Karriere an, stieg sogar zum Parteiagitator auf. Später gründete er eine weitere Familie und begann ein neues Leben – ohne seine Frau und seine Kinder in Deutschland.

Die frühkindliche Sozialisation der Besatzungskinder ist daher nicht nur von den materiellen Prekaritäten der Rationengesellschaft der unmittelbaren Nachkriegszeit geprägt,[11] sondern auch von der dauerhaften Anspannung ihrer oft unerfahrenen Mütter, deren glühende oder pragmatische Hoffnung, deren tätige oder bodenlose Hilflosigkeit und deren notgedrungenes und letztlich nichtiges Warten sie ganz unmittelbar zu spüren bekamen. In den Biografien der Besatzungskinder spiegeln sich all die Erwartungen und Erfahrungen ihrer Mütter, all ihre Sehnsüchte und Enttäuschungen. Vor allem aber das Warten und die Hoffnung auf den abwesenden Vater wird auch ihr Leben durchziehen.

Aus entwicklungspsychologischer Perspektive braucht es für das Groß- und Erwachsenwerden einige unverzichtbare Bedingungen: Eine adäquate frühkindliche Eltern-Kind-Beziehung, eine dauerhaft gute Beziehung zur Mutter als primärer Bezugsperson, eine beschützende und auffangende Großfamilie sowie ein gutes Ersatzmilieu im Fall des Verlustes der Eltern.[12] Keinen einzigen dieser elementaren Faktoren konnten die Besatzungskinder in den frühen Nachkriegsjahren für sich reklamieren. Eher war das Gegenteil der Fall.

Die Besatzerkinder kommen zur Welt

Zu Jahresanfang 1946 erblickten die ersten Besatzungskinder das Licht der Welt. Freilich wurden weder zu diesem noch zu einem späteren Zeitpunkt amtliche Statistiken über diese Geburten geführt; eine derartige Feststellung wäre auch gleich mehrfach gescheitert: Sie hätte nur in den Bezirken, Kreisen und Gemeinden getroffen werden können, aus politischen Gründen indes unterließ man solche „Beweisführungen". Auch die Eintragungen in den Personenstandsregistern lassen keine Rückschlüsse auf die Gesamtzahl der Kin-

---

11 Rainer Gries, Die Rationen-Gesellschaft. Versorgungskampf und Vergleichsmentalität. Leipzig, München und Köln nach dem Kriege. Münster 1991.
12 Vgl. Hartmut Radebold, Abwesende Väter und Kriegskindheit. Fortbestehende Folgen in Psychoanalysen. Göttingen 2004, S. 117.

der zu. Eine entsprechende Notiz über den Erzeuger erfolgte nur dann, wenn die Vaterschaft ausdrücklich anerkannt worden war, doch eben dazu kam es aufgrund der geltenden Verordnungen nicht. In den Geburtsurkunden findet sich infolgedessen durchweg die Eintragung „Vater unbekannt".

Aufgrund der fehlenden Aufzeichnungen lassen sich allenfalls plausible Vermutungen über die Anzahl der Besatzungskinder anstellen. Zwei wissenschaftliche Untersuchungen aus den Neunzigerjahren scheinen in diesem Zusammenhang besonders erwähnenswert. Der Bevölkerungsstatistiker Gerhard Reichling geht von etwa 1,9 Millionen Vergewaltigungen durch Rotarmisten im Osten Europas sowie auf deutschem Gebiet aus. Laut der ihm verfügbaren Überlieferungen wurden in der Folge etwa 292.000 Kinder geboren.[13] Die Journalistin Helke Sander und die Historikerin Barbara Johr kommen allein für Berlin auf folgende Resultate: Nach Durchsicht der Bestände verschiedener Frauenkliniken gehen sie davon aus, dass beim Einmarsch mindestens 110.000 Frauen von Angehörigen der Roten Armee vergewaltigt worden waren, von denen zehn Prozent, mithin 11.000, ein Kind zur Welt gebracht haben dürften.[14]

Demnach können wir von fast 300.000 Kindern ausgehen, die allein unmittelbar zu Kriegsende und infolge von Vergewaltigungen geboren worden waren. Hinzu kommen zahlreiche spätere Geburten, die sich auf freiwillige Partnerschaften gründeten. Angesichts der Tatsache, dass sich nach Kriegsende zunächst eineinhalb Millionen, seit 1947 dann eine halbe Million Sowjetsoldaten auf deutschem Territorium aufgehalten haben, lässt sich vermuten, dass in dieser Zeit viele weitere Kinder gezeugt und geboren wurden.

Vaterschaft, Sorgerecht und Unterhalt

Hinsichtlich der Anerkennung der Vaterschaft und der Pflichten zum Unterhalt unterschieden sich die Rechtsauffassungen zwischen Besatzern und Besetzten grundlegend voneinander. Das deutsche Bürgerliche Gesetzbuch verpflichtete den Erzeuger eines illegitimen Kindes, für dieses bis zum 16. Lebensjahr beziehungsweise bis zur Beendigung der Ausbildung finanziell zu sorgen.[15] Von dieser Verantwortung war auch ein ausländischer Staatsbürger beziehungsweise ein Besatzungsangehöriger nicht entbunden. Ohne Wenn

---

13 Vgl. die Berechnungen von Gerhard Reichling, in: Helke Sander – Barbara Johr (Hg.), BeFreier und Befreite. Krieg, Vergewaltigung, Kinder. Frankfurt/Main 1995, S. 54ff.
14 Vgl. Archiv des Instituts für Zeitgeschichte München, Sammlung ED 914 (Sammlung Helke Sander).
15 Paragraph 1708, Absatz 1 des Bürgerlichen Gesetzbuches vom 18.8.1886.

und Aber galt nach deutschem Recht: Der Erzeuger hatte Unterhalt zu zahlen. Die Besatzer dachten jedoch anders über dieses Problem. Gemäß dem Kontrollratsgesetz Nr. 4 vom 20. Oktober 1945 durften deutsche Gerichte keine Straf- und Zivilsachen gegen Angehörige der alliierten Streitkräfte einleiten.[16] Demzufolge konnte ein Besatzungsangehöriger von einem deutschen Gericht nicht zur Rechenschaft gezogen und damit auch nicht auf Unterhalt verklagt werden.

Noch ein zweiter Umstand erschwerte die Lage der Mütter mitsamt ihren Kindern: Das Reichsgesetz für Jugendwohlfahrt hatte 1922 die Kontrolle über den unehelichen Nachwuchs fast vollständig in die Hände der kommunalen Jugendämter gelegt. Sie und nicht die ledigen Mütter trugen von nun an die Verantwortung für das Wohlergehen der Kinder. Die Standesämter hatten sämtliche illegitime Geburten an die Jugendämter zu melden, sodass sie die Wöchnerinnen bereits wenige Tage nach der Geburt einbestellen und Mündelakten anlegen konnten. Sie begleiteten und dokumentierten ihre Schutzbefohlenen, bis sie die Volljährigkeit erreichten oder aber von einem Stiefvater adoptiert wurden.

Diese Regelung wurde in der Ostzone bald nach dem Ende des Krieges ausgesetzt. Hier trug in aller Regel die Mutter die volle elterliche Sorge, das Fürsorgeamt hatte insofern keine Veranlassung, den Entwicklungs- und Erziehungsprozess zu dokumentieren. Doch hatte diese scheinbar liberale neue Praxis Vor- und Nachteile: Zwar mussten die Mütter den kommunalen Jugendämtern gegenüber – anders als ihre Schicksalsgenossinnen im Westen – keine Rechenschaft über ihr Tun ablegen. Niemand außer sie selbst zeichneten für die Kinder verantwortlich, was auch eine gewisse Freiheit vor behördlichen Kujonierungen bedeutete. Andererseits blieben sie für den Unterhalt ihrer Kinder allein verantwortlich; das Fürsorgeamt konnte ihnen kaum Rückendeckung geben.

Dies erfuhren auch Erika und ihre beiden Töchter Karin und Gabi. Als Jewgenij unmittelbar nach der Geburt seiner Jüngsten in die Sowjetunion zurückverbracht worden war und der damals 19-jährigen Erika klar wurde, dass sie fortan allein für ihre Kinder sorgen musste, wandte sie sich in ihrer Verzweiflung zunächst an das Weimarer Jugendamt. Dieses winkte ab und forderte Erika stattdessen auf, sich schnellstmöglich eine einträgliche Erwerbsarbeit zu suchen. Vielleicht, so machte man der verzweifelten Mutter Mut, wäre es auch möglich, die Besatzungsadministration zu Unterstüt-

---

16 Kontrollratsgesetz Nr. 4 zur Umgestaltung des Deutschen Gerichtswesens, Absatz 3, 20.10.1945. Vgl. auch Amtsblatt der Militär-Regierung Deutschland – Britisches Kontrollgebiet Nr. 9, S. 204f.

zungsleistungen in Form von Brennholz oder Lebensmitteln zu bewegen. Die durchaus mitfühlende Fürsorgerin begleitete Erika dann auch zur Stabskommandantur in die zwanzig Kilometer entfernte Landeshauptstadt Erfurt. Ein ranghoher Offizier empfing die Bittstellerinnen und Erika begann, ihm ihr Schicksal zu erzählen. Der Militär sprach Deutsch und wirkte zunächst durchaus verständnisvoll. Er bat um Beweise für die Beziehung zu Jewgenij und Erika händigte ihm bereitwillig Briefe und Fotos aus. Plötzlich schwang die Stimmung im Raum um. Ihr Gesprächspartner gab ihr nun harsch zu verstehen, dass – wenn sie ihre Töchter nicht zu ernähren vermochte – diese doch jederzeit in einem Kinderheim untergebracht werden könnten. Diese Aufforderung traf auf die schlimmsten Befürchtungen Erikas. Nicht nur, dass zu Kriegsende immer wieder Gerüchte im Umlauf gewesen waren, dass „die Russen" Kinder einfach verschwinden ließen, dass sie nach Sibirien verbracht würden und niemand je wieder von ihnen höre. Erika hallten überdies die Worte ihrer Vermieter im Ohr. Diese hatten ihr berichtet, dass die Militärpatrouille auf der Suche nach Jewgenij ausdrücklich nach einem Kind gefragt hatte. Man habe die kleine Karin damals mitnehmen wollen, davon war Erika felsenfest überzeugt. Als sie nun die Warnung des Offiziers hörte, sprang sie auf und rannte fast besinnungslos aus dem Zimmer. Später konnte sie sich nicht einmal mehr erinnern, wie sie die Strecke nach Weimar zurückgelegt hatte. Sie wusste nur, dass sie so schnell wie möglich zu ihren Mädchen wollte, die während ihrer Abwesenheit bei Nachbarsleuten spielten und auf ihre Rückkehr warteten. In ihrer Panik glaubte sie, dass längst Militärs unterwegs waren, um Karin und Gabi fortzubringen. Und obwohl weder die Gerüchte zu Kriegsende noch die neuerlichen Befürchtungen Erikas den realen Geschehnissen entsprachen, sorgten sie doch dafür, dass die junge Mutter bei keiner Behörde mehr um Hilfe nachsuchte. Vielmehr nahm sie nun einen Posten im fernen Berlin an. Sie ging zum Zoll. Da sie die Kleinen nicht mitnehmen konnte, brachte sie die Ältere bei ihrer Großtante Anna und die Jüngere bei einer ehemaligen Arbeitskollegin unter. Die beiden sollten drei Jahre in fremder Pflege bleiben und sahen einander in dieser Zeit nicht.

Im Einklang mit einer aufgrund des Männermangels kurz nach Kriegsende ausgerufenen Erwerbskampagne für Frauen erhielten Erika und ihre Schicksalsgenossinnen nur in begründeten Ausnahmefällen staatliche Unterstützungsleistungen: „Für Angehörige der Besatzungsmacht sind weder von der Landesverwaltung noch von den Kreisen und Gemeinden Zahlungen zu leisten, weil Haushaltsmittel nicht zur Verfügung stehen. […] In analoger Anwendung dieser Grundsätze ergibt sich für die Inanspruchnahme von Angehörigen der Besatzungsmacht aus unehelicher Vaterschaft, dass Zahlungen seitens der Fürsorgeämter nur dann erfolgen dürfen, wenn diese die Alimente den Erzeugern in Rechnung stellen können."[17] Diese Regelung war insofern zynisch, als allen beteiligten deutschen und sowjetischen Stellen klar war, dass gemäß des bereits mehrfach zitierten Beschlusses des Alliierten Kontrollrats vom Oktober 1945 keine Unterhaltsklagen gegen Angehörige der Besatzungsmächte angestrengt werden durften.

Eröffneten sich womöglich dennoch Schlupflöcher für die betroffenen Mütter, um Unterstützung für ihren Nachwuchs zu erhalten? Wie in der West- mussten die Behörden auch in der Ostzone sämtliche Kinder melden, „welche durch angebliche Vergewaltigung der Mütter von unbekannten Soldaten der Besatzungsmacht erzeugt wurden".[18] Die dienstbeflissen übermittelten Angaben über von Rotarmisten verübte Gewalttaten mit nachfolgender Schwangerschaft brachten die Besatzungsämter allerdings in moralische und juristische Handlungszwänge, derer sie sich zu entziehen versuchten. Sie erklärten die Fürsorge für die infolge von Notzuchtverbrechen geborenen Kinder zu einem ganz und gar deutschen Problem. Die Sowjetunion hatte im Großen Vaterländischen Krieg 27 Millionen Menschen verloren und eine Unzahl eigener Kriegswaisen zu versorgen. Jede Verantwortung für die Besatzungskinder, so die damit verbundene moralisch-politische Argumentation der Militäradministration, wurde angesichts der deutschen Kriegsschuld obsolet. Die binationalen Kinder waren und blieben aus ihrer Perspektive nichts anderes als Deutsche. Ein Magdeburger Standortkommandant glaubte sich daher vollends im Einklang mit Recht und Moral, als er 1946 eine hilfesuchende, von einem Rotarmisten vergewaltigte Mutter mit den Worten der Stube verwies, dass im eigenen Land jede Menge „Germanski-Kinder" herumliefen. Sie seien diejenige Kriegsfolgelast, welche die Sowjetunion gewissermaßen im Gegenzug zu bewältigen habe.[19]

Die Besatzer zeigten für die „Kinder des Feindes" also keinerlei Interesse, schon gar nicht wollte man sie ins eigene Land evakuieren oder etwa russifizieren. – Auch wenn unter den Müttern – ähnlich wie bei Erika – lange Zeit Gerüchte kursierten, denen zufolge die Kinder „nach Sibirien" verschleppt würden, sobald ihre Herkunft bekannt werde.

Erklärten sich die Väter freiwillig bereit, Unterhalt zu zahlen, so musste dafür gar eine Sondergenehmigung beim Finanzministerium der UdSSR beantragt

---

17   Bundesarchiv Berlin, DQ 2, Nr. 3889, Bl. 36., Landesverwaltung Sachsen an die Räte der Städte, 9.8.1946.
18   Bundesarchiv Berlin, DY 2, Nr. 3892, unpag., Schreiben der Provinzialverwaltung Mark Brandenburg, Abt. Volksbildung, an die Deutsche Verwaltung für Arbeit und Sozialfürsorge der Sowjetischen Militäradministration in Deutschland (SMAD), 23.12.1946.
19   Vgl. Stadtarchiv Magdeburg, Rep. 38, J V 22, Bd. 1, unpag., Vernehmung von Klara R., 8.2.1946.

werden.[20] Und da zumindest de jure weiterhin das Fraternisierungsverbot galt, war der zuständige Truppenkommandeur gut beraten, solch augenfällige Beweise von Disziplinverstößen – nämlich die Frucht einer illegitimen Beziehung zwischen einer Deutschen und einem Soldaten – schnellstmöglich verschwinden zu lassen. Der Erzeuger und Delinquent wurde in solchen Fällen ohne viel Federlesens und gleichsam über Nacht in die Heimat zurückgeschickt.

Die betroffenen Mütter konnten diese Nicht-Regelung von Vaterschafts- und Unterhaltsangelegenheiten nicht begreifen. In zahllosen Eingaben bei Ministerien sowie beim Demokratischen Frauenbund machten sie ihr Unverständnis und ihre Unzufriedenheit deutlich. Dabei ärgerten sie sich nicht nur über die verhinderte finanzielle Unterstützung. Als mindestens ebenso demütigend empfanden sie die psychischen Torturen, denen sie ausgeliefert und die nicht zuletzt von den kommunalen Fürsorgebehörden zu verantworten waren. Deren Umgangston stellte die Bittstellerinnen unter den Generalverdacht, ihre Situation durch ihren liederlichen Lebenswandel selbst verschuldet zu haben. Vor allem in den Vierzigerjahren finden sich in den Überlieferungen der Jugendämter immer wieder regelrechte verbale Angriffe auf die Klientinnen, konsequent ignorierend, dass solche Entgleisungen wahrlich nicht zum offiziellen Imperativ der deutsch-sowjetischen Freundschaft passten. Nicht selten bedienten sich die Sachbearbeiter sogar im Nationalsozialismus eingeübter Feindbilder vom „bolschewistischen Untermenschen" und hielten den Frauen vor, diese hätten sich schließlich nicht mit einem „Russen" einlassen müssen – geflissentlich ignorierend, dass diese Kinder in ihrer Mehrzahl durch Vergewaltigungen gezeugt worden waren.

Der Weg in die Gesellschaft

1952 wurden die ersten Besatzungskinder eingeschult, zum Ende des Jahrzehnts wechselten sie ins Berufsleben über. Ihr Dasein warf im deutschen Arbeiter-und-Bauern-Staat die Grundfrage von Schuld und Sühne auf, allerdings unter gänzlich anderen Vorzeichen und Bedingungen als in der Bundesrepublik. Unter den Auspizien einer „parteilichen" Agitation und Propaganda konnten die Bürger nur genau das in ihren Medien lesen, hören und sehen, was die Partei öffentlich kommuniziert haben wollte. Hier gilt der simple Befund: Die Kinder der Rotarmisten taugten nicht für Schlagzeilen in den Medien des Sozialismus. Dies galt umso mehr, als diese zumindest am An-

---

20 Vgl. Archiv des Diakonischen Werkes der Evangelischen Kirche Deutschland in Berlin, HGSt, Nr. 4712, unpag., Rundschreiben des Bundesministers für Familien- und Jugendfragen an die Obersten Jugendbehörden der Länder, 24.11.1959.

fang zumeist Folgen von Gewalttaten waren. In den Zeitungen und im Rundfunk finden wir keine unmittelbaren Geschichten und Bilder, die auf die Existenz der Besatzungskinder oder gar auf ihre Familien mitsamt ihrer Probleme verweisen würden. Doch dieser Befund beschreibt nur die Oberfläche der öffentlichen Diskurse. Denn obschon sie weder als Individuen noch als Gruppe beim Namen genannt wurden, waren sie subkutan auch in den ostdeutschen Medien gegenwärtig. Ihre Präsenz und Relevanz leitete sich nämlich von ihren Erzeugern ab, genauer: vom moralischen und politischen Status ihrer Väter, die von Anfang an mehr verkörperten als bloße Soldaten einer Besatzungsmacht. Die Ideologen der Partei entfalteten seit dem Ende des Zweiten Weltkrieges ein politisches Credo, das die Rollen von Tätern und Opfern, von Feinden und Freunden, von Deutschen und Sowjetmenschen präzise definierte – und damit mittelbar auch den Status der von den „Befreiern" gewaltsam oder im Einvernehmen gezeugten Besatzungskinder. Vor allem in den 1940er- und den frühen 1950er-Jahren stellten die Besatzungskinder daher eine unumgehbare moralische, juristische sowie ökonomische und kulturelle Herausforderung dar. Der mediale und der praktische Umgang mit ihnen legte die Dynamik grundlegender Dispositionen offen – nicht nur in Bezug darauf, wie man dem Anderen, dem vermeintlich „Fremden", begegnete. Es ergibt sich der erstaunliche Befund, dass gerade diese vermaledeiten Kinder und Jugendlichen keinesfalls nur Opfer von langjährigen Diskriminierungen waren, sondern gleichzeitig zu veritablen Organen der Vermittlung wurden. An ihnen kristallisierten sich über zwei Jahrzehnte wesentliche innerfamiliale wie gesamtgesellschaftliche Aushandlungsprozesse: Die Nähe und Distanz zu den „Russenkindern" reflektierte Nähe und Distanz zum vermeintlich Fremden *und* die individuelle wie die kollektive Verantwortung in Bezug auf die nationalsozialistische Vergangenheit. Wesentliche Paradigmen der Nachkriegsgesellschaft wurden über sie thematisiert und ausgefochten – und nicht zuletzt auch ganz handgreiflich in die Praxis umgesetzt.

Verhandelten Partei und Staat die Existenz und die Probleme der Besatzungskinder allenfalls „zwischen den Zeilen", so sprach man in den Nischen der sozialen Nahbereiche Klartext: In der Familie, auf der Straße, in der Schule und im Betrieb ließ sich die offizielle Doktrin der „deutsch-sowjetischen Freundschaft" kaum konsequent durchsetzen, vielmehr wurde vor Ort über diese Kinder und mit ihnen kommuniziert. Ihre Erfahrungen sind oftmals von dem rigoros vorgegebenen politischen Schutzschild geprägt, aber auch von unzähligen kränkenden Beschimpfungen im Alltag. Dennoch scheinen die unvollständigen Familien und auch die Nahbereiche, in denen die Besatzungskinder tagtäglich unterwegs waren, keineswegs *nur* Räume der Ausgrenzung und Diskriminierung gewesen zu sein.

Die Erinnerungen der Zeitzeugen an ihre frühe Kindheit oszillieren zwischen zwei Polen. Es finden sich Narrative, die einerseits von strikter Abgrenzung zeugen. Andererseits erzählen sie aber auch, wie sich Mitmenschen um sie kümmerten und ihnen Geborgenheit gaben. Doch bei aller Sicherheit wurden sie unvermittelt immer wieder auch mit dem schmerzlichen Gegenteil konfrontiert: Über einem Alltag in Normalität schwebte immer auch das Damoklesschwert der Stigmatisierung. Vor allem in Momenten des Konfliktes und der Krise kamen die offenbar stets latenten diskriminierenden Ressentiments wieder zum Vorschein.

Die Gefahr, dass im nahen Lebensumfeld mit seinen eingeübten Kompromissen plötzlich eine folgenreiche Konfliktsituation entstand, verstärkte sich mit dem Schuleintritt noch. Die Lehranstalt hielt für die Besatzungskinder durchaus gravierende Erfahrungen bereit. In welchem Ausmaß sie traumatisch und damit prägend für ihr weiteres Leben waren, hing auch von der Gemeinde ab, in der sie eingeschult wurden. In einem kleinen, überschaubaren Ort waren sie längst allseits bekannt und womöglich anerkannt, sodass der Weg ins Klassenzimmer nicht zum Pilgerpfad in ein gänzlich fremdes Terrain wurde. Freilich konnte er im Falle, dass das Besatzungskind schon im Nahbereich diskriminiert und nicht integriert worden war, zu einer fortdauernden Drangsal werden. Anders konnte sich dieser Weg in einer größeren Ortschaft darstellen. Hier mussten sich die Besatzungskinder von der wohlvertrauten und damit berechenbaren Nachbarschaft lösen – auf ihrem Gang zur Schule und im Klassenzimmer begegneten ihnen nun Menschen, die sie noch nie zuvor gesehen hatten. Es machte einen Unterschied, ob dem Lehrer, den Mitschülern und deren Eltern beim Anblick eines kleinen Abc-Schützen sofort dessen Name bekannt war und sich Erinnerungen an seine Mutter und deren Lebensumstände einstellten oder ob der Erstklässler eine völlig unbekannte Größe darstellte. Im besten Fall erfuhr das Umfeld nichts über seine Herkunft, was freilich nur dann möglich war, wenn die Mutter diesen Umstand während des Prozederes der Anmeldung verheimlichte und die Kinder äußerlich nicht auffielen. Doch auch dann erzählen die Zeitzeugen von großen Ängsten vor der Entdeckung. Sie trugen stets ein belastendes Geheimnis mit sich herum und vermieden es, die Mitschüler mit nach Hause zu nehmen, denn dort drohte das Lügengerüst einzustürzen.

Karin vertraut in der Schule niemandem an, dass sie Halbrussin ist. Nicht so sehr aus Furcht, denn aus einem Schutzbedürfnis heraus. Sie weiß, dass das Fach Russisch bei ihren Mitschülern verhasst ist, und sie verheimlicht deshalb auch ihre Freude an dieser Kultur: „Als wir diese Lieder gesungen haben, ist etwas in meiner Seele passiert. Das wollte ich aber niemandem erzählen, die anderen hätten es nicht verstanden. Die haben alle schlecht über ‚die Russen' gesprochen."[21] Die Heranwachsende versucht, ihre Gefühle für das Russische und damit das Russische an sich zu schützen. Sie will ihre imaginierte Identität und Immunität wahren. Irgendwann öffnet sie sich gegenüber ihrer Freundin Christiane; in dieser Schulkameradin glaubt sie eine Seelenverwandte zu erkennen, denn deren Vater ist Tscheche und Kommunist wie Karins Vater Jewgenij. Christiane zeigt Verständnis für die Nöte eines Kindes mit fremder Herkunft und auch sie liebt die russische Sprache. Beide laufen sie immer wieder zum nahegelegenen Güterbahnhof, um mit den dort beschäftigen sowjetischen Soldaten in Kontakt zu kommen. Auf diese Weise fühlt sich Karin dem Vater ein wenig näher.

Gespräche mit den Zeitzeugen, aber auch die kommunalen Fürsorgeakten offenbaren, dass das Gros der Besatzungskinder den außerordentlichen Druck schon in frühester Kindheit verspürte. Auf ihren kindlichen Seelen lagen gleich zwei Berge, die einander gegenseitig bedingten: Einerseits litten sie unter der Schuld, die auf der ganzen Familie lastete und die ihrer Mutter und ihren Großeltern von der Umwelt auferlegt wurde. Der zweite Berg auf ihren Seelen waren die Lasten, die sie persönlich als Besatzungskinder zu schultern hatten. Denn: Subjektiv fühlten sie sich verantwortlich, dass es der Mutter, den Großeltern und ihnen, mithin der gesamten Familie, schlecht ging. Aus ihrer Perspektive fungierten sie selbst als Urgrund dieser Misere. Dieses Selbstbild wurde ihnen nicht nur – wie eben beschrieben – von *draußen*, von der Nachbarschaft, den Mitschülern und Lehrern, sondern auch von *innen*, von Mitgliedern der eigenen Familie nahegebracht.

Auf die physischen und psychischen Entbehrungen, auf die Last von Schuld, Scham und Sühne reagierten die Besatzungskinder nicht nur durch eine lebenslange Selbst-Stigmatisierung. Die von uns aufgezeichneten Lebensgeschichten machen deutlich, dass sie zeit ihres Lebens auf der Suche nach Sicherheit sind. Sie sehnen sich danach, angenommen, aufgenommen zu werden und aufgehoben zu sein. Gleichzeitig jedoch streben sie nach Autonomie: Sie haben notwendigerweise gelernt, auf eigenen Beinen zu stehen und sich selbst durchzuschlagen. Stets sind sie bemüht, sich an das Gegebene anzupassen. Damit stützen sie sich auf ähnliche Muster wie die Mehrheit der Kriegskinder. Mit ihnen haben sie ebenfalls gemein, dass sie schmerzliche Affekte wie Kummer und Trauer, Wut und Aggression, Verzweiflung und Enttäuschung zu vermeiden trachten. Der Sozialpsychologe Hartmut Radebold stellte fest, dass die Kriegskinder aufgrund dieser Abwehrprozesse im späteren Verlauf ihres Lebens eine „übernormale Normalität" ausbildeten,

---

21 Satjukow – Gries, „Bankerte!", S. 319.

die ihre „pathologische Normalität" verdecken sollte.[22] Auch die Besatzungskinder strebten diese mehrfach abgesicherte, perfektionierte Form von Normalität an – allerdings kam bei ihnen ein familiärer und sozialer Auftrag der Wiedergutmachung hinzu. Anders als die Kriegskinder im Allgemeinen dies zu vergegenwärtigen hatten, versuchten die Großeltern und die Mütter der Besatzungskinder Jahre nach dem Sündenfall die moralische Ordnung der Familie mit rigoroser und radikaler Strenge wiederherzustellen. Ihre Bestrebungen zeigen deutlich, wie das überdimensionierte Portfolio an Schuld und Scham in ein nicht minder überdimensioniertes Paket von Sühne umgewandelt wurde – zu Lasten der Besatzungskinder. Die Erzählungen der Zeitzeugen fördern damit einen erstaunlichen psychischen Mechanismus zutage: Die Erwachsenen gaben den traumatischen Komplex von Schuld, Scham und Sühne an ihre Kinder weiter. Sie erteilten ihnen bewusst oder unbewusst die Aufgabe, sich selbst und die gesamte Familie zu reinigen und damit eine „Lösung" des Konfliktes herbeizuführen. Die Interviews offenbaren weiter, dass die Kinder und Jugendlichen diese überschwere transgenerationelle Last und die mit ihr verbundenen Aufträge eigenverantwortlich annahmen. Sie nahmen sich als erkennbare Zeichen der Schande wahr und sie nahmen die Herkulesaufgabe an, sich selbst und die ganze Familie zu sühnen – womöglich ein Leben lang. Mit diesen Transferprozessen wurde aus den zumeist temporären Stigmatisierungen durch ihre Umwelt und ihre Familie eine dauerhafte Selbst-Stigmatisierung, der die Mehrheit der Besatzungskinder nicht entrinnen konnte und bis heute nicht kann. Diese Hypothek zwang diese Besatzungskinder unter ein eigentlich untragbares psychisches, sozialpsychologisches und politisches Joch.

Abwesende Väter und sprachlose Mütter

Auf den Besatzungskindern lastete nicht nur die familiäre und die gesellschaftliche Schuld mitsamt dem Imperativ zur Sühne, sie hatten auch noch die Folgen ihrer *Vaterlosigkeit* zu tragen – zur wirtschaftlichen Not kamen damit gravierende individualpsychische und sozialpsychische Belastungen. Das Los, ohne Vater aufzuwachsen, mussten zwar nicht nur die Besatzungskinder tragen; dieses Schicksal traf in jenen Jahren nach dem Krieg viele. Ungefähr ein Viertel aller deutschen Kinder wuchs in den Vierzigerjahren ohne Vater auf – freilich war dessen Abwesenheit häufig nur von begrenzter Dauer.[23]

---

22 Radebold, Abwesende Väter und Kriegskindheit, S. 236ff.
23 Hermann Schulz – Hartmut Radebold – Jürgen Reulecke, Söhne ohne Väter. Bonn 2005, S. 115.

Von Kriegswaisen wissen wir, dass ihnen die verschollenen oder gefallenen Väter dauerhaft präsent blieben. Sie konnten die Geschichte ihrer Familie jederzeit nachvollziehen, denn diese ehemals vollständigen Gemeinschaften waren auf vielfache Weise dokumentiert und überliefert. Die Mutter, die Geschwister, Verwandte und Bekannte erzählten Geschichten und Anekdoten von der schönen und vor allem der gemeinsamen Zeit vor dem Krieg. Sie konnten zumeist auf Alben mit Familienfotos zurückgreifen, auf der Anrichte standen womöglich gerahmte Fotografien vom Vater – und in der gesamten Wohnung fanden sich Dinge, die ihm gehört hatten und an ihn erinnerten. Kriegswaisen erlebten den Vater und den Tod ihres Vaters auch über die Trauer der Mutter, resümiert die Historikerin Lu Seegers.[24] Besatzungskinder „erlebten" den Vater und seinen Verlust freilich über das Trauma der Mutter. Für die Familien von Kriegskindern wie von Besatzungskindern gilt, dass die Großeltern eine in der Regel positive, vielfach aber auch eine ambivalente Position einnahmen.[25] In beiden Fällen sehen wir Großväter, deren Rolle zwischen der eines gütigen Ersatzvaters oder der eines tyrannischen Familienoberhauptes oszillierte. Wir begegnen Großmüttern, die eine radikale Sexualmoral insbesondere von weiblichen Besatzungskindern einfordern. Die Wertvorstellungen der Großeltern werden also bei Kriegs- wie bei Besatzungskindern als relevant vermittelt. Allerdings eröffnet sich den Besatzungskindern zunächst ein imaginierter und später ein praktischer Ausweg: Die Brücke zum Vater eröffnet ihnen die Chance, aus der Enge der familialen Normvorstellungen auszubrechen – hinaus in die Weite der Welt, dem vermeintlichen oder tatsächlichen Vater entgegen. Vielfach durften die Kriegswaisen sogar die Hoffnung hegen, dass ihr Vater dereinst heimkehren würde, dass er womöglich nur vermisst sei und ihre Halbfamilie eines Tages wieder ganz und damit heil würde.

Anders verhielt es sich bei den Besatzungskindern: Ihre Erzeuger waren nicht nur dauerhaft physisch und psychisch abwesend; die Kindsmütter verwehrten sich zudem regelmäßig, über sie zu sprechen – sie sollten aus dem Leben der Familie verbannt werden. Insbesondere Frauen, die vergewaltigt worden waren, vermieden es peinlich, von den Tätern zu sprechen. Ohnehin hätten sie über diese Männer nur die lakonische Auskunft geben können, dass diese Verbrecher waren.

Aber auch jene Mütter, die ihren Partnern in Freundschaft oder Liebe zugeneigt waren, verschwiegen oftmals ihre Herkunft und ihre Namen, versteckten oder verbrannten die Briefe und Fotos. Sie vermochten weder die

---

24 Lu Seegers, „Vati blieb im Krieg." Vaterlosigkeit als generationelle Erfahrung im 20. Jahrhundert – Deutschland und Polen. Göttingen 2013, S. 534.
25 Ebd., S. 535.

eigene schwerwiegende Entscheidung für den Geliebten noch das letztliche Scheitern ihrer Träume zu ertragen.[26] Diese Freunde und Liebhaber hatten sie ja verlassen, oftmals waren nach der Rückkehr in ihre Heimatländer nicht einmal mehr Briefe gekommen. Wie sollte man die einstmals große Liebe dem eigenen Kind unter den gegebenen Umständen verständlich machen? Die Frauen mussten letztlich vergegenwärtigen, dass ihre mutigen Grenzüberschreitungen ihre Liebe langfristig nicht hatten sichern können. In den meisten Fällen wurden sie von ihren Gefährten aus ganz pragmatischen Gründen verlassen; nämlich weil deren Dienstzeit endete – ein schmerzhaftes Scheitern, über das die Betroffenen nicht sprechen wollten – nicht einmal mit ihren Söhnen und Töchtern.

Bisweilen galt es auch, Rücksicht auf einen neuen Stiefvater zu nehmen. Vor allem, wenn er das in die Ehe gebrachte Kind amtlich adoptierte, waren ihm Erzählungen über den biologischen Vater und die schöne Zeit, die man mit ihm verbracht hatte, kaum zuzumuten.

Es gab freilich auch Ausnahmen; dann hielten die Mütter das Andenken an die Geliebten viele Jahre lang aufrecht. Erika wollte Jewgenij nicht vergessen und sie kommunizierte diese Sehnsucht auch gegenüber ihren beiden Töchtern. Erika überhöhte den abwesenden Vater sogar: Für sie wie auch für Karin und Gabi blieb er makellos und unangreifbar – eine ferne Lichtgestalt, von der nur mehr ein paar vergilbte Fotos zeugten. Als die Mutter und die Töchter Jahrzehnte später gewärtigen mussten, dass Jewgenij Jahre nach seiner Rückkehr in die Sowjetunion eine andere Frau geheiratet und dort eine Familie gegründet hatte, weigerte sich Erika, die damit verbundenen Gedanken und Gefühle zuzulassen. Jetzt kam ein anderes Tabu ins Spiel: Über dieses andere Haus, über die Schattenfamilie in Russland, durfte nicht gesprochen werden. Nachfragen seitens der Töchter, weshalb denn selbst nach Stalins Tod im Jahr 1953, als die Zügel in der Sowjetunion lockerer wurden, niemals wieder ein Brief vom Vater gekommen sei, wies Erika unwirsch zurück. Eisern blieb sie bei ihrer Legende: Jewgenij liebe seine beiden Töchter und wenn man ihm nur die Möglichkeit eingeräumt hätte, wäre er zu seiner Familie in Deutschland zurückgekehrt.

Wenn die Erwachsenen all die traumatischen Belastungen jedoch nicht offen thematisierten, sondern nur subkutan weiterreichten, zeigten sie den Kindern keine Wege auf, mit der Absenz des Vaters und den damit verknüpften Stigmatisierungen im Alltag produktiv umzugehen – im Gegenteil, sie

---

26 Vgl. Hartmut Radebold – Werner Bohleber – Jürgen Zinnecker (Hg.), Transgenerationale Weitergabe kriegsbelasteter Kindheiten. Weinheim – München 2009; sowie Seegers, „Vati blieb im Krieg", S. 402ff.

erweiterten die psychischen und physischen Entbehrungen um eine schreiende Sprachlosigkeit. Im Spannungsverhältnis zwischen Hörensagen und Ahnen, zwischen Beschweigen und Befürchten, spielte der Zeitpunkt der Offenlegung ihrer Geschichte und damit ihres fundamentalen persönlichen Mankos für die persönliche Entwicklung der Besatzungskinder eine maßgebliche Rolle. Viele von ihnen spürten zwar ihr Anderssein, blieben aber über die genauen Umstände ihrer Zeugung und Geburt bis zum Schulanfang, bis in die Jugendzeit oder gar bis zum frühen Erwachsenenalter im Unklaren. In zahlreichen Fällen erfuhren die Betroffenen mehr oder weniger zufällig von ihren Vätern – durch Dritte oder eben durch die Großeltern, die die Abtragung von Schuld von ihnen einforderten. Manche Mütter nahmen das Geheimnis des Vaters auch mit ins Grab. Von den Kindern, die erst spät die Wahrheit gewärtigten, wird häufig berichtet, dass sie schon lange Zeit mit dem Tabu ihrer Abstammung gerungen hatten und längst von diffusen Ahnungen getrieben worden waren. Bisweilen hatten sie Halbsätze der Erwachsenen aufgeschnappt, waren bei Konflikten innerhalb der Verwandtschaft vage Verweise auf die Verfehlung der Mutter und die Herkunft des Vaters gemacht worden. Stiefväter deuteten in Streitsituationen an, dass der Heranwachsende wohl „ganz nach seinem Erzeuger" käme und manchmal fanden sie in einer Schublade auch vergilbte Fotos und Briefe, ohne freilich die Tragweite ihrer zufälligen Entdeckungen ermessen zu können.

Wenn die Besatzungskinder schließlich die Wahrheit erfuhren, mussten sie nicht nur mit Fantasien über einen Vater irgendwo in der Welt leben, sondern auch mit dem Wissen um eine mögliche „Schattenfamilie". Ihre Väter waren eben nicht den Heldentod auf dem Schlachtfeld gestorben, sie waren nicht nach vielen Jahren entbehrungsreicher Gefangenschaft nach Hause zu den Ihrigen zurückgekehrt. Vielmehr verschwanden sie gleichsam über Nacht und lebten nun an einem Ort weit entfernt, mit einer anderen Frau und womöglich mit weiteren Kindern – jedoch vollends dem Zugriff der in Deutschland zurückgebliebenen Söhne und Töchter entzogen. Irgendwo lebte ihr Vater, vielleicht zusammen mit einer Stiefmutter und mit Halbgeschwistern. Die schattenhaften Imaginationen dieser „anderen" Familie waren mit einer Gemengelage ambivalenter Gefühle verbunden: Einerseits stellte sie eine unangenehme und unfassbare Konkurrenz dar, andererseits konnte sie das Potenzial bergen, endlich die schmerzlich vermisste vollständige Familie zu gewinnen, endlich selbst vollständig und ganz zu werden.

Doch die meisten unserer Zeitzeugen gaben sich mit diesen väterlichen Helden ihrer Fantasie auf Dauer nicht zufrieden. Aus unseren Gesprächen können wir schließen, dass das Gros immer wieder versuchte, dem echten Vater so nahe wie möglich zu kommen. Es fällt auf, dass zahlreiche Betroffene sich erinnern, dass sie gerade im Alter von sechs oder sieben Jahren, also als Schulkinder, gerne mehr über ihren Vater erfahren hätten.

Die Besatzungskinder waren für ihre Familie und für die beiden deutschen Gesellschaften Mittler von Schuld, Scham und Sühne. Insofern stellten sie ihr näheres und ihr weiteres Umfeld als Remedien in den Dienst: Wer sich an diesen unschuldigen Schuldigen abarbeitete, hatte eine Chance auf Tilgung seiner Vergangenheit und auf Heilung seiner Seele. Die Mitmenschen versprachen sich im rechten Umgang mit den Besatzungskindern Ruhe und Reinheit. Die Besatzungskinder selbst jedoch litten und leiden zeit ihres Lebens an jenem Gap, jenem Abgrund – der bohrenden Fehlstelle des Vaters. Ohne eine Aufklärung des väterlichen Geheimnisses empfinden sie sich dauerhaft als unvollständig und unrund. Es ist und bleibt ihre Aufgabe, diese Leerstelle kognitiv und emotional zu füllen. – Im Idealfalle durch eine persönliche Begegnung mit dem Vater und seiner Familie in der Ferne.

Besonders in der Zeit der Alterspassage, im Interim zwischen der Beendigung des Berufslebens und dem Tod, kommt das Bedürfnis auf, die lebenslangen Deckerzählungen zu hinterfragen und zu der verborgenen Wahrheit durchzudringen.

Karins Vater: Verschwinden auf Raten

So ist es auch bei Karin, die ganz ihrer Mutter Erika folgt und ihren Vater Jewgenij über viele Jahre unbeirrt wie einen Schutzpatron verehrt: „Ich wusste immer, dass ich einen Vater habe. Der war stets idealisiert in meinem Kopf." Dabei erhält Karin vor allem von den Verwandten im thüringischen Apfelstädt Informationen zu seinem Erscheinungsbild und zu seiner Herkunft. Sie erzählen von einem freundlichen Burschen, den jedermann im Dorf mochte. Trotzdem bleiben Karin noch intime Fragen, mit denen die Tochter ihre Mutter indes nicht konfrontieren möchte. Sie hält es auch für ungehörig, nach ihrem biologischen Vater zu fragen, wo es doch jetzt einen Stiefvater gibt, der sich redlich müht, ein richtiger Vater zu sein. Vor allem möchte sie vermeiden, dass Erika wieder traurig wird, denn sie hat den Eindruck, dass sie endlich im Alltag angekommen ist. Für Karin bedeutet es eine große Entlastung, musste sie doch seit frühester Kindheit wie eine Erwachsene Verantwortung für die Mutter übernehmen, sie in die Arme nehmen, wenn diese wieder weinte, sie trösten, sich um die kleine Schwester kümmern.

Erst als Karin volljährig wird, kommt ihr leiblicher Vater wieder zur Sprache. Erika überreicht ihrer Tochter ein Bündel mit Briefen und Fotografien und beauftragt sie fast feierlich, von nun an das Andenken an Jewgenij zu pflegen. Karin glaubt im Nachhinein, die Mutter wollte sich auf diese Weise entlasten und dieses Kapitel ihres Lebens ein für alle Mal zum Abschluss bringen. Karin nimmt das schwere Erbe an, sie bewahrt nicht nur die kargen Hinterlassenschaften der Beziehung ihrer Eltern auf. Auch sie geht einen Schritt weiter, auch sie macht sich auf die Suche nach ihrem Vater. Gemeinsam mit einer Freundin verfasst sie einen Brief an ihn und bittet einen in die Heimat zurückkehrenden Sowjetsoldaten, diesen an die letzte bekannte Adresse Jewgenijs weiterzuleiten. Irgendeiner von seiner Familie würde sicherlich noch unter der alten Anschrift zu erreichen sein. Und tatsächlich erhält sie Monate später Post von eben jenem Soldaten, der ihr Anschreiben bei seiner Rückkehr in die Heimat mitgenommen hatte. Voller Spannung öffnet sie den Brief: „Liebe Karin, leider muss ich Ihnen heute eine schlimme Nachricht überbringen. Ihr Vater, dieser wunderbare Mensch, lebt nicht mehr. Nachdem er aus Deutschland zurückgekehrt war, wohnte er zunächst bei seiner Tante. Diese schrieb mir, dass er lange Zeit untröstlich war, dass er Euch verlassen musste. Eines Tages beschloss er dann, nach Sachalin zu ziehen und noch einmal von vorn zu beginnen. 1961 kam er dort bei einem Autounfall ums Leben."[27]

Karin beschreibt den Moment, als sie vom Tode ihres Vaters hört, so: „Als der Brief kam, da waren wir sehr aufgeregt. Meine Freundin hat ihn gleich übersetzt und ich wusste nun, dass er nicht mehr lebt. Das war ganz schlimm, es war irgendwie was weg, es war nicht so sehr Trauer, es war mehr ein Gefühl der Enttäuschung. In Gedanken war ich all die Jahre mit ihm zusammen gewesen, diese ganzen Gedanken waren jetzt weg. Mein Vater war jetzt weg, auch im Kopf. Er ist freiwillig nach Sachalin gegangen, er war nicht verschleppt worden, wie wir immer gedacht haben. Sein Tod war in diesem Moment gar nicht so wichtig, sondern dass er uns, dass er mich aufgegeben hatte." Die Nachricht vom Ableben Jewgenijs gerät für Karin zu einer ersten fundamentalen Verlusterfahrung. Für Karin stirbt in diesem Moment die bisher gehegte Gewissheit, Jewgenijs Ein und Alles gewesen zu sein. Immer wieder hatte ihre Mutter ja versichert, wie stolz er auf seine Erstgeborene gewesen sei. Alles habe sich damals um sie gedreht.

Die Informationen über Jewgenij kamen von einer russischen Tante. Karin wandte sich voller Ungeduld sogleich direkt an sie und Tante Schura antwortete auch prompt: „Meine geliebten Mädchen Karin und Gabi! Nachdem ich Deinen Brief gelesen und Dein Foto gesehen habe, schaute ich noch einmal in den Umschlag und da fiel das Bild von Gabi heraus. Da fiel mir auf, wie ähnlich sie dem kleinen Gena ist. Ich danke Eurer Mutter, dass sie Euch zur Liebe zu einem russischen Vater erzogen hat. Als er nach dem Krieg nach

---

27 Archiv Silke Satjukow, Schreiben vom 25.1.1965.

Hause gekommen ist, hat er mir alles erzählt, obwohl er in einem schlimmen Zustand war. Dass er Ira verlassen musste (so hat er Eure Mutter immer genannt)! Jedes Mal, wenn er darüber geredet hat, litt er furchtbar und ich litt mit ihm. Ich konnte mich in seine Gedanken versetzen. Er litt die ganze Zeit über und irgendwann verlor er die Hoffnung auf ein gemeinsames Leben mit Ira, da hat er aufgehört zu schreiben. Schließlich zog er mit Freunden nach Sachalin und arbeitete dort als Inspekteur und Redakteur der lokalen Zeitung. Am 17. Mai 1961, er fuhr gerade mit dem Auto zur Arbeit, kam es zu einem Unfall, den er nicht überlebte."[28]

Was Tante Schura verschweigt, ist die Tatsache, dass Jewgenij auf Sachalin wieder geheiratet hatte und Vater von zwei weiteren Töchtern war. Die jüngere der beiden, Larissa, ist neugierig auf ihre Halbschwestern und sie nimmt Anfang der Siebzigerjahre Kontakt zu ihrer Schwester in Deutschland auf: „Liebe Karin! Mein Name ist Larissa und Du ahnst nichts von meiner Existenz. Ich möchte Dir seit langem schreiben, aber ich habe mich bisher nicht getraut. Dein Vater ist auch mein Vater. Und ich habe noch eine ältere Schwester namens Nadeschda. Sie ist 1951 in Cholmsk auf der Insel Sachalin geboren worden, ich kam 1955 zur Welt. Du weißt sicherlich schon, dass sich Dein Vater 1949, nach seiner Rückkehr aus Weimar für Sachalin anwerben ließ. Dort lernte er meine Mutter Anna kennen. [...] Ich bitte Dich, erzähl mir doch von Dir, von Deiner Familie, von Gabi. Ich bitte Dich inständig, antworte mir schnell, für mich ist dies sehr wichtig. Ich küsse Dich. Deine Larissa."[29]

Zur sorgfältig gepflegten Familienlegende zählt auch, dass sowohl Erika als auch Tante Schura jahrelang bekräftigt hatten, nach der Rückkehr Jewgenijs in die Sowjetunion habe es keinen Austausch von Briefen mehr gegeben, es sei keine Post durch- oder angekommen. Daher hätten die beiden Geliebten letztlich resigniert und sich jeweils neue Partner gesucht. Wir finden in den Unterlagen jedoch Briefe von Jewgenijs Hand aus den Jahren 1948 und 1949, die darauf schließen lassen, dass die beiden weiterhin in Kontakt miteinander standen. So schreibt Jewgenij drei Monate nach seiner Ankunft aus Russland geradezu verzweifelt an Erika: „Ich darf nicht daran denken, wie schwer es mir ist, dass Du mir gar nicht schreibst. Denkst Du, dass ich Dich vergessen habe? Ich sehe Dich, Marussja und Gabi im Traum, jede Nacht. Und wenn Du nur ein paar Zeilen schreiben würdest. Wo wohnst Du jetzt? Bist Du zurück zu Deinen Eltern gezogen? Sie sollen nicht mit Dir schimpfen. Es war unser Schicksal, sie wissen es selbst." Für einige Monate entflammt noch einmal ein vergleichsweise reger Austausch – bis Jewgenij Ende 1949, kurz vor

---

28 Ebd., Schreiben vom 13.2.1965.
29 Ebd., Schreiben vom 7.9.1972.

seiner Abreise auf die Insel Sachalin, einen Abschiedsbrief formuliert: „Es ist fast ein Jahr vergangen, dass ich Eure Fotographien erhalten habe, und täglich ergötze ich mich daran. Ich sehe mir die Kleinen immer an, wie schön sie sind. Ich kann dies gar nicht in Worten ausdrücken. Was kann glücklicher in einem Familienleben sein als solche wunderschönen Kinderchen zu haben? Aber das Leben ist anders. Eins aber werde ich nicht vergessen: Dass die kleinen unschuldigen Kinderchen in einem fremden Land aufwachsen. Ich will Dich, liebe Erika, bitten, dass Marussja und Gabi nicht vergessen sollen, dass irgendwo in weiter Ferne an sie gedacht wird. Ich wünsche Euch das Beste im Leben. Gesundheit und Glück. Ich grüße Euch herzlich. Gena"

Wenige Monate später wird Jewgenij in seinem neuen Domizil und in seiner neuen Aufgabe als Agitator der Partei seine zweite Frau Anna kennenlernen. Mit dem Wissen um die Schattenfamilie wird die so sorgfältig gepflegte Erinnerung an den Vater jählings und unwiderruflich zerstört. Sowohl ihre Mutter Erika als auch die beiden Töchter hielten bis in die Sechzigerjahre unverrückbar an dem Glauben fest, dass Jewgenij beständig auf den Tag warte, dereinst zu seiner Familie nach Weimar zurückzukehren. Nur die politischen Umstände würden ihn fernhalten.

Erika, Karin und Gabi halten diese Familienerzählung ohne Wenn und Aber aufrecht. Die Nachricht von einer Ehefrau und weiterer Kinder im fernen Sachalin stellten diese Legende jedoch radikal infrage, weshalb sie vor der Mutter konsequent verschwiegen und von Karin offenbar beharrlich verdrängt wird. Auch in unserem Gespräch ist von den Stiefschwestern erst sehr spät die Rede. Zwar pflegt Karin seit Mitte der Sechzigerjahre, also seit dem ersten Lebenszeichen von ihrer Tante Schura, den Kontakt mit Jewgenijs Geschwistern und Verwandten, aber sie meidet seine engsten Familienangehörigen, die Ehefrau und die Kinder. Über ihr Gefühl der Enttäuschung kann die Tochter mit der Mutter niemals sprechen – Jewgenijs freiwilliger Umzug nach Sachalin und die Gründung der anderen Familie bleibt ein striktes Tabu.

Mit dem Wissen um die andere Familie verliert Karin ihren Vater ein zweites Mal. Jetzt geht sie ihrer Vaterimago verlustig, die sie ihre Kindheit und Jugend lang gehegt und gepflegt hat, jetzt stirbt ihr wie ein Augapfel gehüteter innerer Vater. Und mit ihm verliert sie den emotionalen Zufluchtsort, der stets Schutz und Sicherheit versprach. Ein schwerer Schlag im Leben des Besatzungskindes Karin, das einstmals der Augenstern des jungen Soldaten auf den Straßen und Plätzen von Weimar war.

Doch weder der wirkliche noch der symbolische Tod des Vaters setzt der Geschichte von Erika und Jewgenij ein Ende. Diese Beziehung aus den frühen Jahren nach dem Zweiten Weltkrieg zeitigt bis auf den heutigen Tag ihre Wirkungen. Der Transfer von Schuld, Scham und Sühne, von Hoffnungen und Enttäuschungen, von Erwartungen und Erfahrungen, von Mustern der Welt- und der Selbstwahrnehmung findet nicht nur auf die erste familiale Generation, also bisweilen auch auf die Kinder und die Kindeskinder statt. Auch sie sind mit den Traumatisierungen und Diskriminierungen, mit den Fehlstellen und Geheimnissen ihrer Familie konfrontiert, auch sie werden sich ein Leben lang der Herausforderung ihrer Groß- und Urgroßväter stellen müssen.

So passiert es auch bei Karin und ihrer Familie. Sie vermag es bis zur Gegenwart nicht, ihr traumatisches Erbe vollends zu bearbeiten oder gar zu lösen. Sie projiziert ihr eigenes Schicksal stattdessen auf ihren Enkel. Im Gespräch kommt sie auf die Familie ihres Sohnes Sascha zu sprechen, wobei offenbar wird, wie sehr sie versucht die Schuld ihres Vaters Jewgenij an ihrem Enkel „wiedergutzumachen".

Karin spiegelt sich in ihrem Enkel

Vor einigen Jahren wurden Karins Sohn Sascha und seine Ehefrau geschieden. Das Paar hat einen zwei Jahre alten Sohn, um dessen Sorgerecht die beiden Elternteile erbitterte Auseinandersetzungen führen. Während der Vater in Koblenz wohnt, leben die Mutter und das Kind in einem Dorf in der Nähe von Weimar. Für die Oma, für das Besatzungskind Karin, wird diese Situation der Trennung, ja der Spaltung zunehmend unerträglich. Sie mischt sich in den Streit der Eltern ein – und sie ergreift vehement Partei. Wie eine Löwin kämpft sie für das Glück ihres Enkels – und freilich dafür, dass er seinen Vater nicht missen muss.

Zum Abschluss der Geschichte von Erika und Jewgenij soll noch einmal ausgiebig Karin zu Wort kommen. Das Besatzungskind hält ein wahrhaft eindrucksvolles Plädoyer zugunsten ihres Enkelkindes. Die leidenschaftliche Identifikation mit dem Kleinen von heute wirft noch einmal ein beredtes Schlaglicht auf die Gefühlswelt der kleinen Karin von damals. Sie durchlebt ihr eigenes Leid als Kind erneut.

„'Es ist doch nur das Enkelkind', haben meine Freunde gesagt. Doch darum geht es nicht: Es geht um das Kind, ich sehe in ihm jetzt bestimmte Dinge, die ich selber erlebt habe, weil ich nicht in dieser heilen Welt mit Mutter und Vater aufgewachsen bin. Ich fühle, was das Kind fühlt, und weiß, was es bedeutet. Mit zweieinhalb soll das Kind einfach dem Vater weggenommen werden; die Mutter hat ja nie mit dem Vater gesprochen, sie ist einfach gegangen. Es gab keine Vereinbarung, wie das Kind ohne Vater zurechtkommen soll. Das ist für mich das Schrecklichste an der ganzen Situation. Ich konnte nachts nicht schlafen, ich habe ganz genau gesehen, was jetzt mit dem Kind passiert. Und dann sagte meine Mutter: ‚Jetzt hat sich das Schicksal wiederholt.' Über dieses Problem kann ich ihr wirklich mein Herz ausschütten, da kann ich sogar schwach sein. ‚So Mutter', habe ich ihr gesagt, ‚jetzt musst Du mal stark sein und mir helfen.' Ich fühle jetzt das Gleiche, was man fühlt, wenn der Vater weggeht, das ist ganz eigenartig, dass es jetzt erst so kommt. Eine Spur von Verlorenheit, von Unsicherheit, von Einsamkeit. Irgendwie, dass da was fehlt, dass ein Vertrauen weg ist. Ich kann es sonst von mir nicht sagen, ich kann es nur im Zusammenhang mit dem Kind sagen. Neulich war da so eine Szene, wo der Kleine im Auto nach seinem Papa bettelte. Mir war furchtbar schlecht, ich habe so gelitten, ich sah mich als kleines Mädchen, so wie der Kleine dasteht und weint. Es war für mich so schlimm, dass ich einen solchen Hass auf diese Frau als Mutter spürte. Aber ich darf dem Kind gegenüber keine solchen Emotionen zeigen. Dem Kind muss ich die Mutter erhalten."[30]

Besatzungskinder – „Zukunftskinder"

Besatzungskinder wurden nicht nur in Nachkriegsdeutschland geboren, sie kamen überall in Europa zur Welt. In den öffentlichen Debatten der Fünfzigerjahre wagte man sogar den Vergleich mit jenen „Soldatenkindern", die die deutsche Wehrmacht überall dort hinterlassen hatte, wo sie mit ihren Armeen einfiel. Die Deutschen, so argumentierten Kommentatoren nach dem Krieg selbstgerecht, hätten in den von ihnen besetzten Gebieten durchaus Sorge für deren Schicksal getragen. Ihre Mütter hätten in diesen Fällen sogar finanzielle Unterstützung seitens deutscher Dienststellen erhalten. Die Wirklichkeit sah freilich anders aus. Tatsächlich gab es allenfalls gewisse Alimentierungen für „deutsche" Kinder in Norwegen, in den Niederlanden und in Dänemark, für jene Sprösslinge also, die den rassischen Idealen der Nationalsozialisten entsprachen.[31] Und selbst hier zahlten weniger als ein Prozent der Väter nach dem Ende des Krieges weiterhin Unterhalt. Gänzlich unerwähnt blieben in den Fünfzigerjahren die nach Millionen zählenden „Wehrmachtskinder" in Osteuropa. Sie waren weder amtlich anerkannt, noch hatten sie je eine Unterstützung erhalten. Die deutsche Politik der Ignoranz gegenüber den dort verbliebenen und in der Stalin-Ära geächteten Frauen und Kindern eignete sich freilich kaum als positive Referenzerzählung für die Verantwor-

---

30 Satjukow – Gries, „Bankerte!", S. 363.
31 Vgl. die Verordnung über die Betreuung von Kindern deutscher Wehrmachtsangehöriger in den besetzten Gebieten vom 28.7.1942 (Reichsgesetzblatt I, 1942, S. 488) sowie die Verordnung über die Feststellung von Unterhaltsansprüchen dänischer Kinder gegen deutsche Wehrmachtsangehörige vom 9.8.1943 (Reichsgesetzblatt I, 1943, S. 495).

tung, die man nun von den Amerikanern, Briten, Franzosen und Russen einforderte.

Mit einiger Gewissheit können wir annehmen, dass heutzutage außerhalb Deutschlands Millionen Europäer leben, deren leibliche Väter deutsche Wehrmachtssoldaten sind. Hinzu kommen die Millionen von „Soldatenkindern", die nicht von einem deutschen, sondern von alliierten Soldaten während des Zweiten Weltkrieges gezeugt wurden. Unser Wissen über diese Gruppen ist allenfalls fragmentarisch.

Bei ihnen allen ist der Fundus an Gemeinsamkeiten mit einiger Wahrscheinlichkeit weit größer als das Trennende. Überall in Europa dürften sie im letzten halben Jahrhundert vergleichbare Erwartungen gehegt und ähnliche Erfahrungen gemacht haben: Hintansetzungen in der eigenen Familie, Diskriminierungen in der Gesellschaft. Die Sorge der Mütter und Großeltern, welche die familiäre Aufgabe an die Kinder weitergaben, dass diese dereinst eine Loslösung ermöglichen würden. Aber auch die ambivalente Sehnsucht und die aufreibende Suche nach dem Vater – nach dem anwesend Abwesenden.

Der Zeitgenosse und Arzt Herbert Frank hatte dieses außergewöhnliche Potenzial der im und nach dem Zweiten Weltkrieg geborenen Kinder schon im Frühjahr 1946 erkannt. Der Mediziner schlug damals den alliierten Besatzungsmächten eine Lösung für die gerade zur Welt kommenden Besatzungsbabys vor. Gleich einem Visionär forderte er ein „Pädagogium des Weltfriedens" für „Kinder aller Rassen und Völker, die ihrer Entstehung nach in zwei verschiedenen Völkern wurzeln und aus mangelnder moralischer Einstellung ihrer Umgebung sozial unterzugehen drohen." Vor allem das deutsche Volk bedürfe dringend einer „praktisch-ideologischen Belehrung über die Verworfenheit der rassistischen Vorstellung seiner politischen Vergangenheit".[32] Für den Humanisten waren ein Jahr nach Kriegsende mit diesen Kindern die „Weltbürger der Zukunft" geboren, nicht etwa „Niemandskinder", sondern „Zukunftskinder". Wenn man es nur wage, die Besatzungskinder aktiv in die Gesellschaft zu integrieren, würden sie als Garanten für ein ebenso liberales wie weltoffenes Deutschland der Zukunft stehen.

Mit Fug und Recht dürfen wir annehmen, dass nicht nur die deutschen Besatzungskinder, sondern auch ihre europäischen Pendants und deren Nachkommen diese Potenziale von Weltoffenheit in sich bergen. So zeigt der Krieg in ihrem Antlitz ein überraschend paradoxes Gesicht: Feindliche Armeemaschinen wurden während des Zweiten Weltkrieges gegeneinander ins Feld

---

32 Bundesarchiv Koblenz, B 189, Nr. 6861, unpag., Memorandum von Herbert Frank, 3.4.1946.

geworfen und töteten dabei in einem unfassbaren Ausmaß, der zweite totale Krieg des 20. Jahrhunderts forderte mehr Menschenleben an den Fronten und „Heimatfronten" als je zuvor. Über Jahrzehnte und bis zur Gegenwart haben sich seine tiefen Spuren nicht nur in den geografischen, sondern auch in den Seelenlandschaften der Zeitgenossen und der Nachgeborenen eingegraben. Gleichzeitig aber zeugten die Soldaten derselben Armeen in aller Herren Länder verbotenerweise Kinder „mit dem Feind": Nicht nur in Deutschland, sondern überall in Europa und auf der Welt ermöglichte die Begegnung von fremden Männern und einheimischen Frauen neues Leben. Millionen von Kindern wurden geboren, die Hass und Zerstörung, Tod und Vernichtung allein durch ihr Dasein infrage stellten und bis heute infrage stellen. Mit den Besatzungs- und Soldatenkindern gebar der Krieg Menschen, die allein durch ihre Existenz die Paradigmen des Kriegerischen dementierten und bis heute ad absurdum führen. Diese vielfachen Medien und Mittler zwischen dem Eigenen und dem Fremden selbst sind so gesehen ein veritables „Pädagogikum des Weltfriedens": Im Krieg und aus dem Geist des Krieges gezeugt und geboren, tragen gerade sie die Potenziale und die Potenzen in sich, das Kriegerische langfristig aufzuheben und zu verwandeln.

Elke Kleinau

„Ich wollte unbedingt zur Schule, ich bin so gern zur Schule gegangen."

Bildungsbiografie eines Besatzungskindes vor der Bildungsexpansion

Die These von der Stunde null, vom kompletten politischen Neuanfang nach dem Zweiten Weltkrieg ist von historischen Studien längst widerlegt worden. Einerseits war die frühe Bundesrepublik tief verwurzelt in den Traditionen der Zeit vor 1933, andererseits orientierte sie sich in den ersten beiden Jahrzehnten ideologisch stark am Vorbild der westlichen Demokratien („Westernisierung"). Vor allem in den ersten Jahren waren die westlichen Besatzungsmächte bemüht, im Rahmen der Reeducation ihre bildungspolitischen Vorstellungen bei der Gestaltung des Bildungswesens durchzusetzen. So hielten etwa die Amerikaner das dreigliedrige Schulsystem für zutiefst undemokratisch und favorisierten die Einführung eines Einheitsschulsystems nach dem Vorbild der amerikanischen „high school". Durchgesetzt haben sich jedoch Pfade des Fürsorge- und Bildungssystems aus der Weimarer Zeit, etwa die Zuordnung des Vorschulbereiches zum Fürsorge- und nicht zum Bildungssystem. In der weiteren bildungspolitischen Entwicklung der Bundesrepublik verschmolzen Traditionen aus Weimar mit denen der Besatzungsmächte und späteren Verbündeten. Zudem wurde die Systemkonkurrenz zwischen beiden deutschen Staaten im Bereich von Bildungs- und Familienpolitik ausgetragen und nahm einen prominenten Platz in den ideologischen Auseinandersetzungen des Kalten Krieges ein.

Erstaunlicherweise ist in der Historischen Bildungsforschung zu den 1950er-/1960er-Jahren bislang wenig geforscht worden. Ein Forschungsdesiderat ist zweifelsohne die Aufarbeitung der Geschichte der Kinder, die nach dem Zweiten Weltkrieg in Deutschland ohne Vater aufwuchsen. Dazu gehören nicht nur die Nachkommen der 5,3 Millionen gefallenen deutschen Soldaten, die fast 2,5 Millionen Halbwaisen und rund 100.000 Vollwaisen hinterließen,[1] sondern auch Kinder aus der Gruppe der „displaced persons" so-

---

1 Vgl. Lu Seegers, Vater-Los – Der gefallene Vater in der Erinnerung von Halbwaisen in Deutschland nach 1945, in: José Brunner (Hg.), Mütterliche Macht und väterliche Autorität. Elternbilder im deutschen Diskurs. Tel Aviver Jahrbuch für deutsche Geschichte XXXVI. Göttingen 2008, S. 128–151, hier: S. 128.

wie der Besatzungskinder. Auf der Basis einer im Jahr 1956 vom Statistischen Bundesamt vorgenommenen Erhebung ging die Bundesregierung davon aus, dass zwischen 1945 und 1955 in den westlichen Besatzungszonen „insgesamt 66.730 ‚uneheliche Kinder von Besatzungssoldaten' geboren wurden, von denen 4681 ‚farbiger Abstammung' waren".² Diese Kinder, die aus Liebesbeziehungen, flüchtigen sexuellen Begegnungen, aus Überlebensprostitution, aber auch gewaltsam erzwungenem Sexualverkehr zwischen deutschen Frauen und Besatzungssoldaten hervorgingen, waren in den 1950er-/1960er-Jahren bevorzugter Gegenstand sozialfürsorgerischer, familien- und bildungspolitischer Maßnahmen.

Bis Ende der Fünfzigerjahre hatten weite Teile der deutschen Bevölkerung keinen Zugang zu höherer Bildung. Mehr als 85 Prozent der erwerbstätigen Bevölkerung hatten nur die Volksschule absolviert, 5 Prozent die Realschule und weniger als 10 Prozent ein Gymnasium mit der Reifeprüfung abgeschlossen.³ Die öffentlichen Bildungsausgaben machten 1958 lediglich 3,3 Prozent des Bruttosozialproduktes aus und unterschritten Anfang der Sechzigerjahre sogar den Anteil von 3 Prozent.⁴ Gestützt auf die „Bedarfsfeststellung 1961 bis 1970" der Kultusminister der Länder präsentierte Georg Picht diese alarmierenden Zahlen Anfang des Jahres 1964 in einer Artikelserie in der konservativen Wochenzeitung „Christ und Welt". Noch im gleichen Jahr wurde sie unter dem Titel „Die deutsche Bildungskatastrophe" als Buch herausgebracht. Pichts provokante Thesen lösten eine der intensivsten bildungspolitischen Debatten der Nachkriegszeit aus. Im internationalen Vergleich sei das deutsche Bildungssystem dramatisch zurückgeblieben. Viel zu viele Begabungen blieben unentdeckt, deren es aber bedürfe, um den materiellen Wohlstand der Gesellschaft zu sichern. Aus einer bildungsökonomischen Sichtweise heraus konstatierte Picht einen Bildungsnotstand und den Mangel an Abiturienten und zukünftigen Akademikern als dessen Kernpro-

---

2 Joachim Schröder, „Betrifft: Uneheliche deutsche farbige Mischlingskinder". Ein aufschlussreiches Kapitel deutscher Bildungspolitik, in: Martin Spetsmann-Kunkel (Hg.), Gegen den Mainstream. Kritische Perspektiven auf Bildung und Gesellschaft. Festschrift für Georg Hansen. Lernen in Europa. Bd. 13. Münster 2009, S. 176–201, hier: S. 179. Silke Satjukow spricht von insgesamt 68.000 Besatzungskindern, von denen fast 5000 als ‚Mischlingskinder' gelistet wurden. Die tatsächliche Zahl der Besatzungskinder dürfte noch deutlich höher gewesen sein, da das Statistische Bundesamt nur die Kinder erfasste, die zum Zeitpunkt der Erhebung unter Vormundschaft standen. Vgl. Silke Satjukow, „Besatzungskinder". Nachkommen deutscher Frauen und alliierter Soldaten seit 1945, in: Geschichte und Gesellschaft. Jg. 37, H. 4, 2011, S. 559–591, hier: S. 582–583.
3 Vgl. Ludwig von Friedeburg, Bildungsreform in Deutschland. Geschichte und gesellschaftlicher Widerspruch. Frankfurt/Main 1992, S. 336.
4 Vgl. ebd., S. 347.

blem: „Die Zahl der Abiturienten bezeichnet das geistige Potential eines Volkes, und von dem geistigen Potential sind in der modernen Welt die Konkurrenzfähigkeit der Wirtschaft, die Höhe des Sozialprodukts und die politische Stellung abhängig."[5]

Anders als Picht forderte Ralf Dahrendorf aus einer liberal-individualistischen Perspektive ein Recht auf Bildung als „ein soziales Grundrecht aller Bürger" und monierte, es dürfe „keine systematische Bevorzugung oder Benachteiligung bestimmter Gruppen aufgrund leistungsfremder Merkmale wie soziale Herkunft oder wirtschaftliche Lage geben".[6] Darüber hinaus dürfe dieses Grundrecht auf Bildung keine abstrakte, sondern eine realistische Möglichkeit darstellen, dieses Recht auch wahrzunehmen. Daher sei der Staat zu einer aktiven Bildungspolitik verpflichtet.[7]

Bedingt durch die föderale Struktur der Bundesrepublik existierten große Unterschiede zwischen Stadt- und Flächenstaaten, zwischen sozial- und christdemokratisch regierten Bundesländern. Der Zugang zu einer weiterführenden Schulbildung war für bestimmte Gruppen der Gesellschaft ungleich schwerer als für andere. Die zeitgenössische Forschung, neben den Studien von Picht und Dahrendorf ist noch die 1969 erschienene Untersuchung der Gießener Soziologin Helge Pross „Über die Bildungschancen von Mädchen in der BRD" zu nennen, wies nachdrücklich darauf hin, „wie sehr die Landbevölkerung gegenüber den Städtern, die Mädchen gegenüber den Jungen, die Kinder der unteren sozialen Schichten gegenüber den der höheren und die katholischen Kinder gegenüber den evangelischen benachteiligt wurden."[8] Die Forschungsergebnisse fanden ihre publikumswirksame Zuspitzung in der bildungspolitischen Kunstfigur des katholischen Arbeitermädchens vom Lande, das ungeachtet seiner individuellen Begabung nur die einklassige Dorfschule und keinerlei Berufsausbildung zu erwarten hatte, während dem Sohn des protestantischen Professors aus Hamburg oder Berlin selbstverständlich das Gymnasium und anschließend die Universität offenstanden.

Mit dem Argument „Du heiratest ja doch" wurde Mädchen aus unteren sozialen Schichten nicht nur der Besuch einer höheren Schule, sondern häufig auch eine qualifizierte Berufsausbildung verwehrt. Mädchen waren zu einem deutlich geringeren Anteil an Gymnasien vertreten, als es ihrem Anteil an der Bevölkerung entsprach. „Ihr Anteil an der Gesamtheit der Abiturienten betrug 1965

---

5 Georg Picht, Die deutsche Bildungskatastrophe. Analyse und Dokumentation. Olten – Freiburg/Breisgau 1964, S. 26.
6 Ralf Dahrendorf, Bildung ist Bürgerrecht. Plädoyer für eine aktive Bildungspolitik. Durchgesehene Auflage. Bramsche – Osnabrück 1965, S. 24.
7 Vgl. ebd.
8 Friedeburg, Bildungsreform in Deutschland, S. 354.

37 %, an den Gymnasiasten 40,4 %."⁹ Mädchen gingen in den 1960er-Jahren oft frühzeitig vom Gymnasium ab, obwohl sie bereits damals im Vergleich mit Jungen die besseren Schulleistungen erbrachten. Mit dem Abschluss der 10. Klasse, der sogenannten „mittleren Reife", verließen deutlich mehr Schülerinnen als Schüler die Schule. Zu Beginn der 1960er-Jahre erreichten lediglich „25–30 % eines in die Gymnasien aufgenommenen Jahrgangs die Reifeprüfung."¹⁰ Erst die in den späten 1960er-Jahren durchgeführten Bildungsreformen führten zu einer nennenswerten Steigerung der Abiturientenzahlen. Gemessen an ihrem Bevölkerungsanteil sind Jugendliche aus Arbeiterfamilien aber bis heute an höheren Schulen und Universitäten deutlich unterrepräsentiert.

In Anbetracht dieser Zahlen drängt sich die Annahme auf, dass die Ausgangsbedingungen für eine erfolgreiche Bildungskarriere für Besatzungskinder, insbesondere für Mädchen, alles andere als förderlich waren. Als „Kinder des Feindes" wuchsen sie in der Regel bei ihren alleinerziehenden Müttern auf, in einer Zeit, in der nicht-eheliche Mutterschaft mit unsittlichem Verhalten assoziiert wurde¹¹ und renommierte Forscher, wie etwa der Psychoanalytiker und Pionier der Bindungsforschung John Bowlby, die These aufstellten, mit der Abwesenheit des Vaters in der Familie sei kriminelles Verhalten der Kinder vorprogrammiert.¹² Viele Besatzungskinder teilen, so der bisherige Stand der internationalen Forschung,¹³ das Schicksal der Traumatisierung:¹⁴ Sie lei-

---

9   Sigrid Metz-Göckel, Die „deutsche Bildungskatastrophe" und Frauen als Bildungsreserve, in: Elke Kleinau – Claudia Opitz (Hg.), Geschichte der Mädchen- und Frauenbildung. Bd. 2: Vom Vormärz bis zur Gegenwart. Frankfurt/Main – New York 1996, S. 373–385, hier: S. 379.
10 Ebd.
11 In den 1950er-Jahren gaben in einer Umfrage 33 Prozent der Befragten an, sie hätten keine Vorbehalte gegenüber ledigen Müttern, 41 Prozent wollten es allerdings vom speziellen Fall abhängig machen, 18 Prozent missbilligten uneheliche Mutterschaft in jedem Fall. Alle Befragten gaben jedoch an, eine Mutterschaft „aus Leichtsinn und Verantwortungslosigkeit" sei generell abzulehnen (Lieselotte Pongratz, Prostituiertenkinder. Umwelt und Entwicklung in den ersten acht Lebensjahren. Stuttgart 1964, S. 4).
12 Vgl. Christine Clason, Die Einelternfamilie oder die Einelterfamilie?, in: Rosemarie Nave-Herz – Manfred Markefka (Hg.), Handbuch der Familien- und Jugendforschung. Bd. 1: Familienforschung. Neuwied – Frankfurt/Main 1989, S. 413–422, hier: S. 416.
13 Vgl. Ingvill C. Mochmann – Sabine Lee – Barbara Stelzl-Marx, The Children of the Occupations Born During the Second World War and Beyond – An Overview, in: Historical Social Research. Jg. 34, Nr. 3, 2009, S. 263–282; Satjukow, „Besatzungskinder", S. 559–591; Barbara Stelzl-Marx, Stalins Soldaten in Österreich. Die Innensicht der sowjetischen Besatzung 1945–1955. Wien – München 2012, S. 466–558.
14 In den Anfängen der Forschung über „Kriegskinder" und über „Besatzungskinder" wurde der Traumabegriff geradezu inflationär eingesetzt, was dem Thema und den sich bildenden Betroffenennetzwerken die nötige öffentliche Aufmerksamkeit sicherte. Mittlerweile sollte dieser aus der Psychiatrie bzw. Psychotherapie stammende Be-

den vermehrt an Identitätskrisen, und ihnen wurden oftmals – wie am Beispiel Norwegens besonders eindrücklich dokumentiert[15] – basale Menschenrechte, wie der Zugang zu (höherer) Bildung, vorenthalten. Im Folgenden werde ich die Bildungsbiografie eines weiblichen Besatzungskindes vorstellen, das kurz nach dem Krieg geboren wurde. Legt man die Kriterien an, die allgemein für den Erfolg einer Bildungsbiografie in Anschlag gebracht werden – Abitur, Studium, eine der akademischen Qualifikation entsprechende Berufstätigkeit –, handelt es sich um eine ausgesprochen erfolgreiche Bildungsbiografie. Im Fokus meines Beitrags steht daher die Frage nach den Ressourcen, aus denen dieses Besatzungskind schöpfte, von wem es im Laufe seines Erziehungs- und Bildungsprozesses Unterstützung und Förderung erfuhr.

Theoretisch-methodische Überlegungen

Mit Margarete S. kam ich im Jahr 2013 in Kontakt, nachdem sie sich auf einen von der Pressestelle der Universität zu Köln verbreiteten Aufruf zur Teilnahme an der Studie „Bildungs- und Differenzerfahrungen von Besatzungskindern" gemeldet hatte. Im Januar 2014 führte ich mit ihr ein mehrstündiges narratives Interview in Anlehnung an die Methodik von Gabriele Rosenthal.[16] Das lebensgeschichtliche Interview durchläuft idealtypisch drei Phasen: Es beginnt mit der offen gestellte Eingangsfrage „Würden Sie mir bitte Ihre Lebensgeschichte erzählen?" Während der folgenden Erzählphase hat der Interviewer bzw. die Interviewerin mit Zurückhaltung zu agieren, um dem oder der Interviewten die Möglichkeit zu geben, in der Erzählung die Sinnkonstruktion seines beziehungsweise ihres individuellen Lebens zu entfalten. Biografieforscherinnen und -forscher sprechen hier bewusst von Zurückhaltung und nicht von Neutralität, da sie davon ausgehen, dass Erziehungs- und Sozialwissenschaftlerinnen und -wissenschaftler „in der qualitativen Forschung grundsätzlich Akteure in einem sozialen Raum sind, der durch ihre Anwesenheit konstituiert wird und der das Verhalten aller Beteiligten bestimmt".[17]

---

griff aber nicht unterschiedslos als Bezeichnung für alles, was das 20. Jahrhundert an schrecklichen Erfahrungen zu bieten hat, genutzt werden.
15 Vgl. Kåre Olsen, Under the Care of Lebensborn: Norwegian War Children and their Mothers, in: Kjersti Ericsson – Eva Simonsen (Hg.), Children of World War II. The Hidden Enemy Legacy. Oxford – New York 2005, S. 15–34.
16 Vgl. Gabriele Rosenthal, Erlebte und erzählte Lebensgeschichte. Gestalt und Struktur biographischer Selbstbeschreibungen. Frankfurt/Main – New York 1995.
17 Olaf Jensen – Harald Welzer, Ein Wort gibt das andere, oder Selbstreflexivität als Methode, in: Forum Qualitative Sozialforschung / Forum Qualitative Social Research. Jg. 4, Nr. 2, 2003. Verfügbar über: http://www.qualitative-research.net/fqs-texte/2-03/2-03jensenwelzer-d.htm, 19.8.2013, 15.00 Uhr, Mozilla Firefox.

Die von den Interviewten verfasste Haupterzählung ist als ein „Interaktionsprodukt" und auch als ein „Interaktionsangebot" an die Interviewerin beziehungsweise den Interviewer zu verstehen.[18] Als methodische Konsequenz ergibt sich, dass der Erzähltext nicht als Monolog aufgefasst werden darf, sondern als Dialog ausgewertet und interpretiert werden muss. In einer zweiten Phase, der „Phase narrativer Nachfragen"[19] werden Nichtverstandenes oder erkennbare Lücken in der Erzählung – wiederum in offener Form – angesprochen. Erst in der dritten Phase, die zu einem späteren Zeitpunkt, nach erneuter Anhörung der Aufzeichnung oder dem Lesen des Transkripts, stattfindet, können direkte Nachfragen gestellt werden.

Bei der Analyse von (Bildungs-)Biografien gilt es, verschiedene Differenzzuschreibungen und deren jeweilige Überkreuzungen in Prozessen biografischer Arbeit zu berücksichtigen.[20] Die Verflechtung von Geschlecht mit anderen Differenzzuschreibungen wurde bereits in den Anfängen der Frauen- und Geschlechterforschung thematisiert, aber erst in den 1990er-Jahren unter den Begriff „Intersectionality" gefasst.[21] Welche Zuschreibungen und wie viele für eine intersektionelle Analyse benötigt werden, hängt – ganz pragmatisch – von der Forschungsfrage und der Quellenlage ab. Die Trias „Rasse", Klasse und Geschlecht gilt oft als unabdingbar, aber keine Kategorie ist sakrosankt. Bewährt hat sich der methodologische Ansatz des „asking the other question".[22] Gemeint ist damit, sich im Forschungsprozess nicht vorschnell auf die Analyse der offensichtlich relevanten Zuschreibungen zu beschränken, sondern auch nach denen zu fragen, die sich nicht auf den ers-

---

18 Regina Klein, Am Anfang steht das letzte Wort. Eine Annäherung an die „Wahrheit" der tiefenhermeneutischen Erkenntnis, in: BIOS. Jg. 12, H. 1, 2000, S. 77–97, hier: S. 80.
19 Harald Welzer, Von Fehlern und Daten. Zur Rolle des Forschers im interpretativen Paradigma, in: Psychologie und Gesellschaftskritik. Jg. 14, H. 2/3, 1990, S. 153–174, hier: S. 160.
20 Der Begriff der biografischen Arbeit bezeichnet die Anforderungen an Menschen in der Moderne, beim Erzählen ihrer Lebensgeschichte „Kontinuität und Dauerhaftigkeit herzustellen." (Margret Kraul – Winfried Marotzki, Bildung und Biographische Arbeit – Eine Einleitung, in: Margret Kraul – Winfried Marotzki (Hg.), Biographische Arbeit. Perspektiven erziehungswissenschaftlicher Biographieforschung. Opladen 2002, S. 7–21, hier: S. 9.)
21 Vgl. Elke Kleinau, Klasse, Nation und „Rasse" – Intersektionelle Perspektiven in der genderorientierten Historischen Bildungsforschung, in: Der pädagogische Blick. Zeitschrift für Wissenschaft und Praxis in pädagogischen Berufen. Jg. 18, H. 2, 2010, S. 68–81; Katharina Walgenbach, Heterogenität, Intersektionalität, Diversity in der Erziehungswissenschaft. Opladen – Farmington Hills 2014.
22 Kathy Davis, Intersectionality in Transatlantic Perspektive, in: Cornelia Klinger – Gudrun-Axeli Knapp (Hg.), ÜberKreuzungen. Fremdheit, Ungleichheit, Differenz. Münster 2008, S. 19–35, hier: S. 21.

ten Blick aufdrängen. Neben der Zuschreibung „Besatzungskind" bedeutet das, die unterschiedlichen Bedingungen des Aufwachsens von „weißen" und „schwarzen" Kindern, von Jungen und Mädchen zu berücksichtigen, aber auch die Herkunft aus unterschiedlichen sozialen und religiösen Milieus. Flucht, Vertreibungs- und sexuelle Gewalterfahrungen der Mütter sind ebenfalls einzubeziehen, da der mit Gewalt erzwungene Sexualverkehr es den meisten Müttern erschwert haben dürfte, eine positive Bindung an das unerwünschte Kind aufzubauen.

Margarete S.: ein uneheliches „Russenkind" aus dem Arbeitermilieu

Margarete S. wurde im April 1947 in einem kleinen Ort im westlichen Ruhrgebiet geboren. Ihre Großeltern waren dort nach der Flucht aus Ostpreußen untergekommen. Der Großvater, ein gelernter Schmied, hatte Arbeit auf einer Zeche, die mit einer kleinen Werkswohnung verbunden war, gefunden. Bei ihnen hatte Margaretes Mutter Wally T. (geb. 1917), die gegen Kriegsende zunächst in einem Lager in Pommern interniert gewesen und dort schwanger geworden war, Aufnahme gefunden. Laut Aussage ihrer Tochter hat Wally T., die bereits zweimal kinderlos verheiratet gewesen war und beide Männer durch den Krieg verloren hatte, die Schwangerschaft nicht als Katastrophe, sondern als eine Fügung begriffen, „dass das Schicksal es doch irgendwie gut mit ihr meint".[23] Auch die Großeltern hätten sich über die Geburt gefreut, das Baby habe für die gesamte Familie „Zukunft" verkörpert.[24] Als das Kind ungefähr fünf Jahre alt war, heiratete Wally T. erneut. Dass sie, Margarete, unehelich geboren sei, habe sie durch einen entsprechenden Eintrag im Familienbuch herausgefunden.

Innerhalb ihrer engsten Familie sei ihre uneheliche Herkunft nie ein Thema gewesen, schon aber in der Verwandtschaft. Einen ersten Hinweis erhielt Margarete von einer ihrer Tanten. Als das Mädchen wissen wollte, ob der Mann auf dem Foto neben ihrer Mutter ihr Vater sei, wurde ihr mit einem Blick bedeutet, dass sie solche Fragen besser nicht mehr stellen sollte. Dieses Ereignis war wohl der Auslöser für Margaretes heimliches Herumstöbern in Schubladen, was zum „zufälligen" Fund des Familienbuchs führte. Ihre Abstammung von einem russischen Offizier verriet ihr im Alter von etwa 13 Jahren einer ihrer älteren Cousins, was bei Margarete während des Erzählvorgangs Tränen hervorruft. Als sie im Nachfrageteil gebeten wird, diese Situation noch einmal genauer zu schildern, spricht sie von einem „totale[n]

---

23 Interview mit Margarete S., 31.1.2014, Transkript S. 3.
24 Ebd., S. 16.

Schock [...] wie mit 'nem elektrischen Schlag",²⁵ der durch ihren ganzen Körper gefahren sei.

In einer ostpreußischen Flüchtlingsfamilie wird über die Massenvergewaltigungen deutscher Frauen durch Angehörige der Roten Armee gesprochen worden sein,²⁶ wenn auch nur hinter vorgehaltener Hand und auch nicht in der offensichtlichen Gegenwart von Kindern. Margarete scheint aber davon gewusst zu haben, denn ihr erster, von Panik zeugender Gedanke war, dass sie das Produkt einer Vergewaltigung sein könnte. Aber die Information, dass ihr Vater Offizier gewesen sei, habe sie gleich wieder beruhigt, weil ein Vergewaltiger doch „seinen Dienstrang" nicht angebe.²⁷ Sie habe diese Information über ihre Herkunft sehr schnell positiv wenden können und ihre Abstammung als etwas Besonderes angesehen.

Ob diese Wendung ins Positive tatsächlich so umstandslos gelang, wie Margarete S. es im Interview schildert, sei dahingestellt, aber zur Bewältigung des „Schocks" hat zweifelsohne das Verhalten ihrer Mutter beigetragen. Von Margarete auf ihre Herkunft angesprochen, erzählte die Mutter, die in persönlichen Angelegenheiten sehr zurückhaltend gewesen sei, auf ihre Fragen aber immer eine Antwort gegeben habe,²⁸ „nur Gutes über diesen Mann", er sei „der beste Mann [gewesen], der ihr je übern Weg gelaufen" sei.²⁹ In Anbetracht der Tatsache, dass Margaretes Mutter bereits in dritter Ehe verheiratet war, ist das ein bemerkenswertes Statement, und es scheint auch einer echten Empfindung entsprochen zu haben, weil Wally T. die spätere Suche ihrer Tochter nach ihrem biologischen Vater genau verfolgte und sich darüber freute, dass sie die Familienzusammenführung der Halbgeschwister noch im hohen Alter erleben durfte.³⁰ Der russische Offizier namens Alexej sei ihr, so hat es Wally T. ihrer Tochter erzählt, durch seine „sehr freundliche und menschliche Art" sogleich aufgefallen.³¹ Ob es sich tatsächlich um eine Liebesbeziehung gehandelt hat, darauf will Margarete S. sich nicht festlegen, aber zumindest sei gegenseitige „Sympathie"³² im Spiel gewesen. Der politisch weitblickende Alexej habe ihrer Mutter, als sie ihm ihre Befürchtung, schwanger zu sein, mitgeteilt hatte, geraten, rechtzeitig in den Westen zu ge-

---

25 Interview-Transkript, S. 18.
26 Vgl. Helke Sander – Barbara Johr (Hg.), BeFreier und Befreite. Krieg, Vergewaltigung, Kinder. Frankfurt/Main 1995.
27 Interview-Transkript, S. 18.
28 Ebd., S. 21.
29 Ebd., S. 5.
30 Ebd., S. 12.
31 Ebd., S. 2.
32 Ebd., S. 52.

Abb. 1: Margarete S. am Tag der Einschulung, 1953. Quelle: Sammlung Margarete S.

hen, und ihr zum Abschied sein Foto mit Namen und Adresse gegeben. Er habe gut Deutsch gesprochen, was sich später – nachdem Margarete ihren älteren Halbbruder in Weißrussland ausfindig machen konnte – durch die deutschstämmige Herkunft seiner Familie erklären ließ. Diese Wendung ins Offensive prägte auch das Engagement Margaretes in der „Gesellschaft für deutsch-sowjetische Freundschaft",[33] der sie während ihrer Berliner Studienzeit beitrat, und wird auch im Interview deutlich, als Margarete S. mit viel Wärme, aber auch mit einer gehörigen Portion Stolz über ihren Halbbruder spricht, der als Professor für Technische Wissenschaften und ehemaliges Mitglieder der Akademie der Wissenschaften in Minsk richtig „vorzeigbar" sei.[34]

Durch Flucht und Vertreibung von etwa 14 Millionen Deutschen kam es in der Nachkriegszeit zu einer Auflösung bis dahin geschlossener religiöser Milieus.[35] Wally T. und ihre Eltern kamen aus einer protestantisch gepräg-

---

33 Ebd., S. 6.
34 Ebd., S. 13.
35 Zur Geschichte von Flucht und Vertreibung vgl. Andreas Kossert, Kalte Heimat. Die Geschichte der deutschen Vertriebenen nach 1945. 3. Auflage. München 2009.

ten Gegend Ostpreußens. In dem Teil des Ruhrgebiets, in dem sie nach dem Krieg ansässig wurden, gehörte die Bevölkerung jedoch mehrheitlich der katholischen Konfession an. Da der deutsche Staat die vorschulische Erziehung der Kinder weitgehend den beiden christlichen Kirchen überließ, gab es in Anbetracht der Mehrheitsverhältnisse vor Ort nur einen katholischen Kindergarten. Da die kleine Margarete sich vor den schwarz gekleideten Nonnen, die den Kindergarten leiteten, fürchtete, beendete die Großmutter die Eingewöhnungsphase bereits nach zwei Tagen wieder, was Margarete S. noch heute wütend macht. Ihrer Ansicht nach verfolgte die Großmutter höchst egoistische Motive, sie habe „einfach Gesellschaft haben" wollen.[36] Das Volksschulwesen war bis weit in die Sechzigerjahre hinein ebenfalls konfessionell organisiert, und Margarete wurde in die evangelische Volksschule vor Ort eingeschult. Neben den konfessionellen Gegensätzen, die von den katholischen Kindern, aber auch deren Eltern eifrig geschürt worden seien,[37] trennte zudem der Flüchtlingsstatus Margarete von den einheimischen Kindern. Als in der zweiten Klasse ein völlig ärmlich gekleidetes, verschüchtertes „Geschwisterpärchen" aus der DDR zuzog, schloss Margarete sie sogleich „ins Herz", weil sie „gleich" waren: Flüchtlingskinder.[38]

Das Verhältnis zum Stiefvater wird als gut beschrieben, er habe sie, Margarete, gemocht, gefördert und dafür gesorgt, dass sie aufs Gymnasium gehen konnte.[39] Dabei kam dem Mädchen wahrscheinlich zugute, dass sie in der Ehe ihrer Eltern lange Zeit das einzige Kind blieb und sich erst spät weiterer Nachwuchs in Form eines zehn Jahre jüngeren Bruders einstellte.[40] Entschieden sich Eltern aus bildungsfernen und einkommensschwachen Schichten, dass ihre Kinder eine höhere Schule absolvieren sollten, so gaben sie häufig den Söhnen den Vorzug vor den Töchtern. Die Existenz von älteren oder nur wenig jüngeren Brüdern bedeutete für viele begabte Mädchen in den Fünfziger- und Sechzigerjahren das Ende ihrer Bildungsambitionen.

Dass der Stiefvater ihr zugeneigt gewesen sei, wird im Interview mehrmals betont, aber die Beziehung scheint doch eine recht einseitige gewesen zu

---

36 Vgl. Interview-Transkript, S. 21.
37 Ebd., S. 30. Wie groß die konfessionellen Gegensätze in der frühen Bundesrepublik noch waren, verdeutlicht die Geschichte, die Margarete S. von einem ihrer katholischen Altersgenossen berichtet. Als dieser seiner Mutter „gebeichtet" habe, dass seine Freundin evangelisch sei, habe die Mutter gesagt: „... ich wollte du wärst tot. Ein toter Sohn ist mir lieber als einer, der 'n evangelisches Mädchen mit nach Hause bringt." Interview-Transkript, S. 54.
38 Ebd., S. 31.
39 Vgl. ebd., S. 5, S. 22. Zur Situation von Flüchtlingskindern vgl. Susanne Greiter, Flucht und Vertreibung im Familiengedächtnis. Geschichte und Narrativ. München 2014.
40 Vgl. ebd., S. 21.

sein. Margarete hatte, ihrer eigenen Aussage zufolge, „keinen großen Respekt vor ihm",[41] sie habe „keine innige Beziehung"[42] zu ihm gehabt. Dass das Verhältnis zum Stiefvater sich derart reserviert gestaltete, könnte daran gelegen haben, dass die Ehe Wally T.s mit dem zehn Jahre jüngeren und kriegstraumatisierten Mann nicht sehr glücklich gewesen zu sein scheint. Margarete S. zufolge hätten die beiden nicht richtig zueinandergepasst. Ihre Mutter habe eigentlich nicht erneut heiraten wollen, sie äußert den Verdacht, ihre Mutter habe sie „in einen ehelichen Status" bringen wollen.[43] Nichtsdestotrotz wird auf die offene Frage „Können Sie noch 'was über die Beziehung zu Ihrem Stiefvater erzählen?" die Förderung durch den Stiefvater sofort genannt, während die unterstützende Rolle der Mutter erst später im Gespräch thematisiert wird.

Die Entscheidung, das Mädchen aufs Gymnasium zu schicken, war für das soziale Milieu, in dem Margarete aufwuchs, durchaus ungewöhnlich. Jungen arbeiteten in der Regel nach dem Abschluss der Volksschule auf der Zeche, Mädchen wurden entweder Verkäuferin, Friseurin oder sie heirateten früh. Konkrete Berufsvorstellungen wird man der knapp zehnjährigen Margarete noch nicht unterstellen können, obwohl in der retrospektiven Erzählung so etwas wie eine bewusste Abkehr von einer mädchenspezifischen Berufswahl anklingt: „Und ich wusste nur, dass ich das nicht wollte, […] ich wollte *unbedingt* zur Schule, […] ich bin so *gern* zur Schule gegangen."[44] Innerhalb der Verwandtschaft löste Margaretes Übertritt an das Gymnasium nachhaltige Irritationen aus. Die zuvor guten verwandtschaftlichen Beziehungen kühlten sich merklich ab und insbesondere Margarete war auf einmal „nicht mehr so gelitten",[45] was sie darauf zurückführt, dass sie „als Erste zum Gymnasium" gegangen sei.[46] Die Äußerung „So was steckt in dem Kind *drin*?" scheint darauf hinzudeuten, dass in der Verwandtschaft das Maß an Toleranz auf-

---

41 Ebd., S. 22.
42 Ebd.
43 Ebd. Dass das ein wesentliches Motiv für die Heirat gewesen sein könnte, erfährt eine gewisse Plausibilität durch das Verhalten Wally T.s im Umgang mit Behörden und anderen amtlichen Stellen. Obwohl uneheliche Kinder mit der standesamtlichen Anmeldung den Geburtsnamen ihrer Mütter als Familiennamen erhielten (vgl. Dieter Schwab, Gleichberechtigung und Familienrecht im 20. Jahrhundert, in: Ute Gerhard (Hg.), Frauen in der Geschichte des Rechts. Von der Frühen Neuzeit bis zur Gegenwart. München 1997, S. 790–827, hier: S. 822), setzte Wally T. sowohl bei Margaretes Anmeldung in der Schule als auch beim Konfirmationsunterricht durch, dass das Mädchen unter dem Namen ihres verstorbenen Ehemannes registriert wurde, und nahm dafür sogar Streitigkeiten mit dessen Familie in Kauf. Vgl. Interview-Transkript, S. 4.
44 Ebd., S. 23.
45 Ebd., S. 16.
46 Ebd.

gebraucht war, das man Wally T. und ihrer Tochter entgegengebracht hatte: erst ein uneheliches Kind, noch dazu von einem Russen, und jetzt auch noch höhere Ambitionen, wo doch jeder wusste, dass es sich bei einem Mädchen um hinausgeworfenes Geld handelt, weil das „heiratet ja doch".[47]

Das Schulgeld, das Mitte der Fünfzigerjahre für den Besuch höherer Schulen verlangt wurde, stellte in der Tat für viele Arbeiterkinder eine unüberwindbare Hürde dar. Margarete S. beschreibt die häuslichen Verhältnisse als „ärmlich",[48] obwohl sowohl Mutter als auch Stiefvater erwerbstätig waren. In Zeiten von Kurzarbeit war das Geld derart knapp, dass nur das Zechenhaus, auf das die Großmutter, bedingt durch den tödlichen Arbeitsunfall des Großvaters, ein Anrecht hatte, und der verbilligte Bezug von Kohle das Überleben der Familie sicherten. Aber trotz dieser schlechten Ausgangsbedingungen kam Margarete aus einer Klasse von 45 Schülerinnen und Schülern als einziges Mädchen auf das Gymnasium im Nachbarort. Zwei Jungen aus ihrer Klasse gelang ebenfalls der schulische Übertritt. Da jedoch das höhere Schulwesen in den meisten Bundesländern zu dieser Zeit noch geschlechtergetrennt organisiert war, fand sich Margarete in einem gänzlich neuen Klassenverband wieder, in dem sie – leicht identifizierbar durch den Berufsvermerk des (Stief-)Vaters im Klassenbuch – das einzige Arbeiterkind war.[49] Ihre Jahrgangsgefährten aus der Volksschule hätten aber, so betont sie nachdrücklich, im Gegensatz zu ihr nicht bis zum Abitur durchgehalten, sondern vorzeitig das Gymnasium verlassen.[50]

Nicht nur der Stiefvater, auch die Mutter förderte Margaretes Bildungsbestrebungen. In gewisser Sicht scheint Margarete ein Vorbild in ihr gesehen zu haben, gerade was ihr politisch-gewerkschaftliches Engagement anging. Zu Beginn der 1960er-Jahre hatte Wally T. Interesse an der einjährigen Sonderausbildung zur (Hilfs-)Volksschullehrerin gezeigt, die der nordrhein-westfälische Kultusminister Paul Mikat (Amtszeit 1962–1966) eingeführt hatte, um die geburtenstarken Jahrgänge mit ausreichend Lehrkräften versorgen zu können. Die Absolventinnen dieser Ausbildung, die im Gegensatz zur regulären Ausbildung von Volksschullehrerinnen und -lehrern nicht das Abitur voraussetzte, wurden in Anspielung auf den Namen des Kultusministers Mikat abschätzig als „Mikätzchen" bezeichnet.[51] Letztlich verzichte-

---

47 Ebd.
48 Ebd., S. 23.
49 Vgl. ebd., S. 23.
50 Vgl. ebd., S. 23.
51 Vgl. Dagmar Hänsel, Frauen im Lehramt – Feminisierung des Lehrberufs?, in: Elke Kleinau – Claudia Opitz (Hg.), Geschichte der Mädchen- und Frauenbildung, Bd. 2: Vom Vormärz bis zur Gegenwart. Köln – Weimar – Wien 1996, S. 414–433, hier: S. 426.

te Wally T. auf diese Weiterbildung, weil der Lehrgang zu weit entfernt vom Wohnort der Familie stattfand und sie Margarete „nicht alleine lassen" wollte.[52] Ausschlaggebend könnte die Überlegung gewesen sein, die Tochter nicht der alleinigen Fürsorge der Großmutter zu überlassen, die von Margarete S. als äußerst „herrschsüchtig", sogar als „brutal" beschrieben wird.[53]

Nachdem Wally T. den Plan, sich zur Volksschullehrerin weiterzubilden, aufgegeben hatte, engagierte sie sich in der innerbetrieblichen Gewerkschaftsarbeit und stieg bis zur Betriebsratsvorsitzenden auf. Da sie in einer Hemdenfabrikationsfirma beschäftigt war, dürfte es sich um die Gewerkschaft Textil und Bekleidung (GTB) gehandelt haben, „die 1960 mit fast 200.000 weiblichen Mitgliedern einen Frauenanteil von über 56 % aufwies".[54] Margarete S. zufolge war jedoch zu Beginn des mütterlichen Engagements keine einzige Arbeiterin im Betrieb gewerkschaftlich organisiert, aber ihrer Mutter sei es letztendlich gelungen, 98 Prozent der Frauen zu rekrutieren. Aus ihrer Gewerkschaftsarbeit habe sie aber nie einen vermeintlichen Vorteil für sich oder ihre Familie ziehen wollen. Daher sei es für sie undenkbar gewesen, um eine Schulgeldbefreiung für ihre Tochter nachzusuchen oder bei der Friedrich-Ebert-Stiftung einen Stipendienantrag zu stellen, obwohl diese Stiftung sich doch seit ihrer Gründung im Jahr 1925 explizit der Aufgabe verschrieben hatte, der Bildungsbenachteiligung von Arbeiterkindern entgegenzuwirken. Margarete erfüllte alle Förderkriterien der Stiftung – gute, wenn auch nicht herausragende Schulleistungen, Herkunft aus dem Arbeitermilieu und frühes politisch-gesellschaftliches Engagement: Bereits im Alter

---

52   Interview-Transkript, S. 24.
53   Ebd., S. 31. Anlässlich des Verlustes eines Schlüssels habe die Großmutter sie als vierjähriges Kind derart heftig geschlagen, dass sie nicht mehr habe sitzen können. Der früh verstorbene Großvater habe die Herrschsucht der Großmutter in Zaum halten können, anscheinend aber nicht der Stiefvater, der von Margarete als „sanfter, lieber Mensch, aber 'n sehr unsicherer und ängstlicher Mensch" charakterisiert wird (Interview-Transkript, S. 22). Wally T. scheint ihrer Mutter aber nach der oben beschriebenen Prügelattacke die Stirn geboten und ihr gedroht zu haben, sie mit dem Kind zu verlassen (vgl. Interview-Transkript, S. 33). Die Härte der Großmutter versucht Margarete der Interviewerin, aber vor allem sich selbst mit deren frühen Sozialisationserfahrungen als ausgebeutete kindliche Arbeitskraft auf einem fremden Hof, den dramatischen Fluchterfahrungen und dem harten Überlebenskampf in der unmittelbaren Nachkriegszeit zu erklären, aber die hilflose Wut des vierjährigen Kindes, das sich vornimmt, kein Wort mehr mit dieser gewalttätigen Großmutter zu wechseln, diese Strategie aber nicht durchhalten kann, weil sie als einziger Mensch tagsüber da ist und sie versorgt, diese Wut bricht sich im Interview immer wieder Bahn, sobald von der Großmutter die Rede ist.
54   Carola Sachse, Der Hausarbeitstag. Gerechtigkeit und Gleichberechtigung in Ost und West 1939–1994. Göttingen 2002, S. 178.

von 16 Jahren – die Erinnerung macht sich an der 1963 erfolgten Ermordung Kennedys fest – fuhr sie zu politischen Lehrgängen, engagierte sich in der Schülermitverwaltung, wurde zur Schulsprecherin gewählt[55] und trat mit Beginn ihres Psychologiestudiums 1966 dem Sozialistischen Deutschen Studentenbund (SDS) bei.[56] Auch wenn Margarete S. es im Nachhinein immer noch bedauert, dass ihre Mutter sich nicht für sie um ein Stipendium bemüht hatte, so ist doch ihr Stolz auf die „sehr kämpferische und tolle Frau"[57] in dieser Gesprächssequenz unüberhörbar. Sozialer Aufstieg über Bildung war das Ziel, das sie für ihre Tochter anstrebte, aber der Aufstieg sollte aus eigener Kraft erreicht werden und nicht über – in ihren Augen – unverdiente Privilegien.

Ihre Situation am Gymnasium schildert Margarete S. als eine ausgesprochen zwiespältige. Sie sei durchaus selbstbewusst gewesen, habe eigene Gedanken und Überlegungen gehabt und habe diese als Rede im Kopf auch fertig gehabt, aber dann nicht halten können. Insbesondere im Fach Deutsch sei ihr immer vorgehalten worden, dass sie nicht formulieren könne.[58] Sie habe einfach nicht den richtigen „Background" gehabt.[59] Damit spricht sie ein Phänomen an, dass Kinder aus bildungsfernen Familien häufig nicht oder nur unzureichend die „Bildungssprache" beherrschen, das heißt die Sprache, mit der in Unterrichtssituationen komplexe Sachverhalte sprachlich anspruchsvoll ausgedrückt werden sollen und Schülerinnen und Schüler nicht wie in der „Alltagssprache" „auf Kontextinformationen zurückgreifen können, um die sprachlich vermittelten Bedeutungen zu konstruieren".[60] Dabei wurde in Margaretes Elternhaus, zumindest von ihrer Mutter, „astreines Hochdeutsch" gesprochen,[61] das in Margaretes Ohren immer feiner klang als der proletarisch anmutende Ruhrgebietsdialekt. Als einziges Arbeiterkind in ihrer Klasse habe sie dieses sprachliche Unvermögen sehr deutlich empfunden. Immerhin besaß sie aber so viel Selbstbewusstsein, um für das Amt der Schulsprecherin zu kandidieren. Dass sie auch gewählt wurde, spricht dafür, dass ihre Mitschülerinnen ihr zutrauten, dieses Amt auch im Interesse der Schülerinnenschaft auszufüllen.

---

55 Vgl. Interview-Transkript, S. 25.
56 Vgl. ebd., S. 25.
57 Ebd., S. 24.
58 Vgl. ebd., S. 27.
59 Ebd., S. 26.
60 Birgit Heppt et al., Beherrschung von Bildungssprache bei Kindern im Grundschulalter, in: Diskurs Kindheits- und Jugendforschung. H. 3, 2012, S. 349–356, hier: S. 351.
61 Interview-Transkript, S. 30.

Fazit

Um auf die Eingangsfrage zurückzukommen, mit welchen Differenzzuschreibungen Besatzungskinder im Verlauf ihres Sozialisationsprozesses konfrontiert wurden und auf welche Ressourcen sie zurückgreifen konnten, lässt sich im Fall von Margarete S. festhalten, dass die Weichen anfänglich nicht in Richtung einer erfolgreichen Bildungskarriere gestellt waren: Sie wuchs als Flüchtlingskind mit ihrer Mutter, den Großeltern und später auch mit ihrem Stiefvater in ärmlichen Verhältnissen in einer Arbeitersiedlung im Ruhrgebiet auf. Die Herkunft aus dem Arbeitermilieu und die Armut der Familie hat die Lebensgeschichte von Margarete S. grundlegend geprägt, stellte aber letztendlich für sie kein entscheidendes Bildungshindernis dar, weil ihre Eltern – Mutter und Stiefvater – ihre Bildungsambitionen vorbehaltlos und unter großen materiellen Opfern unterstützten.

Ob ihre Mutter ihr ihre Herkunft als uneheliches Besatzungskind bewusst verschwieg oder mit ihr zu einem späteren Zeitpunkt darüber sprechen wollte, ist ungewiss, aber für die positive Verarbeitung des unfreiwillig aufgedeckten Familiengeheimnisses war die Reaktion von Margaretes Mutter entscheidend. Die liebevolle Beschreibung ihres biologischen Vaters ermöglichte es Margarete S., den Status des „Russenkindes", der leicht zum Stigma hätte werden können, für sich ins Positive zu wenden. Aber diese offensive Drehung, die Margarete S. mehrmals im Interview anspricht, verweist doch auf einen empfundenen Mangel, der die studierte Psychologin laut darüber nachdenken lässt, was denn die sich organisierenden Besatzungskinder „dazu bringt, dass die ohne persönliche Kenntnis sich da die herzzerreißendsten E-Mails schreiben, sich gleich duzen, sich öffnen, aufeinander gespannt sind sich kennenzulernen".[62] Sie spricht die „Kompensation [...] einer doch erlebten Fremdheit" an,[63] für die sie persönlich eine Bezeichnung gefunden habe: „meine russische Seele."[64] Der Einwand, dass hier eine doch zu hinterfragende Nationalitätskonstruktion bemüht wird, mit der Nationen – in Abgrenzung zu stereotypen Fremdbildern – „ihre Existenzlegitimationen konstruierten und ‚Nationalbewusstsein', ‚Nationalgefühl' bzw. nationale Identitäten zu stiften versuchten",[65] liegt nahe, aber wer sagt, dass Konstruktionen keine Wirkungsmacht entfalten?

---

62 Ebd., S. 50.
63 Ebd., S. 51.
64 Ebd., S. 55.
65 Wolfgang Gippert – Elke Kleinau, Zur Konstruktion nationaler Identitäten, in: Wolfgang Gippert – Elke Kleinau, Bildungsreisende und Arbeitsmigrantinnen. Auslandserfahrungen deutscher Lehrerinnen zwischen nationaler und internationaler Orientierung (1850–1920). Köln – Weimar – Wien 2014, S. 13–21, hier: S. 13.

Amerikanische und britische Besatzungskinder

Ingrid Bauer

„Ich bin stolz, ein Besatzungskind zu sein."
Zeitgeschichtliche Forschungen als Impulse für Empowerment?
Befunde mit Blick auf die einstige US-Zone in Österreich

Ausgangspunkt dieses Beitrages ist – an einem Beispiel konkretisiert – die seit Mitte der 1990er-Jahre in Österreich einsetzende mediale Berichterstattung über ehemalige Besatzungskinder. Sie kann als Aufbrechen jenes Schweigens gelesen werden, das lange zu diesem tabuisierten Thema gehörte, sowie als Neubewertung der damit verbundenen Herkunfts- und Lebensgeschichten: sowohl in der öffentlichen Wahrnehmung als auch durch die Betroffenen selbst. Diese sind heute in einem Alter von 60 bis 70 Jahren und haben begonnen, sich Selbstbestimmung über ihren früheren – diskriminierten – Status als Besatzungskind zurückzuholen, selbstbewusst zur eigenen, von den Ambivalenzen der Nachkriegszeit geprägten Herkunft zu stehen und in diesem Sinne das Wort zu ergreifen.

In der Folge werden – ausgehend von eigenen Forschungserfahrungen – dieser Prozess eines, man könnte sagen, „Empowerment" und die dahinterstehende Dynamik skizziert. Diese wird gespeist – und das in wechselseitiger Verstärkung – durch Impulse einer öffentlichkeitsnahen Forschung und das Orientierungs- und Aktionspotenzial des von ihr erarbeiteten Wissens; durch die schon genannte mediale Aufmerksamkeit, veränderte gesellschaftliche Diskurse zu Krieg und Besatzung, aus der Vereinzelung herausführende Kommunikations- und Vernetzungsmöglichkeiten des Internets sowie insbesondere durch die Betroffenen selbst, die vielfach nach wie vor auf der Suche nach ihren Wurzeln sind und ihre so stark von historischen Zeitumständen geprägte biografische Herkunft sowohl persönlich integrieren als auch im öffentlichen Bewusstsein verankern wollen. Gleichzeitig sollen in den vorliegenden Beitrag – wieder vor allem auf der Basis eigener Recherche- und Forschungsergebnisse[1] – sozialhistorische Befunde

---
1   Vgl. dazu folgende Publikationen mit direktem Bezug zum Thema „Besatzungskinder": Ingrid Bauer, Welcome Ami Go Home. Die amerikanische Besatzung in Salzburg 1945–1955. Erinnerungslandschaften aus einem Oral-History-Projekt. Salzburg – München 1998 (insbesondere das Kapitel „‚Besatzungskinder' – Unvollendete Geschichten", S. 237–257); Ingrid Bauer, „Leiblicher Vater: Amerikaner (Neger)". Besatzungskinder österreichisch-afroamerikanischer Herkunft, in: Helmuth A. Niederle – Ulrike

zu Besatzungskindern der ehemaligen US-Besatzungszone in Österreich einfließen.

„Es war wie ein Heimkommen für mich"
Die innere und äußere Suche nach dem Vater – und das Entstehen einer Erfahrungsgemeinschaft der Betroffenen

Unter der Schlagzeile „Es war wie ein Heimkommen für mich" wurde im Jänner 2012 in der österreichischen Tageszeitung „Salzburger Nachrichten" über die Lebensgeschichte der 59-jährigen Erika Daxer berichtet, mit dem folgenden einleitenden Vorspann: „Besatzungskind. Eine achtjährige Pinzgauerin schreibt (1960) ihrem Vater in den USA. Ohne Erfolg. Ein halbes Jahrhundert später wird die Frau reich beschenkt – mit einer großen Familie in Amerika."[2]

Was ist der Hintergrund dieser Geschichte, die im Regionalteil der Zeitung erschien, als Seitenaufmacher prominent platziert, mit mehreren Fotos untermalt, und, auch das fällt auf, außerhalb des zeitlichen Reigens runder Jahrestage des Kriegsendes oder der Besatzungszeit, die sonst für Narrative wie dieses reserviert sind? Frau Daxer hat – so wie mindestens 5000 österreichische Frauen und Männer – einen ehemaligen US-Besatzungssoldaten zum Vater. Er war in ihrem Geburtsort Saalfelden (Salzburg) stationiert, sehr kurz, von Mai 1951 bis Mai 1952. In dieser Zeit hatte er ihre damals 18-jährige Mutter kennengelernt. Bei der Geburt von Erika Daxer im Jahr 1952 war Kenneth Trew bereits wieder in den USA. Er wollte, wie der Zeitungsbericht ausführt, seine Liebe und das Kind nachholen, doch für die Frau war das offenbar ein zu großer, weitreichender, wohl auch riskanter Schritt, zu dem sie sich nicht entschließen konnte. Vielleicht auch deshalb, weil, wie aus in der Region geführten Oral-History-Interviews hervorgeht, ein Aufbrechen in die USA angesichts damals beschränkter wie kostspieliger transatlantischer Kommunikations- und Reisemöglichkeiten noch als „Abschied für immer" betrachtet wurde.

    Davis-Sulikowski – Thomas Fillitz (Hg.), Früchte der Zeit. Afrika, Diaspora, Literatur und Migration. Wien 2001, S. 49–67; Ingrid Bauer – Renate Huber, Sexual Encounters Across (Former) Enemy Lines, in: Günter Bischof – Anton Pelinka – Dagmar Herzog (Hg.), Sexuality in Austria. Contemporary Austrian Studies. Vol. 15. New Brunswick/ US – London 2007, S. 65–101. Die Publikationen, in denen ich das Phänomen „Besatzungsbeziehungen" sowie die historisch-gesellschaftlichen bzw. mentalitätsgeschichtlichen Rahmenbedingungen der Nachkriegszeit thematisiert habe, werden im weiteren Verlauf des vorliegenden Beitrages genannt.

2   Es war wie ein Heimkommen für mich, in: Salzburger Nachrichten, Lokalausgabe. 5.1.2012.

Erika Daxer wuchs im Familienverband mit Mutter und Großeltern, die einen Gastbetrieb hatten, auf. Das Wissen um die Besatzungsliebe und den US-amerikanischen Vater wurde nicht ausgeblendet, sondern blieb präsent, und ließ Erika Daxer als Schulmädchen, wie eingangs schon erwähnt, zwei Briefe in die USA schreiben. Briefe, die nie ankamen. „Verzogen" notierte die Post auf den Kuverts. Die Sehnsucht, ihre amerikanischen Wurzeln zu finden, blieb die Kindheit und Jugendzeit hindurch bestehen. Sie trat zurück, als Erika Daxer selbst eine Familie zu gründen begann, und wurde im Lebensalter jenseits der 50 wieder dringlicher, was sie die Suche erneut aufnehmen ließ. Das Internet, ihr internetkundiger Sohn und ein auf diesem Weg hergestellter Kontakt zu einem ehemaligen GI brachten den Stein ins Rollen. Der selbst in Saalfelden stationiert gewesene US-Veteran konnte unter dem Namen „Trew" eine Reihe von Adressen ausfindig machen; Daxer schrieb sie alle an und bekam eine Antwort vom Neffen ihres Vaters: „Mein Onkel ist bereits mit 68 Jahren verstorben", aber: „Wir würden dich und deinen Sohn gern kennenlernen."

Seit der ersten persönlichen Begegnung mit der großen Familie ihres Vaters im Jahr 2009 – zwei Halbschwestern, zwei Halbbrüder „und jeder Menge Tanten, Onkeln, Nichten, Neffen, die sie herzlich aufnahmen", wie es im Zeitungsbericht hieß – schreibt und besucht man sich weiter. Im ehemals vom Vater bewohnten Haus steht noch ein Porträt in Uniform aus der Zeit seiner Stationierung in Saalfelden. Und: Auf ein Foto von Erika Daxer als Baby stieß diese dort ebenfalls. Kenneth Trew hätte gerne mit seiner Tochter Kontakt aufgenommen, erfuhr sie.[3]

Auch in dieser US-amerikanischen Familie wurde also die zwischenmenschliche, die privat-intime Dimension des Besatzungsaufenthaltes in Österreich nicht ausgeblendet. Das war auf beiden Seiten nicht oft der Fall und macht – entgegen der zumeist eingeschränkten zeitgenössischen Wahrnehmung von damals – deutlich, dass die sogenannten Besatzungskinder immer wieder auch Kinder der Liebe und Zuneigung waren. Ihre Mütter hatten, wie später noch ausgeführt wird, eine Vielfalt von Motiven, Beziehungen mit in Österreich stationierten Angehörigen der US-Armee einzugehen.

Ein Happy End der eben vorgestellten Art gab und gibt es, wie wir wissen, für die große Mehrheit der US-amerikanischen Besatzungskinder in Österreich nicht. Viele der häufig nur kurz im Land stationierten US-Militärangehörigen wussten gar nicht, dass sie ein Kind gezeugt hatten. Andere mussten kurz vor oder nach der Geburt in die USA zurück. Von dort kam vielleicht später noch das eine oder andere Lebenszeichen, manchmal kamen auch

---

3   Ebd.

Geldbeträge, die irgendwann aufhörten. „Wenn das Kind da ist, kaufe ich ‚golden shoes' für mein Baby", hörte Frau M. in Erzählungen ihrer Mutter über den Vater.[4] Eingetroffen sind diese goldenen Schuhe nie.

Selbst intensive Pläne, die neuen österreichischen Angehörigen in die USA nachzuholen, konnten sich aus unterschiedlichsten Gründen wieder verlaufen, etwa wenn die Familie des US-Soldaten dagegen war. Bisweilen schalteten sich deren amerikanische Mütter direkt ein und appellierten brieflich an die österreichische Freundin ihres Sohnes: „Heirate einen Mann aus deinem Land."[5] Für das Kind wurde, wie im Fall von Frau M., eine Puppe mitgeschickt. Spätestens nach dem Abzug der Truppen waren die Väter dann überhaupt kaum mehr greifbar. Betroffenen Österreicherinnen wurde die Bekanntgabe der Heimatadresse von Angehörigen der US-Armee verweigert. Jahrzehnte später sind viele der ehemaligen GIs bereits verstorben und ihre Familien in den USA „reagieren bei Anfragen oft kühl bis ablehnend".[6]

Auch für Erika Daxer, die Protagonistin des einleitend vorgestellten Zeitungsberichts, war der emotional-positive Ausgang ihrer familiären Spurensuche bis zuletzt nicht voraussehbar: „‚Ich bin mit meinem Sohn Georg 8000 Kilometer geflogen, ohne zu wissen, was mich erwartet', erinnert sich die heute 59-Jährige an ihre erste Reise im Jahr 2009. Plan A sah vor, ‚einfach auf einen Kaffee zu erscheinen'. Als Plan B erhoffte sie sich, diesem verdrängten Teil ihres Lebens ein Stück näher zu kommen. Ihre Erwartungen wurden übertroffen: ‚Wir haben uns gesehen, und es hat klick gemacht.'"[7]

In anderen Fällen hingegen reichten die erhalten gebliebenen Informationen – ein vergilbtes Foto, eine Postkarte aus den USA, ein knapper Hinweis auf den damaligen militärischen Dienstgrad des Vaters, das Briefkuvert mit seiner Handschrift, der Name mit unvollständiger Adresse – nicht einmal aus, um überhaupt realistisch mit einer Suche beginnen zu können. Die innere und äußere Suche nach dem unbekannten Vater begleitet viele Frauen und Männer mit der spezifischen Herkunft als Besatzungskind trotzdem durch ihr bisheriges Leben. Manchmal als offenes Vorhaben, das man, wenn es zu konkret wurde, wieder wegpackte: aus Angst zu erfahren, dass der Vater nicht mehr lebt, dass man in seinem Leben keine Rolle spielt, dass es nichts

---

4 Interview mit Frau M., Jahrgang 1948, in: Bauer, Welcome Ami Go Home, S. 243.
5 Ebd., S. 242.
6 Mit 60 auf der Suche nach dem Vater, in: Salzburger Nachrichten, Lokalausgabe. 17.8.2009.
7 Es war wie ein Heimkommen für mich.

gibt, was einen verbindet – dass also die Geschichte, die man mit ihm hat, eine einseitige ist. Wurden gezielte Recherchen verfolgt, dann führten sie tatsächlich oft zu einem nur kurzen, sich wieder verlaufenden Kontakt. Dieser konnte trotzdem als wichtiger Schritt erlebt werden, wenn er aus einer imaginären Figur eine fassbare Person mit einem realen Gesicht und einer konkreten Geschichte werden ließ und damit die Möglichkeit eröffnete, jenseits von Idealisierung oder Ressentiments zur eigenen Herkunft als Besatzungskind zu stehen.[8]

Die Suche nach dem Vater scheint schon seit einigen Jahren auch zur Herausbildung einer – aus der bisherigen Vereinzelung herausführenden – Erfahrungsgemeinschaft ehemaliger Besatzungskinder beizutragen. Das Faktum, dass es andere – und viel mehr als zuvor geahnt – gibt, die die gleiche Leerstelle in der eigenen Herkunft teilen, wird als erleichternd empfunden. Und Berichte in den Medien über Recherchen mit erfolgreichem Ausgang haben ebenfalls Identifikationspotenzial. So heißt es etwa auf der Homepage einer Österreicherin: „Als US-Besatzungskind bin ich stolz darauf, dass US-Besatzungskinder diesen nicht nur anstrengenden, sondern erschöpfenden, hochkomplizierten und mit immer neuen Widerständen der verschiedensten Art verstellten Weg unter Erbringung eines schwer vorstellbaren psychischen, sozialen, arbeitstechnischen, materiellen bzw. finanziellen und schließlich zeitlichen Aufwandes konsequent zu Ende gegangen sind. Sie haben es für alle US-Besatzungskinder, für deren WÜRDE ALS MENSCHEN getan, auch für mich haben sie es getan! DANKE!!!!"[9]

Auch auf eine ganz unmittelbare Wechselwirkung zwischen Betroffenen und zeitgeschichtlicher Forschung sei in diesem Zusammenhang verwiesen. Historiker und Historikerinnen, die im Forschungsfeld „Besatzungskinder" arbeiten, wurden immer wieder – und werden es nach wie vor – von Betroffenen und deren Angehörigen – Ehepartner, Kinder, Enkel – kontaktiert, in der Hoffnung, das familienbiografische Vakuum mit Informationen füllen zu können und bei der auf eigene Faust betriebenen Suche nach dem Vater/Großvater Unterstützung zu finden. In dem einen oder anderen Fall war es tatsächlich möglich, sehr konkret behilflich zu sein. Seit einiger Zeit kann jedoch auf Netzwerke von Betroffenen verwiesen werden, die mit ihren Erfahrungen, Kontakten und gezielten Recherchestrategien zum Beispiel jenen weiterhelfen, „who are trying to trace their American GI fathers or fa-

---

8 Vgl. dazu Bauer, Welcome Ami Go Home, S. 254.
9 Erste Monate – Ein dramatischer Lebensanfang als „US-Besatzungskind", http://privat.margaretha hopfner.net/lebensanfang.htm, 19.9.2012, 17.25 Uhr sowie 18.6.2013, 11.45 Uhr, Mozilla Firefox. Die Hervorhebungen wurden im Original vorgenommen.

mily", wie es etwa auf der Homepage von GI TRACE heißt, einer Gruppe, die US-Besatzungskinder, die nach dem Zweiten Weltkrieg in Europa geboren wurden, unterstützt und auch eine Anlaufstelle für Deutschland und Österreich hat.[10]

„... uns zu unseren amerikanischen Vätern stolz bekennen"
Enttabuisierung, Entstigmatisierung als Folge einer Verschiebung im Feld der Diskurse zur Besatzungszeit

Impulse einer zeitgeschichtlichen Forschung, die selbst den vermittelnden Zugang zu den Betroffenen sowie zu einer breiten Öffentlichkeit nicht scheut, sowie – an deren Ergebnissen anknüpfend – eine dichter werdende mediale Aufmerksamkeit haben jene Kultur des Vergessens aufgebrochen, von der das Thema „Besatzungskinder" nach dem Ende der Besatzungszeit allmählich zugedeckt und verdrängt worden war: sowohl im öffentlichen Österreichischen Gedächtnis als auch in den privaten Familiengedächtnissen.

Dass dieses neue Interesse zudem auch mit einer Ent-Stigmatisierung des einstigen Tabus verbunden ist, hat mit einer zentralen Verschiebung im Feld der Diskurse zur sogenannten Besatzungszeit der Jahre 1945 bis 1955 zu tun, für deren Bewertung auf die Gründungsväter der Zweiten Republik zurückgehende politische Kampfwörter wie „Fremdherrschaft", „Bevormundung", „Kuratel", „Einmischung" gebräuchlich geblieben waren.[11]

50 Jahre nach deren Ende, also Mitte der 1990er-Jahre, begann man nach der Opferthese im Zusammenhang mit dem Nationalsozialismus auch die Bevormundungsrhetorik in Bezug auf die alliierte Besatzung zu historisieren und die Narrative über dieses Kapitel der österreichischen Geschichte zu erweitern: etwa um den vielfältigen Beitrag, den die Alliierten zum Aufbau der Zweiten Republik geleistet hatten, um das Eingeständnis der „Vorgeschichte", „dass die Souveränitätseinschränkung, die die alliierte Besatzung verkörperte", auch Gründe hatte, die „mit dem NS-Gräuel sowie der Verstrickung vieler Österreicher in diesen in Verbindung standen"[12]; und um die Anerken-

---

10 GI trace, www.gitrace.org, 1.7.2013, 14.55 Uhr, Mozilla Firefox; siehe auch die Homepage von T.R.A.C.E. – Transatlantic Childrens' Enterprise, http://www.tracepw.org, 1.7.2013, 14.35 Uhr, Mozilla Firefox.
11 Vgl. dazu u. a. die kritische Position etwa von Thomas Angerer, Der „bevormundete Vormund": Die französische Besatzungsmacht in Österreich, in: Alfred Ableitinger – Siegfried Beer – Eduard G. Staudinger (Hg.), Österreich unter Alliierter Besatzung 1945–1955. Wien – Köln – Graz 1998, S. 159–204, hier: S. 163.
12 Robert Knight, Einleitung, in: Robert Knight (Hg.), „Ich bin dafür, die Sache nicht in

nung, dass vor diesem Hintergrund die Alliierten nicht nur Besatzer, sondern auch Befreier waren.[13] Das ließ auch den Fluss der mündlich tradierten, lebensweltlichen Erinnerungen an diese Zeit eine neue Richtung einschlagen, wobei – wie sich an einem großen Oral-History-Projekt im Bundesland Salzburg, das Zentrum der US-Zone, aber, so seine Selbstwahrnehmung, auch des „goldenen – amerikanischen – Westens" in Österreich war, zeigen sollte – das kommunikative Gedächtnis der Erlebnisgenerationen ohnehin vielstimmiger war als die offizielle Erinnerungspolitik.[14]

Für die österreichischen Nachkommen ehemaliger Besatzungssoldaten bedeuteten diese Verschiebungen im Diskurssystem einen neuen – befreienden – Rahmen für die Aneignung und Bewertung der eigenen Herkunftsgeschichte. Ute Baur-Timmerbrink brachte die sich verändernden Ausgangs- wie Gefühlslagen ihrer Schicksalsgenossinnen und -genossen – sie selbst erfuhr erst im Alter von 52 Jahren von ihren Wurzeln als Besatzungskind und ihrem US-amerikanischen Vater – in einem Interview mit dem ORF im Jahr 2010 so auf den Punkt: „Wir müssen uns nicht weiter ducken, wir können uns zu unseren amerikanischen Vätern, die als Befreier – nicht als Feind – nach Deutschland und Österreich kamen, stolz bekennen."[15]

Dieser Tenor „Wir müssen uns nicht weiter ducken", auf den ich in den letzten Jahren immer wieder stieß – in persönlichen Gesprächen und Mails mit Betroffenen, auch auf privaten Websites und Blogs im Internet –, kann emotional ganz unterschiedlich eingefärbt sein: vom selbstbewussten „Ich bin stolz, ein Besatzungskind zu sein" bis zum herausfordernd vorgebrachten Anliegen nach einer öffentlichen Aufmerksamkeit, die alle Facetten, die mit der spezifischen Herkunft als Besatzungskind und deren Folgen verbunden sein konnten und weiterhin können, in den Blick nimmt – also nicht nur Geschichten mit Happy End. Lässt sich doch im Zusammenhang mit der eingangs vorgestellten Geschichte argwöhnen, dass deren Medien- und Öf-

---

die Länge zu ziehen". Wortprotokolle der österreichischen Bundesregierung von 1945–1952 über die Entschädigung der Juden. Frankfurt/Main 1988, S. 23–70, hier: S. 49.

13 Vgl. dazu Ingrid Bauer, Mächtige Fremde. Zur Erfahrung und Produktion von Eigenem und Fremdem im Nachkriegs- und Besatzungsjahrzehnt, in: Informationen zur Politischen Bildung. Nr. 22, 2004 (Schwerpunkt: Frei – Souverän – Neutral – Europäisch, 1945, 1955, 1995, 2005), S. 28–37, hier: S. 36.

14 Projekt „Befreit – besetzt. Salzburg 1945/1955", Idee und Konzept: Ingrid Bauer, wissenschaftliche Leitung: Ingrid Bauer und Reinhold Wagnleitner, Projektträger: Boltzmann-Institut für Gesellschafts- und Kulturgeschichte, Universität Salzburg und Land Salzburg, Laufzeit: 1994/1995.

15 Auf der Suche nach dem Vater. GI-TRACE hilft Besatzungskindern, http://news.orf.at/stories/2033527/2033541, 1.7.2013, 15.20 Uhr, Mozilla Firefox. Siehe dazu auch den Beitrag von Ute Baur-Timmerbrink in diesem Band.

HEIRATSANZEIGEN

Zur finanziellen und wirtschaflichen Bessergestaltung am Aufbau eines Baubetriebes samt Wohnhaus im Oberpinzgau wird von Gewerbetreibendem, 36 J., nette, blonde Witwe mit 1 Kind (kein Ami), mit besten Koch-, Näh- und etwas Bürokenntnissen gesucht. Erwünscht: Nettes Wesen, Liebe als Hausfrau und keine Sportlerin. Zuschriften m. Lichtbild (wird ehrenwörtlich retourniert) unt. „Gemeinsames Schaffen 603" an die PPZ-Verwaltung.

Abb. 1: Unerwünschter Störfaktor: Der vielfache Ausschluss von „Ami-Kindern" aus der österreichischen Nachkriegsgesellschaft zog sich bis hinein in Heiratsannoncen dieser Zeit. Quelle: Pinzgauer und Pongauer Zeitung, 10.4.1948

fentlichkeitstauglichkeit nicht zuletzt auf ihren fast märchenhaften Ausgang zurückzuführen ist. Die Aspekte früherer Diskriminierung wurden jedenfalls nur mit einer kurzen Anmerkung gestreift: „Ein ‚Besatzungskind' zu sein sei für Erika Daxer nicht leicht gewesen: ‚Da gab es schon Vorbehalte'"[16], heißt es im Zeitungsbericht. Die Lebensschicksale ehemaliger, heute längst erwachsener Besatzungskinder drängen jedoch danach, in vollem Umfang erzählt, wahrgenommen und in das Österreichische Gedächtnis integriert zu werden.

Dazu gehört auch, dass die Bürde, ehemals „ein Kind der Schande" gewesen zu sein, und die Bitterkeit darüber nicht in allen Fällen so leicht abzuschütteln waren und sind. Das machen die folgenden Eintragungen auf der schon genannten persönlichen Homepage einer betroffenen Österreicherin deutlich: „Was, so denken sich wohl nicht wenige [...], können schon ‚Bastarde' überhaupt Vernünftiges zu sagen haben?!!! Zumeist wollen doch nicht einmal die Besatzungsmächte, die sie fallengelassen haben im ehemaligen Feindesland wie unbrauchbares Leergut, etwas mit ihnen zu tun haben. [...] Etwas krasser gesagt, werden Besatzungskinder – und dies in der Tat nicht nur von den Kriegshandelnden – wohl dem ‚Dreck', den ‚schmutzigen Kosten' DES KRIEGES zugerechnet, den ein Krieg eben ‚notgedrungen' verursacht oder einfach ‚mit sich bringt'". Doch, wird dem in Großbuchstaben entgegengehalten: „Das Schicksal von Besatzungskindern, JEDES EINZELNE ist das eines MENSCHEN mit Herz und Verstand und einer WÜRDE; die in JEDEM MENSCHEN wohnt." Aus diesem Grund habe sie auch – so die Betroffene – ihre persönliche Geschichte und die zur ihrer Biografie gehörenden zentralen Dokumente ins Netz gestellt, entgegen der in ihrem Inneren „‚mahnenden' Stimme ‚Das tut man nicht!'" Trotz dieser habe sie „den inneren und äußeren Spießrutenlauf [...], den Schritt in die Öffentlichkeit zu tun", auf sich genommen: als offensive

---

16 Es war wie ein Heimkommen für mich.

Gegenstrategie zur jahrzehntelangen Tabuisierung der eigenen Herkunftsgeschichte, als Gegenstrategie zur Befolgung eines gesellschaftlichen Schweigegebots, das, weil sie in einer Adoptivfamilie aufwuchs, ein doppeltes war, und: als Strategie der Selbstermächtigung: „Wer denn sonst als ich selber soll Partei ergreifen für diesen – unaufhörlich schmerzenden – Bereich meiner Person!"[17]

Mitunter war und ist – wie dieses Beispiel auf bewegende Weise zeigt – ein hohes Ausmaß an intensivster emotionaler Arbeit notwendig, um aus dem Zirkel von erlebter Stigmatisierung und verinnerlichter Selbststigmatisierung auszubrechen und in positiver Weise zu den eigenen biografischen Wurzeln als Besatzungskind zu stehen. Insgesamt wurden solche Prozesse der Auseinandersetzung und Aneignung sehr unterschiedlich gefühlt und erlebt. Die eigene individuelle Lebensgeschichte aus den historisch-gesellschaftlichen Rahmenbedingungen heraus zu verstehen, erwies sich in diesem Prozess – wie zahlreiche konkrete Rückmeldungen belegen – als förderlicher Schritt. Zu einer wichtigen Ressource dafür wurde jenes differenzierte, lebensweltnahe zeitgeschichtliche Wissen, das alltagsgeschichtliche, erfahrungsgeschichtliche und geschlechtergeschichtliche Forschungsansätze seit den 1990er-Jahren auch für das Nachkriegs- und Besatzungsjahrzehnt zu erarbeiten begannen.

Die zeitgeschichtliche Forschung zum Thema und ihre bisherigen Ergebnisse als symbolisches und moralisches Kapital für neue Selbstpositionierungen von Betroffenen

Ebenso wie im österreichischen Gedächtnis insgesamt war das Thema „Besatzungskinder" auch in der österreichischen Zeitgeschichtsforschung bis Mitte der 1990er-Jahre ausgeblendet geblieben. Am frühesten setzte ein wissenschaftliches Fragen danach, wenn auch vorerst noch eher am Rande, in frauengeschichtlichen Forschungskontexten und konzentriert auf die westlichen Besatzungszonen ein.[18] Aus diesem Paradigma heraus konnte ich selbst ab

---

17 Erste Monate – Ein dramatischer Lebensanfang als „US-Besatzungskind", http://privat.margaretha hopfner.net/lebensanfang.htm, 19.9.2012, 17.25 Uhr sowie 18.6.2013, 11.45 Uhr, Mozilla Firefox. Die Hervorhebungen wurden im Original vorgenommen.
18 Vgl. dazu frühe Arbeiten in diesem Forschungskontext, die das Thema Besatzungskinder ansprechen, etwa: Renate Huber, „I säg all, ma heat vrgessa höra schaffa ...". Alltagsleben von Frauen in Vorarlberg während der Besatzungszeit 1945–1953 anhand lebensgeschichtlicher Interviews. Diplomarbeit, Universität Salzburg 1996; Renate Huber, „Als Mann hätte er mich interessiert, als Mann ...". Beziehungen von Vorarlberger Frauen zu französischen Besatzungssoldaten auf der Basis lebensgeschichtlicher Interviews, in: Montfort. 49, 2, 1997, S. 177–196; Karin M. Schmidlechner, Frauenleben in

1993 mit dem Projekt „Leben mit den BeFreiern. Eine Geschlechtergeschichte der Besatzungszeit" erste Impulse setzen.[19] Dabei wurde bei den Quellenrecherchen rasch deutlich, welcher Schutt an zeitgenössischen Vorurteilen, Abwertungen und Ausgrenzungen hier wegzuräumen war. Wurden doch in den Wahrnehmungs- und Interpretationsmustern der Nachkriegszeit solche Beziehungen – unabhängig von ihren vielfältigen Formen sowie mit markanten Folgen für Kinder, die daraus hervorgingen – häufig unter folgenden emotional aufgeladenen Punzierungen verbucht[20]: Umgang mit dem ehemaligen Feind – und im Denkkorsett aus dem Krieg weiterwirkender Abgren-

---

Männerwelten. Kriegsende und Nachkriegszeit in der Steiermark. Wien 1997 (insbes. S. 65–88, Die britische Besatzungszeit); Regina Brunnhofer, „Liebesgeschichten und Heiratssachen". Das vielfältige Beziehungsgeflecht zwischen Britischen Besatzungssoldaten und Frauen in der Steiermark zwischen 1945–1955. Diplomarbeit, Universität Graz 2002. Für die sowjetische Zone lag lange nur eine Aufarbeitung mit dem Fokus auf Vergewaltigungen vor, siehe dazu u. a.: Marianne Baumgartner, Vergewaltigungen zwischen Mythos und Realität. Wien und Niederösterreich im Jahr 1945, in: Peter Eppel (Hg,), Frauenleben 1945. Kriegsende in Wien. Katalog zur 205. Sonderausstellung des Historischen Museums der Stadt Wien. Wien 1995, S. 59–72.

19 Das Projekt wurde 1993–1995 im Rahmen des Boltzmann-Instituts für Gesellschafts- und Kulturgeschichte/Forschungsstelle Salzburg durchgeführt. Vgl. dazu die daraus hervorgegangenen Publikationen: Ingrid Bauer, „Ami-Bräute" – und die österreichische Nachkriegsseele, in: Peter Eppel (Hg.), Frauenleben 1945. Kriegsende in Wien. Katalog zur 205. Sonderausstellung des Historischen Museums der Stadt Wien. Wien 1995, S. 73–83; Ingrid Bauer, „USA-Bräute". Österreichisch-Amerikanische Eheschließungen auf dem Salzburger Standesamt, in: Erich Marx (Hg.), Befreit und Besetzt. Stadt Salzburg 1945–1955. Schriftenreihe des Archivs der Stadt Salzburg. Bd. 7. Salzburg – München 1996, S. 147–151; Ingrid Bauer, Die „Ami-Braut" – Platzhalterin für das Abgespaltene? Zur (De-)Konstruktion eines Stereotyps der österreichischen Nachkriegsgeschichte 1945–1955, in: L'Homme. Europäische Zeitschrift für Feministische Geschichtswissenschaft. 7, 1, 1996, S. 107–121; Ingrid Bauer, „Austria's Prestige Dragged into the Dirt …"? The ‚GI-Brides' and Postwar Austrian Society (1945–1955), in: Günter Bischof – Anton Pelinka – Erika Thurner (Hg.), Women in Austria. Contemporary Austrian Studies. Vol. VI. New Brunswick – London 1998, S. 41–55; Ingrid Bauer, The GI-Bride – On the (De)Construction of an Austrian Postwar Stereotype, in: Claire Duchen – Irene Bandhauer-Schöffmann (Hg.), When the War was Over … Women, War and Peace in Europe, 1940–1956. London – New York 2000, S. 222–232; Bauer – Huber, Sexual Encounters Across (Former) Enemy Lines.

20 Vgl. dazu Bauer, „Austria's Prestige Dragged into the Dirt …"?; Bauer, The GI-Bride – On the (De)Construction of an Austrian Postwar Stereotype; Ingrid Bauer, „Die Amis, die Ausländer und wir". Zur Erfahrung und Produktion von Eigenem und Fremdem im Jahrzehnt nach dem Zweiten Weltkrieg (insb. Kapitel: „Die Ami-Bräute, das war Verrat …" Oder: Die Provokation eines facettenreichen Fremdgehens, S. 236–242), in: Ingrid Bauer – Josef Ehmer – Sylvia Hahn (Hg.), Walz – Migration – Besatzung. Historische Szenarien des Eigenen und des Fremden. Publikationsreihe des Bundesministeriums für Bildung, Wissenschaft und Kultur zum Forschungsschwerpunkt Fremdenfeindlichkeit. Bd. 6. Klagenfurt 2002, S. 197–276.

zungen demnach „ehrlos"; „Verrat" an den österreichischen Männern, die als Verlierer heimgekehrt waren und die Sieger als übermächtige Konkurrenten erlebten; und dann in den 1950er-Jahren – aus der Perspektive eines nunmehr forcierten Österreichpatriotismus, der die „fremden Landesherren", wie es hieß, abschütteln wollte – „Untreue gegenüber der Heimat". Dazu kam der moralische Generalverdacht der Prostitution. Und später, ab Anfang der 1950er-Jahre: sozialer Neid auf die materiellen Privilegien, über die Frauen mit Kontakten zu den Amerikanern verfügten und die sie zu Pionierinnen einer neuen Konsummoral machten, die in Österreich selbst erst später realisierbar war.[21]

Ein zweiter, dem Thema „Besatzungskinder" förderlicher Kontext war jener, aus dem heraus ein kritischer Zugang zum österreichischen Gedächtnis, zur offiziellen Erinnerungskultur, ihren Ausblendungen und Mythen gesucht wurde. Im Unterschied zur üblichen rot-weiß-roten Erfolgssaga der Zweiten österreichischen Republik holte man hier bewusst Geschichten herein, die ambivalenter waren als jene geglätteten, die bei den offiziellen Anniversarien 1995 – 2000 – 2005 erzählt wurden.[22] Zu solchen verdrängten Gegenerinnerungen zu gängigen Wiederaufbaumythen gehören auch die Lebensgeschichten der sogenannten Besatzungskinder, von denen sich die Nachkriegsgesellschaft in ihren Ordnungs-, Harmonie- und Normalisierungsbedürfnissen gestört fühlte. Das zeitgenössische Etikett „Mischlingskinder" – und die dahinterstehenden Erfahrungen von Kindern mit afroamerikanischen oder marokkanischen Besatzungsvätern – stand dabei in besonderem Maße für eine an der Hautfarbe festgemachte und als nicht integrierbar betrachtete Differenz.[23]

---

21 Ingrid Bauer, Americanizing/Westernizing Austrian Women: Three Scenarios from the 1950s to the 1970s, in: Günter Bischof – Anton Pelinka (Hg.), The Americanization/Westernization of Austria. Contemporary Austrian Studies. Vol. 12. New Brunswick – London 2004, S. 170–185, hier: S. 171–173.
22 Vgl. dazu Bauer, Mächtige Fremde, S. 28–37.
23 Vgl. dazu Renate Huber, Identität in Bewegung. Zwischen Zugehörigkeit und Differenz. Vorarlberg 1945–1965. Innsbruck – Wien – Bozen 2004 (vgl. insbesondere das Kapitel: IV.4. Auf der Suche – Besatzung und ihre Kinder, S. 184–198); vgl. dazu auch Ingrid Bauer, Nachkriegsrassismus – Das Stigma der „Mischlingskinder" von afroamerikanischen Besatzungssoldaten und Österreicherinnen, Vortrag auf dem Symposium „Gegenerinnerungen: Zwangsarbeit, Arisierung, Mischlingskinder" am 30. Mai 2005, Veranstalter: Zentrum für jüdische Kulturgeschichte, Universität Salzburg, und die daran anknüpfende Resonanz in den Medien: „Besatzungskind" aus Salzburg: „Ich bin eine ewige Exotin", in: Salzburger Nachrichten, Lokalausgabe. 1.6.2005; Immer noch tabu: Das schwere Leben der Besatzungskinder. Die Tochter einer Salzburgerin und eines afroamerikanischen Besatzungssoldaten erzählt, in: Salzburger Fenster. 18, 2005.

Abb. 2: Vergessene Kinder: Eine Tante habe ein Kind von einem „schwarzen" GI gehabt, als ihr Mann aus der sowjetischen Kriegsgefangenschaft zurückkehrte, erinnerte sich ein Gesprächspartner. Die Ehe sei auseinandergegangen. Wo dieses Kind heute lebe, wisse er nicht; darüber sei in der Verwandtschaft nie wieder gesprochen worden. Auch dieses Foto von einem sogenannten „Mischlingskind" wurde im Rahmen eines Forschungsprojektes ohne weitere Erläuterungen zugeschickt. Wer dieser Bub ist, daran konnte sich niemand erinnern. Quelle: Sammlung Bauer, Bestand Privatfoto

In diesem Zusammenhang scheint es mir durchaus symptomatisch, dass meine Recherchen zu Besatzungskindern österreichisch-afroamerikanischer Herkunft Ende der 1990er-Jahre zuallererst für eine ethnologische Tagung zu „Afrika, Diaspora und Migration" angefragt und in diesem Zusammenhang auch publiziert wurden.[24] Im weißen Österreich und in der Geschichtswissenschaft wirklich angekommen war das Thema damit aber nicht. Vereinzelt wurde es zum Fokus künstlerischer Projekte[25] und fand erst in den letzten Jahren insbesondere im Rahmen zivilgesellschaftlicher Auseinandersetzun-

---

24 Bauer, „Leiblicher Vater: Amerikaner (Neger)", S. 49–67.
25 Siehe dazu die literarische Verarbeitung im Roman des österreichischen Schriftstellers Peter Henisch, Schwarzer Peter, Salzburg 2000 und meinen die soziale Realität von „Mischlingskindern" einbringenden Panelbeitrag dazu im Rahmen der German Studies Association Conference 2000, Houston/USA: Ingrid Bauer, „Schwarzer Peter – A Historical Perspective: Henisch and the Postwar Austrian Occupation". H-Net Discussion Networks – Austrian Studies at the GSA meeting, http://h-net.msu.edu/cgi-bin/logbrowse.pl?trx=vx&list=habsburg&month=0010&week=e&msg=AxxffA70V/JhosQt7euZ7g&user=&pw=, 1.7.2013, 11.25 Uhr, Mozilla Firefox.

gen mit dem gegenwärtigen Rassismus und interethnischen Fragen ein größeres Interesse. Auch im wissenschaftlichen Kontext ergaben sich neue Anschlussmöglichkeiten, etwa im Rahmen der „Black European Studies". Ein intensiveres Eintauchen erfolgt gegenwärtig wieder durch das laufende Forschungsprojekt von Philipp Rohrbach, Marion Krammer, Regina Fritz und Niko Wahl „Vergessene Kinder. Die Geschichte afro-amerikanischer GIs und österreichischer Frauen in der Besatzungszeit".[26]

In der klassischen Forschung zur alliierten Besatzung in Österreich, die lange auf militärische sowie innen-, kultur- und außenpolitische Themen und solche des Kalten Krieges fixiert war, blieb man mit all diesen Fragestellungen „exotisch". In dem im Jahr 2005 von Stefan Karner und Barbara Stelzl-Marx herausgegebenen großen Sammelwerk zur gesamten sowjetischen Besatzungszone in Österreich, das auf ein von 2000 bis 2005 durchgeführtes bilaterales Projekt zurückgeht, waren diese Aspekte unter dem Stichwort „Alltag in der sowjetischen Besatzungszone" umfassend und differenziert präsent.[27] Für den vorliegenden Überblick ist dabei insbesondere auf den Beitrag von Barbara Stelzl-Marx, „Freier und Befreier" zu verweisen, die mit ihren weiteren Arbeiten dazu auch zu einer stärkeren Internationalisierung der österreichischen Forschung zum Thema beitrug.[28]

Mit dieser Aufarbeitung des in der österreichischen Nachkriegszeit so signifikanten Phänomens von Besatzungsbeziehungen und Besatzungskindern auch für die sowjetische Zone war somit eine – erstmals alle vier Besatzungszonen mit einbeziehende – Synthese bisheriger Forschungsergebnisse möglich, welche die Historikerin Renate Huber und ich im größeren Kontext einer Geschichte der Sexualität in Österreich erarbeiten konnten.[29]

Die dem vorliegenden Sammelband zugrunde liegende internationale wissenschaftliche Konferenz „Besatzungskinder in Österreich und Deutschland" war ein weiterer wichtiger Impuls, der nunmehr dezidiert die Folgen dieser spezifischen biografischen Herkunft in den Blick nahm.[30]

---

26 Siehe dazu den Beitrag von Regina Fritz et al. im vorliegenden Band.
27 Barbara Stelzl-Marx, Freier und Befreier. Zum Beziehungsgeflecht zwischen sowjetischen Besatzungssoldaten und österreichischen Frauen, in: Stefan Karner – Barbara Stelzl-Marx (Hg.), Die Rote Armee in Österreich. Sowjetische Besatzung 1945–1955. Beiträge. Graz – Wien – München 2005, S. 421–448.
28 Vgl. dazu u. a. Barbara Stelzl-Marx, Die unsichtbare Generation. Kinder sowjetischer Besatzungssoldaten in Österreich und Deutschland, in: Ingvill C. Mochmann – Sabine Lee – Barbara Stelzl Marx (Hg.), Children Born of War: Second World War and Beyond. Historical Research. Vol. 34, 3. Köln 2009, S. 352–373; Barbara Stelzl-Marx, Stalins Soldaten in Österreich. Die Innensicht der sowjetischen Besatzung. Wien – München 2012, S. 525–558.
29 Siehe Bauer – Huber, Sexual Encounters Across (Former) Enemy Lines.
30 Die wissenschaftliche Konferenz „Besatzungskinder in Österreich und Deutschland"

Abb. 3: „As happy as could be" notierte eine Österreicherin auf der Rückseite dieses Schnappschusses aus dem Jahr 1946. Das Foto und die Liebesbriefe, die sie von einem US-Besatzungssoldaten erhielt, bewahrte sie bis heute auf, obwohl die Beziehung durch seine Versetzung nach Deutschland auseinanderriss. Quelle: Sammlung Bauer, Bestand Privatfoto

Kontakte, Bekanntschaften, Beziehungen zwischen einheimischen Frauen und Angehörigen der in Österreich stationierten alliierten Armeen gab es, wie gesagt, in allen vier Besatzungszonen. In der US-amerikanischen Zone war dieses Phänomen, trotz anfänglichem Fraternisierungsverbot, jedoch quantitativ am stärksten ausgeprägt. Die US-Soldaten vermochten – jenseits ihres Status als ehemalige Feinde, Sieger, Besatzer – offenbar in besonderem Maße Fantasien und Hoffnungen zu mobilisieren, kamen sie doch mit dem „Mythos Amerika in ihrem Handgepäck"[31]. Dabei wurde dessen Strahlkraft nicht nur mit jener materiellen Fülle und Üppigkeit assoziiert, welche die GIs, sozusagen als seine Botschafter vor Ort, vorlebten, sondern etwa auch mit einem Lebensgefühl der Freiheit, der Individualität, der Ungezwungenheit jenseits autoritärer Kollektive und Strukturen.[32]

Die Motive von Frauen, Beziehungen mit Angehörigen der US-Armee einzugehen – Freude und Erleichterung über das Ende des Krieges; Bedürfnis nach Schutz oder danach, versäumtes Leben nachzuholen, Hoffnung auf ein bessere Zukunft etc. – waren ebenso vielfältig wie die Bandbreite der erotischen Annäherungen: „Diese reichte von Flirts, Beziehungen für ab und zu, für einen Sommer oder die Dauer der Stationierung bis hin zu mehreren tausend Eheschließungen"[33], die ab Jänner 1946 erlaubt waren und allein auf dem Stadtsalzburger Standesamt zehn Prozent aller Trauungen ausmachten,

---

fand am 27. September 2014 unter der wissenschaftlichen Leitung von Barbara Stelzl-Marx und Silke Satjukow an der Diplomatischen Akademie in Wien statt.

31 Johannes Putz, Zwischen Liebe und Business. Österreicherinnen und Amerikanische GIs in der Besatzungszeit. Diplomarbeit, Universität Salzburg 1995, S. 38.

32 Vgl. Bauer, Welcome Ami Go Home, S. 216–228 (Kapitel: Jeans, Boogie, Coca-Cola und die Erotik der Sieger).

33 Bauer, Die „Ami-Braut" – Platzhalterin für das Abgespaltene?, S. 110.

Abb. 4: Von vielen erhofft: Hochzeit eines USFA-Soldaten mit einer Österreicherin in der evangelischen Kirche in der Stadt Salzburg, 1953. Quelle: StAS, Bestand William L. Orten

die 1945 bis 1955 zwischen Frauen mit österreichischer Staatsbürgerschaft und einem Angehörigen der US-Armee durchgeführt wurden.[34] Auch das Phänomen „Prostitution" in all ihren professionellen und halbprofessionellen Spielarten bis hin zur sogenannten „Überlebensprostitution", wie die Behörden das Beschaffen von Lebensmitteln durch sexuelle Kontakte nannten, war in der US-Zone besonders ausgeprägt. „Einen Amerikaner zu haben, bedeutete Geborgenheit und keinen Hunger mehr leiden zu müssen",[35] heißt es, ganz pragmatisch, etwa in der Ortschronik der Salzburger Gemeinde Saalfelden über diese Form weiblicher Überlebensmoral, von der ganze Familien lebten. Auf das bloße materielle Kalkül zu reduzieren sind jedoch auch diese Beziehungen nicht, die Grenze zwischen dem Hunger nach Kalorien und jenem nach Leben war fließend.

Wie viele Kinder aus Beziehungen zwischen Österreicherinnen und US-Militärangehörigen hervorgingen, lässt sich bislang nur schwer in Zahlen fassen. Die Dunkelziffer dürfte jedenfalls beträchtlich sein. „Viele haben es sich ja nicht einmal den Eltern zu sagen getraut, dass sie von einem Ami ein Kind haben oder dass sie mit einem Amerikaner ‚gehen'", erinnert sich

---

34 Bauer, „USA-Bräute", S. 148.
35 Marktgemeinde Saalfelden (Hg.), Chronik von Saalfelden. Bd 1. Saalfelden 1992, S. 381; vgl. dazu auch: Bauer, „Ami-Bräute" – und die österreichische Nachkriegsseele, S. 77.

eine ehemalige Kinderschwester der gynäkologischen Abteilung eines städtischen Krankenhauses.[36] Wie eingangs schon angeführt, ist von mindestens 5000 Kindern, wahrscheinlich aber viel mehr auszugehen. Die Zahl von 4000 amerikanischen „Armeekindern", die sich in zeitgenössischen Quellen für den Zeitraum 1945 bis 1949 für die gesamte US-Zone in Österreich findet, ist lediglich ein vager Anhaltspunkt.[37] Wird doch allein für Salzburg von den damals zuständigen Behörden eine offizielle Gesamtzahl von 1899 Besatzungskindern genannt.

Diese akribisch anmutende Bezifferung ist eine Folge davon, dass Besatzungskinder als uneheliche Kinder unter Aufsicht der Jugendämter standen und aus der bürokratischen Perspektive der Behörden heraus als unliebsamer, aus der Besatzungszeit „übrig gebliebener" Kostenfaktor für die öffentliche Hand verbucht wurden. Insbesondere wenn sie auf Pflegeplätzen oder in Heimen untergebracht werden mussten[38], weil der Versorgungsdruck die oftmals sehr jungen ledigen Mütter überforderte und deren Herkunftsfamilien ihnen den notwendigen Rückhalt verweigerten. Dass solche Bedingungen des Aufwachsens nicht selten waren, dokumentieren die Fürsorgeakten der 1950er- und 1960er-Jahre. Hinter dort immer wieder auftauchenden amerikanischen Vornamen wie Betty, Frank, Jenny, Riky, Lynn, George, Willy, Miranda, „Elmo (genannt Meikl)" enthüllen sich sehr unterschiedliche, aber stets emotional zutiefst belastete Schicksale, an deren Beginn oft die große Hoffnung ihrer Mütter auf ein besseres Leben gestanden war, die sich dann zerschlug.

So lässt sich dem Fürsorgeakt eines 1949 geborenen Mädchens Folgendes entnehmen: Ihre Mutter und ein 23-jähriger US-Militärangehöriger aus Georgia haben zwei Jahre lang „in einem eheähnlichen Verhältnis" gelebt, die Heiratspapiere eingereicht, zwei Monate nach der Geburt der Tochter wurde der Vater – er hatte die Vaterschaft für die im Jänner Geborene im März anerkannt – in die USA rückversetzt. „Er hatte vor", wird im Akt die Darstellung der Mutter festgehalten, „wieder zurückzukommen, was ihm aber abgelehnt worden sei. Die KM [Kindsmutter] sei noch einige Zeit mit ihm im Briefverkehr gestanden – seit Mai 1949 wisse sie aber nichts mehr von ihm; er sei seither unbekannten Aufenthaltes." Die Mutter brachte ihre Tochter finanziell alleine durch. Da sie arbeitete, wuchs diese bei der Großmutter

---

36 Interview mit Frau K., Jahrgang 1930, in: Bauer, Welcome Ami Go Home, S. 239.
37 Vgl. dazu Harry Slapnicka, Oberösterreich – Zweigeteiltes Land 1945–1955. Beiträge zur Zeitgeschichte Oberösterreichs. Linz 1986, S. 46.
38 Vgl. dazu u. a. die Studie Ingrid Bauer – Robert Hoffmann – Christina Kubek, Abgestempelt und ausgeliefert. Fürsorgeerziehung und Fremdunterbringung in Salzburg nach 1945. Innsbruck – Wien – Bozen 2013.

auf. „1955 heiratet KM, ihr Mann nimmt das Mädchen als Wahlkind an; sie vereinbaren, dass das Kind nicht erfahren soll, dass sein Wahlvater nicht der leibliche Vater ist, Kind lebt im gemeinsamen Haushalt", hält die zuständige Fürsorgerin später im Akt fest. In der Pubertät begannen, laut Akt, „Erziehungsprobleme". Die 15-Jährige, die zu diesem Zeitpunkt bereits eine Lehre absolvierte, verließ das Elternhaus, machte einen Selbstmordversuch, es ist von einer „massiven Pubertätskrise im Rahmen des Ablösungsprozesses vom Elternhaus" die Rede und von einer „massiven Gegeneinstellung zum Vater". Das Mädchen wurde im Rahmen „Freiwilliger Erziehungshilfe" in ein Heim in Graz eingewiesen. 1965 kam von dort ein Brief an die Mutter: „Bitte komme mich besuchen. Weißt du, ich müsste dich viel fragen ..."[39]

Von der US-Armee wiederum hatten Mütter wie Kinder keinerlei Hilfe und keine finanzielle Unterstützung zu erwarten. Ein entsprechender Erlass hob hervor, dass die amerikanischen Streitkräfte in Europa „in keiner Weise für die geschlechtlichen Beziehungen ihrer Soldaten verantwortlich zu machen"[40] sind, die Konsequenzen habe allein die Frau zu tragen. Auch gegenüber den Vätern selbst stand ihnen kein Rechtsweg offen. Selbst wenn diese die Vaterschaft anerkannt hatten, unterlagen sie keinerlei Verpflichtungen zur Alimentation. Allerdings leisteten – nach damaligen Schätzungen des Landesjugendamtes in Salzburg – 20 Prozent der US-amerikanischen Väter freiwillig Unterhaltszahlungen, zumindest eine Zeit lang.[41] Dass Mütter wie Kinder angesichts solcher Rahmenbedingungen mit massiven Problemen konfrontiert waren, muss nicht gesondert betont werden und gilt für alle Besatzungszonen.

Die Lebenswirklichkeit in der Nachkriegszeit konnte trotzdem recht unterschiedliche Ausprägungen annehmen. Ein Spezifikum in der US-Zone war die für Militärangehörige mit höherem Dienstgrad gegebene Möglichkeit, mit ihren Gefährtinnen und Kindern zusammenzuleben. Diese hatten dadurch eine in ihrem Umfeld vielfach beneidete, weil materiell privilegierte Sonderstellung inne, die mit der Rückkehr der Väter in die USA verloren ging. Jetzt waren sie die besonders verspotteten „Ami-Gschrappen", deren Welt durch

---

39 Archiv der Stadt Salzburg (AStS), Aktenbestand Jugendamt/Fürsorge F6/83.
40 Der Erlass wurde der Bevölkerung über die Medien zur Kenntnis gebracht, vgl. dazu etwa ‚Schwangere Fräuleins' werden gewarnt, in: Demokratisches Volksblatt. 25.5.1946; Die Frau. 28, 21, 1946, S. 2.
41 Vgl. Bauer, Welcome Ami Go Home, S. 241; Sepp Weisskind, Das Land als soziale Gemeinschaft, in: Salzburger Landesregierung (Hg.), Salzburg – Kleinod von Österreich. 10 Jahre Aufbau 1945–1955, Salzburg o. J., S. 132–153, hier: 143–144 (Abschnitt: Sonderfall Besatzungskinder).

die Erfahrung „Zuerst wurden wir hofiert und später dann fallengelassen"[42] aus dem Gleichgewicht geriet: „Und dann – pusch!!! – kriegst du praktisch einen Fall ins Nichts. Naja, ich bin halt dann wieder hinauf gekrabbelt, auf den Level, auf dem ich heute bin."[43] Ähnliches konnte auch bei einer späteren Eheschließung der Mütter mit einem Österreicher passieren: „Der hat sie geheiratet und hat gesagt, ‚Kinder mache ich mir selber. Ein Amikind' – einen Ami-Gschrappen oder wie immer sie es genannt haben – ‚brauche ich nicht'", erzählt etwa Frau M., die bei Zieheltern aufwuchs, über den späteren Mann ihrer Mutter.[44]

Die Erfahrungen schwarzer Besatzungskinder im weißen Nachkriegsösterreich – „Ich habe mir nie gedacht, dass in meinem Leben einmal die Neger in den Gassen herumgehen werden [...] oder Negerkinder auf die Welt kommen"[45] – stellen ein spezifisches Kapitel der Ausgrenzung dar. Zu ihm gehörte zwar auch die Exotisierung des „Negerburli in der Lederhose. Entzückend war das"[46], die jedoch nur die Kehrseite einer besonders deutlichen Ablehnung war, die bis in die politischen Spitzen der Gesellschaft hineinreichte: „Einer besonders sorgfältigen Überlegung bedarf für die Zukunft die Überwachung der zweifellos zu erwartenden Konflikte mit der Umwelt bei Mischlingskindern, damit diese nicht ein störendes Element in der Umgebung werden"[47], hielt etwa ein für das Sozialressort zuständiger Nachkriegspolitiker fest. Aus welcher Richtung die Konfliktverursachung tatsächlich kam, ist in zahlreichen Oral-History-Interviews, aber auch in zeitgenössischen Zeitungsmeldungen belegt, zum Beispiel über das in einer Tageszeitung dargestellte Beispiel des „fünf Jahre alten Siegfried, Kind eines Negers und einer Österreicherin [...]. Die Dorfjugend verspottet den Kleinen, er schließt sich von den Kindern ab und will niemanden sehen".[48] „Irgendwie hört das nie auf", brachte Herr S. seine persönlichen Erfahrungen in einem im Jahr 2000 geführten Oral-History-Interview auf den Punkt: „In jeder neuen Situation fängt es von vorne an. Du bist schwarz und doch kein Ausländer. Ein Neger mit österreichischem Dialekt, das irritiert die Leute – auch heute noch."[49]

---

42 Interview mit Frau T., Jahrgang 1948, in: Bauer, Welcome Ami Go Home, S. 245.
43 Interview mit Herrn D., Jahrgang 1946, in: Bauer, Welcome Ami Go Home, S. 247.
44 Interview mit Frau M., Jahrgang 1946, in: Bauer, Welcome Ami Go Home, S. 243.
45 Interview mit Frau K., Jahrgang 1930, in: Bauer, Welcome Ami Go Home, S. 239.
46 Ebd.
47 Weisskind, Das Land als soziale Gemeinschaft, S. 143–144.
48 Salzburger Nachrichten. 25.4.1953; Bauer – Hoffmann – Kubek, Abgestempelt und ausgeliefert, S. 259.
49 Interview mit Herrn S., Jahrgang 1946, geführt am 21.8.2000 (Tonaufnahme und Transkript bei der Verfasserin).

Abb. 5: „Warum muss ich schwarz sein?": Dieser Gedanke sei ihr während ihrer Kindheit immer wieder durch den Kopf gegangen, erzählte Sonja W., die bereits mit drei Wochen zu Zieheltern kam und in ländlichem Umfeld aufwuchs. Ihre Hautfarbe habe man ihr ständig vorgehalten, das habe sie zur Kämpferin gemacht: „In der Schule haben sich dann alle gefürchtet vor mir." Ihre leibliche Mutter, die einen US-Soldaten (wenn auch nicht den Vater ihres Kindes) heiratete, schickte ihr später aus den USA eine Creme zum Bleichen der Haut … Quelle: Sammlung Bauer, Bestand Privatfoto

Noch unterschiedlicher als die realen Lebensbedingungen waren die Strategien, mit der herkunftsbedingten Identitätskrise umzugehen, zu der – als verbindendes Element – auch jenes biografische Vakuum gehört, das sich aus den Unklarheiten der eigenen Herkunft, aus der Abwesenheit des Vaters, aus einer mit Fantasien aufgeladenen Schattenfamilie in den USA, aus einer oftmals nur brüchigen Gemeinsamkeit mit der eigenen Mutter oder aus einem vieles nur erahnenden Nichtwissen ergibt. In der – angesichts Hunderttausender Gefallener, Vermisster oder spät aus der Kriegsgefangenschaft Heimkehrender – oft insgesamt als „vaterlos" apostrophierten Nachkriegsgesellschaft war es zudem die spezifische Art der Abwesenheit der „Besatzungsväter", die eine Rolle spielte. Irgendwo in den USA, in Frankreich, England oder in der UdSSR gab es sie ja. Das motivierte dazu, die Lücke im Familiensystem mit positiven Fantasien aufzufüllen: So erinnert sich Frau B. an folgende kompensierende Gedankengebäude: „Ich war im Internat. [...] Dort wohnte ich mit einer Luci W. im Zimmer, ihr Vater war ein Russe [sowjetischer DP]. Und da habe ich natürlich voller Stolz meinen amerikanischen Vater präsentiert. Wir haben gewetteifert, wer jetzt besser ist, die Russen oder die Amerikaner. Wer gescheiter ist, usw. Niemand gab nach, jede war davon überzeugt, dass das Volk ihres Vaters besser ist. [...] Ich kann mich erinnern, dass ich manches Mal die abenteuerlichsten Geschichten konstruierte."[50]

Auch in späteren Jahren wurde der unbekannte oder nicht mehr präsente Vater vielfach mit unterschiedlichsten gedanklichen Konstruktionen belegt: „Ich lebe von der Vorstellung, dass mein Vater super war", hielt etwa Helmut Köglberger beim „Runden Tisch mit Zeitzeugen" im Rahmen der Konferenz „Besatzungskinder in Österreich und Deutschland" über seinen unbekannten US-amerikanischen Vater fest. Und in einem lebensgeschichtlichen Interview mit einem zu diesem Zeitpunkt 50-jährigen Mann hieß es in Zusammenhang mit seiner Herkunft: „Irgendwo in meinem Herzen lacht die amerikanische Sonne noch hervor."[51]

Forschung als Dialog und Impulse für „Empowerment"

Die Ausführungen im Kapitel zuvor haben bereits deutlich gemacht, wie wichtig für einen sensiblen Innenblick, der über den diskriminierenden Diskurs der anderen hinausgeht, das Einholen von Selbstauskünften Betroffener ist. Forschungen zu Besatzungskindern sind daher oft auch als Oral-History-Projekte angelegt.

Das Anniversarium „50 Jahre Ende des Zweiten Weltkrieges und 40 Jahre Ende der Besatzungszeit" wurde erstmals zum Anlass, ehemalige Besatzungskinder als Zeugen ihrer selbst und ihres eigenen Schicksals zu befragen: im Rahmen eines groß angelegten Oral-History-Dialogs mit der Kriegs- und Nachkriegsbevölkerung, zu dessen Konzeption und wissenschaftlicher Leitung ich vom Land Salzburg eingeladen wurde. In diesem 1994/95 mit einem Team durchgeführten Projekt wurden mit 60 Zeitzeugen und Zeitzeuginnen qualitative Interviews mit dem Schwerpunkt auf dem Verhältnis zwischen einheimischer Bevölkerung und US-Armee geführt.[52] Unter den Hunderten Menschen, die sich auf die Interviewaufrufe gemeldet hatten, outeten sich auch eine Reihe von Besatzungskindern, denen es zum damaligen Zeitpunkt noch spürbar schwerfiel, offen über ihre lebensgeschichtlichen Erfahrungen zu sprechen. Und doch drängten diese danach, erzählt zu werden, auch deshalb, weil für das eigene Verstehen und Verarbeiten noch so viele Bausteine

---

50   Interview mit Frau B., Jahrgang 1946, in: Bauer, Welcome Ami Go Home, S. 255–256.
51   Interview mit Herrn D., Jahrgang 1946, in: Bauer, Welcome Ami Go Home, S. 247.
52   „Befreit – besetzt. Salzburg 1945/1955", vollständige Angaben siehe Fußnote 19. Auf der Basis dieses Projekts sind u. a. folgende Publikationen erschienen: Bauer, Welcome Ami Go Home (vgl. hier insbesondere das Kapitel „‚Besatzungskinder' – Unvollendete Geschichten", S. 237–257); Bauer, „Die Amis, die Ausländer und wir".

fehlten. Die Orientierungsbedürfnisse hinsichtlich der eigenen Herkunft waren dringlicher geworden als die Sorge, dass die einst erlebte Stigmatisierung vielleicht noch wirksam sein könnte.

Das Projekt, das selbst als Dialog angelegt war, und seine vielfältigen Schienen einer Vermittlung in die breite Öffentlichkeit – regionale Zeitungen, Rundfunk und Fernsehen waren als Kommunikatoren eingebunden und berichteten bis zur Publikation der Gesamtergebnisse regelmäßig über Zwischenergebnisse, auch in Form konkreter Lebensgeschichten; Erwachsenenbildungs- oder Kultureinrichtungen fragten das Team um begleitende Vorträge an, auch Schulen waren involviert – erwiesen sich als produktive Schritte, um auch die verdrängten Lebens- und Erfahrungsgeschichten von Besatzungskindern wieder ins öffentliche Bewusstsein zurückzuholen.

Wie viele persönliche Geschichten aus dem einstigen Besatzungsalltag insgesamt noch offen waren, zeigte sich im Rahmen eines ergänzenden Internet-Projekts, welches das World Wide Web als „bridge of communication" nützte, um jene beiden Seiten noch einmal in Kommunikation zu bringen, die sich nach 1945 als Sieger und Besiegte, Besatzer und Besetzte, Befreier und Befreite gegenübergestanden waren.[53] Sehr bald bekam das dafür eingerichtete Internetportal auch die Funktion einer Art „lost & found department": Besatzungskinder suchten ihre amerikanischen Väter, ehemalige GIs versuchten, den Kontakt mit befreundeten österreichischen Familien zu reaktivieren, die sie nach der Besatzungszeit aus den Augen verloren hatten, oder suchten ihre Lieben von damals. Diese von uns zunächst nicht in diesem Ausmaß mitgedachten Bedürfnisse fingen wir im Laufe des Projekts in einer eigenen Rubrik „desperately seeking" auf. Auf manche der österreichischen Aufrufe trafen tatsächlich Reaktionen aus den USA ein – Anteilnahme, Nachfragen, Angebote an die Suchenden, bei der weiteren Recherche behilflich zu sein. Damit war ein Punkt erreicht, an dem die Forschungen ganz eindeutig die engen Grenzen der Fachwissenschaft verließen, indem sie etwas in Gang setzten, das man, wie es in einer Rundfunk-Sendung darüber hieß: „ein wenig pathetisch ‚Versöhnungsarbeit' nennen könnte."[54]

---

53 Das Internetportal „‚Liberators and the Liberated – Occupiers and the Occupied'. The Encounter of the Austrian People and US Soldiers after World War II. An Austrian/American Dialogue on the Internet" (Wissenschaftliche Leitung: Ingrid Bauer, Internet-Realisierung: Albert Topitz) war vom 8. Mai 1995 bis zum Jahresende 1997 in gewarteter Form online. Siehe dazu auch Ingrid Bauer, Von Oral History zu Cyber History? Das WorldWideWeb als „bridge of communication" eines österreichisch-amerikanischen Dialogs zur Besatzungszeit, in: Gertraud Diendorfer – Gerhard Jagschitz – Oliver Rathkolb (Hg.), Zeitgeschichte im Wandel. 3. Österreichische Zeitgeschichtetage 1997. Innsbruck – Wien 1998, S. 463–471.

54 Peter Lachnit, „Diagonal stellt vor: Ingrid Bauer", Rundfunksendung am 6.9.1997 in ORF-Ö1.

Abb. 6: Amerikanische Besatzungssoldaten bei einem Ausflug mit österreichischen Frauen auf dem Wiener Kahlenberg, 1945. Quelle: ÖNB, Foto: Croy

Gleichzeitig wurde mit dem Gesamtprojekt aber auch ein Wissen über die biografischen Kosten, die mit dem Nachkriegsschicksal „Besatzungskind" verbunden waren, sowie über die entwickelten Bewältigungsstrategien erarbeitet, auf das Betroffene – über die unmittelbaren Interviewpartnerinnen und -partner hinaus – als eine Art, ich nenne es symbolisches und moralisches Kapital zurückgreifen konnten, für eigene Schritte der Selbstverständigung: im Sinne von sich ein Stück Selbstbestimmung über einen ambivalenten Lebensabschnitt zurückholen.

Auch die erwähnte Konferenz „Besatzungskinder in Österreich und Deutschland" sehe ich als Ausdruck einer Forschung, die es mit ihren Ergebnissen bestimmten Gruppen erlaubt, ihr Leben besser zu begreifen und sich mit ihren Interessen und Bedürfnissen zu organisieren. „Ich habe heute mehr erfahren als in der ganzen Zeit, in der ich selbst geforscht oder meinen Vater gesucht habe", hielt etwa der schon erwähnte Zeitzeuge Helmut Köglberger positiv resümierend fest. Solcherart betriebene Forschungen können auch, wie ich an einem abschließenden Beispiel zeigen möchte, zu einer Initialzündung werden für das Entstehen von Zusammenschlüssen und Netzwerken von Betroffenen als einem weiteren Aspekt von „Empowerment".[55]

Erna Rieder ist Initiatorin eines solchen Netzwerkes. Ich bin der heute 65-Jährigen im Jahr 2006 zum ersten Mal begegnet, als sie gemeinsam mit

---

55 Ähnliche Netzwerke gibt es etwa auch von sowjetischen Besatzungskindern in Österreich. Vgl. den Beitrag von Barbara Stelzl-Marx in diesem Band.

anderen ehemaligen Besatzungskindern, die sich davor zu einer informellen Gruppe namens „BESAKIDS" zusammengeschlossen hatten, einen meiner Vorträge über Alltagsgeschichte der Besatzungszeit besuchte. „Ich besitze Ihr Buch ‚Welcome Ami Go Home' vom ersten Tag, seit es auf dem Markt ist", schrieb sie in einem anschließenden Mail.[56] Zudem sammle sie jeden Zeitungsartikel über die Amerikaner in Salzburg seit 1995, und ganz besonders jene, die das große Thema von ehemaligen Besatzungskindern, die Suche nach dem Vater, thematisieren. Ein solcher wurde 2005[57] auch zum Auslöser für den Zusammenschluss der oben genannten Gruppe „BESAKIDS" und für die Kontaktaufnahme und ersten Treffen mit der GI-TRACE-Koordinatorin für den deutschsprachigen Raum, Ute Baur-Timmerbrink. Diesem internationalen, eingangs schon erwähnten Netzwerk, stellen viele Betroffene ehrenamtlich ihre Erfahrungen und Kontakte zur Verfügung. Auch Erna Rieder nahm gemeinsam mit zwei Freundinnen an einem Seminar-Weekend der Organisation in England teil.

Erna Rieder beschäftigt die Suche, „seit sie im Alter von zwölf Jahren erfahren hat, dass ihr Stiefvater nicht der leibliche Vater ist".[58] Gleichzeitig sei ihr, so Rieder, erst so richtig bewusst geworden, „dass so viele Besatzungskinder ihre Väter suchen möchten. […] Wie Sie in Saalfelden gesehen haben, sind wir mittlerweile schon eine kleine Gruppe von Ami-Besatzungskindern aus ganz Österreich, die sich zusammengefunden haben und die Suche gemeinsam weiterführen. Das Internet hat uns Tore und Türen geöffnet", auch dabei „schneller und effizienter miteinander zu kommunizieren"[59] und gemeinsame Aktionen zu setzen. Als man etwa 2006 erfuhr, dass eine Gruppe von „US-Veterans" eine „Reise in die Vergangenheit" ihres Besatzungsaufenthalts in Salzburg macht, „organisierten wir uns zu einem zufälligen Zusammentreffen auf dem Parkplatz. Nachdem wir uns zu erkennen gaben und unsere Anliegen vorgebracht hatten, wurde die Begegnung mit zwei Veteranen und anderen Reiseteilnehmern sehr emotional (positiv). Einer Frau von uns konnte dann geholfen werden, einem Mann aber leider nicht, weil zu wenig bekannt war".[60]

---

56 Erna Rieder an Ingrid Bauer, Mail vom 10.4.2006.
57 Besatzungskinder, in: Salzburger Nachrichten, Lokalausgabe. 3.5.2005.
58 Mit 60 auf der Suche nach dem Vater, in: Salzburger Nachrichten, Lokalausgabe. 17.8.2009.
59 Erna Rieder an Ingrid Bauer, Mail vom 10.4.2006.
60 Erna Rieder an Ingrid Bauer, Mail vom 3.9.2012.

Auch über die Suche hinaus wird der Zusammenschluss der „BESAKIDS" von seinen Mitgliedern, die in mehreren österreichischen Bundesländern leben und nach wie vor zumindest in Mailkontakt stehen, als sinnstiftende Gemeinschaft erlebt, als eine „community", die verbunden ist durch die gleiche spezifische Herkunftssituation, durch die „vielen Jahre der Unsicherheit"[61], durch für manche nicht aufhörende Fragen, die sich aus den offenen Kapiteln der frühen Lebensgeschichte ergeben, auch aus den Ungereimtheiten in den Mitteilungen der Mutter: „Die wurden so enttäuscht von den Männern", dass sie oft einfach nicht reden wollen.[62]

„Ja, das fröhlich-lachende Foto von uns BESAKIDS sagt, glaube ich, alles", kommentierte Erna Rieder in ihrem letzten Mail während meiner Vortragsvorbereitungen für die Konferenz „Besatzungskinder in Österreich und Deutschland" einen mitgeschickten Schnappschuss: „Geteiltes Leid ist halbes Leid! Es sagt aus, dass wir mit unseren Problemen nicht alleine sind. Der oder die Suchende war mehr, die anderen weniger erfolgreich, aber wir sind nicht mehr alleine und können mit Gleichgesinnten darüber sprechen. Sprechen über unsere Vergangenheit, ohne das Gesicht zu verlieren, und uns für die Zukunft auch gegenseitig Mut zusprechen."[63]

Ein ‚Reframing', also eine Neurahmung der eigenen Lebensgeschichte, erleichtern in manchen Fällen auch die veränderten Werte der von Mobilität, Globalität und kultureller Vielfalt geprägten gegenwärtigen Gesellschaft: Mit ihrem Schicksal als Besatzungskind hadere sie heute nicht mehr, betonte etwa Sonja B. im Oral-History-Interview, die ihren Vater kurz vor ihrer Hochzeit – nach erfolgreicher Suche – erstmals kennenlernte. Eigentlich sei sie eine ganz gute Mischung: der Vater Amerikaner, eine Ur-Urgroßmutter väterlicherseits Indianerin, die Mutter Salzburgerin, der Urgroßvater mütterlicherseits aus Oberösterreich nach Salzburg „eingewandert", sie selbst habe einen Schweizer geheiratet. Darüber, dass sie ein lediges Kind war, sei sie nunmehr sogar froh, merkt die Interviewpartnerin an, die in dieser Erfahrung die Basis für ihre heutigen künstlerischen Ambitionen sieht. Gerade unter Künstlern gebe es nicht selten uneheliche Kinder, „die dann großartige Leistungen erbracht haben", hebt sie hervor. Das sei vielleicht ein Ausgleich des Schicksals für den Makel der Geburt, resümiert die zum Zeitpunkt des Interviews 52-Jährige, die in ihrer Freizeit Gedichte und Märchen schreibt.[64]

---

61 Ute Timmerbrink, zitiert in: Mit 60 auf der Suche nach dem Vater, in: Salzburger Nachrichten, Lokalausgabe. 17.8.2009.
62 So eine Betroffene im selben Artikel der oben genannten Tageszeitung.
63 Erna Rieder an Ingrid Bauer, Mail vom 8.9.2012.
64 Interview mit Frau B., Jahrgang 1946, in: Bauer, Welcome Ami Go Home, S. 256.

Regina Fritz – Marion Krammer – Philipp Rohrbach – Niko Wahl

„Guter Dauerpflegeplatz gesucht."
Kinder afro-amerikanischer GIs und österreichischer Frauen in der Besatzungszeit

„Guter Dauerpflegeplatz für fünfjährigen lieben Buben gesucht. Unter ‚Mischlingskind P 15.145' an die SN."[65] Annoncen, wie diese am 23. Juli 1961 in den Salzburger Nachrichten erschienene Anzeige, stellten einen der vielen Wege dar, wie nach einem Pflegeplatz für afro-österreichische Besatzungskinder gesucht wurde. Mit dunkler Hautfarbe und zumeist unehelich verbrachten diese Kinder, die aus Beziehungen zwischen österreichischen Frauen beziehungsweise in Österreich untergebrachten Displaced Persons und afro-amerikanischen GIs hervorgegangen waren, ihre Kindheit nicht selten in Pflegefamilien, Kinderheimen wie im SOS-Kinderdorf Imst oder bei Adoptiveltern. Einige wurden später in die USA gebracht, wo afro-amerikanische Eltern sie großzogen.

Als marginalisierte Gruppe in der österreichischen Nachkriegsgesellschaft wurde ihr Schicksal lange Zeit ausgeblendet und verschwiegen. Noch im Jahr 2001 konstatierte die österreichische Historikerin Ingrid Bauer: „Irgendwie scheinen die ‚braunen', ‚färbigen' oder auch ‚schwarzen' Nachkriegskinder – alle diese Bezeichnungen kursierten nach 1945 – spurlos aus dem ‚weißen' Österreich verschwunden zu sein. Zugleich stehen bis heute systematische Untersuchungen darüber, was aus ihnen geworden ist, aus."[66]

Im vorliegenden Beitrag wird anhand von zwei Biografien ein Schlaglicht auf das Schicksal der zwischen 1946 und 1956 geborenen Kinder österreichisch-afro-amerikanischer Herkunft und ihre oft schwierigen Lebenswege geworfen.[67]

---

65 Salzburger Nachrichten. 23.7.1961.
66 Ingrid Bauer, „Leiblicher Vater: Amerikaner (Neger)". Besatzungskinder österreichisch-afroamerikanischer Herkunft, in: Helmuth Anton Niederle – Ulrike Davis-Sulikowski – Thomas Fillitz (Hg.), Früchte der Zeit. Afrika, Diaspora, Literatur und Migration. Wien 2001, S. 49–67, hier: S. 50.
67 Die Fallbeispiele beruhen auf narrativ-biografischen Interviews, die im Rahmen des Forschungsprojekts „Lost in Administration" geführt wurden. Das im Jahr 2013 begonnene, vom Zukunftsfonds der Republik Österreich geförderte Projekt untersucht die Biografien der zwischen 1946 und 1956 geborenen Kinder österreichisch-afroamerikanischer Herkunft. Durch Recherchen in österreichischen und US-amerikanischen

Abb. 1: Afro-österreichisches Besatzungskind in einem SOS-Kinderdorf. Quelle: SOS-Kinderdorf-Bote, Nr. 30/1959.

Ein besonderes Augenmerk soll dabei auf folgende Fragen gelegt werden: Wie begegneten die Gesellschaft und die Fürsorgeinstitutionen diesen Kindern? Aus welchen Gründen wurden sie von ihren leiblichen Familien zur Adoption oder Pflege freigegeben? Wie gestalteten sich die Beziehungen der Kinder zu ihren Pflege-, Adoptiv- oder leiblichen Eltern? Zunächst einmal aber sollen die gesellschaftlichen Rahmenbedingungen skizziert werden, unter denen sich Kontakte zwischen den Kindesmüttern und den afro-amerikanischen GIs entwickelten.

Beziehungen zwischen afro-amerikanischen GIs und österreichischen Frauen

Am 29. März 1945 erreichten die ersten sowjetischen Truppen österreichischen Boden. Einen Monat später marschierten auch die westlichen Alliierten in Österreich ein und die sowjetischen, französischen, englischen und amerikanischen Streitkräfte beendeten wenige Tage später die nationalsozialis-

---

Archiven und durch Interviews soll nicht nur die Zahl der afro-österreichischen Besatzungskinder eruiert, sondern auch der Umgang der Behörden mit diesen Kindern in Österreich und in den USA rekonstruiert werden. Vgl. http://www.afroaustria.at.

tische Herrschaft in den ehemaligen Alpen- und Donau-Reichsgauen.[68] Am 9. Juli 1945 unterzeichneten die Alliierten ein Abkommen, welches das österreichische Staatsgebiet in vier Besatzungszonen aufteilte.

Die amerikanische Zone umfasste Oberösterreich (ohne das Mühlviertel), Salzburg und Teile von Wien (den 7., 8., 9., 17., 18. sowie den 19. Bezirk). Das Kommando hatte bis Ende 1946 General Mark W. Clark inne, ihm unterstanden im Herbst 1945 etwa 70.000 amerikanische Soldaten, davon etwa fünf bis sechs Prozent Afro-Amerikaner.[69] Die Zivilbevölkerung begegnete den schwarzen GIs anfangs mit Verunsicherung und Angst, allerdings dauerte es nicht lange und die Fremden zählten aufgrund ihrer Freundlichkeit, Kinderliebe und Freigiebigkeit zu den beliebtesten Angehörigen der US-Besatzung.[70] Basis für diesen Schulterschluss bildete nicht zuletzt deren Segregation innerhalb der US-Armee. Zahlreiche Österreicherinnen und Österreicher fühlten sich von den Alliierten als „Menschen zweiter Klasse" behandelt und entwickelten ein Solidaritätsgefühl mit den schwarzen Soldaten, die sie einer ähnlichen Diskriminierung ausgesetzt sahen.[71] Doch der von der Historikerin Sabine Lee für Großbritannien konstatierte Befund, „dass sich der vergleichsweise tolerante Umgang mit den afro-amerikanischen GIs fast ausschließlich auf Kontakte in der Öffentlichkeit bezog, und die Privatsphäre nicht umfasste",[72] dürfte auch für Österreich gelten. Schließlich fiel die Bewertung jener Frauen, die intime Kontakte zu afro-amerikanischen Soldaten unterhielten, wenig positiv aus und war vielmehr von offener Feindseligkeit begleitet – egal ob sie auf freiwilliger Basis erfolgten oder erzwungen wurden.

Dabei waren Einheimische, die sich „mit dem Feind eingelassen hatten", generell von sozialer Ausgrenzung betroffen, wurden vielfach eingeschüchtert und öffentlich gedemütigt. Viele erhielten anonyme Drohbriefe und wurden in öffentlichen Schmähschriften bzw. Zeitungskarikaturen zum Gegenstand von Angriffen.

---

68 Manfried Rauchensteiner, Stalinplatz 4. Österreich unter alliierter Besatzung. Wien 2005, S. 27.
69 Vgl. Ingrid Bauer, „Ami-Bräute" und die österreichische Nachkriegsseele, in: Peter Eppel (Hg.), Frauenleben 1945. Kriegsende in Wien. Katalog zur 205. Sonderausstellung des Historischen Museums der Stadt Wien. Wien 1995, S. 73–83, hier: S. 77, sowie Bauer, „Leiblicher Vater: Amerikaner (Neger)", S. 50.
70 Vgl. Ingrid Bauer, „Vom nützlichen und lästigen, erinnerten und vergessenen Fremden". Besatzungssoldaten, Displaced Persons und das Österreichische Gedächtnis, in: Zeitgeschichte. Jg. 27, H. 3, 2000, S. 147–149, hier: S. 155.
71 Vgl. Bauer, „Leiblicher Vater: Amerikaner (Neger)", S. 51.
72 Sabine Lee, Kinder amerikanischer Soldaten in Europa: ein Vergleich der Situation britischer und deutscher Kinder, in: Historical Social Research. Vol. 34, Nr. 3, 2009, S. 321–351, hier: S. 328.

Abb. 2: Karikatur „Was nur dö Leut heut alles valiern!" Quelle: Welser Zeitung. 29.3.1951, S. 8

Die vielfältigen Motivationen, die zu Beziehungen zu alliierten Soldaten führten, wurden dabei meist ausgeblendet (so beispielsweise die Befriedigung eines gewissen Lebenshungers nach Jahren des Krieges und der Entbehrung oder der Wunsch nach Verbesserung der eigenen Lebensbedingungen).

Noch stärker als Frauen, die Beziehungen mit weißen alliierten Soldaten eingegangen waren, wurden jene Frauen diskriminiert, die intime Beziehungen mit afro-amerikanischen GIs unterhielten. Sie wurden vielfach sowohl von den Behörden als auch von ihrem sozialen Umfeld als asozial, verdorben oder sogar als Prostituierte diffamiert. Für diese Diskriminierung waren nicht zuletzt rassistische Vorurteile verantwortlich, die auf jene rassistische Doktrin zurückgingen, die im Nationalsozialismus verstärkt wirksam gewesen war und die über einen langen Zeitraum in den Anschauungen und Überzeugungen großer Teile der österreichischen Gesellschaft weiterwirkte. So kam es, dass Liaisons zwischen Österreicherinnen und schwarzen GIs in weiten Teilen der Bevölkerung als ein Zeichen des Verfalls von Moral und Sitte bewertet und nicht zuletzt aus konservativ-bürgerlichen Moralvorstellungen heraus abgelehnt wurden.

Kinder afro-amerikanischer GIs in der Besatzungszeit

Der gesellschaftliche Druck und die öffentliche Diskriminierung, der sich viele dieser Frauen ausgesetzt sahen, führte in einigen Fällen dazu, dass sie ihre aus einer Beziehung mit einem afro-amerikanischen GI hervorgegangenen Kinder – und damit die unverkennbaren „Produkte" der gesellschaftlich unerwünschten Beziehung – nach der Geburt ablehnten: „Da kommt wieder einmal eine daher: Sie hat eh' gesagt, sie will dieses Kind nicht. ‚Ja, wir wissen auch nicht wohin damit.' Auf jeden Fall: Sie wollte das Kind nicht haben. Was die aufgeführt hat, das können Sie sich nicht vorstellen! Sie hat nicht gepreßt. Sie hat die Füße zusammengedrückt, daß das Kind vielleicht erstickt. [...] Und als wir es dann ihr geben wollten, hat sie sich zur Wand gedreht. Sie hat auch nicht gestillt, gar nichts. Ich weiß nicht, was dann war. Nach acht Tagen ist sie mit dem Kind heim. Wo sie's hin hat, wissen wir nicht."[73]

Die von der Krankenschwester K. geschilderte Situation stellte sicherlich einen extremen Fall dar. Aus einer Untersuchung der Internationalen Vereinigung für Jugendhilfe Genf zu Soldatenkindern in Europa geht allerdings hervor, dass Anfang 1952 mehr als ein Fünftel aller afro-österreichischen Kinder (21 Prozent) von ihren leiblichen Müttern nach der Geburt bzw. in ihren ersten Lebensjahren weggegeben worden waren.[74]

Doch nicht nur die Stigmatisierung der Frauen, die sexuellen Kontakt mit einem afro-amerikanischen Soldaten gehabt hatten, konnte dazu führen, dass sie sich schließlich dazu entschieden, ihre Kinder nicht selbst aufzuziehen. Auch ihre ökonomische Lage konnte eine Entscheidung für Adoption, Pflege oder Kinderheim begünstigen. So begründete auch die leibliche Mutter der 1955 in Salzburg geborenen Linda laut Jugendamts-Akten die Kindeswegabe mit finanziellen Argumenten und erklärte, dass sie bereits einen Sohn zu versorgen habe und sich deshalb nicht noch um ein zweites Kind kümmern könne. Linda wurde mit zehn Monaten an Pflegeeltern in der Steiermark vermittelt, die sie einige Jahre später adoptierten.

Tatsächlich kam ein Teil der oftmals sehr jungen, ledigen Mütter – vor allem da Ansprüche auf Unterhalt grundsätzlich ausgeschlossen und Vaterschaftsklagen aufgrund der Militärgesetzgebung nicht zugelassen wurden[75]

---

73 Ingrid Bauer, Welcome Ami go home. Die amerikanische Besatzung in Salzburg 1945–1955. Erinnerungslandschaften aus einem Oral-History-Projekt. Salzburg 1998, S. 239f.
74 Luise Frankenstein, Soldatenkinder: Die unehelichen Kinder ausländischer Soldaten mit besonderer Berücksichtigung der Mischlinge. München 1954, S. 11. Die Untersuchung wurde in Österreich im Frühjahr 1952 im Auftrag der Internationalen Vereinigung für Jugendhilfe, Genf, durchgeführt.
75 In einem Schreiben des State Departments aus dem Jahr 1947 heißt es dazu: „Militärper-

– in eine schwierige finanzielle Lage, die durch den fehlenden Rückhalt in ihren Familien häufig noch erschwert wurde.[76]

Hinzu kam, dass es ledigen oder verwitweten Frauen oft schwer fiel, einen neuen Partner zu finden, wenn sie ein uneheliches Kind hatten, speziell wenn es eine andere Hautfarbe hatte. Waren die Mütter verheiratet, lehnten die aus der Kriegsgefangenschaft zurückkehrenden Ehemänner die Annahme der dunkelhäutigen Kinder in vielen Fällen ab, nicht zuletzt da deren Herkunft für jedermann sichtbar war. Daher sahen sich auch manche der verheirateten Mütter gezwungen, ihre unehelichen Kinder aufzugeben, um ihre Ehe zu retten.[77]

Die afro-amerikanischen Väter wussten häufig nichts von der Schwangerschaft, und wenn sie davon erfuhren, weigerten sie sich in den überwiegenden Fällen, ihren Pflichten in Form von Alimentationszahlungen nachzukommen. Auch Lindas leiblicher Vater erhielt kurz vor seiner Rückkehr in die USA Kenntnis von der Existenz seiner Tochter, doch der Kontakt zwischen den Eltern brach bald danach ab. Als Linda mit 18 Jahren zum ersten Mal ihre leibliche Mutter traf, befragte sie diese zu ihrem Vater. Dazu erzählt Linda in ihrem Interview:

„Und ich habe [der Mutter] gesagt: ‚Sag mir einfach … Du wirst doch irgendetwas wissen. Sag mir einfach, wer ist mein Vater? Wie heißt er, wo wohnt er?' Und dieses [und jenes]. ‚Ich habe nichts mehr, ich weiß nichts', und ‚Ich habe alles weggeschmissen.' Da habe ich gesagt: ‚Weiß er wenigstens von meiner Existenz?' ‚Ja, das weiß er.' Und er hat mich auch gesehen. Aber er ist ja im Juli auch wieder zurückbeordert worden. Also knapp nach meiner Geburt ist er ja wieder – ist er ja zurück. Naja, das war ja [19]55, da wurden sie [die alliierten Soldaten] ja eh wieder alle zurückgeschickt, nicht? Und sie haben noch Kontakt gehabt, aber dann irgendwann ist der Kontakt abgebrochen. Und sie [die Mutter] hat dann alles weggeschmissen und sie will mit dem nichts zu tun haben."[78]

---

sonen der Vereinigten Staaten genießen […] als Mitglieder einer Besatzungsmacht nach den anerkannten Grundsätzen und der Ausübung des Völkerrechts Extraterritorialität und Immunität von der Gerichtsbarkeit österreichischer Gerichte. Die Regierung der Vereinigten Staaten bedauert, dass sie derzeit nicht in der Lage ist, auf diese Immunität zu verzichten." Das Dokument wird zitiert in: Schreiben des Bundeskanzleramtes an das Bundesministerium für Justiz in Wien vom 26.3.1947 betreffend Angehörige der Besatzungsmächte als Kindesväter, AT-OeStA/AdR (Österreichisches Staatsarchiv, Archiv der Republik), AT-OeStA/AdR Justiz BMJ Zivilrecht Konvolute Jugendfürsorge 4, 10938.

76 Ingrid Bauer weist darauf hin, dass etwa 20 Prozent der amerikanischen Väter Unterhaltungszahlungen auf freiwilliger Basis leisteten. Vgl. Ingrid Bauer, Welcome Ami go home, S. 241.
77 Lee, Kinder amerikanischer Soldaten in Europa, S. 331.
78 Interview mit Linda O., durchgeführt von Philipp Rohrbach und Marion Krammer,

Abb. 3: Der Fotograf betitelte das Bild mit „Besatzungskinder", 1948. Quelle: ÖNB, Bestand Blaha. Foto: Franz Blaha

Generell war es den GIs zwar nach einem anfänglichen Fraternisierungsverbot seit Oktober 1945[79] gestattet, private Kontakte zur einheimischen Bevölkerung zu unterhalten. Dennoch konnten Ehen zwischen österreichischen Frauen und afro-amerikanischen Soldaten nur selten geschlossen werden. Weil die Eheschließung zwischen Weißen und Afro-Amerikanern in zwanzig Bundesstaaten in den USA aufgrund der dort geltenden Rassentrennung verboten war, konnten die GIs auch in Österreich nur selten die für die Trauung notwendige Ehefähigkeits-Bescheinigung beibringen.[80]

In zahlreichen Fällen übten darüber hinaus auch die heimischen sozialen Einrichtungen Druck auf die Mütter aus und ermunterten sie, ihre Kinder der Obhut der Fürsorge zu überlassen. Da afro-österreichische Besatzungskinder als uneheliche Kinder ohnehin unter Amtsvormundschaft standen, hatten die Jugendämter großen Handlungsspielraum.

14.11.2013. Transkription: Tanja Kuschej. Die hier zitierten Interviews wurden im Rahmen des Projektes „Lost in Administration" durchgeführt und befinden sich im Besitz der Verfasser.

79 Monika Pelz, Heiratsmigrantinnen 1945–1955, in: Traude Horvath – Gerda Neyer (Hg.), Auswanderungen aus Österreich: Von der Mitte des 19. Jahrhunderts bis zur Gegenwart. Wien 1996, S. 387–409, hier: S. 190.

80 Lee, Kinder amerikanischer Soldaten in Europa, S. 331.

Dennoch blieb der überwiegende Teil der Kinder bei ihren Familien, auch wenn sie häufig bei den Großeltern aufwuchsen. So auch die 1949 in Wien geborene Christine, die lediglich an den Schultagen bei ihrer Mutter wohnte. Die Wochenenden und die Ferien verbrachte sie bei ihrer Großmutter.

Ein Teil der Kinder wurde zur Adoption in die USA geschickt. So auch Christines (Halb-)Bruder, von dessen Existenz sie erst per Zufall als Erwachsene erfuhr: „Da habe ich einen Staatsbürgerschaftsnachweis gebraucht. […] Und der wurde damals im Wiener Rathaus vergeben. Na, jetzt habe ich […] und da komme ich hin […] und der ruft auf der Beamte, ja, und sagt dann – gibt mir den so in die Hand – meinen neuen Staatsbürgerschaftsnachweis und sagt: ‚Ihr Bruder R. W. U.?' Sage ich: ‚Nein. Irrtum. Mein Bruder F. Ich habe keinen R. W.' ‚Na, oh ja …', da muss er meine Sachen aufgrund des Staatsbürgerschaftsnachweises, muss er das ja heraus […] ‚habe ich das ja schwarz auf weiß. Mutter G.' […] Und: ‚Jessas', sagt er, ‚entschuldigen Sie, ich möchte jetzt nicht ein Familiendrama heraufbeschwören.' Ja. Dann sage ich: ‚Jetzt ist es zu spät, jetzt sagen Sie mir das.' Habe ich keine Ruhe gegeben. ‚Ja, ich kann Ihnen nicht mehr sagen, schauen Sie, 20.12.1946 geboren in Oberpfalz, Amberg Oberpfalz'."[81]

Österreichische Behörden reagierten in der Nachkriegszeit auf internationale Adoptionsanfragen (häufig aus den USA) – von denen es im genannten Zeitraum viele gab – generell positiv. Eine erhebliche Rolle spielten dabei nicht zuletzt finanzielle Gründe: Da sie aus den bereits genannten Gründen die Kindesväter nicht zu Unterhaltszahlungen verpflichten konnten, mussten die Länder für die Kosten aufkommen. Diese finanzielle Verantwortlichkeit erlosch, sobald die Mündel von ausländischen Ehepaaren adoptiert worden waren. Die gesetzliche Situation in Österreich erlaubte streckenweise sogar eine „Stellvertreter-Adoption", bei der die künftigen Adoptiveltern den Behörden letztlich nie bekannt wurden. Ein Umstand, der laut zeitgenössischen Medienberichten zu einem regelrechten „Schwarzmarkt" für Babys und Kleinkinder führte. Die Kinder wurden in vielen Fällen nur mangelhaft vorbereitet und ohne jegliche Englischkenntnisse in ein Flugzeug nach Übersee gesetzt.

Wie hoch die Anzahl jener Kinder afro-amerikanischer GIs war, die über den Weg der Auslandsadoption von Österreich in die Vereinigten Staaten gelangten, ist zum gegenwärtigen Zeitpunkt unbekannt. Ebenso unklar ist die Gesamtanzahl afro-österreichischer Besatzungskinder, die zwischen 1946 und 1956 geboren wurden und wie viele von ihnen auch heute noch in Österreich leben.

---

81 Interview mit Christine M., durchgeführt von Philipp Rohrbach und Marion Krammer, 14.11.2013. Transkription: Tanja Kuschej.

Abb. 4: Christine M. im Garten ihrer Tante, um 1954.
Quelle: Sammlung Christine M.

Lebensverläufe zwischen Diskriminierung und Schweigen

Wenn man sich mit den Lebensgeschichten von Kindern afro-amerikanischer GIs in Österreich beschäftigt, fällt auf, dass viele von ihnen ihre Bindung zur leiblichen Mutter als schwierig beschreiben. Jene, die in Heimen oder bei Adoptiveltern aufwuchsen und erst später Kontakt zur Mutter suchten, stießen oft auf Ablehnung. Aber auch diejenigen, die in der eigenen Familie aufwuchsen, berichten häufig über komplizierte Beziehungen.

Darüber hinaus war das Leben jener Kinder, die in Österreich groß wurden, in vielen Fällen von Diskriminierung geprägt. Sowohl Christine als auch Linda berichten in ihren Interviews an zahlreichen Stellen über die rassistischen Ausgrenzungen, aber auch über „Exotisierungen", mit denen sie konfrontiert waren. So erinnert sich Linda, wie sie im Gasthaus ihrer Adoptiveltern zur Unterhaltung der Gäste herangezogen wurde: „Meine Adoptiveltern hatten ein Gasthaus. Dort war ich natürlich die Attraktion. Also es wurde eigentlich nie auf meine Wünsche eingegangen. […] Ich sollte halt immer nur das Gasthaus und die Leute unterhalten. Also das war eigentlich das, was gewünscht wurde."[82]

Zur Unterhaltung der Besucher musste Linda Akkordeon lernen und dazu singen und jodeln. Des Weiteren gab sie auch bei anderen Gastwirten Tanzeinlagen, wenn sie und ihre Eltern dort zu Besuch waren. „Weil ich ja halt doch die Sensation bin. Also nicht alltäglich bin."[83]

---

82 Interview mit Linda O.
83 Ebd.

In dem von Diskriminierung gekennzeichneten Klima konnten sich auch Freundschaften zu anderen Kindern als schwierig gestalten, wie auch Christine berichtet: „Freunde habe ich fast keine gehabt. [...] Jedes Mal, wenn ich zu jemand hingehen wollte, das war natürlich auch da, das Bedürfnis nach der Schule, wie es halt alle Kinder machen – Aufgabe ist gemacht und ich schau jetzt einmal, ob wo was los ist. Entweder wurde die Tür nicht geöffnet oder wurde mir gesagt: ‚Nein, du kannst wieder gehen, weil der oder die Kollegin, Schulkollegin, die sind eh nicht zu Hause.' Also heute weiß ich, man wollte mich dort nicht haben."[84]

Die oft negativen Reaktionen großer Teile der österreichischen Gesellschaft auf die afro-österreichischen Kinder führten dazu, dass sich die Angehörigen der Kinder häufig darum bemühten, deren Herkunft zu verschleiern. Vielfach wurden die Kinder auch dazu angehalten, sich unauffällig zu verhalten und auch optisch möglichst anzupassen:

„Was für mich furchtbar war, fast jede Woche Haare schneiden! Weil die Haare waren nicht so wie jetzt, die waren gekräuselt. Und da habe ich müssen jede Woche zum Haarschneider gehen, weil die Oma der Meinung war, wenn mir jede Woche die Haare gekürzt werden, dann sieht man die Krause nicht – in dem Fall sieht man auch nicht die Herkunft [...] Und da hat es gegeben so, wie hat das geheißen – [Fit] Haarcremen. [...] Und die hat sie mir ... dann noch so die Haare fett eingeschmiert. Und in der Nacht musste ich ein Haarnetz tragen, dass die Haare nicht stehen in der Früh, wenn ich munter werde. Das war ... heute sehe ich das anders, heute denke ich mir, sie haben es, sie haben es ... die Oma, obwohl sie lieb war, hat sie doch auch damit zu kämpfen gehabt, dass ich anders bin. Und ewig: ‚Lach nicht laut! Fall nicht auf! Rede nicht laut!', also immer wieder: ‚Fall nicht auf.' Und das hat mich eigentlich schon sehr zurückgebremst. Muss ich sagen."[85]

Die von Sabine Lee in Bezug auf afro-britische Besatzungskinder konstatierte Behauptung gilt somit auch für Österreich: „Sie waren oft in der undankbaren Situation, dass sie sich visuell von einer homogenen, weißen Gesellschaft absetzten, und das Gefühl des ‚Andersseins' permanent durchlebten. Dieses Anderssein machte auch die in den Fünfziger- und Sechzigerjahren als inakzeptabel eingeschätzte Illegitimität der Herkunft der Mischlingskinder zu einem permanent sichtbaren und fühlbaren Identitätsproblem."[86]

Hinzu kam die Mauer des Schweigens, die zahlreiche Kinder afro-amerikanischer GIs und österreichischer Frauen seit ihrer Kindheit umgab. Sowohl

---

84 Interview mit Christine M.
85 Ebd.
86 Lee, Kinder amerikanischer Soldaten in Europa, S. 333.

Linda als auch Christine berichten in ihren Interviews darüber, dass ihre Familien Informationen über ihre Herkunft vor ihnen verbargen. So erfuhr Linda erst durch Zufall, dass sie Kind einer österreichischen Mutter und eines afro-amerikanischen GIs war. Ihr Adoptivvater hatte lange Zeit behauptet, er habe sie von der Front mitgebracht. Auch Christine erhielt erst auf ihr hartnäckiges Nachfragen hin die Auskunft, dass ihr Bruder 1953 von einer amerikanischen Familie adoptiert worden war. Als sie 2013 schließlich von einer Tageszeitung interviewt wurde,[87] erzählte ihr ihre Halbschwester, dass ihr Bruder als erwachsener Mann in den 1960er-Jahren auf der Suche nach seiner Mutter Österreich besucht und sogar an die Haustür ihrer Großmutter geklopft habe: „Einen Tag nach dem Zeitungsartikel hat mich meine Schwester angerufen, […] Sagt sie: ‚Aber ich will dir sagen ich habe deinen Bruder gesehen.' ‚Geh', sage ich, ‚T. das gibt es ja nicht.' Sagt sie: ‚Ja, wirklich. Mit dem [F.] S., […] ist der vor der Tür gestanden und hat um die Mutter gefragt und die Großmutter hat gesagt, er solle gehen und solle da keinen Unfrieden stiften.' […] Und ich habe gesagt: ‚Kannst du dich erinnern, wie er ausgeschaut hat?' Sagt sie: ‚Ich weiß nur, dass er sehr schüchtern vor der Türe gestanden ist.' Aber das waren halt die Umstände. Aber ich hätte ihm … ich habe ihm nicht helfen können, ich war noch zu klein."[88]

Christine sucht ihren Bruder bis heute. Mangelnde Dokumentation in deutschen, österreichischen und amerikanischen Archiven sowie Sperrfristen und die fehlende Meldepflicht in den USA verhinderten bis zum heutigen Tag, ihn zu finden.

---

87 Vgl. „Besatzungskind", Bildungshungrige und Bezirksrätin, in: Der Standard. 27.7.2013.
88 Interview mit Christine M.

Eva Maltschnig

Österreichische „War Brides" und ihre Kinder in den USA

Im besetzten Nachkriegsösterreich gab es intensive Kontakte zwischen Besatzungssoldaten und Einheimischen. Erinnerungen an großzügige GIs, die Schokolade und Kaugummis an Kinder verteilten, sind noch heute präsent. Beziehungen zwischen österreichischen Frauen und amerikanischen Besatzungssoldaten wurden jedoch kritisch beäugt. „The feeling of the Austrian public towards the women who had liaisons with American soldiers was often hostile, regardless if the relationship was prostitution, love or marriage"[1], schrieb Eva H. in ihren Erinnerungen nieder. Sie heiratete in Salzburg 1955 ihren amerikanischen Verlobten und emigrierte mit ihm in die USA.

Trotz der negativen öffentlichen Meinung wurden in der Besatzungszeit in Österreich Tausende Ehen zwischen GIs und Österreicherinnen geschlossen.[2] Die Frauen folgten ihren Ehemännern in die USA. Viele andere Kontakte zwischen amerikanischen Besatzern und einheimischen Frauen mündeten nicht in Ehen, aber Kinder wurden gezeugt – mindestens 5000 amerikanische Besatzungskinder kamen in Österreich zur Welt. Die Umstände ihrer Zeugung führten vielfach zu schmerzlichen Stigmatisierungen, „selbst wenn sie, wie die meisten von ihnen, ‚weißer' Hautfarbe waren".[3] Sie galten nicht nur als die Nachkommen der ehemaligen Feinde, sondern waren noch dazu unehelich – dies wertete sie ebenso wie ihre Mütter moralisch ab.

Die öffentliche Diskussion zu Besatzungsbeziehungen erlaubt uns heute Einblicke in Einstellungen zu Nationalität, Identität und Geschlechterbeziehungen im Nachkriegsösterreich. Welchen moralischen Standards mussten österreichische Frauen genügen, wer legte sie fest? „War Brides" – Ehefrauen amerikanischer Besatzungssoldaten – avancierten zu zentralen Figuren

---

1   CenterAustria, University of New Orleans, Dokumente zum Interview mit Eva H., März 2012.
2   Monika Pelz, Heiratsmigrantinnen 1945–1955, in: Traude Horvath – Gerda Neyer (Hg.), Auswanderung aus Österreich: Von der Mitte des 19. Jahrhunderts bis zur Gegenwart. Wien 1996, S. 387–409, hier: S. 408.
3   Ingrid Bauer, „Leiblicher Vater: Amerikaner (Neger)". Besatzungskinder österreichisch-afroamerikanischer Herkunft, in: Helmuth A. Niederle – Ulrike Davis-Sulikowski – Thomas Fillitz (Hg.), Früchte der Zeit. Afrika, Diaspora, Literatur und Migration. Wien 2001, S. 49–67, hier: S. 50.

in diesen Diskussionen. Dieser Beitrag widmet sich österreichischen „War Brides" und ihren Kindern. Zunächst soll ein Überblick über die Emigration österreichischer „War Brides" nach Amerika gegeben werden. Wie viele wanderten aus? Wie fügten sich die „War Brides" in die amerikanische Einwanderungspolitik ein? Wie reagierte man in Österreich auf diese Beziehungen? Wie wurden sie in den USA aufgenommen? Anschließend werden diese Ehen als binationale Ehen analysiert. Schließlich soll eine These zu den Kindern österreichischer „War Brides" formuliert werden: Ein Besatzungskind wird nicht nur durch die Umstände seiner Zeugung definiert, sondern durch den Kontext, in dem es aufwächst. Dieser war für die Kinder österreichischer „War Brides" in Amerika ein anderer als in Österreich. Er garantierte zwar keine Freiheit von Diskriminierung, aber die Kinder wurden dort nicht mit einem vermeintlich moralisch zweifelhaften Verhalten ihrer Mütter in Verbindung gebracht und können nicht als Besatzungskinder definiert werden.

Die dem Beitrag zugrunde liegende empirische Forschung hat die ausgewanderten Österreicherinnen zum Thema: Österreichische „War Brides" und ihre Erfahrungen in den USA wurden mittels Interviews und Analyse persönlicher Dokumente aus biografischer Sicht aufgearbeitet. Die Erfahrungen der Kinder präsentieren sich hier also – bis auf Ausnahmen – durch die Mütter vermittelt. Wiewohl diese Berichte keine Grundlagen zur biografischen Arbeit über Kinder österreichischer „War Brides" sein können, erlauben sie dennoch, einige Annahmen zu Migrationserfahrung und Identität dieser besonderen „zweiten Generation" zu überprüfen.

„Ami-Bräute": Besatzungsbeziehungen in Österreich

Bei Rendezvous mit ihrem amerikanischen Verlobten traf die Salzburgerin Eva H. Vorkehrungen: Sie bat ihn, bei ihren Dates Zivilkleidung zu tragen. In ihren Memoiren schildert sie den Moment, als sie Salzburg 1955 verließ, um mit ihrem Mann zum Münchner Flughafen in Richtung Amerika zu fahren: „It was the first time I saw E. J. in uniform. I had always said, I did not want to be seen with an American soldier. Not because we did not like Americans but because of the reputation of many of the girls that associated with the occupational soldiers after the war. Many of these associations came about more because of the survival instinct in hard times and did not always involve love."[4]

Zehn Jahre nach Kriegsende wurden Frauen, die Beziehungen mit GIs unterhielten, immer noch unter Generalverdacht gestellt – ungeachtet der

---
4   CenterAustria, University of New Orleans, Dokumente zum Interview mit Eva H., März 2012.

genaueren Umstände ihrer Beziehungen – und das selbst 1955 noch, als die „hard times", von denen Eva H. schrieb, längst vom Wirtschaftswunder abgelöst worden waren. Das Etikett „Ami-Braut", so die Historikerin Ingrid Bauer, war „weniger [...] Realmetapher, sondern vor allem ein diskriminierendes Stereotyp".[5] Die Ursache für die gesellschaftliche Stigmatisierung dieser Besatzungsbeziehungen lag nicht so sehr darin, was diese Frauen tatsächlich getan oder nicht getan hatten, sondern in der Bedeutung, die die Bevölkerung diesen Handlungen beimaß. „Frauen, die Beziehungen zu Besatzungssoldaten hatten, waren ganz offensichtlich eine facettenreiche Projektionsfläche."[6] „Besatzungsbräute" standen teilweise quer zum Trend der Nachkriegszeit, konservative Sexualnormen wiederherzustellen.[7] Das alleine reicht jedoch nicht aus, um das harte gesellschaftliche Urteil über sie als Gruppe zu erklären – uneheliche Beziehungen oder Prostitution gab es schließlich nicht erst seit 1945. Das Besondere an den „Ami-Bräuten" war, dass sie sich mit Fremden einließen und somit in ihrem Privatleben Grenzen einer nationalen Identität überschritten. Die Erwartungen, denen österreichische Frauen in der Nachkriegszeit zu genügen hatten, waren auch an Konstruktionen nationaler Identität gebunden. „[d]ie Treulosigkeit oder Ehre der Frauen [wurde] immer wieder mit der – noch brüchigen – Identität Österreichs verknüpft, bzw. die Ehre Österreichs mit jener der Frauen",[8] argumentiert Ingrid Bauer. Dahinter liegt eine spezifische Verbindung zwischen der Frau und Nation. „Women, in their ‚proper' behavior, their ‚proper' clothing, embody the line which signifies the collectivity's boundaries."[9] „Ami-Bräute" machten durch ihr Verhalten sowohl etablierte Geschlechterrollen als auch die noch im Entstehen begriffene nationale Identität brüchig, wie sich in Österreich zeigte.

Österreich hatte als Teil des „Dritten Reiches" den Krieg verloren, nun war man von den ehemaligen Feinden besetzt, die in der amerikanischen Zone – wie Eva H. beschreibt – den Einheimischen eigentlich nicht unsympathisch waren. Man mochte die Amerikaner, sie galten weitgehend als großzügig und freundlich, und sie waren Symbol und Schlüssel zu einer Jugend- und

---

5 Ingrid Bauer, Die „Ami-Braut" – Platzhalterin für das Abgespaltene? Zur (De-)Konstruktion eines Stereotyps der österreichischen Nachkriegsgeschichte 1945–1955, in: L'Homme. Europäische Zeitschrift für feministische Geschichtswissenschaft. Jg. 7, H. 1, 1996, S. 107–121, hier: S. 111.
6 Ebd.
7 Vgl. Dagmar Herzog, Sexuality in Europe. A Twentieth-Century History. Cambridge – New York 2011, S. 99.
8 Ebd., S. 113.
9 Vgl. Nira Yuval-Davis, Gender & Nation. Los Angeles 1997, S. 46.

Abb. 1: „Annäherung": Österreicherin mit einem GI, um 1947. Quelle: ÖNB, Bestand Croy.
Foto: Otto Croy

Konsumkultur, die im Nachkriegs-Österreich noch nicht angekommen war.[10] Während Kinder und Männer ohne moralische Bedenken mit amerikanischen Soldaten interagieren konnten, war das für Österreicherinnen nicht der Fall. Immer wieder taucht der Vorwurf gegenüber „Ami-Bräuten" auf, sie hätten sich vom Geld der Amerikaner verführen lassen. Und natürlich standen amerikanischen Besatzungssoldaten mehr Ressourcen zur Verfügung als einem durchschnittlichen Österreicher. Besonders in der Zeit unmittelbar nach dem Krieg geriet dies zu einem gewichtigen Argument: Für Salzburg stellten die amerikanischen Besatzungstruppen kurz nach Kriegsende einen Großteil der Hilfspakete zur Verfügung, nur 18 Prozent der benötigten Lebensmittel wurden von lokalen Quellen bereitgestellt.[11]

Obwohl der enge Konnex zwischen „Amerikaner" und „Essen" meistens in Erinnerungen der Kriegskinder zu finden ist[12], war in der unmittelbaren Nachkriegszeit zwischen freiwilligen Sexualkontakten und Prostitution nicht scharf zu trennen. „Die Grenzen zwischen dem Hunger nach Kalorien und jenem

---

10 Zu Erzählungen von Zeitzeuginnen und -zeugen siehe z. B. Ingrid Bauer, Welcome Ami Go Home: Die amerikanische Besatzung in Salzburg 1945–1955. Erinnerungslandschaften aus einem Oral-History-Projekt. Salzburg – München 1998.
11 Siehe Thomas Weidenholzer, Alles drehte sich um Kalorien, in: Erich Marx (Hg.), Befreit und Besetzt. Stadt Salzburg 1945–1955. Salzburg 1996, S. 46–51, hier: S. 47.
12 Siehe Bauer, Welcome Ami Go Home, S. 127–141.

nach Leben sind gleichfalls fließend"[13], formulierte es Ingrid Bauer.[14] Es war die Sehnsucht nach Seidenstrümpfen und Schokolade, die Frauen vorgeworfen wurde: Konsumgüter, die man zum Überleben nicht dringend benötigte, Symbole für ein wohlsituiertes Leben. Die „Besatzungsbräute" hätten es sich leicht gemacht, so lautete die Anklage der Zeitgenossen, während die „Heimkehrerfrauen" oder „Trümmerfrauen" für den Wiederaufbau geschuftet hätten. Die „Ami-Bräute" entzogen sich den an sie gerichteten Rollenanforderungen.

Nicht nur Konsumgüter machten die Amerikaner für Österreicherinnen interessant. „Die GIs und ihr Lebensstil wurden auch mit anderen Optionen assoziiert, etwa mit einem Lebensgefühl der Freiheit, der Individualität und Ungezwungenheit jenseits autoritärer Kollektive und Strukturen."[15] Das brachte vor allem die männlichen Kriegsheimkehrer in die Zwickmühle. Sie hatten nun unversehrte und kaufkräftige Amerikaner als Konkurrenten um „ihre" Frauen. Während sie auf dem Schlachtfeld vermeintlich gekämpft hatten, um Frauen und Kinder zu beschützen,[16] waren diese mit dem Feind Beziehungen eingegangen. Diese Erkenntnis führte freilich nicht dazu, sich mit der eigenen Rolle in der Vernichtungsmaschinerie des Nazi-Regimes auseinanderzusetzen, sondern Frauen, die mit Amerikanern Beziehungen unterhielten, zu diffamieren: „[D]ie Entwertung der Frauen zur Hure machte die eigene Bedrohung als Mann […] erträglich."[17] Gleichzeitig verschob die ag-

---

13   Bauer, Die „Ami-Braut", S. 111.
14   Dabei reicht bei näherer Betrachtung auch das Argument, Frauen hätten sich aus „survival instinct", wie es Eva H. nennt, mit Amerikanern eingelassen, nicht aus, um die große Ablehnung der Beziehungen zu erklären. Hätten sich die Sexualkontakte tatsächlich darauf beschränkt, wäre moralisch wenig Verwerfliches dabei gewesen – in Ermangelung anderer Möglichkeiten wäre es den Frauen sogar vielleicht hoch angerechnet worden, mit allen Mitteln ihre Familie nach dem Krieg durchbringen zu wollen.
15   Bauer, Die „Ami-Braut", S. 110.
16   Diese „Teilnahme am nationalsozialistischen Angriffskrieg als männliche Tat, als Verteidigung der Heimat bzw. von Frauen und Kindern" war eine Mystifizierung, ein einfacher Weg aus der Sinnfrage des Krieges, erklärt Bauer (ebd., S. 117). Auffällig ist, dass diese Kriegs-Rechtfertigung die sexuellen Kontakte zwischen Wehrmachtssoldaten und Frauen in den besetzten Gebieten völlig ausblendete. Ihre Beziehungen außerhalb des Landes hatten keine negativen Folgen für sie. Anders erging es den Frauen, die mit ihnen Beziehungen geführt hatten. In Frankreich wurden die Frauen, die sich der „collaboration horizontale" schuldig gemacht hatten, mit dem Scheren ihrer Haare bestraft, auch dänische Frauen, die Beziehungen mit Wehrmachtssoldaten hatten, waren scharfen gesellschaftlichen Sanktionen ausgesetzt. Siehe Anette Warring, Intimate and Sexual Relations, in: Robert Gildea – Olivier Wieviorka – Anette Warring (Hg.), Surviving Hitler and Mussolini. Daily Life in Occupied Europe, 1939–1945. Oxford – New York 2006, S. 88–128 sowie Fabrice Virgili, Shorn Women. Gender and Punishment in Liberation France. Oxford 2002, S. 30.
17   Bauer, Die „Ami-Braut", S. 116.

gressive Diskussion um „Ami-Bräute" die Schuldfrage: Nicht die (männliche) politische Verantwortung für Krieg und Genozid, sondern die moralischen Verfehlungen von Frauen, die sich mit Besatzungssoldaten einließen, geriet zu einer wichtigen Nachkriegsdebatte.

Kritik am Lebensstil als „Ami-Braut" wurde auch intensiv von katholisch-konservativer Seite vorgebracht. Die Besatzungsbeziehungen störten das Projekt der Stabilisierung der Geschlechterrollen an einer empfindlichen Stelle. Während des Krieges waren die geschlechtsspezifischen Rollenanforderungen ein Stück weit gelockert gewesen, ab den 1950ern wurde intensiv an der Wiederherstellung traditioneller Geschlechterbilder gearbeitet. Für Deutschland schreibt die Historikerin Dagmar Herzog: „Conservatives were able to present the re-establishment of traditional mores as a postfascist imperative and corrective, the best way to overcome the worst aspects of the nation's recent history."[18] Um also die Schuld des Krieges loszuwerden, mussten Frauen gute deutsche (oder österreichische) Ehefrauen sein. Wer sich diesen Anforderungen nicht fügte, verstieß nicht nur gegen Geschlechterrollen, sondern auch gegen Vorstellungen nationaler Identität.

Mit ähnlichen Diskussionen sahen sich deutsche Frauen konfrontiert, die Beziehungen mit amerikanischen Soldaten unterhielten. Die Historikerin Maria Höhn kam in ihrer mikrohistorischen Studie zu den deutschen Kasernenstädten Kaiserslautern und Baumholder zu vergleichbaren Ergebnissen: „The ‚Veronikas'[19] – with their cherry-red lips, colored hair, and American-style dress and manners – were offenders twice over. Their ‚sexually immoral lifestyle' undermined the conservative project of gender stabilization, and they represented the most offensive aspect of the evils of the secular materialism that conservatives were so desperately trying to avert. At the national level, Baumholder and Kaiserslautern also become a metaphor for the moral decline associated with the continuing 'occupation' of Germany. Even more importantly, in that narrative, sexually promiscuous women were portrayed as the real source of Germany's moral crisis. It was the behavior of these women, not the country's murderous past, that were giving Germany a ‚bad name' in the community of nations."[20]

Die Verbindung zwischen Geschlechterrollen und nationaler Identität ist

---

18 Dagmar Herzog, Sexuality in Europe. A Twentieth-Century History. Cambridge – New York 2011, S. 99.
19 „Veronikas" wurde als derogative Bezeichnung für die „Ami-Bräute" in Deutschland verwendet, oft wurde der Ausdruck in Zusammenhang mit Geschlechtskrankheiten gebracht.
20 Maria Höhn, GIs and Fräuleins. The German-American Encounter in 1950s West Germany. Chapel Hill – London 2002, S. 153–154.

auch der Grund dafür, warum die Art der Beziehung, die Österreicherinnen mit amerikanischen Soldaten unterhielten, für das moralische Urteil über sie nur eine geringe Rolle spielte.

Österreichische „Kriegsbräute" in den USA

Die Beziehungen zwischen Besatzungssoldaten und Österreicherinnen stellten sich aus amerikanischer Perspektive anders dar – neben moralischen kamen hier auch militärische und politische Probleme zum Vorschein. Schätzungen zufolge emigrierten zwischen 4000 und 5000 Frauen aus dem Nachkriegs-Österreich als Ehefrauen amerikanischer Besatzungssoldaten.[21] Zahlen aus den Einwanderungsreporten des amerikanischen Immigration and Naturalization Service lassen die Schätzungen plausibel wirken: Zwischen 1946 und 1950 sind insgesamt 2180 österreichische Frauen in den amerikanischen Berichten angeführt, die im Rahmen des „War Brides Act" einwanderten.[22] Zwischen 1949 und 1955 sind dort jährlich durchschnittlich 537 Österreicherinnen verzeichnet, die als „Wives of U.S. Citizens" einwanderten. Die Tatsache, dass sich amerikanische Besatzungstruppen in Österreich aufhielten, dürfte der Grund für die vergleichsweise hohen Einwanderungszahlen dieser Gruppe sein. Auch dem Immigration and Naturalization Service fiel dieser Zusammenhang ins Auge, im Bericht von 1952 wurde dort bezüglich der Einwanderungskategorie „Wives of U.S. Citizens" vermerkt: „The number of wives of citizens admitted almost doubled. It is of interest that over three-fifths of the wives of citizens admitted in the fiscal year 1952 came from three countries occupied by United States troops: Germany, Italy and Japan."[23] Österreich wurde hier zwar nicht gesondert aufgeführt, doch lag der Anteil an „Wives of U.S. Citizens" bei den eingewanderten Österreicherinnen bzw. Österreichern 1952 bei knapp zehn Prozent der gesamten Eingewanderten aus Österreich, während der Europa-Durchschnitt dieser Gruppe bei rund 4,6 Prozent lag.[24]

Der einwanderungspolitische Umgang mit „War Brides" ist aus rechtshistorischer Perspektive bemerkenswert: Um Angehörigen der amerikanischen Streitkräfte die Immigration zu erleichtern, wurde vom Kongress am

---

21 Pelz, Heiratsmigrantinnen 1945–1955, S. 408.
22 Das „Public Law 271" („War Brides Act") erleichterte Ehefrauen von Militärangehörigen, die unter das Quotensystem fielen, die Einwanderung in die Vereinigten Staaten. Sie wurden als „Non-Quota Immigrants" zugelassen. Datenquelle: Immigration and Naturalization Service, Annual Report 1950, Table 9a.
23 Annual Report of the Immigration and Naturalization Service, 1952, S. 20.
24 Ebd., Table 6, eigene Berechnungen.

28. Dezember 1945 der „War Brides Act" verabschiedet. Ehefrauen von Militärs sollten nicht durch die geltenden Einwanderungsbeschränkungen, die auf nationalen Quoten aufbauten, bei der Einwanderung behindert werden: „Emerging as an issue in an era when policymakers focused on the re-integration of soldiers into the United States, the logic of family re-unification for America's fighting men (and women) was pitted against the reality of racism. The combination of wartime service, patriotism, and marriage proved stronger than latent unease about Asian migration, tipping the scales in favor of reform."[25]

Der US-Kongress schätzte die Anzahl der Frauen, die im Rahmen des „War Brides Act" in die USA einwandern würden, auf etwa 100.000 – eine sehr hohe Zahl, verglichen mit der Anzahl an Migranten und Migrantinnen, die mit dem damals geltenden nationalen Quotensystem einwandern durften. „Considering that under the national-origins quota system only 154,000 people could enter each year, this figure represented a sizable increase."[26] Der „War Brides Act" markierte eine Trendwende in der amerikanischen Einwanderungspolitik – nicht mehr Nationalität, sondern Familienzugehörigkeit und Familienzusammenführung sollte die prägendste und wichtigste Säule der amerikanischen Einwanderungspolitik werden. Diese Veränderung in der Einwanderungspolitik gipfelte schließlich 1965 im Hart-Celler-Act (Immigration and Nationality Act), mit dem das System der nationalen Einwanderungsquoten endgültig abgeschafft wurde: „In addition to opening doors to all world regions and enhancing immigrant diversity, the act placed the goal of family reunification at the heart of U.S. immigration policy, where it remains to this day."[27]

Auch österreichische „War Brides" kamen demnach zunächst im Rahmen einer den Militärangehörigen gestatteten Familienzusammenführung in die USA. Ab 1. Jänner 1946 war die Ehe zwischen amerikanischen Soldaten und österreichischen Frauen grundsätzlich gestattet. Dem war allerdings ein längerer Diskussionsprozess vorausgegangen. Zuvor waren informelle Kontakte zwischen Zivilbevölkerung und Militär im Rahmen der Anti-Fraternisierungspolitik der U.S. Forces nicht gestattet gewesen. Die Vorschriften für den sozialen Umgang in Besatzungszonen waren eng mit militärischen und außenpolitischen Fragen verknüpft. Erstmals taucht die Frage von Eheschlie-

---

25 Philip E. Wolgin – Irene Bloemraad, „Our Gratitude to Our Soldiers". Military Spouses, Family Re-Unification, and Postwar Immigration Reform, in: Journal for Interdisciplinary History. Jg. 41, H. 1, 2010, S. 27–60, hier: S. 28.
26 Ebd., S. 31.
27 Susan C. Pearce – Elizabeth C. Clifford – Reena Tandon, Immigration and Women. Understanding the American Experience. New York – London 2011, S. 31.

ßungen im amerikanisch besetzten Österreich am 30. September 1945 in den Dokumenten der U.S. Forces Austria auf. Das „European Theater" of Operations konsultierte den Commanding General der U.S. Forces Austria (USFA) zu diesem Sachverhalt: „Modification Non Fraternization Policy [sic!] for Germany just announced prohibits marriages with Germans. This headquarter considering extending this prohibition to include all enemy nationals throughout Theater including Austria. Request your views."[28] Im Antwortschreiben lehnte die USFA die Ausweitung des Ehe-Verbots auf Österreich ab: „Do NOT desire that Austrians be included in proposed prohibition [...]. It is believed that any such announcement at this time will have unfavorable reaction here."[29]

Etwas später führten die U.S. Forces Austria die Gründe für diese Ablehnung gegenüber dem „European Theater" aus: „In view of the US Mission in AUSTRIA directed by the Joint Chiefs of Staff to establish a free, independent, and democratic AUSTRIA and the fact that an Austrian government has been established and recognized by the UNITED STATES it is felt that conditions as to marriage to Austrian nationals are not identical with conditions in GERMANY. To prohibit marriages to Austrians would not be in line with established governmental policy."[30] Außenpolitische Gründe wurden hier als Argumente ins Spiel gebracht, um ein Eheverbot zwischen amerikanischen Soldaten und österreichischen Staatsbürgerinnen aufzuheben. Mit 1. Jänner 1946 waren Eheschließungen offiziell erlaubt.[31]

Allerdings wurden solche Eheschließungen im Vorfeld genau überprüft. Dabei zeigte sich die ambivalente Strategie der amerikanischen Besatzung in Österreich: Wiewohl in der Moskauer Deklaration Österreich als erstes Opfer Hitler-Deutschlands beschrieben wurde und die U.S. Forces Austria die Errichtung eines freien, unabhängigen und demokratischen Österreichs als Ziel der Besatzung angaben, wurde bereits im Text der Deklaration auf die Verantwortung Österreichs für den Krieg hingewiesen. Österreicher und

---

28 National Archives at College Park, College Park, MD (NACP), RG 489.2, Records of Headquarters, European Theater of Operations, United States Army (World War II), Entry UD 679, US Forces European Theater Main signed Eisenhower to CG, US Forces Austria, 30.9.1945.
29 NACP, RG 489.2, Entry UD 697, USFET Marriage Policies, CG Austria to USFET Main, 5.10.1945, Hervorhebung im Originaldokument.
30 NACP, RG 489.2, Entry UD 697, USFET Marriage Policies, USFA to CG USFET, 18.11.1945.
31 Ingrid Bauer – Renate Huber, Sexual Encounters Across (Former) Enemy Lines, in: Günter Bischof – Anton Pelinka – Dagmar Herzog (Hg.), Sexuality in Austria. Contemporary Austrian Studies. Vol. 15. New Brunswick/US – London 2007, S. 65–101, hier: S. 81.

Österreicherinnen wurden somit nicht von vornherein als vertrauenswürdig oder unschuldig gesehen, und auch bei der Genehmigung von Ehen prüften die Besatzungsbehörden genau, wen die GIs heiraten wollten.

Ein heiratswilliges Paar musste dementsprechend bei den U.S. Forces Austria um Heiratserlaubnis ansuchen, die nur nach einer umfassenden Prüfung erteilt wurde. Dabei wurden von der Antragstellerin Gesundheitsuntersuchungen verlangt, sie musste zwei „character testimonials" präsentieren, das Paar wurde vom Militärkaplan einem Interview unterzogen, und die Frau durfte keine politisch oder polizeilich auffällige Vergangenheit haben. Das wurde vom Counter Intelligence Corps (CIC) überprüft. Dabei waren die amerikanischen Behörden gründlich: Eine Mitgliedschaft bei der kommunistischen Partei sprach ebenso gegen eine Frau wie einstige nationalsozialistische Aktivitäten. 1950 wurde etwa ein Heiratsansuchen abgelehnt, weil der Vater der Antragstellerin 1947 wegen Kriegsverbrechen verurteilt worden war.[32] Eheverbindungen mussten also politisch und moralisch unbedenklich sein, um zugelassen zu werden.

Interessant ist die Einschätzung dieser Sachverhalte besonders bei Ehen zwischen afroamerikanischen Soldaten und weißen Österreicherinnen. Ein Fall aus den Militär-Akten zeigt, wie umfassend und kompliziert eine Ablehnung argumentiert werden konnte. Dieses Eheansuchen aus dem Jahr 1950 wurde mit der Begründung abgelehnt, die Verlobte des afroamerikanischen Soldaten sei aufgrund eines Diebstahls untauglich zur Einwanderung nach dem Einwanderungsgesetz. Im fünfseitigen CIC-Report über die Frau wird festgehalten, dass sie 1947 aufgrund des vermeintlichen Diebstahls eines Schals verhaftet worden war. Ihrer Darstellung nach habe sie den Schal von einer Freundin ausgeborgt. Die Polizeiakten zeigten, dass sie wegen Diebstahls und „Landstreicherei" („Vagrancy") für drei Wochen inhaftiert gewesen war. Bei einer medizinischen Untersuchung waren Geschlechtskrankheiten festgestellt worden. Sie hatte ein Kind mit ihrem Verlobten, der seinerseits ein uneheliches Kind in den USA gezeugt hatte, für das er monatliche Alimente zahlte. In einem Begleitschreiben zum Heiratsansuchen an den Commanding Officer hielt der Commanding Captain fest: „I have personally interviewed both parties to the proposed marriage and believe that this marriage if permitted, would not necessarily tend to bring any discredit to the United States. Although both parties have indicated their willingness to have a happy marriage under all circumstances, I recommend that the appli-

---

32 NACP, RG 260, Records of U.S. Occupation Headquarters, World War II, U.S. Forces Austria, Adjutant General Section, Marriage Files, 1950-53, Box 349, Marriage Application Almendares-Potrok, 26.7.1950.

cation for marriage [...] be disapproved. The reason for disapproval is based on Sgt B.'s. [...] past moral standards. [He] is the father of two children born out of wedlock, [...]. In addition Sgt B. has indicated his desires of remaining in the service as a career soldier. A mixed marriage would subject him and his family to problems of social nature hard to overcome. State laws and customs which have existed for years on segregation must be encountered and adhered to by all negro people, especially in the South. The woman in this marriage does not actually comprehend the real conditions and problems they would have to face together as man and wife in the United States if their marriage were approved."[33]

Das Protokoll des Militärkaplans pflichtet der ablehnenden Haltung des Captains bei, im Interview mit dem Paar kam er allerdings zum Schluss, dass diese sehr wohl über die zu erwartenden Probleme einer gemischten Ehe Bescheid wussten: „The undersigned had long talks with each individually, and, both together on the problems they will have to face should they be married. Regardless of these they still want to marry. They think they can cope with the racial problems, and, still be happy."[34] Der Kaplan hegte allerdings moralische Bedenken aufgrund der zwei unehelichen Kinder des Sergeants und empfahl daher die Ablehnung des Heiratsersuchens.

Die Einwanderung von österreichischen „War Brides" war somit eng verknüpft mit amerikanischen Diskussionen über Moral, Immigration, Außenpolitik und Militärstrategie. Waren die Anträge jedoch einmal genehmigt und die Österreicherinnen in den Vereinigten Staaten als Ehefrauen angekommen, schien es nur noch selten zu Diskriminierungserfahrungen gekommen zu sein. Weder in den Interviews noch in den schriftlichen Ego-Dokumenten wird die österreichische Herkunft als ein besonderes Problem thematisiert. Ein Kommentar der postkolonialen Feministin Trinh Minh-ha dient hier als Interpretationshilfe: „There are two kinds of social and cultural differences: those which threaten and those which don't."[35] „War Brides" aus Österreich gehörten eher zur letzteren Kategorie.

Am Beispiel westdeutscher „War Brides" arbeitete die Historikerin Susan Zeiger heraus, wie veränderte außenpolitische Beziehungen die Akzeptanz der Frauen in den USA beeinflussten. Die Rolle Westdeutschlands, so Zeiger, wandelte sich für die USA in den ersten fünf Besatzungsjahren, die Bundes-

---

33 NACP, RG 260, Records of U.S. Occupation Headquarters, World War II, U.S. Forces Austria, Adjutant General Section, Marriage Files, 1950-53, Box 349, Marriage Application Banks – Mayerhofer, Mai 1950.
34 Ebd.
35 Yuval-Davis, Gender & Nation, S. 55.

republik entwickelte sich in Richtung eines Kooperationspartners im Kalten Krieg. Die Bundesrepublik Deutschland wurde vom besetzten Land spätestens Mitte der 1950er-Jahre zum Partnerstaat und Alliierten im Kalten Krieg.

Bereits zuvor freilich waren intime Beziehungen zwischen Einheimischen und Besatzern erlaubt gewesen. Mit dem 11. Dezember 1946 wurden Ehen zwischen GIs und Deutschen erlaubt,[36] die persönlichen Beziehungen zwischen den Soldaten und den Frauen damit teilweise normalisiert. Obgleich diese Ehen in den USA teilweise auf Widerstand stießen, der etwa in Kongress-Debatten oder in der Populärkultur artikuliert wurde, veränderte sich die Haltung der amerikanischen Öffentlichkeit mit der Zeit. Zeiger argumentiert das mit veränderten außenpolitischen Rahmenbedingungen: „The takeoff year for the peak immigration of German GI spouses, 1948, was a crucial period of transition for U.S. policy in Germany. With Marshall Plan aid from the United States, the Western powers took an ambitious campaign to revitalize the German economy, an embrace of postwar Germany that was unimaginable two years earlier."[37] Diese Veränderung zeigte sich auch in Bezug auf die öffentliche Meinung über die „War Brides": „Newspapers began to cover the story of German brides in ways that clearly ‚normalized' their experience. [...] The new American neighbors included wives from England, France, Germany, Austria, and Belgium. As ‚Mrs. West and Mrs. Grimes', these former ‚enemies' disappeared into the American linguistic melting pot; as generic wives of American soldiers, they blended into their new community without attracting special attention."[38]

Ähnliches kann auch für österreichische „War Brides" angenommen werden. Die Normalisierung der außenpolitischen Beziehungen zwischen Österreich und den USA hatte früher begonnen als zwischen Amerika und der Bundesrepublik Deutschland. Dass Ehen zwischen Österreicherinnen und GIs bereits seit Anfang 1946 geschlossen werden konnten, während das für Deutschland erst mit 11. Dezember 1946 der Fall war, ist ein deutlicher Beleg dafür, dass sich politische Einschätzungen auch hinsichtlich der Regulierung sozialer Beziehungen niederschlagen. Die Bewertung Österreichs als „free and independent country", das im Rahmen der Besatzung wiederhergestellt werden sollte, könnte ihnen im Vergleich mit deutschen „War Brides" einen zusätzlichen Bonus in Bezug auf eine Assimilierung im Einwanderungsland verschafft haben. Die kulturellen Differenzen, die österreichische „War Bri-

---

36 Susan Zeiger, Entangling Alliances. Foreign War Brides and American Soldiers in the Twentieth Century. New York – London 2010, S. 155.
37 Ebd., S. 157.
38 Ebd.

des" nach Amerika mitbrachten, wurden nicht als gefährlich wahrgenommen. Ihre politische Integrität war mit dem Einwanderungsprozedere überprüft worden, ihre Übersiedlung war an die Ehe und damit traditionelle Geschlechterpositionen geknüpft. „War Brides" konnten durch ihre Herkunft oder Partnerwahl also politische oder ethnische Grenzgängerinnen sein, aber verursachten keine Störungen im Geschlechterrollenbild der amerikanischen Nachkriegsgesellschaft.

Genau damit konnten „War Brides" ein wichtiges Argument für sich in Stellung bringen: Sie passten sich durch die Verkörperung traditioneller Geschlechterrollen in die amerikanische Gesellschaft ein. „GI brides […] embodied the characteristics of the ideal postwar housewife: devoted wives, dedicated mothers, and eager consumers. […] The most pleasing characteristic of the GI bride was her devotion to her American soldier"[39], beschreibt Susan Zeiger den Assimilationsprozess der „War Brides" in Amerika. Und auch ihre Hautfarbe half, akzeptiert zu werden: Ihre „whiteness" wirkte zu ihren Gunsten.[40] Das zeigt sich vor allem im Vergleich mit „Military Brides" aus Korea. Neben intensiven Diskriminierungserfahrungen in Korea waren diese Frauen nicht nur mit rassistischen Stereotypen in den USA konfrontiert, sie wirkten mit geschlechtsspezifischen Zuschreibungen zusammen und bildeten für koreanische „Military Brides" einen speziellen Typ Vorurteil als orientalische Frau: „Oriental femininity constitutes a whole body of Orientalist stereotypes that categorize Asian women as submissive, erotic, docile, and hyperfeminine, stereotypes that are often called the Lotus Blossom image."[41] Während von weißen „War Brides" erwartet wurde, dass sie gute Mütter und Ehefrauen abgaben, überraschte das im Fall von koreanischen „Military Brides". So beschreibt die Historikerin Ji-Yeon Yuh die Reaktion amerikanischer Nachbarn auf eine koreanische Frau: „They had heard too many bad stories, they said, about Asian military brides. But when they saw that she was a good wife and mother, they were impressed and came to think more highly of Korean women."[42]

Österreichische „War Brides" waren in den USA vermutlich weniger fremd als „War Brides" anderer Länder, lässt man Quellen über Deutschland als Evidenz gelten. Susan Zeiger zitiert einen Diplomaten über seine Einschätzungen zum Scheitern der Anti-Fraternisierungspolitik in Deutschland:

---

39 Ebd., S. 140.
40 Ebd., S. 151.
41 Ji-Yeon Yuh, Beyond the Shadow of Camptown. Korean Military Brides in America. New York – London 2002, Kindle Edition, Position 1739.
42 Ebd.

„Here [in Germany] were no small, dark people, talkative, unreliable folk, with inadequate sanitation and strange messy food. Here were fine-looking, blond, blue-eyed people, just like the Americans in Wisconsin, people who worked full-out from morning to night, ... and whose girls admired an upstanding he-man."[43] Darüber hinaus wurde das Bild der Deutschen als gute Mutter nach Amerika exportiert. Zeiger berichtet von einer PR-Offensive der amerikanischen Militärführung in Deutschland, um deren geänderte Politik gegenüber deutschen „War Brides" der US-Öffentlichkeit zu kommunizieren: „After interviewing sixty-five couples in a two-week period under the new marriage rules, the head chaplain of the U.S. occupation in Berlin concluded that German brides were likely to make fine wives for American veterans. In fact, he argued, these were better marriages than those between soldiers and British and French women, because the long waiting period set by occupation rules and the continuous proximity of husband and wife tested their compatibility and commitment. The chaplain's office was ‚remarkably pleased' with the ‚quality of German girls brought in by Americans'. [...] U.S. military authorities in Germany made several of these newlyweds available to American reporters."[44]

Kulturgrenzen und Kontexte

Die Diskussion von „War Brides" und ihrer Ehen im Kontext aktueller Migrations- und Globalisierungsforschung zeigt, wie schwierig eine Klassifikation dieser Beziehungen ist. Die Soziologen Ulrich Beck und Elisabeth Beck-Gernsheim veröffentlichten 2011 ein Buch mit dem Titel „Fernliebe", das ein Kapitel binationalen Paaren widmet. Sie halten dort fest: „Die erste Wahrheit lautet: Es gibt ebensowenig *das* binationale Paar wie *den* Ausländer."[45] Den entscheidenden Unterschied in der Reaktion der Umwelt mache aus, ob ein Partner / eine Partnerin als „Fremder" wahrgenommen werde. In Anlehnung an das Zitat von Trin Minh-ha, wonach einige kulturelle Unterschiede Angst machen, während das für andere nicht der Fall ist, kann auch die Position der eingewanderten Österreicherinnen besser nachvollzogen werden.

Das bislang gesammelte Material lässt darauf schließen, dass die Frauen bereits gut Englisch sprachen, als sie in den USA ankamen; einige hatten be-

---

43 Zeiger, Entangling Alliances, S. 154f.
44 Ebd., S. 156. Der von Zeiger zitierte Artikel erschien am 23. Februar 1947 in der Washington Post.
45 Ulrich Beck – Elisabeth Beck-Gernsheim, Fernliebe. Lebensformen im globalen Zeitalter. Berlin 2011, S. 34.

reits jahrelange Beziehungen mit ihren (späteren) Ehemännern geführt. Die Interviewten berichteten nicht von Problemen, die amerikanische Staatsbürgerschaft zu erlangen. Ihre Einschätzung zum Leben in den USA war weitgehend positiv, kulturelle Unterschiede zwischen Österreich und Amerika wurden sehr differenziert thematisiert. Die Rassentrennung hoben einige als für sie schockierende und überraschende Tatsache in Amerika hervor.[46]

Die Frauen verfolgten unterschiedliche Assimilationsstrategien: erfülltes Berufsleben, Kontakt mit Verwandten und Freunden, Flexibilität oder Eigenständigkeit. Gemeinsam ist ihnen in jedem Fall, dass sie in ihren amerikanischen Ehemännern wichtige Schlüsselfiguren sahen, die ihnen die Integration erleichterten. Sie vereinfachten den Zugang zu Freundeskreisen, Arbeitsplätzen und wenn sie nach ihrer Stationierung in Österreich weiter für das Militär tätig waren, bot das militärische Umfeld institutionelle Rahmenbedingungen, die den Frauen soziale Kontakte ermöglichten. Auch für die Kinder machte dieser Rahmen vieles einfacher. Susans Eltern zogen, nachdem sie geheiratet hatten, 18 Mal um, sie lebten in den USA, Deutschland und Japan. Als Kind empfand sie das nicht als Belastung, sondern als einen Faktor, der mit dem Beruf ihres Vaters einherging. Das damit verknüpfte Umfeld machte es auch für sie als Kind leichter, Anschluss zu finden: „When you're in an area that's military kids, they understand."[47]

Diese Beobachtungen fügen sich auch in aktuelle Forschungen zu binationalen Ehen ein. Stevens, Ishizawa und Escandell führen an, dass binationale Ehen bedeutende Auswirkungen auf die Integration von Migranten und Migrantinnen haben: „Cross-nativity marriages are marked by (or a marker of) rapid political, economic, social, and cultural integration of the foreign-born spouse. […] Immigrants with native-born American spouses are less likely to live in ethnic neighborhoods and earn significantly higher incomes than those with foreign-born spouses."[48] Die Autorinnen weisen außerdem auf die Implikationen dieses rapiden Assimilationsprozesses hin. Die klassische Einwanderungsforschung gehe mitunter von einem Prozess aus, der zwischen den Migrationsgenerationen sehr unterschiedlich abläuft. Der

---

46 Methodisch muss allerdings angemerkt werden, dass das für Interviews zugängliche Sample durch das Fehlen formeller Organisation sowie das hohe Alter der Frauen nicht nur quantitativ begrenzt ist, sondern Frauen mit problematischen Lebenserfahrungen (z. B. Scheidung) eher nicht einem Interview zustimmen werden.
47 Interview mit Erika R. und ihrer Tochter Suzy, Mai 2012, in: CenterAustria, University of New Orleans.
48 Gillian Stevens – Hiromi Ishizawa – Xavier Escandell, Marrying into the American Population: Pathways into Cross-Nativity Marriages, in: International Migration Review. Jg. 46, H. 3, 2012, S. 740–759, hier: S. 740.

zweiten Generation an Migranten werden im Vergleich zur im Ausland geborenen ersten Generation mehr Ressourcen zur Assimilation zugesprochen (z. B. über das Bildungssystem). Im Fall binationaler Ehen sei das nicht immer zutreffend: „[T]he analysis presented here clearly show that marital integration begins in the first generation although the likelihood varies strongly across race and gender."[49]

Gemäß aktueller Definition des United States Census Bureau zum Thema „Foreign-Born Population" handelt es sich bei Kindern österreichischer „War Brides" um Migranten und Migrantinnen der zweiten Generation: „The second generation refers to those with at least one foreign-born parent."[50] Die Statistik Austria handhabt das anders: Als Zuwanderer der zweiten Generation gelten hier „Kinder von zugewanderten Personen, die aber selbst im Inland zur Welt gekommen sind".[51] Nur wenn beide Elternteile im Ausland geboren wurden, findet der Begriff der „zweiten Generation" Anwendung. Dass einige Kinder der bisher interviewten „War Brides" in anderen Ländern zur Welt gekommen sind (etwa in Deutschland oder Japan während einer Stationierung des Ehemannes), verkompliziert die Suche nach Kategorien für diese Personen weiter.

Anstelle einer demografischen Kategorie könne die kulturelle Kategorie „Fremdheit" für die Diskussion aufschlussreicher sein. In den bisher durchgeführten Interviews scheint das nur in Ausnahmefällen eine relevante Größe für die Kinder zu sein. In einem Fall wurde über die Diskriminierung eines Geschwisterpaares in der Schule berichtet – sie wurden gehänselt und körperlich angegriffen, man beschimpfte sie als „Nazis". Trotz Intervention der Mutter beim Schuldirektor sprach das ältere Kind später kein Deutsch mehr und zeigte im Vergleich zu seinen Geschwistern wenig Interesse an dem, was im Familienkontext als Inbegriff österreichischer beziehungsweise europäischer Kultur galt: klassische Musik. Das beeinträchtigte das Familienleben.[52] In diesem Fall zeigt sich auch, unter welchen Prämissen Diskriminierung stattfinden kann: Das „Fremde" dieser Kinder war ident mit dem „Fremden" ihrer Mutter – sie sprachen deutsch, und Deutschsprachige waren Feinde gewesen.

---

49 Ebd., S. 755.
50 US Census Bureau, https://www.census.gov/topics/population/foreign-born/about.html, 4.1.2014, 12:45, Google Chrome.
51 Statistik Austria, Bevölkerung in Privathaushalten nach Migrationshintergrund, http://www.statistik.at/web_de/statistiken/bevoelkerung/bevoelkerungsstruktur/bevoelkerung_nach_migrationshintergrund/index.html, 20.8.2013, 23:41, Google Chrome.
52 Interview mit Erika G., Februar 2012, in: CenterAustria, University of New Orleans.

Bei Weitem nicht alle Kinder der Interviewten sprechen freilich Deutsch, der Grad an kulturellem Zugehörigkeitsgefühl zu Österreich ist unterschiedlich ausgeprägt. Barbara Franklin, Tochter einer österreichischen „War Bride", beschrieb ihren Umgang mit der Herkunft ihrer Mutter in einem Zeitungsartikel: „They say that life can only be understood backward but has to be lived forward. Growing up, we hear family stories and maybe even visit countries of origin and old family homes, but we don't truly appreciate the history that has shaped our own lives. One of the gifts that comes with growing older is a deeper understanding and appreciation of our past. With age comes a newfound perspective of our family legacy and the stories of how we came to be. I'm fortunate that in recent years I've been able to truly embrace the story of my parents, especially my mother, a native of Austria, who came to the United States thanks to a 1940s law[53] that allowed American soldiers to bring their brides to this country. I never tire of hearing my mother's story [...]."[54] Erst als sie älter wurde, befasste sich Barbara intensiver mit der Lebensgeschichte ihrer Mutter, und es brauchte Zeit und Engagement ihrerseits, um sich darüber Wissen anzueignen und Verständnis zu entwickeln. Die Spurensuche zur eigenen Migrationsgeschichte erforderte persönliche Initiative.

Auch Susan, Tochter von Elfriede, muss sich nach ihrer Schilderung aktiv um ihr österreichisches Erbe bemühen, denn von außen ist es nicht zu erkennen: „I claim Austria, I do. Because I think it is so much a part of my life. [...] It's funny, because [...] when people ask me what my name is, and I say well my mother is Austrian, and they expect something very unique, and I say no, my mother obviously adopted very American names. Susan Mary, I mean how much more American can you get? [...] I wanted to have more of a glamorous name, I guess."[55] Susan hilft ihrer Mutter dabei, Traditionen zu bewahren, wie etwa, am 24. Dezember Weihnachten zu feiern. Ein Fokuspunkt für österreichische Kultur in der Familie ist Essen – auch hier weist Susan beachtliche Kompetenzen auf: „I've always claimed Austria. You know when people sit down and say what is your heritage, and I say you know I'm Austrian and American. Because I feel like it's pretty equal

---

53 Hier bezieht sich die Autorin auf den War Brides Act von 1945.
54 „The Legacy of Love" von Barbara Franklin, The Post And Courier, 22.2.2013, http://www.postandcourier.com/apps/pbcs.dll/article?AID=%2F20130222%2F-PC12%2F130229779%2F1014%2Fthe-legacy-of-love&error_reason=user_denied&error=access_denied&error_description=The+user+denied+your+request.#_=_, 18.8.2013, 9:30, Google Chrome.
55 Interview mit Elfriede R. und ihrer Tochter Susan, Mai 2012, in: CenterAustria, University of New Orleans.

split, you know that I kept the language, I kept traditions, [...] I can even cook Schnitzel."⁵⁶

Amerika bot nicht nur Chancen für die österreichischen „War Brides", sich zu entfalten, auch ihre Kinder fanden vielfältige Möglichkeiten zur ihrer persönlichen Entwicklung vor. Eine Interviewpartnerin emigrierte mit zwei Kindern aus erster Ehe in die USA, die Ältere war 14 Jahre alt, als sie ankamen. Das Mädchen wurde später Bürgermeisterin jener Stadt, in der die Familie 1955 begonnen hatte, ihr amerikanisches Leben aufzubauen. Zu den zwei übergesiedelten Töchtern kamen zwei weitere hinzu. Inga, die älteste, beschreibt ihren Stiefvater als wichtige Integrationsfigur: „Wenn man so redet und Leute kennenlernt, und die sagen: ‚Haben Sie auch eine Familie?' [...] Er hätte leicht sagen können: ‚Ja, ich habe zwei Töchter, und meine Frau hat aus erster Ehe auch zwei Töchter.' Nie. Er hat immer gesagt, ich hab vier Töchter. Und er hat nie einen Unterschied gemacht zwischen uns und zwischen seinen leiblichen Kindern. Einfach ein fantastischer Mensch. Und vom ersten Tag an hab ich gesagt, das ist mein Vater."⁵⁷ Ingas Mutter Hilda unterstreicht diese Schilderung und berichtet von Ingas College-Graduation: „Da hat eine Frau gesagt, mein Gott hat sie gesagt, die Inga schaut ganz ihrem Vater gleich. Jetzt hat sie schon gedacht um Gottes willen, er wird jetzt vielleicht sagen, ja, das ist nicht möglich, weil das ist nicht meine Tochter. Aber er hat nichts gesagt und die Inga hat auch nichts gesagt, und er hat gestrahlt."

Aber genauso hat auch Hilda ihren Teil zur Integration ihrer Familie und Kinder beigetragen, als hart arbeitende Mutter und eigenständige Frau beeindruckte sie ihre Umwelt. Ihre Tochter Inga erinnert sich: „Die Mutti war immer das Glamour Girl in Österreich, sie war immer sehr hübsch und wunderbar angezogen, und [hat] ein gutes Leben geführt. Jetzt kommen wir da her, und ah da waren wir eigentlich am Anfang, die ersten paar Monate, relativ arm. [...] aber die Mutti, das Glamour Girl, hat eine Woche später schon einen Job gehabt, oben im Hotel. Und ich hab gesagt, na um Gottes willen, wenn die Leut in Österreich das sehen würden, wie sie da mit der Uniform herumläuft und Betten aufbettet und dieses und jenes und keinen, das war ihr ganz wurscht." Dieses Engagement blieb von Hildas Umwelt nicht unbemerkt. Einmal, so schildert sie, kaufte sie für ihre Kinder Eis, aber sich selbst nicht, das Geld war zu knapp. Der Geschäftsbesitzer fragte sie danach und schenkte ihr eine Gratisportion. Hilda erinnert sich: „Mir hat er eines gratis gegeben, [...]später, wie ich schon viel besser Englisch gekonnt habe, hat er

---

56 Ebd.
57 Interview mit Hilda W. und ihrer Tochter Inga, Februar 2012, in: CenterAustria, University of New Orleans.

zu mir gesagt: ‚Mir hat das so imponiert, dass du deinen Kindern das Eis gekauft hättest, und selber auf ein Eis verzichtet hast.'" Sparsamkeit, harte Arbeit und der Wille, den eigenen Kindern ein gutes Leben zu ermöglichen, waren zentrale Werte für das Amerika der 1950er. Hilda konnte sich durch die Verkörperung dieser Werte gut in ihre Umwelt einfügen.

Wer ist Besatzungskind?

Vergleicht man die gesellschaftlichen Diskurse zu Besatzungsbeziehungen in Österreich und den USA, kommt man zu dem Schluss, dass die Stigmatisierung der Partnerinnen amerikanischer GIs in Österreich deutlich intensiver ausgeprägt war, als dies in den USA der Fall gewesen ist. Dasselbe galt auch für die Kinder – in Österreich war ihre Stigmatisierung präsenter und intensiver. Damit stellt sich die Frage, wer als Besatzungskind gelten kann, aus einer anderen Perspektive. Wenn für ein Besatzungskind eine bestimmte Lebenserfahrung im Zuge eines gesellschaftlichen Sonderstatus ausschlaggebend ist, dann zeigt sich anhand der amerikanischen Kinder österreichischer „War Brides", dass eine rein juristische Definition das Phänomen nur unzulänglich beschreiben kann. Eine „einheimische" Mutter und einen Besatzungssoldaten als Eltern zu haben, produzierte nicht automatisch Diskriminierungserfahrungen, vielmehr zählten die Umstände des Aufwachsens. Für die im Beitrag zitierten Kinder der „War Brides" waren diese nicht das Nachkriegsösterreich, in dem ihre Mütter heimisch waren – selbst wenn die amerikanischen Ehemänner weiter im Militärdienst verblieben, wurden sie nach der Eheschließung an einen Ort außerhalb Österreichs versetzt. Damit gerieten die Frauen mitsamt ihren Kindern zu Fremden in einer fremden Umgebung. Aber: Sie waren keine moralischen Grenzgängerinnen mehr im eigenen Land. Und die Fremdheit, die sie in den USA erfuhren, hielt sich – folgt man dem Diskurs zu deutschsprachigen „War Brides" in den USA sowie der bisherigen Evidenz – meist im akzeptablen Rahmen. Die Einwanderung ehemaliger Feinde als „War Brides" im Zuge einer binationalen Ehe war für die USA leichter zu akzeptieren als Besatzungsbeziehungen und Besatzungskinder für Österreich.[58]

Die Lebenserfahrung als Besatzungskind setzt bestimmte gesellschaftliche Zuschreibungen – zum Beispiel unmoralische Frauen als Mütter zu haben – voraus. Die oben dokumentierte Diskriminierungserfahrung eines „War

---

58 Mit der Einschränkung, dass die Frauen weder hinsichtlich ihrer Geschlechterrollen noch hinsichtlich ihrer Hautfarbe auffielen. Die Lebensgeschichten japanischer „War Brides" unterscheiden sich hier deutlich von den Erfahrungen europäischer Frauen.

Bride"-Kindes in den USA hat jedoch einen anderen Kern, die gesellschaftliche Zuschreibung baut in diesem Fall weniger auf Anforderungen an Geschlechterrollen, sondern auf historische und politische Urteile auf. Damit ist die besondere Situation der Familiengründung zwar Auslöser der Diskriminierung, sie zielt jedoch nicht auf die gleiche Eigenschaft. Die Lebenserfahrungen der Kinder österreichischer „War Brides" unterscheiden sich, so meine Hypothese, deutlich von jener der Besatzungskinder amerikanischer Väter in Österreich. Ihre Erfahrungen würden demnach eine eigenständige Analyse verdienen.

Karin M. Schmidlechner

Kinder und Enkelkinder britischer Besatzungssoldaten in Österreich

Die Aufarbeitung der Geschichte der Frauen in der Zeit nach dem Zweiten Weltkrieg war eines der ersten Themen, mit denen sich die Vertreterinnen der historischen Frauenforschung in Österreich ab den frühen 1980er-Jahren auseinandersetzten.[1] Bereits in diesen Arbeiten wurden die Beziehungen der Österreicherinnen zu den Besatzungssoldaten erwähnt. Einige Jahre später wurden diese Verhältnisse – zumindest hinsichtlich der amerikanischen und französischen Militärangehörigen – auch für Österreich eingehender behandelt.[2] Dabei wurde erstmals auf die daraus hervorgegangenen Kinder verwiesen.[3] Die Liaisons britischer Soldaten mit Österreicherinnen wurden – eingeschränkt auf die Steiermark – jedoch erst einige Jahre später erforscht,[4] für Kärnten und Wien liegen bis jetzt noch keine auf diese Thematik fokussierten Arbeiten vor.[5]

---

1 Siehe insbesondere Karin M. Schmidlechner, Frauen – Leben in Männerwelten. Ein Beitrag zur Geschichte der steirischen Frauen in der Nachkriegszeit. Habilitation Graz 1994; Franz Severin Berger – Christiane Holler, Trümmerfrauen. Alltag zwischen Hamstern und Hoffen. Wien 1994; Karin M. Schmidlechner, Frauenleben in Männerwelten. Kriegsende und Nachkriegszeit in der Steiermark. Wien 1997; Ingrid Bauer, Welcome Ami go home. Die amerikanische Besatzung in Salzburg 1945–1955. Erinnerungslandschaften aus einem Oral-History-Projekt. Salzburg 1998. Außerdem enthalten auch Forschungsarbeiten über die Besatzungsmächte generell und konkret zu den Briten wertvolle Informationen: Siehe insbesondere: Alfred Ableitinger – Siegfried Beer – Eduard Staudinger, Österreich unter alliierter Besatzung 1945–1955. Studien zu Politik und Verwaltung. Bd. 63. Wien – Köln – Graz 1998; Siegfried Beer (Hg.), Die britische Steiermark 1945–1955. Forschungen zur geschichtlichen Landeskunde der Steiermark. Bd. 38. Graz 1995; Gabriela Stieber, Die Briten als Besatzungsmacht in Kärnten 1945–1955. Klagenfurt 2005.
2 Dies erfolgte etwa zeitgleich zur Auseinandersetzung mit dieser Thematik in Deutschland sowie in den von Deutschland besetzten Ländern. Siehe dazu auch den Beitrag von Sabine Lee und Ingvill C. Mochmann in diesem Band.
3 Zum Forschungsstand in den übrigen Besatzungszonen Österreichs siehe die jeweiligen Beiträge in diesem Band.
4 Regina Brunnhofer, Liebesgeschichten und Heiratssachen. Das vielfältige Beziehungsgeflecht zwischen britischen Besatzungssoldaten und Frauen in der Steiermark zwischen 1945–1955. Unveröffentlichte phil. Diplomarbeit, Universität Graz 2002; Regina Brunnhofer, „Es war wie im Film." Frauenschicksale während der britischen Besatzungszeit, in: Karin M. Schmidlechner – Heimo Halbrainer (Hg.), Aus dem Blickfeld. Graz 2008, S. 134–157.
5 Eine Ausnahme bilden die von Isabell Schropper und Helen Steele 2010 bzw. 2012 fer-

Erst in den letzten Jahren setzte, wie zuvor schon in Deutschland und den während der NS-Zeit von der Wehrmacht besetzten Ländern, auch in Österreich vermehrtes Interesse an den Besatzungskindern und ihrer Geschichte selbst ein. Zu den britischen Besatzungskindern im Speziellen liegen bisher allerdings noch keine umfangreichen Forschungsarbeiten vor.[6] Diesbezüglich kann lediglich auf Informationen, die in allgemeinen Forschungsarbeiten über die britische Besatzung in Österreich enthalten sind,[7] sowie einige lebensgeschichtliche Interviews mit Besatzungskindern,[8] die interessante Einblicke in individuelle Lebensentwürfe ermöglichen, zurückgegriffen werden.[9]

    tiggestellten Dissertationen, die allerdings nicht publiziert sind. Siehe Isabel Schropper, Austrian Female Migration to Great Britain, 1945–1960. Unveröffentlichte phil. Diss. University of London 2010; Helen Steele, The experiences of women in Vienna, 1944–1948. Unveröffentlichte phil. Diss. University of Swansea 2012.

6   Allerdings hat sich Brunnhofer in ihrer Diplomarbeit über die Beziehungen zwischen steirischen Frauen und britischen Besatzungssoldaten auch mit den Kindern aus solchen Beziehungen beschäftigt. Siehe: Brunnhofer, Liebesgeschichten und Heiratssachen. Anders ist die Situation für Deutschland. Siehe Silke Satjukow, „Besatzungskinder". Nachkommen deutscher Frauen und alliierter Soldaten seit 1945, in: Geschichte und Gesellschaft. Jg. 37, H. 4, 2011, S. 559–591.

7   Siehe dazu insbesondere die in Fußnote 1 dieses Beitrages zitierten Arbeiten.

8   In diesem Zusammenhang sei auf ein gerade laufendes wissenschaftliches Projekt zum psychosozialen Befinden, zu Erfahrungen mit Vorurteilen und der Identitätsentwicklung von Besatzungskindern in Österreich hingewiesen, das am Ludwig Boltzmann-Institut für Kriegsfolgen-Forschung, Graz, unter der Leitung von Barbara Stelzl-Marx in Kooperation mit der Universität Leipzig durchgeführt wird. Das Projekt ist Teil eines Projektverbundes, in dem zudem Kriegs- und Besatzungskinder in Deutschland (unter der Leitung von Heide Glaesmer) sowie Norwegen (unter der Leitung von Ingvill Mochmann und Philipp Kuwert) untersucht werden. Die Gesamtprojektkoordination liegt bei Marie Kaiser, Universität Leipzig.

9   Prinzipiell handelt es sich dabei um eine äußerst vielschichtige Thematik, die außer an die zum Bereich der historischen Geschlechterforschung gehörende Frage der Geschlechterbeziehungen auch noch an einige andere, ebenfalls zentrale Aspekte der österreichischen Zeitgeschichte anschließt bzw. zu diesen in einem engen Kontext steht. Dazu zählt etwa die Fraternisierungspolitik der Besatzungsmächte, die, wie auch der Besatzungsalltag generell, bereits relativ früh und ausführlich aufgearbeitet wurde, die Einstellung der österreichischen Bevölkerung zu den alliierten Besatzungsmächten oder auch die Konsequenzen von vaterlosen Nachkriegskindheiten.
    Für die britische Zone siehe: Ableitinger – Beer – Staudinger, Österreich unter alliierter Besatzung; Beer, Die britische Steiermark; Stieber, Die Briten als Besatzungsmacht in Kärnten.
    Für die britische Besatzungszeit in Kärnten gibt es eine umfangreiche Untersuchung von Gabriela Stieber, die sich in einem Kapitel ebenfalls mit Besatzungsherrschaft und Besatzungsalltag auseinandersetzt. In diesem Zusammenhang bearbeitete sie auch die Fraternisierung und in der Folge die Beziehungen zwischen einheimischen Frauen und Besatzungssoldaten. Stieber erwähnt, dass der Wunsch nach Aufhebung des Fraterni-

Abb. 1: Britische Besatzungssoldaten bewundern eine Freibadbesucherin, 1947. Quelle: ÖNB, Bestand Blaha. Foto: Franz Blaha

Die Aufarbeitung des Themas britische Besatzungskinder in Österreich ist nicht nur deshalb wichtig, weil dadurch wertvolle Einblicke in das individuelle Schicksal der Betroffenen sowie generelle Schlussfolgerungen zum Thema ermöglicht werden und damit zudem ein Forschungsdefizit behoben wird, sondern auch, weil damit zur Klärung einiger genereller Fragen dieses Thema betreffend beigetragen werden kann. Dazu gehört der Vergleich, welche Politik die einzelnen Besatzungsmächte in Bezug auf Besatzungskinder und deren Mütter verfolgten. Es wird aber auch ein Blick darauf geworfen, ob innerhalb der von den Briten verwalteten Gebiete Steiermark, Kärnten, Osttirol und Wien Unterschiede hinsichtlich des Umgangs der Bevölkerung mit Besatzungskindern festzustellen sind. In diesem Zusammenhang wäre auch die Überlegung angebracht, ob es – anstatt sich nach diesen Verwaltungseinheiten zu orientieren – nicht sinnvoller wäre, sich mit den Land-Stadt-Unterschieden auseinanderzusetzen, ausgehend von der Annahme, dass die Situation von Besatzungskindern davon mitbestimmt wurde, ob sie in der Anonymität einer Stadt aufwuchsen, in der das Leben der Einzelnen nicht so transparent war wie auf dem Land oder im ländlichen Bereich, wo sie wesentlich intensiveren Mechanismen der sozialen Kontrolle ausgesetzt waren.

---

sierungsverbotes in Kärnten wie in der Steiermark zwar Lockerungen zur Folge gehabt habe, die britischen Besatzungsbehörden befürworteten aber auch in Kärnten keine Fraternisierungen. Vgl. Stieber, Die Briten als Besatzungsmacht in Kärnten, S. 327–358.

Auch eine schichtenspezifisch differenzierte Untersuchung des Milieus des familiären Umfeldes könnte zu weiteren Erkenntnissen beitragen.

Die Beziehungen

Nach Kriegsende 1945 wurden die britischen Truppen in den von ihnen besetzten Gebieten generell freundlich, in jenen Gebieten, in denen sie die sowjetische Besatzung ablösten, sogar mit Begeisterung empfangen.[10] So hatten sich bei ihrem Einzug in Graz in den frühen Morgenstunden des 24. Juli 1945 mehrere Tausend Menschen zu ihrer Begrüßung auf dem Grazer Hauptplatz versammelt. Auch in lebensgeschichtlichen Erzählungen äußerten sich viele Zeitzeuginnen und Zeitzeugen durchwegs positiv über die Phase der britischen Besatzung.[11] Einen großen Anteil daran hatte auch die Tatsache, dass es mit den Briten verbale Verständigungsmöglichkeiten gab, da zumindest manche Jugendliche in der Schule Englisch gelernt hatten. Somit wurde die Kommunikation mit ihnen insgesamt wesentlich erleichtert.[12]

Allen Angehörigen der britischen Besatzungsmacht waren als Schutzmaßnahme zunächst Kontakte zur Bevölkerung, die als feindliche, durch jahrelange Propaganda indoktrinierte Masse angesehen wurde, strengstens verboten.[13] Unter anderem waren den britischen Soldaten jegliche Besuche bei Einheimischen, gegenseitige Geschenke, gemeinsame Spiel- und Sportveranstaltungen, Tanzveranstaltungen, religiöse Veranstaltungen, Diskussionen mit der Bevölkerung oder etwa gemeinsames Auftreten auf der Straße, in Restaurants etc. untersagt.[14] Dies geschah auch in dem Bewusstsein, dass ein zu enger Kontakt zwischen Besatzern und Besetzten nur schwer rückgängig gemacht werden könnte.[15] Allerdings wurde diese strenge Nichtfraternisie-

---

10 Ebd., S. 65.
11 Dies hing in jenen Gebieten, die zuvor von den Sowjets besetzt gewesen waren, sehr mit der Erleichterung über den Abzug der Roten Armee zusammen. Außerdem lag es daran, dass die Briten nicht als sexuelle Aggressoren empfunden wurden. Ebd.
12 Ebd., S. 66.
13 PRO, WO 204/11459/11: Information Service Branch, Austria, Relations with the Austrian Population, „Non-Fraternization", Allied Force HQ to Commanding Gen 15th Army Group, 13 May 1945. Zit. nach: Felix Schneider, Aspekte britischer Sicherheitspolitik zur Zeit der Besatzung in Österreich, Diplomarbeit, Universität Graz 1993, S. 134.
14 PRO, WO 204/11459/11: „Administrative Measures to secure Non-Fraternization", 13 May 1945. Zit. nach: Schneider, Aspekte britischer Sicherheitspolitik zur Zeit der Besatzung in Österreich, S. 135.
15 Allerdings nahmen die Briten eine deutliche Unterscheidung zwischen der deutschen und der österreichischen Bevölkerung vor, wobei die Österreicher weniger streng als die Deutschen behandelt werden sollten. Außerdem war daran gedacht, das Verbrüderungsverbot nicht länger als unbedingt notwendig aufrechtzuerhalten. PRO, WO

Abb. 2: Britische Besatzungssoldaten bei einer Parade auf dem Grazer Hauptplatz. Quelle: StLA, Bestand Arthur Radley

rungspolitik schon ab dem 20. Juli 1945 gemildert, das heißt, noch vor Beginn der britischen Besatzung der Steiermark.[16] Als ab Herbst die Beschränkungen weiter aufgehoben wurden, intensivierten sich die Kontakte zur Bevölkerung, aus welchen sich in weiterer Folge Freundschaften, aber auch Liebesbeziehungen entwickelten.[17]

Für viele Einheimische stellten die Verbindungen österreichischer Frauen zu Angehörigen der alliierten Truppen ein erhebliches Problem dar. Dies ist insbesondere darauf zurückzuführen, dass ein großer Teil der österreichischen Bevölkerung, vor allem jener, der der NS-Ideologie sehr nahe gestanden war, kein uneingeschränkt positives Verhältnis zu den Alliierten hatte.[18]

204/11459/11: „General Policy", 13 May 1945. Zit. nach: Schneider, Aspekte britischer Sicherheitspolitik zur Zeit der Besatzung in Österreich, S. 135.

16 Am 24. Juli 1945 wurde die Steiermark (noch ohne das Ausseerland), die bis dahin größtenteils von der Roten Armee besetzt gewesen war, nach dem alliierten Zonenplan zusammen mit Kärnten zur britischen Besatzungszone in Österreich. PRO, FO 1020/113/2: Persönlicher Lagebericht Colonel P. I. Graham an Maj Gen T. J. W. Winterton, Anhang: „Officers locally married or engaged", 21 Jan 1947. Zit. nach: Schneider, Aspekte britischer Sicherheitspolitik zur Zeit der Besatzung in Österreich, S. 138.

17 PRO, FO 1020 675 1945 Fraternisation policy. Restricted ACABRIT MESSAGE CENTRE. From: Acabrit Rome. To: Klagenfurt for ACA Staging, 17.7.1945, Subject: Non-Fraternization.

18 Siehe: Schmidlechner, Frauenleben, S. 82.

Häufig wurden solche Beziehungen auch aus moralischen Gründen strikt abgelehnt; die Frauen wurden nicht selten als Prostituierte bezeichnet.[19] Der Verdacht, sie hätten sich nur aus „pragmatischen" Gründen mit den britischen Soldaten eingelassen, konnte nur entkräftet werden, wenn die Beziehungen schließlich zu einer Heirat führten.[20]

Die Kontakte der britischen Soldaten zu Österreicherinnen waren zudem häufig die Ursache für konkrete Konflikte. Immer wieder tauchten Flugblätter und Plakate auf, in denen jungen Mädchen, die Kontakte mit den Besatzern pflegten, gedroht wurde, ihnen würden die Haare abgeschnitten werden. Einige dieser Fälle sind auch tatsächlich belegt.[21] Laut Berichten waren Kärnten und die Steiermark vergleichsweise am häufigsten von solchen Aktionen betroffen – hier gehörten derlei Drohungen, aber auch das Abschneiden der Haare regelrecht zum Alltag. Es wurden sogar eigene „Scherenklubs" gebildet, deren Mitglieder in vielen Orten aktiv waren.[22]

Besonders ab Herbst 1945 war eine Häufung derartiger Vorfälle zu konstatieren.[23] So berichtete einer der ehemaligen Initiatoren von Unterhaltungsabenden, die ab 1946 in der steirischen Gemeinde Aumühl von Österreichern für die Angehörigen der britischen Besatzung veranstaltet wurden, dass die Teilnahme einheimischer Frauen und Mädchen zu großen Problemen mit den österreichischen jungen Männern geführt habe. Diese fürchteten um „ihre" Mädchen, weswegen ihnen derartige Veranstaltungen ein Dorn im Auge gewesen seien.[24]

Bezüglich der Situation in Kärnten wurde gleichfalls von Angriffen gegen jene Frauen und Mädchen berichtet, die Kontakte zu britischen Soldaten un-

---

19 In dieser Argumentationslinie ist einerseits die Nachwirkung der NS-Ideologie deutlich zu sehen, in der der nicht-deutsche Mann der Feind ist und Beziehungen mit ihm Verrat an der Heimat darstellen. Andererseits kommt darin auch die patriarchalische Ideologie zum Tragen, die die Frau als Eigentum des Mannes sieht und dementsprechend die österreichischen Frauen als Eigentum der österreichischen Männer. Eine Verbindung zu den ehemaligen Feinden war daher sowohl im Sinne der Ideologie als auch in dem der Eigentumsfrage nicht zu gestatten. Siehe: Schmidlechner, Frauenleben, S. 82.
20 Ebd., S. 73–77.
21 Schneider, Aspekte britischer Sicherheitspolitik zur Zeit der Besatzung in Österreich, S. 141.
22 Alexander Perry Biddiscombe, Dangerous Liaisons: The Anti-Fraternization Movement in the U.S. Occupation Zones of Germany and Austria, 1945–1948, in: Journal of Social History. Vol. 34, No. 3, 2001, S. 611–647, hier: S. 618.
23 Felix Schneider, Zur Tätigkeit des militärischen Geheimdienstes FSS und des Public Safety Branch in Graz 1945–1947, in: Friedrich Bouvier – Helfried Valentinitsch (Hg.), Graz 1945. Historisches Jahrbuch der Stadt Graz. Bd. 25. Graz 1994, S. 215–233, hier: S. 219.
24 Rudolf Schlaipfer, Die Aumühl. Geschichte und Geschichten eines obersteirischen Industriestandortes und seiner Bevölkerung. Kindberg 1991, S. 216f.

terhielten: „Was im Sommer 1945 mit abwertenden Kommentaren in Briefen und persönlichen Gesprächen begann, setzte sich bald in der Anbringung von Plakaten mit oft persönlichen Verunglimpfungen der meist ‚Schokoladenmädl' genannten Mädchen und Frauen fort, in denen die Bestrafung durch Abschneiden der Haare angedroht wurde."[25] Verantwortlich dafür wurden vor allem die aus der Kriegsgefangenschaft zurückgekehrten Soldaten gemacht, die sich aus persönlichen und politischen Gründen nicht damit abfinden konnten und wollten, dass „ihre" Frauen und Mädchen Kontakte mit den Besatzungssoldaten, die für sie noch immer als „Feinde" galten, hatten.[26]

Eine negative Haltung gegenüber den Beziehungen vertraten zudem die britischen Besatzungsbehörden selbst, die Verbindungen dieser Art – auch nach der Aufhebung des Fraternisierungsverbotes – ebenfalls höchst ungern sahen. So sahen sie darin den Grund für einen Anstieg von Geschlechtskrankheiten unter den britischen Soldaten. Mit dem Verweis auf diese hohe Rate – für die prinzipiell nur die Frauen verantwortlich gemacht wurden – und zu deren Eindämmung wurde nicht nur vehement gegen die vermeintlichen Prostituierten vorgegangen, sondern auch ein rigides Kontroll- und Überwachungssystem eingeführt. Dass an Beziehungen zwischen österreichischen Frauen und britischen Soldaten Letztere mindestens gleich, wenn nicht sogar noch mehr interessiert waren, wurde von den Besatzungsbehörden nicht thematisiert.[27]

Ursprünglich war es den britischen Soldaten auch nach der Aufhebung des Fraternisierungsverbotes weiterhin untersagt, Österreicherinnen zu heiraten.[28] In Großbritannien vermehrten sich allerdings schon bald die Stimmen jener, die für eine Aufhebung der Heiratsbeschränkungen eintraten.[29]

---

25 Stieber, Die Briten als Besatzungsmacht in Kärnten, S. 330–332.
26 Besondere Probleme gab es dabei vor allem mit den aus Norwegen heimkehrenden Soldaten, weil diese nach dem deutschen Blitzkrieg gegen Norwegen im Jahre 1940 an keinen größeren Kampfhandlungen mehr teilgenommen und das Kriegsende erlebt hatten. Gerade aus diesem Grund erwies sich diese spezielle Gruppe von Heimkehrern als extrem schwierig in ihrem Verhalten gegenüber der alliierten Besatzungsmacht. Vgl. Schmidlechner, Frauenleben, S. 83f.
27 „Liebe auf den ersten Blick. Bei mir wars net gar so, aber die Rederei. A Mannsbild kann die ja so niederreden, und da, dassd alles glauben kannst. Aber leider alles Lüge und Trug." Interview mit Maria K. Zit. nach: ebd., S. 86f.
28 PRO, FO 1020/3152/32A: HQ MG Land Steiermark to All officers Land Steiermark, Non-Fraternization, 18 Jul 1945. Zit. nach: Schneider, Aspekte britischer Sicherheitspolitik zur Zeit der Besatzung in Österreich, S. 137.
29 So wurde im Mai 1946 im Unterhaus diskutiert, ob es den britischen Truppen erlaubt werden sollte, österreichische Frauen unter denselben Bedingungen zu heiraten, wie sie in Italien bestanden. Dabei wurde kein Zweifel daran gelassen, dass die Regierung

Abb. 3: Britisch-österreichische Trauung in der Grazer Herz-Jesu-Kirche, 1947. Quelle: Multimediale Sammlungen/UMJ, Foto: Egon Blaschka

Ein wichtiger Grund für die Besatzungsverwaltung, diese Heiratspolitik zu überdenken, lag darin, dass sich etliche Soldaten trotz des Heiratsverbotes verlobt und mit ihren österreichischen Verlobten auch bereits Kinder gezeugt hatten. Immer öfter kam es auch zu „heimlichen Ehemännern": Manche Soldaten heirateten zumindest kirchlich, ohne um eine Heiratserlaubnis angesucht zu haben. Dabei konnte es durchaus vorkommen, dass sie sowohl in Österreich als auch in England – parallel – Familien hatten.[30]

Nach der Aufhebung des Heiratsverbotes 1946 – vermutlich erfolgte dies vor Juli 1946, nachdem im Juli bereits 2000 Heiratsansuchen vorlagen[31] – kam es Berichten zufolge zu zahlreichen Eheschließungen zwischen britischen Soldaten und Österreicherinnen, wobei genaue Zahlen allerdings nicht bekannt sind.[32] Die britischen Behörden waren jedoch nach wie vor davon nicht sehr

---

nach wie vor jedes Recht haben sollte, solche Ehen zu verhindern, auch wenn es dadurch zur Geburt von unehelichen Kindern kommen sollte. Schropper, Austrian Female Migration to Great Britain, S. 59.

30 Ebd.
31 Zur Schwierigkeit, den genauen Zeitpunkt der Aufhebung des Heiratsverbotes zwischen britischen Besatzungssoldaten und Österreicherinnen festzumachen, siehe: Schropper, Austrian Female Migration to Great Britain.
32 1955 wird in einer steirischen Tageszeitung berichtet, dass 232 Frauen britische Armeeangehörige geheiratet hätten. Siehe: Brunnhofer, „Es war wie im Film.", S. 150.

angetan, wobei die ablehnende Haltung der Armee unter anderem auch darin begründet lag, dass eine solche Heirat die Einbürgerung der Ehefrauen in Großbritannien zur Folge hatte. Deshalb wurden zahlreiche restriktive Vorschriften erlassen, die vor allem auch dem Zweck dienen sollten, die Soldaten doch noch von ihren Heiratsplänen abzubringen.[33] Dazu gehörte auch, dass – um überstürzte Heiraten zu vermeiden – jene britischen Soldaten, die Österreicherinnen heiraten wollten, eine Wartefrist von sechs Monaten einzuhalten hatten, in welcher auch die Braut überprüft wurde. Auf keinen Fall durften Frauen geheiratet werden, die dem ehemaligen NS-System nahegestanden oder Mitglieder einer Partei gewesen waren, deren politisches Programm und Aktivitäten der demokratischen Regierungsform und den Interessen des britischen Reiches zuwiderliefen.[34] Bei den Heiratsansuchen wurden jene Ansuchenden bevorzugt, die sich am längsten kannten. Viele dieser Heiratsansuchen resultierten aus der Tatsache, dass die österreichischen Frauen ein Kind erwarteten.[35]

Besatzungskinder – die Außensicht

Wie gerade erwähnt, führten einige der Beziehungen tatsächlich zu einer Heirat und in den meisten Fällen damit verbunden zu einer Migration der österreichischen Ehefrauen und ihrer Kinder nach Großbritannien. Ein großer Teil der Kinder wurde jedoch unehelich geboren,[36] wobei sich genaue Zahlen zu den sowohl ehelich als auch außerehelich geborenen britischen Besatzungskindern leider nicht ermitteln lassen.[37]

---

33 PRO, FO 1020 683 1946–1947 Local Marriage between ACA personnel and aliens: policy, HQ Vienna Area, A 126, 9.11.1946.

34 PRO, FO 1020 683 1946–1947 Local Marriage between ACA personnel and aliens: policy, From HQ BTA TO VIENNA AREA, 138 Bde, Graz Garrison.

35 Diese wurden in der Regel bewilligt. Siehe: PRO, FO 1020 683 1946–1947 Local Marriage between ACA personnel and aliens: policy. Subject: Local Marriages – Legal Aspects, HQ Vienna Area, A 126, 14.1.1947.

36 Der prozentuale Anteil aller unehelichen Geburten an der Gesamtzahl lag in der Steiermark zwischen 1948 und 1951 zwischen 23,6 Prozent und 19,2 Prozent. Damit lag die Steiermark österreichweit nach Salzburg und Kärnten an dritter Stelle. Vgl. Neue Zeit. 14.2.1954.
Graz lag mit etwa 20 Prozent im Mittelfeld der österreichischen Landeshauptstädte. In Graz waren 1951 20,7 Prozent der Grazer Kinder unehelich geboren, im Jahre 1952 waren es 18,2 Prozent. Klagenfurt hatte mit 27,8 Prozent den höchsten Prozentsatz der Landeshauptstädte. Siehe: Neue Zeit, 11.2.1953. Siehe: Schmidlechner, Frauenleben, S. 242; Brunnhofer, Liebesgeschichten und Heiratssachen, S. 58–60.

37 Ebd., S. 38. Ebenso wenig lässt sich feststellen, ob und wie häufig es vorkam, dass mehrere Kinder Resultat einer Beziehung mit einem Besatzungssoldaten waren.

So konnte man in der zeitgenössischen Presse lesen, dass allein im Jahre 1947 in Graz 195 uneheliche Kinder „ausländischer Kindesväter" verzeichnet wurden,[38] 1948 sogar 279 Kinder, wobei für 70 von ihnen, das entspricht einem Anteil von 36 Prozent, britische Besatzungssoldaten als Väter angegeben wurden.[39] Im August 1949 vermeldeten die Medien, dass in Wien 332 uneheliche Kinder britische Besatzungssoldaten als Väter hätten.[40] Ein Jahr später schrieb die Neue Zeit, dass es in Wien insgesamt 1950 Besatzungskinder gebe, von welchen 315 britische Väter hätten.[41] 1955 wurde angenommen, dass etwa 1000 österreichische Kinder britische Väter hätten; 209 davon lebten in Graz.[42]

Bei vielen dieser in zeitgenössischen Medien angegebenen Zahlen[43] ist aber davon auszugehen, dass die tatsächliche Anzahl der Besatzungskinder mit britischen Vätern weit darüber lag. Schließlich wurden viele Besatzungssoldaten nicht als Väter registriert, da die Mütter die wahren Väter verheimlichten – hauptsächlich, um nicht den Konsequenzen – wie etwa der moralischen Ächtung oder der Schadenfreude der Mitwelt[44] –, die damit verbunden waren, ausgesetzt zu sein.

Dass die Kinder unehelich geboren werden mussten, lag aber nur zum Teil an den schwierigen Bedingungen, die mit einer Heirat verbunden waren.[45] Häufig wurden die Frauen von ihren englischen Freunden verlassen,[46] wenn diese von der Schwangerschaft erfuhren, wie dies bei 9 von 14 Interviewpartnerinnen der Fall war.[47] Vielfach blieben mit den verzweifelten Frauen

---

38 Siehe Neue Zeit. 16.1.1948. Siehe: Schmidlechner, Frauenleben, S. 242.
39 24 Prozent Reichsdeutsche, 15 Prozent Staatenlose, 13 Prozent Jugoslawen, 13 Prozent Angehörige anderer Nationen. Siehe Neue Zeit. 1.1.1949. Ebd.
40 Jim wird nun doch Alimente zahlen müssen, in: Südost Tagespost. 10.8.1949, S. 5; Schropper, Austrian Female Migration to Great Britain, S. 59.
41 1950 „Armeekinder" in Wien, in: Neue Zeit. 21.12.1950. Ebd.
42 Brunnhofer, Liebesgeschichten und Heiratssachen, S. 44.
43 Für die Steiermark stammten diese Zahlen aus Statistischen Mitteilungen des Landes Steiermark.
44 „Die Leute habens net direkt gsogt, aber wie man sogt, das hat mans gfühlt, so hot der die sitznlossn mit dem Bankert, und geschieht dir jo scha recht und so, des wor holt schadenfroh, vüle habn an Nutzn zogn davon." Interview Gertrude S. Zit. nach: ebd., S. 45.
45 Ebd., S. 81.
46 Manche Soldaten wurden versetzt oder kehrten zu ihren Ehefrauen nach Großbritannien zurück, von welchen die österreichischen Freundinnen nichts gewusst hatten.
47 „So, nachher is eh die Besatzung da gewesen, die Engländer. War ja das Kurhaus voll mit Engländern, waren ja so viel Engländer da. Und da habens halt ah gfragt, wer bereit is, da zu arbeiten drüben. Zusammräumen, helfen halt. Und wie das halt is. Jetzt hab ich drüben serviert. Na, und da is die Mariechen entstanden, vom lieben Engländer. Ach, dann hab ich den Hut aufgabt. Aber dass a Mann so a Falscher sein kann, das kann man sich net vorstellen. Na, wirklich wahr, dass a Mann so falsch sein kann. Der hat mirs Blaue vom Himmel erzählt. Und der hat einen Freund ghabt, eh an deutschen, der

auch die Kinder ohne finanzielle Unterstützung zurück,[48] weil sie keine Alimente erhielten[49] und es auch keine Möglichkeiten gab, Ansprüche finanzieller Natur gegen die Väter geltend zu machen. Die Besatzungsbehörden konnten nicht eingreifen, weil die Soldaten offiziell nicht gezwungen werden konnten, die Vaterschaft anzuerkennen.[50] Die Zahlung von Alimenten erfolgte nur auf freiwilliger Basis.[51] Auch die österreichischen Gerichte waren in diesen Fällen machtlos, weil die Väter[52] zur britischen Besatzung gehörten und dadurch dem Militärgericht unterstanden. Sogar von jenen Soldaten, die die Vaterschaft anerkannten, bezahlte der Großteil keinerlei Alimente.[53] In Zeitzeuginnenberichten wird allerdings sehr häufig erwähnt, dass es Unterstützung von den Kollegen jener Väter, die sich ihrer Verantwortung nicht stellten, gab, etwa in Form von Verpflegung oder Kleidung – solange diese in Österreich stationiert waren.[54]

---

    hat mirs hinterher gsagt. Maria, hat er gsagt, weißt du überhaupt, der Habara, der hat fünf Kinder daheim. Sag i: Wieso sagst mir das jetzt erst? Weil, den hätt i aussi treten bei der Tür. Ja, dann wars aber schon zu spät. I wollt eh Schluß machen, aber der is mir hinten und vorne ist mir der nach gangen, noh hab i denkt, nah, vielleicht ist er ehrlich. Also, ich bin ehrlich, ich hab mir von dem auch erwartet, er ist ehrlich. Aber leider Gottes kann man sich mit kaltem Wasser verbrennen. Und blöd, weil ghabt hab i niemand, der mi aufklärt hat ..." Interview Maria S. Zit. nach: Schmidlechner, Frauenleben, S. 86f.

48 NA, FO 371/55334: Legitimate children of members of Occupying Forces. Schropper, Austrian Female Migration to Great Britain, S. 60.

49 Jim wird nun doch Alimente zahlen müssen, in: Südost Tagespost. 10.8.1949, S. 5; Schropper, Austrian Female Migration to Great Britain, S. 59.

50 „Und nachher hab i, eh beim Leitner drüben, hab i gebeten, weil gesprochen hab i ah, nur schreiben hab i nix können. Da war i ja blöd. Und da hab i nachher an Brief aufsetzen lassen, also dass i schwanger bin. Und in da Wachstuben habens mir schon gsagt, bei die Engländer, es is a Schreibstuben gwesen. Genauso wie überall. Und die haben schon gsagt: Du wirst nix kriegen, Maria. Da habens mi noh, weiß i noh guat, da bin i allweil Brunnen auskübelt da draußen, sands kommen, si verabschieden. Weil i hab ja doch immer garbeit und, sauber ghalten. Und haben sie si verabschiedet von mir. Da haben sie gsehn, dass i schwanger bin. Das habens eh gwusst. Also, von dem wirst nix kriegen. Aber i hab ma denkt, i versuchs. Bin i in N. angangen, daß ma der übersetzt und an Brief schreibt. Nah, und was is nochher her kommen? Hat er mir zrück gschrieben, er will nix mehr wissen. So is das gwesen. Und da hab ich ja müssen auf die Registrierung, dass i da war. Der hat gsagt: ‚You nix kommen back.' Ich aber kommen back." Interview mit Maria K. Zit. nach: Schmidlechner, Frauenleben, S. 86f.

51 NA, FO 371/55334. Schropper, Austrian Female Migration to Great Britain, S. 60.

52 Von welchen die Frauen oft weder den vollen Namen noch welcher Einheit sie angehörten wussten. 224 Besatzungskinder in Graz, in: Südost Tagespost. 9.6.1955, S. 8. Schropper, Austrian Female Migration to Great Britain, S. 60.

53 Brunnhofer spricht von 90 Prozent. Vgl. Brunnhofer, Liebesgeschichten und Heiratssachen, S. 45.

54 Ebd., S. 47. Manche Frauen versuchten, bei Organisationen wie dem „Civilian Relief Services" des Britischen Roten Kreuzes Hilfe zu erhalten. Ebd., S. 60.

Vonseiten des österreichischen Staates bestand gegenüber diesen Frauen und ihren Kindern eine durchaus ambivalente Haltung. Die Kinder wurden zwar bedauert, weil sie vaterlos aufwachsen mussten, ihre Mütter jedoch in erster Linie als wirtschaftliche Belastung gesehen, weil sie auf öffentliche Fürsorge angewiesen waren. Unverheiratete Mütter und uneheliche Kinder – ungeachtet der Tatsache, ob es sich um ein Besatzungskind handelte oder nicht – wurden damals vom Staat aber auch aufgrund der gesetzlichen Bestimmungen benachteiligt.[55] Erzählungen zufolge behandelten die österreichischen Behörden gerade Mütter von Besatzungskindern besonders diskriminierend. Diese Kinder standen aufgrund ihrer ledigen Mütter unter Vormundschaft und wurden bis zur Volljährigkeit durch das Jugendamt begleitet.[56]

Gerade finanzielle Unterstützung durch die öffentliche Hand war aber für die österreichischen Mütter von entscheidender Bedeutung. Blieb diese aus, waren sie auf ihre Familien angewiesen, die aber sehr häufig hier nicht einsprangen, einerseits, weil die ökonomische Lage mancher Familien so trist war, dass sie tatsächlich keine zusätzliche Belastung mehr erlaubte, andererseits, weil sie wegen der Schande, die ihre Töchter über sie gebracht hatten – uneheliche Mütterlichkeit war in der damaligen Zeit absolut stigmatisiert –, sehr häufig nichts mehr mit ihnen zu tun haben wollten. Für etliche Eltern war auch die Tatsache, dass sich ihre Töchter mit einem Besatzungssoldaten „eingelassen" hatten, nicht zu akzeptieren. Oft ging das so weit, dass sie

---

55 Das uneheliche Kind wurde im ABGB aus dem Jahre 1811 von den Rechten der Familie und der Verwandtschaft ausgeschlossen. Es hatte weder auf den Familiennamen des Vaters noch auf die Vorzüge seines Standes oder des Standes der Mutter Anspruch. Es führte den Geschlechtsnamen der Mutter und war nur ihr gegenüber erbberechtigt. Der Vater war zur Unterhaltsleistung verpflichtet, die Mutter hatte das Recht, ihr uneheliches Kind zu pflegen und zu erziehen. Für die gesetzliche Vertretung und eine etwaige Vermögensverwaltung musste ein Vormund bestellt werden. Siehe: Silvia Ulrich, Zur aktuellen Diskussion um die Verankerung von Ehe und Familie in der Österreichischen Bundesverfassung, in: Gertrund Simon et al. (Hg.), Die heilige Familie – Vom Sinn und Ansinnen einer Institution. Bd. 13. Wien 1991, S. 181–196.

56 „Da weiß i, wies mir amal passiert is. Da bin i zstreiten kämen, weil i gsagt hab, i brauchat an Krankenschein für ihra [= Tochter]. I hab ja nix ghabt, i hab ja gar nix ghabt. Und kan Pfennig hab i kriegt. Sagt er [der Beamte], i soll nach England umi gehn um an Krankenschein. Hab i gsagt, ah so, witzig, witzig. Ihr wards da in Norwegen oben, wieviel Kinder habts denn da oben anbaut? Hab i gsagt. Ja, schickts ihr den Krankenschein da aufi nochi, hab i gsagt. Weil i soll nachher nach England umi, an Krankenschein holn. Dann könnts ihr ah nochi schicken eure Krankenscheine. Wieviel Kinder habts denn da anbaut oben? Ja, is ja wahr. Die Wahrheit, was wahr is, is wahr. Aus. Da hab i mein Mund net ghalten." Interview mit Maria K., zit. nach: Schmidlechner, Frauenleben, S. 86–87.

nicht nur nicht unterstützt, sondern sogar „verstoßen" wurden, sodass sie nicht einmal mehr über eine Wohnmöglichkeit verfügten. Auch aus diesen Gründen war es den Müttern in vielen Fällen nicht möglich, ihre Kinder zu behalten.[57] Diese kamen in Heime, wurden zur Adoption freigegeben oder wuchsen bei Pflegefamilien, vielfach auf Bauernhöfen, auf, wo sie häufig auch arbeiten mussten. Etliche Frauen entschlossen sich deshalb auch zu einer „Vernunftehe" mit einem Österreicher, um ihre unehelichen Kinder bei sich behalten zu können, beziehungsweise, um ihnen bessere Lebensbedingungen zu ermöglichen.[58]

Besatzungskinder – die Innensicht

Prinzipiell ist beim Versuch der Rekonstruktion der Situation von Besatzungskindern darauf hinzuweisen, dass diese zwar maßgeblich, aber nicht ausschließlich davon beeinflusst wurde, dass ihre Väter britische Besatzungssoldaten waren.[59] Eine bedeutende Rolle spielten dabei auch die sozialen und ökonomischen Verhältnisse des familiären Umfeldes, die natürlich sehr wesentlich von dessen schichtspezifischer Zugehörigkeit abhängig waren. Diesbezüglich geht aus den bis jetzt bekannten Ergebnissen hervor, dass die Besatzungskinder beziehungsweise ihre Mütter vermehrt zu den einkommensschwachen Schichten gehörten.[60] Für eine endgültige Klärung sind allerdings noch weitere Forschungen notwendig.

Für die Besatzungskinder selbst waren unterschiedliche Lebensszenarien möglich. Zunächst gab es jene Kinder – wahrscheinlich die kleinste Gruppe –,

---

57 Dass es zu diesen unerwünschten Schwangerschaften kam, lag in erster Linie an der mangelnden Aufklärung der jungen Frauen sowie an den unzureichenden Verhütungsmitteln. Die unehelichen Geburten waren auch auf die eingeschränkten Möglichkeiten zur Abtreibung zurückzuführen. Siehe: Maria Mesner, Vom § 144 zum § 97. Eine Reform mit Hindernissen, in: Beharrlichkeit, Anpassung und Widerstand. Die Sozialdemokratische Frauenorganisation und ausgewählte Bereiche sozialdemokratischer Frauenpolitik. 1945–1990. Wien 1993, S. 391.
„Weil, weg tan hab is ah net. Da hast eh ka Möglichkeit ghabt, weilsd ja gar ka Geld ghabt hast." Interview Maria K., zit. nach: Schmidlechner, Frauenleben, S. 86f.
58 Interview mit Maria K. Sie erzählte, dass sie einige Jahre später einen Mann geheiratet hatte, den sie nicht liebte, damit sie für ihr Kind einen Vater hatte, da ihre Situation als alleinstehende Frau mit einem Besatzungskind sehr schwierig war. Zit. nach: Schmidlechner, Frauenleben, S. 86–87.
59 Die folgenden Ergebnisse beziehen sich auf zehn Interviews mit Besatzungskindern, die von Brunnhofer durchgeführt wurden. Siehe Brunnhofer, Liebesgeschichten und Heiratssachen, S. 44–69. Vier Interviews wurden zusätzlich von mir durchgeführt.
60 Brunnhofer, Liebesgeschichten und Heiratssachen, S. 44, Mündliche Berichte von Mary L. und Waltraud P. 20.8.2013.

deren Eltern heirateten und nach England migrierten, wo die Kinder in der englischen Gesellschaft und Kultur aufwuchsen, was mit all den Problemen und Möglichkeiten jener Menschen, die mit unterschiedlichen Kulturen konfrontiert werden, verbunden war.[61] Dann gab es jene Kinder, deren englische Väter – oder mitunter auch österreichischen Mütter – sich aus verschiedensten Gründen nicht zu einer Heirat entschlossen. Von diesen wuchsen – wie bereits erwähnt – etliche in Familien mit einem österreichischen Stiefvater auf,[62] wobei die Ehe entweder schon vor der Liaison mit dem britischen Soldaten bestanden hatte oder nach dieser eingegangen wurde. In diesem Fall wussten die Kinder oft nicht, dass ihr leiblicher Vater eigentlich ein englischer Besatzungssoldat gewesen war. Manche erfuhren die Wahrheit nie, andere sehr spät, oft erst kurz vor dem Tod ihrer Mütter, manche erst danach aus ihnen bis dahin nicht zugänglichen Unterlagen.[63]

Ein weiterer Teil der Kinder wuchs ohne Vater auf. Diese Erfahrung der Vaterlosigkeit betraf allerdings nicht nur viele Besatzungskinder, sondern auch Kinder, deren österreichische Väter ihre schwangeren Freundinnen vor der Geburt verlassen beziehungsweise deren Eltern sich scheiden lassen hatten. Weiters all jene Kinder, deren Väter nicht aus dem Krieg oder erst nach Jahren aus der Kriegsgefangenschaft zurückgekehrt waren. Im Unterschied zu den Besatzungskindern wussten diese Kinder in den meisten Fällen aber, wer ihre Väter waren, hatten sie sogar kennengelernt. Da die gefallenen Soldaten nicht nur für die betroffenen Familien, sondern auch für die Gesellschaft der Nachkriegszeit noch unhinterfragt als „Helden" galten,[64] war für diese Kinder eine positive Identifizierung mit ihren Vätern sowie ihre Idealisierung möglich, während die Besatzungskinder in den meisten Fällen nicht nur keinerlei Informationen darüber hatten, wer ihre Väter waren,[65] sondern sehr häufig auch noch mit der Ablehnung durch Familie, Verwandtschaft

---

61 Schmidlechner, Frauenleben, S. 40.
62 Manchmal kam es dabei allerdings zu Problemen, wenn die Kinder, vor allem, wenn es jüngere Geschwister gab, vom Ersatz-Vater benachteiligt wurden, sehr oft auch mit dem Hinweis, dass sie eben einen anderen Vater hätten. Mündlicher Bericht Mary L., 1.9.2013.
63 Brunnhofer, Liebesgeschichten und Heiratssachen, S. 44.
64 Die Aufarbeitung der NS- und Kriegszeit setzte in Österreich erst wesentlich später ein. Siehe: Karin M. Schmidlechner, Über die Bewältigung der NS-Vergangenheit, in: Hannes Grandits et al. (Hg.), Der Krieg geht uns alle an – Wie gehen wir damit um? Graz 1997, S. 72–81.
65 Dies führte dazu, dass etliche sich individuell auf die Suche nach diesen begaben. In den letzten Jahren kam es in diesem Zusammenhang zur Bildung von Interessensgruppen der Besatzungskinder zum Erfahrungs- und Informationsaustausch, ungeachtet der nationalen Zugehörigkeit der Väter. Mündlicher Bericht von Mary L., 20.8.2013. Siehe dazu auch den Beitrag von Barbara Stelzl-Marx in diesem Band.

und Gesellschaft konfrontiert waren. Schließlich galten sie nicht nur als Beweis für die moralische Verworfenheit ihrer Mutter, sondern wurden auch noch mit den Anfeindungen konfrontiert, dass sich jene mit dem „Feind" eingelassen habe.[66] Sie waren somit häufig doppelt stigmatisiert, einerseits wegen der unehelichen Geburt und andererseits wegen der Abstammung von einem britischen Soldaten – obwohl diese im Vergleich zu den sowjetischen Besatzungsangehörigen ein weitaus positiveres Image hatten.

Was es für die Kinder, bei denen bekannt war, dass ihr Vater ein englischer Soldat war, individuell bedeutete, als „deklarierte" Besatzungskinder aufzuwachsen, ist mittlerweile aus einigen lebensgeschichtlichen Erzählungen bekannt.[67] Diese verifizieren die eingangs geäußerte Annahme, wonach es die als Besatzungskinder identifizierten Kinder vor allem auf dem Lande, in kleinen dörflichen Gemeinschaften, oft besonders schwer hatten.[68]

Etliche Besatzungskinder haben trotzdem eine positive Erinnerung an den Vater beziehungsweise wurde dieser Vater in Erzählungen – in erster Linie der Mütter – sehr positiv dargestellt. Maria B. erfuhr erst mit zehn Jahren, dass sie das Kind eines englischen Besatzungssoldaten war. Ihrem Bericht zufolge schilderten ihre Großmutter, ihre Tante und ihre Mutter selbst den Vater als groß, schön, großzügig, freundlich und geduldig.[69] Sie berichtete auch, dass ihr Vater während ihrer ganzen Kindheit sehr wichtig für sie war, sie ihn einerseits stark idealisierte, andererseits aber auch sehr wütend war, weil er sie quasi verlassen und in einer sehr schlechten existenziellen Lage zurückgelassen hatte.[70]

Auch Marianne N. erfuhr erst relativ spät, dass ihr Vater, den sie für tot gehalten hatte, ein englischer Soldat gewesen sei, hegte nach eigenen Angaben aber nur positive Gefühle für den unbekannten Vater. Für sie sei es kein Problem, ohne Vater aufgewachsen zu sein, weil dies zur damaligen Zeit keinen Einzelfall dargestellt habe. Auch Martha O. erzählte von ihrem Stolz darauf, einen englischen Vater zu haben – sie habe sich deshalb als etwas Besonderes gefühlt. Wie auch bei anderen, so war es bei ihr die Mutter, zu der sie kein gutes Verhältnis hatte und deren Verhalten sie stark kritisierte.

Erwähnt wurden allerdings auch Beschimpfungen und abwertende bzw. unfreundliche Bemerkungen anderer Leute, aber auch von Angehörigen der eigenen Familie.[71] Maria B. sind die außergewöhnlich häufigen Besuche der

---

66 Mündliche Berichte von Mary L. und Waltraud P., 20.8.2013.
67 Brunnhofer, Liebesgeschichten und Heiratssachen, S. 40.
68 Mündliche Berichte von Mary L. und Waltraud P., 20.8.2013.
69 Brunnhofer, Liebesgeschichten und Heiratssachen, S. 48.
70 Ebd., S. 48–51.
71 Mündliche Berichte von Mary L. und Waltraud P., 20.8.2013. Interview mit Manuela P., geboren 1972, am 15.7.2013. Name geändert.

Fürsorgerin bei ihrer Mutter in Erinnerung, obwohl sie keinerlei Anlass dafür geboten hatte. In der Rückschau führte sie dies darauf zurück, dass ihre Mutter als moralisch wohl nicht einwandfrei gegolten haben musste, weil sie ein Kind mit einem Engländer hatte.[72] Sie empfand es auch als Kränkung, wenn sie bei späteren Kontakten mit Personen aus England bei der Erwähnung, sie sei das Kind eines Besatzungssoldaten, immer eine gewisse Ablehnung zu spüren vermeinte.[73]

Die Suche nach den Wurzeln

Bei vielen Besatzungskindern entwickelte sich oft früh der Wunsch, mehr über den Vater zu erfahren. Nur sehr selten führten diese Nachforschungen auch wirklich zu konkreten Ergebnissen. So waren auch die zahlreichen Versuche von Maria B. erst erfolgreich, nachdem der Vater bereits verstorben war. Doch zumindest konnte sie ihre Halbgeschwister kennenlernen und von diesen viel über ihren Vater erfahren, sodass zumindest die Suche nach ihren Wurzeln und ihrer Identität ein positives Ende fand.[74] Im Gegensatz dazu berichtet Marianne N., keine Versuche unternommen zu haben, den Vater zu finden. Sie sei auch gar nicht daran interessiert gewesen, zu erfahren, wer ihr Vater gewesen sei. Zudem habe sie England noch nie besucht, obwohl sie gerne reise.[75]

Ein Erfolg in dem Sinne, dass es dann tatsächlich zu einem Kontakt mit dem Vater kam, war nur in ganz wenigen Fällen zu verzeichnen.[76] Allerdings kam es dann öfters vor, dass die ausgeforschten Väter keinen Kontakt zu ihren Kindern wollten, vor allem, weil sie verheiratet waren und ihre Ehefrauen nichts von ihren vorehelichen oder gleichzeitig zur Ehe bestehenden Beziehungen gewusst hatten.[77]

Die „Besatzungsenkelkinder"

Seit einiger Zeit sind es vermehrt die Kinder der Besatzungskinder, die sich für ihre Großväter interessieren und Nachforschungen anzustellen beginnen, vor allem auch, um Klarheit über ihre eigene Herkunft zu erlangen.[78]

---

72 Brunnhofer, Liebesgeschichten und Heiratssachen, S. 48–51.
73 Ebd.
74 Ebd., S. 51.
75 Ebd., S. 52.
76 Ebd., S. 58.
77 Ebd., S. 51.
78 Ebd.

So gelang es dem Grazer Karl N.,[79] den Großvater seiner Freundin (den Vater ihres Vaters), der ein englischer Besatzungssoldat gewesen war, ausfindig zu machen. Die Großmutter seiner Freundin – die Mutter dieses Besatzungskindes – reagierte jedoch äußerst ablehnend, als sie von diesen Bemühungen erfuhr.[80] Es handelte sich dabei um eine besonders aufwendige Suche, weil sich kaum Informationen über diesen Mann erhalten hatten. Nach vielen mühsamen Recherchen, bei denen insgesamt 128 englische Telefonbücher durchsucht und so 52 Personen, deren Namen mit dem des Besatzungssoldaten identisch waren, gefunden und kontaktiert worden waren, meldete sich der Gesuchte – geschockt, weil seine Familie keine Ahnung hatte, dass er in Österreich Vater eines Sohnes war. Tatsächlich kam es in der Folge zum Briefkontakt zwischen Vater und Sohn und letztendlich auch zu einem Treffen von Vater, Sohn und Enkeltochter in London.[81]

Bei Lisa O. stellte sich erst nach dem Tod ihrer Großmutter heraus, dass ihr Großvater, der Vater von Lisas Mutter, ein britischer Besatzungssoldat gewesen war. Daraufhin begann sie mit Nachforschungen, ohne zunächst ihre Mutter zu involvieren. Als diese von Lisas Bemühungen erfuhr, reagierte sie mit vehementer Ablehnung, woraufhin Lisa ihrer Mutter zuliebe die Recherchen einstellte.[82]

Besonders mühsam gestaltete sich die im Folgenden geschilderte Suche von Manuela P.[83] nach ihrem Großvater: Manuela P. ist die Tochter von Roland P., geboren am 8. Februar 1950 in Spittal an der Drau. Er wurde unmittelbar nach seiner Geburt von seiner Mutter Maria P., also der Großmutter väterlicherseits von Marianne P., weggegeben und von einem kinderlosen Ehepaar aus einer Oberkärntner Gemeinde aufgenommen. Manuela P., die bis zu ihrem fünften Lebensjahr ebenfalls bei der Ziehmutter ihres Vaters aufwuchs, hörte schon als Kind, ihr Vater könne das Kind eines englischen Besatzungssoldaten sein: „Für mich aber als Kind war klar, da fragt man nicht nach, das ist ein schwieriges Thema. Und als Kind habe ich mich nicht getraut, näher nachzufragen."[84]

Als Jugendliche hatte sie dieses Thema dann nicht weiter interessiert. Erst vor eineinhalb Jahren – bis dahin wusste Manuela P. über ihre Familie väterlicherseits überhaupt nichts und auch zu ihrem Vater hatte seit Jahren kein

---

79 Name geändert.
80 Brunnhofer, Liebesgeschichten und Heiratssachen, S. 58–60.
81 Ebd.
82 Mündlicher Bericht von Lisa O. vom 3.3.2014. Name geändert. Ähnliches berichtet auch Brunnhofer. Siehe Brunnhofer, Liebesgeschichten und Heiratssachen, S. 58–60.
83 Interview mit Manuela P., geboren 1972, am 15.7.2013. Name geändert.
84 Ebd.

Kontakt bestanden – begann sie, ihre Familiengeschichte zu erforschen: „Das Interesse ist mir eigentlich auch gekommen, weil mir klar geworden ist, dass ich mich irgendwie mit diesem Teil aus meiner Familie beschäftigen muss, weil ich sonst keine Ruhe finde."[85]

Dies war der Anstoß zu umfangreichen Recherchen. Zunächst wandte sich Manuela P. an das Standesamt in Spittal an der Drau, wo sie an das Standesamt Lienz sowie an das Archiv der Diözese in Klagenfurt verwiesen wurde. Dort erfuhr sie, dass Maria P. am 24. Jänner 1948 den englischen Besatzungssoldaten John K. kirchlich geheiratet hatte. Außerdem fand sie Unterlagen, wonach ihr Vater bereits das dritte Kind von Maria P. war. „Und dann hab ich mir gedacht, na gut, da muss es ja auch zwei andere geben …"[86] Manuela P. kontaktierte daraufhin erneut das Standesamt in Spittal an der Drau, das die Eintragung eines weiteren Kindes bestätigte, „auf jeden Fall eines …"[87] Da aus Datenschutzgründen der Name nicht bekanntgegeben werden durfte, versprach man, Manuelas Telefonnummer weiterzuleiten. „Und das war an einem Freitag, 11 Uhr vormittags, und ja eine halbe Stunde darauf klingelt es und eine Dame ruft an und sagt: ‚Ja, ich bin deine Tante Anna.' Die Tante ist die Älteste der drei Geschwister. Ich hab sie schon persönlich getroffen."[88]

Laut Anna P., die das erste Kind von Maria P. war und davon ausgeht, dass John K. ihr Vater war,[89] war die Familie 1948 nach Irland gegangen. Dort sei im September, also etwa acht Monate nach der Eheschließung, ein weiteres Kind, Eric, zur Welt gekommen. Ende 1949 sei Maria P. mit den beiden Kindern, Anna und Eric, nach Kärnten zurückgekehrt. John K. sei nachgekommen. „Und als sie zurück ist, da muss sie mit meinem Vater schon hochschwanger gewesen sein. Weil der ist dann ja am 8. Februar 1950 auf die Welt gekommen. Sie ist also wieder herüber mit den beiden Kindern und ihr Mann ist nachgekommen. Offenbar war die Ehe nicht glücklich, und man ist übereingekommen, sich zu trennen."[90]

John K. kehrte nach Irland zurück und nahm Eric mit. Anna P. wuchs bei ihrer Großmutter in Kärnten auf, Roland kam zu Zieheltern. „Und meine Urgroßmutter hat ihre Tochter dann scheinbar eben überredet, meinen Vater

---

85 Ebd.
86 Ebd.
87 Ebd.
88 Ebd.
89 Mittlerweile stellt sich diesbezüglich nämlich die Frage, warum Maria P. und John K. nicht bereits geheiratet hatten, als sich herausstellte, dass Maria Anna ihr erstes Kind erwartete, und erst heirateten, als Maria wieder schwanger war. Dies könnte darauf hinweisen, dass John K. nicht Annas Vater ist.
90 Interview mit Manuela P.

Abb. 4: Viele Besatzungskinder wuchsen ohne ihren leiblichen Vater auf. Die Suche nach den Wurzeln ist für sie, vermehrt aber auch für ihre Kinder, eine zentrale Lebensfrage. Gitta Rupp (v. l. n. r. mit ihrer Halbschwester und ihrer Mutter zu Weihnachten 1953) gelang es vor wenigen Jahren, ihre britische Familie ausfindig zu machen. Quelle: Sammlung Stelzl-Marx, Bestand Rupp

wegzugeben. Da kann ich nur vermuten, dass das vielleicht zu viel war, dass sie das nicht mehr geschafft hat. Wie ich so aus den Erzählungen meiner Tante heraushörte, war es doch nicht ganz einfach, wenn man sozusagen als Kind eines Besatzungssoldaten aufgewachsen ist. Und es war ja da im Nachkriegskärnten auch nicht so toll bestellt alles und für ihre Großmutter war es vielleicht dann auch schwierig, das zusätzliche Kind mitzuernähren." [91]

Anna P., die mittlerweile in Oberösterreich lebt und Kontakt zu ihrem in den USA lebenden Bruder Eric hat, erzählte Manuela P. von dem Wunsch der Mutter von Maria P., also der Urgroßmutter von Manuela P., ihre Tochter Maria solle ihre Ehe annullieren lassen. Ob dies tatsächlich geschah, konnte nicht eruiert werden.

Manuela P.[92] forderte in der Folge in Großbritannien eine Geburtsurkunde ihres Großvaters John K. an, die sie auch erhielt und aus der hervorging, dass er in Portadown (Nordirland) geboren wurde. Ihr Onkel Eric und dessen Sohn Ian teilten ihr mit, dass John K. wieder geheiratet habe und in den 1990er-Jahren gestorben sei. Außerdem habe sie ihre Tante besucht und auch regelmäßigen Kontakt zu deren Sohn sowie jetzt zudem zu ihrer Tochter. Auch die Tante habe immer wieder versucht, mehr über ihren Vater herauszufinden: „Ich habe schon das Gefühl, dass auch meine Tante noch nach ihren Wurzeln sucht. Ja, weil eben der Eric da nichts preisgibt über diese iri-

---

91 Ebd.
92 Manuela P., Mail vom 15.1.2014.

schen Wurzeln, und weil sie mit ihrem Vater nur einmal telefoniert hat. Sie hat mir erzählt, dass ihr Sohn nach Irland gefahren ist, aber leider auch nichts herausfinden konnte. Das heißt, sie sucht schon auch noch."[93]

Von ihr erhielt Manuela P. mehrere Fotos von Maria P., ein Foto von John K. und zwei Fotos von Eric K. in seinen frühen Zwanzigern. „Diese Fotos habe ich natürlich meinem Onkel Eric geschickt – er hatte behauptet, keine Fotos mehr von seiner Mutter zu haben –, auch, um ihn dazu zu bewegen, etwas über seinen Vater zu erzählen. Inzwischen habe ich mehrmals mit meinem Onkel Eric telefoniert – entweder habe ich ihn angerufen oder er mich. Ich hatte auch ausführlichen Mailkontakt mit seinen beiden ältesten Töchtern aus erster Ehe und habe auch Kontakt zu seinem in England lebenden Sohn."[94]

Manuela P. leitete alle Informationen an jene „neugefundenen" Cousins und Cousinen weiter, die an einem Kontakt interessiert waren. Zudem kontaktierte sie einen in Wien lebenden Großcousin – sein Vater ist ein Bruder ihrer Großmutter Maria P. –, um mehr über die Familie der Großmutter zu erfahren – sie lernte ihn mittlerweile auch kennen. „Also für mich hat sich in den letzten Wochen ein ganzes Familienuniversum aufgetan. Aber da sind eben für mich noch einige Lücken, was ich noch nicht so genau herausfinden konnte."[95]

Konkret handelt es sich dabei um die Tatsache, dass Manuela zwar einen Erhebungsbogen der Bezirkshauptmannschaft Spittal an der Drau besitzt, in dem John K. als Vater ihres Vaters eingetragen ist, in der Geburtsurkunde ihres Vaters laut Auskunft des Standesamtes jedoch keine Vaterschaft eingetragen wurde. Außerdem sei entsprechend der Aussage einer jüngeren Schwester von Maria P., mit der Manuela P. vor einigen Wochen ein Gespräch führen konnte, Maria P. bei der Rückkehr nach Kärnten noch gar nicht schwanger gewesen. Zudem habe die Mutter von Maria P. behauptet, John sei nicht der Vater von Roland P.

Für Manuela P. stellte sich somit das Problem, mit zwei einander widersprechenden Erzählungen sowie zwei unterschiedlichen schriftlichen amtlichen Informationen konfrontiert zu sein: „Und mich würde ja schon interessieren, ob jetzt mein Papa auch das Kind von diesem selben Mann ist. Es kann so sein, muss aber nicht so sein."[96]

Es ist Manuela P. klar, dass ein DNA-Test, der ihren Vater und etwa ihren Onkel als Probanden einschließt und bei dem überprüft wird, ob sie den-

---

93 Interview mit Manuela P.
94 Ebd.
95 Ebd.
96 Ebd.

selben Vater haben, unumgänglich ist, um letztlich Gewissheit zu haben, ob John K. auch der Vater ihres Vater war. Mittlerweile lehnte ihr Vater jedoch strikt ab, sich für einen solchen Test zur Verfügung zu stellen. Manuela P. fasste nun als nächsten Schritt die Überprüfung der Meldedaten der Stadtgemeinde Spittal an der Drau ins Auge, um auf diese Weise eruieren zu können, ob Maria P. bei der Rückkehr nach Kärnten überhaupt schon schwanger war. Außerdem wird sie versuchen, noch einmal mit der jüngeren Schwester und erstmalig mit zwei weiteren noch lebenden Geschwistern von Maria P. zu sprechen, auch, um mehr über Maria P., die 1977 gestorben ist, zu erfahren.[97] Der Gedanke, ihre Suche aufzugeben, ist für Manuela P. noch nicht spruchreif. „Für mich wäre es, wenn ich jetzt die Nachkommin eines britischen Besatzungssoldaten wäre, oder in dem Fall, eines katholischen Iren, sagen wir mal ganz salopp, um es mit Worten auszudrücken, wie das Jugendliche heute sagen, das wäre sehr cool. Da denk ich mir, Mensch, wenn ich das als Jugendliche schon gewusst hätte …"[98]

Diese berührende Geschichte zeigt deutlich: Die gesellschaftliche Relevanz der Besatzungskinder-Thematik wurde mit den Jahren nicht geringer, sondern gewann sogar an Bedeutung. Sie umfasst nunmehr bereits mehrere Generationen und reicht damit auch weit über eine individuelle Dimension hinaus.[99] In Bezug auf die notwendigen weiteren Forschungen soll einerseits besonders auf die Bedeutung interdisziplinärer Ansätze und andererseits auf die Notwendigkeit, neue Forschungsergebnisse psychologischer Studien zu transgenerationalen Transmissionen bzw. zu Inter/Generationalität zu berücksichtigen, hingewiesen werden.[100]

---

97 Zwei der Geschwister von Maria P. beschrieben diese als eine sehr attraktive Person. Von ihrer Tante Anna, die ein sehr problematisches Verhältnis zur Mutter hatte, erfuhr Manuela, Maria P. sei Anfang der 1950er-Jahre nach Salzburg gezogen.
98 Interview mit Manuela P.
99 Siehe Hartmund Radebold – Werner Bohleber – Jürgen Zinnecker (Hg.), Transgenerationale Weitergabe kriegsbelasteter Kindheiten: Interdisziplinäre Studien zur Nachhaltigkeit historischer Erfahrungen über vier Generationen. Weinheim 2009.
100 Siehe: Caroline Demuth: Transgenerationale Wertevermittlung in der Familie, in: Journal für Psychologie. Jg. 21, H. 2, 2013, abrufbar unter: http://www.journal-fuer-psychologie.de/index.php/jfp/article/view/270 v. 17.2.2015; Angela More: Die unbewußte Weitergabe von Traumata und Schuldverstrickungen an nachfolgende Generationen, in: Journal für Psychologie. Jg. 21, H. 2, 2013, abrufbar unter: http://www.journal-fuer-psychologie.de/index.php/jfp/article/view/268 v. 17.2.2015.

Silke Satjukow

Nachkommen amerikanischer und britischer Soldaten in Nachkriegsdeutschland

Frühe Encounters: Erwartungen und Erfahrungen

Auch beim Einmarsch der Amerikaner und der Briten kam es zu sexuellen Gewaltnahmen gegenüber Mädchen und Frauen, wenngleich das Ausmaß weitaus geringer war als bei den Sowjetrussen und den Franzosen.[1] Die Gründe dafür lagen weniger in den Kriegserfahrungen der Truppenangehörigen begründet, denn sie hatten ja – anders als die Rotarmisten und die Franzosen – keine grausame Besatzung durch die Deutschen zu beklagen. Die Einnahme des besiegten Deutschland war deshalb weniger von Hass- und Rachegefühlen als vielmehr von einer Siegermentalität gekennzeichnet, die sich das Recht auf hemmungslose Entnahme und Beschlagnahme zubilligte. Den Aufzeichnungen des Judge Advocate General Corps zufolge, der Obersten Justizbehörde der US-Streitkräfte, kamen Vergewaltigungen erstmals im Januar 1945 in größerer Zahl zur Anzeige, diese Ziffer stieg in den darauffolgenden Monaten an und erreichte im April ihren Höhepunkt.[2] Die Überlieferungen des im Juni 1945 gegründeten General Board of Officers, einer Institution zur internen Beobachtung der Truppe, registrierten im Laufe des ersten Nachkriegsjahres insgesamt 1500 Anzeigen von Notzuchtverbrechen bei den Dienststellen der US-Armee, wobei die meisten vom März (402) und vom April (501) datierten – also aus der Zeit der Endphase des Vormarsches in Deutschland.[3] Diese von US-Soldaten verübte Gewalt war also unmittelbar mit massiven Kampfhandlungen und Landnahmen verknüpft.

Da das wachsende Problem intimer Gewaltausübung von der Militärführung nach Kräften geheim gehalten wurde, vermögen diese Ziffern allerdings

---

1 Vgl. zur Situation der Besatzungskinder in den vier Zonen und in beiden deutschen Nachkriegsgesellschaften Silke Satjukow – Rainer Gries, „Bankerte!" Besatzungskinder in Deutschland nach 1945. Frankfurt/M. – New York 2015.
2 Vgl. John Willoughby, Remaking the Conquering Heroes. The Postwar America Occupation of Germany. New York 2001, S. 119.
3 Vgl. Joseph R. Starr, Fraternization with the Germans in World War II. Office of the Chief Historian, European Command, Occupation Forces in Europa Series, 1945–1946. Frankfurt/M. 1947, S. 82.

höchstens Tendenzen abzubilden.⁴ Denn zum einen verzichteten viele Frauen aus Angst, Scham oder Aussichtslosigkeit auf Erstattung einer Anzeige und zum anderen erkannten die US-Behörden überhaupt nur jene Fälle an, in denen das Opfer nachweislich starke physische Gegenwehr geleistet hatte.⁵

Die Armeespitze versuchte, die hohe Zahl der Sexualstraftaten damit zu erklären, dass ihre Soldaten mit der Einstellung einmarschiert seien, dass es mit der Moral der deutschen Frauen nicht zum Besten bestellt sei und dass insofern von zu Hause bekannte Regeln im Umgang der Geschlechter hier ihre Gültigkeit verlören.⁶ Diese Annahme habe die zumeist unerfahrenen Jungs zu den Übergriffen verführt. Die Opfer wiederum würden zu viel Angst vor den Angreifern zeigen und daher auf eindeutigen und unmissverständlichen Widerstand verzichten. Dies werde von den Soldaten als Zustimmung wahrgenommen und bestätige zugleich die ohnehin vorhandenen Vorurteile. Die Binnenpropaganda für die eigene Truppe hatte den Krieg in der Tat auch als „erotisches Abenteuer" in Europa angepriesen.⁷ Doch die Wahrheit sah anders aus: „Rape became a large problem in the European Theatre of Operation with the Continental invasion", resümierte die Führung der US-Armee im Herbst 1945. „Records at the Office of the Theatre Judge Advocate show a large increase in rape during August and September of 1944, when the Army broke into Continental France and in March and April of 1945, with the large scale invasion of Germany."⁸

Die Mehrzahl der Bevölkerung in der britischen Besatzungszone zeigte sich hingegen zufrieden darüber, dass mit den Engländern scheinbar „zivili-

---

4   Die tatsächlichen Zahlen lassen sich nicht feststellen. J. Robert Lilly geht von etwa 11.000 Fällen innerhalb des ersten Jahres aus, freilich fehlt es für solche Hochrechnungen an Nachweisen. Vgl. J. Robert Lilly, Taken by Force. Rape and American GIs in Europe During World War II. New York u. a. 2007, S. 11f.
5   Paragraph 14b, Manual for Courts-Martial 1928. Vgl. National Archives and Records Administration Washington, Box 12, RG 498, File 70, Generalinspektor, Inspektionsberichte 1943-1946, Europäisches Einsatzgebiet, U.S. Army, United States vs. Private Frank B. und Private Samuel B. Untersuchungen der Generalinspektion von Vergewaltigungen deutscher Frauen durch amerikanische Soldaten.
6   Generalvorstand der U.S. Forces, Europäisches Einsatzgebiet, USFET, Studie Nr. 84, „The Military Offender in the Theater of Operations", zit. in Johannes Kleinschmidt, „Do not fraternize". Die schwierigen Anfänge deutsch-amerikanischer Freundschaft 1944-1949. Trier 1997, S. 104.
7   Vgl. Mary Louise Roberts, What Soldiers Do. Sex and the American GI in World War II France. Chicago 2014, S. 197ff.
8   „Military Justice Administration in the Theatre of Operations", zit. in Sieglinde Reif, Das „Recht des Siegers". Vergewaltigungen in München 1945, in: Sybille Kraft (Hg.), Zwischen den Fronten. Münchner Frauen in Krieg und Frieden 1900-1950. München 1995, S. 360-371, hier: S. 364.

sierte" Truppen einzogen – und nicht die gefürchteten Franzosen oder gar die „Russen". Tatsächlich bezeugen die Quellen, dass es seitens der „Tommys", wie die britischen Soldaten von den Einheimischen durchaus freundlich tituliert wurden, zu vergleichsweise wenigen gewaltsamen Übergriffen kam. Es ist freilich auch hier davon auszugehen, dass die wenigen Meldungen nicht die tatsächlichen numerischen Ausmaße dieses Verbrechens dokumentieren. Wie in den anderen Besatzungszonen gab es für die betroffenen Frauen nachvollziehbare Gründe, eine solche Tat nicht anzuzeigen.

Die Amerikaner und die Briten unterhielten trotz der Verdikte von Anfang an auch freiwillige intime Beziehungen zu deutschen Frauen, das bis Oktober 1945 gültige Verbrüderungsverbot wurde durch die Praxis vom ersten Tag an ad absurdum geführt. Zahlreiche Soldaten lebten mit Einheimischen in „wilden" Ehen – und zeugten Kinder.

Die ersten Besatzungskinder werden geboren

Zu Weihnachten 1945 erblickten die ersten amerikanischen und britischen Besatzungskinder das Licht der Welt. Doch weder Fürsorger noch Beamte, weder die Politiker noch die Bürger hatten zu diesem frühen Zeitpunkt eine Ahnung, was mit ihnen geschehen sollte. Auch die Mitglieder des Wohlfahrtsausschusses der nordbadischen Metropole Mannheim kamen im Rathaus zusammen, um über dieses nun anstehende und jeden Tag drängendere Problem zu beraten. In einem waren sich die Experten im ersten Nachkriegsjahr einig: Diese Neugeborenen dürften unter keinen Umständen zusammen mit „deutschem" Nachwuchs aufwachsen. Für die Herren-Runde war ausgemacht, dass solcherart Kinder nur vorübergehend zu betreuen seien, ihr Aufenthalt in Deutschland könne allenfalls eine Zwischenstation in ihrem Leben darstellen. Mittelfristig würden sie in die Herkunftsländer ihrer Väter verbracht werden. Der erste Impuls ließ die Politiker auf ein Welt- und Fremdverständnis zurückgreifen, wonach ein Wegschließen der unerwünschten Babys als einzig sinnvolle Vorgehensweise erschien: Diese Kinder sollten separiert und möglichst bald aus der deutschen Nachkriegsgesellschaft entfernt werden.

Ähnlich wie die Mannheimer Wohlfahrts-Fachleute argumentierten auch andere Kommunal- und Landesbehörden. Bei ihnen allen ist das Bestreben festzustellen, die „Bankerte" des Feindes vom öffentlichen Raum fernzuhalten. Aus Sicht der Administrationen eröffneten sich im Westen dafür drei Wege: die *Privatisierung*, also der Verbleib bei den Müttern respektive den Großeltern; die *Hospitalisierung*, also die Aufnahme in ein möglichst abgeschiedenes Waisenheim, oder aber die Überführung dieser Kinder in die Herkunftsländer der Väter.

Unmittelbar nach Kriegsende wurden diese Kinder nicht nur von Politikern und Wohlfahrts-Experten, sondern auch von der Bevölkerung mehrheitlich als „Fremd-Körper" wahrgenommen und behandelt. Doch ihre gesellschaftliche und geschichtliche Bedeutung darf sich nicht in der Dokumentation und Differenzierung der Modi ihrer Ausgrenzung erschöpfen. Das Schicksal der Besatzungskinder eröffnet vielmehr eine weitere, für Nachkriegsdeutschland und Nachkriegseuropa ungemein wichtige Dimension. Ihre Erzeuger kamen vom alten Kontinent und sogar aus Übersee, aus Afrika, Asien und aus Amerika. Wie sich zeigen wird, bedeutete die Anwesenheit dieser Kinder im postnationalsozialistischen Deutschland, der alltägliche Umgang mit ihnen, zugleich auch einen mittelbaren und oftmals sogar unmittelbaren Umgang mit dem anderen, mit dem Fremden – und das beileibe nicht nur für ihre Mütter und ihre Familien, sondern für zahlreiche Gruppen von Akteuren: für Hebammen und Ärzte, für Fürsorger und Bedienstete in den kommunalen und staatlichen Verwaltungen, für Journalisten und für Politiker, nicht zuletzt für ihre Lehrer, ihre Ausbilder, ihre Arbeitgeber und ihre Lebenspartner.

Der Beitrag wird zeigen, dass diese Heranwachsenden im Laufe der ersten beiden Dezennien nach dem Krieg wesentliche politische und gesellschaftliche Aushandlungsprozesse in Gang setzten. Sie avancierten für ihre Familien, für ihre unmittelbaren Gemeinschaften in den Nahbereichen ihres Alltages und für die beiden sich entwickelnden Nachkriegsgesellschaften zu Vermittlern, die ungeahnte kulturelle Transfers anschoben. Im Laufe der Zeit gerieten sie zu Katalysatoren einer neuen Liberalität und einer erneuten Öffnung zur Welt.

Um welche Größenordnung handelte es sich bei der Gruppe der Besatzungskinder?

Mithin existierten bis 1955 keinerlei verlässliche offizielle Statistiken. Erst zehn Jahre nach Kriegsende gab die Bundesregierung beim Statistischen Bundesamt die erste und die einzige Ermittlung in Auftrag. Demnach waren seit 1945 insgesamt 68.000 Besatzungskinder in Westdeutschland und West-Berlin geboren worden. Dabei verschwieg die Bonner Führung, dass diese Ziffern allenfalls einen Teil der tatsächlich geborenen Kinder erfassten.[9] Die zusammengestellten Daten bezogen sich nämlich hauptsächlich auf Mündel, die Mitte der Fünfzigerjahre unter Amtsvormundschaft stan-

---

9 Bundesarchiv Koblenz, B 153, Nr. 342, Bl. 48. Schreiben des Statistischen Bundesamtes an das Bundesministerium des Innern vom 24.11.1954.

Abb. 1: Verteilung unehelicher Kinder von Besatzungsangehörigen nach Bundesländern (Stichtag für die Erhebung: 30. April 1955). Grafik: Satjukow/ Gries

den. Wurden die Kinder aber nicht vom Jugendamt betreut, verschwanden sie aus den Karteien. Das war immer dann der Fall, wenn sie scheinehelich untergekommen oder adoptiert worden waren, wenn sie vielleicht ausgewandert oder sogar verstorben waren. Nicht zu reden von all jenen Kindern, deren Abstammung von den Müttern geheim gehalten wurde. Alles in allem dürfte die Anzahl den Wert von 68.000 weit überstiegen haben. Wie hoch die Zahl tatsächlich zu veranschlagen ist, lässt sich anhand der Überlieferungen nicht mehr feststellen. Die Erhebungen führten dennoch zu einigen neuen und auch plausiblen Fakten: Demnach stammten 55 Prozent der Mitte 1955 in Westdeutschland registrierten Besatzungskinder von Amerikanern ab, 15 Prozent von Franzosen, 10 Prozent von Engländern. Immerhin 5 Prozent hatten Rotarmisten zu Vätern; ihre Mütter waren aus der Ostzone oder der DDR in den Westen übergesiedelt. Fast 5000 waren „farbig"; sie wurden unter der Bezeichnung „Mischlingskinder" geführt. Die Mehrzahl der Besatzungskinder lebte in Nordrhein-Westfalen, Niedersachsen, Rheinland-Pfalz und Hessen, also in der französischen und der amerikanischen Besatzungszone.

Die Väter entziehen sich ihrer Verantwortung

Die Besatzungskinder standen – so ihre Mütter unverheiratet waren – zunächst einmal unter der Obhut der kommunalen Jugendämter, sodass diese die Wöchnerinnen bereits wenige Tage nach der Geburt einbestellen und Mündelakten anlegen konnten. Die Behörden begleiteten und dokumentierten ihre Schutzbefohlenen, bis sie die Volljährigkeit erreichten oder aber von einem Stiefvater adoptiert wurden. Die akkurat geführten Entwicklungsberichte ermöglichen es uns, die biografischen Werdegänge der Besatzungskinder zumindest aus amtlicher Perspektive nachzuverfolgen.

Zunächst einmal gilt auch für die Amerikaner und für die Briten, dass sie für die Besatzungskinder in der Regel keine Verantwortung übernahmen. Gemäß dem Kontrollratsgesetz Nr. 4 vom Oktober 1945 durften die Kindsväter weder zur Anerkennung der Vaterschaft noch zu Unterhaltszahlungen gezwungen werden.[10] Auf Anfrage des Innenministers von Württemberg-Baden, der sich zu dieser Intervention gezwungen sah, nachdem Ende 1945 die ersten Besatzungskinder zur Welt kamen, äußerte sich die zuständige amerikanische Militärregierung zum Problem der „Bastarde" harsch abweisend: „Bezugnehmend auf Ihr Schreiben vom 23. Januar 1946 bezüglich der Klage einer ehemals feindlichen deutschen Bürgerin, dass ein Soldat der Vater ihres illegitimen Kindes sei, erkläre ich, dass es die Politik der U.S. Militärregierung ist, keinerlei Hilfestellungen zu geben, nicht einmal wenn es für diese Tatsache hinlängliche Beweise gibt. [...] Diese Mütter sind in derselben Position wie andere deutsche Frauen mit illegitimen Kindern. Sie sollten sich an das Jugendamt wenden und finanzielle Hilfe beantragen und später, wenn sie dies wünschen, eine Adoption in die Wege leiten."[11]

Das Argument, es handle sich hierbei wohl kaum um einen Sonderfall, sondern treffe Millionen von alleinstehenden Müttern, brachten die Besatzungsregierungen fortan immer wieder vor, doch es ignorierte ganz offenkundig die Tatsache, dass sich die Betroffenen eben *nicht* in derselben Situation wie ihre Geschlechtsgenossinnen befanden. Illegitime Kinder *deutscher* Väter beziehungsweise die sie vertretenden Jugendämter durften die Erzeuger jederzeit auf Unterhalt verklagen – und sie waren damit sogar äußerst erfolgreich. Den Besatzungskindern blieb dieser Weg bis Mitte der

---

10 Kontrollratsgesetz Nr. 4 zur Umgestaltung des Deutschen Gerichtswesens vom 20. Oktober 1945, Absatz 3. Vgl. auch Amtsblatt der Militär-Regierung Deutschland Britisches Kontrollgebiet Nr. 9, S. 204–205.
11 Hauptstaatsarchiv Stuttgart, OMGUS 12/27-3/9. Notiz von Charles L. Leven, Büro des Hauptquartiers der Regierung Baden-Württembergs betreffend uneheliche Geburten in der U.S. Zone vom 18.2.1946.

Fünfzigerjahre verwehrt und auch dann führten Gerichtsklagen kaum zum Erfolg.

Ähnlich wie die Amerikaner dachten auch die Briten über Vaterschaft und Unterhalt. Im Verordnungs- und Mitteilungsblatt „Hannoversche Rechtspflege" war im April 1947 zu lesen, dass eine Entscheidung der Kontrollkommission vorliege, „dass es ein gesetzliches Verfahren zur Verurteilung eines Mitglieds der Besatzungsmacht auf Heranziehung zum Unterhalt eines unehelichen Kindes in Deutschland nicht geben wird."[12]

Im Juni 1946 diskutierte auch der Wohlfahrts-Ausschuss des Länderrats das drängende Problem der Alimentierung. Gemäß der gültigen Rechtsprechung seien „deutsche Gerichte nicht zuständig für Fälle, die Mitglieder der Besatzungstruppen oder Angehörige der Vereinigten [sic!] Nationen betreffen. Ergeht eine Entscheidung trotzdem, so ist sie nichtig. Verstösse gegen dieses Gesetz werden mit jeder zulässigen Strafe – einschließlich der Todesstrafe – geahndet. Infolgedessen kann ein Vater, der Mitglied der Besatzungstruppe oder Angehöriger der Vereinigten Nationen ist, weder zur Anerkennung der Vaterschaft, noch zur Unterhaltspflicht herangezogen werden. [...] Die Kinder solcher Väter stehen also rechtlich auf einer Ebene mit jenen Kindern, bei denen ein Vater wegen Mehrverkehrs der Mutter nicht festgestellt werden kann."[13]

Die Besatzungsmächte waren sich in diesem Punkt von Anfang an einig: Ihre Soldaten mussten vor den Ansprüchen deutscher Frauen geschützt werden; damit waren den Jugendämtern die Hände gebunden. „Bastardy proceedings", also förmliche Unterhaltsklagen, blieben tabu – sehr zum Ärger der kommunalen Behörden, die im Falle, die Kindsmutter war mittellos oder konnte keiner Erwerbstätigkeit nachgehen, nun selbst für den Unterhalt ihrer Mündel aufkommen mussten.

Aufgrund dieser Rechtssituation lehnten es die Standesämter auch ab, die von den Müttern angegebenen Namen der Erzeuger in die Geburtsurkunden und in die Geburtenregister einzutragen. Weniger formell verhielten sich die Jugendämter: In der Regel trugen sie den Namen und die Adresse des mutmaßlichen Erzeugers in den vorgesehenen Personenbogen ein, freilich ohne jedwede juristische oder administrative Konsequenzen.

Einer der Gründe für die rigoros abweisende Haltung der Besatzer war deren allgemeinpolitische Befürchtung, dass gerichtliche Unterhaltsprozes-

---

12 Staatsarchiv Freiburg, C 20/1, Nr. 392/40-41, Bl. 113. Unterhaltsansprüche unehelicher Kinder gegen Angehörige der Besatzungsmacht vom 28.4.1947.
13 Bundesarchiv Koblenz, B 126, Nr. 28418, unpag. Protokoll der Sitzung des Wohlfahrts-Ausschusses des Länderrats vom 25./26.6.1946.

se das Ansehen der Armee als moralische Instanz beschädigen könnten. So argumentierte die britische Militärregierung in Berlin gegenüber ihrem Außenministerium in London im Februar 1948: „Die von den Russen kontrollierte deutsche Presse würde schnell Kapital aus solchen Fällen ziehen und wir könnten den Anschuldigungen unmoralischen Verhaltens kaum etwas entgegnen. Hinzukommt, dass die deutschen Behörden momentan äußerst angreifbar sind und deshalb von skrupellosen deutschen Frauen erpresst werden könnten."[14] Ähnlich wie bei den unmittelbar zu Kriegsende begangenen Vergewaltigungen wollte man auch in Bezug auf den illegitimen Nachwuchs jedes Aufsehen vermeiden. Das Londoner Außenministerium bevorzugte freilich eine andere Strategie und widersprach dem in Berlin verfolgten Plan der Geheimhaltung. Im Gegenteil, solche Fälle müssten öffentlich verhandelt und betroffene Mütter entschädigt werden: Wie wolle man das demokratische britische Rechtsverständnis in Nazi-Deutschland glaubwürdig vermitteln, wenn man selbst Unrecht begehe und es ohne Sanktionen auf sich beruhen lasse?[15] Freilich: An der vaterlosen und prekären Situation der Besatzungskinder änderten diese internen Meinungsverschiedenheiten über Moral und Politik im Zeichen der aufkommenden globalen Blockkonfrontation kaum etwas. Auch die Briten blieben letztlich bei ihrer harten Linie. Amerikaner und Briten proklamierten, dass es nicht ihre Aufgabe sei, für diese unerwünschten „Bastarde" zu sorgen.

Wie verhielten sich die zuständigen Jugendämter unter diesen Auspizien in Bezug auf Vaterschaftsanerkennungen sowie Unterhaltszahlungen? Im Fall, die Mutter kannte den Namen des Kindsvaters und gab ihn auch an, versuchte das Amt, dessen Personalien und den Aufenthaltsort zu ermitteln. Dies gestaltete sich schon deshalb höchst problematisch, weil zumindest die Mannschaftsdienstgrade nur höchstens drei Jahre in Deutschland verweilten. War die Dienstadresse bekannt, konnte das Jugendamt dem säumigen Erzeuger einen Brief mit der Bitte um die freiwillige Anerkennung seiner Vaterschaft zusenden. Die Entscheidung lag dann ganz und gar bei dem Empfänger selbst, offizielle oder inoffizielle Unterstützung seitens der militärischen Vorgesetzten erhielten die Jugendämter nicht: „Bei dem augenblicklichen Stand der Dinge widersetzen sich die Behörden der Militärregierungen der

---

14 Public Record Office Kew, FO 1060/874, unpag. Fraternisierung und Heirat mit Deutschen. Schreiben der Niederlassung für Rechtsberatung und -ausarbeitung, Rechtsabteilung CC G (BE), an die Politische Abteilung des Auswärtigen Amts vom 9.8.1945.
15 Ebd., unpag. Fraternisierung und Heirat mit Deutschen. Telegramm des Auswärtigen Amts an die Niederlassung für Rechtsberatung und -ausarbeitung, Rechtsabteilung CC G (BE), vom 21.2.1948.

Durchführung eines Verfahrens auf Feststellung der Vaterschaft oder auf Unterhalt gegen einen alliierten Staatsangehörigen."¹⁶

Es verwundert kaum, dass sich viele Mütter in Anbetracht der Aussichtslosigkeit ihrer Ansprüche über die Erzeuger ausschwiegen. Zwar waren sie eigentlich verpflichtet, alle ihnen zur Verfügung stehenden Informationen offenzulegen, doch fiel es so mancher Antragstellerin schwer, eine unfreiwillige oder freiwillige Beziehung mit einem Besatzungsangehörigen zuzugeben. Die Jugendämter zeigten sich über die Verschwiegenheit ihrer Klientinnen regelmäßig verärgert, dabei wussten sie genau, dass die Angaben zum Kindsvater an der rechtsfreien Situation wenig änderten. Denn auch ihnen war klar: „Gerichtliche Schritte sind selbst dann, wenn die Rechtslage solche zuliesse, wohl noch auf Monate oder Jahre hinaus untunlich. Die Militärbehörde oder -dienststelle verneint erfahrungsgemäß ihre Zuständigkeit, in solchen Angelegenheiten zu intervenieren."¹⁷ Mit der Wahrheit konnten die Frauen in diesen frühen Jahren kaum punkten, im Gegenteil. Gaben sie tatsächlich einmal die Personalien der Väter an, liefen sie Gefahr, ins Fadenkreuz der Besatzungsbehörden zu geraten.

Dennoch waren die Mütter nicht bloß zur Untätigkeit verurteilt. Aus eigenem Antrieb, bisweilen auch auf Forderung der Fürsorgeämter versuchten sie, die Väter in Uniform von ihrer Pflicht zu überzeugen. Da sie oftmals nicht wussten, wo diese in der Zwischenzeit stationiert waren, wenn sie nicht gar die Armee verlassen hatten, wandten sie sich an amerikanische Dienststellen, an die Standort- und Truppenkommandeure, an das zuständige Konsulat oder aber an deutsche und amerikanische Wohlfahrtsorganisationen. Doch die Hilfegesuche der Mütter beantworteten die Besatzungsbehörden formalisiert und immer abschlägig: „If, as you state, an American is the father of your child you cannot expect any assistance from him unless he voluntary acknowledges paternity before German court and agrees to assist you in care of the child. The occupation authority does not act on an operational basis. In your case it means that the man you name as the father of your child will not be interviewed or asked to admit paternity or assist in caring for your child. On the surface this appears to be harsh. It is not, because the social factors involved makes this a sound policy. You, as any other mother of an illegitimate child in Germany, have recourse to the Landesjugendamt for assistance."¹⁸

---

16 Staatsarchiv Freiburg, C 20/1, Nr. 392/55, Bl. 130. Notiz zur Unterhaltsklage des unehelichen Kindes gegen einen französischen Staatsangehörigen vom 23.5.1947.
17 Vgl. Niedersächsisches Hauptstaatsarchiv Hannover, NDS 120, Hann ACC. 106/85, Nr. 11, unpag. Notiz des Landesjugendamtes Hannover vom 4.4.1946.
18 National Archives and Records Administration Washington, BOX 25, RG 260, 10/114-2/9. Notiz der Political Affairs Division vom 10.10.1949.

Auch Eldon Burke war ein Mann, von dem sich die Betroffenen solche Hilfe erhofften. Er hatte viele Hilfslieferungen nach Deutschland organisiert und war Direktor des 1946 begründeten Rates für in Deutschland operierende US-Hilfsorganisationen (Council of Relief Agencies Licensed for Occupation in Germany). Eine verzweifelte Frau schrieb ihm 1950: „Beiliegend der Umschlag des letzten Briefes meines Verlobten datiert vom 8. Dezember [...]. Dieses ist nun die allerletzte Absenderangabe von ihm. Vielleicht benötigen Sie diese eventuell. Wird sich Mr. Burke oder irgendjemand dieser Sache annehmen oder brauche ich nicht damit zu rechnen? Mein Verlobter kann und darf sich doch nicht der Verantwortung entziehen, denn als Ehrenmann ist es doch eine Selbstverständlichkeit, daß ein jeder zu seinem Wort steht und mein Verlobter als Vater meines Kindes dafür aufkommt und auch in Zukunft dafür aufkommt. Allerdings sind seine Briefe auch die einzigen Beweise, die ich in Händen habe, aber das müßte doch genügen, um ihn zu einer Stellungnahme zu zwingen. Der Inhalt sämtlicher Briefe ist so, wie ich meinen Verlobten als Mensch kenne und deswegen kann es doch einfach nicht möglich sein, daß er auf einmal sein Wesen und seine Auffassung geändert hat. Deswegen bin ich nicht bereit, die Ehre meines Kindes und mein persönliches Ansehen aufzugeben für die ganze Zukunft. Deswegen bitte ich Sie und Mr. Burke nochmals höflich, mir in dieser Angelegenheit zu helfen und die Sache zu klären."[19] Leider trog die Hoffnung der Briefschreiberin, denn auch den Hilfsorganisationen waren die Hände gebunden. Weder konnten noch durften sie Informationen oder gar Anschriften an die notleidenden Mütter weitergeben. Ebenso wenig zählte es zu ihren Aufgaben, die Folgen von sexuellen Abenteuern zu heilen. Sie verwiesen die Bittstellerinnen an die deutschen Fürsorgestellen, wohl wissend, dass auch diese ihnen nicht helfen konnten.

Es gab aber auch Ausnahmen. Trotz des politischen und juristischen No-Go hing das Vorgehen natürlich immer auch von handelnden Personen in konkreten Fällen ab. Ein britischer Truppenkommandeur beispielsweise informierte kurz vor Weihnachten 1947 sogar das Kriegsministerium in London über Anni B. aus Dinslaken, die sich mit einem seiner Untergebenen, einem gewissen Sapper C., eingelassen hatte. Nun hatte sie ein Kind von ihm geboren.[20] Die Mutter und das Baby seien unterernährt und in einem schlechten Allgemeinzustand, rapportierte der Commander in die Haupt-

---

19 Schreiben Lieselotte Gärtner, 20.2.1950, zit. in Anna-Maria Pedron, Besatzer und Besetzte in der Enklave Bremen nach dem Zweiten Weltkrieg. Bremen 2010, S. 307.
20 Vgl. zum gesamten Fall Public Record Office Kew, FO 371/70845, unpag. Kriegsministerium, Aufzeichnungen im Fall Anni B.

stadt. Der Kindsvater sei zwischenzeitlich in die Heimat zurückgekehrt und könne sich nicht mehr um seine „Familie" kümmern. Mithin liege es in der Verantwortung der britischen Armee, dass beide zur Genüge Nahrung erhielten. Das Kriegsministerium wiederum wandte sich an das benachbarte Außenministerium mit der Bitte um Aufklärung. Doch hier endete die Initiative des mit Recht besorgten Offiziers ihrer Majestät. Das Foreign Office wies sein Anliegen harsch ab; die Außenpolitiker wiederholten die bekannten Argumente: Weder die britische Regierung noch die Besatzungsbehörden könnten Sorge für diese illegitimen Kinder tragen. Die Fürsorgepflicht liege allein in den Händen der deutschen Wohlfahrt, die zweifelsohne unter den gegebenen Umständen ihr Bestes leiste. Keinesfalls wolle man sich in deren Zuständigkeiten einmischen. Im Übrigen stünde es ja dem Kindsvater frei, den beiden Hilfsbedürftigen Carepakete zu schicken. Zwar dürfe er zur Sicherung der Versorgung im Vereinigten Königreich keine rationierten Lebensmittel auf den Kontinent transferieren, doch kämen sicherlich noch genügend nicht minder hilfreiche Produkte wie etwa Lebertran in Betracht, deren Versand erlaubt sei. Mit diesem praktischen Ratschlag war für die Ministerien das Problem der Unterstützung der Besatzungskinder ad acta gelegt.

Auch wohltätige Organisationen und Lobbyisten setzten sich für die Mütter und die Kinder jenseits des Kanals ein. 1946 und 1947 entspann sich eine anhaltende Auseinandersetzung zwischen dem vehement protestierenden National Council for the Unmarried Mother and her Child und der Regierung in London, welche eine Debatte auf höchster politischer Ebene entfachte.[21] Von Besatzungsbehörden, von Hilfsorganisationen und von deutschen Fürsorgeeinrichtungen waren dem National Council seit 1946 immer wieder Schreckensmeldungen über unwürdige Lebensbedingungen der von Briten abstammenden Besatzungskinder zu Ohren gekommen.[22] Die Interessenvertretung der unverheirateten Mütter forderte bereits im Oktober 1946 Aufklärung über die Behandlung der deutschen Mütter und deren Kinder. Die entschiedene Anfrage wurde an die Besatzungsregierung in Berlin weitergereicht, die sich ihrerseits verärgert gab; man sehe sich keineswegs in der Pflicht, dem National Council Rede und Antwort zu stehen, zumal dieser für im Grunde militärische Entscheidungen keinerlei Kompetenz aufweise. Während die Besatzungsbehörden vor Ort abblockten, versuchte das Kriegsmi-

---

21 Das National Council for the Unmarried Mother and her Child wurde 1918 gegründet. Es hatte zwei Kardinalziele: eine Reform des sogenannten Bastardy Acts und des Affiliation Order Acts.
22 Vgl. zum gesamten Fall Public Record Office Kew, FO 371/70845, unpag. National Council for the Unmarried Mother and her Child (Inc).

nisterium in London den National Council zu beruhigen, doch die Beamten an der Themse vermochten erschreckend wenig zur Aufklärung beizutragen. Im März 1947 mussten sie den politisch durchaus einflussreichen Beschwerdeführern gestehen, dass die Regierung derzeit über keinerlei Überblick darüber verfüge, um wie viele Besatzungskinder es sich eigentlich handelte und unter welchen Umständen diese wirklich aufwuchsen. Daten dazu seien zu keinem Zeitpunkt erhoben worden. Der National Council forderte nun, dass man den deutschen Müttern zumindest das Recht auf Unterhaltsklage gegen die offensichtlich säumigen Erzeuger einräumen müsse – wie es ja auch britischen Bürgerinnen zustünde. Dieser Vorschlag bedeutete keineswegs ein Novum in den angloamerikanischen Debatten um die Ausgestaltung des Besatzungsregiments. Bereits 1942 hatte sich das britische Kriegsministerium mit den Amerikanern darüber verständigt, dass solche Fälle zu gegebener Zeit vor ein Militärtribunal zu bringen seien; bei einer Verurteilung sollte der Erzeuger Unterhalt zahlen. Damals wollte man noch aus der unzureichenden Versorgung dänischer, norwegischer und niederländischer Kinder durch deutsche Wehrmachtssoldaten die richtigen Konsequenzen ziehen und frühzeitig für diese Art von „Kriegsfolgen" Vorsorge treffen. Ein löblicher Vorsatz, den die Militärführung mit dem Kontrollratsgesetz Nr. 4 im Oktober 1945 wieder aufgegeben hatte. Im Frühjahr 1947 forderte der National Council genau diese fünf Jahre zuvor noch zugestandene Übernahme von Verantwortung. Zwar sei die Bitterkeit, mit der die Alliierten der Zivilbevölkerung begegneten, verständlich, doch würde es in diesem Fall die Falschen treffen. Um ihren Forderungen nach erweiterten juristischen Handlungsmöglichkeiten gegenüber den Soldatenvätern Nachdruck zu verleihen, suchten sich die Lobbyisten für Mutter und Kind einflussreiche Unterstützer wie Lord Frank Pakenham, den amtierenden Kanzler des Herzogtums Lancaster, mithin einen Minister ohne Amtsbereich, aber mit Einfluss im Oberhaus des britischen Parlaments. Der zum Katholizismus konvertierte Politiker und Deutschlandkenner stattete dem Außenministerium in dieser Sache denn auch Ende April 1947 einen persönlichen Besuch ab: „I come in a spirit of good will. My political outlook is founded on Christianity, both regarding justice and mercy – remembering the past but with an eye mainly on the future."[23] Der Lord appellierte an Recht und Gnade, an Vergangenheit und Zukunft, an Christenpflicht und guten Willen. Doch musste auch Pakenham schnell einsehen, dass sein von dem Gebot der Nächstenliebe geprägtes Anliegen aus der Sicht der

---

23 Public Record Office Kew, FO 371/70845, unpag. National Council for the Unmarried Mother and her Child (Inc).

Politik böse Fallstricke bereithielt. Die Mehrheit der säumigen Kindsväter, so erklärte man ihm im Außenministerium, seien Militärangehörige; diese dürften während ihres Dienstes fürs Vaterland in Sachen Unterhalt nicht zur Kasse gebeten werden. An diesem Grundsatz sei nicht zu rütteln, am Ende wäre es also der britische Steuerzahler, der für den in Deutschland gezeugten Nachwuchs aufkommen müsste. Hinzu kam, argumentierten die Diplomaten, dass britische Soldaten von deutschen Gerichten nicht vorgeladen werden dürften, was zur Folge hätte, dass man die Zuständigkeit der Control Commission Courts auf Fälle dieser Art ausdehnen müsste. Das aber würde „eine große Zahl juristischer und administrativer Probleme" bedeuten. Die Klagen würden einen so großen Umfang annehmen und so kompliziert zu recherchieren und zu entscheiden sein, dass es praktikabler sei, sie gar nicht erst zuzulassen. Das Außenministerium ließ sich von Pakenham auch nicht mit dem durchaus pikanten Argument überzeugen, wonach die feindlichen Deutschen in der Vergangenheit in ähnlichen Fällen sehr wohl Unterhalt gezahlt hätten und dass auch die Amerikaner im Vereinten Königreich Unterhaltsurteile britischer Gerichte respektieren würden. Zumindest fanden beide Seiten schließlich einen Konsens dahingehend, dass London die Besatzungsregierung in Berlin auffordern wollte, gewisse Standards und elementare Rechte für diese Frauen einzuführen. Die Besatzungsregierung indes ließ sich nicht unter Druck setzen, vielmehr blieb sie bei ihrer strikten Verweigerung. Bis Anfang der Fünfzigerjahre lehnte sie Unterhaltsverfahren rundweg ab.

Noch während die Gespräche zwischen London und Berlin liefen, kam es zu einem heiklen Intermezzo: Der königliche Hof wurde unvermittelt mit dem Schicksal eines Besatzungskindes konfrontiert. Die Deutsche Eva E. hatte sich persönlich an Prinzessin Elizabeth, die Herzogin von Edinburgh und die Thronfolgerin, gewandt und dieser unerschrocken ihr Leid geklagt.[24] Im September 1946 hatte Eva den Besatzungssoldaten William G. kennengelernt, der damals seinen Militärdienst in Deutschland ableistete. Über Monate waren sich die beiden nähergekommen und im Juli 1947 hatten sie sich verlobt. Als Eva schwanger wurde und eine Hochzeit dringlich angeraten war, stellte sich heraus, dass die Mutter des Bräutigams alle Hebel in Bewegung setzte, die Verbindung ihres Sohnes mit einer Deutschen zu verhindern. William wurde im August – „zur Bestrafung", wie Eva es später ausdrückte – nach Schottland zurückbeordert und ließ fortan nichts mehr von sich hören. Nun, Ende November 1948, unmittelbar, nachdem sie von ihrer Tochter Ramona

---

24 Vgl. zum gesamten Fall Public Record Office Kew, FO 371/70845, unpag. Petition an Ihre Königliche Hoheit Princess Elizabeth von Miss Eva E. mit der dringenden Bitte um Unterstützung für sie und ihr Kind vom 23./30.12.1948.

entbunden worden war, fasste sie sich ein Herz und schrieb an die Prinzessin. Diese hatte wenige Tage zuvor, am 14. November, selbst ihr erstes Kind zur Welt gebracht, Charles, den Prince of Wales. Die Gleichzeitigkeit der Geburten war es, die Eva zu diesen Zeilen ermutigte:

„Am 20. November 1948 wurde unser kleines Mädchen Ramona geboren. Sie und auch ich, wir mussten eine lange Zeit im Krankenhaus bleiben, und nun weiß ich nicht, wie ich genug Geld verdienen kann, um zusammen mit meinem Kind weiterleben zu können. Ich musste als die Russen kamen flüchten und daher habe ich keinerlei Eigentum, bin 23 Jahre alt. Die deutschen Behörden helfen mir nicht, denn das kleine Mädchen hat einen englischen Vater, die englischen Behörden helfen mir auch nicht. Daher wage ich, ihre Royal Highness mit dem allergrößten Respekt um Hilfe in dieser verzweifelten Situation zu bitten."[25] Tatsächlich blieb die Thronfolgerin nicht unbeeindruckt; einen Tag vor dem Heiligen Abend sandte der Buckingham Palace dem Außenministerium einen Brief, in dem der Vorgang beschrieben und die Bitte geäußert wurde, man möge sich doch um die junge Deutsche kümmern. Erneut wandte sich London an das Oberkommando in Berlin. Dieses wies wie üblich jedwede Mitverantwortung von sich und argumentierte stattdessen wie folgt: Zunächst einmal müsse man den Erzeuger von seiner Verantwortung überzeugen. Dies solle die notleidende Kindsmutter mit Nachdruck versuchen. Sollte dieser sich weigern zu zahlen, könnten die Besatzungsbehörden vor Ort „Druck" auf deutsche Fürsorgeeinrichtungen ausüben – „they should be pressed". Die Tatsache, dass der Erzeuger Besatzungssoldat gewesen sei, würde die Bedürftigkeit der Antragstellerin in den Augen der Fürsorgebehörde sogar noch erhöhen, schließlich sei allenthalben bekannt, dass es der Frau verwehrt sei, ihre Ansprüche juristisch einzuklagen. Wenn beide Maßnahmen nicht fruchten sollten, so die Militärregierung in Berlin, bliebe der Bittstellerin immer noch der Weg zu nichtstaatlichen deutschen Wohlfahrtsorganisationen offen. Mit diesem Schreiben war der Fall Eva E. für alle Beteiligten vom Tisch.

Leben in materieller und seelischer Prekarität

Handelte es sich bei Eva E. um einen Einzelfall oder lebten auch andere Mütter und Kinder alliierter Besatzungssoldaten in Armut oder gar in Not? Wie stellte sich ihre materielle Lebenssituation in den frühen Nachkriegsjahren im Vergleich zu anderen unehelichen Kindern dar? Weil die Erzeuger nur in ganz seltenen Ausnahmefällen langfristig für den Unterhalt ihrer Kinder einstan-

---

25 Ebd.

den, oblag die materielle und damit auch die finanzielle Obsorge den Müttern selbst – und in vielen Fällen den Großeltern mütterlicherseits. Nur wenn beide Parteien aus schlüssigen Gründen nicht für das Kind sorgen konnten, übernahm dies die öffentliche Wohlfahrt. Freilich, selbst der Regierungspräsident von Aachen räumte im Oktober 1946 ein, dass der Unterstützungssatz „bei weitem nicht ausreicht, den Unterhalt so zu bestreiten, wie es die Sicherung einer gesunden Entwicklung des Kindes fordert".[26] Das Regierungspräsidium hatte bei den Jugendämtern seines Dienstbezirks eine Umfrage durchführen lassen, welche die Lebensumstände von Besatzungskindern erhob. Damit steht uns eine frühe und auch einmalige Mikrostudie zur Verfügung. Ihr zufolge lebten über neunzig Prozent der Besatzungskinder im Regierungsbezirk Aachen bei ihren Müttern oder bei mütterlichen Verwandten, in fast vierzig Prozent der Fälle kamen diese auch für den Unterhalt auf. Die Mütter waren zwischen 15 und 39 Jahre alt und „entstammten ordentlichen Arbeiterfamilien. Nur wenige sind schlecht beleumundet".[27] Bereits diesen grundlegenden soziologischen Daten kommt eine außerordentliche Bedeutung zu: Wenn sie nur irgend konnten, nahmen die Mütter ihre Kinder an und zogen sie auf. Wenn sie dies nicht vermochten, sprangen zumeist die Großeltern ein.

Der Aachener Lagebericht zitierte zur Veranschaulichung der Lebenssituation der Mütter und ihrer Kinder einen charakteristischen Fall. Ingeborg G. war zwanzig Jahre alt. Sie berichtet: „Erzeuger meines am 23. März 1946 in L. geborenen Kindes Jose ist ein amerikanischer Soldat namens Zmilly H. Seine jetzige und seine Heimatanschrift sind mir nicht bekannt. Angaben über seinen Zivilberuf, seine Staatsangehörigkeit und seine Vermögensverhältnisse hat er mir nicht gemacht. Ich war mit meiner Mutter und einer Schwester in M./Westfalen bei Familie T. evakuiert. Im April 1945 lernte ich den Vater meines Kindes kennen. Bis Ende Mai kam er täglich zu uns ins Haus und hat mir versprochen, mich mit nach Amerika zu nehmen. Seitdem die Truppe abgerückt ist, habe ich nicht mehr von ihm gehört. Vor der Evakuierung war ich als Hausgehilfin beschäftigt. Seit der Geburt meines Kindes bin ich im Haushalt meiner Mutter tätig, die noch an den Folgen eines Schlaganfalls leidet. Persönliches Einkommen habe ich nicht. Meine Mutter bezieht 27 Reichsmark Witwenrente. Meine Schwester verdient 40 Reichsmark monatlich als Hausgehilfin, wovon sie 30 Reichsmark für den Unterhalt der Mutter abgibt."[28]

---

26 Bundesarchiv Koblenz, B 406, Nr. 1633, unpag. Schreiben des Regierungspräsidenten des Regierungsbezirks Aachen an die britische Militärregierung in Aachen vom 18.10.1946.
27 Ebd.
28 Ebd.

Das Baby wird also auch unter den prekärsten Umständen versorgt. Die Mutter, die Schwester und die junge Frau selbst haben es sich offenbar zur Gemeinschaftsaufgabe gemacht, das Kind durchzubringen.

Für alle Besatzungskinder, ob infolge von Notzucht oder im Rahmen einer Liebesbeziehung gezeugt, gestaltete sich der Alltag sowohl in psychischer als auch in finanzieller Hinsicht höchst beschwerlich, so die Einschätzung der Jugendämter 1946. „Alle Bestrebungen, die Nachteile der unehelichen Geburt auf jedem Gebiet aufzuheben, haben den ‚Makel', den die uneheliche Geburt doch nach wie vor bei der Allgemeinheit hat, nicht beseitigen können. Ein Kind, das seinen Erzeuger nicht benennen kann, ist jedoch besonders benachteiligt. Seine Mutter wird selbst dann als eine leichtsinnige Frau angesehen, wenn, wie in diesen Fällen, die Inanspruchnahme des Vaters an dem Verbot der Durchführung eines Prozesses scheitert. Eine Adoptionsvermittlung eines Kindes mit unbekanntem Vater ist kaum möglich, da die Adoptiveltern aus begreiflichen Gründen sich über die Eltern des Kindes genau unterrichten wollen. Ein Kind, das eine Unterhaltsklage nicht durchführen kann, geht seines Unterhaltsanspruches gegen seinen Erzeuger verlustig."[29] Auch den Behörden war die Kluft gegenwärtig: Der Graben zwischen den Frauen einerseits, die mehrheitlich unter schwersten Bedingungen für ihren Nachwuchs sorgten und die ehedem ganz überwiegend guten Glaubens Beziehungen mit Besatzungssoldaten eingegangen waren, und der Nachbarschaft, ja der Nachkriegsgesellschaft andererseits, welche sie als Flittchen brandmarkte und ihnen mitsamt ihren Kindern den Weg in die Normalität des Alltags verwehrte.

Eine erstmals die gesamte Bundesrepublik umfassende, wenngleich nicht repräsentative Untersuchung des Deutschen Vereins für öffentliche und private Fürsorge von 1951 kam zu dem entmutigenden Befund, dass sich die prekäre Situation der Besatzungskinder auch nach der Staatsgründung und nach der partiellen Rückerlangung von Souveränitätsrechten kaum verbessert hatte. Demnach klaffte das Lebensniveau von unehelichen Kindern im Allgemeinen und von Besatzungskindern deutlich auseinander.[30] Letztere lebten in der Regel allein vom Einkommen der Mütter, kurzum: in einer „ausserordentlich bedrängten wirtschaftlichen Lage", weshalb ihre Erziehung zur „leiblichen, seelischen und gesellschaftlichen Tüchtigkeit mehr gefährdet" sei als bei den übrigen illegitimen Kindern.[31]

---

29 Ebd.
30 Bundesarchiv Koblenz, B 153, Nr. 2517, Bd. 1 u. 2, unpag. Die soziale Lage des unehelichen Kindes. Untersuchung der Arbeitsgemeinschaft für Jugendpflege und Jugendfürsorge e.V.
31 Bundesarchiv Koblenz, B 153, Nr. 342, Bl. 320. Protokoll zur Sitzung des Ausschusses „Unehelich Besatzungskinder" vom 15.1.1952, Anlage: Uneheliche Kinder von Besatzungsangehörigen.

Abb. 2: „250.000 Besatzungskinder, aus Liebe, aus Leichtsinn oder durch Vergewaltigung gezeugt, warten auf eine Bestimmung, mit der ihre Väter – in welchem Land sie auch immer leben – zur Unterhaltspflicht gezwungen werden können": Aufmacher aus der Illustrierten „Neue Revue" vom 27. Januar 1951. Quelle: Archiv Satjukow/Gries

Die bereits erwähnte Studie des Statistischen Bundesamtes Wiesbaden von 1955 bestätigte schließlich die wesentlichen Resultate der früheren Erhebungen. Etwa zwei Drittel der in den Jugendämtern Mitte der Fünfzigerjahre registrierten Mündel wuchsen bei ihren Müttern oder bei Verwandten auf, ein Drittel wohnte bei Pflegeeltern oder in Heimen. Etwa siebzig Prozent der Mütter wiederum sorgten allein für den Lebensunterhalt, nur eine Minderheit konnte oder wollte staatliche Fürsorgeleistungen in Anspruch nehmen. Nur sieben Prozent der Erzeuger hatten ihre Vaterschaft anerkannt, die überwiegende Mehrheit zahlte allerdings nur während ihres Aufenthaltes in Deutschland, nach der Rückkehr in ihre Heimatländer führten nur wenige die Alimentierungen fort.[32] Dies bedeutete, dass die zurückgebliebenen Familien auch in den Fünfzigerjahren noch in üblen wirtschaftlichen Verhältnissen lebten.

---

32 Vgl. Statistisches Bundesamt (Hg.), Statistische Berichte. Wiesbaden 1956, S. 60ff.; Politisches Archiv des Auswärtigen Amtes, B 85, Nr. 1453, unpag. Lage der Besatzungskinder in der Bundesrepublik. Angaben des Bundesministeriums des Innern auf eine Anfrage der Internationalen Organisation für Besatzungskinder in Rom vom 22.2.1956.

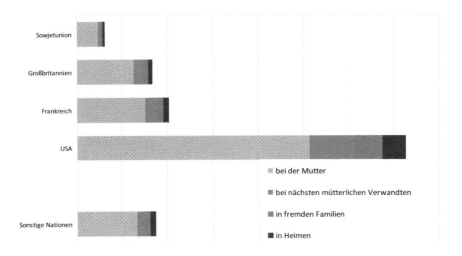

Abb. 3: Unterbringung der unehelichen Kinder von Besatzungsangehörigen im Bundesgebiet und in Berlin (West) (Stichtag für die Erhebung: April 1955). Grafik: Satjukow/Gries

Die Besatzungskinder werden öffentlich: die frühen Fünfzigerjahre

1952 kamen die ersten Besatzungskinder in die Schule – und im selben Atemzug avancierten sie zu Medienstars: Zeitungen und Illustrierte berichteten über ihr Leben, Filme erzählten von ihren Schicksalen. In diese Bilder von den weißen und schwarzen Fremden inmitten der prosperierenden Gesellschaft Westdeutschlands waren die großen herausfordernden moralischen und politischen Paradigmen der Fünfziger- und Sechzigerjahre eingewoben: Die Besatzungskinder schoben nun Diskurse über Krieg, Gewalt und Opferschaft, über Schuld und Sühne, über Vergangenheit, Gegenwart und Zukunft des Eigenen und des Fremden in Deutschland an.

Mit ihrer Einschulung überschritten sie gleich mehrere Grenzen. Sie kamen vom Drinnen ihrer leiblichen Familie, Pflegefamilie oder auch des Kinderheimes in das Draußen der Gesellschaft. Bis zu diesem Zeitpunkt waren sie von ihren Müttern, vielfach von ihren Großeltern und vereinzelt von Erziehern behütet worden. Bis dahin konnte man sie beschützen und beschweigen, ja, durch Schweigen auch schützen. Nun aber mussten sie sich ganz der Autorität der Lehrer und den Unwägbarkeiten einer heterogenen und unüberschaubaren Klassen- und Schulgemeinschaft stellen. Zwar hatten alle Sechs- oder Siebenjährigen diese Passage zu meistern, für die Besatzungskinder bedeutete dieser Übergang jedoch mehr. Sie traten nicht wie gewöhnliche Erstklässler ins öffentliche Leben, sondern sie betraten zugleich eine öffentliche Bühne, sie rückten ins Rampenlicht komplexer öffentlicher Diskurse. Sie gerieten zu Gegenständen von Erörterungen – vor Ort in der Schule, in den Verwaltungen, in der Politik, in der Wissenschaft und in den Medien. Ihr Auftritt wurde von den Mitmenschen kommentiert und ihr Schicksal debattiert. Ihre fortan dauerhafte Präsenz forderte nicht nur Lehrer und Mitschüler heraus. Die Debatte über das Wohl und Wehe der Besatzungskinder entwickelte sich zu einer permanenten Herausforderung für die gesamte bundesdeutsche Gesellschaft. Vordergründig ging es darum, womöglich verbindliche Formen des Umgangs mit ihnen für die Gegenwart festzulegen und für die Zukunft vorzudenken. Im Hintergrund jedoch reflektierten diese Debatten fundamentale Aushandlungen über Schuld. Seit Anfang der Fünfzigerjahre avancierten die Besatzungskinder so zu Plattformen der Verständigung über das Selbstverständnis der Westdeutschen in einer Phase der Neuorientierung. Und es war kein Zufall, dass diese Erörterungen sich nunmehr auf die „farbigen" oder „schwarzen" Kinder fokussierten: Gerade die Narrative um deren Gegenwart und Zukunft waren es, welche die Narrative der eigenen Vergangenheit widerspiegelten. Beide Konstrukte waren eng miteinander verknüpft und beide waren im Laufe der Fünfzigerjahre einem deutlichen Wandel unterworfen. Gleichwohl standen diese äußerlich besonders auffälligen Kinder immerfort auch für die als „Bankerte" beschimpfte Gruppe – nach dem Krieg vom Feind gezeugt.

Im Jahr 1946 hatte der besagte Mannheimer Wohlfahrtsausschuss drei Möglichkeiten erwogen, wie man mit den Besatzungskindern umgehen könnte: die Privatisierung, die „Hospitalisierung" oder, am besten, die baldige Überführung der Kinder in die Herkunftsländer der Väter. Alle drei Wege verstand man in den ersten Nachkriegsjahren wie selbstverständlich als Pfade einer als notwendig erachteten Exklusion.[33] Nahezu alle Beteiligten gingen davon aus, dass diese Leibesfrüchte von inkriminierten Beziehungen zwischen Einheimischen und Besatzern Fremdlinge in Deutschland darstellten oder aber – ganz im Sinne des 1952 über die Besatzungskinder gedrehten Films „Toxi"[34] – „Pfeile" gefüllt mit Gift und geeignet, die fragile Nachkriegsgesellschaft endgültig zu Fall zu bringen. Diese Zuschreibung gebar sich damals nicht so sehr aus deren äußerer Anmutung, weshalb damals auch kaum zwischen „weißen", „farbigen" oder „schwarzen" Kindern unterschieden wurde. Als Distinktionsmoment diente vielmehr die kulturelle Fremdheit ihrer Erzeuger, gegen die man soeben noch in den Krieg gezogen war.

---

33 Vgl. Stadtarchiv Mannheim, Hauptamt nach 1945, SJA 21/1979/390, unpag. Sitzung des Städtischen Wohlfahrtsausschusses vom 20.12.1945.
34 Siehe hierzu den Beitrag von Annette Brauerhoch in diesem Buch.

Anfang der Fünfzigerjahre war der Grundduktus der Stigmatisierung zwar vielfach noch der gleiche, doch die nunmehr öffentlichen Diskussionen verwiesen auch auf bemerkenswerte Fortentwicklungen westdeutscher Mentalitäten. Nun fand die Debatte nicht mehr intern und administrativ statt, sondern fachöffentlich und vor allem öffentlich – und im selben Atemzug rückten jene Kinder in den Mittelpunkt des Interesses, deren Anderssein nicht minder öffentlich sichtbar, deren Anzahl jedoch verschwindend gering war. Es waren die Besatzungskinder afroamerikanischer, indochinesischer, marokkanischer und tunesischer Herkunft, denen das andere ins Gesicht und in die Haut geschrieben stand. Das unmittelbar nach Kriegsende kommunizierte *kulturelle* Paradigma verwandelte sich Anfang der Fünfzigerjahre demnach zu einem *biologistisch-rassistischen* Argumentationsmuster. Nun ging es in den Arenen der Öffentlichkeit nicht mehr um die politisch begründeten „Kinder des Feindes", sondern vor allem um die sogenannten Mulattenkinder und Negermischlinge – sie standen pars pro toto für die ganze Gruppe der Besatzungskinder. Für die Ewiggestrigen stellte die Präsenz gerade der schwarzen Kinder eine drohende Gefahr für die hergebrachte Ordnung und Sicherheit dar, für die Wohlmeinenden sollte deren Anwesenheit inmitten der westdeutschen Gesellschaft zum Bewährungsfeld für eine zurückzuerobernde Humanität werden.

Gelang unter diesen Auspizien eine Integration der Besatzungskinder in den Schulalltag der Fünfzigerjahre? Wenn wir uns die überlieferten Berichte der Schulämter anschauen, ergibt sich im dritten Jahr ihrer Schulkarriere ein durchaus zwiespältiges Bild vom Alltag in den Klassenräumen und Lehrerzimmern vor Ort. Nicht wenige Rapporte führen Erfolge vor; sie erzählen von der gelungenen Aufnahme dieser Kinder in die Klassenverbände. Viele Texte thematisieren aber auch direkt oder indirekt große Probleme. So auch das Schulamt in Mannheim: „Diese Kinder sind alle schwer lenkbar, sie besitzen einen starken Urinstinkt", schrieb die Behörde in ihrem Entwicklungsbericht von 1955. „Sie wehren sich gegen alles und alle, sie machen den Erziehern und Lehrern große Schwierigkeiten. Sie reagieren mit Trotzreaktionen wie Enuresis und Enkupresis.[35] Unter den Mischlingskindern sind zwei ganz besonders schwere erziehbare. Diese Kinder sind in der Gesamtentwicklung (Intelligenzstand und Sozialverhalten) schwer in die Klassengemeinschaft einzugliedern. Wenn man sich ihnen nähert, wittern sie Gefahr; man kann sie nur schwer von einem guten Vorhaben überzeugen. Nach zweijähriger Betreuung haben wir noch immer mit Kontaktschwierigkeiten zu rechnen."[36]

---

35   Einnässen und Einkoten.
36   Bundesarchiv Koblenz, B 126, Nr. 28418, unpag. Bericht des Regierungspräsidiums

Allen aufklärenden Kampagnen zum Trotz blieb das Bild dieser Kinder mit rassischen Stereotypen durchsetzt. Doch offenbar unternahm man auch Versuche, über den rassischen Konnex und über die Erzeuger hinauszudenken. Gedanken über die Erbanlagen der Kinder machte sich in diesem Sinne das Oberschulamt Karlsruhe. Es sei zu befürchten, „daß die sittliche und religiöse Entwicklung durch ungünstiges Erbgut seitens der Mutter belastet sein wird, da fast alle Mütter keinen guten Lebenswandel führen."[37] Freilich war man auch hier noch nicht so weit, die in der Regel höchst prekäre soziale Situation der Mütter in Rechnung zu stellen.

Die Berichte aus den Schulen und von den Schulämtern fokussierten wie selbstverständlich auf die Kinder mit anderer Hautfarbe. Ganz im Sinne der Rassentheorie wurden sie Mitte der Fünfzigerjahre regelmäßig als Menschen anderer Art und Qualität beschrieben. Wobei sich ihr Anderssein in den Augen der Volksschullehrer nicht nur auf äußere Merkmale beschränkte, sondern ebenso auf ihr Temperament und auf ihren Charakter, also auf physische wie auf psychische Eigenarten sowie auf ihre kognitiven Fähigkeiten. Durchaus gängig war es, deren „Erbgut" oder deren „Erbmasse" als minderwertig zu kennzeichnen. Es bedarf keiner großen Fantasie, diese Berichte dahingehend zu interpretieren, dass diese Zöglinge auch nach drei Schuljahren noch zu Außenseitern gestempelt wurden. Doch dieses Bild spiegelt soziologisch gesehen weniger als die halbe Wahrheit. Nicht nur die augenscheinlich anderen, die „farbigen" und die „Mischlingskinder", wurden ausgegrenzt, sondern auch die „weißen" Besatzungskinder. Die zitierten Diskurse und die mit ihnen verbundenen Diskriminierungen waren auf die augenfällig anderen zugespitzt, inkludierten aber ebenso die gefühlt und gewusst anderen. Unbeschadet ihrer unauffälligeren äußeren Erscheinung wurden auch „weiße" Besatzungskinder regelmäßig zu Objekten von Sticheleien und Hänseleien, auch sie wurden ausgelacht und ausgegrenzt. Solche Stigmatisierungen lassen sich den halbjährigen Entwicklungsrapporten der Fürsorgestellen entnehmen, in denen Auffälligkeiten der Mündel fast ausschließlich auf deren väterliche Herkunft zurückgeführt wurde. Dass das Verdikt weiter griff, lässt sich leicht erklären: Auch die „weißen" Besatzungskinder kamen nicht inkognito und als unbeschriebene Blätter in ihre Schulklassen. Vielmehr wussten Eltern, Lehrer und Schüler in den Nahbereichen der Städte und Gemeinden bestens über ihre Herkunft, die Familienverhältnisse und den Lebensalltag Bescheid. Sie alle kolportierten seit Jahren das vermeintliche Wissen darüber,

---

Nordbaden, Oberschulamt Karlsruhe an das Kultusministerium Baden-Württemberg vom 21.11.1955.
37 Ebd.

was die junge Mutter dieses oder jenes Kindes zu Kriegsende „getan" hatte respektive was ihr „angetan" wurde. Diese Kenntnisse wurden in die Klassenzimmer hineingetragen und von den Schulkameraden übernommen.

Die in den Berichten der Lehrer ausformulierten Urteile und Vorurteile äußerten sich für die meisten Besatzungskinder Tag für Tag durch verbale Invektiven und Herabsetzungen, durch Diskriminierungen und Hintansetzungen. Das bedrückende Leben von Gaston M. aus Karlsruhe änderte sich erst dann zum Guten, als er in die geschützte Welt einer Ordensschule eintrat.

Gaston: Sündenbock und Prügelknabe[38]

1946 lernt Ilse M. den französischen Besatzungssoldaten Roger R. kennen. Sie arbeitet zu diesem Zeitpunkt als Sekretärin beim Hauptquartier der Militäradministration in Baden-Baden, sie zählt gerade einmal 17 Jahre und lebt erstmals fern ihrer Familie. Über sexuelle oder Liebesbeziehungen weiß sie wenig, weder zu Hause noch sonst irgendwo wurde über diese Bereiche des Lebens gesprochen.

Ihre Eltern gehören zur sogenannten guten Gesellschaft in Karlsruhe. Ihr Vater Otto ist Regierungsforstrat, vor 1945 war er Mitglied der NSDAP und in der Familie übt er eine strenge, fast militärisch anmutende Autorität aus. Ihre Mutter Maria führt den großbürgerlichen Haushalt. Als die beiden erfahren, dass sich die ihrer Meinung nach noch unerfahrene Ilse auf einen Franzosen eingelassen hatte und nun schwanger ist, bricht für sie eine heile Welt zusammen. Wie soll man den Leuten diese Schmach und Schande erklären? Ilse bringt 1948 ihren Sohn Roger zur Welt. Als fromme Christin übernimmt die Großmutter notgedrungen die Vormundschaft über den Jungen, denn Ilse ist ja noch minderjährig und zudem unverheiratet. Das Neugeborene wird als „Ausrutscher" einer naiven jungen Frau kommuniziert und der Kindsvater als gewissenloser Verführer verurteilt. Mit dem Franzosen pflegt man keinen Umgang und geht selbstverständlich davon aus, dass sich Ilse nach diesem schockierenden Erlebnis von ihm trennt.

Nach der Niederkunft geht die junge Mutter weiterhin ihrer Arbeit im Hauptquartier nach. Roger wird maßgeblich von der Großmutter erzogen. Was die Eltern nicht im Geringsten ahnen, ist, dass Ilse die Verbindung zu ihrem Geliebten zu keinem Zeitpunkt abgebrochen hat. Als sie zwei Jahre später zum zweiten Mal schwanger wird, vermag die Familie die erneute Grenzüberschreitung nicht mehr zu ertragen. Gaston Yves Bernard wird am 18. April 1950 geboren. Dem Jugendamt erklärt die Wöchnerin, dass sie

---

38 Vgl. Gaston M., Interview vom 3.6.2011, Archiv Silke Satjukow.

im Moment nicht für das Baby sorgen könne, dass sie ihn aber sofort nach der Eheschließung mit dem Kindsvater in das dann gemeinsame Heim holen würde: „Die Kindsmutter Ilse M. war 14 Tage vor der Entbindung hier im Antoniusheim und kehrte nach der Entlassung aus der Klinik einige Tage nochmals ... zurück. Das Kind will sie kurze Zeit hier [...] belassen und dann nach Baden-Baden zu sich nehmen. Für die Kosten soll die Mutter der Kindsmutter oder der Kindsvater aufkommen. Die Kindseltern stehen gut zusammen, die Heirat ist noch dieses Jahr beabsichtigt."[39]

Tatsächlich besucht sie ihren Zweitgeborenen regelmäßig und zahlt pünktlich für seinen Unterhalt. Immer noch hofft sie auf den baldigen Ehebund und sie versucht, die zuständige Fürsorgerin von den ehrenwerten Absichten ihres französischen Geliebten zu überzeugen: „Ich teile Ihnen auf Ihr Schreiben mit, daß der Vater meines Kindes sich zur Zeit dienstlich in Algier (Afrika) aufhält und ich noch nicht weiß, wann er wieder an seinen Standort zurückkommt. Die Vaterschaftsanerkennung wird selbstverständlich nach seiner Rückkehr sofort erfolgen. Meine Mutter wird die Vormundschaft des Kindes übernehmen bis zu meiner Verheiratung und wird im Laufe des Monats bei Ihnen vorsprechen."[40] Das Jugendamt lässt nicht locker und erkundigt sich regelmäßig danach, wann der Erzeuger denn endlich seine Vaterschaft anerkennen werde. Doch das Drängen der Behörde bleibt ohne Erfolg, ein Jahr später schreibt das Amt nochmals warnend an die Kindsmutter: „Bei Ihrer letzten Vorsprache am 21. November 1950 sicherten Sie uns die baldmöglichste Herbeiführung der Vaterschaftsanerkennung und Unterhaltsverpflichtung des Kindsvaters Roger R. zu. Wir bitten um Mitteilung bis spätestens 20. Juli 1951, was Sie hierfür unternehmen konnten. Wir weisen Sie nochmals auf die Wichtigkeit und große Bedeutung der Vaterschaftsanerkennung zu Ihrem Kinde Gaston hin und bitten im Interesse des Kindes doch alles zu unternehmen und die Erklärung vom Kindsvater zu erlangen. Gleichzeitig wollen Sie uns bekanntgeben, wie lange Sie beabsichtigen, Ihr Kind noch im Antoniusheim zu belassen."[41]

Anfang Juli kommt schließlich der Offenbarungseid. Ilse muss dem Jugendamt gegenüber eingestehen, dass aus der geplanten Eheschließung nichts werden wird: „Ich möchte Ihnen mitteilen, daß in der von Ihnen genannten Sache die nötigen Schritte unternommen wurden; ich habe jedoch in Erfahrung gebracht, daß sich der Kindsvater unterdessen verheiratet hat und

---

39 Stadtarchiv Karlsruhe, 1/Jugendamt, Nr. 2597, unpag. Eintrag des Jugendamtes Karlsruhe vom 26.4.1950.
40 Ebd., Schreiben Ilse M. an das Jugendamt Karlsruhe vom 10.8.1950.
41 Ebd., Schreiben des Jugendamtes Karlsruhe an Ilse M. vom 20.6.1951.

sich nicht mehr an seinem alten Wohnsitz befindet. Ich weise nachdrücklich darauf hin, daß ich auf das hin jegliche Verbindung mit ihm gelöst habe und auch keinerlei Unterstützung von ihm benötige."[42]

Gaston verbleibt während der ersten beiden Lebensjahre im Kinderheim, dann holt ihn seine Mutter nach Hause – in diesem Fall in die Wohnung der Großmutter, in der ja bereits sein älterer Bruder Roger lebt. Der Großvater war mittlerweile verstorben. Gaston habe damals noch kein Wort gesprochen, erinnert sich die Oma später, doch sei er gelaufen „wie ein Salzmann". Erneut vom Fürsorgeamt gedrängt, erklärt sich die Großmutter bereit, auch für ihren zweiten Enkel die Vormundschaft zu übernehmen – doch hier endeten ihre Geduld und ihre Zugeständnisse.

Während sie für den Erstgeborenen Roger, den sie von Geburt an gleichsam an Kindesstatt angenommen hatte, eine Bindung fühlt, lehnt sie den „zweiten Sündenfall" Gaston rundweg ab. Doch es kommt noch schlimmer: Nachdem seine Mutter Ilse den Haushalt nach einem heftigen Streit verlassen muss, ist der Junge nun gänzlich der Willkür der verbitterten Großmutter ausgesetzt. Prügel und Häme ob seiner makelhaften Herkunft sind – zumindest in der Erinnerung Gastons – an der Tagesordnung: „Roger war als ‚uneheliche Leibesfrucht' meiner Mutter notgedrungen akzeptiert – so hat man das in unseren Kreisen ausgedrückt. Dann kam ich, der Unglücksrabe. Oma hat das nie verkraftet. Roger wurde nicht verprügelt, er ging einfach in sein Zimmer und schloss die Tür. Wir Brüder haben über die Schläge niemals geredet."

Die Nachbarn wissen nicht nur über Gastons Herkunft Bescheid, sondern auch über die andauernden körperlichen Züchtigungen. Dass es bei einem solcherart temperamentvollen Jungen harte Bandagen braucht, verstehen sie durchaus, doch dass die verzweifelten Hilferufe des Kleinen im ganzen Haus zu hören waren, überschreitet ihre Toleranzgrenze. Eine Anwohnerin, Frau Mohr, klingelt eines Abends und bittet die Großmutter, sie möge doch dafür sorgen, dass das Kind nicht so laut schreie, man fühle sich im Haus gestört.

Irgendwann fragt der Heranwachsende seine Oma, weshalb er wegen banaler Vergehen ständig Prügel einstecken müsse: „‚Warum schlägst du mich eigentlich immer?' Für diese Frage setzte es gleich eine Ohrfeige. Allerdings gab sie mir auch eine Antwort: ‚Du musst wissen, dass Du aufgrund deiner Geburt ein Sünder bist. Dein ganzes Leben wird eine Sünde sein.' Meine Oma hat zwei Leben gelebt: Sie hat Roger akzeptiert, er war frei von Sünde. Roger war der Heilige. Und dann kam ich – der Sünder. Gerade als sie Roger freigesprochen hat, kam ich in den Haushalt, ich war die Ausgeburt der Hölle."

---

42   Ebd., Schreiben Ilse M. an das Jugendamt Karlsruhe vom 6.7.1951.

Gastons Mutter lebt inzwischen wieder im „Franzosenviertel" in Baden-Baden, für mehrere Jahre besucht sie die beiden Buben nicht. Die Beziehung zwischen Mutter und Tochter war zu sehr belastet. Die alte Frau erzählt Roger und Gaston immer wieder, sie habe ihre Mutter „rausgeworfen", wobei sie wohl auch nicht hinter dem Berg hielt, was die vermeintlichen Gründe für diesen Schritt waren. Gaston zumindest erinnert es so: „Meine Mutter war, was man eine Schlampe bezeichnet. Spätestens mit meiner Geburt konnte man nicht mehr entschuldigen, dass sie sich noch ein Kind hat machen lassen." Der Zeitzeuge erzählt seine Geschichte hier ganz im Duktus seiner Großmutter. In diesem Denkgebäude gerät nicht nur die Mutter zur Sünderin, sondern er selbst zur Inkarnation von Sünde und Schuld. „‚Dein ganzes Leben wird eine Sünde sein', sagte meine Oma mir immer wieder." Gaston wurde eingebläut, dass er seiner ganz persönlichen Erbschuld also niemals würde entrinnen können.

Als Gaston sieben Jahre alt wird, kommt die Mutter erstmals wieder zu Besuch. Er erinnert sich noch: „Mutter kam zum Mittagessen, an einem Sonntag. Wir saßen am Tisch: Oma, Mutter, Roger und ich. Ich wusste, dass es meine Mutter war, ich sehe ihr sehr ähnlich. Beim Essen herrschte Schweigen, bis ich es nicht mehr ausgehalten habe und die Stille unterbrach: ‚Ist das unsere Mutter?' ‚Wer soll es denn sonst sein', blaffte Oma. Meine Mutter sagte gar nichts, ich habe an diesem Sonntag keinen einzigen Satz mit ihr gesprochen. Es war ein Verbrechen uns Kindern gegenüber, die Art, wie sie uns auf die Welt brachte, in eine solche Familie, sie kannte doch ihre Eltern, es ist ihr abgegangen, bis heute."

Auch als Gaston 1957 eingeschult wird, verändert sich sein Gefühl nicht, von seinem Umfeld stigmatisiert zu werden. Im Gegenteil, nun wird er sowohl daheim als auch in der Schule verhöhnt. Sein Lehrer „stammte noch aus dem 19. Jahrhundert", hatte beide Weltkriege erlebt und für die Sieger von 1945 nichts übrig: „Oberlehrer Endress nannte mich gleich am ersten Tag einen ‚Hurensohn' – vor der ganzen Klasse. Dabei wussten die gar nicht, was eine Hure ist, trotzdem haben sie gelacht. ‚Deine Mutter hat sich mit einem Franzosen eingelassen – als deutsches Mädchen.' Dann hat er mich auf die Bank ganz hinten verwiesen. Ich war der Einzige gewesen, der allein saß, drei Jahre lang. Es war die einzige Bank, die noch frei war, in diese Bank hat sich nie jemand gesetzt. Ich hatte keinen Kontakt, es hat sich nie etwas gebildet, weil die Kinder durch den Lehrer so eingeschüchtert waren; sie wussten unausgesprochen, was gewünscht war: Mit diesem unehelichen Kind, dessen Mutter eine Hure ist, soll man keinen Kontakt haben. Später habe ich selbst keinen Wert mehr darauf gelegt." Gaston münzt die Ablehnung der anderen in einen eigenen Willen zur Abgrenzung um. Er gibt Lehrern wie Mitschülern zu verstehen, dass sie ihm egal sind, dass er freiwillig für sich blieb. Damit bietet er ihnen freilich immer wieder Angriffsflächen, die er mehr und mehr mit zu verantworten hat. Er wehrt sich gegen die Diskriminierungen, schlägt zurück, versucht durch Härte seine Würde zu wahren.

In der Lehrerschaft sind all die vom Klassenlehrer veranlassten Schikanen bekannt. Jahre später trifft Gaston zufällig seine ehemalige Lieblingslehrerin auf der Straße. Sie kommen über die Schulzeit ins Gespräch. Der gesamte Lehrkörper habe von den Misshandlungen gewusst, aber im Kollegium seien halt fast ausschließlich ältere, autoritäre Pädagogen gewesen. Sie sei eine der wenigen aus der jüngeren Fraktion von Lehrern gewesen, habe aber einfach nicht gewagt, den Mann zur Rede zu stellen oder gar gegen einen erfahrenen Kollegen wie ihn vorzugehen.

In der Schule wird Gaston als „Franzosen-Gickel", sozusagen als gallischer Hahn, verspottet, seine drei fremdartigen Vornamen Gaston, Yves und Bernard befördern die Häme der Kameraden noch. Die Großmutter weiß von den fortgesetzten Schmähungen und entwickelt ein eigenwilliges, aber symptomatisches Konzept dagegen. Sie stellt nicht die verantwortlichen Wortführer zur Rede, sondern drängt Gaston, eifrig zum Gottesdienst zu gehen und schließlich Ministrant zu werden: „Täglich gingen wir in die Kirche, rechts saßen die Männer, links die Frauen. Ich saß ganz vorn links am Rand, so dass ich auch ja von der ganzen Gemeinde gesehen wurde." Aus Sicht der Großmutter gibt es nur eine Möglichkeit, die Sünden der Mutter zu sühnen: Gaston muss sein Leben ganz und gar Gott weihen, er soll ein Diener Gottes werden. Wochenlang besucht ein katholischer Priester die Familie und versucht, den Jungen für eine Karriere in der Kirche zu begeistern – eine Erlösung, die nicht nur ihm selbst, sondern der Großmutter und der ganzen Familie zugutekommen würde.

Ostern 1961 wechselt der mittlerweile Zwölfjährige in die Missionsschule der „Weißen Väter" in Haigerloch, im Anschluss besucht er dort auch das Progymnasium. Am Abend des Abschieds aus Karlsruhe verprügelt ihn die Großmutter ein letztes Mal, damit er nur ja nicht vergesse, wer er sei – „eine ungeplante, unzulässige, sündige Missgeburt".

Für den Sechstklässler bedeutet das Internat der Afrikamissionare eine Befreiung und eine Erlösung anderer Art, eine Erlösung vom Joch der peinlichen Drangsale, das ihm die Großmutter auferlegt hatte. In der kleinen schwäbischen Stadt kannte ihn niemand, keiner wusste von seiner Herkunft.

Kein Beichtvater und kein Psychologe aber wird Gaston vom drückenden Joch der vermeintlichen Schuld lossprechen können. Die beständige Gewalt, mit der dieses Stigma in seinen Körper und in seine Seele eingeprügelt wurde, zeitigt bis heute ihre Wirkung. Gaston hat die Stigmatisierung als Sünder und Schuldiger internalisiert. Als er in die Obhut der Weißen Vätern kam, war aus der Fremd-Stigmatisierung längst eine Selbst-Stigmatisierung geworden. Gaston sah sich selbst in der Tiefe seines Herzens als sündigen Abschaum, der ein Leben lang für seine Schuld Sühne und Abbitte zu leisten hatte.

Die fortgesetzten Benachteiligungen und Diskriminierungen sowie die buchstäblichen Hintansetzungen in der Schule führten in einen Circulus Vitiosus, aus dem viele der Besatzungskinder glaubten, nicht entrinnen zu können. Dem Kontrollverlust folgte häufig ein Verlust des Vertrauens in die Wirksamkeit eigener Handlungen und die Einbuße jeglicher Erwartung an eine positive Zukunft. Gaston M. resignierte nach wenigen Schuljahren und zog sich aus eigenem Antrieb von seiner Umwelt zurück. Der Kontrollverlust konnte aber auch zu einem kompensatorischen Verhalten führen. Die Betroffenen versuchten dann, durch besondere Anstrengungen und Strebsamkeit die auf ihnen lastenden Makel, Defizite und offenen wie versteckten Schuldzuweisungen zu überwinden, um so nicht nur den Anschluss an den Lehrstoff, sondern auch den sozialen Anschluss an die Mitschüler zu erlangen. Die eigene Biografie konnte dann wenigstens ex post als eine Erfolgsgeschichte gedeutet werden.

Anders als die Fürsorgeakten, Schulamtsberichte und die Zeitzeugen berichtete der Bundesminister des Inneren im Februar 1956 unumwunden von einer Erfolgsgeschichte: „Die Ältesten dieser Kinder sind jetzt etwa zehn Jahre alt. In den Schulen haben sich durch verständnisvolle Maßnahmen der Schulaufsichtsbehörden und taktvolle Behandlung durch die Lehrerschaft im allgemeinen keine erheblichen Schwierigkeiten ergeben. Naturgemäß kann über das weitere Schicksal dieser Kinder im Berufs- und Familienleben noch nichts Abschließendes gesagt werden. Zu gegebener Zeit werden die Berufsberatungs- und Vermittlungsstellen für Jugendliche sich in ähnlicher Weise wie die Lehrer auf diese besondere Aufgabe einstellen müssen. Angestrebt wird eine gute Ausbildung der Mischlingskinder, wobei auf fremdsprachliche Ausbildung Wert zu legen ist, auch im Hinblick darauf, dass eine Anzahl Mischlingskinder später voraussichtlich auswandern wird. Die Berichte aus den Kindergärten lauten ähnlich günstig wie die aus den Schulen. Besondere Auffälligkeiten im Charakter oder in der Intelligenz und ihren Fähigkeiten zeigt der Durchschnitt dieser Kinder nicht. Auch in der Gewöhnung an das Klima haben sich bisher keine Schwierigkeiten ergeben."[43] Nicht zuletzt dem Ausland gegenüber wollte das Bonner Ministerium ein makelloses Bild West-

---

43 Politisches Archiv des Auswärtigen Amtes, B 85, Nr. 1453, unpag. Schreiben des Bundesministers des Innern an das Auswärtige Amt vom 22.2.1956.

deutschlands präsentieren. Im Interesse politischer Public Relations schreckten die Beamten offenbar nicht einmal vor der unverschämtesten Schönfärberei zurück: „Das Fehlen traditioneller Ressentiments, wie sie in manchen anderen Teilen der Welt bestehen, schafft in Deutschland ein verhältnismäßig günstiges Klima für die Entwicklung dieser Kinder. Die ungestörte Entwicklung erfordert vor allem eine Erziehung der Erwachsenen und eine verständnisvolle Behandlung der Kinder, die auch eine unangebrachte Gewöhnung aufgrund ihrer Eigenartigkeit vermeiden muss. Die weitere Entwicklung wird aufmerksam durch die zuständigen Stellen des Bundes, die Schulen und Schulaufsichtsbehörden und die großen caritativen Verbände überwacht."[44]

Mit dieser durch und durch beschönigenden Bilanz Mitte der Fünfzigerjahre konnte man in Deutschland und in der Welt, vor allem aber in den Vereinigten Staaten gut renommieren. Ja, die Bonner Innenpolitiker wagten es sogar, die USA indirekt mit einem kleinen Seitenhieb für deren Politik der Rassendiskriminierung zu kritisieren. In Deutschland würden „traditionelle Ressentiments" diesen Kindern gegenüber fehlen, weshalb hier ein „verhältnismäßig günstiges Klima" für ihre Entwicklung herrsche. Um eine solche Sentenz aufzuschreiben, mussten die Bundesbeamten freilich Auskünfte der Lehrer aus den Klassenzimmern vor Ort mutwillig „vergessen" und ad acta legen. Auf zwei Argumente dieser Botschaft sei hier besonders hingewiesen: Zehn Jahre nach Kriegsende verfolgte das Ministerium immer noch den seit Anfang der Fünfzigerjahre debattierten Plan, die Besatzungskinder gewissermaßen vorübergehend zu integrieren und vor allem in Fremdsprachen bestens auszubilden, um ihre spätere Ausreise in Verantwortung vorzubereiten. Im selben Atemzug eröffnete das Ministerium aber nun auch erstmals eine alternative Zukunftsvision: ein Berufs- und Familienleben in Deutschland, was weiterhin ganz besondere Anstrengungen erforderlich mache, seitens der Behörden des Staates und der Länder, aber auch seitens der Mitmenschen. Wenn sie in Deutschland blieben, müsse ihr Umfeld durch gezielte Öffentlichkeitsarbeit darauf vorbereitet werden. Dann gelte es, die Jugendlichen in den Arbeitsalltag und damit in die Welt der Erwachsenen zu integrieren. Mit diesem nachhaltigen Angebot der Integration stand Bonn freilich weitgehend allein. Zum Vergleich: Auch die örtlichen Schulämter bewerteten 1955 die Zukunfts- und Berufsaussichten insbesondere der „farbigen" Besatzungskinder; doch fiel deren Einschätzung bei Weitem skeptischer aus. So formulierte das Oberschulamt Nordbaden in Karlsruhe: „Ob auch die spätere Entwicklung im gleichen Rhythmus erfolgt, bleibt abzuwarten. Die rassischen Vorurteile spielen dabei eine große Rolle. Aus einem Fürsorgeheim wird berichtet:

---

44 Ebd.

‚Diese Kinder werden immer Schwierigkeiten bereiten, auch in beruflicher Hinsicht. Man sollte sie in die Heimat der Väter bringen, die Mütter haben sie doch vergessen. Von einem Heim ins andere gereicht, wirkt sich nur ungünstig auf die Kinder aus. In guten Pflegestellen kann man unsere Zöglinge nur schwer unterbringen. Ein Kind von uns war schon in der Schweiz und in Frankreich, es kam aber immer wieder zu uns zurück. Diese Kinder sind und bleiben Sorgenkinder der Gemeinschaft.' Vonseiten der Schulämter und der Kultusministerien der Länder wurden – anders als von Bonn – keine integrativen Ausbildungswege empfohlen. Stattdessen geht aus den meisten Berichten hervor, dass man die Betroffenen einem handwerklichen Beruf zuführen und ihnen später empfehlen sollte, in die Herkunftsländer ihrer Väter auszuwandern, anstatt zu bleiben, wo sie sich zeitlebens als Außenseiter fühlen werden.[45] Die Berufsmöglichkeiten der Besatzungskinder seien „im Zusammenhang zu sehen mit der zunehmenden wirtschaftlichen und politischen Bedeutung der farbigen Völker, die zwangsläufig dazu führen muß, daß die Beziehungen zu ihnen des weiteren Ausbaus bedürfen. Hier bieten sich vor allem für befähigte Mischlingskinder, die für Außenposten verwendet werden können, günstige Berufsmöglichkeiten"[46], empfahl der Innenminister von Baden-Württemberg seinen Kollegen in Bonn.

Wie genau verhielten sich Rassedenken und Schulddiskurse in der Mitte der Fünfzigerjahre zueinander? Bei allen Schuld-und-Sühne-Appellen waren die rassistischen Doktrinen des Nationalsozialismus, die Erinnerung an Institutionen wie „Lebensborn" oder das „Hilfswerk Mutter und Kind", an die selektive Geburten- und Adoptionspolitik sowie die gewalttätige Ausgrenzung bis hin zur industriellen Vernichtung von anderen während des „Dritten Reiches" auch ein Dezennium nach dem Ende des Krieges keineswegs obsolet, sondern sie wirkten auf unterschiedliche Weise fort.[47] Diese teilweise

---

45 Vgl. Bundesarchiv Koblenz, B 126, Nr. 28418, unpag. Bericht des Regierungspräsidiums Nordbaden, Oberschulamt Karlsruhe an das Kultusministerium Baden-Württemberg vom 21.11.1955.

46 Bundesarchiv Koblenz, B 189, Nr. 6806, Bd. 3, unpag. Schreiben des Innenministers von Baden-Württemberg an den Bundesminister des Innern vom 11.1.1956.

47 Vgl. u. a. Luise Frankenstein, Soldatenkinder. Die unehelichen Kinder ausländischer Soldaten mit besonderer Berücksichtigung der Mischlinge. München 1954; Rudolf Sieg, Mischlingskinder in Westdeutschland. Festschrift für Frédéric Falkenburger. Baden-Baden 1955; Hermann Ebeling, Zum Problem der deutschen Mischlingskinder, in: Bildung und Erziehung. Jg. 7, H. 10, 1954, S. 612–630; Herbert Hurka, Die Mischlingskinder in Deutschland. Ein Situationsbericht auf Grund bisheriger Veröffentlichungen, in: Jugendwohl. Jg. 37, H. 6, 1956, S. 257–275; Klaus Eyferth – Ursula Brandt – Wolfgang Hawel, Farbige Kinder in Deutschland. Die Situation der Mischlingskinder und die Aufgabe ihrer Eingliederung. München 1960.

bewusste, vielfach aber auch unterbewusste Pertinenz nationalsozialistischer Kategorien zeigte sich ganz augenfällig daran, dass die Zäsur von 1945 für die Aktenführung häufig unbedeutend war. Nicht nur nutzten Sachbearbeiter Formulare aus dem Nationalsozialismus wie etwa bei den Anträgen auf Abort einfach weiter, auch die Abheftungen von Vorgängen fanden häufig keine Unterbrechung. So erfasste beispielsweise das Hamburger Staatsarchiv in einer fortlaufenden Akte sowohl Vorgänge zum Erlass des vormaligen nationalsozialistischen Reichsministers für Wissenschaft, Erziehung und Volksbildung, Bernhard Rust: „Zulassung von Zigeunern und Negermischlingen zum Besuch öffentlicher Volksschulen" als auch Fälle der Kategorie „Besatzungskinder/Negermischlinge". Der NS-Erlass datierte vom 22. März 1941; sein Ziel war es, sogenannte artfremde Kinder vom Schulbesuch auszugrenzen. Die Dokumente zum zweiten Problemkreis umfassten die Jahre „1952 bis 1960", hier ging es um eine Integration der schwarzen Kinder in Schule und Beruf. Für die Behördenmitarbeiter schienen beide Maßnahmen Ausdruck eines zusammenhängenden Vorganges zu sein, weshalb aus ihrer Sicht auch kein neuer Ordner angelegt werden musste. In beiden Fällen ging es schließlich um „Negermischlinge", freilich unterschieden sich die politischen Zielsetzungen ganz und gar.[48]

Zeitgenössische Expertisen stellten dann auch diese Gleichzeitigkeit des Ungleichzeitigen als ein Kernproblem der Situation der „Mischlingskinder" in Deutschland dar. Die Wissenschaftler zeigten sich zu Recht skeptisch gegenüber den Fundamenten des neuen Goodwill. Würden sie sich als nachhaltig und belastbar erweisen? „Betrachten wir die deutsche Geschichte der jüngsten Vergangenheit, so fällt die unheimliche Friedfertigkeit auf, die 1945 so plötzlich ungeheure Haßtendenzen ablöste. Es besteht Grund zu der Besorgnis, daß diese abrupt abgeschnittene Feindseligkeit wieder unter der Decke der Friedfertigkeit unserer heutigen deutschen Gesellschaft hervorbrechen kann, sobald die momentane ökonomische und politische Sicherheit nur um weniges erschüttert wird und es die Menschen nicht mehr so leicht fertigbringen, mit sich völlig zufrieden zu sein. In diesem Augenblick werden sich die Mischlingskinder als ein bequemes Objekt für Vorurteile anbieten. Zum Teil gehört das Vorurteil jedoch schon heute unübersehbar zu der Umwelt, die diesen Kindern täglich begegnet. Wollen wir uns ein realistisches Bild ih-

---

48 Vgl. Joachim Schroeder, „Betrifft: Uneheliche deutsche farbige Mischlingskinder". Ein aufschlussreiches Kapitel deutscher Bildungspolitik, in: Martin Spetsmann-Kunkel (Hg.), Gegen den Mainstream. Kritische Perspektiven auf Bildung und Gesellschaft. Festschrift für Georg Hansen. Lernen in Europa. Bd. 13. Münster 2009, S. 176–201, hier: S. 198.

rer Lage verschaffen, so wäre es irreführend, wenn wir uns über dessen tiefe Verwurzelung und Dynamik hinwegtäuschten."[49]

Dabei erwarteten die Verhaltensforscher die größten Schwierigkeiten für die Besatzungskinder erst in den Jahren nach ihrem Schulabschluss. Denn dann würden sie unwiderruflich aus allen geschützten Sphären heraustreten und ganz allein mit ihrer Umwelt konfrontiert sein. „Eines Tages wird ein wildfremder Halbwüchsiger ihnen auf dem Bahnhofsvorplatz Beschimpfungen hinterherschreien. Je älter das Kind wird und je stärker es auch selbst seiner Andersartigkeit bewußt wird, desto mehr wird ihm die Ablehnung vieler Menschen ins Bewußtsein treten. Wenn wir heute an einigen Orten zunächst nur eine allgemeine Ablehnung der Mütter von farbigen Kindern feststellen können, so bedeutet das doch, daß dort rassische Vorurteile bestehen. Diese werden sich eines Tages auch gegen die Kinder selbst richten."[50]

In vielen Einzelfällen traf diese Befürchtung ein, und keinesfalls nur für schwarze Besatzungskinder. Viele blieben ihr Leben lang gezeichnet, litten und leiden bis heute. Aber der Eintritt ins Berufsleben verschärfte die Diskriminierungserfahrungen in der Regel nicht. Zumindest lassen die Zeitzeugengespräche die Setzung einer solchen Zäsur nicht zu. Im Gegenteil: Anfang der Sechzigerjahre zeigte sich, dass das Fundament weitaus besser trug als die Fachleute glaubten. Die westdeutsche Gesellschaft hatte sich weiterentwickelt, nicht zuletzt auch deshalb, weil gemeinsam mit den Besatzungskindern aufgeschlossene junge Generationen nachgewachsen waren.

Ankunft im Erwachsenenleben

Im Oktober 1958 stellte die sozialdemokratische Fraktion im Deutschen Bundestag eine offizielle Anfrage an das dritte Kabinett von Konrad Adenauer: „Was gedenkt die Bundesregierung zu tun, um zu verhindern, daß Mischlingskinder deutscher Staatsangehörigkeit im öffentlichen und beruflichen Leben zurückgesetzt werden?"[51] Im folgenden Jahr berief der Hauptausschuss der Arbeiterwohlfahrt eine Konferenz ein, die sich die „Verantwortung für unsere Mischlingskinder" auf die Fahne geschrieben hatte.[52] Die sozialdemokratische Vorfeldorganisation widmete sich in Frankfurt am Main

---

49 Eyferth – Brandt – Hawel, Farbige Kinder in Deutschland, S. 34.
50 Ebd., S. 35.
51 Bundesarchiv Koblenz, B 149, Nr. 8679, unpag. Fragestunde des Bundestages vom 17.10.1958, Anfrage der SPD-Bundestagsabgeordneten Frieda Nadig.
52 Vgl. Hauptstaatsarchiv Stuttgart, E A 3/604, Nr. 167, unpag. Notiz: Verantwortung für unsere Mischlingskinder. Bericht über eine Konferenz der Arbeiterwohlfahrt vom 20.8.1959.

nunmehr erstmals systematisch dem drängenden Problem der Findung eines Ausbildungsberufes und der Eingliederung in das Erwerbsleben. Wieder nahmen Jugendbehörden, Schulfunktionäre und Medienleute teil, diesmal jedoch ergänzt durch Vertreter von Gewerkschaften sowie Repräsentanten aus dem Handwerk und der Industrie.

Diese beiden Initiativen zeigen bereits, dass sich Ende des Jahrzehnts eine wesentliche Wende in der Einstellung zu und in der Politik gegenüber den Besatzungskindern abzeichnete, die von einem breiten Konsens maßgeblicher gesellschaftlicher Interessengruppen und zugleich auch von den zuständigen Ministern der CDU mitgetragen wurde. Die Gleichung war eindeutig – und das stand allen Beteiligten jetzt klar vor Augen: Wer über die berufliche Integration der nunmehr „Besatzungsjugendlichen" verhandelte, der musste zwangsläufig auch über deren dauerhafte und vollständige gesellschaftliche Integration nachdenken. Die lang gehegte, so angenehm entlastende Fantasie der Abschiebung in eine weit entfernte „Heimat" hatte endlich ausgedient. Sie wich einer realistischen und geradezu fürsorglichen Politik gegenüber dieser bis dahin vielfach ausgegrenzten Gruppe junger Menschen.

Stärker noch als zur Einschulung begleiteten die Medien die erwartete Ankunft der Kinder im Berufs- und im Erwachsenenleben. Gerne rekurrierten sie auf den Rassenwahn zur Zeit des Nationalsozialismus – und damit auf die Fragen von Schuld und Sühne. Dieser zweite Schritt der Besatzungskinder in die Öffentlichkeit, die Eingliederung in das Arbeitsleben, gelang 1960 und 1961 tatsächlich weitgehend reibungslos. Medien wie der Bonner Generalanzeiger konstatierten im Frühjahr 1961 zufrieden: „Keine Sorge um Mischlingskinder." Die Vermittler beim Landesarbeitsamt Düsseldorf hätten eine „erfreuliche Überraschung" erleben dürfen. „Durch [...] die Meldungen über Rassendiskriminierung aus vielen anderen Teilen der Welt kopfscheu gemacht, befürchteten die Düsseldorfer Arbeitsvermittler auch bei der Lehrstellensuche für die von den Behörden als farbige Besatzungskinder registrierten Jungen und Mädchen Schwierigkeiten wegen der dunklen Hautfarbe. Ihre Sorgen erwiesen sich als voreilig und grundlos." Die Hauptstadtzeitung resümierte in ihrer Überschrift geradezu euphorisch: „Rassendiskriminierung unbekannt!"[53] Eine andere Zeitung aus Nordrhein-Westfalen machte gar mit der Schlagzeile auf: „Die Arbeitsämter haben nicht genug ‚Toxis'": Die Kampagnen in der Presse wie im Rundfunk führten nämlich sogar dazu, dass Geschäftsinhaber und Lehrbetriebe zuweilen aktiv um die Zuweisung „farbiger" Schulabgänger baten. Ein Friseurehepaar schrieb zum Beispiel dem Düsseldorfer Arbeitsamt: „Wir haben uns schon oft über die

---

53 Bonner Generalanzeiger. 8./9.4.1960.

Berufschancen der farbigen Besatzungskinder unterhalten. Sie werden es sicher nicht leicht haben. Wir würden gern ein schulentlassenes Mädchen mit dunkler Hautfarbe als Lehrling bei uns aufnehmen. Wir würden es beköstigen – es könnte auch bei uns wohnen!"[54] Diese Offerte blieb durchaus kein Einzelfall. Und sie blieb auch insofern kein Einzelfall, als die Bitte aus Mangel an Bewerberinnen sogar unerfüllt bleiben musste. Selbst das Verdikt: „Besatzungskinder ja – aber an Positionen ohne Publikumsverkehr" schien nicht mehr allenthalben ein unumstößliches Gesetz zu sein. Sie konnten durchaus in Lehrberufen mit Außenkontakten wie als Verkäufer, Kellner, Friseure oder als Krankenschwestern vermittelt werden, nicht wenige aber auch als Arbeiter oder Hilfsarbeiter. Doch auch hier stellte das von den Medien produzierte Erfolgs-Narrativ – ähnlich wie im Fall der Einschulung dieser Kinder – nur eine Seite ihrer Akzeptanz in der Gesellschaft dar. In der Bevölkerung bestanden selbstverständlich weiterhin Ressentiments fort, sich diesen Fremdlingen nun in einer Erwachsenenwelt von Angesicht zu Angesicht stellen zu müssen.

Besatzungskinder als Vermittler zwischen dem Eigenen und dem Fremden: Ein Resümee

In der Geschichte der amerikanischen und britischen Besatzungskinder lassen sich bis in die Sechzigerjahre hinein zwei aufeinander folgende, gleichwohl miteinander verflochtene und sich überlappende Phasen unterscheiden. Diese besondere Gruppe von Kriegskindern entfaltete sich im Spannungsfeld eines außerordentlich komplexen Parallelogramms unterschiedlicher Kräfte, in dem die Stadien persönlichen Heranreifens mit ihren jeweiligen entwicklungspsychologischen Erwartungen und Erfahrungen auf enorme ideologische, mediale und kulturelle Umwälzungen in der westdeutschen Nachkriegsgesellschaft trafen. Auch politische und sogar außenpolitische Faktoren spielen in diesem Kräftefeld eine Rolle. Die Politik der Besatzer, die Gründung der Bundesrepublik und die spätere Partnerschaft im Rahmen der westlichen Wirtschafts- und Militärbündnisse des Kalten Krieges – all diese Variablen hatten direkten Einfluss auf das Leben und das Schicksal dieser Heranwachsenden.

Unmittelbar nach ihrer Geburt exekutierte die nationalsozialistisch und rassistisch imprägnierte Nachkriegsgesellschaft an ihnen ein unbedingtes

---

54 Bundesarchiv Koblenz, B 149, Nr. 8679, unpag. Vermittlung unehelicher Besatzungskinder deutscher Staatsangehörigkeit in Ausbildungs- und Arbeitsstellen vom Juni 1961.

Exklusionsverlangen. Den Behörden der Länder und Kommunen sowie der Zonenöffentlichkeit galten sie als ganz und gar unerwünschte Fremdkörper im Fleisch des Gemeinwesens. Sie waren als „Bankerte" verschrien – noch dazu des Feindes. Ihre frühe Kindheit mitsamt der ersten Sozialisationsphase verbrachten sie daher abgeschieden in bisweilen behüteten, noch öfter jedoch prekären Nahgemeinschaften: bei ihren Müttern, den Großeltern, in Pflegefamilien oder in Heimen. Mit der Zeit jedoch änderte sich der Umgang mit ihnen; eine Separierung ließ sich nicht beibehalten. Spätestens mit dem Eintritt der Besatzungskinder in die öffentlichen Arenen Anfang der Fünfzigerjahre waren Behörden wie Bevölkerung gezwungen, im Alltag aktiv mit diesen „Außenseitern" umzugehen. Zwar hörten sie auf fremd klingende, auf ihre Väter verweisende Vornamen – sie hießen womöglich John oder Jerry. Vielleicht hatten sie auch eine andere Hautfarbe. Trotzdem: Jedermann in ihrem Umfeld wusste mit der Zeit, dass sie die deutsche Sprache und sogar den ortsüblichen Dialekt sprachen und dass sie mit den Gebräuchen der Heimat wohlvertraut waren. Die aversiven Einstellungen diesem „fremdstämmigen" Nachwuchs gegenüber und die Erfahrungen dieser frühen Jahre waren damit keineswegs ausgelöscht, im Gegenteil, sie bestimmten weiter die Selbst- und die Weltsicht der Heranwachsenden. Und doch kam es von ihrer Schuleinführung an zu sichtbaren Veränderungen, die sich langfristig im Wandel des gesellschaftlichen Umgangs mit ihnen niederschlugen. Nun mussten die Besatzungskinder ihr sicherndes Haus, die Straße oder das Wohnviertel verlassen und sich dem Ernst des Lebens in der Schule stellen. Hier waren sie beständig den Diffamierungen und Diskriminierungen ihrer Mitschüler ebenso wie ihrer Lehrer ausgesetzt. Der Übergang von der geschützten häuslichen Gemeinschaft in die Gesellschaft machte sie allerdings nicht nur zu Opfern unzähliger Angriffe vor Ort. Im selben Atemzug avancierten sie zum Gegenstand hitziger Kontroversen in den Medien und in der Politik. Dabei sah die Mehrheit der Bevölkerung die Zukunft der Besatzungskinder zunächst nicht in Deutschland, sondern möglichst weitab, im Lande ihrer Väter. Im selben Atemzug forderte sie aber auch, bis zu ihrer Ausreise das Bestmögliche für sie zu tun, nicht zuletzt auch deshalb, weil die junge Bundesrepublik auf das außenpolitische Wohlwollen ihrer alliierten Partner angewiesen war. Vor allem die Beziehungen zur Führungsmacht des Westens, zu den Vereinigten Staaten, reflektierten das Problem und die Situation der GI-Babys in Deutschland.

Fünfzehn Jahre nach Kriegsende hießen die einstigen Franzosen-, Engländer- und Amikinder, die „Bankerte" und die „Negerbrut", im amtlichen Sprachgebrauch denn auch „uneheliche Besatzungskinder deutscher Staatsangehörigkeit". Diese sperrige Bezeichnung lässt die langwierigen Lernprozesse miteinander erahnen, die für Politiker und Funktionäre als auch für die Bevölkerung von vielen Konflikten, aber auch von Kompromissen begleitet waren. Es scheint, als hätte die Anwesenheit der Kinder in der Mitte der Gesellschaft, in der Gemeinde, im Stadtviertel, in der Schule oder im Laden um die Ecke, gekoppelt mit den öffentlich geführten normativen Mediendiskursen *eine* Möglichkeit für die Deutschen dargestellt, die Konstituenten ihres Wir-Gefühls und ihrer Identitätsmuster zu hinterfragen.

Dieser Wandel ist sicher einerseits auf die dauerhafte Anwesenheit der Besatzungskinder in den Nahbereichen sowie ihre mittlerweile langjährige Behördenpräsenz zurückzuführen. Darüber hinaus scheint es, als hätten die stark normativen, auf Toleranz und Akzeptanz ausgerichteten Kinofilme, Broschüren und Berichte in Zeitungen und Zeitschriften von Anfang der Fünfziger- bis in die Sechzigerjahre hinein eine wesentliche Disposition zum Umdenken und Umfühlen gegenüber den Besatzungskindern geschaffen.

In dieser zweiten Phase durchliefen die Besatzungskinder ihre zweite Sozialisation mit all ihren Infragestellungen und Neuorientierungen, dazu zählte am Ende des Jahrzehnts auch ihr Eintritt in das Berufsleben oder der Beginn ihrer Ausbildung. Noch einmal thematisierten Behörden und Journalisten, aber auch Medien und einfache Bürger Gegenwart und Zukunft dieser jungen Erwachsenen in der prosperierenden Gesellschaft Westdeutschlands. Erst im Laufe der Sechzigerjahre verlieren sich ihre Spuren: Ihre Fürsorgeakten wurden geschlossen und sie verschwanden aus den Medien. Aus der Sicht der Einrichtungen und Institutionen waren sie in der Gesellschaft angekommen, sie fungierten nicht mehr als Personen des öffentlichen Interesses, sondern nur mehr als Privatbürger und Deutsche.

Jahrzehnte nach dem Ende des nationalsozialistischen Rassenwahns, nach den Gräueltaten des „Dritten Reiches", hatte sich offenkundig eine Mehrheit entschlossen, den Blick zu öffnen und andere Werte und Maßstäbe zu akzeptieren. Es ist offenkundig, dass *auch* die Besatzungskinder hierzu das Tor geöffnet haben. Sie nahmen persönlich wie kollektiv die Rolle von frühen Mittlern ein, von menschlichen Medien der Nachkriegsmoderne. Über sie liefen nolens volens grundlegende und zukunftsweisende Aushandlungsprozesse, die mit beiderseitigen Lernprozessen verbunden waren. Auch wenn ihr Beitrag zu diesem „Laboratorium der Liberalisierung" stets auf ihre eigenen Kosten ging und zu lebenslangen Folgen wie etwa zu verletzenden Selbst-Stigmatisierungen führten, eine Tatsache, die keineswegs beschönigt oder gar unterschlagen werden soll. Die Besatzungskinder avancierten so zu frühen „Probanden" der Toleranz.

Heide Fehrenbach

„Farbige" Besatzungskinder in der westdeutschen Nachkriegsgesellschaft

Die Art, wie schwarze Besatzungskinder nach dem Zweiten Weltkrieg aufgenommen wurden, stellt ein prägendes Moment in Bezug auf die Rekonstruktion von „Rasse" im postfaschistischen Nachkriegsdeutschland dar. Aus der militärischen Besatzung zwischen 1945 und 1955 gingen in der Bundesrepublik Deutschland etwa 94.000 Besatzungskinder hervor. Die Aufmerksamkeit von offizieller und öffentlicher Seite war jedoch auf einen kleinen Teil davon fixiert – die sogenannten farbigen Mischlinge, welche sich aufgrund ihrer schwarzen Väter von den anderen abhoben. Obwohl sie unter den Geburten in Nachkriegsdeutschland nur einen geringen Prozentsatz ausmachten – 1950 waren es nur etwa 3000, bis 1955 vielleicht doppelt so viele –, maßen westdeutsche Bundes- und Landesbeamte, Mitarbeiter der Jugendwohlfahrt und die Presse diesen Kindern beträchtliche symbolische Bedeutung bei.[1]

Die Jahre nach 1945 waren konstituierend für das heutige deutsche Verständnis von ethnischer Zugehörigkeit. Die Nachkriegsdebatten über „Rassenmischung" und „Mischlingskinder" stellten einen zentralen Faktor für den ideologischen Wandel von nationalsozialistischen zu demokratischen Zugängen zu Fragen von Nationalität und Ethnizität bzw. „Rasse" dar. Der Begriff „Mischling" überlebte das „Dritte Reich" und wurde im wissenschaftlichen und öffentlichen Gebrauch sowie in den Medien in Westdeutschland noch bis weit in die 1960er-Jahre hinein verwendet – seine Bedeutung veränderte sich jedoch. Anders als im „Dritten Reich", wo damit die Nachkommen sogenannter gemischter Verbindungen zwischen Juden und Nicht-Juden bezeichnet worden waren, wandte man ihn nun auf den Nachwuchs von deutschen Frauen und schwarzen Männern an.[2] Die Bezeichnung „Mischling"

---

1 Dieser Beitrag ist eine gekürzte Version von Heide Fehrenbach, Black Occupation Children and the Devolution of the Nazi Racial State, in: Rita Chin – Heide Fehrenbach – Geoff Eley – Atina Grossmann, After the Nazi Racial State: Difference and Democracy in Germany and Europe. Ann Arbor 2009, S. 30–54. Julija Schellander sei für die Übersetzung dieses Beitrages aus dem Englischen gedankt. Für eine weitergehende wissenschaftliche Analyse siehe Heide Fehrenbach, Race after Hitler: Black Occupation Children in Postwar Germany and America. Princeton 2005.
2 Fatima El Tayeb, Schwarze Deutsche: Der Diskurs um „Rasse" und nationale Identität.

blieb also auch nach 1945 in sozialen Analysen und in der Sozialpolitik das, was sie zuvor gewesen war: eine mit „Rasse" verbundene Kategorie. Jedoch hatte sich die Definition davon, welche „Rassen" sich vermischt hatten, und auch die soziale Bedeutung dieser Vermischung, von Grund auf geändert.

Der vorliegende Artikel geht der Frage nach, welche Rolle die Aufmerksamkeit gegenüber schwarzen Kindern von Angehörigen der alliierten Truppen und deutschen Frauen nach dem Zweiten Weltkrieg für den Übergang vom nationalsozialistischen „Rassenstaat" zur Demokratie spielte. Eine solche Analyse ist notwendig, um die beiden wichtigsten Nachkriegsentwicklungen – die Demokratisierung und die Rekonstruktion von „Rasse" – als zwei einander bedingende und prägende Prozesse zu verstehen. Die nationalsozialistischen rassistischen Praktiken und Auffassungen endeten nicht abrupt, vielmehr handelte es sich um einen langwierigen sozialen Prozess, der mindestens bis in die 1960er-Jahre andauerte. Erst durch die Formulierung sozialpolitischer Maßnahmen in Bezug auf Abtreibung und durch Adoption, Ausbildung sowie die Integration von schwarzen deutschen Jugendlichen in den deutschen Arbeitsmarkt wurden Fragen der deutschen Neudefinierung des Begriffes „Rasse" nach 1945 gelöst.

Kontaktzonen: die sozialen Bedeutungen der militärischen Besatzung

Die radikalen Veränderungen, mit welchen sich die Deutschen 1945 konfrontiert sahen, halfen mit, die Bedingungen für die auf den Niedergang des Nationalsozialismus folgende soziale und ideologische Neubewertung zu formen. Hierbei sei angemerkt, dass die Neuformulierung der Vorstellungen von „Rasse" nach dem Zweiten Weltkrieg in Deutschland kein rein nationales, sondern ein durchaus inter- und transnationales Vorhaben darstellte. Die Niederlage im Frühling 1945 führte zur militärischen Besatzung. Dabei erteilten die siegreichen Alliierten den Deutschen das Mandat, sich selbst, ihre Gesellschaft und ihre Politik zu entnazifizieren sowie zu demokratisieren. Die ersten Jahrzehnte nach dem Krieg waren geprägt von Debatten darüber, wie man sich selbst definierte – die Menschen waren gezwungen, sich die Frage zu stellen, was es bedeutete, nach Hitler und dem Holocaust Deutsche zu sein.

Die Debatten über die nationale Selbstdefinition beinhalteten notwendigerweise auch Fragen von „Rasse" – schließlich war Deutschland von den multi-ethnischen Armeen der feindlichen Nationen besetzt worden. Zuvor

---

Frankfurt/Main 2001; Lora Wildenthal, Race, Gender and Citizenship in the German Colonial Empire, in: Frederick Cooper – Ann Laura Stoler (Hg.), Tensions of Empire. Berkeley 1997; Fehrenbach, Race after Hitler, Kapitel 3.

*Abb. 1: Die Überschrift zu diesem Foto lautete: „,Sunday Stroll'" in Berlin. „,Germany Meets the Negro Soldier.'"
Quelle: Ebony Magazine, Oktober 1946, S. 6*

propagierte „minderwertige Rassen" – egal ob Juden, Slawen, Nord- oder Afroamerikaner – befanden sich nun aufgrund ihrer Zugehörigkeit zu den Alliierten in einer Position der politischen Überlegenheit. Die Besatzung erforderte von den Deutschen, in einem Kontext zu funktionieren, der, wenn auch nicht die ideologische Disposition oder die Sozialpolitik betreffend, so aber doch in Bezug auf die soziale Zusammensetzung und politische Autorität, radikal postfaschistisch war.

Die offensten Diskussionen über „Rasse" entflammten dabei über das Thema der interethnischen Sexualität und Fortpflanzung zwischen deutschen Frauen und alliierten schwarzen Soldaten. Diese gingen einher mit einer neuen Widerwilligkeit deutscher Amtspersonen, sich offen rassistisch über Juden zu äußern – auch wenn antisemitische Äußerungen und Handlungen im informellen und privaten Bereich, in Witzen und Stereotypen und sogar in anonymen Gesprächen in den öffentlichen Verkehrsmitteln oder als Schmierereien auf jüdischen Friedhöfen weiterhin ihren Platz hatten.[3]

Die amerikanische Praxis der Segregation und der gegen Schwarze gerich-

---

3 Frank Stern, The Whitewashing of the Yellow Badge: Antisemitism and Philosemitism in Postwar Germany. New York 1992.

tete Rassismus innerhalb der amerikanischen Besatzungskräfte trugen gleichfalls zur Formierung der Ideologie in Bezug auf „Rasse" nach 1945 bei. Das soll jedoch nicht heißen, dass die Deutschen nach dem Zweiten Weltkrieg den Rassismus gegenüber Schwarzen von den amerikanischen Besatzern gelernt hätten. Diese Art von Bigotterie hatte in Deutschland eine lange Tradition, die noch auf die Zeit vor 1918 zurückging, als Deutschland eine Kolonialmacht gewesen war. Vielmehr beeinflussten die informellen Kontakte zwischen Besatzern und Besetzten, aber auch die diskriminierende Politik des US-Militärs gegenüber den eigenen schwarzen GIs und die angespannten Beziehungen zwischen den Besatzungssoldaten unterschiedlicher ethnischer Herkunft die Art und Weise, wie die Deutschen die amerikanischen politischen und sozialen Werte nach 1945 aufnahmen und rezipierten.

Obwohl die amerikanische Militärregierung in Deutschland den offiziellen Bemühungen zur Entnazifizierung und Umerziehung der deutschen Öffentlichkeit große Bedeutung beimaß, kam der Begriff „Rasse" – abgesehen von der Rechtsprache gegen Diskriminierung, die schließlich 1949 in das westdeutsche Grundgesetz aufgenommen wurde – in den formalen Umerziehungsprogrammen kaum vor. Dies führte dazu, dass die Rekonstruktion von „Rasse" nicht in erster Linie das Ergebnis offizieller Programme oder Ankündigungen der Alliierten war, sondern vielmehr spontan durch den Kontakt der Deutschen mit schwarzen GIs respektive die Nahsicht, wie die amerikanische Armeeführung mit dieser Minorität umging, geprägt wurde.

Die auf „rassische" Abstammung zielenden Hierarchien innerhalb des Militärs beeinflussten sichtlich die soziale Dynamik und die Wahrnehmung der amerikanischen Besatzung – sowohl unter den amerikanischen Soldaten selbst als auch zwischen den amerikanischen Besatzern und den Einheimischen. Insbesondere die Fraternisierung zwischen afroamerikanischen GIs und weißen deutschen Frauen rief Wut hervor. Nicht selten kam es zu verbalen und körperlichen Übergriffen – durch weiße GIs, wohlgemerkt. In Geheimdienstbesprechungen der US-Truppen, die 1945 aus Übersee zurückkehrten, bezeichneten zahlreiche weiße Offiziere, Unteroffiziere und Soldaten die interethnischen Beziehungen schwarzer GIs im Ausland als den Hauptgrund für rassistische Gewalt innerhalb des Militärs. Weiße GIs belästigten weiße Frauen, die sich in Gesellschaft von schwarzen GIs befanden, und attackierten die Männer körperlich. Die amerikanische Militärpolizei wies schwarze GIs gewaltsam aus Lokalen, wodurch die Segregation im Grunde genommen auf deutsche Lokalitäten angewendet wurde.[4] Wo die Segregati-

---

4   Vgl. Maria Höhn, GIs and Fräuleins: The German-American Encounter in 1950s West Germany. Chapel Hill 2002.

on versagte, konnte es zu gewaltsamen Schlägereien, ernsthaften Verletzungen oder sogar zu Mord kommen. Die Feindseligkeit weißer GIs gegenüber sexuellen Beziehungen afroamerikanischer Soldaten mit deutschen Frauen in Deutschland hielt noch für Jahrzehnte an, war jedoch in der zweiten Hälfte der 1940er- und in den 1950er-Jahren besonders heftig – jener Zeit, in welcher die Aufhebung der Segregation in der US-Armee, wenn auch nicht in der amerikanischen Gesellschaft allgemein, durchgesetzt wurde. Zudem berichteten deutsche Medien lautstark über diese Übergriffe, nicht zuletzt, um seltenere Gewaltakte von deutschen Männern gegenüber schwarzen GIs herunterzuspielen.[5]

Während der Besatzungszeit verwendeten weiße Amerikaner und Deutsche den gemeinsamen Spitznamen „nigger lover" oder „Negerliebchen" – einen im deutschen Sprachgebrauch neu eingeführten Begriff – für Frauen, die sich mit schwarzen Soldaten einließen. Obwohl sich beide Seiten auf unterschiedliche national-historische Idiome von „Rasse" stützten, waren sie sich doch darin einig, dass die weiße Männlichkeit „verteidigt" und weiße Frauen beschützt werden mussten.[6]

Durch das öffentliche Verhalten der US-Soldaten auf den deutschen Straßen waren die schwierigen amerikanischen interethnischen Verhältnisse für alle deutlich sichtbar. Die Besatzer erteilten den Deutschen gleichsam unabsichtlich die Nachkriegslektion, dass demokratische Formen und Werte kompatibel mit auf „Rasse" bezogener, ja sogar rassistischer Ideologie und sozialer Organisation seien. Das deutsche Verständnis von „Demokratisierung" war geprägt vom rassistischen Kontext, in welchem es eingeführt wurde. Die Besatzer bestätigten damit in den ersten beiden Jahrzehnten nach Kriegsende die weiße Überlegenheit als gemeinsamen Wert der amerikanischen und deutschen Mainstream-Kultur.[7]

---

5 Alexander Perry Biddiscombe, Dangerous Liaisons: The Anti-fraternization Movement in the US Occupation Zones of Germany and Austria, 1945–1948, in: Journal of Social History. Vol. 34, Nr. 3, 2001, S. 611–647.

6 Die Transkriptionen von Interviews befinden sich in den US National Archives, College Park (NACP), RG 107, Civ. Aide to Sec'y. of War, Entry 189, Box 265, Technical Intelligence Reports. Vgl. auch Walter White, A Rising Wind. Garden City, NY. 1945; E. T. Hall Jr., Race Prejudice and Negro-White Relations in the Army, in: American Journal of Sociology. Nr. 52, H. 2, März 1947, S. 401–409; Höhn, GIs and Fräuleins, S. 95–108; Johannes Kleinschmidt, Besatzer und Deutsche. Schwarze GIs nach 1945, in: Amerikastudien. 40, Nr. 4, 1995, S. 646–665; Biddiscombe, Dangerous Liaisons; Timothy L. Schroer, Recasting Race after World War II: Germans and African Americans in American-Occupied Germany. Boulder 2007.

7 Fehrenbach, Race after Hitler, Kapitel 1.

„Farbige" zählen, Unterschiede dokumentieren: die Nachkriegstaxonomie von „Rasse"

Durch den Einmarsch der Besatzungstruppen wurde ein Jahrzehnt der – zumindest von offizieller Seite vorgegebenen – „arischen" Exklusivität in den heterosexuellen Beziehungen der deutschen Frauen beendet. Die restriktive, vom Staat vorgeschriebene arisierte Sexualität des „Dritten Reiches" wurde nun durch alternative Möglichkeiten für partnerschaftliche Beziehungen erweitert.[8] Anfang 1946 kamen die ersten Besatzungskinder auf die Welt. Die westdeutschen Behörden mussten sich fortan mit den Auswirkungen von Gewaltverbrechen wie von einvernehmlichem Geschlechtsverkehr zwischen Besatzungssoldaten und Einheimischen befassen. Zeitzeugenberichte aus Süddeutschland belegen, dass neben amerikanischen GIs auch französische Besatzungssoldaten – einschließlich jener aus Algerien, Marokko, Tunesien und dem französischen Indochina – Kinder zeugten.[9] Freilich standen vor allem die Babys schwarzer GIs im Fokus der Nachkriegsöffentlichkeit.

In einer Untersuchung Anfang der 1950er-Jahre fragten zum Beispiel deutsche Sozialarbeiter ihre Klientinnen, weshalb sie Beziehungen mit schwarzen Soldaten eingegangen waren. Fragen dieser Art wurden Frauen, die Beziehungen zu weißen ausländischen Soldaten unterhielten, nicht gestellt.[10] Obwohl fast die Hälfte der Befragten die Absicht äußerte, ihre schwarzen Liebhaber zu heiraten, fiel es sowohl deutschen als auch amerikanischen Be-

---

8   Atina Grossmann, A Question of Silence: The Rape of German Women by Occupation Soldiers, in: Oktober. Vol. 72, 1995, S. 43–63; Norman Naimark, The Russians in Germany. Cambridge MA 1995; Atina Grossmann, Victims, Villains and Survivors, in: Journal of the History of Sexuality. Vol. 11, Nr. 1–2, 2002, S. 306–307; Marlene Epp, The Memory of Violence, in: Journal of Women's History. Vol. 9, Nr. 1, 1997, S. 58–87; Robert G. Moeller, War Stories: The Search for a Usable Past in the Federal Republic of Germany. Berkeley 2002, S. 51–87; Ingrid Schmidt-Harzbach, Eine Woche im April: Berlin 1945 – Vergewaltigung als Massenschicksal, in: Feministische Studien. 3, 1984, S. 51–65; Annemarie Tröger, Between Rape and Prostitution, in: Judith Friedlander et al. (Hg.), Women in Culture and Politics: A Century of Change. Bloomington 1997, S. 97–117; Sonderausgabe von Oktober 1972 (Frühling 1995): Berlin 1945: War and Rape. „Liberators take Liberties", insbesondere die Beiträge von Helke Sander, Gertrud Koch und Atina Grossmann; Elizabeth Heinemann, The „Hour of the Woman", in: American Historical Review. Vol. 101, Nr. 2, April 1996, S. 354–395; Fehrenbach, Race after Hitler, Kapitel 2; vgl. auch die mangelhafte Studie von J. Robert Lilly, Taken by Force: Rape and American GIs in Europe during World War II. New York 2007.
9   Staatsarchiv Augsburg, VA Lindau, 1946, Einzelfälle; Luise Frankenstein, Soldatenkinder: Die unehelichen Kinder ausländischer Soldaten mit besonderer Berücksichtigung der Mischlinge. München 1954, S. 29.
10 Frankenstein, Soldatenkinder, S. 16–19; 23f.; Höhn, GIs and Fräuleins; Fehrenbach, Race after Hitler, Kapitel 1–2.

hörden schwer zu akzeptieren, dass interethnische Beziehungen auf gegenseitiger Liebe und Leidenschaft basierten. In der Folge bezichtigte man jene Zeitgenossinnen, die mit schwarzen GIs verkehrten, des wollüstigen Materialismus und warf ihnen moralische Defizite vor oder bezeichnete sie als geistig behindert, asozial oder Prostituierte.[11] In vielen Fällen wurden sie sogar zur Behandlung in Kliniken für Geschlechtskrankheiten, in Gefängnisse oder Arbeitshäuser gebracht, wo man sie gegen ihren Willen für einen Zeitraum von einigen Tagen bis zu mehreren Monaten festhielt.[12]

Auch nach der Gründung der Bundesrepublik 1949 beeinflussten moralische Vorurteile die Art und Weise, wie das angebliche Problem der „farbigen" Besatzungskinder (bzw. „Mischlingskinder") dargestellt wurde. Während der gesamten 1950er-Jahre beharrten Wortführer unterschiedlichster politischer Richtungen darauf, dass diese Kinder nicht unter den „Sünden" ihrer Mütter leiden sollten.

In Bayern, wo die Geburtenzahlen besonders hoch waren, versuchten die Landesbehörden vergeblich, mit der amerikanischen Militärregierung bezüglich der Staatsbürgerschaft dieser Kinder zu verhandeln. Schließlich gewährte man allen Besatzungskindern, auch den schwarzen, zähneknirschend die deutsche Staatsbürgerschaft – aber erst, nachdem die amerikanische Militärregierung klargemacht hatte, dass sie keine Vaterschaftsprozesse durchführen oder den außerehelichen und im Ausland geborenen Nachkommen ihrer Soldaten die amerikanische Staatsbürgerschaft verleihen würde.[13] Nachdem Hochzeiten zwischen GIs und deutschen Staatsbürgerinnen seit Ende 1946 zwar gesetzlich erlaubt, für schwarze Soldaten aber aufgrund rassistischer Vorurteile innerhalb der Begutachtungsverfahren praktisch unmöglich wa-

---

11 NACP, RG 306, USIA, Research Reports on German Public Opinion, Box 9, Report C-1 „Assessment of Troop-Community Relations", S. 30–32; Vernon W. Stone, German Baby Crop Left by Negro GIs, in: The Survey. 85, November 1949, S. 579–583; Frankenstein, Soldatenkinder, S. 23; siehe auch Hermann Ebeling, Zum Problem der deutschen Mischlingskinder, in: Bild und Erziehung. Jg. 7, H. 10, 1954, S. 612–630; Rudolf Sieg, Mischlingskinder in Westdeutschland, in: Beiträge zur Anthropologie. 4, 1955, S. 9–79; Gustav von Mann, Zum Problem der farbigen Mischlingskinder in Deutschland, in: Jugendwohl. Jg. 36, Heft 1, Jänner 1995, S. 50–53; Hans Pfaffenberger, Zur Situation der Mischlingskinder, in: Unsere Jugend. Jg. 8, Heft 2, 1956, S. 64–71; Herbert Hurka, Die Mischlingskinder in Deutschland, in: Jugendwohl. Jg. 37, Heft 6, 1956, S. 257–275.

12 Stadtarchiv Nürnberg, C88/I Pflegeamt/ Allgemeine Akten 1908–1993, Nr. 5, 7, 13; siehe auch Schroer, Recasting Race.

13 Nach 1949 versuchten die deutschen Behörden erfolglos, finanzielle Unterstützung von den amerikanischen Soldaten für ihre unehelichen Besatzungskinder zu erwirken. Die amerikanischen Behörden gestatteten den US-Soldaten nicht, vor deutschen Gerichten zu erscheinen; wenn deutsche Frauen versuchten, Vaterschaftsklagen einzubringen, wurden die Soldaten zurück in die Vereinigten Staaten gebracht.

ren, blieben Ehen zwischen schwarzen Soldaten und deutschen Frauen eine Seltenheit. Die meisten schwarzen Besatzungskinder waren daher „unehelich". Da auch die Möglichkeit der Emigration verwehrt war, blieben die Kinder und ihre Mütter deutsche Staatsbürger auf deutschem Boden.[14]

Als junge deutsche Staatsbürger zogen die schwarzen Besatzungskinder mit der Gründung der westdeutschen Bundesrepublik 1949 verstärkt die offizielle und akademische Aufmerksamkeit auf sich. Ab Anfang der 1950er-Jahre konzentrierten sich die sozialen und wissenschaftlichen Debatten über die Bedeutung von „Rasse" und ihren Auswirkungen auf die Gesellschaft in Nachkriegsdeutschland nachdrücklich auf diese Kinder. Diese Diskurse führten nicht nur zu neuen, sie stellten auch alte westdeutsche Auffassungen über „Rasse" wieder her, indem sie ethnische Klassifikationen, oft unter Bezugnahme auf die aktuellen amerikanischen interethnischen Beziehungen und Sozialwissenschaften, wiederholten.

Die westdeutschen Bundes- und Landes-Innenministerien kommunizierten das Problem der „Rasse" explizit mit Fokus auf die Hautfarbe, genauer gesagt auf das „Schwarzsein". 1950 wurden staatliche und städtische Jugendämter aufgefordert, die Zahl und die Lebensumstände der sogenannten Negermischlingskinder zu eruieren. Die Befragung blieb auf jene westdeutschen Bundesländer beschränkt, die zuvor von den Franzosen und den Amerikanern besetzt gewesen waren (Baden, Bayern, Hessen, Rheinland-Pfalz, Baden-Württemberg und Württemberg-Hohenzollern). Man stützte sich auf vereinfachte Beurteilungen der ethnischen Zusammensetzung dieser Besatzungsarmeen. Somit führte diese Befragung dazu, dass man sich nach dem Zweiten Weltkrieg im Bereich der bürokratischen Aufzeichnungen und im offiziellen sowie öffentlichen Diskurs über die reproduktiven Auswirkungen von Niederlage bzw. Besatzung vorwiegend mit der Hautfarbe/dem „Schwarzsein" beschäftigte. Außerdem schuf diese schematische, auf „Rasse" abzielende Zweiteilung mit ihren Kategorien für nationale Abstammung auf der einen und „farbige Abstammung" auf der anderen Seite die Vorbedingungen für die folgende Zählung aller Besatzungskinder in der Bundesrepublik, welche 1954 durchgeführt wurde.[15]

Indem eine explizit mit „Rasse" verbundene, aber dafür von „Nation" entkoppelte Kategorie, die an die Hautfarbe gebunden war, eingeführt worden

---

14 NACP, OMGUS, Circular 181. Stone, German Baby Crop Left by Negro GIs, S. 579–583; Frankenstein, Soldatenkinder.
15 Statistisches Bundesamt Wiesbaden, Statistische Berichte: Die unehelichen Kinder von Besatzungsangehörigen im Bundesgebiet und Berlin (West). Arb.-Nr. VI/29/6, 10.10.1956.

war, nahm die offizielle Zählung dem Nachwuchs sowjetischer Väter de facto seine ethnische Herkunft, machte das Judentum unsichtbar und kodierte die Besatzungskinder dieser ehemals durch den Begriff „Rasse" kategorisierten Gruppen implizit als „weiß". Dies führte dazu, dass die Zuschreibung von Identitäten in Zusammenhang mit „Rasse", welche vor 1945 vom deutschen Staat obsessiv und unerbittlich verfolgt worden waren – egal ob es sich dabei um die Kategorien jüdisch, slawisch oder „mongolisch/asiatisch" handelte –, nach dem Krieg aus den offiziellen Aufzeichnungen verschwanden. Was blieb, waren Differenzierungen zwischen Nationalität einerseits und Hautfarbe andererseits.

Der beschränkte Fokus der Nachkriegsdeutschen auf die schwarze Hautfarbe kam auch in einer Reihe von anthropologischen Arbeiten über „Mischlingskinder" in den 1950er-Jahren deutlich zum Vorschein. In der ersten Hälfte des Jahrzehnts führten zwei junge deutsche Anthropologen, Walter Kirchner und Rudolf Sieg, zwei voneinander unabhängige Studien über schwarze Kinder im Alter von eins bis sechs durch. Mit entsprechender Unterstützung durch die Berliner Jugend- und Gesundheitsbehörden sowie von christlichen gemeinnützigen Organisationen dokumentierten Kirchner und Sieg minutiös die Hautfarbe, Lippendicke und Haarstruktur ihrer Probanden, des Weiteren die Breite ihrer Nasen, Schultern, den Brustumfang und die Beckenweite, die Länge ihrer Gliedmaßen und ihres Rumpfs, die Form ihrer Kieferabdrücke sowie ihren Brust- und Kopfumfang. In alter Tradition der deutschen Ethnografen und Rassentheoretiker fügte Kirchner seiner Arbeit noch einen Satz Fotos hinzu. Beide Anthropologen analysierten die medizinischen und psychologischen Akten sowie das soziale, familiäre und moralische Umfeld der Kinder. Zudem führten sie mit ihnen eine Reihe von Intelligenz- und Psychotests durch. Der Zweck dieser Übungen war festzustellen, inwieweit die „Mischlingskinder" von der weißen Norm abwichen (Kirchner) und die „Anomalien" der Kinder festzuhalten (Sieg).[16]

In ihren Untersuchungen zu Auswirkungen der „Rassenmischung" auf Körper, Psyche und Verhalten bezogen sich die beiden Anthropologen auf

---

16 Walter Kirchner, Eine anthropologische Studie an Mulattenkindern in Berlin unter Berücksichtigung der sozialen Verhältnisse. Dissertation, FU Berlin 1952, S. 10, 49; Rudolf Sieg, Mischlingskinder in Westdeutschland: Eine anthropologische Studie an farbigen Kindern, in: Beiträge zur Anthropologie. 4, 1952, S. 10–11. Sieg erhielt vom Zentralausschuss für die Innere Mission und vom Caritasverband die Erlaubnis, seine Untersuchungen in Kinderheimen in Bremen/Bremerhaven, Heidelberg/Mannheim, Kaiserslautern, Mainz/Wiesbaden, Nürnberg und Stuttgart durchzuführen. Siehe auch Tina Campt – Pascal Grosse, „Mischlingskinder" in Nachkriegsdeutschland: Zum Verhältnis von Psychologie, Anthropologie und Gesellschaftspolitik nach 1945, in: Psychologie und Geschichte. Jg. 6, H. 1-2, 1994, S. 48–78.

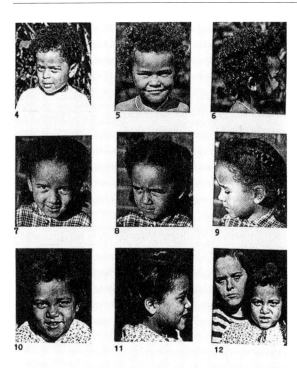

Abb. 2: Abbildung in Walter Kirchners Studie über schwarze Besatzungskinder. Quelle: Kirchner, Eine anthropologische Studie, Anhang: Tafel 2

frühere Arbeiten und Methoden deutscher Rassentheoretiker und Eugeniker wie Eugen Fischer, Wolfgang Abel und Otmar Freiherr von Verschuer sowie der amerikanischen Eugeniker Charles Davenport und Melville Herskovits. Fischer war mit einer frühen Studie, basierend auf den sogenannten Rehobother bastards – den Kindern von deutschen Vätern und Müttern aus dem Volk der Nama (oder „Hottentotten") – einer der Pioniere der Theorie der „Rassenmischung". Er folgerte damals, „Rassenkreuzung" führe zu „Degeneration" oder bestenfalls zur Vererbung von „unausgeglichenem Seelenleben". Fischer setzte seine Arbeit bis in die Zeit des Nationalsozialismus fort. Abel und andere schlossen sich ihm später an und führten gemeinsam Untersuchungen an den sogenannten Rheinlandbastarden (den deutschen Kindern von französisch-afrikanischen Besatzungssoldaten und deutschen Frauen, die nach dem Ersten Weltkrieg geboren worden waren) und später an Juden durch. Damit begründeten sie die wissenschaftliche Basis für das im „Dritten Reich" immer radikaler werdende Programm der Eugenik, welches in Zwangssterilisationen und Ermordungen kulminierte.[17]

---

17 Carola Sachse – Benoit Massin, Biowissenschaftliche Forschung an Kaiser-Wilhelm-Instituten und die Verbrechen des NS-Regimes: Informationen über den gegenwärtigen

Obwohl sie den früheren Arbeiten von Fischer und anderen verpflichtet waren, wichen die anthropologischen Studien der 1950er-Jahre in kleinen Bereichen doch auf selbstbewusste Weise von dieser Literatur ab. Die Arbeitsergebnisse junger Anthropologen, die ihre Meriten nicht im „Dritten Reich" erworben hatten, aber von nationalsozialistischen Rassentheoretikern ausgebildet worden waren, können als Texte einer Übergangsphase betrachtet werden. Sie bezogen sich zwar auf die Methodologie ihrer Vorgänger, waren jedoch auf der Suche nach einer moralisch annehmbaren Nachkriegsalternative und arbeiteten dafür einige Aspekte des nationalsozialistischen Paradigmas um.

Mit ihrem Fokus auf die Auswirkungen von „Rassenmischung" setzte Kirchners Arbeit eindeutig die Tendenz seiner Vorgänger fort, in rassistischen eugenischen Paradigmen zu denken. Was jedoch wirklich als Charakteristikum der Nachkriegszeit gelten kann, war die Auswahl seines Forschungssubjekts: das „Mischlingskind". Dies stellte, was den demografischen Aspekt betraf, keine logische Wahl dar. Der allergrößte Teil der schwarzen Besatzungskinder lebte in den südlichen Bundesländern Westdeutschlands. Kirchners Studie bezog sich auf Berlin, wo sich weniger als zwei Prozent dieser Kinder (insgesamt 80) aufhielten.[18] Hätte man sich auf jüdische Kinder oder sogenannte Russenkinder (das war der umgangssprachliche Ausdruck für deutsche Kinder mit sowjetischen Vätern in den ersten Jahren nach dem Krieg) konzentriert, hätte man eine viel größere Stichprobe erhalten.[19] Allerdings gibt es keinen Hinweis darauf, dass Kirchner eine solche Studie jemals in Betracht gezogen hätte – und das ist es, worauf ich hinaus möchte. Es war politisch unmöglich, nach den Konzentrationslagern,

---

Wissensstand. Berlin 2002; El-Tayeb, Schwarze Deutsche; Reiner Pommerin, Sterilisierung der Rheinlandbastarde: Das Schicksal einer farbigen deutschen Minderheit 1918–1937. Düsseldorf 1979.

18 Bei der Volkszählung 1955 wurden insgesamt 4776 „Kinder farbiger Väter" gezählt; sie lebten in Bayern (1681), Baden-Württemberg (1346), Hessen (881), Rheinland-Pfalz (488), Nordrhein-Westfalen (151), Bremen (95) [West]Berlin (72), Niedersachsen (51), Hamburg (10) und Schleswig-Holstein (1). Statistisches Bundesamt, Statistische Berichte: Die unehelichen Kinder von Besatzungsangehörigen im Bundesgebiet und Berlin (West), 10.10.1956, S. 9. Diese Zahlen beinhalten nicht jene Kinder, die bis zur Mitte der 1950er-Jahre bereits im Ausland adoptiert worden waren.

19 Atina Grossman, Trauma, Memory and Motherhood: Germans and Jewish Displaced Personal in Post-Nazi Germany, 1945–1949, in: Archiv für Sozialgeschichte. Bd. 38, 1998, S. 215–239; Grossman, Victims, Villains and Survivors; Yehuda Bauer, Out of the Ashes: The Impact of American Jews on Post-Holocaust European Jewry. New York 1989; W. Karin Hal, Humanity or Hegemony: Orphans, Abandoned Children, and the Sovietization of the Youth Welfare System in Mecklenburg, Germany, 1945–1952. Dissertation, Stanford University 1998, S. 146–161.

nach der Niederlage und nach dem Beginn des Kalten Krieges eine Untersuchung von jüdischen Kindern oder „Russenkindern" auch nur anzudenken.[20] Die politische Situation nach dem Krieg beeinflusste die postfaschistischen Studien zu „Rasse" und die begriffliche Abgrenzung rassischer/ethnischer Kategorien in Deutschland.

Die Untersuchungen von Kirchner und Sieg waren auch dahingehend symptomatisch, als sie sich ausschließlich auf eine Untergruppe von schwarzen Besatzungskindern konzentrierten, und zwar auf jene mit afroamerikanischen Vätern. Kirchner zum Beispiel untersuchte die medizinischen Akten, die Wohlfahrts- und Schulberichte von 50 „farbigen Mischlingskindern" in Berlin im Alter von 1 bis 20 Jahren. Er konzentrierte sich dabei jedoch auf eine Untergruppe von 23 Kindern im Alter von 1 bis 5, die „amerikanische Neger" als Väter hatten. Ähnlich war es bei Sieg, der Zugang zu Kindern von algerischen, marokkanischen und amerikanischen Vätern hatte, jedoch vorsätzlich alle bis auf die letztgenannte Gruppe aus seinen Untersuchungen ausklammerte.

Dieser vorsätzliche Fokus auf afroamerikanische Väter und das allgemeine Weltbild nach dem Krieg im Jahr 1945 erlaubten es diesen Anthropologen, im Vergleich zum angeblich negativeren Einfluss von marokkanischer Vaterschaft auf die „Rheinlandbastarde" nach dem Ersten Weltkrieg ein relativ rosiges Bild von der physischen, mentalen und emotionalen Gesundheit der „Nachkriegs-Mischlingskinder" zu zeichnen. Als Grund für das Nichtvorhandensein ernsthafter Erkrankungen unter den „Nachkriegs-Mischlingskindern" nannten sowohl Kirchner als auch Sieg die relativ gute Gesundheit und den Wohlstand der schwarzen amerikanischen GIs. Anders als nordafrikanische Soldaten nach 1918, welche in eugenischen und materiellen Begriffen eine „recht ungünstige Auslese darstellen",[21] ging man davon aus, dass Afroamerikaner weniger ernsthafte Krankheiten hatten – teilweise weil sie nicht als „Reinneger" definiert wurden und weil sie über genügend Mittel verfügten, um für ihren Nachwuchs aufzukommen.[22]

---

20 Der Demograf Hans Harmen gab einen „Sozialhygienebericht" über den „harten Kern" der Juden im DP-Lager Föhrenwald im Jahr 1957 in Auftrag, einige Jahre, nachdem die Verwaltung der DP-Lager in die offizielle westdeutsche Hand übergegangen war. Seine Studie untersuchte Erwachsene und basierte auf insgesamt 100 Fragebögen, Interviews und Hausbesuchen; anders als die schwarzen Kinder nahmen die Personen, die er untersuchte, freiwillig teil, und es wurden keine körperlich-anthropologischen und psychologischen Tests an ihnen durchgeführt. Vgl. Atina Grossmann, From Victims to „Homeless Foreigners: Jewish Survivors in Postwar Germany", in: Rita Chin et al., After the Nazi Racial State. Ann Arbor 2009, S. 55–79.
21 Kirchner, Eine anthropologische Studie, S. 35.
22 Ebd., S. 7; vgl. auch Rudolf Sieg, Mischlingskinder in Westdeutschland: Festschrift für Frederic Falkenburger. Baden-Baden 1955, S. 27.

Keiner der beiden Anthropologen fand bei den Kindern eine im Vergleich mit weißen Altersgenossen signifikante Abweichung, was die Gesundheit, die Intelligenz oder die emotionale Disposition der Nachkriegs-„Mischlingskinder" betraf. Jedoch vermerkten sie hinsichtlich ihrer Entwicklung, ihres Verhaltens sowie ihrer physischen Prägungen gewisse Eigenschaften, welche sie auf ihr „negroides biologisches Erbe" zurückführten.[23] Diese Argumentation spiegelt klar die von den früheren Generationen von Rassentheoretikern geprägten Stereotype wider. So führten Kirchner und Sieg die Veranlagung für Atemwegserkrankungen auf eine mangelnde Anpassung an das europäische Klima zurück. Zudem stellten sie „Anomalien" des Gebisses, lange Beine, lebhaftes Temperament, besondere Freude an Bewegung, einschließlich Tanz, sowie gut entwickelte sprachliche Fähigkeiten mit besonderen Talenten im Bereich des rhythmischen Sprechens, des Reimens und der Imitation fest. Die Kinder wurden zwar als offen für soziale Kontakte beschrieben, gleichzeitig bezeichnete man sie jedoch als eigensinnig, ungeduldig, nicht kooperativ und teilweise von starken, wenn auch nicht unbedingt unkontrollierbaren Impulsen gelenkt.[24]

Den Einfluss der Mütter beurteilte Kirchner generell als günstig. Dies sei, wie er argumentierte, bei den früheren „Rheinlandbastarden" nicht der Fall gewesen – diese hätten angeblich unverhältnismäßig oft unter psychischen Pathologien gelitten. In Anlehnung an frühere Rassentheoretiker machte Kirchner das dürftige Genmaterial der „asozialen" Mütter, die als „besonders negativer" Frauentyp betrachtet worden waren, für die schlechte seelische Verfassung dieser Zwischenkriegsgeneration verantwortlich.[25] „Im Fall der Berliner Mischlinge", die nach 1945 auf die Welt gekommen waren, befand er, „trat solcher Faktor nicht in Erscheinung."[26] Wie Sieg es am Ende seiner Untersuchung formulierte: „Unter *unseren* Mischlingskindern konnten keine schädlichen Auswirkungen der Bastardisierung gefunden werden."[27]

Schließlich gelangten die Nachkriegsanthropologen zu einer positiven Einschätzung von „Rassenkreuzung" und „Mischlingskindern", indem sie die aktuellen Befunde zu früheren historischen Erfahrungen in Relation setzten. Ihre optimistischen Prognosen basierten auf der Bewertung der speziellen nationalen und Gender-Dimensionen für jeden Fall: „Unsere Mischlingskinder" zeigten weniger Probleme als jene der Vergangenheit, weil ihre Väter

---

23 Sieg, Mischlingskinder, S. 25.
24 Kirchner, Eine anthropologische Studie, S. 40–49; vgl. auch Sieg, Mischlingskinder, S. 25–62.
25 Kirchner, Eine anthropologische Studie, S. 35.
26 Ebd., S. 61.
27 Sieg, Mischlingskinder, S. 65.

gesunde und wohlhabende „amerikanische Neger" waren und nicht kranke und unkultivierte Afrikaner. Außerdem seien sie von fürsorglichen Unterschicht-Müttern zur Welt gebracht worden und nicht von „asozialen Wahnsinnigen".

Letztendlich unterschieden sich die anthropologischen Untersuchungen der Nachkriegszeit auch dahingehend stark von ihren Vorgängern, als dass ihr Fokus auf das soziale Umfeld und insbesondere auf dessen positiven sowie mildernden Einfluss auf das durch ihre ethnische Zugehörigkeit bedingte Erbe der Kinder gerichtet war. Zwar entdeckten Kirchner und Sieg eine Tendenz zu Hitzköpfigkeit, Impulsivität und Ungehorsam, sie erklärten aber auch, dass diese durch ihre „Rasse" bedingten Eigenschaften durch den richtigen positiven Einfluss fürsorglicher Mütter, durch Kinderfreundschaften und durch eine wohlgesonnene Öffentlichkeit eingedämmt werden konnten. Die durch ihre Herkunft bedingten Eigenschaften waren also kein Schicksal.[28] Während Kirchner und Sieg mit früheren Anthropologen darin übereinstimmten, dass Rassenunterschiede in der Biologie und Psychologie ihrer Untersuchungssubjekte weiter bestanden, stellte Ersterer fest, dass soziale Lösungen der vermeintlichen „Rassenprobleme" möglich seien.

Insgesamt artikulierten die offiziellen Erhebungen und die anthropologischen Studien über „Mischlingskinder" in den 1950er-Jahren eine abgeänderte Taxonomie von „Rasse", welche neue sozialpolitische Initiativen nach sich zog. Dabei wurde in westdeutschen offiziellen und akademischen Berichten sowie im Bereich der Medien eine einheitliche Herkunft für schwarze Besatzungskinder konstruiert. Indem diese durchgängig als der Nachwuchs schwarzer amerikanischer Soldaten dargestellt wurden, negierten solche Berichte die tatsächliche nationale Zugehörigkeit und die größere Diversität der Besatzungssoldaten. Der Begriff „Rasse" war im Wort „Mischlingskind" enthalten und wurde mit Amerika in Verbindung gebracht. Die Volkszählungen und die Wissenschaftler hatten in Zusammenhang mit „Rasse" ein angeblich „neues" und für die Nachkriegszeit typisches Problem auf die Agenda gesetzt.

---

28 Kirchner argumentierte: „die individuelle psychische Erbmerkmalen sind in allgemein von keiner Seite besondere Belastungen oder Begabungen in die Mischung eingegangen. Die Lebensumstände schliesslich sind, wenigstens zu einem Teil, in positivem Sinne beeinflussbar. Es müsste hier alles getan werden, was nur möglich ist. … Schliesslich muss noch einmal mit aller Schärfe darauf hingewiesen werden, dass die Rassenmischung keinerlei Einfluss auf das jedem Menschen innewohnende Menschentum hat. Auch der Rassenmischling hat sein personales Sein, das durch die Tatsache der Mischung überhaupt nicht angetastet wird, und damit den Anspruch darauf, dass seine Rechte als Mensch respektiert werden." Vgl. Kirchner, Eine anthropologische Studie, S. 62.

In diesem Sinne entsprachen die Definitionen von „Rasse" jenen der Vereinigten Staaten. Im Verlauf der 1930er- und 1940er-Jahre schwächten nämlich amerikanische Sozialwissenschaftler die Unterschiede zwischen Weißen europäischer Herkunft (einschließlich und ganz besonders von Juden) ab. Man sprach nunmehr von rein kulturellen Unterschieden und führte für diese Gruppen den Begriff der „ethnicity" ein. „Race" als Konzept kam auch weiterhin zur Anwendung, wurde jedoch auf die radikal vereinfachten Begrifflichkeiten der Dualität „schwarz-weiß" (oder wie es meistens ausgedrückt wird: die Schwarz-Weiß-Gelb-Triade) reduziert, wodurch die Linien von bedeutsamen Unterschieden anhand von stereotypischen Phänotypen gezogen wurden.[29] Das Ergebnis war ein Zusammengehen westdeutscher und US-amerikanischer Konzepte von Rassentaxonomie.

Internationale Adoption und das von „Rasse" ausgehende Verständnis von Verwandtschaft

Bereits 1947 schilderte die afroamerikanische Presse die Geschichte von Deutschlands „brown babies".[30] Interessierte Zeitgenossen auf beiden Seiten des Atlantiks waren fest entschlossen, den afrodeutschen Kindern die für sie „angemessenste" Unterbringung zu ermöglichen. Diskussionen darüber, was vom Standpunkt der „Rasse" betrachtet angebracht ist, eroberten den öffentlichen Raum. In Westdeutschland stellte man sich die Kinder typischerweise als ungewollte „Heimkinder" vor, obwohl nur etwas mehr als zehn Prozent außerhalb ihrer Familien wohnten.[31] Die meisten Behörden ignorierten die demografischen Tatsachen – sie betrachteten die Kinder als soziales Problem und befürworteten internationale Adoptionen als eine mögliche Lösung.

Die Adoption durch Afroamerikaner – diese wurden als „Familien ihresgleichen" beschrieben – erschien den deutschen Wohlfahrtsbehörden als passende Lösung, nachdem die meisten Deutschen nicht bereit waren, Kin-

---

29 Matthew Frye Jacobsen, Whiteness of a Different Color: European Immigrants and the Alchemy of Race. Cambridge, MA 1999; Matthew Pratt Guterl, The Color of Race in America, 1900–1940. Cambridge, MA 2001; Eric Goldstein, The Price of Whiteness: Jews, Race and American Identity. Princeton 2006.
30 Der „Chicago Defender" und der „Afro-American" in Baltimore begannen 1947, sich damit zu befassen; 1948 erschienen auch im „Pittsburgh Courier" Geschichten über „braune Babys" in Deutschland, ab Anfang der 1950er-Jahre auch in „Ebony".
31 Der bekannte westdeutsche Film „Toxi" (er war unter den zehn erfolgreichsten Filmen des Jahres 1952) trug zu dieser Vorstellung bei. Darin wurde das Schicksal schwarzer Besatzungskinder als verlassen, ungewollt und in Institutionen untergebracht dargestellt. Vgl. Fehrenbach, Race after Hitler, Kapitel 4, zum Film und seinem Einfluss. Siehe dazu auch den Beitrag von Anette Brauerhoch in diesem Band.

der von angeblich minderwertiger biologischer und moralischer Herkunft zu adoptieren. Unter den Nationalsozialisten waren derartige Adoptionen durch „arische" Deutsche im Jahr 1939 gesetzlich verboten worden, da sie gegen das „öffentliche Interesse verstießen". Bereits erfolgte Adoptionen, die als „unerwünscht" betrachtet wurden, konnten damals vom Staat wieder aufgehoben werden.[32]

Bedenken bezüglich ethnisch-biologischer Faktoren blieben auch nach 1945 bestehen und hielten weiße Paare davon ab, dunkelhäutige Kinder zu adoptieren. Dabei sei angemerkt, dass die amerikanische Militärregierung nichts zur Beförderung von Adoptionen unternahm. Als die deutschen Ämter 1948 um Aufklärung über das Adoptionsrecht baten, antwortete die amerikanische Abteilung für juristische Angelegenheiten (Legal Branch, U.S. Office of the Military Government in Germany), man habe das Gesetz aus der Zeit des Nationalsozialismus nicht abgeschafft, weil man es für „politisch und ideologisch neutral" halte. Tatsächlich waren die Prinzipien und Praktiken amerikanischer Adoptionen den deutschen sehr ähnlich, wonach weiße Paare weiße Kinder adoptierten, afroamerikanische Eltern schwarze und jüdische Eltern jüdische Kinder. Die Tatsache, dass „Rasse" respektive Religion bei der Familiengründung durch Adoption berücksichtigt wurde, betrachteten die amerikanischen Behörden weder als nazistisch noch als undemokratisch.[33]

Mit der Gründung der Bundesrepublik erfolgte auch eine Liberalisierung des Adoptionsrechts. Dies geschah jedoch nicht, um die ethnische Diversität in deutschen Familien zu fördern, sondern eher, um die Adoption von weißen (meist deutschen) Kindern zu ermöglichen, die im Krieg von ihren Eltern getrennt oder zu Waisen geworden waren.[34] Zeitgleich mit der Reform des

---

32 Edmund C. Jann, The Law of Adoption in Germany, Typoskript, Library of Congress, Law Library, Foreign Law Section. Washington, D.C. 1955. Die dazugehörigen nationalsozialistischen Gesetzesänderungen sind „Gesetz über Vermittlung der Annahme an Kindesstatt vom 19.4.1939", dessen Text im Reichsgesetzblatt I, S. 795 zu finden ist; Kommentare zum Gesetz finden sich in Deutsche Justiz 1939, S. 701.

33 Helmut Glässing, Voraussetzungen der Adoption. Frankfurt/Main 1957. Zur US-Reaktion: Archiv Diakonisches Werk der Evangelischen Kirche Deutschlands (ADW), CAW 843. Zur amerikanischen Adoptionspraxis siehe E. Wayne Carp (Hg.), Adoption in America: Historical Perspectives. Ann Arbor 2004 und Barbara Melosh, Strangers and Kin: The American Way of Adoption. Cambridge, MA 2002.

34 In Bayern führte man 1948 in der Begründung für die Änderung des staatlichen Adoptionsgesetzes „die großen Verluste vieler Familien durch den Krieg und das Vorhandensein einer riesigen Anzahl von Waisen […] insbesondere […] solche Fälle, in welchen verheiratete Paare mit Kindern die Kinder von Verwandten, Freunden oder Nachbarn adoptieren möchten, vor allem aus den Ostgebieten, deren Eltern im Krieg oder danach getötet wurden" an. „Oft ist es auch das uneheliche Kind eines gefallenen

Adoptionsrechts versuchten die westdeutschen Bundes-, Landes- und Kommunalbehörden Wege zu finden, um die Kosten und den Pflegeaufwand für afrodeutsche Kinder zu reduzieren. Im Jahr 1951 drängten Beamte aus dem Bundesministerium für Inneres auf Verhandlungen mit Vertretern der U.S. Displaced Persons Commission, um sich für die Adoption von schwarzen Besatzungskindern in die Vereinigten Staaten mit quotenfreien Visa einzusetzen. Befremdlich mutet die Tatsache an, dass die Beamten Interesse daran äußerten, in ihren Plan auch Kinder einzuschließen, die von ihren Müttern nicht zur Adoption freigegeben worden waren – obwohl diese bis dahin in deutschen Pflegefamilien gelebt hatten und nach der Auswanderung in Waisenhäusern gelandet wären.[35] Während es zu Hunderten von Adoptionen afrodeutscher Kinder in die Vereinigten Staaten kam, scheint es letztendlich so, als wären die meisten freiwillig von den Müttern arrangiert worden.

Diese Adoptionen befürworteten sowohl afroamerikanische Zivilisten in den USA als auch in Deutschland stationierte Militärangehörige. Ab Ende der 1940er- bis zu den 1950er-Jahren verbreitete insbesondere die afroamerikanische Presse Geschichten über die Misere von ungewollten „half-Negro"-Kindern im Ausland. „The Pittsburgh Courier" und der in Baltimore herausgegebene „Afro-American" veröffentlichten Aufrufe an ihre hauptsächlich schwarze Leserschaft, spezielle Care-Pakete an die „brown babies" und ihre unverheirateten deutschen Mütter zu schicken.[36] Auch die National Association for the Advancement of Colored People (NAACP) und die Urban League betrieben Lobbying für afrodeutsche Kinder. Gleichzeitig äußerten beide Organisationen auch Zweifel daran, ob die Adoption der Kinder in die Vereinigten Staaten, in eine amerikanische Kultur des virulenten, gegen die schwarze Bevölkerung gerichteten Rassismus, im Interesse der Kinder sein könne. Wie es Lester Grange von der Urban League ausdrückte: „Schwarze Kinder in Georgia [US-Bundesstaat] […] sind viel schlechter dran als schwarze Kinder in Deutschland."[37]

Sohns, das man adoptieren möchte." Bayerisches Hauptstaatsarchiv (BHStA), Staatskanzlei (StK) 1130324. „Rechtsausschuss, Antrag aus der Ausschusssitzung vom 5. November 1948". Im August 1950 wurde ein provisorisches „Gesetz zur Erleichterung der Annahme an Kindes statt" vom Bundestag verabschiedet, das deutschen Familien mit Kindern die Adoption ermöglichte. Dieses Gesetz wurde 1952 erneuert und bis auf das Jahr 1955 verlängert. ADW, CAW 843, Deutscher Bundestag, 1. Wahlperiode 1949, Drucksache Nr. 3931.

35 Bundesarchiv Koblenz (BAK), B153/342, „Vermerk" an Dr. Rothe. 25.5.1951.
36 Yara-Colette Lemke Muniz de Faria erwähnt diese Initiativen in: Zwischen Fürsorge und Ausgrenzung. Afro-deutsche „Besatzungskinder" im Nachkriegsdeutschland. Berlin 2002, S. 102f.
37 „Meeting of the Committee to consider […] the Immigration of […] German orphans of

Im Jahr 1952 veröffentlichte der NAACP-Geschäftsführer Walter White Pressemitteilungen, in welchen er die Entscheidung Westdeutschlands, Kinder ohne Anbetracht ihrer ethnischen Zugehörigkeit in Schulen zu integrieren, ausdrücklich lobte. Er merkte dabei nicht ohne Ironie an, dass der ehemalige faschistische Feind die demokratischen Vereinigten Staaten hinsichtlich Toleranz und Gleichberechtigung in Bezug auf „Rasse" überholt habe. Zudem begannen ab Mitte der 1950er-Jahre immer mehr Amerikaner, amerikanisch-asiatische Kinder zu adoptieren. Die publik gewordenen Geschichten über die schrecklichen Lebensumstände dieser Kinder in Japan und Korea ließen die Art, wie die afrodeutschen Kinder in Deutschland behandelt wurden, großzügig und aufgeschlossen wirken. Folglich stellten sowohl schwarze als auch weiße amerikanische Jugendsozialarbeiter immer mehr infrage, ob eine Überführung deutscher „brown babies" immer noch notwendig und ratsam war.[38]

Afroamerikaner, die sich zeitweilig in Deutschland aufhielten, bewerteten die Dinge anders. Mabel Grammer, die hin und wieder für den „Afro-American" in Baltimore schrieb und mit einem in der Nähe von Mannheim stationierten US Warrant Officer verheiratet war, beobachtete die elenden wirtschaftlichen Bedingungen einiger Kinder und ihrer Mütter in Westdeutschland und suchte aktiv nach schwarzen Adoptiveltern. Sie machte das Elend der Kinder publik, arbeitete eng mit lokalen deutschen öffentlichen und religiösen Jugendbehörden und Waisenhäusern zusammen und ermöglichte so zwischen 1951 und 1953 bis zu 700 Adoptionen. Sie blieb diesbezüglich bis in die 1960er-Jahre hinein aktiv. Grammer wurde von den westdeutschen Behörden unterstützt, denn diese befürworteten eine Adoption der Kinder von Amerikanern – insbesondere von Afroamerikanern – sowohl, weil sie der „passenden Rasse" angehörten, als auch, weil man die deutschen Steuerzahler von den Kosten für die Kinderbetreuung befreien wollte.[39]

Wenngleich die westdeutschen Bundes- und Landesbehörden fast durch die gesamten 1950er-Jahre hindurch begeistert mit Mabel Grammer kooperierten und sogar Adoptionen durch Bevollmächtigte genehmigten – gegen

---

Negro Blood", 29.1.1951. NAACP Papers (on microfilm), Rolle 8: Gruppe II, Schachtel G11, „Brown Babies, 1950–58". Manuscript Division, Library of Congress, Washington, D.C.

38 Walter White Presseaussendung, 18.9.1952. NAACP, Rolle 8: Gruppe II, Schachtel G11, „Brown Babies, 1950–58".

39 Fehrenbach, Race after Hitler, Kapitel 5; Lemke Muniz de Faria. Zu den Erfahrungen von schwarzen Deutschen, die in den Vereinigten Staaten adoptiert wurden, siehe den Dokumentarfilm „Brown Babies: The Mischlingskinder Story" (Regie Regina Griffin 2010).

Ende des Jahrzehnts überlegten sie es sich anders. Durch den wirtschaftlichen Aufschwung gab es vermehrt innerdeutsche Adoptionsanträge. Da die Nachfrage nach weißen deutschen Kindern bei weißen adoptionswilligen Amerikanern so groß war, forderten die deutschen Behörden strengere Regelungen für internationale Adoptionen, um die „begehrten" Nachkommen zu Hause in der Bundesrepublik halten zu können.[40]

Als Konsequenz wurden gegen Ende des Jahrzehnts die transatlantischen Adoptionen eingestellt. Wenn es jedoch um afrodeutsche Kinder ging, nannten die deutschen Behörden andere Gründe, warum sie Adoptionen in die Vereinigten Staaten nun nicht mehr befürworteten. Um den Wandel in ihrer Politik zu begründen, zogen die Bundesministerien den Einzelfall „Otto" heran und verallgemeinerten von ihm auf andere Fälle. Man führte an, dass der Junge nach seiner Unterbringung bei einer afroamerikanischen Familie ein schweres emotionales Trauma erlitten habe. In den Mitteilungen der deutschen Ministerien wurde vor weiteren Adoptionen dieser Art gewarnt, weil das Kind erstens einen Schock davongetragen habe, nachdem man es in einer schwarzen Familie und Nachbarschaft untergebracht hatte, in der es sich außerdem nicht anpassen habe können, und zweitens, weil das Kind der Segregation und den Jim-Crow-Gesetzen in den demokratischen Vereinigten Staaten ausgesetzt gewesen sei. Nachdem weiße deutsche Familien immer noch nicht nennenswert viele schwarze Kinder adoptierten,[41] kamen diese nun vorzugsweise nach Dänemark, wo, wie deutsche Kommentatoren beharrlich behaupteten, Vorurteile aufgrund von „Rasse" nicht existierten.[42]

Anfang der 1960er-Jahre gab es bereits mehr Adoptionen afrodeutscher Kinder nach Dänemark als in die Vereinigten Staaten.[43] Im Gegensatz zu den

---

40 Heinrich Webler, Adoptions-Markt, in: Zentralblatt für Jugendrecht und Jugendwohl. Jg. 42, Nr. 5, 1955, S. 123f. Siehe auch BAK, B153: Bundesministerium für Familien- und Jugendfragen, Akte 1335, I-II, Material über Probleme des Internationalen Adoptionsrechts; Hauptstaatsarchiv Stuttgart, Akten des Innenministeriums, EA2/007. Vermittlung der Annahme an Kindes statt, Band II, 1955-1966; sowie Franz Klein, Kinderhandel als strafbare Handlung, in: Jugendwohl. Jg. 37, H. 3, 1956, S. 95; ADW, HGST 1161, Kurzbericht über die Sitzung [...] am 12. Juli 1955 im Bundesministerium des Innern; Bayerisches Hauptstaatsarchiv, Minn 81906.

41 ADW, HGSt 3949, Auszug aus dem Bericht über die Tätigkeit der Adoptionszentrale für den Verwendungsnachweis, Zuschuss 1961 und 1963.

42 BAK, B153, Bundesministerium für Familien- und Jugendfragen, Akte 1335, I-II, Material über Probleme des Internationalen Adoptionsrechts. HStAStg, Akten des Innenministeriums, EA2/007, Vermittlung der Annahme an Kindesstatt, Band II, 1955-1966; Webler, Adoptions-Markt, S. 123f.; Franz Klein, Zur gegenwärtigen Situation der Auslandsadoption, in: Unsere Jugend. H. 9, 1955, S. 401-408; Klein, Kinderhandel als strafbare Handlung, S. 95.

43 ADW, HGSt 3949. Siehe auch BAK, B189/6858, Akte Besatzungs- und Mischlingskinder – Allgemein.

beunruhigenden Berichten über schwarze Adoptivkinder aus Deutschland
in den USA berichteten in diesem Fall die deutschen Beamten und Sozialarbeiter davon, wie leicht die Integration aufgrund der gehobenen sozialen
Schicht der Adoptiveltern und deren kultureller Kompetenz, die Kinder vom
deutschen in das dänische Umfeld zu überführen, vonstattengehe. Dänemark
wurde als kulturell sehr ähnlich dargestellt: Es sei wie Deutschland, nur besser, da zukünftige dänische Eltern „offener in Bezug auf die Herkunft der
Kinder" zu sein schienen. Außerdem beschrieben deutsche Psychologen, die
um die emotionale Entwicklung der Kinder in den von der Segregation geprägten USA besorgt waren, nun dänische Mütter als kulturell besser kompatibel und weniger anmaßend als die „schwarzen Mamis", die ein Jahrzehnt
zuvor noch als „natürliche" Ernährerinnen für die Kinder betrachtet worden
waren.[44]

Der westdeutsche Staat behauptete, im Interesse der Kinder zu handeln,
und kultivierte so seine Rolle als Beschützer. Er nutzte seine Erfahrungen bei
internationalen Adoptionen, um eine kritische vergleichende Perspektive auf
den sozialen Fortschritt der amerikanischen und deutschen Demokratie zu
bieten. Innerhalb von einundhalb Jahrzehnten nach der Niederlage des Nazi-Regimes konnten die deutschen Behörden in Bezug auf interethnische
Beziehungen einen moralischen Sieg verzeichnen und die Nachkriegsübergangsphase der Umerziehung zum Thema „Rasse" als beendet erklären.

Integration und ihre Grenzen

Mitte der 1960er-Jahre, als die ältesten Besatzungskinder ihre Ausbildung
beendeten, wandte sich der öffentliche und offizielle Fokus von der Frage
„Wo gehören die Kinder hin?" der Integration der Kinder in die westdeutsche Wirtschaft zu. Dieser Prozess wurde durch die historisch niedrigen
Arbeitslosenzahlen unterstützt. Es waren die Anfangsjahre des Gastarbeiterprogramms, im Zuge dessen einige westdeutsche Industriezweige begannen,
südeuropäische und später türkische Arbeiter nach Deutschland zu holen,
um den wachsenden Arbeitskräftemangel zu bekämpfen. Als schwarze deutsche Teenager ins Berufsleben eintraten, verfolgten Arbeitsämter auf Gemeinde- und Landesebene jeden ihrer Schritte. Sie berichteten über die bereitwillige Kooperation von Arbeitgebern sowie über die „unvoreingenommene"

---

44 Klaus Eyferth, Die Situation und die Entwicklungsaussichten der Neger-Mischlingskinder in der Bundesrepublik, in: Soziale Arbeit. Jg. 7, H. 11, 1958, S. 469–478; Klaus Eyferth – Ursula Brandt – Wolfgang Hawel, Farbige Kinder in Deutschland. Die Situation der Mischlingskinder und die Aufgabe ihrer Eingliederung. München 1960.

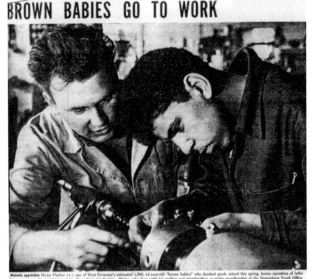

Abb. 3: „Brown Babies Go To Work." Quelle: Ebony magazine, November 1960, S. 97

Integration schwarzer Jugendlicher in die Arbeitswelt. Presseberichte, offizielle Schreiben und wissenschaftliche Expertisen vermittelten das Bild einer stabilen und blühenden Demokratie, deren Bürokraten und Arbeitgeber nach den Prinzipien wirtschaftlicher Rationalität handelten. Die Integration wurde zum Erfolg erklärt – jedoch nur, weil Integration ausschließlich in wirtschaftlichen und nicht in breiteren sozialen Begriffen definiert und angestrebt wurde.[45]

Während das Interesse der Sozialpolitik an afrodeutschen Kindern in Westdeutschland ab Anfang der 1960er-Jahre nachließ, flammte die mediale Aufmerksamkeit von Zeit zu Zeit wieder auf. Dabei konzentrierte man sich auf zwei Themen: Das erste betraf den sozialen Fortschritt und die wirtschaftlichen Privilegien, die den Schwarzen in Deutschland angeblich zuteilwurden, das zweite die sexuelle Anziehungskraft schwarzer Frauen. Die Presse wählte die Form der Fortsetzungsgeschichten, in welchen man die Frage beantworten wollte, wie es „den Deutschen mit dunkler Hautfarbe" erging, seit

---

45 Eyferth blieb eine Ausnahme von diesem Trend. BAK, B149: Bundesministerium für Arbeit und Sozialordnung, Nr. 8679; Bayerisches Hauptstaatsarchiv (BayHStA), Minn 81126, Presseausschnitte über „Mischlingskinder", 1960–1961; BayHStA, MK62245, Volksschulwesen Negerkinder; Hessisches Hauptstaatsarchiv, Abt. 940/77; Klaus Eyferth, Gedanken über die zukünftige Berufseingliederung der Mischlingskinder in Westdeutschland, in: Neues Beginnen. Jg. 13, H. 5, 1959, S. 65–68.

sie erwachsen waren. Wenngleich zugegeben wurde, dass die Afrodeutschen in ihren jungen Leben mit einer Vielzahl von Vorurteilen konfrontiert worden waren, gaben sich die Medienberichte doch eher fröhlich, optimistisch und selbstgefällig. Dies hing nicht zuletzt damit zusammen, dass man fast ausschließlich Lebensgeschichten von Künstlern, bekannten Persönlichkeiten und Sportlern vorführte: Berühmtheiten, deren Karrieren in starkem Kontrast zur banalen, wenig qualifizierten Arbeit der meisten jungen Afrodeutschen stand, die jedoch trotzdem als repräsentativ für die gesamte Gruppe von deutschen „Nachkriegsmischlingskindern" dargestellt wurden. Diverse Magazine betonten zum Beispiel die Errungenschaften von „Jimmy" Georg Hartwig, der unter elenden Bedingungen in Offenbach aufgewachsen und in seiner Kindheit als „Negerschwein" und „Hurensohn" verhöhnt worden war, bevor er zum Fußballstar bei 1860 München wurde. Oder Georg Steinherr, der sich bereits als kleines Kind gegen Schläger hatte behaupten müssen und seine daraus resultierende „Aggressivität" später als Profiboxer habe nutzen können.

In den 1970er-Jahren hatte sich die Illustrierte „Quick" bereits die amerikanische Phrase „Black is beautiful" zu eigen gemacht, um über die unterschiedlichen Weisen zu berichten, wie afrodeutsche Frauen von der aktuellen Mode und Vermarktbarkeit ihrer schwarzen Haut profitieren konnten. Das Magazin zeigte das Mädchen Nicki auf einem ganzseitigen Foto: „Ein armes Waisenkind, das von ihren Eltern verlassen wurde" und sich nun in eine atemberaubende, langbeinige Verführerin verwandelt hatte, die in einer Münchner Boutique arbeitete und nach der sich die Männer reihenweise auf der Straße umdrehten. Rosi, die als Kind versucht hatte, „ihre dunkle Haut weiß zu reiben", nachdem sie von Klassenkameraden auf gemeine Weise als „Negerkind" verspottet worden war, arbeitete nun als Model, das dank seines „dunklen, exotischen" Aussehens sechs- bis achthundert D-Mark am Tag verdiente. Die Zeitschriften bedienten eine voyeuristische Faszination von schwarzer weiblicher Körperlichkeit und Sexualität und verwendeten diese wiederholt als starken Anreiz für das Begehren weißer Männer.[46] Sogar seri-

---

46 Wiedersehen macht Freude, in: Quick. 28.4.1963, S. 38; Toxi: Alle Menschen sind nett zu mir, 1964, Foto-Bericht abgelegt in: Stiftung Deutsche Kinemathek. Berlin, Nachlass R. A. Stemmle; Die „Toxis" sind erwachsen und haben Heiratssorgen, in: Welt am Sonntag. 26.3.1967; Ruth Bahn-Flessburg, Sie haben die gleichen Chancen wie die Weißen: Auf der Suche nach den farbigen Besatzungskindern, in: Unsere Jugend. Jg. 20, H. 7, 1968, S. 295–303; Die Hautfarbe ist kein Problem: Farbige ‚Besatzungskinder' – Vierzehn Lebensläufe, in: Frankfurter Allgemeine Zeitung (1968, archiviert in: ADW, HGSt 3949, S. 295–303); Adam und Eva: Ein Mädchen wie Toxi fand sein Glück an der Elbe, in: Neue illustrierte Revue. 10.2.1975, S. 47–50; Die Deutschen mit der dunklen Haut, in: Quick. 3.–9.11.1977, S. 82–89; für Fortsetzungsgeschichten mit schwarzdeutschen Mäd-

öse Tageszeitungen wie die „Frankfurter Allgemeine Zeitung" konnten nicht umhin, in soziologischen Abhandlungen über die Integration der Teenager in den Arbeitsmarkt auf die „attraktive Andersartigkeit" der jungen Frauen hinzuweisen.[47] Wöchentlich erscheinende Illustrierte brachten schlüpfrige Fotogeschichten, die intime Einblicke in das Privatleben und die sexuellen Beziehungen von schwarzen deutschen Frauen und weißen Männern versprachen. Sex zwischen Schwarzen und Weißen schien erregend und war deshalb durchaus profitabel für die Medien.[48] Es gab jedoch auch hier Grenzen: Dauerhafte partnerschaftliche Beziehungen zwischen afrodeutschen Männern und weißen deutschen Frauen waren kein Thema in den Zeitschriften. Solche Vergemeinschaftungen überschritten offenbar die Grenze der Akzeptanz und der Vermarktung – sogar für die westdeutsche Klatschpresse.[49]

Ein Aspekt des Wiederaufbaus von Nachkriegsdeutschland, dem bisher zu wenig wissenschaftliche Aufmerksamkeit zuteilwurde, ist die Frage von Kontinuität und Bruch der sozialen Normen in Bezug auf sexuelle Beziehungen zwischen weißen Deutschen und ethnischen Minderheiten. Die Niederlage 1945 hinderte weiße deutsche Männer nicht daran, weiterhin außereheliche, kinderlose sexuelle Beziehungen zu Frauen „anderer Rasse" zu unterhalten. Diese Verbindungen wurden zwar von der Mehrheit der Deutschen niemals offen akzeptiert, sie wurden aber dennoch stillschweigend geduldet. In den 1970er-Jahren schienen interethnische Beziehungen zu Schwarzen infolge der amerikanischen Bürgerrechts- und Black-Power-Bewegung unter fortschrittlichen, politisch radikalen deutschen Männern immer attraktiver zu werden. Diese wollten dadurch ihren kosmopolitischen Geschmack, ihre antirassistische Attitüde und somit auch ihre unerschütterlich undeutsche Coolness zur Schau stellen.[50]

---

chen vgl. Ursula Schaake, Meine schwarze Schwester, in: Revue. Nr. 42, Weihnachten 1960 bis Nr. 15, 9.4.1961; Stefan Doerner, Mach mich weiß, Mutti!, in: Quick. 16–17, 28.4.1963 bis Nr. 27, 7.7.1963; siehe auch Rosemarie K. Lester, Trivialneger: Das Bild des Schwarzen im westdeutschen Illustriertenroman. Stuttgart 1982.

47 Lehrlinge mit dunkler Haut, in: Frankfurter Allgemeine Zeitung. 12.8.1961, Ausschnitt in: ADW, HGSt 3949.

48 Adam und Eva: Ein Mädchen wie Toxi fand sein Glück an der Elbe; Fehrenbach, Race after Hitler, S. 176–179.

49 Rainer Werner Fassbinders Film „Angst essen Seele auf" aus dem Jahr 1974 war eine provokante Ausnahme, fand jedoch in Deutschland zu dieser Zeit keine weite Verbreitung.

50 Dagmar Herzog erörtert überraschenderweise interethnische Sexualität und ihre soziale, politische und symbolische Bedeutung in Deutschland nach 1945 in ihrem Buch nicht. Vgl. Dagmar Herzog, Sex after Fascism: Memory and Morality in Twentieth-Century Germany. Princeton 2005. Über die Verwendung exotisierter schwarzer Körper in der politischen Repräsentation der Neuen Linken vgl. Quinn Slobodian, Foreign Front: Third World Politics in Sixties West Germany. Duke UP 2012.

Auf der anderen Seite litten afrodeutsche Frauen unter ihrem kulturellen Image als Sexobjekte. Carole, eine Kinderbetreuerin in ihren 20ern, über die 1975 ein Artikel in der „Neuen Illustrierten Revue" erschien, meinte, sie habe, bevor sie in ihrer Beziehung mit ihrem weißen deutschen Freund Frieden finden konnte, erst den „Ich-möchte-dich-nur-verführen-Komplex" überwinden müssen, den sie in ihren früheren Beziehungen genutzt hatte.

Eine andere Zeitschrift berichtete in einem Artikel mit dem Titel „Die Hautfarbe ist kein Problem" über den Selbstmord einer jungen afrodeutschen Frau nach einem One-Night-Stand mit einem weißen Partner.[51] Eine dritte schwarze Frau, die 1946 geboren worden war und in den 1960ern volljährig wurde, berichtete von unliebsamen sexuellen Avancen von männlichen Bekannten oder auch von völlig Unbekannten auf der Straße. Als Kind hatten ihr die Nonnen, bei denen sie aufgewachsen war, erzählt, sie müsse sich zwischen einer Zukunft als Missionarin oder als Prostituierte entscheiden. Die Lehrerinnen waren der Meinung gewesen, ihre „Rasse" mache sie von Natur aus zu einer stärker sexualisierten und moralisch verwerflichen Person, als es die weißen Kinder im Kinderheim waren. Die Medienberichte über Afrodeutsche in den späten 1970ern konzentrierten sich jedoch nicht auf solche Gefühle der Entwürdigung und der starken Isolation und Wertlosigkeit, welche durch die sozialen Interaktionen und kulturellen Repräsentationen erzeugt wurden, die immer wieder mit den Vorstellungen über „Rassenunterschiede" in Verbindung gebracht wurden.[52]

Soziale und epistemische Auswirkungen der westdeutschen Abkehr von „Rasse"

Nach der Niederlage und der internationalen Verdammung des Nationalsozialismus erklärten die Zeitgenossen afrodeutsche Kinder zu einem integralen Bestandteil des Prozesses der nationalen Rehabilitation und sozialen Neudefinierung nach dem Krieg. Im Gegensatz zu anderen Minderheiten in Nachkriegsdeutschland handelte es sich bei den afrodeutschen Kindern um

---

51 Adam und Eva, S. 47f.; vgl. auch Ruth Bahn-Flessburg, Die Hautfarbe ist kein Problem. Farbige „Besatzungskinder" – Vierzehn Lebensläufe, in: Frankfurter Allgemeine Zeitung. 1968. Ausschnitt in: ADW, HGSt 3949.
52 Das letzte Beispiel stammt von einer persönlichen Bekannten. Karen Thimm – DuRell Echols, Schwarze in Deutschland. München 1973; Gisela Fremgen, ... und wenn du noch dazu schwarz bist. Berichte schwarzer Frauen in der Bundesrepublik. Bremen 1984; May Opitz (Ayim) – Katharina Oguntoye – Dagmar Schultz (Hg.), Showing our Colors: Afro-German Women Speak Out. Amherst, MA 1992; Ika Hügel-Marshall, Daheim unterwegs: Ein deutsches Leben. Berlin 1998; englische Übersetzung Ika Hügel-Marshall, Invisible Woman: Growing Up Black in Germany. New York 2001.

eine Minderheit mit deutscher Staatsbürgerschaft. Deshalb standen sie – anders als die überlebenden Juden oder die DPs, die von den Alliierten oder den UN kontrolliert wurden – unter deutscher Kontrolle. Dies erlaubte es den deutschen Behörden, „Rassenthemen" mit der Jugendverwaltung zusammenzufassen: Was auch immer die Politik beabsichtigte, die Deutschen beriefen sich darauf im „Interesse" des Kindes zu handeln und nicht im Interesse des Staates.

Anfang der 1960er-Jahre, als die Verwendung der Kinder als Werbung für die erfolgreiche demokratische Transformation Westdeutschlands ausgeschöpft war, ließ die offizielle und öffentliche Aufmerksamkeit für die Kinder in der Bundesrepublik stark nach. Das „Mischlingskind" wurde zum Gegenstand der Sozialpolitik. Ein bedeutender Schritt in diese Richtung war der Widerstand, den das Bundesministerium für Inneres 1960 zu spüren bekam, als es die Länder beauftragte, eine erneute Zählung der „Mischlingskinder" in ihren jeweiligen Zuständigkeitsbereichen durchzuführen. Der Landeskultusminister von Schleswig-Holstein lehnte diese Maßnahme direkt ab und führte als Gründe sowohl pragmatische Überlegungen (Unterbesetzung) als auch rechtliche Prinzipien (das verfassungsmäßige Verbot, Individuen aufgrund ihrer Rasse hervorzuheben) an. Auch wenn diese Einwände aus einem Bundesland mit einer minimalen schwarzen Bevölkerung kamen, wurde durch diese Zurechtweisung die seit den Zeiten des Nationalsozialismus gängige Praxis des Innenministeriums, separate Statistiken für schwarze Kinder zu führen, für ungültig erklärt.[53]

Dies führte dazu, dass die amtlichen und öffentlichen Diskussionen über die Rolle der „Rasse" innerhalb der Bundesrepublik zurückgingen. Nachdem „Mischlingskinder" als Objekte der Sozialpolitik verschwunden waren, wurden auch die Verwendung des Wortes „Rasse" und die Bezugnahme auf „durch Rasse bedingte Dinge" zum Tabu erklärt, jedenfalls, wenn es um die moderne deutsche Gesellschaft ging. Das Nachkriegsproblem der „Rasse", welches stark auf das Problem der „Mischlingskinder" konzentriert gewesen war, erklärten deutsche Behörden und Medien als gelöst, sobald der älteste Teil der Kinder in die Arbeitswelt integriert worden war.

Die 1960er-Jahre läuteten eine neue, bis heute andauernde Ära ein, in welcher das „Anderssein" und die damit wahrgenommenen sozialen Störungen auf die Körper, die Überzeugungen sowie die Kulturen der Immigrantengruppen in Deutschland übertragen wurden und werden.[54] Seit damals interpretiert man diskriminierendes Verhalten und Gewalt in Deutschland für

---

53 BayHStA, Minn 81094, Mischlingskinder, 1960–1961.
54 Vgl. Chin et al., After the Nazi Racial State, insbesondere Kapitel 3 und 4.

gewöhnlich als „Xenophobie" oder Ausländerfeindlichkeit. Diese Reaktion ist eine interpretative Handlung mit weitreichenden sozialen Folgen. Denn durch sie wird das Problem als ein neues gesehen, das aus einer Phase der Anpassung hervorgeht, welche wiederum auf das Ende des Kalten Krieges, den Niedergang des Sozialismus und die daraus erfolgende starke Einwanderung sowie den wachsenden islamischen Radikalismus zurückzuführen sei. Die Wurzeln des Problems werden also außerhalb der deutschen Nation und der deutschen Geschichte gesehen, anstatt das Problem als etwas zu betrachten, das an eine längere und komplexe Geschichte des Rassismus und der Vorstellungen von „Rasse" innerhalb des Landes gekoppelt ist.

Dennoch hat die Weigerung, das Wort „Rasse" auszusprechen, weder mit „Rasse" zusammenhängende Vorstellungen vom Anderssein noch Formen des Rassismus in Deutschland ausgemerzt. Was sie bewirkte, ist, dass dadurch deutschen Minderheiten eine kritische analytische Sicht- und Ausdrucksweise vorenthalten wurde, mit welcher sie sich alltäglichen Erfahrungen der sozialen Ausgrenzung effektiv widersetzen hätten können, und – was genauso wichtig wäre – durch welche diese über die ethnische Identifikation hinweg verglichen werden könnte. Jahrzehntelang glaubten Deutsche, die als „Nachkriegsmischlingskinder" aufwuchsen, ihre Probleme seien persönlicher Art und resultierten aus individuellen Unzulänglichkeiten in Auftreten, Intelligenz oder Moral. Erst als sie erwachsen wurden und insbesondere seit den 1980er-Jahren begannen sie, das Problem der „Rasse" als ein historisches, strukturelles und soziologisches zu begreifen: als eine beständige und mächtige ideologische Konstante, die ihre Leben formt, egal wer und was sie als Individuen sind.

Seit den 1990er-Jahren können sich Afrodeutsche in ihrer Bezugnahme auf ihre „Rasse" und indem sie auf Fälle von „Rassismus" achten, mit anderen Minderheiten – türkischer, afrikanischer, arabischer, asiatischer, lateinamerikanischer und jüdischer Herkunft – zusammentun und die gemeinsamen Erfahrungen der Diskriminierung, Gewalt sowie sozialen Ausgrenzung miteinander vergleichen. Sie können zusammenarbeiten, um soziale Gleichberechtigung und Gerechtigkeit in Deutschland zu erreichen.[55]

Die sich fortsetzende soziale und kulturelle Valenz von „Rasse/race" im heutigen Deutschland muss nicht unbedingt dazu dienen, Rassismus oder

---

55 Tina M. Campt, Afro-German Cultural Identity and the Politics of Positionality: Contests and Contexts in the Formation of a German Ethnic Identity, in: New German Critique. Nr. 58. Winter 1993, S. 109–126; Sonderausgabe zu den Erfahrungen der Schwarzdeutschen in: Callaloo. 26.2. 2003; Francine Jobatey, Afro Look: Die Geschichte einer Zeitschrift von Schwarzen Deutschen. Dissertation, University of Massachusetts 2000.

Neofaschismus zu fördern. Vielmehr bietet sie politische und epistemologische Möglichkeiten, um mithilfe von gruppenübergreifenden Koalitionen auf Ethnizität und „Rasse" gerichtete Feindseligkeit und Gewalt aufzuzeigen und zu beenden. In diesem Sinne birgt die erneute Berufung auf „Rasse/ race" als Analyse- und Handlungskategorie politische Möglichkeiten, sozialen Fortschritt und historische Erklärungen.[56] Die deutschen Minderheiten begannen bereits, sich diese Lektion zunutze zu machen. Nun ist es auch für die Wissenschaftler Deutschlands an der Zeit, aus den Erfahrungen der Minderheiten zu lernen und es ihnen gleichzutun.

---

56 Vgl. Chin et al., After the Nazi Racial State.

Annette Brauerhoch

„Toxi"

Zur filmischen Repräsentation schwarzer Kinder in Nachkriegsdeutschland

In den 1950er-Jahren kommen „Neger" nicht nur in den Kindheits- und Jugenderinnerungen vieler Deutscher vor[1] oder als dekorativer Keramikwandschmuck im biederen Wohnzimmer, sondern auch im Unterhaltungsfilm: eher am Rande, sozusagen als Teil des atmosphärischen Hintergrunds. Unter Umständen spielen sie auch lustig überdrehte Hauptrollen – z. B. in „Skandal um Dodo" (Österreich 1958) – oder sentimentale Nebenrollen, etwa in „Liebe, Tanz und 1000 Schlager" (BRD 1955). Gerne und traditionell werden sie mit Musik assoziiert und finden ihren Platz in Tanz- und Revuenummern oder an Lagerfeuern, die Louisiana im Schwarzwald evozieren. Zur damaligen bundesdeutschen Vorliebe für infantile Wortspiele und Reime passen Filmtitel wie „Tante Wanda aus Uganda" (BRD 1957). Natürlich bleiben die Schwarzen immer ziemlich fremd und anders, was einen schamlosen Umgang der Kamera und einen respektlosen Umgang des Drehbuchs mit ihnen garantiert.

Ein Film allerdings ist vom deutlichen Bemühen um „Integration" getragen, wobei hinzugefügt werden muss, dass die Integration eines schwarzen Besatzungskindes im Film „Toxi", der 1952 sehr erfolgreich in die bundesdeutschen Kinos kam, in der gleichzeitigen Relokalisierung des Kindes in die „richtige Heimat" besteht.[2] So verschmilzt der Heimatdiskurs mit ei-

---

1 Vgl. z. B. Gigi Martin, „Als die Neger kamen. Aufzeichnungen eines Teenagers", in: Eric Godal (Hg.), Teenagers. Hamburg 1958, S. 59–69.
 Der vorliegende Beitrag beruht auf einem Kapitel zu Toxi in meiner Habilitationsschrift, die 2006 beim Stroemfeld Verlag (Frankfurt/Basel) unter dem Titel „‚Fräuleins' und GIs. Geschichte und Filmgeschichte" erschienen ist. Diesem Kapitel wiederum ging ein Aufsatz zum Film in Frauen und Film, Heft 60 (1997) voraus. Das Interesse an Toxi hat vor allem unter US-amerikanischen Germanistinnen und Germanisten stetig zugenommen. 2011 erschien eine Buchveröffentlichung von Angelica Fenner, Race under Reconstruction in German Cinema, Robert Stemmle's Toxi. Toronto 2011.
2 „Wer mit einigem Misstrauen in die Interessenten-Vorführung dieses Fono-Films gegangen war, verließ sie restlos umgestimmt und begeistert. Auch das Publikum zeigte sich herzlich angetan von Toxi und ihrem Schicksal." Film Echo, 23.8.1952, http://de.wikipedia.org/wiki/Toxi, 29.6.2013, 13.50 Uhr, Mozilla Firefox.

nem ethnischen der Zuordnung und Zuweisung an den angemessenen Ort. Nach allen Expansionsbestrebungen des Krieges mag nun zwar Raum in der kleinsten Hütte sein, doch die Annäherung an „Fremdes" fällt immer noch schwer. Der Film verdeutlicht aber, dass das brisante, gesellschaftspolitische Thema von der Filmindustrie nicht ignoriert werden konnte, und „Toxi" somit auch als Versuch zu verstehen ist, zwischen gesellschaftlichem Konfliktstoff und Unterhaltungsindustrie zu vermitteln bzw. mit den Mitteln der Unterhaltung Brisantes zu adressieren.

Als 1945 schwarze Besatzungssoldaten in Deutschland eintrafen, stellte dies für die meisten Deutschen die erste Begegnung größeren Maßstabs mit Menschen anderer Hautfarbe dar. Die Reaktionen fielen sehr unterschiedlich aus, übereinstimmend wird festgehalten, dass die Freundlichkeit der Afroamerikaner auffiel, womit sie mitunter öfter und schneller den Weg in deutsche Haushalte und Familien fanden als ihre weißen Kameraden. Sie selbst wiederum halten in Memoiren fest, dass viele von ihnen im Land der Rassedoktrin zum ersten Mal in ihrem Leben als gleichberechtigte Menschen behandelt wurden. Mit Verblüffung und zunehmender Empörung registrierte die deutsche Öffentlichkeit jedoch das Verhalten vieler deutscher Frauen: Die sogenannten „camp-followers" zogen ihren Liebhabern zu den jeweiligen Stationierungsorten nach, wurden in der deutschen Presse mit militärischen Begriffen als „Nachhut", „fünfte Division" oder „Truppe" bezeichnet und den örtlichen Behörden wie den amerikanischen Militärs zum Disziplinproblem. Konnte einem solchen „Treiben" noch mit Denunziationen, Beschimpfungen, Schmähungen und Bestrafungen begegnet werden, lösten die anschließenden Geburten der Besatzungskinder ganz andere Probleme aus, denen man mit Flugblättern oder Haareabschneiden allein nicht beikam. 1946 gingen die „braunen" Kinder noch als süße Babys durch. 1952 wurden die Ersten von ihnen eingeschult, und damit begannen angstvolle Spekulationen der betroffenen Institutionen in der Bundesrepublik über ihren Platz in der Gesellschaft und ihre Rolle in der Zukunft.[3] Diskussionen über die „Mischlinge" gingen durch die Presse, zogen Tagungen von Soziologen

---

3   Noch 1990 schrieb Barbara Willenbacher in ihrem Aufsatz „Zerrüttung und Bewährung der Nachkriegs-Familie": „Im Grunde fehlen bis heute Untersuchungen darüber, was aus den Besatzungskindern und insbesondere aus den farbigen Besatzungskindern geworden ist [...]." Barbara Willenbacher, Zerrüttung und Bewährung der Nachkriegs-Familie, in: Martin Broszat (Hg.), Zäsuren nach 1945. Essays zur Periodisierung der deutschen Nachkriegsgeschichte. München 1990, S. 595–618, hier: S. 602. Mittlerweile gibt es mehr Forschung zum Thema und ein wachsendes Interesse, wie auch der vorliegende Band beweist.

und Pädagogen nach sich⁴ und – im März 1952 – eine spezielle Sitzung des Bundestages zur Frage „Was wird aus den 94.000 Besatzungskindern?"⁵. In seinem Bericht zu diesem „Sonderproblem: Die Mischlinge" kam das Parlament zu dem Ergebnis, dass die „Negermischlinge [...] ein menschliches und rassisches Problem besonderer Art darstellen".⁶ Man stehe vor dem Problem, dass diesen Kindern „schon allein die klimatischen Bedingungen in unserem Lande nicht gemäß sind". Deshalb habe man erwogen, „ob es nicht besser für sie sei, wenn man sie in das Heimatland ihrer Väter verbrächte".⁷ Doch die Resolution einer Wiesbadener Konferenz von Erziehern und Fürsorgern zum „Schicksal der farbigen Mischlingskinder in Deutschland" formulierte, „daß das Problem [dieser Kinder] vornehmlich ein deutsches Problem ist, das innerhalb der deutschen Gegebenheiten gelöst werden muß".⁸

---

4   Im August 1952 fand eine Tagung der World Brotherhood zum „Schicksal der farbigen Mischlingskinder in Deutschland" statt, die sich in einer Resolution, die als Arbeitshilfe für Pädagogen und Fürsorger gedacht war, auch bemühte, darauf hinzuweisen, dass „farbige Kinder [nicht] von vornherein als einer sozial tiefstehenden Schicht zugehörig betrachtet werden müssen", und „daß die Kindesmütter keineswegs nur öffentliche Mädchen sind, sondern häufig auch Frauen, die die Verbindung mit den farbigen Vätern bewußt und aus Liebe eingegangen sind." Wiederabgedruckt in: „Toxi, eine Materialsammlung", anlässlich einer Veranstaltung im Berliner Kino Arsenal am 8./9. November 1996. In den Jahren zwischen 1954 und 1965 häuften sich darüber hinaus sichtbar verschiedenste Publikationen zum „Negerproblem": demoskopische und soziologische Studien, z. B. Luise Frankenstein, Soldatenkinder. Die unehelichen Kinder ausländischer Soldaten mit besonderer Berücksichtigung der Mischlinge. München – Düsseldorf 1954, aber auch Übersetzungen aus dem Amerikanischen zur „Rassenfrage" in den Vereinigten Staaten und Veröffentlichungen von Tagungen „Zur Situation des Negers in den USA und in Afrika". Vgl z. B. Robert Rie, Das Schicksal der Neger in den Vereinigten Staaten, Schloss Laupheim. Württemberg 1956; und Die Welt ist nicht länger weiß. Zur Situation des Negers in den USA und in Afrika, Pädagogenkonferenz des Deutschen Koordinierungsrates. Frankfurt 1965. Besonders auffällig ist auch das Erscheinen einer Reihe von Kinderbüchern, die sich neben dem Schildern von Abenteuern in Afrika um ein „positives Bild" des Schwarzen bemühen. Z. B. Marta Wild, Das Lied der kleinen Negerlein. Bern 1948; und die Geschichte eines schwarzen Soldaten, der sich eines heimatlosen deutschen Jungen annimmt in: Heinz Steguweit, Der schwarze Mann. Bonn – Antwerpen – Paris – Amsterdam 1950. Renate Seibt gibt eine sentimentale, „kindgerechte" (und geschlechtsspezifische) Darstellung – „Für Jungen ab 10" – des Schicksals Martin Luther Kings in: Für Neger verboten. Kassel 1965.
5   Das Parlament. Jg. 2, Nr. 12, 1952, S. 2.
6   Dabei muss man sich vor Augen halten, dass die Zahl der schwarzen Kinder zu dem Zeitpunkt nur auf ca. 3400 geschätzt wurde.
7   Das Parlament, S. 2.
8   Wiederabgedruckt in: Toxi, eine Materialsammlung, anlässlich einer Veranstaltung im Kino Arsenal in Berlin am 8./9. November 1996.

„Toxi" (BRD 1952, Regie: R. A. Stemmle)

In dieses „Klima" wurde ein Film hineinproduziert, der weder die später übliche lustige Tanznummer bietet noch nur das sentimentale Gruppenbild vom gefühlvoll-musikalischen „Neger" – und dennoch von beidem etwas enthält. Er erzählt „die Geschichte des fünfjährigen ‚Mischlingsmädchens' Toxi (Vater: schwarzer amerikanischer Besatzungssoldat, Mutter: Deutsche), das bei der gutbürgerlichen Familie Rose abgegeben wird. Toxi wird zunächst für die exzentrische Geburtstagsüberraschung einer Tante gehalten, bis sich herausstellt, dass das Mädchen von seiner Großmutter, die es aufgezogen hat und die ins Krankenhaus muss, ausgesetzt worden ist. Für die Roses ergeben sich daraus eine Reihe von Komplikationen innerhalb und außerhalb der Familie. Insbesondere der Großvater will sich von dem ‚Mulattenmädchen' nicht trennen. Als er sich schließlich der ultimativen Forderung seines peinlich korrekten Schwiegersohns beugt und Toxi in ein Kinderheim bringen will, geht sie ihm auf der Fahrt dorthin verloren. Sie wird nach langwieriger Suche von der Polizei auf einem Rummelplatz gefunden. Danach soll sie in der Familie Rose bleiben dürfen, doch just am Weihnachtsabend taucht Toxis amerikanischer Vater auf, um sein Kind zu sich zu nehmen."[9]

Diese Geschichte eines kleinen schwarzen Mädchens in der BRD stellt zwar den aufrechten Versuch dar, die bundesdeutsche Öffentlichkeit auf das Phänomen der „braunen Besatzungskinder" vorzubereiten, Sympathien für die Einzuschulenden zu gewinnen und für Harmonie, Wohlwollen und Verständnis zu sorgen – doch gerade weil dem Film dies in gewisser Weise gelingt, versagt er auch. In der Fokussierung seiner Anstrengungen auf die Erzeugung „mitmenschlicher" Gefühle bleibt er in diesem „reinen" Appell an das Gefühl unter Ausschluss komplexerer gesellschaftlicher Realitäten ganz im Rahmen eines traditionellen Spielfilms. Bestimmt hängt dies mit dem Credo des Regisseurs zusammen, der zwar Zeitthemen mit einem kritischen Bewusstsein aufgreift, aber davon ausgeht, dass sich Filme an der Kasse tragen müssen und deshalb dem „Publikumsgeschmack" anzupassen sind.[10] Stemmle (1903–1974), in seinen frühen Jahren Autor sozialkritischer und satirischer Stücke, verfasste 1948 das Drehbuch zu dem DEFA-Film „Af-

---

[9] http://www.kjk-muenchen.de/archiv/index.php?id=61, 29.6.2013, 13.58, Mozilla Firefox.

[10] Klaus Kreimeier schätzt ihn kurz so ein: „Stemmle oszillierte wie viele seiner Kollegen zwischen seinen eigenen aufklärerischen Ansprüchen, den von der Industrie geforderten Konzessionen an den Publikumsgeschmack und gelegentlichen Kollaborationen mit den politischen Anforderungen des Regimes [...]." In: Klaus Kreimeier, Die UFA-Story. München 1992, S. 335.

faire Blum", in dem es – gezeigt an einem Justizskandal – um Antisemitismus in der Weimarer Republik geht.[11] Im selben Jahr drehte er den trotz zeittypischer melancholischer Grundstimmung an manchen Stellen durchaus satirisch und kabarettistisch gestalteten Heimkehrerfilm „Berliner Ballade". Von „Toxi" behauptete er selbst, er sei „ein sehr deutscher Film".[12]

Dieses spezifisch Deutsche, das Stemmle nicht weiter ausführt, möchte ich in den Ambivalenzen aufspüren, von denen der Film bestimmt ist. Die Art, mit der er ein soziales Problem aufgreift und „löst", kann als medienspezifisch für Spielfilme im Allgemeinen gelten. Das Thema der „braunen Besatzungskinder" wurde zwar in der schwarzen Presse Amerikas viel diskutiert, doch in keinem amerikanischen Film behandelt. Das „Problem" verlangte vor allem in Deutschland nach gesamtgesellschaftlicher Auseinandersetzung; der Film bot sie auf unterhaltsame Weise an.[13]

---

11 In Westdeutschland wurde Stemmle mit diesem Stoff abgelehnt. Der amerikanische Filmkontrolloffizier Erich Pommer hielt ihm entgegn, die Deutschen sollten erst einmal in sich gehen, „statt schon wieder solche Filme zu machen". R. A. Stemmle, zit. in: Der Spiegel. Nr. 36, 23.7.1952, S. 30.

12 Kellerkinder mit Seelen-Frou-Frou. Ein Quentchen zuviel Schmalz: Regisseur R. A. Stemmle, in: Der Spiegel. Nr. 36, 23.7.1952, S. 27. Dem Film, der ursprünglich von der Real-Film Gesellschaft produziert werden sollte, wurden die damals üblichen und notwendigen finanziellen Hilfen in Form der Bundesausfallbürgschaften verweigert, weil dem Produzenten Walter Koppel eine zeitweise Mitgliedschaft in der KPD „unterstellt" wurde. Die Rechte wurden dann an den Fono-Film verkauft.

13 Medial gesehen stellte das Jahr 1952 den Höhepunkt der Auseinandersetzung mit afrodeutschen Kindern dar: Presseberichte, Tagungen, Parlamentsdebatten, Resolutionen und der Film „Toxi". Am 18. August 1952 meldete die Frankfurter Neue Presse, dass von den 94.000 unehelichen Besatzungskindern über 3100 „Mischlinge" seien. Siebzig Prozent der Mütter wollten ihre Kinder bei sich behalten, sieben Prozent lebten bei Verwandten, neun Prozent bei Pflegeeltern und zwölf Prozent würden zur Adoption freigegeben. Wiederabgedruckt in: Antonio Peter – Werner Wolf (Hg.), Arbeit, Amis, Aufbau. Alltag in Hessen 1949–1955. Frankfurt/Main 1990, S. 385. Die meisten schwarzen Kinder entstammten den Beziehungen mit amerikanischen Soldaten: „Nachdem bekannt geworden ist, daß die jährliche Geburtenziffer von Mischlingen wieder im Steigen begriffen ist, glauben wir bis Ende 1955 mit rund 4300–4500 Mischlingskindern rechnen zu müssen. Nur ein geringer Prozentsatz der farbigen Väter sind Angehörige der französischen Truppeneinheiten [...]. In der Hauptsache handelt es sich hier um farbige Angehörige der amerikanischen Armee, die auch rein anteilmäßig das Gros farbiger Truppen in Westdeutschland ausmachen." In: Rudolf Sieg, Mischlingskinder in Westdeutschland. Festschrift für Frédéric Falkenburger, Baden-Baden 1955, S. 20. 1952 war auch das Jahr, in dem die ersten „Mischlingskinder" eingeschult wurden. Die Diskussionen und Überlegungen in der Presse reichten von allgemeinen Fragen nach ihrer Intelligenz und ihrem Temperament bis hin zu konkreten Fragen, ob man sie separieren oder mit deutschen Kindern eine Schulbank teilen lassen sollte. Das „Problem" zeitigte darüber hinaus ausgesprochen obskure „wissenschaftliche" Auswüchse, die nicht nur an viktorianische kolonialistische Praktiken erinnern, sondern vielmehr

Spezifisch deutsch ist der Film schon insofern, als er im Vergleich zur US-amerikanischen Geschichte relativ unbelastet vom Thema der Sklaverei in ein Verhältnis zum schwarzen Kind treten kann, aber andererseits in einer Gesellschaft und vor dem Hintergrund einer Geschichte entsteht, in der ein spezifisch deutscher Rassismus zur Vernichtung von Juden führte. Über Konzentrationslager gab es im Nachkriegsdeutschland nur zwei Filme.[14] „Toxi" kann als indirekte Auseinandersetzung mit nationalsozialistischer Vergangenheit und der Rassendoktrin des Systems gelten. Toxi tritt an die Stelle der getöteten Juden und erfährt als stellvertretende Andere „Wiedergutmachung".[15]

Die unverarbeitete Vergangenheit schlägt sich allerdings in den Ambivalenzen des Films nieder: Zwar versucht er, Toxi so „normal" wie möglich darzustellen, d. h., Abstand von Exotismen zu nehmen, andererseits scheint er beim Versuch, den Rassismus von Toxis Umgebung bloßzustellen, diesem zuweilen selbst anheimzufallen. Allerdings ist der Film trotz seiner vorwiegend sentimentalen Ausrichtung vor dem Hintergrund eines zumindest für die USA geltenden „Bilderverbots" zunächst als eine Leistung anzusehen, die ein schwarzes Kind in einem ausgesprochen sympathischen Licht zeigt, und einem – generell Besatzungskindern gegenüber ablehnend eingestellten – breiten Publikum öffentlich als liebenswert vorführt. Doch vor einer Visua-

---

noch die Rasselehren des Nationalsozialismus aktualisieren, wie zum Beispiel eine „anthropologische" Studie, in der die „Mischlingskinder" akribisch vermessen wurden: die Größen- und Formverhältnisse ihrer Körper wurden mit einer Detailversessenheit erfasst, die von Jochbogen-, Unterkieferwinkel- und Ohrbreite bis zur Erfassung von „Längenreihenfolgen der Finger und Zehen" reichte. Natürlich waren die Pigmentverhältnisse der Haut sowie die Variationen der Haarform von besonderem Interesse. Vgl. Sieg, Mischlingskinder in Westdeutschland. Diese Schrift erinnert auf fatale Weise an nationalsozialistische „Eugenikstudien", mit denen u. a. Zwangssterrilisationen an Afrodeutschen, den sogenannten „Rheinlandbastarden", eingeleitet und legitimiert wurden. Vgl. hierzu die Ausführungen im Kapitel „Afrikaner/innen und Afro-deutsche in der Weimarer Republik und im Nationalsozialismus" in: Katharina Oguntoye – May Opitz – Dagmar Schultz (Hg.), Farbe bekennen. Afro-deutsche Frauen auf den Spuren ihrer Geschichte. Frankfurt/Main 1992, S. 49–58.

14 „Lang ist der Weg" von Herbert B. Fredersdorf und Mark Goldstein (1948) und „Morituri" von Eugen York (1948).

15 Diesen Gedanken vertritt die Historikerin Yara Colette Lemke Muniz de Faria in ihrer Arbeit zur Situation und Geschichte der „braunen" Besatzungskinder. Er findet Unterstützung in Analysen, die die Stereotypenbildung um Schwarze und Juden als das jeweils „andere" einer Gesellschaft ebenso untersuchen wie die metaphorische Parallelisierung, die schwarze Autoren angesichts ihres Status und ihrer Geschichte mit der Judenverfolgung vornehmen. Vgl. hierzu z. B. Reinhold Grimm, Germans, Blacks, and Jews; or Is There a German Blackness of Its Own?, in: Reinhold Grimm – Jost Hermand (Hg.), Blacks and German Culture. Madison 1986, S. 150–184.

lisierung des bi-ethnischen Paars schreckt der Film zurück, sorgfältig jede Assoziation von Sexualität vermeidend. Das „schwarz-weiße" Paar, das Toxi zeugte, kommt nie in den Blick. Das Kind hingegen wird vorgeführt.[16]

„Toxi" erzählt die Geschichte eines fünfjährigen „braunen" Mädchens, das eines Abends an der Wohnungstür der Unternehmerfamilie Rose klingelt, der Großmutter mit einem Feldblumenstrauß zum Geburtstag gratuliert und dann ganz offensichtlich kein Zuhause hat. Die höchst artifiziell zusammengestellte „Großfamilie" erlaubt das plakative Ausstellen und Ausspielen verschiedener Positionen zum „Rasseproblem", so wie er Toxi zum Katalysator für Entwicklungen innerhalb der Familie macht. An der grundsätzlichen Frage, ob Toxi bleiben kann oder gehen muss, scheiden sich die Geister und entwickelt sich die Geschichte. Im Schutz und Korrektiv von Großvater Roses „menschlicher Güte" – sozusagen des „Übervaters" der kleinen Gesellschaft – sind die rassistischen Ressentiments des Hausvorstands Theodor Jenrich aufgehoben. Damit erlaubt der Film einer weit verbreiteten ablehnenden Einstellung in dieser Figur stellvertretend freie Entfaltung, während er sie gleichzeitig personalisiert in einem privaten Schutzraum hält und im Verlaufe der narrativen Entwicklung korrigiert. Als Jenrich endlich im letzten Viertel des Films zu Toxi findet, hat er zwar eine Entwicklung durchlaufen, deren Konsequenz allerdings nicht mehr in der Form eines „integrierten" Zusammenlebens zum Tragen kommt. Diese Folge scheut der Film, wie die Gesellschaft, für die er entworfen wurde. Gleichzeitig stellt die familiäre Lösung – der „richtige" Vater aus Amerika schafft das Problem, von dem behauptet wurde, dass es nun keines mehr darstellt, aus der (deutschen) Welt – ein Resultat der Logik von Spielfilmen dar. Die narrative „Lösung" eines „Happy End" entspricht der von der Bundesrepublik angestrebten Strategie der Abschiebung, die sich in der Überzeugung des Bundestages ebenso äußerte wie in breit angelegten Aktionen, in denen Zeitschriften wie „Revue" und „Quick" nach schwarzen Adoptiveltern in Amerika suchten.

Bedeutsamerweise ist Toxi ein kleines Mädchen. An die (ödipale) Stelle von Vater Staat und seiner bundesdeutschen Stellvertreter, „Ersatzväter", die ideologisch-politische Positionen ausloten, tritt zum Schluss die narrative Lösung vom „richtigen" Vater. Allein schon über ihr Geschlecht wird ein Einverständnis hergestellt, indem sich patriarchaler Blick und paternalistischer

---

16 Diesen Gedanken teilt Heide Fehrenbach in ihrem Kapitel zu Toxi in: Race after Hitler: Black Occupation Children in Postwar Germany and America. Princeton 2005, allerdings ohne Hinweis auf meine Ausführungen dazu, die schon 1997 in: „Mohrenkopf – Schwarzes Kind und weiße Nachkriegsgesellschaft in Toxi", in: Frauen und Film. H. 60, 1997, S. 106–130 veröffentlicht wurden.

Gestus mit einer „Verniedlichung" im süßen Geschöpf treffen. Durch die automatisch (im weißen Bewusstsein und Unterbewusstsein) mit schwarzer Haut in Verbindung gebrachten Vorstellungen von (mehr) „Körperlichkeit" und „Sexualität" gewinnt das grundsätzlich der Verniedlichung von Kindern leicht anhaftende Element des Päderastischen zusätzliches Gewicht.[17]

Ganz in Übereinstimmung mit den Konventionen des Melodramas wird in „Toxi" der gesellschaftliche Konflikt als rein familiärer ausgetragen, doch wird dabei, wie Laura Mulvey dies einmal ausdrückte, unterwegs viel Staub aufgewirbelt.[18] Andererseits steht melodramatischen Effekten des Films die Distanziertheit der Kameraführung entgegen.[19] Dem emotionalen Appell, vom Drehbuch vorgesehen, gesellt sich ein beobachtender Blick zur Seite.

Zunächst wird das „fremde Wesen" genauer in Augenschein genommen. Es kommt von draußen, aus – metaphorisch gesehen – „seinem" Element: der dunklen Nacht. Da diese in der (unbewussten) Vorstellung zugleich den (Zeit-)Raum seiner Entstehung bezeichnet, ist er negativ konnotiert: kalt und schmutzig. Die Kälte vermittelt sich durch die Regennässe, der Schmutz durch die das Kind begleitende, arme, heruntergekommene Frau. Eine düstere Herkunft, die nun mit dem Licht, dem Wohlstand und der scheinbaren Harmonie der bundesdeutschen Nachkriegsgesellschaft, des „Wirtschaftswunders" konfrontiert wird. Am Abend des Geburtstages von Großmutter Rose ist der gutbürgerliche Haushalt, in dem drei Generationen unter einem Dach leben, von geschäftigen Vorbereitungen bestimmt: Man wäscht die Haare, zieht sich um, backt und kocht. Doch kleine Missgeschicke kündigen schon die größere Störung an: Ein Fön hat einen Kurzschluss, ein Soufflé fällt in sich zusammen, ein wichtiger Gast verlässt überstürzt und erbost das Haus. Diese Krisen am Rande bereiten die zentrale, wirkliche Störung des Friedens sukzessive vor, folgenreiche Eruptionen, die das Auseinanderbrechen der Familie provozieren. Rührung bildet dann den Kitt, mit dem alles wieder zusammenkommt und zusammengehalten wird.

---

17 Die Dynamiken des Unbewussten im Verhältnis zu „Rasse" hat Frantz Fanon schon in den 1950er-Jahren in „Schwarze Haut, weiße Masken" ausgiebig analysiert. Vgl. Frantz Fanon, Schwarze Haut, weiße Masken. Frankfurt/Main 1980.
18 Vgl. Laura Mulvey, Notes on Sirk and Melodrama, in: Christine Gledhill (Hg.), Home is Where the Heart is. Studies in Melodrama and the Woman's Film. London. British Film Institute 1978.
19 Laut Cinegraph hat sich Stemmle ausgiebig mit den Filmen Hitchcocks beschäftigt, was sich u. a. in „Toxi" darin niederschlage, dass er wenig mehr als hundert Schnitte aufweise. Dadurch entsteht eine gewisse Statik, die durchaus die „versteinerten" Verhältnisse ästhetisch reflektiert, so wie sie dem Zuschauer einen distanzierten Beobachterposten ermöglicht. Umso effektvoller wirken dann die wenigen Close-ups, vor allem jene von Toxi.

Die zeitgenössische Presse war von dem Projekt, selbst wenn sie die Sentimentalität des Filmes sah und monierte, durchaus auch angetan. Der Film wird in seiner Intentionalität deutlich als eine Stellungnahme zu einem „Zeitproblem" gewertet, wenn „Der Tagesspiegel" beispielsweise schreibt: „Die Einschulung der ersten Negermischlingskinder hat nicht nur sie, sondern auch ihr Problem in den Gesichtskreis einer breiteren Öffentlichkeit gerückt. Denn nicht nur diese Kinder haben jetzt ihre erste Lebensprobe zu bestehen, auch ihre weißen Mitschüler sehen sich vor einer Frage, an deren Beantwortung ihre Eltern mithelfen müssen. An sie vor allem wendet sich der Film."[20]

Für die „Frankfurter Abendpost" stellt der „geschmackssichere Film vom nachkriegsdeutschen Mulattenkind" „eine der angenehmsten [...] Überraschung[en] unserer vielgeschmähten Filmproduktion vor". Das Drehbuch wird als „mutig" bezeichnet, die Zielsetzung als „anspruchsvoll" und die Gestaltung als „sauber".[21] Das „Wiesbadener Tagblatt" kommt vor dem Hintergrund einer Differenz zwischen Kino und Realität auf das „Problem" zu sprechen, dass der Charme des „zum Anbeißen netten Mulattenkindes" das Kapital ist, von dem der Film zehrt, der den wirklichen „Mischlingskindern" in der Regel jedoch mangelt: „Leider gibt es nicht sehr viele solcher Toxis".[22] Der Film könne auch deshalb, weil er auf äußere Reize vertraue, nicht wirklich jene „Menschlichkeit" mobilisieren, mit der im missionarisch-postkolonialen Sinne den Schwarzen „generös" ein „Menschenrecht" eingeräumt werde: „Das Problem der Mischlingskinder, das Problem von Zehntausenden in Deutschland! Das geht nicht nur den Finanzminister und die Sozialämter an. Diese Erinnerungen an die Besatzung werden jahrlang [sic!] ein staatlicher und menschlicher Fragenkomplex bleiben. Gelöst aber können diese Fragen nur werden auf der Grundlage der Menschlichkeit. Um es ganz klar zu sagen, nur aus christlicher Humanität, die einmal aus Sklaven Freie machte, die Welt umkrempelte und die auch Mulattenkinder zu Ebenbildern Gottes und damit zu vollgültigen Menschen erklärt."[23]

Ohne die leisesten Skrupel am revisionistischen Geschichtsbild, das die Versklavung Schwarzer durch das Christentum ausblendet, wird der Subjektstatus Schwarzer in einer Form negiert, der sie lediglich zu Opfern oder Empfängern menschlicher Güte macht, in der sich die Weißen ermächtigen, „auch Mulattenkinder zu vollgültigen Menschen zu erklären". Einen Reflex

---

20 Der Tagesspiegel. Berlin-Westsektor. 13.9.1952.
21 Vgl. Abendpost. Frankfurt. 15.8.1952. Das „Problem" einer dunklen Hautfarbe erzeugt Assoziationen an den „guten" und „schlechten" Geschmack und Adjektive, die dem Hygienebereich entstammen.
22 Wiesbadener Tagblatt. 27.8.1952.
23 Ebd.

findet diese Haltung in jener Szene des Films, in der Großvater Rose Toxi ihre Herkunft (falsch) erklärt, auf die ich später zurückkommen werde. Die Vorstellung einer Nähe der Schwarzen zur Natur drückt sich in einer Kritik aus, die die Leistungen Elfie Fiegerts vor der Kamera als „naive schauspielerische Begabung" beschreibt, „die so vielen Negern angeboren ist".[24] Ihre traumhafte Sicherheit passe zur Willenlosigkeit, mit der der „Mohr" sich vom Weißen regieren lasse: „Ich erlebte, wie sie am Kaffeetisch vor ihrem Mohrenkopf saß, das Mohrenmäulchen über dem Mohrenkopf, erlebte, wie dies kleine Mulattenkind wie willenlos unter der suggestiven Stimme und den eindringlichen Augen Stemmles traumhaft sicher reagierte."[25]

Die Filmwoche liefert unter Aufbietung eines rassifizierenden Arguments Hintergrundmaterial. Sie berichtet von der Adoption des „bräunlich-schwarzlockigen Etwas": „Elfie lernte bald fließend bayrisch, konnte aber die ursprüngliche Herkunft nicht recht verleugnen und drückte die ohnehin schon platte Nase immer an Schaufenstern von Night-Clubs, in denen schwarze Bands jazzten."[26]

Für „Die Neue Zeitung" löst Toxi „das kleine, große Problem der farbigen Kinder in der Ruinenlandschaft des Rassenwahns […] allein durch ihre bezaubernde Existenz; sie benötigt kaum ein Drehbuch dazu, sie ist eine Inkarnation des kindlichen Flehens aller wehrlosen und des heimlichen Triumphes aller freundlichen Menschen."[27]

Nicht alle schwarzen Besatzungskinder der außerfilmischen Realität waren bereit und in der Lage, sich mit niedlichem Lächeln, großer Souveränität und heiterer Selbstverständlichkeit über Widerstände und Ablehnungen hinwegzusetzen. Zunächst muss jedoch gesehen werden, dass der Film erstmalig – wenn auch idealisiert – versucht, diese Besatzungskinder-Thematik genderspezifisch einem bundesdeutschen Publikum nahezubringen. Verallgemeinerbare Gefühle von Ausschluss und Alleingelassensein ermöglichten offenbar nicht nur Kindern im Publikum einen hohen Grad an Identifizierung mit Toxi.[28]

---

24 Kasseler Zeitung. 1.11.1952.
25 Randbemerkungen zu einem aktuellen Film, in: Produktionsmitteilungen der Presseabteilung der Allianz-Film GmbH, archiviert in: Deutsches Institut für Filmkunde. Frankfurt/Main.
26 Filmwoche. 21.6.1952.
27 Christian Färber, in: Neue Zeitung, 18.8.1952, zit. in: Deutsches Filmmuseum (Hg.), Zwischen Gestern und Morgen. Westdeutscher Nachkriegsfilm 1946–1962. Frankfurt/Main 1989, S. 363.
28 Dafür sprechen die Erinnerungen zeitgenössischer Zuschauerinnen, die sie bei einer von Madeleine Bernstorff organisierten Veranstaltung und Wiederaufführung des Films im November 1996 im Berliner Arsenal mit dem Publikum teilten.

In der aufwendigen Vermarktung von „Toxi" verbindet sich „humanitäre" Strategie mit kapitalistischem Interesse. Die Noten zum „Toxi-Lied" erschienen im Verlag der Michael Jary-Produktion, die Schallplatte dazu war „in allen einschlägigen Musikgeschäften" erhältlich. Unter dem Slogan „Werben um Liebe" verbreitete der Verleih seine Produktstrategie so: „Um Schulen und Kinder auf den Film hinzuweisen, können Sie entzückende kleine Abziehbilder [auf denen man die lächelnde Toxi sieht] bei uns beziehen, die ebenfalls als Verteiler gedacht sind. Der Musikverlag Michael Jary [...] stellt Ihnen auf Anforderung gern Exemplare des Toxi-Liedes zur Verfügung, die Sie an die Musiklehrer der Volksschulen, die Fürsorgeheime Ihrer Stadt, Kindergärten und Kinderchöre senden sollten. Man wird dort – mit Rücksicht auf die ethische Tendenz des Films – dieses Lied gern einstudieren. Es bliebe dann Ihrer Initiative überlassen, ob sie einen dieser Chöre – gemischt aus schwarzen und weißen Kindern – auf der Bühne Ihres Theaters bei den Aufführungen des Films zu Gehör kommen lassen wollen."[29]

In diesem Aufwand reflektiert sich etwas von den Showqualitäten, die schwarzen Menschen „naturgemäß" zugeschrieben werden, mit denen sie, ins Spektakel gebannt, „Einlass" in die weiße Gesellschaft finden.[30] 1952 wird von Rosemarie Lester ironisch als „das Jahr der schwarzen Deutschen" bezeichnet, denn neben der Aufführung von „Toxi" bekommt die Revue-Comicfigur Herbert eine afrodeutsche Adoptivschwester und die Nummer eins der NDR-Hitparade bildet das von der schwarzen Teenagerin Leila Negra gesungene Lied: „Mach nicht so traurige Augen, weil du ein Negerlein bist."[31]

---

29 Produktionsmitteilungen der Presseabteilung der Allianz-Film GmbH, archiviert in: Deutsches Institut für Filmkunde, Frankfurt/Main.

30 Der Text des Liedes, das Toxi – in Nahaufnahme – singt, legt ihren „Ursprung" in die Ferne: „Ich möcht' so gerne nach Hause geh'n, ay-ay-ay. Die Heimat will ich wiederseh'n, ay-ay-ay. Ich find' allein nicht einen Schritt, ay-ay-ay. Wer hat mich lieb und nimmt mich mit? Ay-ay-ay." Die Funktionalisierung des sentimentalen Liedes für eine heuchlerische Rührseligkeit weckt in ihrem Zusammenschluss von „fremdem Bild" mit „vertrauten Tönen" Erinnerungen an eines jener Kinderbücher der Zeit, in denen der missionarische Blick auf die „Eingeborenen" in ihrer Christianisierung ein Element ihrer „Menschwerdung" entdeckt. So heißt es in der Geschichte einer Missionarin für Kinder: „Plötzlich aber wurde ihre Aufmerksamkeit hellwach und rege. Zwei kleine Negerlein kamen ganz nahe zum Schiff, schauten der weißen Frau fröhlich und zutraulich ins Gesicht und fingen dann zu singen an. Kongoneger, die unaufgefordert vor Fremden sangen, waren der Missionarin, die schon lange im Land lebte, noch nie vorgekommen. Schon darüber war sie verwundert, aber erst recht davon, was die kleinen schwarzen Kerlchen sangen. Das war doch keine Negermelodie! Die Kinder sangen ja ein Stück von dem lieben, alten Lied: ‚Gott ist die Liebe!' Die Melodie war freilich etwas verstümmelt, aber doch gut erkennbar." Vgl. Wild, Das Lied der kleinen Negerlein, S. 2.

31 Vgl. Rosemarie K. Lester, Blacks in Germany and German Blacks: A Little-Known Aspect of Black History, in: Reinhold Grimm – Jost Hermand (Hg.), Blacks and German

Die geläufige Assoziation von schwarzen Menschen mit Tanz und Musik findet in „Toxi" schon in der typografischen Titelgestaltung ihren Niederschlag: Die Buchstaben mit spitzwinklig auslaufenden Enden kippen schräg nach rechts und links gegeneinander und erzeugen so den Eindruck tanzender Beine. Die erste Einstellung dagegen ist eher düster. Aus leichter Aufsicht blicken wir auf eine dunkle, regennasse Straße, im Vordergrund eine Straßenlaterne, im Hintergrund ein nobles Einfamilienhaus, fast schon eine kleine Villa. Während der Vorspann über diese Einstellung rollt, gehen langsam die Straßenlaternen an, ein Auto fährt vor und eine Dame tritt ins Haus. Einem zweiten Auto entsteigt der Patriarch und Hausvater.

Dabei verfolgt der Film eine interessante Strategie: Einerseits bietet er Theodor Jenrich als Identifikationsfigur an (in seiner biederen Engstirnigkeit sehr überzeugend gespielt von Wilfried Seyferth), andererseits distanziert er sich durch eine zweite männliche Hauptfigur, Großvater Rose, von ihm. Je nachdem, welcher Perspektive der Film das Hauptgewicht lässt, erlaubt er einen Wechsel von Empathie oder Beurteilung, von Innen- oder Außensicht Theodor Jenrichs als dem Hauptvertreter eines „Rassevorurteils". Mit Großvater Rose (Paul Bildt) als Gegenspieler kommen zwei Generationen und zwei Positionen zu Wort und werden dem Zuschauer zur Disposition gestellt. Die Frauen haben in diesem Film nicht viel zu sagen. Vorwiegend schließen sie sich den Meinungen ihrer Männer an oder schweigen bedrückt. Wie sehr es um eine Verhandlung zwischen zwei männlichen Polen geht, verdeutlicht schon der erste Auftritt Toxis, der sie sofort zwischen die beiden patriarchalen Figuren von Großvater Rose und Theodor Jenrich platziert. Bedrohung und Verführung, die durch die Sexualisierung schwarzer Haut ausgelöst wird, erzeugt gleichzeitig zwanghafte Niedlichkeit und Verniedlichung Toxis, mit der diese Bedrohung abgewehrt und gleichzeitig als „Verführung" aufgehoben wird.

Die friedliche häusliche Idylle, die emsigen Vorbereitungen für die Geburtstagsfeier erfahren die erste größere Störung durch den verfrühten Abgang der reichen Tante Wally, die sich durch einen angekündigten Gast, den sie früher begehrte, der sie aber nicht heiratete, kompromittiert fühlt. Der ausgesprochen theatralische Schauspielstil von Elisabeth Flickenschild in dieser Rolle trägt zur Denunzierung der Figur als altmodisch, verkrampft und altjüngferlich bei. Sie geht nicht, ohne der Großmutter zu versprechen: „Ich werde dir noch etwas schicken, eine kleine Überraschung."

Das Setting in einem gutbürgerlichen Wohnzimmer gibt der Kamera die

---

Culture. Madison 1986, S. 113–134, hier: S. 123. Die Abbildung ist zu finden in: Revue. Nr. 15, 12.4.1952, S. 48.

Möglichkeit, familiäre Harmonie ebenso wie mühsame Zeremonien zu ihrem Erhalt darzustellen und sie andererseits als ausgesprochen patriarchal dominiert zu offenbaren. In ihren Perspektiven ist sie beobachtend und kommentierend zugleich. Mit Naheinstellungen oder Großaufnahmen geht der Film sparsam um. Stattdessen bevorzugt er das Verfolgen und Vorführen seiner Figuren in planen Einstellungen, seine Stellungnahmen liegen in der Montage, den Bildrahmungen und den Kamerawinkeln.

Offenbar in Anspielung auf Nachkriegsnöte, eventuell auch Beschlagnahmungspraktiken der Alliierten, endet die Rede auf Großmutter Rose (Johanna Hofer): „Vom Segen deiner Liebe ist das ganze Haus angefüllt – und das Wohnungsamt kann dir jetzt praktisch gesehen gar nichts mehr anhaben. Nein, nein, nein, Eindringlinge haben hier keinen Platz." Bei diesem Satz erfolgt ein Umschnitt auf die dunkle Straße, der die Perspektive der Eingangssequenz wieder aufgreift, mit dem Unterschied, dass nun zwei Figuren vor dem Haus stehen. Als plötzlich die Klingel ertönt, öffnen Großvater Rose und Theodor Jenrich die Türe und ein breiter Lichtkegel fällt auf das kleine schwarze Mädchen am Ende der Treppe. Die starke Aufsicht erzeugt einen Eindruck von Verlorenheit, über die es sich jedoch souverän hinwegsetzt. Mit einem Blumenstrauß in der Hand steigt es forsch die Treppe hinauf, macht einen Knicks, sagt „Grüß Gott" und will der Großmutter zum Geburtstag gratulieren. Da Großvater Rose und Jenrich diesen Auftritt für die „Überraschung" halten, die Tante Wally angekündigt hatte, wird das Mädchen ohne Umstände freundlich aufgenommen. Bald allerdings wird sich herausstellen, dass sie der „Eindringling" ist, der in diesem Haus keinen Platz hat.

Der Film bricht an dieser Stelle mit den filmhistorisch konditionierten Erwartungen, indem er Toxi durch Kostüm, Sprache und Gestik besonders vertraut erscheinen lässt, statt sie mit Merkmalen von „Andersheit" auszustatten. In der Verblüffung der Filmfamilie über die „Normalität" des Mädchens entsteht eine Spiegelung der „rassistischen" Zuschauererwartungen dem „anderen" gegenüber. Er zeigt deutlich die Überraschung der Familienmitglieder darüber, wie gut erzogen und christlich-manierlich das Kind sich verhält. Bevor es eine Mahlzeit zu sich nimmt, faltet es die Hände und betet. Die Kamera fängt bedeutungsvolle Blicke zwischen Herta, der jüngsten Tochter des Hauses, und ihrem Bräutigam Robert auf. Darüber hinaus wird registriert: „Das Kind spricht ja süddeutsch!" Die vertrauten Klänge im Ohr stoßen auf eine Mischung aus Vertrautem und „Fremdem" im Blick und erzeugen so Widersprüchlichkeit.[32] Doch der forcierten Inszenierung von Toxis

---

32 Eine geläufige Erfahrung Afrodeutscher stellt ihren eigenen Berichten zufolge dar, dass die Verblüffung über ihr „gutes Deutsch" sich grundsätzlich mit dem Unglauben be-

„Normalität" haftet ein Überschuss an, der auf den Druck verweist, sie unter Beweis stellen zu müssen.

Abwehr des Fremden entsteht erst dann, als Toxis Auftritt nicht mehr nur die gelungene Geburtstagseinlage darstellt, sondern ihre Heimatlosigkeit – zunächst in einem Ständchen an die Oma „niedlich" verpackt[33] – zur Konfrontation zwingt. Auf Fragen nach ihrer Herkunft antwortet Toxi, dass ihre Mutter beim Himmelvater, ihr „Daddy" in Amerika sei und ihre Großmutter ihr geraten habe, immer „hübsch brav" zu sein, „damit sie mich nicht in die Fürsorge bringen". Mit der so im Raum stehenden Verantwortung ändert sich auch der Blick auf das vorher so süße „Schokoladenmädchen". Nun heißt es: „Ausgerechnet so ein Kind, das ist ja fürchterlich!" Es wird in einer Kammer hinter der Küche untergebracht, damit räumlich isoliert und abgewertet. Dann werden Agenten der Ordnung, Sicherheit und Sauberkeit zu Hilfe gerufen. Ein Polizeikommissar soll sich um die Kindesaussetzung kümmern, bei seiner Untersuchung des Köfferchens, das man vor der Haustür gefunden hatte, beobachtet die Hausangestellte, ganz infiziert vom Nimbus der sich rapide ankündigenden Wohlstandsgesellschaft: „Lauter armseliges, hausgemachtes Zeug, keine Firmenmarken." Doch der Arzt stellt bei seiner Untersuchung fest, dass das Kind gesünder ist als die beiden Töchter Jenrichs.[34]

Die Befragung Toxis wird als deutliche Konfrontation mit einer Männergesellschaft inszeniert – neben dem Kommissar Großvater, Vater, Rechtsanwalt und Arzt –, gegen deren abschätzige Verniedlichungen sie sich resolut zur Wehr zu setzen weiß. Auf die Frage des Inspektors, ob sie mit der „Omi" in der „Husch-Bahn" gefahren sei, berichtet Toxi, sie sei „mit der Großmutter in der Eisenbahn gefahren". Ausgeschlossen bleibt der „Künstler" Robert, der damit auf die weibliche Seite des Hauses geschlagen wird und keinen Anspruch auf interrogative, männliche Autorität hat.

---

züglich ihres „Deutschseins" paart und mit Insistenz nach der „wirklichen" Herkunft gefragt wird.

33 „Was soll ich dir sagen, was soll ich dir geben, ich habe ein kleines, schönes Leben, ich habe ein Herzchen, das fühlt und spricht, nimm diese Blumen, mehr hab' ich nicht."

34 Die Stabilität, die Toxi beweist, erinnert einerseits an das Fantasiebild vom körperlich robusten und physisch überlegenen Schwarzen, andererseits ist sie dramaturgisch notwendiger Bestandteil der „Positivität" und Niedlichkeit von Toxi. Eine Zuschauerin bei der oben erwähnten Veranstaltung zu „Toxi" in Berlin wusste allerdings anzumerken, dass im Verlaufe des Films viele Familienmitglieder in Toxis Umgebung krank werden. Diese Beobachtung schloss sich an die Überlegung an, dass der Name Toxi das Toxische schon in sich trage, an dem sich die bundesrepublikanische Gesellschaft infiziert. Katharina Oguntoye, Herausgeberin des Buches „Farbe bekennen", wies allerdings darauf hin, dass Toxi die geläufige Kurzform des afrikanischen Namens Tokumbo und deshalb nicht implizit denunziatorisch sei.

Abb. 1: Toxi im Blick der Männer: Szenenfoto aus dem Film. Quelle: Deutsches Filminstitut – DIF, Bildarchiv

Als Vater Jenrich jeden Kontakt Toxis zu seinen beiden kleinen Töchtern mit dem Hinweis: „Ein so liebes Kind kann irgendeine ansteckende Krankheit einschleppen" unterbindet, fühlt Robert sich bemüßigt, klarzustellen, dass das „Negerkind" „auch nur ein Mensch" sei, während Herr Jenrich darauf besteht, dass es „da Unterschiede" gebe. Er kommt auf das „Rassenproblem" zu sprechen. Da verlässt der Film seine distanzierte, den Figuren Raum gebende Perspektive und fixiert die Personen in ihren Haltungen, indem er ihnen näherückt und die Bewegtheit der Gemüter in filmische Bewegung umsetzt. Kaum ist das Wort „Rasse" ausgesprochen, scheint für einen Moment die Zeit stillzustehen, dann werden in schneller Schnittfolge betroffene, schweigende, entsetzte und hilflose Gesichter gezeigt. Die Panik versprengt die den Film dominierenden Gruppenformationen in Einzel- oder Paarporträts, die von harten Schlagschatten getroffen werden. Opa bricht das Schweigen mit dem schwammigen Hinweis: „Natürlich gibt es das noch. Aber ich glaube, wir haben gelernt, das mit anderen Augen zu sehen."

Im Hinweis auf die „Lernfähigkeit" findet die Umerziehung der Deutschen durch die Amerikaner Aufnahme, die als Programm weniger Erkenntnis und Überzeugung förderte als oberflächlichen Gehorsam. Die Tochter Herta plädiert weiter: „Aber du musst doch zugeben, so ein Kind kann nichts dafür, so ein Kind ist unschuldig." Für die Rechtsanwaltsgattin bleibt Toxi dennoch „ein Kind der Schande". Während die Positionen der Frauen von Sexualität und Moral sprechen, geht es im Streit der beiden Familienoberhäupter um den Konflikt zwischen abstraktem Prinzip und konkreter Menschlichkeit. An den Bildrand und leicht in die Unschärfe gesetzt, markiert der Film Jenrichs Rassismus als randständig und privilegiert im direkten, frontalen Blick auf Großvater Rose im Bildzentrum, dessen Credo von Gefühl, das auf Mitleid und Schuld basiert und gegen Jenrichs Vorurteile aufbegehrt: „Da kommt ein kleines schwarzes Kind zu uns, hilflos, wer weiß, was man mit ihm gemacht hat, und dein erstes Gefühl ist: Rassenunterschiede!" Es bleibt dem Vertreter der Jugend, dem Künstler Robert überlassen, unter Protest aus dem Haus zu gehen. Die Positionen sind ausgelotet, der Konflikt angelegt, die Kamera zieht sich wieder auf ihren Beobachterposten zurück, doch am nächsten Morgen wird das Kind auf erstaunliche Weise näher in den Blick genommen.

Im Kinderzimmer werden die beiden blonden Töchter Jenrichs vom Hausmädchen angezogen, die eine turnt im Schlafanzug herum, die andere in ihrer Unterwäsche. Sie haben Kunde von dem kleinen Mädchen bekommen, mit dem es allerdings auf Anweisung Papas verboten ist zu spielen. Der Umschnitt auf Toxi, die „verbotene Frucht", zeigt sie völlig nackt in der Badewanne, während sie von der Haushälterin abgebraust wird.[35] Die Lichtdramaturgie setzt auf entschiedene „Schwarz-Weiß"-Effekte. Der extrem hell ausgeleuchtete Hintergrund und ein Spot auf dem Gesicht der Haushälterin erzeugen ein besonders kontrastreiches weißes Umfeld. Diese Lichtsetzung akzentuiert den Körper Toxis, die braune Haut, als besonders dunkel. Ganz offensichtlich stellt die „Reinigung" den Vorwand für die Befriedigung eines voyeuristischen Gelüstes dar, für das das Tabu vor dem (selbst wenn noch sehr jugendlichen) nackten weiblichen Geschlecht angesichts dieser kleinen „Wilden" nicht gilt. Gleichzeitig wird so wohl auch dem unbewussten Impuls, schwarz mit schmutzig zu assoziieren, nachgegeben.[36]

---

35 Im Drehbuch kommt ein gewisser Sadismus zum Vorschein, wenn es heißt: „warmes Wasser – sie lacht, kaltes Wasser – sie schreit". Vgl. Drehbuchfassung rot (Schreibmaschine, mit vielen handschriftlichen Korrekturen und Ergänzungen), Nachlass Stemmle, in: Stiftung Deutsche Kinemathek, Berlin, S. 81.

36 Der Waschvorgang selbst, in dem der nackte schwarze Körper in das reine, weiße Badezimmer gestellt wird, erinnert wieder an jenes weiter oben schon zitierte Kinderbuch, in dem die Situation eines schwarzen Pfarrers in der Schweiz beschrieben wird: „Und einmal hat er herzlich lachen müssen: Ein kleines, lustiges Blondköpfchen durfte auch mit seinen Eltern zur Predigt des schwarzen Pfarrers gehen. Beim Hinausgehen gab es dem lieben Mann die Hand zum Abschied, zog sie dann schnell zurück und besah sie von allen Seiten. Dabei sah der liebe Schatz ganz verwundert aus. Vreneli hatt nämlich gedacht, die schwarze, schwarze Hand des Pfarrers färbe auf seinem weissen Händlein ab! Das war aber so sauber wie vorher. Ja, äusserlich ist Calvin Mapope freilich schwarz

Eine weitere, „klammheimliche" Erotisierung der braunen Haut findet in einer späteren Szene statt, als Theodor Jenrich die kleine Toxi vor Tagesanbruch weckt, um sie, von den anderen unbemerkt, zurück ins Kinderheim zu bringen. Er beugt sich über ihr Bettchen und versucht sie wachzurütteln. Nachdem dies erst nach mehreren Anläufen gelingt, hat der Betrachter ausgiebig Zeit, im aufgeknöpften Oberteil Toxis, das den Hals, einen Teil der Brust und die Schulter freilegt, die Analogie zur erotischen Inszenierung einer verführerisch schlafenden Frau auszukosten. Die Stille der Nacht trägt zur Intimität, die schlafende Anwesenheit der anderen beiden Kinder zum „Verbotenen" der Situation bei. Als Toxi zum Ausgehen fertig ist, ziert sie ein breiter weißer Spitzenkragen, der sich von der dunklen Haut besonders gut absetzt. Im Atelier von Robert spielt sie uns dann den „Mohr" vor: Mit einer Schokoladentafel in der Hand lässt er sie breit lachen und entwirft daraufhin ein Werbeplakat, das uns von Sarotti her bekannt ist und nun durch die Kleine selbst sanktioniert und authentifiziert wird.[37]

Aus dem Titel „Schokoladenmädchen" wird nun wirklich ein Schokoladenmädchen, und mit ihrer kindlichen Freude am Naschen wird das fremde Wesen ins vertraute Terrain bekannter Gefühle gebracht. Vertraut ist außerdem auch der Sarotti-Mohr. Er stellt seit 1910 die bekannteste schwarze Figur der deutschen Populärkultur dar.[38]

So haben die Kinder nun ihren privaten „Mohr". Sie ersetzen seinen Namen im Struwwelpeter mit dem von Toxi, während diese etwas bedrückt und nachdenklich dabeisitzt. Trotzig zeigt sie plötzlich die Stellen ihres Körpers her, an denen sie „weiß" ist: Handflächen und Fußsohlen. Die Kinder gucken zwar neugierig, doch scheint es nur ein geringfügiger Ersatz für „das Ganze". Sie beschließt, dem Großvater die entscheidende Frage – „Warum bin ich schwarz?" – zu stellen. Ihr langer Gang durchs dunkle Haus zu seinem Zimmer kommt der Inszenierung eines Weges zum Schafott gleich. Akzentuiert wird das weiße Kleidchen, auf dem das Licht einen spotartigen Effekt kreiert, während der Rest im Dunklen liegt. Es scheint, als hebe nur der saubere Zivilisationsgegenstand sie von gleichförmiger Materie ab. Die Gänge, Flure und Treppen scheinen end-

---

geblieben. Aber sein beflecktes Herz hat der Herr Jesu mit seinem Blut reingewaschen, daß es wirklich hell geworden ist [...]." Wild, Das Lied der kleinen Negerlein, S. 16.

37 Diese Szene hat einen analogen Vorläufer in „Imitations of Life" (USA 1934, John Stahl): Die Unternehmerin (Claudette Colbert) bittet ihre schwarze Hausangestellte (Louise Beavers) breit zu lachen: daraus wird das Logo für ihr Pancake-Imperium Aunt Jemima.

38 Vgl. Jan Nederveen Pieterse, White on Black. Images of Africa and Blacks in Western Popular Culture. New Haven – London 1992, S. 158–159. Zit. und übersetzt in: Materialsammlung „Toxi" von Madeleine Bernstorff.

los und unterstreichen die Verlorenheit und Einsamkeit des Mädchens. Endlich kommt sie in Großvaters intim beleuchtetem Arbeitszimmer an. Dort erfährt sie auf seinem Schoß sitzend: „Du bist ja nicht alleine schwarz, da gibt's viele, Tausende, Millionen."[39] Und während er sie mit der einen Hand umarmt hält und mit der anderen die Weltkugel dreht, erklärt er: „Paß' mal auf. Alle Menschen, die auf dieser Erde geboren werden, sind entweder hell oder dunkel. Wird hier ein helles Kind geboren [deutet auf Europa], wird hier ein dunkles Kind geboren [deutet auf Afrika]. Hier auf diesem großen Fleck, da leben lauter Menschen, so wie du. Hier auf diesem Fleck, leben die weißen Menschen."

Einerseits schafft er damit eine kindgerechte Relativierung, die Gleichheit und Ausgewogenheit suggeriert, andererseits bleiben die spezifischen Umstände der Geburt eines schwarzen Kindes in einer dominant weißen Gesellschaft ausgeklammert. Das „geografische" (Schein-)Argument hebt auch die folgende Ankündigung nicht auf: „Da, wo du morgen hinkommst [er meint das Kinderheim], sind viele Kinder so wie du." Toxis Geburt, ein „Fehler" der „Natur", den die Kinder der „Fürsorge" mit ihrem Lied bestätigen: „Ich möchte die Heimat wiedersehen, ich möchte so gerne nach Hause gehen."

Diese „geografische" Abwehrkonstruktion leugnet „Heimat" als emotive und soziale Bindung, die sich über Familie, Kindheit, Geburts- und Lebensort konstituiert, die ein Gefühl der Zugehörigkeit vermitteln. Den dunkelhäutigen Kindern wird dieses Aufgehobensein nur in ihrer unmittelbaren Hautfarbe suggeriert, womit der Film sie einer rassistischen und kolonialistischen Tradition folgend ganz als markierten Körper versteht. Toxis beeindruckend beherrschtes und angepasstes Sozialverhalten reduziert sich vor diesem Hintergrund zum niedlichen Charme eines „Naturwesens" und verschwindet als erworbene Anstrengung im Überlebenskampf.

In diesem Zusammenhang – einer für Kinderstars zwar eigentümlichen, im Falle von Toxi aber noch einmal besonders auffälligen Nettigkeit – scheint eine Äußerung Elfie Fiegerts bedeutsam, mit der sie in einem Zeitungsartikel zwölf Jahre nach der Entstehung des Films zitiert wird: „Ich habe mir immer gesagt: Du fällst durch deine Hautfarbe nun einmal besonders auf, deshalb musst du auch besonders freundlich und nett zu den Leuten sein."[40] Sie bringt somit ein Kapital in den Film ein, von dem er zehrt und das er sich zunutze macht, dessen „Kulturgrund" er aber als „Natur" verkauft.

---

39 Automatisch löst diese „Mengenbezeichnung" unangenehme Assoziationen aus: einerseits an insektenartiges Gewimmel, andererseits an den millionenfachen Mord an jüdischen Menschen.
40 Filmkind Toxi geht nach Afrika, in: 8 Uhr Blatt, Nürnberg. 4.8.1964, in: Archiv der Stiftung Deutsche Kinemathek, Berlin.

Abb. 2: Toxi mag der „Mohrenkopf" nicht so recht schmecken. Quelle: Deutsches Filminstitut – DIF, Bildarchiv

Bei einem Besuch im Kinderheim, in dem viele schwarze Kinder untergebracht sind, konzentriert sich die Kamera vor allem auf die „böse Schwester" von Toxi, eine „unerzogene" Kleine, die dem Großvater die Knöpfe vom Mantel reißt, statt sich mit seinen Bonbons zu begnügen. Wilde und gezähmte „Natur" stehen sich nun gegenüber. Toxi, der „gute Mohr", soll in diesen Verhältnissen nicht bleiben, und der Großvater, der Ähnlichkeiten mit dem Vater der Nation, Konrad Adenauer, aufweist, nimmt sie wieder mit „nach Hause". Trotz Aufnahme in den Haushalt bildet dann eine Kindergeburtstagsfeier den Höhepunkt der Dramatisierung von Toxis Außenseiterstatus. Bei Spielen wird sie ausgeschlossen, am Tisch findet sich kein Platz mehr für sie. Die beiden Jenrich-Töchter nehmen sie dennoch in ihre Mitte, quetschen sie auf einen Stuhl, bis auffällt, dass sie nichts zu essen hat. Als man ihr einen „Mohrenkopf" reicht, schwelgt der Film in der Inszenierung kindlicher Grausamkeiten, die er ungestraft auskosten darf, da er sie an diese „unschuldigen" Figuren delegiert hat. Im filmischen Versuch, Empathie zu erzeugen, schlägt Sadismus durch, der nicht nur die Figuren charakterisiert, sondern eine gewisse „Lust" der Kamera offenbart. In Nahaufnahme und Untersicht werden die Mohrenköpfe, in die wollüstig gebissen wird, ins Bild gesetzt. Toxis Bitte um einen wird mit einem gehässigen: „Brauchst ja keinen, hast doch selber einen!" beantwortet. Doch endlich schließen sich auch ihre braunen Finger um das dunkle Gebäck, das jedoch im Angesicht der aufgerissenen Münder zu einer vermeintlichen

Repräsentanz ihres „Wesens" wird, mit dem sie sich identifiziert. Unter den Blicken der anderen verwandelt sich die Süßigkeit in ein Symbol, das Toxi hemmt: An diesem „Kannibalismus" kann sie nicht teilhaben. Wieder läuft sie allein durch das Haus in den Keller und weint. Oben spielen und singen die Kinder: „Taler, Taler, du mußt wandern, von dem einen Ort zum andern."

Nun klärt der Film die Herkunft Toxis auf: Sie ist das Kind der verstorbenen Tochter der vormaligen Haushälterin. Der Vater weiß nichts vom Tod der Mutter, erkundigt sich aber in Briefen aus Amerika nach seinem Kind. Den Umstand, dass schwarze Kinder entgegen medialer Darstellungen nicht nur von Unterschichtmüttern stammten, greift der Film in einer Form auf, der diese soziale Realität als unwahrscheinlich abwehrt. Die Tatsache, dass die jüngste Tochter des Hauses, Herta, nun mit dem Künstler Robert verlobt, nach dem Krieg als Sekretärin bei den Amerikanern gearbeitet hat, lässt Tante Wally „das Schlimmste" befürchten: Das Kind sei in Wirklichkeit die illegitime Tochter Hertas, die kurz vor ihrer Hochzeit stehend die Aussetzung nur inszeniert hat, um es unauffällig adoptieren zu können. Für Wally ist dies „das Empörendste, was jemals in unserer Familie vorgekommen ist!". Doch indem dieser Verdacht vom Film an eine Figur delegiert wird, der er von Anfang an alle Sympathien entzogen hat, wird er als „lächerlich" abgewehrt.

Darin gibt der Film sein eigenes Klassenvorurteil preis. Die Tatsache, dass Herta sich souverän lachend über Tante Wallys Verdacht hinwegsetzt, erhärtet in der Logik des Films nur noch einmal die Unmöglichkeit einer solchen Verbindung für Angehörige einer „besseren" Schicht. Die Paarkonstellation Herta/Robert führt zwar ein weiteres Verhaltens- und Handlungsmodell ein, das an die jüngste Generation delegiert wird, die mit ihrer Liberalität zum Hoffnungsträger werden könnte. Doch durch die Charakterisierung von Herta als „unkonventionell" und rebellisch sowie die Kennzeichnung Roberts als „abstraktem" Künstler geraten sie in einen Randbereich bürgerlicher Normalität. Da es also Herta und Robert sind, die gedanklich mit der Möglichkeit spielen, Toxi zu adoptieren, rückt der Film eine solche Adoption in den Bereich des Randständigen und markiert das Vorhaben als einen Akt jugendlichen Enthusiasmus', der lediglich Teil des rebellischen Verhaltens Hertas ihrer Familie gegenüber darstellt. Damit allerdings trifft der Film, womöglich unwillentlich, einen richtigen Kern: das in der Tat rebellische Moment in den „gemischten" Nachkriegsbeziehungen wie im damals die Öffentlichkeit erstaunenden „Festhalten" der Unterschichts- wie Mittelschichtsfrauen an ihren Kindern.[41]

---

41 Eine amerikanische Nachkriegsstudie hebt (verblüfft) den Umstand hervor, dass im Vergleich zu anderen Ländern, wie England und Japan, ausgerechnet die deutschen

Abb. 3: Vorbereitungen zur „Abschiebung" ins Kinderheim. Quelle: Deutsches Filminstitut – DIF, Bildarchiv

Nach dem zweiten Eklat mit Tante Wally beschließt Vater Jenrich endgültig, „dieses fremdartige Kind" aus dem Weg zu schaffen. Das mündet in der schon angesprochenen frühmorgendlichen Szene, in der er sich ins Kinderzimmer schleicht. Die Erotisierung des braunen Körpers findet ihre Fortsetzung in der „partnerschaftlichen" Intimität, die Toxi daraufhin herstellt. Sie läuft ihm ins eheliche Schlafzimmer nach und bittet ihn, ihr Leibchen hinten zuzuknöpfen: eine Szene, die eines Liebespaars würdig ist. War Toxis Kleidung bei ihrer Aufnahme in die Familie betont niedlich, erscheint sie nun, auf dem Weg ins Kinderheim, in der chaplinesken Aufmachung eines Tramp: weite, zu kurze Schlabberhosen, übergroßer, langer Pullover, ein Filzhütchen – in dieser Aufmachung scheint sich der Film in gewisser Weise von seiner Figur zu verabschieden oder sie an ein anderes „Milieu" abzugeben, denn sie wird im Verlauf der Reise verloren gehen. Doch zunächst wird die Intimität zwischen Jenrich und ihr auf der gemeinsamen Autofahrt weiter entfaltet.

Mütter schwarzer Kinder am wenigsten bereit oder bestrebt waren, diese adoptieren zu lassen oder in ein Heim zu geben. Vgl. Vernon W. Stone, German Baby Crop Left by Negro GIs, in: The Survey. Vol. 85, No. 11, 1949, S. 579–583. Dieses Ergebnis wird 1954 von einer deutschen Studie bestätigt: vgl. Frankenstein, Soldatenkinder.

Eine Panne zwingt die beiden, in einem Café „Zur süßen Ecke" einzukehren. Dort setzt sich Toxi auf Jenrichs Schoß und putzt ihm zärtlich die Schokolade aus den Mundwinkeln. Durch den Nahblick der Kamera blickt sie wie eine Geliebte auf ihn. In Analogie zur Szene mit dem Großvater lässt der Film anrührende Momente großer Zärtlichkeit und Nähe dann entstehen, wenn Toxis Abschiebung beschlossene Sache ist. Dadurch unterstreicht er ihre offene Vertrauensseligkeit und erzeugt eine Kluft zwischen böser Absicht der Männer und liebevoller Hingabe des Mädchens, die Rührung nicht nur beim Publikum, sondern auch bei den fiktiven Figuren des Films auslöst. Die Hemmungslosigkeit der Szene erzeugt den Verdacht, dass, trotz „kindlicher Unschuld", diese Form „grenzüberschreitender" Zärtlichkeit an einem weißen Mädchen nicht ganz so ausgiebig und nah gezeigt worden wäre. Die ödipale Bewegung bleibt unzensiert, weil sie von der Fremdheit so überlagert wird, dass sie sich darunter ungehemmt entfalten kann. In diesen Szenen findet womöglich auch jene rassistische, oft unbewusste Vorstellung Ausdruck, derzufolge sich eine angenommene „Lasterhaftigkeit" der Mütter schwarzer Kinder auf diese verlängert, vor allem, wenn es Mädchen sind. Insofern sind die intimen Szenen mit Großvater Rose und Vater Jenrich unbehaglich zweideutig zwischen Zuschreibungen „naiver Unschuld" und „natürlicher Lasterhaftigkeit".

Durch ein Versehen geht Toxi verloren und wandert ziellos durch die Stadt, wobei sie wie durch „Vorsehung" bei einer Schaustellertruppe landet, in die sie sich „ganz natürlich" einfügt. Bei Straßenmusik sammelt sie Geld, als hätte sie nie etwas anderes getan, im Wohnwagen wird ihr ein Bettchen zugewiesen, und offenbar fühlt sie sich in diesem „Milieu" ganz „zu Hause". Wie sehr sie scheinbar durch eine „innere" Verbindung zu den fahrenden Leuten gehört, vermittelt sich dem Zuschauer auch dadurch, dass die Schausteller, im Unterschied zur „feinen Familie", offenbar keine besondere Notiz von ihrer Hautfarbe nehmen. (Auf der anderen Seite nehmen sie kein Blatt vor den Mund: War Toxi dem großbürgerlichen Haushalt beim ersten Erscheinen ein „Schokoladenmädchen", rufen ihr hier zwei Athleten „Na, du kleines schwarzes Biest" hinterher.) Der Film verortet Toxi in dieser Sequenz in einem Bereich, der Schwarzen traditionellerweise als Betätigungsfeld offenstand – in der Unterhaltungsbranche und als Schauobjekte. Damit nimmt er die nächste Rolle Elfie Fiegerts als Zirkusaktrice in „Der dunkle Stern" (BRD, 1955) vorweg. Auf der anderen Seite scheint er damit verdeutlichen zu wollen, was den schwarzen Kindern „blüht", wenn sie nicht in die „anständige" Gesellschaft integriert werden. Während Toxi für die Aufnahme des Kindes in die weiße gutbürgerliche Gesellschaft plädiert, allerdings auf der denunziatorischen Grundlage einer immanenten Warnung (das fahrende

Abb. 4: „Im Mittelpunkt – doch ‚bei aller Liebe' nicht integriert." Quelle: Deutsches Filminstitut – DIF, Bildarchiv

Volk als Abstieg), strebt der drei Jahre später nachfolgende Film „Der dunkle Stern" nur noch „Absonderung" an.

Nach dem Abenteuer erfolgt die Wiedervereinigung mit den Jenrichs zum Weihnachtsfest. Mittels Montage vollzieht der Film gewissermaßen eine Missionierung an Toxi. Sie tritt mit den anderen beiden Töchtern als „Die Heiligen Drei Könige" auf, wobei ihr selbstverständlich die Rolle des „Königs aus dem Morgenland" zufällt. Wie sehr die Familie sie nun „akzeptiert" hat, führt der Film durch einen „Rollentausch" vor, den die Kinder vorschlagen. Toxi soll einen der weißen Könige darstellen, was mit weißer Farbe bewerkstelligt wird. Die Illusion von Austauschbarkeit und Relativität der Hautfarbe ist einerseits intendiert, während sie gleichermaßen als „künstlich" entlarvt wird. Toxi wird die „Maskerade", einem „natürlichen" Gefühl folgend, zurücknehmen: Zum Höhepunkt der Darbietung klingelt es an der Tür, und die ehemalige Haushälterin Frau Bertel tritt mit einem hochgewachsenen schwarzen Mann ein. Er trägt einen hellen, großzügig geschnittenen, weiten langen Mantel, und während er im Hintergrund stehen bleibt und die Kamera auf die nichtsahnende Toxi zukreist, fängt diese plötzlich völlig unvermittelt an, das Lied von der „Sehnsucht nach der Heimat" zu singen: „Ich möcht' so gern nach Hause gehn." Bei der Zeile „Wer hat mich lieb und nimmt mich mit?" sucht die Kamera den Vater im Hintergrund und fährt auf ihn zu. Er wird von der Familie in ein Zimmer geleitet, wo er sich als James Osborne vorstellt.[42]

Der Film legt dem Großvater eine bezeichnend distanzierende Formulierung in den Mund, die in der Auslassung eines Possessivpronomens in gewissem Sinne die konkrete Anwesenheit des Vaters annulliert, wenn er sagt: „Tja, wir hätten gerne was getan, für eins dieser Kinder." Zwischenzeitlich wird Toxi von der Ankunft ihres Vaters informiert und in das Zimmer geleitet. „Hello, Toxi", sagt dieser und nimmt sie auf den Arm. Sofort erkennt sie ihre Zugehörigkeit zu ihm (obwohl sie ihren Vater womöglich nicht oder nur kaum kennt) an der Hautfarbe und ist sich nun ihrer Verkleidung als „Verstellung" bewusst. „Das hier geht ab", sagt sie beschämt und wischt sich die weiße Farbe aus dem Gesicht. Er drückt sie an sich, und während sie ihm mit lautem Zählen ihre Englischkenntnisse demonstriert, umkreist die Kamera das Paar, zeigt Toxi dann an den Hals des Vaters gelehnt vertrauensvoll in die Kamera – und implizit ihre neue Zukunft – blickend. Die beste Lösung, trotz inzwischen erfolgter „Integration", an der alle ihre Menschlichkeit und selbst Herr Jenrich seine Konversion unter Beweis stellen konnten, ist die „Heimfahrt" Toxis mit ihrem Vater nach Amerika. Somit wird das Problem mit „gutem Gewissen" ganz ohne Adoptivaktion aus der deutschen Welt geschafft.

Toxi, das Filmkind, und Elfriede Fiegert, die Schauspielerin

Dazwischen jedoch ist etwas passiert. Die negativ eingestellten Familienmitglieder haben gelernt, in Toxi ein individuelles Lebewesen anzuerkennen, und nicht mehr nur das „fremdartige" Kind abzulehnen. Die Investition, die Elfie Fiegert mit ihrem Talent in den Film einbrachte, ist jedoch ein Kapital, das nicht nur „naturgegeben" war, sondern durch das positive Umfeld des Films, in dem sie zum Star wurde, miterzeugt wurde. Wie wenig sich dieses auf ein soziales Umfeld transponieren ließ, davon zeugt der weitere Werdegang Elfie Fiegerts: Sie teilte nicht nur das typische Schicksal eines Kinderstars, von der Diskrepanz betroffen zu sein, die durch größte Aufmerksamkeit und baldiges Vergessen entsteht, sondern machte spezifische Erfahrungen als schwarze Schauspielerin im Film und in der deutschen Gesellschaft. In den wenigen Zeitungsberichten über sie lässt sich nicht nur

---

42 Ein afroamerikanischer Freund zeigte sich bei gemeinsamer Sichtung des Films erstaunt darüber, wie „umstandslos" der „große schwarze Mann" hereingebeten und in das Wohnzimmer der Familie geführt wird.

verfolgen, wie ihre Ambitionen an ihrer Hautfarbe scheiterten, sondern auch, wie sich der Tenor der Berichterstattung darüber verändert. In den 1960er-Jahren versuchten die Berichte ein harmonisches, problemloses Bild von einem konfliktfreien privaten wie professionellen Leben zu entwerfen, während erst 1986 die „ganze Wahrheit" veröffentlicht wurde.

Nach einer weiteren Hauptrolle in „Der dunkle Stern" (1955) spielte „Toxi" nur noch wenige Nebenrollen in banalen Filmen wie „Zwei Bayern im Harem" (1957), „Unsere tollen Tanten" (1961), „Das Haus in Montevideo" (1963) und in einigen Fernsehproduktionen. 1968 berichtet die Münchner Abendzeitung von zwei amerikanischen und einer deutschen Fernsehproduktion, für die Elfie Fiegert verpflichtet worden sei. Die Titel machen neugierig, heißt es dort doch: „NBC macht einen Farbfilm mit dem Titel Colour me German [!], der etwas unglücklich zu deutsch Der Besuch heißt. CBS dreht einen Privatfilm über Toxi."[43] Die deutsche Dokumentation hieß „Mischlinge seit 1945". „Für Toxi", so heißt es in dem Bericht weiter, „ist es kein Problem, immer für Problemfilme über Mischlinge engagiert zu werden: ‚Es ist ganz klar, daß ich für diese Rollen geholt werde. Man ist immer ein Typ. Orson Welles zum Beispiel war immer der Böse.'"[44] Man nimmt ihr dieses „unproblematische" Verhältnis zum „Einsatz" in Dokumentarfilmen nicht ganz ab. Noch weniger kann dies für ihre Rollen als „dunkle Schönheit" und „Häuptlingstochter" in den deutschen Spielfilmen gelten. Für „Das Haus in Montevideo" hatte sie ihre Arbeit bei einer Versicherungsgesellschaft gekündigt, danach Schauspiel-, Gesangs- und Tanzunterricht genommen, um „wenn irgend möglich, Karriere zu machen", was die Zeitung gleich so kommentierte: „Es mußte ja nicht gleich eine so glänzende sein wie die von Dorothy Dandridge oder Josephine Baker, ihren beiden großen Vorbildern."[45]

Tatsächlich war mit diesem Film ihre Karriere beendet. Im selben Artikel finden sich zwei Bemerkungen, die aufmerksam werden lassen. Ihre Bewerbung in einem Reisebüro kommentierte Elfie Fiegert mit: „Da wäre ich nicht so aufgefallen, weil viele Fremde hinkommen", und ihren Wunsch, nach Südamerika auszuwandern, begründete sie damit: „weil dort Menschen aller Hautfarben ohne Unterschied zusammen leben und weil dort das Leben unbeschwerter und heiterer sei als in Europa."[46] Dennoch behauptete die-

---

43 Nessa von Hornstein, Kinderstar Toxi gibt ihr Bühnendebut: Keine lauten Töne, in: Abendzeitung, München. 23.12.1968. Die beiden Titel waren in Halliwells Film Guide, im Lexikon des internationalen Films (rororo) und in der imdb.com-Datenbank nicht zu finden. Von CBS erhielt ich auf meine Anfrage keine Antwort.
44 „Filmkind Toxi geht nach Afrika."
45 Ebd.
46 Ebd.

ser Artikel: „Elfie hatte wegen ihrer dunklen Hautfarbe in Deutschland nie Schwierigkeiten", und einige Jahre später ergänzt ein anderer: „[...] sie ist auch überzeugt, daß andere Mischlinge in Deutschland auch nicht darunter zu leiden haben."[47]

1986, nach Bürgerrechts- und Studentenbewegung, entstehen andere Bilder. Der Untertitel von Monica Weber-Naus' Artikel „Inzwischen ist das Besatzungskind Toxi vierzig" verkündet: „Elfriede Fiegert hat sich durchgeboxt – In Deutschland möchte sie nicht mehr leben."[48] „Toxi" hatte mit achtzehn einen Nigerianer geheiratet, wurde mit neunzehn von ihm geschieden und hat ihren Sohn seit seinem siebten Lebensjahr nicht mehr wiedergesehen. Sie schlug sich mit verschiedenen Jobs durch, als Sekretärin und als Alleinunterhalterin auf Kindermodenschauen oder bei bunten Nachmittagen. Nach ihrer Tätigkeit als Reisebegleiterin auf Mallorca beschließt sie auszuwandern. Seit 1977 lebt sie dort.[49] Mittlerweile formuliert sie, dass der Rassismus in Deutschland „mieser" als woanders sei und immer auffälliger werde. Sie sei es leid gewesen, den Rat von Regisseuren zu hören: „‚Exponier' dich nicht so.' Das Publikum wolle mit ‚Süßigkeiten' und nicht mit ‚sauren Drops' gefüttert werden."[50] Sie habe diese Kritik nie akzeptieren können, denn das hieße, „daß ich meine eigenen Wurzeln verleugnen muß".[51] Auf der Suche nach ihrer leiblichen Mutter erfuhr sie, dass diese bald nach der Geburt in die USA ausgewandert war. Ihr Vater wollte sie nach Amerika mitnehmen, wurde aber im Koreakrieg eingesetzt.

Abwesender Vater, tote Mutter und die Re-Etablierung der deutschen Familie

Bis 1966 verbot der amerikanische Production Code die Darstellung „gemischtrassiger" Beziehungen.[52] Auch „Toxi" vermeidet es, die anstößige Be-

---

47 Nessa von Hornstein, Kinderstar Toxi gibt ihr Bühnendebut.
48 Stuttgarter Zeitung. 2.8.1986.
49 Das ZDF brachte anlässlich einer Sendung zu Besatzungskindern im Rahmen der Reihe „Damals vor 40 Jahren" am 4.2.1996 den Ausschnitt eines früheren Interviews mit Elfriede Fiegert auf Mallorca, den es mit dem Aufruf verband, wer etwas über den Verbleib von ihr wisse, möge sich mit dem Sender in Verbindung setzen. In dem Interview spricht sie davon, dass Spanien zu ihrer Wahlheimat wurde, weil die Menschen dort weniger Probleme mit dunkelhäutigeren Menschen hätten.
50 Monica Weber-Nau, Inzwischen ist das Besatzungskind Toxi vierzig, in: Stuttgarter Zeitung. 2.8.1986.
51 Ebd.
52 Wie sehr nur die „schwarze" als andere „Rasse" empfunden wurde und wie labilisierend sich dieser ausgegrenzte Teil der eigenen Bevölkerung auf das amerikanische

ziehung ins Bild zu setzen. Was laut Stemmle als (Bilder-)Schutz für alleinstehende Mütter in Deutschland gedacht war – die Eliminierung dieser Figur aus dem Script[53] –, dient gleichermaßen als Rache, bildet eine Art fiktionalen „Mord" an der „fehlenden" Mutter. Der Großteil des Films spielt sich in Innenräumen ab, dem Bereich familiärer Zusammenkünfte, häuslicher Verrichtungen, und der Ort, der neben Alltagsgeschehen vorrangig der Darstellung von Liebe und Sexualität vorbehalten ist.

Damit wird deutlich, dass das Paar, das das Kind gezeugt hatte, nicht inszeniert werden konnte. Die deutsche weiße Mutter in der Küche, der schwarze Vater im Wohnzimmer und das „braune" Kind im Kinderzimmer waren unvorstellbar. Herrn Jenrich konnte das Kind ins eheliche Schlafzimmer nachlaufen – doch die Vorstellung, dieses als Ort einer „gemischtrassigen" Verbindung ins Bewusstsein und in den Blick kommen zu lassen, übersteigt die Bereitschaft des Films und der Gesellschaft, für die er inszeniert wurde. Gleichzeitig erfüllt die Konzentration auf Innenräume den Wunsch, das Problem nicht nach außen, in die Gesellschaft, zu tragen, sondern als „familiäres" zu lösen. Doch eben jene familiäre Realität wird negiert, wenn die „wirkliche" Familie nie in Erscheinung tritt. Die Nachkriegsrealität der schwarz-weißen Beziehungen und ihrer Kinder wird ausgeblendet. Die Figur Toxis dient vor allem dazu, traditionelle familiäre Positionen zu bestätigen. Sie stellt einen Katalysator für Generationen-, Klassen- und Geschlechterkonflikte zur Verfügung, die ihr Erscheinen nur provoziert, um die „rechte Ordnung" wiederherzustellen und ihren „richtigen" Platz zu lokalisieren.

Vor allem die Befestigung, die die patriarchale Stellung Jenrichs nach ihrer Erschütterung durch seinen Rassismus erfährt, deutet darauf hin, dass es dem Film in einer Art Subschicht viel stärker um die Konsolidierung männlicher Vorherrschaft und traditioneller Geschlechterrollen geht, die durch die realgesellschaftliche Konstellation der schwarz-weißen Beziehungen und ihrer Folgen verunsichert wurden, als um eine tatsächliche Auseinandersetzung mit ethnischer Heterogenität, die sie mitunter in die Gesellschaft einbringen. Mit der „Heimkehr" Toxis wird nicht nur das störende „farbige" Kind aus der weißen deutschen Gesellschaft katapultiert, damit gliedert der

---

Selbstverständnis auswirkte, dafür steht der Umstand, dass es eine ganze Reihe von Filmen mit japanischen oder koreanischen Kriegsbräuten gibt, die offenbar nicht unter das Tabu und Verbot fielen.

53 „Im Film gibt nicht die Mutter ihr Kind ab – da würden die Leute vielleicht sagen: So eine! Na ja! – Toxi kommt in ein Heim, weil die Mutter gestorben ist." So zitiert ein zeitgenössischer Zeitungsartikel (ohne Angabe, im Nachlass-Scrapbook) R. A. Stemmle unter dem Titel „Filmstoff und Wirklichkeit. Die Geschichte des Negerkindes". Vgl. Materialsammlung „Toxi" von Madeleine Bernstorff.

Film auch alle sexual-, geschlechter- und gesellschaftspolitischen Fragen aus, die die „gemischtrassigen" Beziehungen nicht nur für die Konventionen des Kinos, sondern für das Wertesystem einer ganzen Gesellschaft aufwarfen. Aus der geschichtlichen Beunruhigung, die durch die Beziehungen deutscher Frauen zu schwarzen Soldaten für die deutsche Nachkriegsgesellschaft entstand, ersteht im Film „Toxi" das Ideal einer geläuterten patriarchalen, intakten weißen Familie.

Die „unverfilmte" Toxi

„Toxi" endet mit dem rührseligen Blick des Mädchens in die Kamera; die Drehbücher allerdings sahen eine gesellschaftspolitisch radikalere Variante vor, die den melodramatischen Konventionen des Kinos geopfert wurde.[54] Nachdem der amerikanische Vater Toxi in seinem Jeep mitgenommen hatte, entschließt sich Großvater Rose, Ersatz für sie ins Haus zu holen. Er geht ins Kinderheim und kommt mit Tabita, dem Mädchen, das ihm die Knöpfe abgedreht hatte, wieder. In den Drehbüchern aber stehen am Ende nicht der vertrauensvolle Blick in eine aufgehobene Zukunft einer Einzelnen, sondern die traurigen, verlorenen Blicke vieler Kinder im Kinderheim in eine düstere oder ungewisse Zukunft. Die Blicke sind die der Zurückgebliebenen. Um dieses offenere und radikalere Ende wurde der Film gekürzt und damit sein Publikum von diesem moralischen Appell verschont.

Nachdem dem Film allerdings ursprünglich die Bundesausfallbürgschaften verweigert worden waren und er von einer anderen Produktion übernommen wurde, ist unklar, ob dies eine Entscheidung der Produzenten oder des Regisseurs war, denn an anderen Stellen nimmt Stemmle Eingriffe im Drehbuch vor, die rassistische Härten mildern.

Im Stemmle-Nachlass finden sich zwei Drehbuchfassungen, die in sich keine großen Abweichungen, dem realisierten Film gegenüber jedoch wirksame Unterschiede aufweisen. Man kann in ihnen verfolgen, wie entschieden Stemmle die Fassungen mitbestimmt und umgeschrieben hat, sodass der Eindruck entsteht, dass von Maria Osten-Sackens Arbeit nicht viel mehr als die Idee übrig geblieben ist. Für die ödipale Struktur der Handlung ist interessant, dass Stemmle aus den beiden Kindern Theodor Jenrichs, die als ein kleiner Junge und ein kleines Mädchen konzipiert waren, zwei kleine Mädchen macht. An die Stelle des richtigen Vaters rücken ja, wie wir gesehen haben,

---

54 Voller Bedauern fragt sich eine Kritik: „Man überlegt sich nach dem allzu sehr auf Happy-End gedrehten Schluß, wie wohl ein De Sica, ein Rosselini oder ein Carol Reed ein solches Thema angefaßt hätten." Westfälische Rundschau. 23.8.1952.

die deutschen Ersatzväter, die ein latent inzestuöses Verhältnis zum Kind haben, in dem der heimliche Wunsch nach einer „kleinen exotischen Geliebten" zum Ausdruck kommt.

In dieser Hinsicht ist eine Streichung von Bedeutung, die womöglich an eigene Gefühle des Regisseurs rührte und deshalb zensiert werden musste.[55] Bei einem Eklat zwischen Jenrich und Großvater Rose bekommt dieser einen Herzanfall und stürzt zu Boden. Jenrich kommentiert: „Seine ~~Die~~ Liebe ~~eines alternden Mannes~~ zu diesem fremdartigen Kind ~~hat ihm seine normale Entschlußkraft genommen. Es ist offensichtlich, daß er in anormaler Weise~~..."[56] Die Streichungen nehmen die perversen Anklänge ebenso zurück wie implizite Andeutungen übernatürlicher, magischer Kräfte Toxis, die den Mann willenlos machten. Zu deutlich hätte diese Denunziation auch Faszination preisgegeben. Bei der Szene im Schlafzimmer, in der Theodor Jenrich Toxi das Leibchen zuknöpft, steht eine im Grund unnötige und für den Rest des Drehbuchs ganz unübliche Erläuterung, die viel eher auf die Situation im Auto oder im Café „Zur süßen Ecke" zugetroffen hätte, bezeichnenderweise aber durchaus die Ahnung eines sexuellen Gehalts in sich trägt, wenn es heißt: „So nah ist er noch nie mit dem Kind zusammengekommen."[57] Es überrascht nicht weiter, dass genau in diesem Moment, sozusagen warnend, der Wecker anfängt zu klingeln.

Von Stemmle zurückgenommen werden aber auch abfällige rassistische Äußerungen – dazu gehört allein schon, dass die Drehbuchautorin das Geschehen im Zirkus ansiedeln wollte – sowie negative Anspielungen auf die Besatzungsmacht. Carola Jenrich bezeichnete das Kind einmal als: „So'n exotisches Gewächs von zweifelhafter Herkunft"[58], und als die Kinder Toxi entdecken und voller Überraschung rufen: „Die ist ja ganz braun", da antwortet die Haushälterin Anna: „Weil sie zu lange in der Sonne gewesen ist."[59] Auch Toxis Frage an Herta: „Wenn ich mich wasche, werd ich dann weißer?", wurde von Stemmle für unangebracht gehalten.

Der Regiehinweis, dass Tante Wally bei ihrer ersten Begegnung mit Toxi ihre Hand zurückzieht und nachsieht, ob sie schwarz geworden ist, ist im

---

55 Ebenso wie Großvater Rose und Toxi im Film hatten R. A. Stemmle und Elfie Fiegert während der Dreharbeiten offenbar ein ausgesprochen zärtliches Verhältnis zueinander. Dies belegen viele im Nachlass befindliche Fotos von den Dreharbeiten sowie Pressemitteilungen der Zeit.
56 Drehbuchfassung rot (Schreibmaschine, mit vielen handschriftlichen Korrekturen und Ergänzungen), S. 182, Nachlass Stemmle, in: Stiftung Deutsche Kinemathek, Berlin.
57 Ebd., S. 198.
58 Ebd., S. 66.
59 Ebd., S. 81.

Film, weniger plump, nur noch als ein leiser Abscheu in einer schnellen Handbewegung sichtbar. Der Umgang mit Toxis Körper war an einigen Stellen, zum Beispiel unter der Brause, noch um einiges sadistischer geplant. Im Wagen der Schausteller wird sie im Script jener genaueren körperlichen Untersuchung unterzogen, die der Film sich versagt. Der Mann dort „befühlt ihr die Arme und drückt ihr die Ellenbogen auf dem Rücken kräftig zusammen. […] Dann sieht er die Frau mit einem Blick an wie: die ist richtig."[60]

Im Film spricht das Kind „süddeutsch", im Drehbuch hieß es „bayrisch". Die Bemerkung von Großvater Rose, da [in Bayern] gebe es noch „mehr Kinder von dieser Art", wurde um den konkreten Hinweis „in der amerikanischen Besatzungszone" ergänzt und dann gestrichen.[61] Die sich später im Film findende „Rassendiskussion" muss auch als eine Ergänzung Stemmles angesehen werden, da sie sich in keiner der beiden Drehbuchfassungen findet. Darin liegt der Aspekt auf der moralischen Schande, die die „Rassenschande" meint. Der Dialog spielt sich dort ganz anders ab. Auf den Einwand von Großvater Rose, dass in einem betuchten Haushalt die Aufnahme dieses Kindes kein Problem darstelle, wirft Carola Jenrich ein: „Das meint Theodor nicht", um auf die Frage Roses: „Was meint Theodor dann?", zögernd zu entgegnen: „Er meint … Die Mutter dieses Kindes hat sich an einen Neger weggeworfen."[62]

In diesem Satz liegt die einzige konkrete Referenz auf den sexuellen Akt zwischen einer deutschen Frau und einem schwarzen Besatzungssoldaten. Er musste schon allein deshalb gestrichen werden (ohne hier auf eine etwaige Rücksichtnahme auf die Besatzungsmacht eingehen zu wollen), weil das Bild, das er heraufbeschwört, sich ebenso wenig in der Fantasie bilden wie vom Film gezeigt werden sollte. Auf dem Hintergrund der Bösartigkeit des Drehbuchdialogs nimmt sich die etwas sadistisch anmutende Wendung Stemmles, die Mutter sterben zu lassen, geradezu als Schutz der deutschen „Fräuleins" vor dem gehässigen Volksmund aus. Zumindest kann man ihr nun nichts mehr vorwerfen. Die Verweigerung visueller Konkretisierung kann so auch als Verteidigungsstrategie gedeutet werden.

Spielfilm und Dokumentarfilm: „Toxi lebt anders" (1957)

Vier Jahre nach dem Erscheinen und kommerziellen Erfolg von „Toxi" gab der Süddeutsche Rundfunk einen Dokumentarfilm in Auftrag, der auf den

---

60 Ebd., S. 244.
61 Ebd., S. 47.
62 Drehbuchfassung grün (handschriftlich), S. 50.

Spielfilm Bezug nimmt und diesen scheinbar mit den gesellschaftlichen „Realitäten" konfrontiert.[63] Mit seinem Titel „Toxi lebt anders" geht der Beitrag auf die Tatsache ein, dass der Rollenname „Toxi" zum Synonym für afrodeutsche Kinder geworden war. Nach einem Schwenk über eine verwahrlost wirkende Barackensiedlung erklärt der Kommentar: „Hier leben unsere Toxis." Damit korrigiert er den Spielfilm: Die großbürgerliche Familie war die Ausnahme, das Sozialhilfeempfänger„milieu" ist die Regel.

„Toxi lebt anders" ist ein erstaunliches Dokument. Einerseits deutlich vom Appell auf „Integration" der „farbigen" Kinder getragen, schließt es andererseits die Mütter davon aus. Lag die Antwort des Spielfilms auf das „Problem" illegitimer Sexualität in der Unsichtbarmachung des „Fräuleins" bzw. der Eliminierung der Figur aus dem Drehbuch, so findet der Dokumentarfilm Beruhigung in der sichtbaren Denunziation der Frauen. Die wirklich „fremden" Wesen in „Toxi lebt anders" sind nicht die „farbigen" Kinder, sondern die unverheirateten „Fräuleins".

Bedenken werden dennoch im Kommentar deutlich artikuliert. Zu Bildern spielender Kinder, beim Fußball, auf Schaukeln und im Sandkasten, ertönt es aus dem Off: „Nun wird sicher jeder, der diese kleinen Mischlinge sieht, ohne Zögern zugeben, dass sie einen ganz besonderen Charme haben, den gleichen, mit dem Toxi sich die Herzen der Kinobesucher eroberte." Doch verlangt der unterstellte Wahrnehmungseindruck nach autoritärer Korrektur: „Bis jetzt", warnt die Kommentatorenstimme Peter Schier-Grabowskis, „scheint die Eingliederung dieser Kinder in die Gesellschaft über Erwarten gut geglückt." Die Betonung liegt auf „bis jetzt!" Denn, so heißt es weiter: „Wir müssen uns immer vor Augen halten: Diese Kinder sind trotz ihrer Hautfarbe und ihrer fremden Väter nun einmal deutsche Kinder. Sie werden sich genau wie ihre weißen Mitschüler auf die verschiedenen bürgerlichen Berufe verteilen, und bereits in der Schule beginnt man den Toxis den Weg zu ebnen."

Folgende Schilderung eines Zuschauers 40 Jahre nach Erscheinen des Films trifft das Unbehagen, das sich im Film durch die journalistische Routine hindurch vermittelt: „Peter Schier-Grabowski scheint sich etwas unwohl zu fühlen. […] Vor allem das Verhältnis zu den Schwarzen scheint ihm Kummer zu machen […]. Aber auch seine Interviews mit den deutschen Müttern haben nicht viel zu tun mit seinen geschickten Fragen in anderen Filmen, sondern scheinen Ausdruck seiner Unsicherheit. Anstatt die Frauen durch Fragen zu Antworten zu provozieren, wie er dies in anderen Filmen meis-

---

63 Erstausstrahlung 8.1.1957, Regie und Buch: Peter Schier-Grabowski, Kamera: Wolf Ammon, 27 min.

terlich schafft, überfährt er sie hier [...] und schüchtert sie unnötig ein. [...] Ganz erstaunt ist er, dass alle Mütter sich standhaft weigern, ihre Kinder in ein Heim oder zur Adoption frei zu geben."[64]

Neben dieser Hilflosigkeit transportiert der Film mittelbar – in Ästhetik der Inszenierung wie in verbalem Kommentar – die nationalsozialistisch geprägte Vorstellung von „Asozialität" in latenter Kriminalisierung oder Pathologisierung der Verhältnisse und der Frauen. Der „Asozialitätsgedanke" lebte in der Nachkriegsgesellschaft weiter. Schon 1947 erschien wieder ein Buch über „Die Asozialen", das die Wiedereinführung ehemaliger juristischer und polizeilicher Maßnahmen fordert.[65] Das Feature „Toxi lebt anders" bietet einen anschaulichen Beleg, wie sich der Fortbestand solcher Denkmuster visuell, verbal und inszenatorisch umsetzte, während gleichzeitig der Anschein von Progressivität und Integration erzeugt wird. Und so ist es der Spielfilm, jene Gattung, der wir Aufklärung eher nicht zusprechen, der es ermöglicht hatte, viel (Spiel-)Zeit mit „Toxi" zu verbringen, um sie als Zuschauer im Kino als ebenbürtiges Kind zu erfahren.

---

64 Kay Hoffmann im Begleitheft „Zeichen der Zeit", anlässlich der Wiederaufführung im Rahmen einer Veranstaltung des Zeughauskinos, Berlin, in Zusammenarbeit mit dem Haus des Dokumentarfilms. Stuttgart 1996.
65 Vgl. Dr. med. Habil. Dr. Jur. Hans Göbbels, Die Asozialen. Über Wesen und Begriff der Asozialität. Hamburg 1947, insb. S. 262–268.

Französische Besatzungskinder

Renate Huber

Französische und marokkanische Besatzungskinder in Vorarlberg
Historisches Phänomen und diskursiver Nachhall

„Que reste-t-il de nos amours?"

„Was bleibt von unseren Liebschaften?" Diese Frage stellen sich Charles Trenet und Léo Chauliac in ihrem melancholischen Chanson im Jahr 1942, also zu einem Zeitpunkt, als sich weite Teile Europas im Krieg befinden, wodurch wohl auf allen Ebenen deutlich öfters Beziehungen auseinanderbrechen als in friedlichen Zeiten. Rund sechs Jahrzehnte später, nämlich 2005, greift Tom Matzek sie in seiner ORF-Dokumentation „Autriche, mon amour" zur französischen Besatzungszeit in Österreich wieder auf.[1] Er bettet damit die Geschichte von Heidi Braun-Brunner bzw. jene ihrer Eltern in einen nicht nur individuell-privaten, sondern zudem in einen gesamtgesellschaftlichen Kontext ein. Es ist die Geschichte einer Liebe zwischen einer einheimischen Frau aus einer Bodenseegemeinde in Vorarlberg und einem marokkanischen Besatzungssoldaten aus einem kleinen Bergdorf im nordafrikanischen Rif-Gebirge, die in der unmittelbaren Nachkriegszeit entstanden ist. Im Februar 1946 kommt Heidi zur Welt. Ihr Vater – Angehöriger einer fremden Armee – wurde bereits im Herbst 1945 wieder aus Vorarlberg abgezogen.

Es sind also die spezifischen Rahmenbedingungen dieser Liebesbeziehung und nicht zuletzt ihre sichtbare Frucht, die vor dem Hintergrund des zeitgenössischen Diskurssystems aus der grüblerisch-persönlichen Frage „Que reste-t-il de nos amours?" eine durchaus auch brisant-gesellschaftspolitische machen.

An diese Fragestellung knüpft auch der vorliegende Beitrag zur Geschichte bzw. zu den Geschichten von Kindern französischer und marokkanischer Soldaten in der französischen Besatzungszone in Vorarlberg an. Neben einigen Hinweisen zum historischen Phänomen selbst werden insbesondere die diskursiven Ausverhandlungen – und zwar sowohl die zeitgenössischen als auch die aktuellen – in den Blickpunkt des Interesses rücken. Dabei

---
1 ORF-Dokumentation „Autriche, mon amour", 2005, von Tom Matzek.

geht es um die real geführten Diskurse ebenso wie um Verschwiegenes, um Nicht-Aussprechbares, somit auch um Auslassungen und Tabus, aber auch um Imaginationen und Träume.

Statistisches und Atmosphärisches
Oder: Die Rede von den „Niemandskindern"

„Niemandskinder in Vorarlberg?" – so titelten die Vorarlberger Nachrichten im Februar 1948.[2] Der Autor nahm damit einen wohl verbreiteten Alltagsdiskurs rund um die in dieser Region gängige Frage nach der familiären Zugehörigkeit – nämlich „Wem gehörst du?" –, hier gemünzt auf die Nachkommen französischer und marokkanischer Soldaten und Offiziere, auch medial auf. Alleine über die Zeichensetzung im Titel verrät er einiges über seine Intention. Zum einen signalisiert ein Fragezeichen die Überlegung „Gibt es diese ‚Niemandskinder' überhaupt?". Zum anderen wird der zentrale Begriff des Titels nicht unter Anführungszeichen gesetzt. Es wird also keineswegs angezweifelt, dass es sich bei diesen Kindern, so es sie geben sollte, auch wirklich um „Niemandskinder" handelt.

Der Text nimmt in Folge auf einen Leitartikel der Baseler „National-Zeitung" Bezug, in dem von „Rekordziffern" von Kindern in der französischen Besatzungszone in Österreich die Rede ist, deren Väter unter den Besatzungstruppen zu suchen seien. In manchen Gegenden sei „jedes vierte Kind illegitimer Abkunft" und es seien – so heißt es weiter – „im Geburtenregister von Innsbruck ganze Serien von Yvonnes, Suzannes, Jeans, Marcels und Maurices, ja sogar Mohammeds zu finden". Der Autor der Vorarlberger Nachrichten bemühte sich darum, dieses Bild nachhaltig zu korrigieren. Er schrieb: „Was Tirol betrifft, scheinen grobe Übertreibungen oder sogar Verwechslungen mit den ehelichen Kindern von Besatzungsmitgliedern vorzuliegen, welche natürlich französische Vornamen erhalten. Für Vorarlberg sind wir in der Lage, folgende authentische Ziffern der Öffentlichkeit bekanntzugeben." In der Folge listete er die niedrigen Quoten an unehelichen Kindern in den Vorkriegs- und Kriegsjahren – jeweils deutlich unter zehn Prozent – auf und setzte mit den Zahlen für die erste Jahreshälfte von 1946 fort:

---

2 „Niemandskinder in Vorarlberg?, in: Vorarlberger Nachrichten, 12.2.1948, S. 2.

	Eheliche	Uneheliche
Jänner 1946	185	55
Februar 1946	237	108
März 1946	301	104
April 1946	240	53
Mai 1946	261	73
Juni 1946	273	45

Tab. 1: Geburtenstatistik für Vorarlberg für das erste Halbjahr 1946

Dazu führte der Autor weiter aus: „Die Zahl der unehelichen Kinder, die mit der militärischen Besetzung Vorarlbergs in Verbindung stehen, hat also nur in den Monaten Februar und März 1946 als unmittelbare Folge der Mai-Ereignisse 1945 außergewöhnliche Formen angenommen. Sogar die Bilanz des Gesamtjahres 1946 weist in Vorarlberg 16,6 Prozent unehelicher Kinder auf, liegt also weit unter dem von der Schweizer Zeitung angegebenen Viertel. Schon das Jahr 1947 zeigt Vorarlberg mit 10,8 Prozent unehelicher Geburten auf einem der tiefsten Stände in ganz Europa."

Das Zahlen- und Informationsmaterial zum genannten Artikel stammt ohne Zweifel aus der von der Landesverwaltung erstellten Vorarlberger Wirtschafts- und Sozialstatistik. Deren Autoren brachten den Zuwachs an unehelichen Geburten im Februar und März 1946 – in diesen beiden Monaten sind es immerhin beinahe 30 Prozent – eindeutig mit dem Einmarsch der Besatzungstruppen in Verbindung. Sie betonten, dass dieser „auch für abnormale Zeiten" als „recht bedenklich" angesehen werden muss, da ja nur „Mindestziffern" ausgewiesen werden konnten. Denn – so die Autoren weiter – „erstens sind hier nur jene unehelichen Kinder erfasst, die lebensfähig geboren sind; es fehlen also die zweifellos zahlreichen Fälle nach § 144 [dieser regelt das Verbot des Schwangerschaftsabbruchs]. Zweitens will die Statistik keineswegs behaupten, dass das ab Februar 1946 kräftige Ansteigen auch der ehelichen Geburten ausschliesslich den heimgekehrten Männern der verheirateten Mütter zu danken ist."[3]

Zurück zum Artikel „Niemandskinder in Vorarlberg?". Diese Quelle hält gleich auf mehreren Ebenen Interpretationsmöglichkeiten bereit. Bleiben wir vorerst bei der statistischen. Laut den zitierten Berechnungen und Deutungen der Landesstatistiker müssten also alleine in den ersten beiden Monaten nach Kriegsende weit über 100 oder noch mehr Kinder von Besatzungssoldaten gezeugt worden sein. Das legt nahe, zum besseren Verständnis dieses signi-

---

3   Vorarlberger Wirtschafts- und Sozialstatistik. 4, 1946, S. 1180.

Abb. 1: Nach Kriegsende waren bis zu 30.000 Soldaten und Offiziere der französischen Kolonialtruppen, die vorwiegend aus jungen Marokkanern bestanden, in Vorarlberg stationiert. Quelle: Stadtarchiv Bregenz, Bildarchiv

fikanten Wertes zunächst einmal einen Blick auf die damalige Nachkriegssituation in Vorarlberg zu werfen, das so wie ab Juli auch das Bundesland Tirol Teil der französischen Besatzungszone in Österreich war.

In den ersten Nachkriegsmonaten waren in Vorarlberg, das zu Ende des Zweiten Weltkriegs etwa 160.000 Einwohner aufwies, zwischen 22.000 und 30.000 Soldaten und Offiziere der französischen Kolonialtruppen – davon überwiegend marokkanische und relativ junge Soldaten – stationiert. Damit standen statistisch gesehen einem Armeeangehörigen nur etwa fünf bis sieben Vorarlberger Einwohner gegenüber. Die Soldaten waren somit im Alltagsleben durchaus präsent. Ab Juli 1945 übernahm die französische Armee auch das Bundesland Tirol in ihre Zone, wodurch sich dieses Zahlenverhältnis zu verschieben begann. So ersetzten ab Herbst 1945 französische Gebirgsjäger sukzessive die Kolonialtruppen. Bald erfolgten massive Truppenreduktionen: Im Jänner 1946 waren in der gesamten französischen Besatzungszone nur mehr 15.000, im Mai 1946 gar nur 7000 französische Soldaten stationiert. Im Gegensatz zu allen anderen Zonen gab es in der französischen von Beginn an kein Fraternisierungsverbot. Auch sexuelle Beziehungen waren von Anfang an erlaubt.[4]

---

4 Ausführlicher dazu Renate Huber, „I säg all, ma heat vrgessa höra schaffa …". Alltagsleben von Frauen in Vorarlberg während der französischen Besatzungszeit 1945–1953 anhand lebensgeschichtlicher Interviews. Diplomarbeit, Universität Salzburg 1996,

Abb. 2: Ab Herbst 1945 ersetzten französische Gebirgsjäger zunehmend die marokkanischen Kolonialtruppen in Vorarlberg. Quelle: Stadtarchiv Bregenz, Bildarchiv

In den im Zeitungsartikel erwähnten hohen Zahlen an unehelichen (und ehelichen) Geburten im Februar und März 1946 spiegelt sich also indirekt etwas, worauf auch in lebensgeschichtlichen Interviews zur Vorarlberger Nachkriegszeit oft verwiesen wird: Gerade in den unmittelbaren Nachkriegsmonaten lassen sich zahlreiche Verbindungen und Beziehungen zwischen den Frauen vor Ort und den Besatzungssoldaten – insbesondere den marokkanischen – beobachten.[5]

Hier lässt sich ohne Zweifel ein deutlicher Unterschied zu Tirol erkennen. Die sozusagen „heiße" Phase der Besatzung im Übergang vom Krieg zum Frieden erlebte die Tiroler Bevölkerung mit den amerikanischen Besatzungs-

---

S. 16f. u. S. 25–28; vgl. auch Klaus Eisterer, Frankreich und das Zweite Kontrollabkommen vom 28. Juni 1946, in: Günter Bischof – Josef Leidenfrost (Hg.), Die bevormundete Nation. Österreich und die Alliierten 1945–1949. Innsbruck 1988, S. 187–215; Lydia Lettner, Die französische Österreichpolitik von 1943–1946. Dissertation, Universität Salzburg 1980.

5 Vgl. auch Huber, Alltagsleben von Frauen in Vorarlberg; Renate Huber, „Als Mann hätte er mich interessiert, als Mann …". Beziehungen von Vorarlberger Frauen zu französischen Besatzungssoldaten auf der Basis lebensgeschichtlicher Interviews, in: Montfort. 49, 2, 1997, S. 177–196; Renate Huber, Beziehungen von Frauen in Vorarlberg zu französischen Besatzungssoldaten, in: L'Institut français d'Innsbruck (Hg.), 50 Jahre gemeinsame Arbeit. Actes du colloque du 25 octobre 1996 à l'Institut français. Eine Publikation des Institut français in Zusammenarbeit mit dem Land Tirol. Innsbruck 1997, S. 99–108.

truppen als Gegenüber. Wie bereits erwähnt übernahmen die französischen Besatzungstruppen das Bundesland Tirol erst im Sommer 1945. Innsbruck war von nun an Hauptsitz der französischen Administration, was mit einer stärkeren Bündelung der Armeeangehörigen in der Tiroler Landeshauptstadt einherging. Kurz darauf veränderte sich – wie vorne dargestellt – auch die Zusammensetzung der Gegenüber auf französischer Seite: Die an der Befreiung bzw. an der Besetzung beteiligten Kolonialtruppen mit mehrheitlich marokkanischen Soldaten wurden zunehmend durch französische Gebirgsjäger ersetzt.[6]

Zudem kristallisierte sich Innsbruck mit der Etablierung des Institut français im Jahr 1946[7] auch als Mittelpunkt des gemeinsamen kulturellen Lebens heraus. Die französische Besatzungsmacht setzte gezielt kulturpolitische Vermittlungsangebote, um die Freundschaftsebene zwischen Frankreich und Österreich zu betonen. Mit der Einrichtung des Institut français entstanden für die Innsbrucker Frauen Möglichkeiten der Begegnung mit Angehörigen der französischen Armee, welche es in dieser Form in Vorarlberg nicht gab. Damit liegt die Vermutung nahe, dass Beziehungen zwischen Frauen und Besatzungssoldaten in Tirol auch über einen längeren Zeitraum ihre realen Ausprägungen fanden.

In Vorarlberg hingegen deuten sowohl die Erkenntnisse aus den lebensgeschichtlichen Interviews als etwa auch die Eheschließungszahlen darauf hin, dass sich die Beziehungen zwischen einheimischen Frauen und Besatzungssoldaten als gesellschaftlich relevantes Phänomen eigentlich nur in den ersten Nachkriegsmonaten zeigten. So spielte die französische Besatzungsarmee in der Alltagswahrnehmung der meisten meiner Interviewpartnerinnen und -partner bereits ab etwa Herbst 1945 kaum noch eine Rolle. Dies spiegelt sich zudem in den geringen Zahlen von Heiraten zwischen französischen Staatsbürgern und österreichischen Frauen wider: Selbst in den Jahren 1946 und 1947, als der Anteil am höchsten lag, machten diese Eheschließungen nicht einmal drei Prozent der gesamten Trauungen in Vorarlberg aus. Zudem kann in diesen Zahlen auch ein gewisser Anteil an ehemaligen französischen

---

6 Zur unterschiedlichen Wahrnehmung dieser beiden Truppenverbände vgl. Renate Huber, Ein französischer Herr im Haus, ungebetene Gäste und ein Liebäugeln mit den Schweizer Nachbarn. Wahrnehmungen und Deutungsmuster des Fremden und des Eigenen in Vorarlberg, in: Ingrid Bauer – Josef Ehmer – Sylvia Hahn (Hg.), Walz – Migration – Besatzung. Historische Szenarien des Eigenen und des Fremden. Klagenfurt 2002, S. 154f.
7 Vgl. L'Institut français d'Innsbruck (Hg.), 50 Jahre gemeinsame Arbeit. Actes du colloque du 25 octobre 1996 à l'Institut français. Eine Publikation des Institut français in Zusammenarbeit mit dem Land Tirol. Innsbruck 1997.

Kriegsgefangenen vermutet werden. In dieser Statistik nicht enthalten sind freilich jene Eheschließungen zwischen französischen Armeeangehörigen und einheimischen Frauen, die in Frankreich vollzogen wurden, wobei schon alleine aufgrund der frühen Reduzierung der Truppen in Vorarlberg ihre Zahl im Umfang beschränkt bleiben musste.[8]

Gegenüber dem süddeutschen Raum dürfte sich die Situation in Vorarlberg gleichfalls unterschieden haben. Der Einmarsch der französischen Truppen in Vorarlberg erfolgte erst unmittelbar vor Kriegsende. Im Gegensatz zu Deutschland marschierten die Franzosen in Österreich nicht als „Sieger" ein, sondern betonten, als „Freunde" zu kommen. Ein – von der französischen Armee aufgestelltes – Schild mit der Aufschrift „Ici l'Autriche, pays ami!", „Hier ist Österreich, Freundesland!" am ehemaligen Grenzübergang nördlich von Bregenz[9] sollte wohl auch die eigenen Soldaten an diesen grundlegenden Unterschied zur französischen Besatzungszone in Deutschland erinnern. Möglicherweise spielte dieser Umstand im konkreten Zusammentreffen durchaus eine Rolle. Als Argument dafür könnte gelten, dass es Berichte etwa über Massenvergewaltigungen durch französische Besatzungssoldaten in Stuttgart und Pforzheim gibt,[10] für Vorarlberg jedoch keine Hinweise auf ein solches Massenphänomen vorliegen.

Analysieren wir nun den Artikel „Niemandskinder in Vorarlberg" aus dem Jahr 1948 auf der diskursiven Ebene. Mit dem verwendeten Begriff für die Kinder von Besatzungssoldaten und einheimischen Frauen wird sowohl an bereits in der Vormoderne existierende Denk- als auch Rechtstraditionen angeschlossen, in denen die Vererbung des Namens sowie auch der meisten Rechte und Pflichten über die Väter erfolgt. In der Moderne kommt eine enge Verknüpfung mit nationalen Zuordnungen und Einschreibungen hinzu: Nun werden die Geschlechter- und Familienarrangements auch vor dem Hintergrund gelesen, wie sie sich in Bezug auf die Zugehörigkeit zur Nation gestalten sollen. Da Rechte und Pflichten rund um die Staatsbürgerschaft lange Zeit männlich definiert waren, konnte die Logik entstehen, dass bei Abwesenheit der Väter sozusagen niemand anderer diese Rolle übernimmt. Allerdings haben auch die Frauen eine bedeutende Funktion in diesem Prozess: Sie sind

---

8   Ausführlicher dazu insbesondere: Huber, Alltagsleben von Frauen in Vorarlberg, S. 50–53.
9   Vgl. Emmerich Gmeiner (Hg.), Recherche sur Bregenz. Krieg und Frieden 1945 im Tagebuch der Anni Forster. Bregenz 1995, S. 142f.; vgl. auch Klaus Eisterer, Französische Besatzungspolitik. Tirol und Vorarlberg 1945/46. Innsbruck 1991, S. 259–261.
10 Vgl. Ingrid Schmidt-Harzbach, Eine Woche im April. Berlin 1945, in: Helke Sander – Barbara Johr (Hg.), Befreier und Befreite. Krieg, Vergewaltigung, Kinder. München 1992, S. 21–45, hier: S. 34f.

Abb. 3: NS-Zeitungskarikaturen wie „Familienglück in Frankreich" sollten den französischen Feind zu Beginn des Zweiten Weltkriegs diffamieren. Diese Feindbilder wirkten auch nach der NS-Zeit nach. Quelle: Vorarlberger Tagblatt, 15.6.1940

für die Ehre der Familie und damit auch der Nation zuständig. Diese Rollenzuschreibungen an die jeweiligen Geschlechter werden seit dem Beginn der Moderne – also seit den grundlegenden gesellschaftlichen Umgestaltungen aufgrund der zunehmenden Industrialisierung ab dem 19. Jahrhundert sowie durch tiefschürfende politische Veränderungen – kontinuierlich diskursiv ausgeformt.[11]

Das soll an dieser Stelle durch konkrete Beispiele aus der Zeit des Nationalsozialismus veranschaulicht werden, nämlich durch zwei – alles andere als subtile – Karikaturen aus dem Vorarlberger Tagblatt aus dem Jahr 1940, von der deutschen Wochenzeitschrift „Kladderadatsch" übernommen.

Die erste Karikatur mit dem Untertitel „Familienglück in Frankreich" zeigt eine Frau, die gerade ein Kind geboren hat und dieses im Arm hält, den stolzen Vater, der sich ans Bett lehnt, und den Pfarrer, der sagt: „Wirklich ganz

---

11   Ausführlicher dazu: Renate Huber, Identität in Bewegung. Zwischen Zugehörigkeit und Differenz. Vorarlberg 1945–1965. Innsbruck 2004.

Abb. 4: Die NS-Karikatur „La culture française. Raub, Mord, Rassenschande!" diffamierte die französischen Kolonialtruppen und ihre Liebesbeziehungen zu weißen Frauen. Der Nachhall solcher Propaganda war auch in der Nachkriegszeit noch zu spüren. Quelle: Vorarlberger Tagblatt, 17.6.1940

der Vater!" Doch obwohl es sich bei dem Neugeborenen ganz offensichtlich – und im Gegensatz zum gezeigten Vater – um ein Kind schwarzer Hautfarbe handelt, scheint dies niemand zu bemerken.

Bei der zweiten Karikatur mit dem Untertitel „La culture française. Raub, Mord, Rassenschande!" dominiert ein überdimensionierter schwarzer Soldat in militärischer Adjustierung und französischer Uniform das Bild, in dessen Fußstapfen – wie eine Art Lemming – eine zierliche Frau weißer Hautfarbe folgt, die ihr Kind mit ersichtlich dunklerem Teint auf den Rücken gebunden trägt. In ähnlicher Weise wie in der ersten Karikatur wird im demagogischen Spiel der Gegenüberstellung des Begriffs der „französischen Kultur" zu „Raub, Mord und Rassenschande" das genaue Gegenbild dessen hergestellt, was vordergründig ausgedrückt wird. Hier wird der französische Feind sozusagen in seiner „Unkultur" als unmoralisch und schwach vorgeführt, damit verächtlich gemacht und als unehrenhaft enttarnt, natürlich ganz im Gegensatz zur eigenen Kultur, zur eigenen Nation.

Die beiden Karikaturen knüpfen thematisch an die – bis 1926 andauernde – Rheinlandbesetzung durch französische Kolonialtruppen nach dem Ersten Weltkrieg an. Unter dem Label „Schwarze Schmach" wurde damals aus den nichtbesetzten Teilen Deutschlands eine Propagandakampagne gegen die

Abb. 5: Exotik in Vorarlberg: Die marokkanischen Besatzungssoldaten trugen Gamaschen und als Kopfbedeckung weiße Turbane. Plötzlich lagen ein „Duft von Lavendel" und „Musik in der Luft". Sägewerk Klocker. Quelle: Stadtarchiv Dornbirn. Original: Sammlung W. Klocker, Sign. 12823

Kolonialtruppen und ihre Beziehungen zu deutschen Frauen geführt.[12] Am Beginn des Zweiten Weltkriegs wurden, wie die Beispiele belegen, die Bilder von damals erneut in Stellung gebracht.[13]

Die Botschaft ist klar: Frauen, die mit dem Feind Kinder zeugen, möglicherweise noch dazu mit dunkler Hautfarbe, und auch diese Kinder selbst werden nicht als ehrenvolle Mitglieder der eigenen Kultur wahrgenommen, Männer, die sich ein solches Kind sozusagen unterjubeln lassen, wohl ebenso wenig.

Der Nachhall solcher Diskurse war zweifellos noch zu spüren, als die alliierten Besatzungstruppen Deutschland und Österreich vom Nationalsozialismus befreiten und gleichzeitig besetzten. Dennoch mag gerade in den unmittelbaren Nachkriegswochen und -monaten des Jahres 1945 der Diskurs ein etwas anderer gewesen sein. Der Krieg war vorbei, die Bedrohung damit deutlich geringer, die Versorgungslage schlecht, viele Männer noch in der Kriegsge-

---

12 Vgl. Sandra Maß, Das Trauma des weißen Mannes. Afrikanische Kolonialsoldaten in propagandistischen Texten, 1914–1923, in: L'Homme. Zeitschrift für Feministische Geschichtswissenschaft. Soldaten. Jg. 12, H. 1, 2001, S. 11–33.
13 Aufgrund des weiteren Kriegsverlaufes und der von 1940 bis 1944 bestehenden „collaboration" zwischen Frankreich und dem Deutschen Reich wurde diese Art der Kriegspropaganda auch im Vorarlberger Tagblatt erst 1945 wieder aufgenommen. Ausführlicher dazu: Huber, Ein französischer Herr im Haus, S. 154–155.

fangenschaft bzw. gefallen. Nun waren plötzlich neben Flüchtlingen und DPs mehrheitlich junge, fremde Kolonialtruppen mit auffallendem Äußeren in dieser Nachkriegsgesellschaft präsent. Die Offiziere und Soldaten trugen Gamaschen, die marokkanischen Soldaten als Kopfbedeckung zudem weiße Turbane, was von der einheimischen Bevölkerung als exotisch empfunden wurde.[14] Die Angehörigen der französischen Besatzungsmacht verfügten zudem über mehr Ressourcen und ein höheres Machtpotenzial als die einheimische Bevölkerung. Und es lag nun – wie in lebensgeschichtlichen Interviews berichtet wird – auf einmal ein „Duft von Lavendel" und „Musik in der Luft".

Unter diesen Rahmenbedingungen gab es vielfältige Motive sowohl für die Frauen vor Ort als auch für die Besatzungssoldaten, Beziehungen in ihren vielgestaltigsten Ausprägungen einzugehen. Die gesellschaftlichen Verhältnisse waren in Bewegung geraten. Ein gewisser Lebenshunger prägte diese Zeit ebenso wie eine Mangelsituation, was Güter des alltäglichen Bedarfs und vor allem Lebensmittel betrifft, und spontanes Improvisieren in der Organisierung des täglichen Lebens. Die Zeitumstände mögen demnach nicht solche gewesen sein, in denen der Gedanke an etwaige langfristige Nachwirkungen im Vordergrund stand.[15]

So erzählt Heidi Braun-Brunner etwa auch von einer Freundin ihrer Mutter, die ebenfalls mit einem marokkanischen Soldaten liiert war. Während Heidis Mutter schwanger wurde, blieb die sexuelle Beziehung der Freundin ohne „materielle" Folgen.[16]

Die französische Perspektive – Oder: „Histoire sans paroles"

Offizielle französische Repräsentanten widmeten sich gleichfalls dem Thema der Besatzungsbeziehungen. Der Botschafter in Bern etwa vermeldete an das französische Außenministerium, dass bei den „Verbindungen zwischen der weiblichen Bevölkerung und den Besatzungstruppen" vor allem die „farbigen" Soldaten „das Objekt einer gewissen Vorliebe" seien.[17]

Im „Bulletin d'information et de documentation", herausgegeben vom Militärgouvernement der französischen Besatzungszone in Österreich, wurde

---

14 Ausführlicher dazu: Huber, Ein französischer Herr im Haus, S. 154f.
15 Ausführlicher dazu: Ingrid Bauer – Renate Huber, Sexual Encounters Across (Former) Enemy Borderlines, in: Günter Bischof – Anton Pelinka – Dagmar Herzog (Hg.), Sexuality in Austria. Contemporary Austrian Studies. Volume 15. New Brunswick/US – London 2007, S. 74.
16 Persönliches Gespräch mit der Autorin im Sommer 2012.
17 Zit. n.: Klaus Eisterer, Fraternisierung 1945, in: Dornbirner Schriften. Beiträge zur Stadtkunde. Nr. XIV, Mai 1993, S. 22.

Abb. 6: Das von der französischen Besatzungsmacht in Österreich herausgegebene Bulletin publizierte im Jänner 1946 eine „Geschichte ohne Worte". Es handelt sich dabei um eine prototypische Erzählung einer möglichen Liebesbeziehung zwischen Mahjoub und Gretchen. Aufgrund des baldigen Abzugs der Kolonialtruppen blieb dieser Beziehung ein „happy end" jedoch verwehrt. Quelle: Bulletin d'information et de documentation, Jänner 1946

ähnlich argumentiert. Im Jänner 1946 findet sich hier eine Geschichte mit dem Titel „Histoire sans paroles"[18], also eine „Geschichte ohne Worte", die sich dennoch ziemlich wortreich über mehrere Seiten ausdehnt, bebildert mit der oben eingefügten, für einen administrativen Rahmen untypischen Zeichnung.

Im Gegensatz zur sonstigen Berichterstattung mit sachlichem und informativem Charakter ist dieser Artikel eher im Stile eines „roman d'amour" geschrieben. Im Zentrum steht die Geschichte von Mahjoub und Gretchen, es können auch – so der Autor – Else oder Gerda sein, die als Liebende Hand in Hand glücklich durchs Leben schreiten. Dass daraus keine Weihnachtsgeschichte geworden sei, wird damit begründet, dass Mahjoub nicht auf den ersten Schneefall gewartet, sondern bereits an einem schönen Herbsttag das Land verlassen habe. Damit wird auf den Abzug der Kolonialtruppen und ihre Ersetzung durch französische Gebirgsjäger im Herbst 1945 angespielt.

Ein Hinweis auf mögliche bereits existierende Schwangerschaften und somit auf im Jänner 1946 real längst, zumindest als noch ungeborene Kinder, vorhandene Nachkommen dieser Soldaten findet sich in der Darstellung nicht. Im diskursiven Umgang wird Angehörigen der eigenen Armee, die solche – auch wechselnde – Beziehungen eingingen, somit nichts Unehrenhaftes

---

18 „Histoire sans paroles" [übersetzt: Geschichte ohne Worte], in: Bulletin d'information et de documentation. Nr. 8, Janvier 1946, S. 85–89.

zugeschrieben. Das Thema der gemeinsamen Kinder wird einfach verschwiegen, was sich ohne Zweifel in der Erinnerungskultur entsprechend auswirkt.

Um die aus den Beziehungen mit Besatzungssoldaten entstandenen Nachkommen mussten sich in der sozialgeschichtlichen Realität der Nachkriegszeit die Mütter kümmern. Zur Erleichterung der Situation betroffener Frauen schuf die französische Besatzungsmacht im Kloster Riedenburg in Bregenz die Möglichkeit, ohne großes Aufsehen zu entbinden. Klaus Eisterer spricht für die Zeit von April bis August 1946 von insgesamt 79 Geburten. Die Frauen bekamen entweder eine Säuglingsausstattung mit auf den Weg oder sie konnten ihre Kinder auch zur Adoption nach Frankreich freigeben.[19]

Abwesende Väter und „verantwortliche" Mütter als Erzählkonstante

Die Lebensgeschichten der Kinder dieser französischen und marokkanischen Väter gleichen sich in einem wesentlichen Punkt: Sie sind geprägt von der Abwesenheit der Väter, welche von den Betroffenen selbst immer wieder thematisiert und von der damaligen Gesellschaft zudem als große Leerstelle im Leben gespiegelt wurde. Dies führt bei den meisten Betroffenen zu einem ausgeprägten Bedürfnis, die unbekannten Wurzeln väterlicherseits ergründen zu wollen.

Aufgrund der Abwesenheit der Väter wurden in der Regel die Verantwortlichkeiten in überaus vielschichtiger Weise ausschließlich den Müttern zugeordnet. Dies lässt sich anhand des eingangs erwähnten Zeitungsartikels „Niemandskinder in Vorarlberg?" nochmals gut nachzeichnen.

Zum Zeitpunkt seines Erscheinens waren bereits beinahe drei Jahre vergangen, seit die Besatzungstruppen Vorarlberg befreit hatten. Längst war jedoch die Begrifflichkeit der „Befreiung durch die französische Armee", wie sie in den unmittelbaren Nachkriegsmonaten noch verwendet worden war, aus dem offiziellen Eliten- und Mediendiskurs verschwunden. Die unmittelbare Nachkriegszeit war vorbei, die „Normalisierung" hatte bereits begonnen. Auch in Bezug auf die Geschlechterverhältnisse setzte eine Re-Stabilisierung der alten Ordnung ein.

In dieser Logik wurden aus den Kindern, deren Väter in einer ganz bestimmten Art und Weise abwesend waren, „Niemandskinder". Sie werden über diese Benennung als zu niemandem zugehörig stigmatisiert, auch wenn

---

19 Direction de la Santé publique, Bilan d'Activité de la Direction de la Santé publique depuis le début l'Occupation jusqu'au 15 Août 1946: MAE/C, C. 1409, p. 10, zit. n. Eisterer, Fraternisierung, S. 30ff.; vgl. auch Klaus Eisterer, Die Souvenirs d'Autriche von Oberst Henri Jung, in: Montfort. Jg. 47, 3, 1995, S. 101f.

sie von ihren Müttern betreut, ernährt, großgezogen und vielleicht auch geliebt wurden. Die „Schande", von einem Vater der falschen Nationalität, nämlich einem ehemaligen Feind, gezeugt worden zu sein, lastete man nicht nur ihren Müttern, sondern auch ihnen an. Im Diskurssystem dieser Zeit galten nur Kinder von Müttern, die sozusagen über jeden moralischen Verdacht erhaben waren, als vollwertige Mitglieder der Gesellschaft.

Wenn die Väter deshalb abwesend waren, weil sie sich nach wie vor in Kriegsgefangenschaft befanden bzw. weil sie, wie es im zeitgenössischen Diskurs hieß, als „Helden im Krieg gefallen" waren, sahen sich deren Kinder zwar ebenfalls mit einer Leerstelle in ihrem Leben konfrontiert, aber ihre Zugehörigkeit zur Gesellschaft wurde ihnen dadurch nicht abgesprochen.

Im genannten Zeitungsartikel wurde der Status, „unehelich" geboren zu sein bzw. die „illegitime Abkunft" eng mit dem Bild der „Niemandskinder" verknüpft. Legitimität war für Frauen und Kinder daran gebunden, dass die Mütter verheiratet sind. Prinzipiell sind daher alle unverheirateten Mütter davon betroffen. Dennoch gab es gerade in der Nachkriegszeit eine nicht zu unterschätzende Abstufung im Ausmaß des zugewiesenen Makels, welche in der Benennung der Kinder sichtbar wird. Sie reicht von „Lediges" über „Französle" bis hin zu „Marokkanerle" oder „Negerle".[20] Für die beiden Letzteren tauchte auch immer wieder die Bezeichnung „Bastarde" auf. Die Väter waren von solch abwertenden Zuweisungen nicht betroffen.

In der im Artikel gesetzten Formulierung „als unmittelbare Folge der Mai-Ereignisse 1945" habe das Phänomen „außergewöhnliche Formen" angenommen, entsteht außerdem überspitzt dargestellt das Bild, diese Ereignisse wären quasi wie eine nicht abwendbare Naturkatastrophe über die Bevölkerung hereingebrochen. Dass die Frauen im Zeitfenster der unmittelbaren Nachkriegszeit möglicherweise ihren deutlich größeren Handlungsspielraum genutzt und in größerem Ausmaß selbst über ihr eigenes Leben bestimmt haben, wird daraus nicht mehr ersichtlich.

Mit der Stabilisierung der Gesellschafts- und Geschlechterverhältnisse wurden Normen und Moralvorstellungen wieder deutlich rigider. Gerade seit den ausgehenden 1940er-Jahren wohl bis weit in die 1970er-Jahre herein galt in Vorarlberg die Devise ziemlich uneingeschränkt, sich sozusagen „ghörig" – nämlich so, wie es sich gehört – verhalten zu müssen, um die gesellschaftliche Anerkennung zu bekommen.

Im konkreten Fall der Besatzungskinder gilt das insbesondere für die Mütter und Kinder. Die leiblichen Väter hingegen wurden weder von den Besatzungstruppen noch im offiziellen Vorarlberger Diskurs in die Verantwortung

---

20 Ausführlicher dazu: Huber, Alltagsleben von Frauen in Vorarlberg, S. 53–58.

genommen. Mütter und Kinder wurden nicht selten ausgegrenzt, ihre Geschichte in höchstem Maße tabuisiert und damit im kollektiven Gedächtnis in einer zwar besonders effektvollen, aber vordergründig unsichtbaren Form abgelegt. Im offiziellen Vorarlberger Diskurs wird darüber über Jahrzehnte der Mantel des Schweigens gebreitet, während in den kleinräumigeren Diskurssettings der Nachbarschaften bzw. der Dorfgemeinschaften zumindest in den Kindheits- und Jugendjahren die Stigmatisierungen und Ausgrenzungsstrategien weitergehen konnten.

Individuelle Lebensgeschichten

Nun mögen die Söhne und Töchter von Besatzungssoldaten Erfahrungen des „Andersseins", des irgendwie „Nicht-Dazugehörens" in der einen oder anderen Form miteinander teilen. Auch ihre Imaginationen und Wünsche weisen wohl durchaus ähnliche Zielrichtungen auf. Dennoch sind ihre Erinnerungen an das Aufwachsen in solch spezifischen Familienkonstellationen als auch die Form der Familienerzählungen darüber auch überaus facettenreich und voneinander abweichend. Die jeweiligen Lebenserzählungen zeigen sich somit deutlich individueller geprägt, als der Diskurs über die „Niemandskinder" vermuten lassen würde.

Heidi Braun-Brunner, deren Eltern sich – wie bereits erwähnt – in der unmittelbaren Nachkriegszeit ineinander verliebten, deren Vater aber noch vor ihrer Geburt aus Vorarlberg abgezogen wurde, wuchs durchaus behütet als Einzelkind bei ihrer Mutter und ihren Großeltern auf. Zwar wollte der Vater ihre Mutter mit nach Marokko nehmen, aber die Großeltern waren dagegen. Auch ihrer Mutter erschien eine solche Übersiedelung ein zu großes Wagnis zu sein. Mit ihrer Herkunft als Tochter eines marokkanischen Besatzungssoldaten wurde Heidi trotz der erlebten Geborgenheit in der Familie immer wieder von außen konfrontiert. Da gab es beispielsweise Vorbehalte seitens mancher Verwandter. Von einem befreundeten Nachbarmädchen wurde sie im Streit als „Igelfresserin" beschimpft. In der Schule hörte sie von ihrer Religionslehrerin, dass ledige Kinder nicht in den Himmel kommen.

Mit 17 wurde ihre Identitätssuche dann wieder virulent, sie fragte ihre Mutter nach ihrem Vater und bekam – im Gegensatz zu vielen anderen Betroffenen – wenn auch zögerlich Auskunft. Die Mutter gab ihr ein kleines Foto ihres Vaters Sabi ben Ali, das sie dann immer gehütet hat „wie einen Schatz", und einen kleinen Zettel mit der unvollständigen Adresse ihrer marokkanischen Großmutter in der Region Fes.

Über Jahrzehnte hinweg begleitete Heidi die Hoffnung, mehr über ihren Vater zu erfahren, auch zu wissen, ob sie, die sich immer Geschwister

Abb. 7: Heidi Braun-Brunner, die 1946 geborene Tochter einer Vorarlbergerin und eines marokkanischen Besatzungssoldaten. Quelle: Sammlung Braun-Brunner

wünschte, noch irgendwo Halbgeschwister habe. Sie empfindet eine große Sehnsucht nach dieser anderen Welt, die für sie unter anderem Süden, Wärme, Sonne, aber auch Exotik bedeutet. Gleichzeitig verspürt sie eine hohe Notwendigkeit – ausgelöst wohl durch die erlebte soziale Kontrolle als auch selbstauferlegt –, in ihrem Vorarlberger Umfeld alles perfekt zu machen: „Ich wollte alles ghörig [~richtig] machen und alles im Schuss haben." In beide Richtungen zeigt sich ein starkes Bedürfnis nach Zugehörigkeit.[21]

Auch die Geschichte der Eltern von Karin Trappel ist eine Liebesgeschichte, die am Anfang jener von Heidis Eltern stark ähnelt. Ihre Großmutter wusch für die Besatzungssoldaten die Wäsche und so kamen sie miteinander in Kontakt. Ihre Mutter Wilma, die zu Kriegsende 18 Jahre alt war, und ihr Vater Mohamed ben Bouchaïb, ein – so erzählten es die Großeltern – außergewöhnlich schöner junger Mann, sanft und freundlich, verliebten sich. Er bekam von Wilmas Eltern den Spitznamen „Mimi" verliehen, Wilmas Vater fotografierte den jungen Mann auch für das Familienalbum. Nach acht Monaten wurde „Mohamed-Mimi" nach Indochina versetzt, er ließ Wilma schwanger zurück. Die beiden schrieben sich noch bis 1950, bis er als vermisst galt. Wilma heiratete wieder. Karin Trappel wuchs bei ihren Großeltern auf, weil ihr neuer Stiefvater ihr überaus ablehnend gegenüberstand. In ihrer Kindheit wurde der ursprüngliche Kosename für ihren Vater ihr gegenüber als Schimpfwort verwendet. Sie galt als die Tochter des Feindes.

Wie Heidi Braun-Brunner möchte auch sie mehr über ihren Vater erfahren. Dafür reiste sie sogar nach Vietnam, um – vergeblich – auf den Militärfriedhöfen nach seinen Spuren zu suchen. Zehn Jahre später erfuhr sie über den

---

21 Interview mit Frau Heidi Braun-Brunner im August 2000, Transkript Nr. IV/3; ausführlicher dazu: Huber, Identität in Bewegung, S. 184–192.

Abb. 8: Heidi Braun-Brunner hütete das kleine Foto ihres Vaters, Sabi ben Ali, „wie einen Schatz". Quelle: Sammlung Braun-Brunner

französischen Journalisten Maurin Picard, dass der Vater nach einem Angriff mitten im Dschungel nahe der chinesischen Grenze im Juni 1950 nicht mehr zurückgekehrt war.[22]

Georg Fritz, streitbarer Biobauer und Gründer der Ein-Mann-Partei „FRIZZ – Liste für alle Unzufriedenen und Selbstdenker", mit der er mehrmals bei den Vorarlberger Landtagswahlen angetreten war, ist ebenfalls das Kind eines marokkanischen Besatzungssoldaten, den auch er nie kennenlernte. Er wuchs gemeinsam mit seinem älteren, ebenfalls unehelichen Halbbruder, dessen Vater für den Reichsarbeitsdienst aus dem Burgenland nach Vorarlberg gekommen und im Krieg gefallen war, am Bauernhof seiner Mutter bzw. seiner Großeltern in Möggers auf. Diesen bewirtschaftet er nun selbst. Seine Kindheit hat er in schlechter Erinnerung. Die anderen Kinder hänselten oder mieden ihn. Er und seine Mutter galten im Dorf als die Geächteten. Selbst vom Pfarrer wurde seine Mutter als „Hure" beschimpft. Seine Mutter redete mit ihm nie über seinen Vater. Das Einzige, was er von ihm besitzt, ist ein Foto.[23]

Maria Pramendorfer, Anfang 1946 geboren, erfuhr erst in ihrer Jugend, dass sie eigentlich die Tochter eines marokkanischen Besatzungssoldaten ist. Ihre Mutter, die bereits drei Kinder hatte, war im sechsten Monat schwanger, als ihr Ehemann aus der russischen Gefangenschaft zurückkehrte. Doch er erkannte Maria als seine Tochter an. Dieser Entschluss wurde möglicherweise durch den Verlust eines anderen Kindes begünstigt. Zur gleichen Zeit wurde nämlich der Name des ältesten Sohnes der Familie und damit ihres

---

22 Vgl. Blaise Gauquelin, Les enfants tabous du Vorarlberg, in: Libération. 4.3.2013, S. 29.
23 Vgl. Florian Gasser, Kinder der Schande, in: Datum. H. 4, 9, 1.4.2009; zit. n. DATUM – Seiten der Zeit: Kinder der Schande http://www.datum.at/artikel/kinder-der-schande/ 26.7.2013, 14.05 Uhr, Mozilla Firefox.

Abb. 9: *Auch für den Vorarlberger Biobauern Georg Fritz ist das Foto von seinem Vater, einem ehemaligen marokkanischen Besatzungssoldaten, das er hier in der Hand hält, ein überaus wertvoller Besitz. Quelle: Walser Herbst*

Halbbruders auf dem Kriegerdenkmal für die Gefallenen eingetragen. Der vermeintliche Vater gab ihr – so schließt sie aus Erzählungen – all die Liebe, die sie brauchte. Noch ein weiteres Geschwister kam hinzu. Als sie zweieinhalb war, starb der Mann, der offiziell ihre Vaterschaft übernommen hatte, an Lungenkrebs.

Deshalb traf sie in jugendlichem Alter die Frage aus ihrem Umfeld, ob sie denn wisse, dass sie einen marokkanischen Vater habe, wie ein Schock. Bis zu diesem Zeitpunkt war sie nicht auf die Idee gekommen, die Tochter eines anderen Mannes zu sein. Ihre Mutter hatte ihr nie etwas davon erzählt. Auch sie behielt dieses Familiengeheimnis sehr lange Zeit für sich. Erst als ein depressiver Anfall sie ins Spital brachte, erzählte sie ihre Geschichte einer Psychologin. Nun entstand das Bedürfnis, mehr über ihren leiblichen Vater zu erfahren. Doch ihre Mutter war inzwischen schon verstorben. Sie weiß noch nicht einmal den Namen ihres Vaters.[24]

Gabi B.[25] wurde im Februar 1946 offiziell als eheliches Kind in ihre Familie hineingeboren. Sie war – so betonte es die Mutter immer wieder – ein „Acht-Monats-Kind". Von ihrem Mann, einem Sudetendeutschen, ließ sich die

---

24 Vgl. Gauquelin, Les enfants tabous, S. 28f.
25 Name anonymisiert.

Mutter bald scheiden. Gabi B. kam kurzfristig in die Obhut ihres vermeintlichen Vaters und dessen Mutter, die nur wenige Kilometer über der Grenze in Deutschland wohnten. Der etwas ältere Bruder, von der Mutter – so die Wahrnehmung der Tochter – immer bevorzugt, blieb bei dieser. Nach kurzer Zeit holte die Mutter sie doch wieder zu sich zurück. In der Familienerinnerung existieren über diese Episode unterschiedliche Erzählversionen. In Gabi verstärkte sich jedoch seit ihrer Kindheit das Gefühl, nicht zu dieser Familie dazuzugehören. Ungereimtheiten traten auf. Plötzlich sollte sie dieses Besondere an sich selbst – nämlich ein „Acht-Monats-Kind" zu sein – doch nicht mehr so hervorheben.

Von ihrer Tante erfuhr Gabi B. – schon im Erwachsenenalter – Dinge, die nicht zueinanderpassen, etwa auch von einer Totgeburt ihrer Mutter aus einer früheren Beziehung, die diese aber – darauf angesprochen – kategorisch abstritt. Von ihrer Mutter konnte sie also keine Unterstützung bei ihrer Identitätssuche erwarten.

Später, als ihre eigene Tochter bereits erwachsen war und den unbekannten Großvater kennenlernen möchte, machte sie sich mit ihr nochmals auf die Suche nach ihrem offiziell im Geburtenregister eingetragenen Vater. Doch sie empfand ihn bei ihrem Zusammentreffen als vollkommen fremden Mann, der nichts mit ihr zu tun hatte. Es gab auch keine Ähnlichkeiten. Das nahm sie als weiteres Mosaiksteinchen dafür, dass da in der Familienerzählung etwas nicht stimmen konnte.

Wiederum mithilfe ihrer Tante und deren Aufzeichnungen rekonstruierte sie aus einer Reihe von verschiedenen Indizien für sich eine vollkommen andere Geschichte: Ihre Mutter war aufgrund ihrer Ehe mit einem Deutschen, deretwegen sie nach damaligem Recht ebenso die deutsche Staatsbürgerschaft besaß, zu Kriegsende von der Ausweisung aus Vorarlberg nach Deutschland bedroht.[26] Um diese für sich und ihren kleinen Sohn abzuwenden – ihr Mann war noch in Kriegsgefangenschaft –, wurde sie beim französischen Postenkommandanten vorstellig und zumindest zweimal auch bei ihm vorgelassen. Gabi B. stellt sich nun folgende Frage: „Wenn ich der Preis wäre für das, dass sie dableiben hat dürfen mit dem Baby, mit dem sechs Monate alten Bruder …?" Dann würde auch das „Acht-Monats-Kind" als Argument Sinn machen, weil ihr offizieller Vater eben einen Monat später nach Hause gekommen war.

Sie wird diese Frage faktisch nie klären können. Doch steht für sie nach all diesen Nachforschungen und zusätzlich bestärkt durch eine Familienaufstellung zu diesem Thema unzweifelhaft fest, dass sie die Tochter eines französi-

---

26 Zu diesen Ausweisungen vgl. Huber, Ein französischer Herr im Haus, S. 165–169.

schen Besatzungsoffiziers ist. Auch sie wollte mehr über ihren – vielleicht nur vermeintlichen – Vater wissen. Bei Recherchen mithilfe anderer Gemeindemitglieder, die mit der Familie des Kommandanten noch in Kontakt standen, erfuhr sie, dass dieser französische Offizier anschließend nach Wien gegangen war, dort seine spätere Frau kennengelernt, mit ihr und seinen Kindern in Südfrankreich gelebt hatte und kurz zuvor gestorben war.[27]

Noch weitere Geschichten ließen sich hier anfügen, etwa jene der Tochter eines berberischen Soldaten aus Marokko, die – lange Zeit ohne darüber Bescheid zu wissen – bei ihrer Tante und ihrem Mann als deren Kind aufgewachsen war, da ihre Mutter früh gestorben war. Oder auch jene des Sohnes einer Frau aus dem Bregenzerwald, die von einem marokkanischen Besatzungssoldaten vergewaltigt worden war, was die Auseinandersetzung mit der eigenen Identität für den Sohn nicht unbedingt leichter macht, und andere mehr.[28]

Gemeinsam ist jedoch allen Geschichten, dass sie für lange Zeit verborgene Geschichten sind oder eben oft nur Ausschnitte davon sichtbar werden. Andere Teile finden den Weg in die Familienüberlieferungen nicht, werden ausgelassen, sind manchmal unwiederbringlich verloren, weil jene, die davon wissen, schon gestorben sind bzw. weil auch zu deren Lebzeiten über bestimmte Tabuthemen einfach nicht gesprochen worden ist. Darüber hinaus spiegeln diese Geschichten der Kinder bzw. ihrer Eltern die Vielschichtigkeit, die Zwiespältigkeit und auch die Fragmentierung der Lebensentwürfe von Menschen wider, die an diesem Übergang von Krieg zu Nachkrieg ihr Leben vielleicht neu bzw. anders ordnen mussten als ursprünglich gedacht.

Von der Tabuzone zur kollektiven Erinnerungsarbeit

Anders als etwa in der amerikanischen Besatzungszone wurde und wird in Vorarlberg sowohl in medialen als auch in alltagsweltlichen Diskursen deutlich weniger über die ehemaligen „Besatzer" gesprochen.[29] Sie besaßen nicht dieselbe Strahlkraft wie die amerikanischen GIs. Im kollektiven Gedächtnis ist die französische Besatzungszeit in Vorarlberg für nicht wenige Menschen eher als vorübergehende Episode denn als prägende Erfahrung abgespei-

---

27 Interview mit Frau Gabi B. (anonymisiert) im Juli 2000, Transkript IV/1; ausführlicher dazu: Huber, Identität in Bewegung, S. 192–197.

28 Informelle Gespräche mit Betroffenen nach meinem Vortrag „Vorarlberger Kinder von marokkanischen Besatzungssoldaten. Historische Rahmenbedingungen, Wahrnehmungen und Deutungen" im Rahmen des Walser Herbst am 26.8.2012 in Blons im Großen Walsertal.

29 Siehe dazu den Beitrag von Ingrid Bauer in diesem Band.

chert.[30] Das wirkte sich auch auf den wissenschaftlichen Diskurs aus. Als ich 1995 – begleitet von Reinhold Wagnleitner und Ingrid Bauer, Pionierin in diesem Feld[31], – an der Universität Salzburg mit den Recherchen zu meiner Diplomarbeit[32] begann, war die Forschung dazu noch wenig fortgeschritten. Zum Themenfeld Beziehungen zwischen einheimischen Frauen und Besatzungssoldaten gab es zu diesem Zeitpunkt gerade einmal zwei Artikel – von Klaus Eisterer[33] einen Aufsatz zu den Fraternisierungen, von Astrid Schmoll[34] einen Beitrag zu den Dornbirner Frauen und ihren Alltagsgeschichten in der Nachkriegszeit. Zudem standen zwei autobiografische Lebensgeschichten aus weiblicher Feder als editierte Quellen zur Verfügung – nämlich eine von Anni Forster,[35] einem zu Kriegsende zwölfjährigen Mädchen, und eine andere von Lieselotte Blumenauer-Montenave,[36] einer für kurze Zeit in Vorarlberg lebenden jungen Flüchtlingsfrau aus Wien.

In den Interviews für meine Diplomarbeit zeigte sich, dass dieses Thema in den Familienerzählungen und den kleinräumig-nachbarschaftlich geprägten Erinnerungsdiskursen dann doch breiten Raum einnahm. Dasselbe gilt

---

30 Dies zeigte sich sehr deutlich im Vergleich der Ergebnisse der beiden Teilstudien von Ingrid Bauer und mir im Forschungsprojekt „Vielfältige und schwierige Fremdheit: Historische Erklärungsszenarien"; vgl. Ingrid Bauer, „Die Amis, die Ausländer und wir". Zur Erfahrung und Produktion von Eigenem und Fremdem im Jahrzehnt nach dem Zweiten Weltkrieg, in: Ingrid Bauer – Josef Ehmer – Sylvia Hahn (Hg.), Walz – Migration – Besatzung. Historische Szenarien des Eigenen und des Fremden. Publikationsreihe des Bundesministeriums für Bildung, Wissenschaft und Kultur zum Forschungsschwerpunkt Fremdenfeindlichkeit. Bd. 6. Klagenfurt 2002, S. 197–276; Huber, Ein französischer Herr im Haus, S. 147–195.
31 Ingrid Bauer, Welcome Ami Go Home. Die amerikanische Besatzung in Salzburg 1945–1955. Erinnerungslandschaften aus einem Oral-History-Projekt. Salzburg – München 1998; Ingrid Bauer, „Leiblicher Vater: Amerikaner (Neger)". Besatzungskinder österreichisch-afroamerikanischer Herkunft, in: Helmuth A. Niederle – Ulrike Davis-Sulikowski – Thomas Filitz (Hg.), Früchte der Zeit. Afrika, Diaspora, Literatur und Migration. Wien 2001, S. 49–67; Ingrid Bauer, „USA-Bräute". Österreichisch-Amerikanische Eheschließungen auf dem Salzburger Standesamt, in: Erich Marx (Hg.), Befreit und Besetzt. Stadt Salzburg 1945–1955. Schriftenreihe des Archivs der Stadt Salzburg. Bd. 7. Salzburg – München 1996, S. 147–151; Ingrid Bauer, Die „Ami-Braut" – Platzhalterin für das Abgespaltene? Zur (De)Konstruktion eines Stereotyps der österreichischen Nachkriegsgeschichte 1945–1955, in: L'Homme. Europäische Zeitschrift für Feministische Geschichtswissenschaft. Jg. 7, H. 1, 1996, S. 107–121 u. a.
32 Renate Huber, Alltagsleben von Frauen in Vorarlberg.
33 Eisterer, Fraternisierung, S. 21–34.
34 Astrid Schmoll, Dornbirner Frauen und ihre Alltagsgeschichten in der Nachkriegszeit, in: Dornbirner Schriften. Beiträge zur Stadtkunde. Nr. XIV, Mai 1993, S. 3–19.
35 Gmeiner, Recherche sur Bregenz (von Anni Forster).
36 Liselotte Blumenauer-Montenave, In Buch bei Bregenz im Jahre 1945/46. Aus dem Tagebuch eines Wiener Flüchtlings in Vorarlberg. Wien 1993.

für meine Interviewserie zum Forschungsprojekt „Vielfältige und schwierige Fremdheit: Historische Erklärungsszenarien"[37].

Anfang 2000 lernte ich im Rahmen eines Vortrags an der Volkshochschule Bregenz zu Beziehungen zwischen einheimischen Frauen und Besatzungssoldaten drei Frauen kennen, deren Väter französische bzw. marokkanische Soldaten waren. Sie kannten sich bereits aus der Hauptschule. Ein halbes Jahr später interviewte ich sie für meine Doktorarbeit zum Themenfeld regionale, nationale und Geschlechteridentitäten vor dem Hintergrund von Besatzung und Migration[38] am European University Institute in Florenz. Eine dieser Interviewpartnerinnen, Heidi Braun-Brunner, erklärte mir am Ende des Gesprächs, dass sie noch nie zuvor ihre Geschichte in so offener Form erzählt hatte wie mir – also auch nicht ihren beiden ehemaligen Mitschülerinnen, die dasselbe Schicksal mit ihr teilen. Selbst extrem überrascht über dieses Bekenntnis wurde mir bewusst, wie sehr die biografische Verortung, ein Besatzungskind zu sein, noch zur Jahrtausendwende – also mehr als ein halbes Jahrhundert nach Ende des Krieges – in Vorarlberg nach wie vor vollkommen tabuisiert war.

2004 vermittelte ich für ein ORF-Projekt zu „60 Jahre Kriegsende"[39] den Kontakt zwischen dem ORF-Redakteur Tom Matzek und Heidi Braun-Brunner. Sie flogen mit einem Filmteam nach Marokko, wo es ihnen gelang, die Familie von Heidis bereits verstorbenem Vater ausfindig zu machen und sie zu besuchen. In der 2005 ausgestrahlten Dokumentation „Autriche, mon amour" wurde diese berührende Geschichte der Integration in die neue Familie aufgezeigt. Für Heidi Braun-Brunner änderte sich Grundlegendes. Sie hatte plötzlich sechs Halbgeschwister und wurde von der Frau des Vaters als zur Familie gehörig angenommen. „Willkommen, mein Liebling", sagte diese auf Arabisch. Darüber hinaus erfuhr Heidi, dass ihr Vater ein hoch angesehener Mann gewesen war und dass die älteren Halbgeschwister von ihrer Existenz gewusst hatten. „Ich bin total stolz auf meinen Vater." Sichtlich bewegt hatte sie endlich gefunden, wonach sie sich so lange gesehnt hatte, nämlich einen rundum versöhnten Blick auf ihre eigene Geschichte.[40]

Es scheint, als ob in der ehemaligen französischen Besatzungszone durch diese filmische Erzählung sich plötzlich etwas zu verändern begann. Das

---

37 Angesiedelt an der Universität Salzburg unter der Leitung von Ingrid Bauer, Josef Ehmer und Sylvia Hahn, finanziert vom Wissenschaftsministerium unter dem Forschungsschwerpunkt „Fremdenfeindlichkeit", durchgeführt von 1997–1999: vgl. Bauer – Ehmer – Hahn, Walz – Migration – Besatzung.
38 Die Publikation dazu: Huber, Identität in Bewegung.
39 ORF-Dokumentation „Autriche, mon amour".
40 Ebd.

Tabu brach mehr und mehr auf, das Diskurssystem verschob sich, das Thema wurde auch in den Medien sichtbarer und nun vermehrt aufgegriffen.

Georg Fritz, wie bereits erwähnt selbst Betroffener, und Hamid Lechhab, der seit 1990 in Vorarlberg lebt und aus Marokko stammt, gründeten den Marokkanischen Verein und organisierten Treffen von Besatzungskindern. Hamid Lechhab schrieb 2006 eine fiktive Geschichte in Romanform.[41] Vom Land Vorarlberg wurde eine unter seiner Leitung stattfindende Reise mit einigen Kindern ehemaliger Besatzungssoldaten nach Marokko finanziell unterstützt. Ein Jahr darauf publizierte Clément Mutombo seine Interviewstudie.[42]

Nun entstanden auch für die Kinder ehemaliger Besatzungssoldaten zunehmend Möglichkeiten, sich zu vernetzen. Vielleicht auch, weil im Zuge der Marokkoreise doch neben den emotionalen auch reale Erwartungen im Hinblick auf das Suchen und Finden der Väter entstanden sind, die sich nicht erfüllten, gab das Land Vorarlberg 2008 eine Machbarkeitsstudie in Auftrag, welche ich gemeinsam mit Ingrid Böhler durchführte. Es sollten darin mögliche Strategien für wünschenswerte zukünftige Forschungen auch im Sinne der Unterstützung bei solchen Recherchen aufgezeigt werden. Noch sind jedoch aufgrund dieser Bestandsaufnahme und den darin ausgesprochenen Empfehlungen keine weiteren Forschungsprojekte initiiert worden.

Im August 2012, einen Monat vor der Konferenz „Besatzungskinder in Österreich und Deutschland"[43], organisierte der Künstler Rainer Ganahl im Großen Walsertal ein weiteres Treffen von Kindern marokkanischer Besatzungssoldaten in Vorarlberg. Bei dieser Veranstaltung im Rahmen des Walser Herbstes war neben Georg Fritz und Hamid Lechhab auch ich eingeladen, einen Vortrag zu halten. Aus den Rückmeldungen der Betroffenen verfestigte sich die Wahrnehmung, dass sich für sie nochmals Grundlegendes im Diskurssystem geändert hatte. Im Verflechten von Erzählungen und eigenen Erfahrungen mit den vorliegenden Forschungsergebnissen entstand eine enorme Stärkung der Einzelnen in einem kollektiven Erinnerungsrahmen – Ingrid Bauer umschreibt diesen Prozess und die dahinterliegende Dynamik überaus treffend mit dem Begriff des Empowerments.[44]

---

41 Hamid Lechhab, Mein Vater ist Marokkaner: die vergessenen Kinder des Zweiten Weltkriegs in Vorarlberg. Erzählung. Innsbruck 2005.
42 Clément Mutombo, Les damnes innocents du Vorarlberg. Parianisme envers les enfants historiques 1946. Frankfurt/Main 2007; 2012 erschien sie auch auf Deutsch: Clément Mutombo, Parianismus!: der Fall der „Kriegskinder" in Vorarlberg: zwischen Feindschaft und Partnerschaft (1946–1995). Frankfurt/Main 2012.
43 Die wissenschaftliche Konferenz „Besatzungskinder in Österreich und Deutschland" fand am 27. September 2012 unter der wissenschaftlichen Leitung von Barbara Stelzl-Marx und Silke Satjukow an der Diplomatischen Akademie in Wien statt.
44 Siehe dazu den Beitrag von Ingrid Bauer in diesem Band.

Bei diesem Treffen in der alten Stube eines Großwalsertaler Berggasthofs entwickelte sich in viel kleinerem und intimerem Rahmen wohl etwas durchaus Ähnliches wie auf der internationalen Besatzungskinder-Konferenz in Wien.

Als Veranschaulichung dafür soll hier ein Aha-Erlebnis eines Teilnehmers dienen, der sich als Sohn eines marokkanischen Besatzungssoldaten mehr als 66 Jahre nach seiner Geburt zum ersten Mal in seinem Leben entschlossen hatte, eine Veranstaltung zu diesem Thema zu besuchen. Er war begeistert von der Tatsache, dass von den anwesenden Vorarlberger Söhnen und Töchtern von ehemaligen Besatzungssoldaten mehr oder weniger alle im Februar oder März 1946 geboren worden waren. Wenn man sich also kollektiv in jener Gruppe wiederfindet, die im zeitgenössischen Diskurs – Stichwort „Niemandskinder" – als das Abweichende, das andere, gar das „Bedenkliche" definiert wurde, kann solch eine Erkenntnis enorm befreiend wirken. Dieser Mann ist somit im „Wir" und damit im Zugehörigkeitsgefühl angelangt, obwohl oder vielleicht gerade weil er seine tabuisierte Herkunft so lange in diesem persönlichen Rahmen mit sich herumgetragen hat.

Wenn man begreift, dass die eigene individuelle Lebensgeschichte aus einem systemischen Blickwinkel heraus nicht selten nochmals eine andere Lesart bekommt, schafft dies Entlastung. Dieser Prozess hat auch mit Sichtbarmachen und Sichtbarwerden zu tun. Diskurse verschieben sich, werden an sich verändernde Gegebenheiten angepasst, lassen neue Deutungen zu.

Was bleibt also?

Im Refrain des französischen Chansons wird die Frage „Was bleibt also?" aufgeworfen und zugleich auch nach Antworten gesucht: „Que reste-t-il de nos amours? Que reste-t-il de ces beaux jours? Une photo, vieille photo de ma jeunesse … " – „Was bleibt von unseren Lieb(schaft)en? Was bleibt von diesen schönen Tagen? Ein Foto, ein altes Foto aus meiner Jugend …" Nochmals wird nachgefragt und eine Antwort gefunden: „Que reste-t-il … des rendez-vous? Un souvenir qui me poursuit sans cesse" – „Was bleibt … von unseren Rendezvous? Eine Erinnerung, die mich ohne Unterlass begleitet."

Es sind allgemeingültige Antworten, die wohl ohne Zweifel auch Schmerz und Verlust inkludieren. Daher mögen sie gerade auch für das spezifische Setting von sexuellen Verbindungen über ehemalige Feindgrenzen hinweg ihre Gültigkeit haben. Ein altes Foto – so es vorhanden ist – hat für die Nachkommen ehemaliger Besatzungssoldaten in der Regel übergroße Bedeutung, ist es doch etwas, in dem sich Imaginationen und Vorstellungen zu den eigenen Wurzeln bündeln und verankern lassen, vor allem wenn so wenig anderes für die eigene Identitätssuche zur Verfügung steht. Wiederkehrende Erinnerungen – oft nach außen hin gar nicht sichtbar – gewinnen dafür im Innen umso mehr Bedeutung. Die Schwierigkeit der Besatzungskinder ist jedoch, dass sie zu den Erinnerungen ihrer Mütter und Väter zumeist keinen Zugang haben, weil nicht darüber geredet wurde bzw. sie ihre Väter zumeist gar nicht kennen und sie daher auf ihre eigenen Vorstellungen angewiesen sind. Vor dem Hintergrund der von den Müttern und Kindern erlebten Stigmatisierung über Jahre und Jahrzehnte im Nachhall der eigentlichen Begegnungen mag von der Erinnerung an diese „beaux jours", an diese vielleicht auch „schönen Tage" wenig geblieben sein.

Die empfundene Leerstelle begleitet gerade die Kinder aus diesen Beziehungen in der einen oder anderen Art ein Leben lang. Als Kinder dachten sie sich oft erzählerische Strategien aus, wie „Mein Großvater ist mein Vater" oder „Ich habe gar keinen Vater", um diese Stelle anders zu besetzen. Als Erwachsene machten sie sich in aller Regel auf die Suche – real oder manchmal auch nur imaginär –, aufgrund der vorhandenen Informationen zum Vater und den Zufälligkeiten im Leben mehr oder weniger erfolgreich. Heidi Braun-Brunner konnte die Familie ihres Vaters finden, viele andere nicht. Die meisten von ihnen hoffen nach wie vor, bei der Suche nach dem eigenen Vater vielleicht doch noch irgendwann fündig zu werden. Gleichzeitig scheint auch die Einsicht, dass man sich allenfalls auch mit jenen Mosaiksteinchen an Wissen zum eigenen Vater begnügen muss, die einem tatsächlich zur Verfügung stehen, mehr und mehr Raum zu greifen. Und das Wissen, dass es andere Menschen gibt, die diese Leerstelle im Leben ebenfalls teilen, wird dabei als umso tröstlicher empfunden.

Rainer Gries

Les Enfants d'État

Französische Besatzungskinder in Deutschland

Kategorischer Imperativ: „Retour en France!"[1]

Am Nikolaustag des Jahres 1945 erging ein Befehl von Armeegeneral Pierre Kœnig, dem Oberbefehlshaber der französischen Besatzungstruppen und Chef der Militärregierung der französischen Zone, demzufolge die deutschen Behörden unverzüglich all jene Kinder an die Besatzungsmacht zu melden hatten, die seit dem 1. Oktober 1938 in Deutschland geboren oder nach Deutschland „eingewandert" waren, die zudem das 16. Lebensjahr noch nicht erreicht hatten – und die tatsächlich oder mutmaßlich von einem Angehörigen der Vereinten Nationen abstammten.[2] Mit dieser Bestandsaufnahme preschte die Administration Kœnig in ihrer Besatzungszone vor; denn erst im März des folgenden Jahres sollte der Alliierte Kontrollrat eine Inventur solcher Kinder für alle vier Besatzungszonen anordnen. Die Administration Kœnig hatte mit dem Melde-Ukas vor allem die Registrierung und gegebenenfalls die Rückführung von französischen Kindern in ihr Heimatland vor Augen. Dazu zählten

1. in Frankreich, vor allem im Elsass und in Lothringen, geborene Kinder, die von 1939 beziehungsweise von 1940 an aus politischen oder rassischen Gründen nach Deutschland deportiert und dort während des Nationalsozialismus „in einer deutschen Anstalt" Aufnahme gefunden hatten oder von politisch verlässlichen Adoptiveltern an Kindes statt angenommen worden waren. Das meinte nicht zuletzt auch die Kinder aus besetzten Gebieten, die zur „Eindeutschung" der Organisation ‚Lebensborn e.V.' zugeführt worden waren, und

2. Kinder, die eine Deutsche zur Mutter und einen Franzosen zum Vater hatten und die in Deutschland respektive in der französischen Besat-

---

1 Zur Geschichte der Besatzungskinder in der französischen Zone siehe ausführlich Silke Satjukow – Rainer Gries, „Bankerte!" Besatzungskinder in Deutschland nach 1945. Frankfurt am Main/New York 2015.
2 Centre des Archives Diplomatiques (CAD) Paris-La Courneuve, Direction des Personnes Déplacées et Réfugiées (PDR) 5, Nr. 189, unpag., Anweisung vom Oberkommandierenden Pierre Kœnig an die deutschen Behörden, 16.12.1945.

zungszone geboren waren. Bei den Vätern konnte es sich einerseits um französische Zwangsarbeiter (des Service du Travail Obligatoire), um Kriegsgefangene – oder aber um Soldaten der Ersten Französischen Armee handeln, die rund 550.000 Soldaten umfasste und in der nicht weniger als 233.000 Soldaten aus Nordafrika und weitere 93.000 aus den Gebieten südlich der Sahara kämpften.

Mit dem Befehl des Generals lief ein Apparat an, der über fünf Jahre alle Kinder von französischen Besatzungssoldaten in den Blick und in den Griff zu bekommen suchte. Die französischen Besatzungskinder wurden – anders als bei den verbündeten Alliierten – von Amts wegen nicht verschwiegen, sondern, im Gegenteil, zum Gegenstand einer permanenten öffentlichen Erhebung gemacht: Die Aufforderung, dass diese Kinder zu melden seien, wurde immer wieder per Plakatanschlag erneuert und sogenannte Rechercheoffiziere verließen sich nicht nur auf die Meldungen und Angaben der deutschen Jugendämter, sondern überwachten Geburtskliniken und Hebammen, ja sie schreckten nicht einmal davor zurück, dort persönlich Wöchnerinnen am Krankenbett aufzusuchen und peinlich nach einem eventuell französischen Vater zu befragen.

Die Order offenbart damit wenige Monate nach Kriegsende im Vergleich zu den anderen westlichen und der sowjetischen Zone fundamentale Unterschiede in der allgemeinpolitischen Wahrnehmung und im besatzungspolitischen Umgang mit diesen Kindern. Die französischen Besatzungskinder waren nicht nur der Regierung in Paris außerordentlich wichtig, sondern auch den Militärführungen vor Ort. Die für deportierte Personen zuständigen Vertreter des Landes beim Alliierten Kontrollrat hatten bereits auf einer Konferenz im Amtssitz der amerikanischen Militärregierung in Frankfurt-Höchst Ende Januar 1946 unmissverständlich erklärt, dass diese kleinen Staatsbürger ein sehr zentrales, ja ein „lebenswichtiges" Problem für Frankreich darstellten.[3] Die politische Philosophie der Provisorischen Regierung und der ersten Kabinette der Vierten Republik gegenüber diesen Kindern lässt sich auch daran gut ablesen, dass sie nicht etwa von der Direktion für Gesundheit der Militärregierung überwacht, registriert, verwaltet und betreut wurden, sondern von einer Kinderabteilung der Direction des Personnes Déplacées et Réfugiées (PDR). Sie zählten demnach zu den verschleppten, ihrer französischen Heimat entfremdeten Opfern des Krieges. Nach französischem Recht und aus französischer Perspektive handelte es sich bei diesen Säuglingen um veritable Franzosen. Im Sprachgebrauch der damit befassten Dienststellen war denn

---

3 CAD La Courneuve, PDR 5/213 und PDR 5, Nr. 111, unpag., Prinzipien zur Bestimmung von Kindern mit ungeklärter Nationalität, ohne Datum.

auch unablässig davon die Rede, dass sie „repatriiert" werden müssten: „Retour en France!" hieß die Devise – obschon sie bislang nur die Luft der französischen Zone geatmet hatten und obgleich sie nach dem in Deutschland gültigen Recht zur Mutter gehörten und damit per Geburt Deutsche waren.

Am 4. März 1946 entschied auch der Kontrollrat, dass alle Kinder mit einem Elternteil aus einem Mitgliedsstaat der Vereinten Nationen bürokratisch zu erfassen seien. In der französischen Besatzungszone wurde dieser Beschluss unverzüglich am 21. März als Befehl erlassen. Im Anschluss daran handelte Paris unmittelbar und unmissverständlich: Bereits fünf Tage später entschied die Provisorische Französische Regierung, „de faire transférer en France tous les enfants nés ou arrivés en Allemagne depuis le 1er Octobre 1938, légitimes ou naturels, et dont l'un des auteurs, connu ou inconnu, est ressortisant français ou supposé l'être".[4] Mit der Order, die seit Dezember 1945 gesuchten und erfassten Kinder nach Frankreich zu verbringen, legte Paris ein einzigartiges und folgenschweres Programm auf, das nicht nur für die Besatzungskinder und ihre Mütter von existenzieller Bedeutung war, sondern das erhebliche politische, soziale und kulturelle Wirkungen diesseits wie jenseits des Rheins zeitigte. Diese juristisch bedenkliche „Repatriierung" wurde seitens der französischen Militärregierung in den ersten Jahren nach dem Krieg mit großem Engagement umgesetzt. Der Chef der „Direction des Personnes Déplacées" brachte das Ziel dieser Politik im April 1946 auf den Punkt: Frankreich habe ein sehr großes Interesse an der „Einfuhr" von Kleinkindern, weil eine solche Immigration praktisch keine weiteren Assimilationsprobleme verursache. Es ging um die Stärkung der Nation durch eine gezielte Bevölkerungspolitik.

Bestandsaufnahmen: Buchhalter mit Visionen

Die doppelte Buchführung, die Meldepflicht bei den deutschen kommunalen Jugendämtern einerseits – da es sich ja prinzipiell um uneheliche Kinder handelte, die zunächst einmal der Amtsvormundschaft unterstanden – und bei der französischen Besatzungsbehörde andererseits, stellt uns Eckwerte zur Verfügung, die Aufschlüsse über die Anzahl der Besatzungskinder zulassen. Der Zeithistoriker Yves Denéchère von der Universität Angers, ein Fachmann für Kinder- und Adoptionsgeschichte, schätzt die Gesamtzahl der im französischen Besatzungsgebiet geborenen Kinder zwischen 1945 und 1955 auf rund

---

4 CAD La Courneuve, PDR, 5, Nr. 63, unpag., Der Oberkommandierende Pierre Kœnig an den Generalkommissar für deutsche und österreichische Angelegenheiten Paris, 6.6.1946.

100.000.⁵ Diese Ziffer dürfte jedoch deutlich zu hoch gegriffen sein. Wir verfügen über die Akten des zuständigen Service des Personnes Déplacées der Militärregierung, die früher in Colmar lagerten und heute im Centre des Archives Diplomatiques in Paris-La Courneuve einsehbar sind. Dort sind die Dossiers von insgesamt 17.000 Personen überliefert, die nach 1945 von in Deutschland stationierten französischen Besatzungssoldaten gezeugt wurden. Diese Kinder wurden gemäß dem Dekret von General Kœnig ab Dezember 1945 penibel registriert – zum Teil über die deutschen Jugendämter, zum Teil aber auch durch direkte Erhebungen der französischen Rechercheoffiziere. Eine erste unvollständige Umfrage des evangelischen Central-Ausschusses für die Innere Mission unter deutschen Ämtern und Gerichten über uneheliche Besatzungskinder aus dem Jahr 1952 weist für die französische Besatzungsmacht etwa 10.000 Kinder unter Vormundschaft aus, davon 1100 „farbiger Abstammung";⁶ das größte Manko dieser Erhebung ist allerdings die Tatsache, dass diese Ziffern keine Daten aus Rheinland-Pfalz enthalten. Wenn wir einige tausend Kinder in diesem Bundesland hinzuzählen und wenn wir die bereits nach Frankreich Repatriierten hinzuaddieren, bestätigt sich die Zahl von 17.000 bis 20.000 aktenkundigen Kindern. Die einzige offizielle Zählung durch die Bundesregierung im Jahr 1955 stützt ebenfalls die Ziffer von rund 20.000 amtlich bekannten Besatzungskindern. Hinzu kommt zweifellos eine erhebliche Dunkelziffer, die in der französischen Besatzungszone gerade durch den hohen öffentlichen Fahndungsdruck seitens der Militärregierung begründet ist: Es ging das Gerücht um, es handle sich hierbei um eine Aktion „Kinderklau" der Besatzungsmacht, was viele Mütter dazu verleitete, den französischen Vater mit Bedacht zu verheimlichen. Hinzu kamen die zahlreichen psychosozialen Gründe, eine solche Vaterschaft zu tabuisieren. Wir dürfen annehmen, dass eine größere Anzahl von Kindern scheinehelich in Familien integriert oder unehelich von ihren Müttern aufgezogen wurde.

Erbfeinde: Erwartungen und Erfahrungen

„Warnung an die französischen Soldaten – Französische Soldaten seid misstrauisch gegen: Deutsche, welche behaupten, dein Freund zu sein, deut-

---

5   Vgl. Yves Denéchère, Des adoptions d'État: les enfants de l'occupation française en Allemagne, 1945–1952, in: Revue d'histoire moderne & contemporaine. H. 2, 2010, S. 159–179, hier: S. 160.
6   Vgl. Archiv des Diakonischen Werkes der Evangelischen Kirche Deutschland in Berlin, HGST, Nr. 1161, unpag., Schreiben des Central-Ausschusses für die Innere Mission der Deutschen Evangelischen Kirche an die Landesverbände der Inneren Mission im Bundesgebiet, 3.7.1952.

sche Frauen, welche dir zulächeln. Sie bereiten vielleicht dein Verderben vor [...] In allen Fällen: Sie sinnen auf Rache. [...] Jeder Deutsche, jeden Alters jedes Geschlechtes ist dein Feind, alle Mittel sind ihm Recht."
Auch die einrückende Erste Französische Armee wurde mithilfe von Propaganda über das „Wesen" und die Gefährlichkeit der Deutschen aufgeklärt. Die Soldaten konnten aber auch lesen: „Lass deinen Haß und deine Würde als Sieger dein Verhalten bestimmen, aber nicht Ausschreitungen, noch Verletzungen. Plünderungen und Vergewaltigungen sind schwere militärische Vergehen, welche mit dem Tode bestraft werden."[7] Tatsächlich mahnten die Truppenkommandeure und die Informationsoffiziere vehement, sich nicht von den unschuldig ausschauenden, aber gefährlichen Zivilistinnen täuschen zu lassen. Allerdings verfügen wir bisher kaum über gesicherte Erkenntnisse in Bezug auf die Fraternisierungspolitik und -praxis der Franzosen. In einer „Note de Service" des Kommandanten der badischen Stadt Villingen an seine Einheit warnte dieser im Juli 1945 vor „[...] les dangers d'une fraternisation par trop excessive avec l'élément féminin allemand".[8] Eine allzu excessive Vergemeinschaftung berge erhebliche Gefahren. Die Franzosen dürften niemals vergessen, dass diese Frauen, wie unterwürfig sie sich auch geben würden, doch die Schwestern jener Monster seien, die in Frankreich „unsere Mütter und unsere Schwestern" verletzt, deportiert und getötet hätten: „Nous ne devons pas oublier que ces femmes, malgré leur soumission et leur attachement apparents sont les sœurs de ceux qui, chez nous, ont commis tant d'excès et d'atrocités, qui ont assassiné, déporté et violé nos mères et nos sœurs. Que la haine qui animait leurs frères à notre égard substiste dans leur cœur; que éspionnes par atavisme, elles sont prêtes à tout pour nous nuire."[9] Diese *femmes fatales* seien nur darauf aus, jedem Franzosen Schaden zuzufügen. Der Kommandant beschloss seinen Brief mit der geradezu frauenfeindlichen Aufforderung: „méfions nous de la femme en général, et de la femme allemand en particulier" – misstrauen wir der Frau im Allgemeinen – und insbesondere der deutschen Frau!
Auch den Franzosen galten die deutschen Frauen als Beute – als feindliche Sirenen freilich, vor denen sich der französische Soldat in Acht nehmen sollte. Gleichwohl, die französischen Besatzungskinder wurden unter denselben Bedingungen wie in der amerikanischen, in der britischen und in der sowje-

---

7 Übersetzung eines französischen Flugblattes an die Soldaten der Ersten Französischen Armee, zit. nach: Jürgen Wolfer, Ein hartes Stück Zeitgeschichte: Kriegsende und französische Besatzungszeit im mittleren Schwarzwald. Zwischen „Wehrwölfen", „Kränzlemännern" und „schamlosen Weibern". Dissertation, Universität Freiburg im Breisgau 2010, S. 210.
8 Notiz des Kommandanten von Villingen, zit. nach: Wolfer, ebd.
9 Ebd.

tischen Zone gezeugt: Sie waren die Leibesfrucht von temporären Beziehungen, aus dauerhaften Liebesbeziehungen und aus Vergewaltigungen – wobei wir von einem relativ höheren Anteil von Vergewaltigungen als bei den Briten und Amerikanern ausgehen müssen. Darauf verweisen nicht nur die Erinnerungen der Zeitzeugen, sondern vor allem die hohe Zahl von amtlichen Anträgen auf Unterbrechung von Schwangerschaften infolge von Vergewaltigungen sowie von Anträgen auf Wiedergutmachungszahlungen für Kinder, die durch Notzucht gezeugt wurden und Ende der 1950er Jahre entschädigt werden sollten. Zwar war es im Südwesten nicht zu Massenvergewaltigungen wie in den von der Roten Armee eroberten Gebieten gekommen, aber eben doch zu vergleichsweise zahlreichen Vergewaltigungen.

„Der Feind steht an den Grenzen unseres Gaues. In diesem für uns alle schicksalhaften Augenblick wollen wir uns daran erinnern, daß der Feind der gleiche ist, der schon unseren Vätern das Leben nicht gegönnt und schwer gemacht hat. Und wir wollen uns daran erinnern, daß dieser Feind in den vergangenen Jahren des gegenwärtigen Krieges unzählige Male erklärt hat, nicht nur unser Reich, sondern unser Volk vernichten zu wollen."[10] Noch im März 1945 beschwor der Gauleiter und Reichsstatthalter von Baden einmal mehr die deutsch-französische Erbfeindschaft. Dieses psychomentale Konstrukt amalgamierte sich bis zum Ende des Zweiten Weltkrieges und damit bis zum Einmarsch der Ersten Französischen Armee in Deutschland mit den beiderseitigen Erfahrungen bei der Besetzung und Besatzung Frankreichs durch deutsche Truppen im Krieg von 1870/71 und mit den beiderseitigen Erfahrungen mit den Verheerungen des Ersten und des Zweiten Weltkrieges auf französischem Boden. In der Folge der beiden Weltkriege hatte nahezu ein Viertel aller Franzosen einen sehr nahen Verwandten verloren; 28 von 100 mussten persönlich Zerstörungen, Plünderungen oder schwere Beschädigungen ihrer Wohnungen erleben; 19 Prozent wurden am eigenen Leib verwundet.[11]

Die verwobenen und verdichteten gemeinsamen Erfahrungen der Weltkriege, die zahlreich geteilten Muster der Hoch- und der Alltagskultur rahmten die Erwartungen der deutschen Bevölkerung an die einrückende französische Armee. Man imaginierte einen bekannten, in gewisser Weise sogar vertrauten, zugleich aber gefürchteten und äußerst fremden Feind: „Den Vermutungen nach würden wir von französischen Truppen besetzt werden –

---

10 Alemanne. Kampfblatt der Nationalsozialisten Oberbadens, 28.3.1945.
11 Deutschland: noch immer der Erbfeind? Ergebnisse einer Enquête in Frankreich, in: Die politische Meinung. Monatshefte für Fragen der Zeit. Jg. 1, H. 3, 1956, S. 73–82, zit. nach: Christoph Conrad, Der Erbfeind als Nachbar. Französisch-deutsche Wahrnehmungen der 1950er Jahre, in: Themenportal Europäische Geschichte, www.europa.clio-online.de, Essay zur Quelle Nr. 3.6, 3.3.2013.

,leider', sagte man und wußte auch warum. Sie konnten gar nicht gut auf uns zu sprechen sein. Außerdem eilte den Marokkanerregimentern ein äußerst brutaler Ruf voraus: Vergewaltiger und Plünderer."[12]

Die Bevölkerung fühlte sich angesichts der tatsächlich erfahrenen Plünderungen und Gewalttätigkeiten in ihren Vorurteilen und Ängsten bestätigt. In ihren Augen stellten die Franzosen allerdings nicht nur eine Gefahr, sondern auch eine klägliche Truppe dar. Ausdrücklich wurden sie als „arme Säcke" bezeichnet, lebensfähig nur durch die „Gnade der Amerikaner".[13] Diese Zuschreibung resultierte aus dem Wissen, dass die französische Besatzungszone erst nachträglich aus der amerikanischen herausgeschnitten worden war, und aus der Tatsache, dass die Franzosen denn auch vorwiegend Landstriche übernahmen, die zuerst von vergleichsweise properen amerikanischen Truppen erobert worden waren. Und sie resultierte vor allem aus der unmittelbaren Anschauung der Soldateska. Im Vergleich zu den bestens ausgerüsteten US-Soldaten kamen die Franzosen abgerissen daher; in jeder Hinsicht wurden hier gravierende Mängel und allenthalben der Mangel offenbar. Es fehlte an Militärtechnik, Treibstoff und sogar an Lebensmitteln. Insbesondere die Mannschaftsdienstgrade mussten sich mit schäbigen Uniformen begnügen, sie wirkten aus Sicht der Einheimischen ungepflegt und ärmlich – ganz wie die mit Panjewagen einziehenden Rotarmisten.

Diese mentalen Konfigurationen eröffneten den Besiegten und Besetzten eine wichtige sozialpsychische Aufwertung: Die Imaginationen der Überlegenheit ermöglichten es den geschlagenen Deutschen, sich selbst inmitten der Trümmer des „Dritten Reiches" kulturell und moralisch als Sieger zu wähnen. Den Franzosen blieb ihr schlechtes Image nicht verborgen, mehr noch: Ihnen waren viele der benannten Schwächen selbst bewusst – und auch sie verlangten nach Kompensationen ihres Minderwertigkeitsgefühls. Dabei ging es ihnen nicht so sehr um den militärischen Sieg, den sie ja sichtbar miterrungen hatten, sie forderten vielmehr eine höhere Wertschätzung im Alltag ein. Die schwächste Siegermacht musste sich ihren Triumph nach dem Kriege also noch einmal mental erkämpfen, sie rang vor Ort um Anerkennung durch die Besiegten – und versuchte nicht zuletzt auch deshalb, Akzeptanz mit demonstrativer Härte und mit drakonischer Gewalt durchzusetzen.

---

12 Helga Heinichen, Die Stunde des Einmarsches aus meinem Erleben, in: Ingeborg Kottmann (Hg.), 1939/1949. Fünfzig Jahre Kriegsausbruch. Vierzig Jahre Bundesrepublik Deutschland. Villingen-Schwenningen in Aussagen, Bildern und Dokumenten. Villingen-Schwenningen 1989, S. 35–38.

13 Marten Düring, „Arme Säcke, die auf Gnade der Amerikaner hinein gedurft haben." Studie zur Wahrnehmung der französischen Besatzungszeit in der Bevölkerung Landaus 1945–1948. Bakkalaureatsarbeit, Universität Augsburg 2004, S. 23.

"Man spricht davon, daß wir amerikanische Besatzung bekommen sollen. Man behauptet, die Amerikaner wären mehr ‚Gentleman' als die Franzosen", vertraute Gertrud Neumeister aus der Stadt Lahr ihrem Tagebuch im Mai 1945 an. „Auf den Dörfern haben die Franzosen furchtbar gehaust. Die Schändungen an Frauen sind beispiellos. Ein hiesiger Arzt, der die Schändungen behandelt, hat meinem Vater davon erzählt. Ich kann die Greueltaten gar nicht niederschreiben."[14] In internen französischen Stimmungsberichten war in den Monaten nach Kriegsende von einer „nervösen Reizbarkeit"[15] innerhalb der Bevölkerung die Rede, das brutale Verhalten vieler Besatzungssoldaten sorgte für Unruhe. Ähnlich wie die Rotarmisten und anders als die Briten und Amerikaner hatten viele von ihnen die jahrelange Besetzung ihrer Heimat selbst erfahren. Nun lebten sie nicht nur ihren emotional prekären Sieg aus, sondern auch Rache und Vergeltung für Gewalttaten, die ihnen selbst oder ihren Angehörigen daheim von Deutschen angetan worden waren. Auch der Umgang der zuständigen Kommandeure mit diesen Ausbrüchen war mit jenem innerhalb der Roten Armee vergleichbar. Vor allem in den ersten Tagen und Wochen manifestierte sich die Macht lokal und regional – und personal – bei den Kommandeuren vor Ort. Nach deren Gutdünken wurden sogar schwere Gewalttaten goutiert oder zumindest ignoriert – andererseits konnten sie aber auch mit dem Tode geahndet werden. So zeigte sich der erste Stadtkommandant Donaueschingens entrüstet über die Exzesse seiner Leute: „Die französische Armee [ist] nicht gekommen, um Krieg gegen das deutsche Volk zu führen, sondern zur Beseitigung des Nationalsozialismus und seiner Ideologie. [...] Schwierigkeiten sind aufgetaucht, einmal durch das Verhalten der Marokkaner, dasjenige der Angehörigen fremder Nationen innerhalb der Bevölkerung und auch von Individuen der französischen Armee. Die französische Armee bedauert die Vorgänge und hat alle Maßnahmen getroffen, zur Verhinderung und Bestrafung, sowie die Armee Kenntnis erhält."[16] Mancher Kommandeur vor Ort konnte angesichts der Ver-

---

14 Gertrud Neumeister, zit. nach: Bernd Serger – Karin-Anne Böttcher, Der Einmarsch der Alliierten, in: Bernd Serger et al. (Hg.), Südbaden unter Hakenkreuz und Trikolore. Zeitzeugen berichten über das Kriegsende und die französische Besetzung 1945. Freiburg im Breisgau 2006, S. 242–329, hier: S. 312.
15 „L'état d'esprit de la population à Baden-Baden et dans le pays Bade", Ende Mai 1948, zit. nach: Edgar Wolfrum, Die Zähmung des Chaos' in der Zusammenbruchsgesellschaft. Selbsthilfe gegen Resignation und Französenfeindschaft. Antifas und Gewerkschaften, in: Edgar Wolfrum – Peter Fässler – Reinhard Grohnert, Krisenjahre und Aufbruchszeit. Alltag und Politik im französisch besetzten Baden 1945–1949. München 1996, S. 53–74, hier: S. 66f.
16 Capitaine Godar, Stadtkommandant von Donaueschingen, zit. nach: Wolfer, Ein hartes Stück Zeitgeschichte, S. 197.

gehen und Verbrechen seiner Leute nur resignieren: „Encore de nombreuses agressions, et vols. Toujours a mettre sur le compte des militaires français."[17] Unzählige Aggressionen, vom Diebstahl bis zur Vergewaltigung – all das ging auf das Konto der französischen Soldaten.

Die realen Erfahrungen der ersten Tage und Wochen schienen die Erwartungen und Befürchtungen der Deutschen auch in Bezug auf sexuelle Gewalt zu bestätigen. Regionale Quellen, die bislang nicht systematisch erhoben und aufgearbeitet wurden, weisen darauf hin, dass eine große Zahl von Frauen vergewaltigt wurde. Nachweise für solche Übergriffe lassen sich in fast allen eroberten Gebieten Südbadens, in Württemberg-Hohenzollern und im heutigen Rheinland-Pfalz finden. Einen Eindruck von den Dimensionen vermitteln zumeist die Chroniken der örtlichen Pfarreien, die diese Verbrechen – im Gegensatz zu den damaligen staatlichen und kommunalen Behörden – auflisten.[18] Ihre Berichte legen ein beredtes Zeugnis von brutalen Übergriffen ab, wobei allerdings auffällt, dass Vergewaltigungen vielfach verschämt und verbal verbrämt niedergeschrieben wurden. Plünderung, Misshandlung und Totschlag notierte man in der Regel sehr viel penibler als Zeugnisse intimer Gewaltausübung gegenüber Frauen.

Ähnlich wie im Machtbereich der Roten Armee lassen sich auch im Südwesten unterschiedliche Phasen, Formen und Motivgemengelagen ausmachen: Die Massenvergewaltigungen in Freudenstadt haben sich ins kollektive Gedächtnis eingegraben – sie stehen für die erste Zeit kurz nach dem Einmarsch. Hier handelte es sich überwiegend um spontane Gewaltnahmen von Einzeltätern und von Gruppen, die sich um die Wirkungen und Folgen ihrer Taten kaum scherten. Die zweite Phase zeugte von eher überlegten und oftmals koordiniert umgesetzten Gewaltnahmen, denen gleich mehrere Handlungsmotive zugrunde liegen konnten. Frauen wurden dann gezielt von oftmals mehreren Männern überfallen, die ihr Vorgehen geplant hatten und die auch bereit waren, sich „ihre Beute" zu teilen. Die Täter achteten nun zudem darauf, dass ihre Grenzüberschreitungen im Verborgenen stattfanden und blieben, wofür sie den Schutz der Dunkelheit in den Abend- und Nachtstunden suchten. Sie lauerten ihren Opfern an wenig frequentierten Orten auf, etwa an Waldrändern oder an Ausfallstraßen. Von dort

---

17 Oberstleutnant Parlanges, Kommandant in Villingen, zit. nach: Wolfer, Ein hartes Stück Zeitgeschichte, S. 177.
18 Vgl. Hermann Riedel, Halt! Schweizer Grenze. 2. Aufl., Konstanz 1984, S. 225–436, S. 227ff. Eine Übersicht aus dem nördlichen Württemberg listet die Vorkommnisse in den einzelnen Ortschaften im April 1945 penibel auf; vgl. auch Friedrich Blumenstock, Der Einmarsch der Amerikaner und Franzosen im nördlichen Württemberg im April 1945. Stuttgart 1957, S. 231ff.

schleiften sie sie an eine vor Blicken geschützte Stelle, um sie zu missbrauchen.[19]

Viele Leidtragende verheimlichten von sich aus die an ihnen verübte Notzucht und gingen nicht ins Krankenhaus, sondern vertrauten sich allenfalls dem Pfarrer oder dem Hausarzt an. Wie in der Eroberungszone der Roten Armee versuchten auch diese Opfer, das Geschehene vor der Öffentlichkeit und oftmals auch vor sich selbst zu leugnen; sie verdrängten damit zugleich den Gedanken an eine mögliche Schwangerschaft. Die Tat und ihre Folgen blieben in vielen Fällen ohne schriftliche Spuren, aus den Quellen lassen sich heute nur mehr Näherungswerte für die Anzahl der Verbrechen erschließen. Doch weder die deutschen Behörden und Verantwortlichen noch französische Dienststellen gingen von bloßen Einzelfällen aus. In Stuttgart zogen die französischen Truppen Ende April ein, hier stellte der Leiter des Wohlfahrts- und Gesundheitswesens nachträglich fest: „Die weibliche Bevölkerung war auf diese Heimsuchung nicht genügend vorbereitet und so kam es an sehr vielen Stellen in Hunderten von Fällen zu Akten der Vergewaltigung, von denen selbst Frauen mit über sechzig Jahren und Mädchen unter 16 nicht bewahrt blieben."[20] Polizeiliche Ermittlungen summierten für die Besetzung Stuttgarts und Umgebung 1198 Vergewaltigungen.

In manchen Gemeinden führte man offenbar unter Aufsicht kundiger Personen regelmäßig „Spülungen" durch; zuweilen seien die betroffenen Frauen „lastwagenweise" zu Behandlungen in das nächste Krankenhaus gefahren worden, heißt es andernorts.[21] Auch in der von Franzosen eroberten Zone schrieben sich die sexuellen Gewalttaten besonders nachhaltig in das kollektive Gedächtnis der Bevölkerung ein. Die zeitgenössischen Berichte nutzten dann regelmäßig diejenigen propagandistischen Kategorien, mit denen die Nationalsozialisten die Leute auf „die Franzosen" eingestimmt hatte: Da war von „Bestien", „Teufeln", „Hunden" sowie von den „schwarzen Horden de Gaulles" die Rede gewesen.[22] Offensichtlich riefen die Kolonialsoldaten nach dem Zweiten Weltkrieg das Wahrnehmungs- und Zuschreibungsrepertoire der „Schwarzen Schmach" der Zwischenkriegszeit und des „Dritten Reiches"

---

19 Sowohl in den Anträgen auf Schwangerschaftsunterbrechung aus dem Jahr 1945 als auch in den Anträgen auf Rentenzahlungen infolge von Notzuchtverbrechen Mitte der 1950er Jahre finden sich präzise Beschreibungen zum Vorgehen der Täter in diesen beiden Phasen.
20 Bericht Prof. Gaupp, zit. nach: Helke Sander – Barbara Johr (Hg.), Befreier und Befreite. Krieg, Vergewaltigung, Kinder. Frankfurt/Main 1995, S. 62.
21 Vgl. Susann Brownmiller, Gegen unseren Willen. Vergewaltigung und Männerherrschaft. Frankfurt/Main 1978, S. 79.
22 Ebd., S. 534.

auf.²³ Aus dieser Perspektive brachen in die idyllischen Ortschaften und Kleinstädte unzivilisierte, ungezügelte und undisziplinierte Wilde ein, unersättlich und unerbittlich im Verlangen nach sexueller Befriedigung. Wilde, die wie Tiere und wie Kinder zugleich sein konnten. Emilie Leber aus St. Georgen im Schwarzwald setzte diesen aus ihrer Sicht unkontrollierten und unkontrollierbaren Entgrenzungen ganz eigene Grenzen, indem sie im Mai 1945 ihre Erfahrung in gebundener Sprache aufschrieb:

„Oft wird der Ort (der Keller, R.G.) mit der Stube vertauscht,
schlafend die einen, manch' einer lauscht.
Ob nicht der Farbigen schleichenden Schritte,
dem Haus zu sich nähern, in unsere Mitte.
Edelwild witternd. O welch' ein Schrecken,
wenn sie es stöbern aus ihren Verstecken.
Schande, viel Schande bei Tag und bei Nacht,
haben sie über das Städtlein gebracht."²⁴

---

23 Infolge des Versailler Vertrags waren 1920 links des Rheins Besatzungstruppen eingezogen; damals hatte die französische Regierung auch Kolonialregimenter aus Tunesien, Algerien, Marokko, Madagaskar, dem Senegal und aus weiteren Kolonien eingesetzt. In den Zwanzigerjahren standen im Rheinland durchgängig rund 25.000 französische Soldaten, schätzungsweise ein Drittel davon kam aus den Kolonien. Unter dem Schlagwort der „Schwarzen Schmach" entfachten Vereine wie die „Rheinische Frauenliga", der „Deutsche Volksbund ,Rettet die Ehre'" oder eben der völkische „Deutsche Notbund gegen die Schwarze Schmach" Hand in Hand mit dem Auswärtigen Amt eine große Propagandaoffensive. Die Anwesenheit der als „triebhafte primitive Wilde" stilisierten Troupiers erhitzte damals nicht nur die Gemüter in Deutschland, sondern auch in Europa und in Amerika. Die Zeitgenossen wurden nicht müde, das Bild der weißen Frau als Opfer schwarzer Sexualität zu zeichnen. Hier spielte es kaum eine Rolle, dass sie kaum auf reale Verbrechen rekurrieren konnten, denn obgleich Gewaltnahmen vereinzelt vorkamen, stellten sie dennoch kein Massenphänomen dar. Vgl. Sandra Maß, Weiße Helden, schwarze Krieger. Zur Geschichte kolonialer Männlichkeit in Deutschland. Köln – Weimar – Wien 2006; Christian Koller, „Von Wilden aller Rassen niedergemetzelt". Die Diskussion um die Verwendung von Kolonialtruppen in Europa zwischen Rassismus, Kolonial- und Militärpolitik (1914–1930). Stuttgart 2001; Peter Martin, Die Kampagne gegen die „Schwarze Schmach" als Ausdruck konservativer Visionen vom Untergang des Abendlandes, in: Gerhard Höpp (Hg.), Fremde Erfahrungen. Asiaten und Afrikaner in Deutschland, Österreich und der Schweiz bis 1945. Zentrum Moderner Orient Bd. 4. Berlin 1996, S. 211–228; Iris Wigger, Die „Schwarze Schmach amerikanische Rhein". Rassistische Diskriminierung zwischen Geschlecht, Klasse, Nation und Rasse. Münster 2007; Reiner Pommerin, Sterilisierung der Rheinlandbastarde: Das Schicksal einer farbigen deutschen Minderheit 1918–1937. Düsseldorf 1979.

24 Gedicht von Emilie Leber, St. Georgen, 10.5.1945, zit. nach: Wolfer, Ein hartes Stück Zeitgeschichte, S. 184.

Inwieweit solche Aufzeichnungen die tatsächlichen Geschehnisse abbildeten oder vielmehr hergebrachte kolonialistische und rassistische Stereotypien wiedergaben, lässt sich nur schwer einschätzen. Wir verfügen nicht über ausreichend verlässliche Zeugnisse, um die zeitgenössischen oder retrospektiven Behauptungen zu bestätigen, wonach die Gewalttäter vornehmlich Angehörige der Kolonialtruppen gewesen seien. In den nicht repräsentativen Polizeianzeigen, in den Anträgen auf Abtreibung 1945/1946 sowie in den Anträgen auf die Wiedergutmachungsrenten Ende der Fünfzigerjahre wurde in Bezug auf die Täter nur insofern differenziert, als die Behörden zuweilen vermerkten, wenn der Vergewaltiger einer fremden ethnischen Gruppe angehörte: Es fand sich dann kategorisch die Bezeichnung „Marokkaner". Wurde eine solche Einordnung nicht vorgenommen, konnte es sich um einen weißen französischen Soldaten handeln, musste es aber nicht. Diese vereinzelten Hinweise helfen bei der Aufklärung der ethnischen Proportionen der Vergewaltigungen kaum weiter. Ein Indiz für eine hohe Anzahl der Gewaltnahmen auch durch weiße Soldaten ergibt sich hingegen aus der peniblen Registrierung der Besatzungskinder in der französischen Zone.

Ohne Unterstützung, ohne Unterhalt

Die große Aufmerksamkeit, welche die französische Besatzungsmacht diesen Kindern entgegenbrachte, und die politische Relevanz, die sie ihnen beimaß, könnten fälschlicherweise zu der Annahme verleiten, den Besatzungskindern in der Südwestzone sei es womöglich besser ergangen als denjenigen in den anderen Zonen. Schließlich schien die Besatzungsmacht ja geradezu um die Mütter zu werben und um die Kleinen zu buhlen. Freilich erhielten diese Gratifikationen eines „Enfant d'État", eines Kindes des französischen Staates, am Ende nur wenige. Nach unseren Erhebungen dürften nicht mehr als 1500 Kinder tatsächlich „repatriiert" worden sein, mithin zehn Prozent aller Kinder, über deren Personalakten wir verfügen. Die Praxis dieser Rückführungen war nämlich durch strengste Ausleseverfahren gekennzeichnet.

Für das Gros der Mütter und Kinder in der französischen Zone galt freilich, dass sie de facto keinerlei Ansprüche auf Vaterschaftsanerkennung und Unterhaltszahlungen geltend machen konnten. In dieser Hinsicht erweist sich die Situation in der französischen Zone nicht anders als die Lage in den anderen Besatzungszonen.

Auch die französischen Soldatenväter waren nicht zu belangen, denn die Militäradministration setzte den Kontrollratsbefehl Nr. 4 rigoros um; auch sie schützte ihre Soldaten, die auf deutschem Boden Nachwuchs gezeugt hatten. Darüber hinaus galt, dass eine eventuelle Anerkennung der Vaterschaft sowie die Regelung des Unterhalts grundsätzlich den jeweiligen Usancen in den Heimatländern der Väter folgten. „Der vermutliche Vater kann aufgefordert werden, das betreffende Kind freiwillig anzuerkennen. Falls er sich weigert, das zu tun, können die Behörden der Militärregierung nicht erlauben, dass ein Verfahren auf Unterhalt gegen ihn angestrengt wird, da ein derartiges Verfahren in Widerspruch zu der französischen Gesetzgebung steht, deren Anwendung auf seinen Fall er verlangen darf."[25] Doch bis 1949 galt das Gesetz des Alliierten Kontrollrates, wonach die Soldatenväter vor Nachforschungen geschützt waren. Danach griffen die französischen Rechtsnormen des Code Civil, denen zufolge die Integrität einer bestehenden Ehe ein höheres Rechtsgut als die Ansprüche unehelicher Kinder und deren Mütter darstellte.[26] So konnten die deutschen Mütter dann zwar nach den Vätern in Frankreich amtlich suchen lassen – doch nach erklecklich langer Bearbeitungszeit erhielten sie oft die Meldung zurück, der Kindsvater sei kürzlich irgendwo in Frankreich in den Stand der Ehe getreten. – Mit einer solchen Heirat war allen eventuellen Ansprüchen seitens der Bastarde aus Deutschland ein wirksamer Riegel vorgeschoben.

Gemäß dem Code de la Nationalité *Française* vom 19. Oktober 1945 erwarb ein Kind mit der Anerkennung durch den Vater automatisch dessen Nationalität.[27] Den Erzeugern war es gestattet, die Vaterschaft freiwillig anzuerkennen, wenngleich solche Fälle vor allem in den Anfangsjahren – als die Kinder häufig Folgen einer Vergewaltigung oder allenfalls flüchtiger Begegnungen waren – äußerst selten vorkamen. Doch selbst wenn ein französischer Vater gewillt war, sein Kind freiwillig anzuerkennen, war dies doch ohne die ausdrückliche Erlaubnis seitens der Militärregierung nicht möglich. Vielmehr geschah es häufig, dass selbst Väter, die längerfristige Beziehungen mit deutschen Partnerinnen eingegangen waren und die Geburt ihres Nachwuchses miterlebt hatten, die Hebammen baten, über ihre Identität auf dem Geburtsschein keine Angaben zu machen.[28] Dieser gängigen Verweigerungshaltung folgten letztlich auch stets die französischen Militärinstanzen; im Zweifelsfall schützten sie ihre Soldaten – auch zum Nachteil der auf deutschem Terrain

---

25 Stardtarchiv Freiburg, C 20/1, Nr. 392/40-41, Bl. 138. Die Militärregierung in Deutschland, Oberdelegation der Militärregierung Badens an den Präsidenten des Amtsgerichts Baden-Baden, 11.6.1947.
26 Vgl. Hans Tomforde – Friedrich Diefenbach – Heinrich Webler, Das Recht des unehelichen Kindes und seiner Mutter im In- und Ausland. 4. Aufl. Berlin 1935.
27 Vgl. Rudolf Werner Füsslein, Sammlung geltender Staatsangehörigengesetze, Bd. 1. Frankfurt/Main 1949, S. 2.
28 Vgl. Stadtarchiv Freiburg, C 20/1/52/67, Bl. 95. Notiz des Badischen Ministeriums des Innern, 11.12.1946.

neugeborenen Franzosen. Doch selbst, wenn sich der Kindsvater tatsächlich bereit erklärte, freiwillig Unterhalt zu zahlen, galt dies meist nur so lange, wie er in Deutschland stationiert war. So gestand der Hohe Kommissar André François-Poncet im Februar 1950 ein: „Zahlreiche unserer Mitbürger erkennen ihre Kinder während des Aufenthaltes in Deutschland an, aber nach ihrer Rückkehr nach Frankreich interessieren sie sich nicht mehr für sie. Erhebungen zeigen, dass in neunzig Prozent der Fälle die zurückgekehrten Franzosen entweder verlobt oder verheiratet sind oder dass es ihnen unmöglich ist, finanziell zum Unterhalt ihrer Kinder beizutragen. Bis auf den heutigen Tag hat man keine Konsequenz aus den Forderungen der zurückgelassenen deutschen Frauen gezogen, die sich oft in einer verzweifelten Situation befinden und die auf keinen Fall ihre Kinder aufgeben möchten. Die Bitten um Hilfe, die sie an die deutschen Behörden richten, werden regelmäßig zurückgewiesen mit der Begründung, dass die Väter Franzosen sind."[29]

Wie konnte diese zu den deutschen Rechtsnormen konträre französische Gesetzeslage im Falle der Besatzungskinder vermittelt werden? Gemäß deutschem Recht besaß das Kind von Geburt an die Staatsbürgerschaft der Mutter. Dies änderte sich aber mit der Anerkennung des Kindes durch den französischen Vater. Beiden Gesetzbüchern zufolge stand dem Kind Unterhalt zu, in Deutschland durfte es indes nicht auf die Anerkennung der Vaterschaft klagen, in Frankreich unter bestimmten Umständen schon.[30] Alltagspraktisch bedeutsam war dabei vor allem der vom Code Civil gesetzte enge Zeitrahmen. So musste die Klage auf Unterhalt binnen zweier Jahre nach der Geburt erfolgen, was für die Mehrzahl der zu Kriegsende gezeugten Kinder unmöglich gewesen war, weil ja aufgrund der Normen des Alliierten Kontrollrates damals keinerlei Zivilklagen gegen Besatzungsangehörige erhoben werden durften. Als dieses Verdikt Anfang der Fünfzigerjahre wegfiel, kam dies für das Gros der Besatzungskinder zu spät; die Frist für eine Klage war abgelaufen.

Diese Rechtslage änderte sich erst im Jahr 1955, als nunmehr auch Unterhaltsklagen sogenannter Ehebruchs- oder Blutschandekinder vor französischen Gerichten zugelassen wurden. Deutsche Mütter konnten jetzt vor einem Zivilgericht am Wohnsitz des Beschuldigten ein deutsches Urteil auf seine Vollstreckbarkeit in Frankreich prüfen lassen. Solche Prozesse entpuppten sich jedoch als teuer (wobei die Antragstellerinnen die Kosten zu tragen hatten), als äußerst langwierig und endeten fast immer ohne Erfolg.

---

29 CAD La Courneuve, PDR 5, Nr. 278, unpag. Schreiben des Hohen Kommissars André François-Poncet an das französische Außenministerium, 13.2.1950.
30 Vgl. Paragraph 1708 des Bürgerlichen Gesetzbuches; vgl. Artikel 340 des Code Civil.

Die Prozessprotokolle des auf internationale Unterhaltsklagen spezialisierten Heidelberger Institutes für Jugendhilfe lassen den Schluss zu, dass nur in einem Bruchteil der Fälle tatsächlich dauerhaft Alimente gezahlt wurden. Ein Beispiel von vielen: Für einen aus Deutschland angestrengten Musterprozess[31] – der Fall lag aus Sicht der Mutter ziemlich klar, daher wagte man die Klage – benötigte das Tribunal de Grande Instance in Besançon acht Jahre, um schließlich in einem fadenscheinigen Urteil 1964 zu dekretieren, dass „Beiwohnung" im französischen Sinne eine „feste, dauerhafte Beziehung" bedeute. – Dass eine „Beiwohnung" auch bei einem einmaligen sexuellen Engagement gegeben sein könnte, wurde von den Richtern rundweg abgelehnt – so ganz im Widerspruch zu allzumenschlichen Erfahrungen – und sogar zu Artikel 312 des Code Civil.

Kindertransfers ins Vaterland

„Retour en France!": Die bevölkerungspolitischen Maximen wurden mit Verve umgesetzt. Tatsächlich errichtete die Militärregierung auf deutschem und auf französischem Boden eine leistungsfähige Infrastruktur, um die Kinder, mi-français und halb-deutsch, aufzuspüren, auszuheben, auszusondern und nach Frankreich zu verbringen – in ihrem Verständnis zu „repatriieren". Dieser baby drain hielt sich letztlich quantitativ zwar in Grenzen, er war jedoch nur die Spitze eines Systems, das mitsamt seinen Argumentationen und Arbeitsweisen für uns von Interesse und Relevanz ist. Letztlich nämlich wurde jedwedes „Franzosenkind", das amtlich gemeldet oder irgendwie offiziell bekannt war, irgendwann zum Gegenstand dieses Apparates.

Die Sektion für Deportierte und Flüchtlinge richtete eigene Säuglingsheime ein – in Appenthal und Bad Dürkheim in Rheinland-Pfalz,[32] im württembergischen Tübingen und im badischen Nordrach. Der Chefin des badischen Hauses kam von 1947 bis 1949 eine leitende Funktion zu, daher seien einige Aspekte der Geschichte dieser Kinderbrücke pointiert aus der Perspektive der Geschichte der Pouponnière im Luftkurort Nordrach im Schwarzwald erzählt, die von 1947 an einen Dreh- und Angelpunkt der Transfers von „enfants abandonnés" darstellte, von „aufgegebenen" oder „verlassenen" Kindern. Schon die Wahl des Anwesens verweist auf die großen politischen Linien: Das elegante Etablissement in dem beschaulichen Luftkurort hatte bis

---

31 Vgl. Bundesarchiv Koblenz, Z 21, Nr. 590, unpag., Unterhaltsklage der Martha R.
32 Vgl. dazu Michael Martin, Schicksale von Nachkriegskindern. Die französischen Kinderheime in Appenthal-Harzhofen und Bad Dürkheim, in: Kaiserslauterer Jahrbuch für Pfälzische Geschichte und Volkskunde. Jg. 12, 2012, S. 327–338.

Abb. 1: *Die herrschaftliche französische Pouponnière im Schwarzwälder Luftkurort Nordrach in den Vierzigerjahren.* Quelle: Historischer Verein Nordrach im Schwarzwald

1942 der Stiftung Rothschild als Sanatorium für Lungenkranke gedient; danach war darin ein Geburtshaus des Vereins „Lebensborn" untergebracht.[33] Das herrschaftliche Gebäude war von einer großen Parkanlage umgeben und wurde von der Besatzungsmacht nicht nur mit dem Nötigsten, sondern geradezu mit dem Besten ausgestattet. Auf vier Etagen konnten hier bis zu 150 Säuglinge betreut werden, drei Kraftfahrzeuge wurden bereitgestellt, um die Kinder aus allen Teilen der Zone nach Nordrach zu holen und von dort bis zur Grenze nach Straßburg zu bringen.

Diese französischen Heime auf deutschem Boden wurden vom französischen Roten Kreuz im Auftrag der Militäradministration betrieben.[34] Fachpersonal von diesseits und jenseits des Rheines kümmerte sich hier um die Kinder. Auch die Personalausstattung war optimal. Ziel war es, ein Betreu-

---

33 Zur Geschichte des Hauses im Nationalsozialismus vgl. Uwe Schellinger – Rolf Oswald – Egbert Hoferer (Hg.), Deportiert aus Nordrach. Das Schicksal der letzten jüdischen Patientinnen und Angestellten des Rothschild-Sanatoriums. Zell am Harmersbach 2010.
34 Ein solcher Vertrag wurde erstmals am 21.12.1945 geschlossen und mehrfach erneuert. Vgl. CAD La Courneuve PDR 5, Nr. 364, unpag., Anleitung über die „Verwaltung der Säuglings- und Kinderheime durch das Französische Rote Kreuz in Deutschland", ohne Datum; CAD La Courneuve, PDR 5, Nr. 120, unpag., Konvention, 25.3.1948.

ungsverhältnis von 1 zu 5 zu erreichen, de facto, so die Direktorin 1947, betreute eine Schwester sieben oder höchstens acht Säuglinge oder Kleinkinder.[35] Hier wurden die von ihren Vätern verratenen und von ihren Müttern aufgegebenen Kinder, die enfants abandonnés, einerseits gesammelt und liebevoll gepflegt – aber auch gewogen, gesichtet und auf ihre Tauglichkeit hin begutachtet. Von hier aus wurden sie ins Mutterland nach Frankreich, nach Nordafrika und sogar in die Départements d'outre-mer verschickt – nachdem und falls sie den Auswahlprozess überstanden hatten.

Enfants abandonnés: Die aufgegebenen Kinder

„Ich, Unterzeichnete [...], geboren am [...] in [...], Religion [...], deutscher Staatsangehörigkeit, erkläre ehrenwörtlich, ein Kind Name [...] Vornamen [...] geboren am [...] in [...], Geschlecht [...], von einem französischen Vater zu haben und möchte es aus persönlichen Gründen den französischen Behörden übergeben. Diese behalten sich eine Frist von zwei Monaten vor, um die Abstammung des Kindes nachzuprüfen und nach Möglichkeit seine Herkunft väterlicherseits festzustellen. Ich verpflichte mich, jede mir mögliche Auskunft zu geben, um dadurch die Nachforschungen nach der Vaterschaft zu erleichtern. Sollten die Erhebungen die französische Herkunft meines Kindes nicht einwandfrei feststellen, so würde es mir oder den deutschen Behörden zurückgegeben. Ich bestätige, unterrichtet worden zu sein, dass mir die gleiche Frist von zwei Monaten zugestanden wurde, meinen Entschluss rückgängig zu machen, falls es mir möglich sein sollte, mein Kind selbst aufzuziehen. [...] Ich nehme zur Kenntnis, dass ich die Folgen meiner Abgabe zu tragen haben werde:
- Aufgabe aller meiner gegenwärtigen und künftigen Rechte auf das Kind,
- Einverständnis mit der Schweigepflicht über die Unterbringung und Lösung jeder Verbindung mit dem Kind,
- Verzicht auf meine sämtlichen gesetzlichen Rechte,
- Einverständnis mit der möglichen Adoption oder Annahme an Kindesstatt durch Dritte."[36]

Seit dem Frühjahr 1946 füllten Mütter in der französischen Zone solche und ähnlich lautende Formblätter in deutscher und französischer Sprache in Gegenwart von französischen Offiziellen aus. Für eine derart schwerwiegende

---

35 Vgl. CAD La Courneuve, PDR 5, Nr. 363, unpag., Säuglingsheim Nordrach, Bericht für Oktober 1947, 29.10.1947.
36 CAD La Courneuve, PDR 5, Nr. 345, unpag., Sitzungsprotokoll zur Kindsaussetzung, ohne Datum.

Verzichtserklärung reichte ein einziges Blatt aus, am unteren Rand verblieben gerade einmal zwei Leerzeilen, um noch die wichtigsten Personalien des Vaters einzutragen. Nach der Unterzeichnung des Protokolls war das Kind unmittelbar in die Hände der französischen Amtsperson zu übergeben. Die Folgen dieser Unterschrift waren einschneidend: Die Mutter musste bereit sein, alle Bindungen an ihr Baby für immer zu kappen, sie ging aller Rechte elterlicher Gewalt verlustig. Nach zwei Monaten wurde die Abgabe rechtskräftig.

Was brachte die Mütter dazu, solch weitreichende Entscheidungen zu treffen? Hierfür gibt es gleich mehrere Erklärungen: Häufig waren sie von französischen Rechercheoffizieren unmittelbar am Wochenbett aufgesucht und mit dem Hinweis auf ihre ausweglose ökonomische Lage zu einer Unterschrift überredet worden, nicht selten erschienen die Frauen auch vor oder kurz nach der Geburt bei den französischen Militärdienststellen oder den Vertretern des französischen Roten Kreuzes, um finanzielle Hilfe für sich und für ihre Kinder zu erbitten.[37] Dort wurde ihnen dann versprochen, die Besatzungsregierung werde die dauerhafte Versorgung der Kinder sicherstellen, wenn sie sich bereit erklärten, diese in französische Obhut zu geben.[38] Die Übernahme aller Verantwortung geriet zu einem gewichtigen Argument in einer Zeit, in der überall in Europa und vor allem in der Rationengesellschaft des besetzten Deutschland blanker Hunger herrschte.[39] Notgedrungen schenkten die meist mittellosen Mütter den Verlockungen und Versprechungen der Besatzungsmacht Glauben. Der französische Staat, so versicherten ihnen auch manche Jugendämter, wolle für den Nachwuchs Sorge tragen und werde ihm ein gutes Leben in Frankreich garantieren. Er verlange dafür freilich, dass die Mütter als Gegenleistung alle Rechte an ihren Kindern abtreten würden. In der Tat unterschrieben viele die amtlichen Vordrucke sogar in dem guten Glauben, dass ihr Baby nun bald dem biologischen Vater übergeben würde und dass es ihm bei ihm fortan in Frankreich besser ergehen würde als im besiegten und besetzten Deutschland.[40]

Für eine solche, nahezu formlose Abtretung des eigenen Nachwuchses gab es freilich keine deutsche Rechtsgrundlage, vielmehr hätten – wenn über-

---

37 Stadtarchiv Freiburg, D.SO, Nr. 198, unpag., Schreiben des Badischen Ministeriums des Innern an die Stadt- und Kreisjugendämter in Baden, 27.8.1946.
38 Ebd., Erlass des Badischen Ministeriums des Innern Nr. 9089 betreffend verlassene Kinder, 27.8.1946.
39 Rainer Gries, Die Rationen-Gesellschaft. Versorgungskampf und Vergleichsmentalität. Leipzig, München und Köln nach dem Kriege. Münster 1991.
40 Stadtarchiv Freiburg, D.SO, Nr. 198, Erlass des Badischen Ministeriums des Innern Nr. 9089 betreffend verlassene Kinder, 27.8.1946.

haupt – die kommunalen Jugendämter über eine Pflegschaft oder Adoption entscheiden müssen.[41] Die französischen Militärbehörden setzten sich noch über einen zweiten Punkt hinweg: Ihren eigenen, den Müttern gegenüber gegebenen Versprechungen zufolge, hätten sie zunächst einmal Nachforschungen bezüglich der Identität der französischen Väter anstellen müssen. Doch solche Erhebungen lassen sich in den Akten nur sehr vereinzelt auffinden; in den Quellen finden sich keine Hinweise darauf, dass die Besatzungsbehörden etwa systematisch nach den biologischen Vätern gefahndet hätten. Die wenigen Rechercheoffiziere waren schon mit der Suche nach den Kindern überlastet.[42] Gemäß den Bestimmungen des Code Civil wäre eine Suche nach den Erzeugern ohnehin nicht gestattet gewesen, da man grundsätzlich davon ausgehen musste, dass diese im Herkunftsland bereits verheiratet waren und eine Vaterschaftsklage deshalb verwehrt wäre.[43] Den Müttern hatte man diesem Verdikt zum Trotz vertraglich zugesichert, die Väter zu suchen und die Kinder an sie zu übergeben. In Wahrheit jedoch konnte und wollte man die Erzeuger gar nicht dingfest machen, denn nur wenn diese im Verborgenen blieben, war es möglich, die Karten neu zu mischen und das zwielichtige Räderwerk der „Repatriierung" und der Französisierung ungehemmt anzuwerfen. Ohne ihre biologischen Eltern konnten diese neu gewonnenen Staatskinder ungestört und unhinterfragt zu Fundamenten einer bevölkerungspolitischen und politischen Gestaltungsoffensive werden.

Verfahren der Auslese

Das Kind galt jetzt bereits als französisch und wurde einem deutschen Kinderheim vorerst nur zur Obhut übergeben. Hier fand die erste Untersuchung durch Dr. Marie Helmer, der Leiterin der Pouponnière Nordrach, statt: Die Ärztin erschien regelmäßig mit einer Babywaage und bewertete die Kleinkinder hier ausschließlich nach ihrem Gewicht. Säuglinge, die zu leicht waren, ließ die resolute Französin ohne Wenn und Aber zurück – und deren Reise nach Frankreich endete bereits in einem deutschen Kinderheim.

---

41 Vgl. dazu die zeitgenössische Expertise von Julius Schwörer, Die Rechtsstellung des in Deutschland geborenen unehelichen Kindes einer deutschen Mutter und eines französischen Vaters. Freiburg im Breisgau 1948.

42 Vgl. CAD La Courneuve, PDR 5, Nr. 128, unpag., Schreiben des Ministers für öffentliche Gesundheit und Bevölkerung an die Direktion für Vertriebene, 1.8.1947.

43 Vgl. die Artikel 335 und 342 des Code Civil, zit. nach: Hauptstaatsarchiv Stuttgart, EA 2/007, Nr. 1177, unpag., II. Rundschreiben des Bundesministers für Familien- und Jugendfragen, 25.2.1959.

Diese simple Praxis der Examinierung und Zulassung wurde Ende 1947 sogar in höchsten Kreisen der Militärregierung diskutiert, denn man befürchtete „psychologische Auswirkungen auf die anwesenden Deutschen",[44] bei denen man diese Kinder einerseits mit großer moralischer Geste als Franzosen reklamierte, und die andererseits zuschauen mussten, wie deren nationale Qualität und Dignität nach ihrem aktuellen Lebendgewicht bemessen wurde. Dieses Vorgehen vermittle am Ende ja den fatalen Eindruck, dass diese Kleinkinder ein zweites Mal aufgegeben würden – zurückgewiesen mangels Gewicht, jetzt jedoch von der französischen Besatzungsmacht.

Im Verständnis der Nordracher Ärztin wurde das Kind durch den Übergang vom deutschen Kinderheim in die französische Pouponnière geadelt; die glücklichen Säuglinge nahmen jetzt die Passage vom „régime allemand" zur „méthode française" – vom Schlechten zum Guten. Tatsächlich waren viele der Insassen deutscher Heime in einem argen Zustand: Sie waren unterernährt und dehydriert, litten vielfach unter schwerer Rachitis.[45] Während bei den Deutschen eine wahre „Anarchie" in der Kinderernährung herrsche, erweise sich die auf wissenschaftlicher Grundlage basierende französische Methode als klar überlegen, so Dr. Helmer.[46]

Marie Helmer setzte nicht nur in den deutschen Kinderheimen, sondern auch in der französischen Pouponnière auf radikale Weise und ohne Fragezeichen das offizielle Paradigma der Pariser Politik ins Werk: „Französisch" konnte ein Kind nur dann sein, wenn es nach ihren Maßstäben geraten war. Auf diese Weise verknüpfte die Ärztin das individuelle Gesundheitsdossier und das Schicksal eines Kindes unmittelbar mit der großen Politik und der Gesundung der französischen Nation.

Die nächste Stufe der Auslese fand unter rein französischer Obhut im Haus Nordrach statt: Hier galt es, alle Schutzbefohlenen zu klassifizieren. Grundsätzlich setzte Dr. Helmer eine sehr rigorose Auffassung ins Werk: „Ne

---

44 CAD La Courneuve, PDR 5, Nr. 363, unpag., Der Kommissar der Republik, der Oberdelegierte der Militärregierung Badens an die Direktion für Vertriebene, 3.12.1947: „Je tiens à préciser que Mme. le Docteur Helmer se présente dans les Kinderheim avec une balance médicale et pèse chaque enfant avant de l'accepter. Je ne veux pas insister sur l'effet psychologique produit sur les Allemands en voyant un médecin français accepter ou refuser, suivant leur poids, des enfants, considérés par eux comme des petits Français puisque ce sont des autorités françaises qui les ont placés dans ces maisons."
45 Vgl. CAD La Courneuve, PDR 5, Nr. 363, unpag., Säuglingsheim Nordrach, Bericht für Februar 1948, 3.3.1948. Vgl. auch die ehemalige Kinderkrankenschwester Klara H. (Interview vom 4.4.2014/Historischer Verein Nordrach), Archiv Rainer Gries.
46 Vgl. CAD La Courneuve, PDR 5, Nr. 363, unpag., Säuglingsheim Nordrach, Bericht für November 1947, 30.11.1947. Die Ärztin Dr. Marie Helmer orientierte sich an den Richtlinien des französischen Kinderarztes Prof. Antoine Marfan (1858–1942).

doivent aller en France que ceux qui sont capables de remplir leur rôle de français."[47] Nach Frankreich durften nur diejenigen gelangen, die auch Gewähr dafür boten, dass sie künftig ihre Rolle als Franzosen wahrzunehmen in der Lage waren. Paris verlangte aus pragmatischen Gründen, mit „wertvollen" Franzosenkindern versorgt zu werden, die Ärztin in Nordrach hingegen wendete diese Maxime radikal ins Biologische: Für sie konnte ein Kind nur dann Franzose sein, wenn es auch gesund war! Das musste in letzter Konsequenz bedeuten, dass sie selbst maßgeblich die Françaisité ihrer kleinen Klientel herzustellen beziehungsweise wiederherzustellen hatte. Mit dieser Praxis der Auslese wurde die ursprüngliche Grundidee des Befehls von General Kœnig vollends ausgehöhlt, der davon ausging, dass die Kinder mit der Übergabe in die Verantwortung französischer Amtsträger in jedem Fall französisch wurden. Diese Nobilitierung behielt sich nunmehr die Leiterin der Pouponnière nach ihren persönlichen Maßstäben vor, was verständlicherweise zu Konflikten mit ihren Kontrolloffizieren bei der Militärregierung führte.

„Rückerstattungen" an die Deutschen

Im Februar 1948 befanden sich 74 Kinder in Nordracher Obhut: Die in ihrer körperlichen Entwicklung Zurückgebliebenen stellten mit 32 Kindern die größte Gruppe; schwere Krankheiten wie „Idiotie" waren bei sechs und „ererbte Syphillis" bei zwei Kindern diagnostiziert worden; zwei Kinder litten an Bronchitis, eines an Windpocken und eines an Diphterie. Immerhin 21 seien aufgrund ihres guten Zustandes zur Repatriierung geeignet, alle anderen sollten in deutsche Heime respektive an die Mütter zurückgegeben werden.[48]

Im Juli 1948 erstellte Dr. Helmer folgende Liste von Kindern, die man weder weiter pflegen noch nach Frankreich schicken könne: Petra, geboren 1947, Diagnose: Rückstand in der psychischen Entwicklung; August, geboren 1946, Diagnose: Hydrocephalie und Idiotie; Klaus, geboren 1946, Diagnose: Erbsyphillis und ebenfalls Idiotie; Karl, geboren 1947, Idiotie; Rolf, geboren 1946, Erbsyphillis, Missbildung des Schädels und psychischer Rückstand; Rita, geboren 1946, physisch retardiert; Joachim, geboren 1946, Diagnose taubstumm; die Zwillinge Erika und Renate, geboren 1946, Diagnose: Erbsyphillis respektive Beulen an der Stirn.[49] Mit Elan drang die Ärztin bei ihren vorgesetzten Dienststellen dar-

---

47 CAD La Courneuve, PDR 5, Nr. 363, unpag., Säuglingsheim Nordrach, Bericht für Mai 1948, 22.6.1948.
48 Vgl. ebd., unpag., Bericht der Direktion für Vertriebene, 10.2.1948.
49 Die Namen wurden vollständig verfremdet. Vgl. ebd., unpag., Säuglingsheim Nordrach, Liste der nicht zu behütenden Kinder, 21.7.1948.

Abb. 2 und 3: „Enfants abandonnés": Kinder französischer Väter und deutscher Mütter im französischen Heim für Säuglinge und Kleinkinder in Nordrach, 1949. Quelle: Historischer Verein Nordrach im Schwarzwald

auf, dass man sich dieser Insassen „ohne Verzug" entledige: „Il s'avère urgent que l'on vienne me prendre sans retard ce groupe d'enfants pour lesquels personne ne peut rien."[50] – Eine Gruppe, für deren Existenz niemand verantwortlich gemacht werden könne. Schon gar nicht der französische Staat.

---

50 Ebd., unpag., Säuglingsheim Nordrach, Bericht für Mai 1948, 22.6.1948.

Ohne Zweifel wurden diese Kinder aufgrund eugenischer Indikationen vom Programm der „Repatriierung" ausgeschlossen. Die französische Bevölkerungspolitik offenbarte vor Ort in der französischen Zone Deutschlands ihre ideologischen Wurzeln. Die Medizinerin verquickte so Medizin, Eugenik und Politik auf eine erschreckende Weise.

Die Ausgesonderten wurden den Deutschen zurückgegeben – und zwar durchaus nicht mit Verweis auf das vermeintliche oder tatsächliche psychische oder physische Manko, sondern wieder mit dem nationalen Argument und dem Hinweis darauf, dass ihre französische Abstammung nicht hinreichend nachgewiesen werden könne, „leur filiation française n'étant pas suffisament prouvée".[51] Dann teilten die kommunalen Jugendämter den Müttern Jahre nach der amtlichen Auf- und Freigabe der Kinder mit, dass sie ihren Nachwuchs nach Hause holen und fortan für ihn sorgen sollten. Die meisten wiesen eine solche, gänzlich unerwartete Rückerstattung ihrer Kinder zurück: Sie hatten sich ja subjektiv der Verantwortung zugunsten des Vaters und Frankreichs entledigt.

Die Französisierung der Kinder des Feindes

Allein die Pouponnière in Nordrach durchliefen in den 27 Monaten ihres Bestehens rund 400 Kinder; pro Monat wurden dort durchschnittlich 75 Säuglinge betreut, zu Spitzenzeiten wie im Juni 1948 sogar bis zu 100. Im Schnitt verließen 14 Kinder pro Monat das Heim – im günstigsten Fall zum Transfer nach Frankreich, im ungünstigsten Fall zur Überstellung an deutsche Behörden. Die durchschnittliche Verweildauer belief sich auf fünf Monate.[52]

Die anderen Kinder warteten in der Pouponnière auf ihre Adoption, die nicht durch staatliche Behörden, sondern durch karitative Organisationen in Paris vermittelt und administriert wurden.

Drei Agenturen zeichneten für die Vermittlung der Besatzungskinder aus Deutschland an französische Familien verantwortlich: Von Anfang an war dies das Französische Rote Kreuz, welches ja auch die französischen Kinderheime auf deutschem Boden betrieb. Vom Frühjahr 1948 an entwickelte sich überdies eine Kooperation mit dem Hilfswerk „La Famille Adoptive Française", einer gemeinnützigen Organisation, die sich dem solidarischen Geist der Eisenbahner verpflichtet sah und von ranghohen Managern der

---

51 Ebd., unpag., Chef der Sektion für Vertriebene im Land Baden an den Chef der Sektion Gesundheit, Begleitbrief zur Liste vom 21.7.1948.
52 Vgl. CAD La Courneuve, PDR 5. Statistische Erhebungen des Autors aufgrund der Berichte der Direktorin des Säuglingsheims Nordrach.

französischen Staatsbahn getragen und gefördert wurde. Und vom Herbst 1948 an fand Marie Helmer zusätzlich Unterstützung durch Jeanne Thalheimer, der Präsidentin der „L'Entraide des Femmes Françaises". Dr. Helmer beschrieb sie als eine achtzigjährige, sehr agile Dame „mit einem sehr lebendigen Geist", die 1917 ein Sozialwerk für die französische Familie gegründet und die sich insbesondere seit dem Ende des Ersten Weltkrieges mit großem Engagement und ihrer ganzen Autorität um das Adoptionswesen verdient gemacht hatte.[53]

Diese drei Organisationen knüpften nicht nur die Kontakte zu den künftigen Adoptiveltern, sondern sie nahmen die Kinder nach dem Grenzübertritt in ihre Obhut und verteilten sie nach ihren eigenen Vergabekriterien. In Zusammenarbeit mit der zuständigen Präfektur in Paris wickelten sie alle notwendigen Formalitäten ab, die im Falle der Besatzungskinder nicht nur darin bestanden, die Adoption an sich ins Werk zu setzen, sondern darüber hinaus, die kleinen Grenzgänger klammheimlich und zugleich unwiderruflich zu Franzosen zu machen.

Die Partnerinstitutionen in Paris setzten Dr. Helmers nationalen Impetus ohne Wenn und Aber um. Madame Vergé, die Direktorin des „Service de l'Adoption des Croix-Rouge Française" in Paris, schrieb nach einem Besuch in Nordrach im Sommer 1949 nicht ohne Pathos, wie sehr sie das große Werk bewundere, das die Ärztin zustande gebracht habe: „Que d'enfants vous avez sauvé c'est bien beau, et ma reconnaissance pour vous est très grande, de nous avoir ainsi facilité le retour de ces pauvres petits, sur notre sol FRANÇAIS."[54] Marie Helmer hatte es ermöglicht, diese armen Kleinen auf französischen Boden „zurück"zu bringen. Die Rettung dieser Kinder für Frankreich geriet zu einer Auszeichnung, die die Akteure sich in ihren Briefen und Begegnungen immer wieder wechselseitig zubilligten. Hier ist es sogar der auch im Original in großen Lettern beschworene französische Boden, der den Kindern erst die Möglichkeit geben wird, sich als Franzosen frei zu entfalten.

Marie Helmer fotografierte ihre Schützlinge und erstellte Listen mit hinreißenden Beschreibungen ihrer Kleinen, die sie den potenziellen Eltern in Frankreich schmackhaft machen sollten. Dabei unterschied sie drei Gruppen: „des Français", „des enfants Nord-Africains non teintés" und „des Nord-Africains teintés" – eine Reihung, die exakt die Adoptionshierarchie repräsen-

---

53 Vgl. ebd., unpag., Säuglingsheim Nordrach, Bericht, 6.12.1948.
54 CAD La Courneuve, PDR 5, Nr. 105, unpag., Adoptionsdienst des Französischen Roten Kreuzes an das Säuglingsheim Nordrach, 10.7.1949.

tierte.⁵⁵ Mit großem Engagement warb sie um die Akzeptanz der letzteren Gruppe, um diejenigen ihrer Schützlinge, die von Vätern aus Afrika abstammten – sie wurden stets mit den schönsten und liebevollsten Werbetexten angepriesen, denn sie waren nur mit allergrößter Mühe zu „repatriieren".

Bevor „die Franzosen" ihren künftigen Eltern übergeben wurden, kamen sie in der Hauptstadt in Übergangsheime.⁵⁶ Während die adoptionswilligen Paare auf ihren Familienzuwachs warteten, vollzogen die Angestellten der Agentur, die Beamten des Außenministeriums und eines Konsulates in Deutschland den folgenschwersten Akt dieses Verfahrens – eine komplette und komprimierte Umwidmung: Das Kind wurde nun – in einem letzten offiziellen Akt – zum französischen Staatsbürger, genauer: zu einem Enfant d'État, zu einem Kind des Staates. Sein Familienstatus wurde neu festgelegt, sein Name vollständig getilgt und neu geschaffen. All seine Dokumente wurden umgeschrieben; gleichzeitig verschwanden sämtliche Hinweise auf seine deutschen Wurzeln. Dieser Akt einer radikalen Anonymisierung und Französisierung erweist sich als ein höchst kompliziertes bürokratisches Verfahren.

Die Verantwortung für diese Kinder und ihre Verwaltung in Paris übernahmen die vermittelnden karitativen Organisationen oder der „Service de l'Assistance à l'Enfance". Mit dem Grenzübertritt galten sie grundsätzlich als elternlos, als Waisen, und daher als Mündel der öffentlichen Fürsorge. Als Enfant d'État durften sie nun adoptiert werden, denn sie kamen sogleich per Deklaration in den Genuss der französischen Staatsbürgerschaft. Die Vermittlungsagentur war es auch, die die Identität dieser Kinder unverzüglich wechselte und mit dem Prozess der Französisierung begann, indem sie die erste französische Lebensmittelkarte gleich mit den neuen Vor- und Nachnamen versah. Der neue Familienstand musste allerdings über das Außenministerium festgelegt werden; den Antrag dazu stellte die künftige Adoptivfamilie: Ein letztes Mal wurde das Original der deutschen Geburtsurkunde vorgelegt, dazu eine Kopie des gültigen Adoptionsurteils und der Nachweis der französischen Staatsangehörigkeit der neuen Eltern. Die eigentliche Umwidmung des Kindes fand dann nicht auf französischem Territorium, sondern wiederum in einem Konsulat in Deutschland statt: Dort erblickten die Kinder regelrecht zum zweiten Mal das Licht der Welt – jetzt durch und durch als Franzosen, mit nunmehr amtlichen französischen Vor- und Nachnamen, mit dem richtigen Geburtsdatum und mit dem richtigen Geburtsort. Für 85

---

55 CAD La Courneuve, PDR 5, Nr. 57, unpag., Dr. Helmer an den Direktor des Vertriebenendienstes, 25.2.1948.

56 Vgl. ebd., unpag., Madame Vergé, Direktorin des Service de l'Adoption des Croix-Rouge Française in Paris, an Dr. Helmer, 25.6.1949.

Francs konnte die neue Familie nun die französische Geburtsurkunde, den offiziellen Auszug aus dem deutschen Geburtsregister und eine Bestätigung des Adoptionsurteils erhalten. Die Urkunden waren echt, die neuen Namen amtlich beglaubigt – allein der Geburtsort blieb über das Transfergeschehen konstant und verwies fortan für immer darauf, dass dieses Kind eben nicht im französischen Mutterland geboren worden war. Das freilich konnte viele Gründe haben.[57]

Ziel dieser aufwendigen administrativen Prozeduren war es, so das Ministerium für öffentliche Gesundheit und Bevölkerung, dass die Kinder und ihre Eltern den fremden Ursprung nicht mehr spürten. Diese Forderung entsprang in erster Linie durchaus nicht der Rücksicht auf die psychosozialen Befindlichkeiten der Adoptiveltern und -kinder. Vielmehr gab das Ministerium zu bedenken, dass diese Kinder nach internationalem Recht zunächst einmal die deutsche Staatsangehörigkeit besäßen. Umso wichtiger sei es daher, Fakten zu schaffen und ihnen nach ihrer „Rückkehr" ohne jeden Verzug die französische Staatsangehörigkeit zu verleihen.[58]

So kam es, dass das Kind Gertraude L. als Marguerite F. an eine Mademoiselle in der nordfranzösischen Hafenstadt Boulogne sur Mer überantwortet wurde. Anne-Lore M. wurde als Marie-José an eine Familie in Port-Vendres nahe der spanischen Grenze vermittelt. Aus Gabrielle wurde Elisabeth, die einer Familie in Paris übergeben wurde. Manchmal übersetzte man die deutschen Namen bloß ins Französische. So wurde aus dem Hans-Peter R. aus Deutschland ein Jean-Pierre M. in Frankreich, manchmal behielt man den ursprünglich französischen Namen auch bei: aus Jean K. wurde im Juni 1948 Jean R. Aus der deutschen Renate konnte lautlich ähnlich Renée werden, aus einer anderen Renate wurde jedoch eine Celine. Und der kleine Herbert ging als Jean-Pierre 1948 in die Metropole der Champagne, Reims.

Viele dieser deutschen Namen hätten übrigens – wie im Fall von Jean oder Gabrielle – gar nicht eigens umgewidmet werden müssen. Die Lektüre all der Transport- und Übergabelisten offenbart nämlich einen durchaus überraschenden Sachverhalt: Nahezu die Hälfte der ursprünglichen Vornamen der zu „repatriierenden" Kinder war längst französisch oder ließen sich zumindest französisch lesen und aussprechen. Eine erste „Nationalisierung" hatten also in nicht wenigen Fällen schon ihre deutschen Mütter vorgenommen, und

---

57 Vgl. CAD La Courneuve, PDR 5, Nr. 288, unpag., Disposition zum Familienstand der in der französischen Zone geborenen Kinder, September 1949.
58 Vgl. CAD La Courneuve, PDR 5, Nr. 66, unpag., Der Minister für öffentliche Gesundheit und Bevölkerung an das Generalkommissariat für deutsche und österreichische Angelegenheiten, 10.7.1946.

zwar unmittelbar nach der Geburt ihrer Babys: Von den 1948 durch La Famille Adoptive vermittelten Kindern trugen bereits in Deutschland 45 von 100 eindeutig französische Vornamen.[59] Das verweist auf einen wesentlichen Befund: Mehrheitlich dürften diese Besatzungskinder durchaus unter den Auspizien von Vertrauen, Zuneigung und Liebe gezeugt worden sein. Die Vornamen manifestierten sicherlich die Gefühle der Mütter zu den französischen Soldatenvätern und ihre Hoffnungen und Sehnsüchte auf ein künftig gemeinsames Leben, durchaus auch in Frankreich. Und natürlich, mancher Rufname mag auch gezielt gewählt worden sein, um die französische Vaterschaft bereits in statu nascendi glaubhaft zu machen.

Passagen: Vom „Bankert" zum Kronprinzen

Das System der „enfants abandonnés" beherbergt ein ganzes Bündel bemerkenswerter Transferdynamiken: Diese kleinen Mündel wurden nicht nur klammheimlich von einer Seite auf die andere Seite des Rheines verbracht. Aus Kindern, die bestenfalls als „mi-français" und daher zugleich als halbe Deutsche gelten konnten, avancierten sie mit dem Grenzübertritt zu Franzosen. Die Mütter der Kinder, als Deutsche immerhin Angehörige des Feindes, spielten in diesem Prozess kaum noch eine Rolle, schon im Alltag der Pouponnière schienen sie gänzlich vergessen. Aus Halbfeinden wurden hier unter dem Rubrum einer „Repatriierung" und mit großem Pathos Vollfranzosen, Abkömmlinge des deutschen Erbfeindes wurden nach einer harten Selektion zu Kronprinzen und -prinzessinnen eines neuen Frankreich.

Mehr noch: Das System ließ im selben Atemzug illegitime „Bankerte" zu legitimen Kindern avancieren. War ihr sozialer und juristischer Status als Besatzerkinder in Deutschland höchst defizient und diffizil, mutierten sie in Frankreich zu Franzosen erster Klasse. Kinder aus prekären, unterprivilegierten Verhältnissen hier wurden per Dekret und Siegelstempel in das Milieu einer satten Bürgerlichkeit dort befördert. Ja sogar getaufte Christenkinder konnten mithilfe dieser territorialen und administrativen Passage ohne großes Aufsehen in muslimische Familien nach Nordafrika weitergegeben werden.

1948/49 änderte sich die französische Politik gegenüber diesen Kindern dramatisch: Einerseits, so die neue Argumentation, würden immer weniger

---

59 Vgl. CAD La Courneuve, PDR 5, Nr. 288, unpag., Liste der Kinder mit Herkunft aus den Säuglingsheimen der Besatzungszone, die seit dem Jahr 1948 unter Betreuung der *Famille Adoptive* in Frankreich leben, ohne Datum, kommentiert in einem Begleitschreiben, 24.1.1949.

Besatzungskinder geboren, andererseits sei die drängende Hatz nach den Kleinen menschlich und moralisch problematisch – und schon gar nicht lasse sich eine solche „Operation" mit der neuen politischen Situation in Deutschland vereinbaren. Nordrach wurde mit Blick auf die Gründung der Bundesrepublik 1949 denn auch geschlossen.

1951 gelang es in Zusammenarbeit mit deutschen Behörden, die in deutschen Registraturen verbliebenen Akten der adoptierten Kinder in einer Nacht-und-Nebel-Aktion nach Frankreich zu schaffen – offiziell, um die dortigen Dokumente zu vervollständigen, de facto jedoch, um die Spuren zu den Wurzeln der repatriierten Kinder zu verschleiern, ja endgültig zu tilgen – administrativ und juristisch, aber auch physisch und psychisch.

1955, nachdem die Bundesrepublik die Souveränität gewonnen hatte und das Besatzungsregime völkerrechtlich beendet war, wandte sich das Justizministerium des Landes Baden-Württemberg an den Commissaire du Gouvernement beim französischen Tribunal in Rastatt, um sich nach dem Schicksal der „enfants abandonnés" zu erkundigen. Von ihnen fehle in den Unterlagen jedwedes Zeugnis, klagte der Minister des Südweststaates jetzt.[60] Doch diese Interpellation verhallte ohne Resonanz; die Deutschen erhielten keinerlei Auskunft.

---

60 Vgl. Hauptstaatsarchiv Stuttgart, EA 2/007/1177 II, unpag., Schreiben des Justizministers von Baden-Württemberg an alle Vorstände der Amtsgerichte in den Regierungsbezirken, 21.9.1957; Schreiben des Französischen Generalkonsulats in Stuttgart an das Justizministerium Baden-Württemberg, 14.2.1957.

Autobiografische Texte

Sowjetische Besatzungskinder

Emilie Romanik

Briefe an Kolitschka

Wien, am 10. September 1950

Liebster Kolitschka!

Am Anfang meines Schreibens schicke ich dir von Tanja die innigsten Grüße und Küsse.[1]

Es ist heute Sonntag, der 10. September 1950, und ich sitze und überlege … Was soll ich dir nur schreiben! Alles? Gut, ich will dir alles schreiben, es wird aber eine lange und traurige Geschichte werden.

Gestern Nachmittag kamen zwei Offiziere zu mir, sie hatten eine Reparatur an ihrem Anzug. Ich erklärte, ich hätte keine Zeit, denn diese Hose, die ich eben nähte, müsste um fünf Uhr fertig sein. Er wollte mich überreden und ich sagte, es geht heute wirklich nicht. Er sagte, ich habe ein schlechtes

---

1 Emilie Romanik lernte 1946 den sowjetischen Besatzungssoldaten Nikolaj (Koseform: „Kolitschka") Taranenko in Aspern, Niederösterreich, kennen und lieben. Im Oktober 1947 kam die gemeinsame Tochter Tatjana auf die Welt. Als Folge musste der Vater Österreich verlassen, ohne seine Tochter je gesehen zu haben. Der Verlust ihrer großen Liebe bestimmte das weitere Leben von Emilie. Tatjana wuchs, wie auch ihr 1953 geborener Bruder Anton, auf Pflegeplätzen und in Heimen auf, da die Mutter, eine gelernte Schneiderin, für ihren Lebensunterhalt arbeiten gehen musste.
Im September 1950 verfasste Emilie Romanik die hier erstmals publizierten Briefe an Tatjanas Vater. Auslöser war der Besuch eines Kameraden des Vaters, der ihr Hoffnung gemacht hatte, etwas von dessen Verbleib in Erfahrung bringen zu können. Da jedoch dieser Soldat kein zweites Mal kam, konnten die Briefe nie weitergeleitet werden. Nachdem Tatjana Herbst (geb. Romanik) ihren Vater 1989 in der Sowjetunion gefunden und persönlich kennengelernt hatte, kam es 1991 zu einer berührenden Begegnung von Emilie und Nikolaj in Smolensk. 1994 verstarb Nikolaj Taranenko in Smolensk, 2014 Emilie in Wien.
Tatjana, die eine Ausbildung als Verkäuferin in der Modebranche absolviert hatte, arbeitete bis zu ihrer Pensionierung als Seniorenbetreuerin und lebt in Wien. 2013 lernte sie erstmals weitere sowjetische Besatzungskinder kennen und ist froh über den gegenseitigen Erfahrungsaustausch.

Herz, worauf ich ihm antwortete, ich habe kein Herz! „Wo hast du denn dein Herz?", fragte er mich plötzlich auf Deutsch, „in Ost oder West?" Ich sagte: „Weit weg ist es!", worauf er schelmisch lachte und ich ahnte irgendetwas, dass er mich von früher kennt. Er hat mir dann auch gesagt, er kenne mich schon seit 1946, ich solle nur nachdenken, wer er sei, und ich solle ihm meine Fotos zeigen.

Da hab ich dann gleich alles gewusst, dass er mich aus der Zeit mit dir kennt. Ich hab dann nachgedacht, aber ich wusste nicht, wer er war. So hat er mir geholfen und stellte sich als der ehemalige kleine Sergej vor. Ich war darüber so begeistert, ich konnte es gar nicht glauben, er hat sich sehr verändert. Er hat mir dann erzählt, er war bei dir. Du warst krank, hast dir deine linke Hand gebrochen und wurdest operiert. Hoffentlich geht alles gut vorbei, ich wünsche es dir!

So viel Freude hatte ich, dass jemand zu mir kam, der mir Grüße von dir bringt. Es macht mich ja so glücklich, nur Grüße zu hören!

Er sagte, du hättest ihm ein Paket mit einem Foto mitgegeben, um es mir zu bringen. Und er wird am 14. September wiederkommen, er hat es in seinem Koffer, und der ist 45 Kilometer weit weg.

Ich kann es noch gar nicht glauben, dass ich endlich einmal Nachricht von dir bekomme. Ich hab mich ja so sehr bemüht mit dir eine Verbindung herzustellen, aber es ist mir bis heute nicht gelungen.

Nun will ich aber mit meiner Geschichte beginnen. Sie begann am 4. Oktober 1947 ... damals ...

Es ist schon lange her, erinnerst du dich noch? Als du das letzte Mal bei mir warst, war ich kurz vor der Entbindung. Es war Abend, der Wind wiegte die reifen Sonnenblumen in den Schlaf, die im Garten von Albine wuchsen.

Ich saß mit Albine in der Küche und sprach von dir. Ich war voll Sehnsucht nach dir und im Warten auf dich, jeder Gedanke war nur bei dir. Und da, plötzlich bellte unser Hund! Albine ging hinaus und schaute, wer gekommen war. Ich hörte sprechen, erkannte deine Stimme, sprang auf und lief zur Tür, sah den Gartenweg entlang und sah deine Gestalt zwischen den Sonnenblumen. Im Moment war ich so außer mir, ich konnte dir gar nicht entgegengehen, sondern lief zurück in die Küche und harrte auf den Moment, der in der nächsten Sekunde eintreten würde ...

Dann standest du bei mir – als dein Blick auf mir ruhte, war alles Schwere und Traurige ausgelöscht. Dann sind wir in der Küche zusammengesessen und ich war so unendlich glücklich ...

Du verspachst mir, am nächsten Tag wiederzukommen, du bist aber nicht mehr gekommen und ich habe so sehr gewartet.

Abb. 1: Emilie Romanik mit ihrer Tochter Tatjana, 1947. Quelle: Sammlung Stelzl-Marx, Bestand Herbst

13 Tage später, am 17. Oktober, kam dann unser Kind zur Welt. Am 18. Oktober bist du dann mit Sascha wieder gekommen. Ich war aber noch im Spital!

Als ich mit Tanitschka aus dem Spital kam, war ich so voll Glück und Freude und voll Sehnsucht nach dir. Aber was ist aus all dem geworden? Leid und Tränen, ich war ganz allein, ohne Geld, ohne alles, was ein Kind braucht. Um mich war alles kalt und leer.

Als ich einige Tage vom Spital zu Hause war, ging ich mit Albine auf die Suche nach dir. Ich dachte mir, ich müsste dich doch irgendwo finden. Da traf ich Boris – er sagte, er hätte schlechte Nachricht für mich. Du bist vor einigen Tagen schon nach Russland gefahren, der Befehl kam ganz plötzlich!

Da brach ich dann ganz zusammen. Nun war alles aus. Da gab es nur mehr Tränen! Ich wurde in dieser Zeit sehr mager und war so verzweifelt, dass ich nicht mehr weiterleben wollte.

Aber Helli und Juri machten mir so viel Hoffnungen, du würdest wieder kommen, dass ich wieder zu warten begann …

Helli und Juri haben mir in dieser Zeit sehr viel geholfen. Auch Kameraden von dir halfen mir, gaben mir Geld für ein Foto – hast du es erhalten? Es war ein Foto mit Tani, als sie drei Monate alt war. Ich schrieb auf die Rückseite „Von deinem Töchterchen Tanitschka".

Bei Albine wohnte ich oben in der Mansarde. Der Winter kam, es war eiskalt, ich hatte keinen Ofen. Tanitschka konnte ich nicht einmal baden. Unsere Finger waren ganz blau und steif. Schnee kam durch alle Ritzen und Spalten, man konnte das Fenster gar nicht schließen. Kolitschka, wenn du das alles gesehen hättest!!! Es war furchtbar. Und zu all dem kam noch der Hunger. Ich hatte für Tani gar keine Windeln, nur altes Zeug. Und was ich hatte, bekam ich alles von Helli, die Jäckchen und Häubchen, sie war ja so gut zu mir.

Ich hatte nur sehr wenig zu essen, daher auch wenig Milch, so musste ich

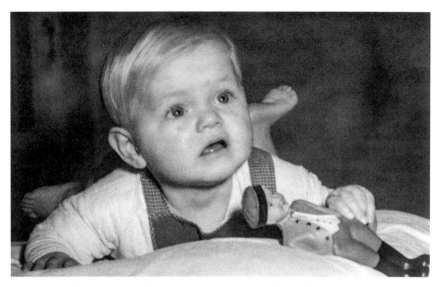

Abb. 2: Dieses Foto von „Tanitschka" versuchte Emilie Romanik, dem Vater des Kindes in die Sowjetunion nachzuschicken. Quelle: Sammlung Stelzl-Marx, Bestand Herbst

für Tani etwas aus Milch kochen. Albine wollte für alles Geld. Juri gab ihr dann Zinsgeld. Ich habe meine Fleisch-, Fett- und Brotmarken verkauft, um für Tani Milch zu kaufen. Diese Zeit war für mich meine schwerste. Aber sie ist vorbeigegangen, wie alles im Leben vorbeigeht. Der Winter ging vorbei. Das Frühjahr wollte einziehen, aber nicht bei mir: Ich musste Tanilein, mein einziges Glück, weggeben, zu Menschen, die besser für sie sorgen konnten als ich.

19. Jänner 1948 – diesen Tag werde ich nie vergessen. Ich war damals sehr krank, hatte Fieber, Schnupfen, Husten. Ich ging um acht Uhr von zu Hause weg und um drei Uhr nachmittags war es dann so weit. Tani hatte den ganzen Tag kein Essen und sie hat gar nicht geweint, war ganz still. Sie kam in ein Kinderheim im 18. Bezirk und ich durfte Tani nur zweimal im Monat sehen.

Als ich dann von diesem Heim nach Hause ging, war in mir alles gestorben. Das war zu viel für mich! Zuerst habe ich dich verloren, dann mein Kind, das Leben war für mich zu Ende! ...

Und dennoch ging es weiter, in den nächsten Tagen begann ich zu arbeiten, in einer Schneiderei in Kagran. So vergingen Tage, Wochen, Monate, Jahre ohne dich – jede Freude an meinem Kinde, jedes Leid war ohne dich. Ja, die Zeit eilte, und so kam auch der Tag – es war der 19. Juni 1949, an dem ich Tanilein mit glückstrahlendem Herzen wieder zu mir holte. Seither lebe ich in Groß Enzersdorf.

Abb. 3: Nikolaj Taranenko als Besatzungssoldat in Österreich. Quelle: Sammlung Stelzl-Marx, Bestand Herbst

Tani war damals sehr unbeholfen, konnte gar nicht richtig gehen, nur ein wenig. Aber heute ist sie ein strammes Mädel und du kannst stolz auf sie sein. Sie hat ein Temperament wie zwei Kosaken und ist sehr klug, kann auch schon viel sprechen und schickt „Vati Bussi", hat sie gesagt.

Sie liebt Autos und Tiere sehr, zu ihrem dritten Geburtstag bekommt sie von mir ein kleines Auto. Also hätte sie doch ein Junge werden sollen. Hoffentlich wird sie im Leben, wenn sie groß ist, ihren Mann stellen.

Nun sollst du wissen, was ich immer mache. Ich nähe zu Hause, denn in die Arbeit kann ich ja nicht gehen. Und bin viel, viel traurig. Nur mehr Träume und Gedanken verbinden mich mit dir und dem Einst.

Bis gestern die Tür aufging und Sergej kam und mir von dir ein Lebenszeichen brachte. Oh, ich bin ja so unendlich glücklich. Du lebst, und alles Vergangene verschwindet, es bleibt nur mehr das Jetzt.

Und wieder baue ich eine Zukunft auf, hoffentlich fällt sie mir nicht wieder zusammen, oder es reißt sie mir wer nieder. Nein, ich lasse mir das nicht mehr machen!!!

Ich freue mich schon auf den 14., da bekomme ich ein Bild und noch was, oh wie ich mich freue. Und ich danke dir von ganzem Herzen dafür, ich bin so unendlich glücklich und froh darüber, endlich nach drei Jahren! Drei langen Jahren! Wieder bist du in meinem Herzen ganz lebendig wie einst!

Nun schließe ich mein Schreiben – es ist bereits zwei Uhr nachts.

Eine ganz kleine Bitte hab ich an dich, denk hie und da an Tanitschka und auch an mich, vielleicht bringt die Zukunft eine Gelegenheit ... wer weiß! Es wurde schon vieles Unmögliche möglich, daher werde ich stark bleiben und glauben und warten, wieder Jahre, Jahre.

Innige Wünsche, tausend Grüße von Tanja und tausend Bussi an dich,
Lilly

Wien, am 18. September 1950

Liebster Kolitschka!

Ich bin dem Verzweifeln nahe! Ich habe am 14. September umsonst gewartet! Sergej ist nicht gekommen! Jedes Mal, wenn unser Haustor aufgeht, erwarte ich Sergej. Jetzt werde ich immer warten, warten, wie lange noch? Hoffentlich nimmt das bald ein Ende. Ich möchte doch so gerne meinen Brief an dich Sergej mitgeben. Wann wirst du diesen bekommen????

Werden da vielleicht wieder Jahre vergehen? Bitte schreibe mir an eine dieser Adressen, versuche es durch die Post, schicke nur Grüße wegen der Zensur! Ja!

Nun nochmals Grüße und Küsse
von Lilly und Tanja

Bitte, bitte schreib mir!
Du würdest mich so glücklich machen!
Nur Grüße
Ja!!!!!

Inge Schnabl

Ihr passt doch nicht hierher

„Krieg, Liebe und Gewalt, wie ich sie erlebt habe, kann man nicht erzählen."
Das war die Aussage meiner Mutter, wenn ich sie danach gefragt habe.

Meine Mutter wurde 1936 verheiratet. An einem kalten Februartag. Der Hochzeitszug begann im Dorf am Fuß der südburgenländischen Weinberge, führte über die Pinkabrücke ins nächste Dörfchen. Hier, ein paar Hundert Meter von der Grenze entfernt, ahnt man schon die ungarische Tiefebene.

Ich stellte mir diesen biederen Hochzeitszug so vor, wie in Gottfried Kellers Novelle „Romeo und Julia auf dem Dorfe". Voran ein fröhlicher Fidler und dahinter im Gänsemarsch die Gäste. Nur waren die Umstände der Heirat umgekehrt zur berühmten Liebesgeschichte. Die Alten waren dafür, die Braut kannte den Mann kaum.

Nach vier Jahren glückloser Ehe starb der Mann. Dass er schwer krank und alkoholsüchtig war, wusste meine Mutter nicht. Das war im Jahr 1940, der Zweite Weltkrieg tobte in ganz Europa. Als Frau mit zwei Kindern war sie in der Landwirtschaft tätig. Die Kriegsmaschinerie brauchte Lebensmittel, hauptsächlich dafür arbeitete sie. Die Brüder waren längst rekrutiert worden und die alten Eltern alleingelassen.

Schon 1942 kamen die Meldungen: gefallen für das Vaterland in Murmansk, in der Ukraine, in Königsberg. Ein beträchtlicher Teil der Dorfbewohner waren begeisterte Anhänger des Naziregimes. Meine Mutter eine naive Gegnerin. Deshalb war sie als Zugeheiratete unbeliebt.

Als 1945 das Kriegsende verkündet wurde, traf das meine Großeltern und die verbliebene Tochter mit den beiden Kindern wie ein Hohn. Am 30. März 1945 besetzte die Sowjetische Armee das kleine Dörfchen und bald das gesamte Burgenland. Auf Geheiß des Ortsbauernführers, der schnell sein Fähnchen nach dem neuen Wind ausrichtete, quartierte sich ein Offizier mit seiner russischen Truppe im Haus meiner Mutter ein. Sie errichteten ihre Poststelle und agierten von hier aus im südlichen Burgenland. Zumindest hatte die Mutter mit den beiden Kindern einen gewissen Schutz und gewisse Privilegien.

Nach einem knappen Jahr wurden die russischen Soldaten abberufen, die Besatzung im Burgenland blieb.

Im Juli 1946 wurde ich geboren. Der russische Vater mit seinem Gruppenkontingent war vorher abgezogen worden. Er wusste, dass die Frau ein Kind von ihm erwartete.

Es begann eine Zeit der immerwährenden Diskriminierung für meine Mutter. Selbst ihre eigene Mutter, meine Großmutter, bot keinerlei Hilfe oder Rückhalt. Der Großvater akzeptierte die Situation und nahm seine Tochter in Schutz, so gut es ging. Es kamen Leute von der Vormundschaftsbehörde mit der Aufforderung, dieses Besatzungskind so schnell wie möglich wegzugeben. Mit dörflicher Scheinheiligkeit und Genugtuung verkündeten sie, dass es keinerlei Hilfe für das Kind geben werde.

Weil mich meine Mutter liebte, wurde ich ein freundliches, offenes Kleinkind.

Wenn mich die Leute „begutachteten", waren sie sozusagen überrascht. Ein so schönes Russenkind und wie es plaudern kann und, und ...

Ich registrierte bald, dass etwas Besonderes von mir ausgehen musste. Bald bemühte ich mich noch mehr, um zu gefallen, einfach aus Instinkt.

Mit dem Beginn der Schulzeit wendete sich das Blatt, die Freundlichkeit der Mitmenschen und Nachbarn schlug in Boshaftigkeit um. Ich schnappte manche Bemerkung auf, die absichtlich so laut erfolgte, damit ich sie auch hören konnte. „Was bin ich für ein Russenkind?", fragte ich mich.

Bald verstand ich die Beleidigungen, die meine Mutter erdulden musste. Sie war mit uns drei Kindern wieder heim zu den Eltern gezogen. Diese waren alt und verzagt, hatte ihnen der Krieg doch die Söhne genommen. Vergeblich versuchte meine Mutter, die große Landwirtschaft zu bestellen, es gab ja auch noch keine Maschinen.

Ich war eine gute Schülerin, der Erfolg in der Schule blieb in der dörflichen Gemeinschaft nicht verborgen. Die Lehrer benutzten mich als Aushängeschild, als Krönung ihrer didaktischen Leistung. Bei allen Festen und Schulfeierlichkeiten musste ich vielstrophige Gedichte aufsagen, schrieb kunstvolle Aufsätze und las problemlos englische Texte.

„Das ist doch schon wieder ihre Tochter, die vom Russen", bemerkten die anderen Eltern, voller Hass und Neid. So schien es mir. Ich aber wollte meiner Mutter etwas Gutes tun, Ehre erweisen, sie trösten.

26. Oktober 1955: Die Schulen wurden zur Abhaltung von patriotischen Feierlichkeiten aufgefordert. Österreich war frei! Der letzte russische Soldat sollte Österreich verlassen. Tag der Fahne. Wir mussten roten und weißen Stoff kaufen, eine Fahne nähen und das schöne Bauernhaus im Dorf beflaggen. Wieder wurde das letzte Haushaltsgeld zusammengekratzt. Der Verkauf von Eiern half über solche Hürden. Das feierliche Gedicht bei der Schulfeier war wieder meine Aufgabe.

Aus „König Ottokars Glück und Ende" rezitierte ich mit Bravour: „Es ist ein gutes Land, wo habt ihr dessengleichen schon gesehen [...] Lacht's wie dem Bräutigam die Braut entgegen [...] mit hellem Wiesengrün und Saaten-

Abb. 1: Inge Schnabl in der Hauptschule. Quelle: Sammlung Stelzl-Marx, Bestand Schnabl

gold […] oh gutes Land, oh Vaterland erhalte Gott dir deinen Jugendsinn und mache gut, was andere verdarben." Ich war neun Jahre alt, den Text nahm ich eher als Poesie wahr, mit lauter Stimme und richtiger Intonation sprach ich, wie auf der Theaterbühne. Der Schuldirektor klopfte sich auf die Schulter. „Seht ihr, das bringe ich auch einem solchen Kinde bei", las ich in seinem Gesicht.

Mir aber rannen die Tränen über die Wangen. „Schaut, wie gerührt sie ist …"

Nein, ich dachte an diesen letzten russischen Soldaten, der das Land verließ. Und wenn es mein Vater gewesen wäre?

Ich erfuhr nicht von meiner Mutter, dass er ein russischer Soldat war, dieser Vater, die Schulkinder und die Kirchengeher bemerkten das nebenbei.

Es gab keine Möglichkeit, Auskunft über die russische Besatzung zu bekommen. Dennoch versuchte ich es bei der Gemeinde, der Vormundschaftsbehörde, dem Pfarramt. Die Antworten waren demütigend. Ich war 15, als ich diese Schritte wagte, und ich darf behaupten, dass ich ein gutaussehendes junges Mädchen war. „Da haben wir keine Möglichkeit nachzuforschen", sagte der bezirksbekannte Beamte bei der Vormundschaftsbehörde. „Viel zu gefährlich, was glaubst, mit den Russen! Bist ja eh ein fesches Mädchen!" Gab mir einen Klaps auf den Hintern und ich verließ das Amtszimmer. Als hätte er mir links und rechts eine Ohrfeige gegeben, so empfand ich.

Für meine um acht und zehn Jahre älteren Schwestern war ich als Baby die Ersatzpuppe, die die russischen Soldaten für ihre Familien mitgehen hatten lassen. Als Schülerin die Vorzeigeschwester und Vorzugsschülerin, bis zum Teenageralter. Plötzlich sahen sie in mir ein Hindernis, eine Konkurrentin. Ihre Chancen auf dem Heiratsmarkt wurden durch den Ruf, den ich und meine Mutter hatten, geschmälert, vermeintliche Chancen zunichtegemacht.

Das einzige Foto, das mein Vater hinterließ, zerriss meine älteste Schwester in Tausend Stücke, so kam es mir vor. Ich hatte es heimlich immer angeschaut, die hochdekorierte Uniform sehe ich heute noch vor mir. Das Gesicht

Abb. 2: Inge Schnabl, geborene Mittl, kam im Juli 1946 auf die Welt. Anfang der 1950er-Jahre hatte sie erfahren, dass der sowjetische Offizier, Michail Loginov, ihr Vater war. Das einzige Foto wurde von ihrer ältesten Schwester zerrissen. Quelle: Sammlung Stelzl-Marx, Bestand Schnabl

aber war wie ausgelöscht. Wenn ich meinen zweiten Sohn betrachte, sehe ich das Gesicht wieder.

Ich wurde selbstbewusster, als ich als Jugendliche das Schicksal meiner Mutter und der ganzen Familie selber analysierte. Vom Zweiten Weltkrieg lernten wir selbst in der Mittelschule nicht viel, es gab keine aufklärenden Lektionen. Der Zugang zu den Medien war beschränkt. Ein Studium konnte meine Mutter nicht finanzieren, allein das Wohnen in der Stadt war zu kostspielig. Stipendien und sonstige Vorteile waren den Kindern der Lehrer und sonstigen Beamten vorbehalten.

Meine Mutter emigrierte mit 52 Jahren nach Kanada. Sie musste eine hohe Hypothek abbezahlen, die auf der Landwirtschaft lastete. Sie hatte versucht, die Arbeit mit Maschinen für sie und die Kinder zu erleichtern. Es misslang.

Als niemand von der Familie mehr im Dorf war, fühlten sich die Bewohner bestätigt: „Wir haben ja gesagt, die passen nicht zu uns."

1987 kehrte meine Mutter zurück. Sie lebte noch zehn Jahre in ihrem burgenländischen Dorf. Ich begleitete sie im Alter, so gut es ging. Als sie starb, war ich das Einzige der Kinder, das dabei war. Auf dem Friedhof kondolierte man mir und ich hörte, wie jemand in der bekannten Lautstärke aus der Kindheit sagte: „Das ist sie, die hatte sie von einem Russen."

Ist denn der verschollene Vater die schmerzlichen Erfahrungen und Erinnerungen wert? Auch das frage ich mich manchmal. Ich weiß aber, mein Herz schlägt zum guten Teil russisch, meine Gefühle, mein Gemüt.

Das passt aber gut zur Sehnsucht nach meinem burgenländischen Dorf, das ich sehr liebe. Ich habe dafür immer gekämpft. Vielleicht habe ich meine Mutter rehabilitiert, wenn ich auch nicht weiß, wovon.

Eleonore Dupuis

Die lange Suche nach meinem russischen Vater

Damals ...

Es war an einem der frühen Sommertage 1945 in St. Pölten, als zwei russische Soldaten am Zaun des Schrebergartens meiner Mutter erschienen und um Wasser oder Obst baten. Sie waren beide recht freundlich, meine damals achtjährige Schwester hatte jedenfalls keine Angst vor ihnen. Am nächsten Tag kam einer von ihnen wieder und brachte Brot mit. Das war damals eine sehr begehrte Mangelware. Er sprach auch ein wenig Deutsch und bot meiner Mutter Hilfe bei den schwereren Arbeiten im Garten an. Immer wieder brachte er Lebensmittel, so gut er konnte. Meine Schwester kam dann – wie so viele andere unterernährte Kinder im Sommer 1945 – auf Erholung. Wahrscheinlich bin ich in dieser Zeit entstanden.[1]

Mein Vater hatte von den letzten Kriegstagen her eine Schusswunde am Unterschenkel, die zuerst harmloser aussah, als sie wirklich war, aber durch schlechte oder gar keine Behandlung nicht zuheilen wollte und schließlich eitrig bzw. „brandig" wurde. Es ergab sich plötzlich eine gefährliche Situation, sodass man diesen Soldaten rasch in ein Lazarett abtransportieren musste. Er kam noch, um sich von meiner Mutter zu verabschieden, und sagte, dass im schlimmsten Fall sogar das Bein amputiert werden müsse. Wo man ihn hingebracht hat, hat sie nie erfahren. Sie hat auch nie wieder etwas von ihm gehört.

Es kann sein, dass dies nur ein Vorwand war, weil er plötzlich fort musste. Es kann sein, dass er an dieser Verschlimmerung seiner Verwundung gestorben ist. Es kann aber auch sein, dass er nach Russland zurücktransportiert wurde – und auch da gibt es mehrere Möglichkeiten für sein weiteres Schicksal. Es ist nicht wahrscheinlich, dass er von meiner inzwischen begonnenen Existenz etwas wusste.

Erst als ich neun Jahre alt und die Besatzung im Jahr 1955 abgezogen war, sagte mir meine Mutter die Wahrheit über meine Herkunft. Bis dahin hatte ich nicht die leiseste Ahnung.

---

[1] Eine ausführliche Schilderung des Lebensweges und der Suche nach dem Vater findet sich in: Eleonore Dupuis, Befreiungskind. Wien 2015.

Abb. 1: Eleonore Dupuis, geborene Novy, im Alter von zwei Jahren. Als sie am 20. April 1946 geboren wurde, bestand schon lange kein Kontakt mehr zu ihrem Vater. Quelle: Sammlung Stelzl-Marx, Bestand Dupuis

Alles, was mir meine Mutter über ihn sagen konnte, war sein Vorname Michail. Den Familiennamen wusste sie nur mehr ungefähr, da sie ihn nicht aufgeschrieben hatte: Groman, Grosman, Chroman, Kroman, Krochman oder Ähnliches.

Er sagte ihr, dass er aus Tver' (damals Kalinin) sei. Er war sechs Jahre jünger als meine Mutter. Also war er im Jahre 1945 etwa 30 Jahre alt, da meine Mutter, geboren am 22. Dezember 1908, im Sommer 1945 im 37. Lebensjahr war. Ich nehme daher an, dass er Jahrgang 1915 (eventuell auch 1914 oder 1916) war.

Einige Verwandte sagten mir später, mein Vater sei ein russischer Offizier gewesen, aber sicher bin ich nicht, da meine Mutter das nie erwähnte.

Das wirklich Heldenhafte an meiner Mutter war, dass sie niemals an eine Unterbrechung der Schwangerschaft gedacht hatte, obwohl sie es sicher nicht leicht hatte. Sie hatte schon meine Schwester praktisch allein aufgezogen, da ihr Vater kurz nach ihrer Geburt bei einem Verkehrsunfall ums Leben gekommen war.

Heute ...

Leider ist mir die Idee, meinen Vater zu suchen, erst sehr spät im Leben gekommen. Erst durch eine Sendung der BBC, in der von „Liberation children" – „Befreiungskindern" und deren erfolgreicher Suche nach ihren Vätern berichtet wurde. Das war 1996 und meine Mutter war bereits verstorben. So konnte ich ihr auch keine Fragen mehr stellen. Ich lebte damals in Frankreich. Ein Jahr später übersiedelte ich nach Österreich. Durch die Übersiedlung, Arbeitssuche und als Alleinerzieherin von drei Kindern verging wieder wertvolle Zeit, bevor die Suche begann.

Und sie begann sehr zögerlich. Wohin soll man sich wenden? Es dauerte lange, bis ich die richtige Stelle, nämlich das Ludwig Boltzmann-Institut für

Abb. 2: Eleonores Mutter, Stefanie Novy, 1946. Im Sommer 1945 lernte sie den sowjetischen Besatzungssoldaten Michail in St. Pölten kennen. Erst mit der Unterzeichnung des Staatsvertrages und dem Abzug der Truppen 1955 sollte sie Eleonore die Wahrheit über ihre Herkunft sagen. Quelle: Sammlung Stelzl-Marx, Bestand Dupuis

Kriegsfolgen-Forschung, ausfindig machen konnte, und von dort die ersten Anstöße zu einer gezielten Suche bekam. Nach und nach lernte ich auf Konferenzen und dann bei meinen Russlandbesuchen kompetente Leute kennen, die sich sehr für mich einsetzten. Zusammen schrieben wir Archive an und alle amtlichen Stellen, die infrage kamen. Es erschienen Artikel in russischen Zeitungen und ich wurde zur TV-Sendung „Ždi menja" („Warte auf mich") eingeladen. Jedem Hinweis ging ich nach, aber der Richtige konnte dennoch nicht ausfindig gemacht werden.

Ich fing an, die russische Sprache zu lernen und fuhr ab 2002 beinahe jedes Jahr nach Russland. In Tver' fand ich liebenswürdige Menschen, die meine Freunde und Helfer wurden.

Auch in Moskau wurde mein Bekanntenkreis immer größer. Mehr und mehr hilfsbereite Menschen kamen dazu – Historiker, Militärangehörige, Mitarbeiter von Archiven, Kriegsveteranen, Journalisten, Privatleute. Zusammen versuchten wir alles, was nur möglich war, aber immer wieder bekam ich negative Antworten.

Ich schaffte es sogar ins Russische Zentralarchiv des Verteidigungsministeriums. Über Vermittlung eines Bekannten aus Moskau wurde ich zu einem Gespräch mit dem Direktor und anschließendem Besuch des riesigen Areals eingeladen: 32 Gebäude auf einem parkähnlichen Gelände verteilt und dennoch platzt es aus allen Nähten. Dort traf ich eine sympathische Mitarbeiterin, die mir später behilflich sein sollte.

Manchmal glaube ich, ich bin am Ende der Möglichkeiten und doch tun sich immer wieder Wege auf, die ich versuchen kann. Freilich ist das nur durchführbar mit der aktiven Unterstützung meiner Freunde und Helfer, mit denen ich ständig in Kontakt bin.

Moskaureise im April 2013

Einer davon war mein Bekannter aus Moskau Valerij Vartanov. Er kam zu Ostern 2013 auf Besuch nach Wien und brachte mir zwei Fotos von einem „möglichen Vater" mit. Er gab mir nur ein paar kurze Angaben dazu. Auf meine Fragen antwortete er knapp oder gar nicht. Mich ärgerte das insgeheim, denn ich war ja die Betroffene, und warum durfte ich nicht alles wissen?

Sofort war mir aufgefallen: Diese Fotos hatte ich schon gesehen! Ich war mir sogar sicher, Valerij selbst hatte sie mir vor langer Zeit per E-Mail gesandt. Doch er verneinte: „Das gibt es nicht." Drei Tage suchte ich wie verrückt, um genau diese Fotos in meinem Computer zu finden. Leider hatte ich sie nicht ordentlich eingereiht und musste deshalb alles durchsuchen. Schließlich fand ich sie. Valerij hatte sie mir bereits im Oktober 2009 geschickt.

Damals hatte mir Valerij folgende Information gegeben: der Mann heißt Pronman Ismail Markovič, geboren 1910, keine Angaben über eine Verwundung. Er war in Österreich, aber nicht in St. Pölten gewesen. Da dachte ich, er kommt nicht wirklich infrage.

Nun aber meinte Valerij, dass er doch mein Vater sein könnte, trotz so mancher Details, die nicht mit der Erzählung meiner Mutter übereinstimmten. Er habe inzwischen seinen Sohn kontaktiert. Dieser sei leider völlig abweisend und wolle nichts von dieser Sache wissen. Dessen Sohn hingegen, also den Enkel von Pronman, interessierte die Geschichte. Valerij hielt eine DNA-Analyse für möglich und nahm gleich Haare von mir mit. Ich schlug vor, den Enkel bei meinem nächsten Moskaubesuch zu treffen. Denn eine Einladung zu den Dreharbeiten über meine Suche hatte ich schon. Doch da lehnte Valerij vehement ab, es sei noch zu früh, ich dürfe nichts unternehmen, deshalb gebe er mir auch so wenig Auskunft. Die Annäherung könne noch lange dauern, sagte er.

Wie man sich vorstellen kann, war ich ziemlich enttäuscht. Also hatte man diesen Mann schon 2009 in Betracht gezogen und erst jetzt, fast vier Jahre später, kommt er wieder infrage? Warum hat man eine so lange Zeit verstreichen lassen? Ich verstand es nicht.

In diesen Tagen war ich fast krank vor Unruhe, konnte nachts nur schlecht schlafen. Kein Wunder! Diese Geschichte ging mir ständig im Kopf herum und ich versuchte zu begreifen. Mir kam vor, als ob alle etwas wüssten, nur ich nicht! Dabei bemühte ich mich, kühl zu denken, vernünftig zu sein: Natürlich könnte es wieder ein Griff ins Leere sein, wie schon so oft. Aber wenigstens versuchen muss man es, und das möglichst schnell!

Das hatte ich vor. Meine Hände waren aber gebunden. Zu diesem Zeitpunkt hatte ich keine Ahnung, was auf mich zukommen sollte, und dass das Filmprojekt von Natal'ja Spiridonova und Valerij Vartanovs Geheimnistuerei im Endeffekt zusammenhingen.

Vom 22. bis zum 28. April 2013 war ich also in Moskau. Die Woche war für mich voller Überraschungen. Bereits am Flughafen wurde ich mit Scheinwerferlicht empfangen. Kein Zweifel, das galt mir! Ich musste die Filmleute nicht erst suchen. Die anderen Passagiere werden gerätselt haben: Wer ist diese Unbekannte? Nur nicht in die Scheinwerfer schauen! Möglichst natürlich tun und mit Sergeij, Natal'jas Sohn, plaudern.

Dann folgte ein Interview in Natal'jas Wohnung. Am Ende des Interviews verkündete sie mir: „Morgen fahren wir ins Genetik-Zentrum, dort treffen wir Ihren Neffen (‚plemjannik', sagte sie) und machen einen DNA-Test!" Ich war völlig verwirrt. Wer ist der „plemjannik"? Mein Neffe? Ich brauchte einige Zeit, bis ich verstand, wer damit gemeint ist: Der Enkel von Pronman!

Am nächsten Tag fanden wir uns vor dem Institut für Genetik ein, Pronmans Enkel, Aleksandr, kam mir mit einem Lächeln entgegen, das war ein gutes Zeichen. Ich fand ihn sehr sympathisch, er war mit einer Engelsgeduld bereit, zu kooperieren. Haare wurden schließlich keine benötigt, die Speichelprobe ist sicherer.

Ich hoffte natürlich sehr auf ein gutes Ende! Ich wünschte es mir so sehr! Doch solange wir kein Resultat der DNA-Analyse hatten, nützte es sowieso nichts. Ich dachte: Wenn das wirklich wahr werden sollte, dann ist es die verwunderlichste Geschichte, die mir je passiert ist. Doch das Märchen sollte nicht wahr werden. Schon bald darauf bekam ich die traurige Nachricht, dass wir nicht verwandt sind. Das schriftliche Resultat wurde uns beiden dann im Juni, bei meiner nächsten Russlandreise, ausgehändigt.

Es war ein wunderschöner, heißer Sommertag. Valerij Vartanov lud uns alle auf seine Dača. Er überreichte uns die schriftliche Auswertung unseres Gentests: negativ. Eindeutig negativ. Es war niederschmetternd. Obwohl ich mir nichts erwarten durfte, hatte ich doch tief im Inneren starke Hoffnungen gehegt. Wir beide, mein Wunschneffe und ich, bedauerten aufrichtig, dass wir allem Anschein nach nicht miteinander verwandt sind. Man kann sich leider die Verwandten nicht aussuchen. Allerdings hoffe ich, dass wir auch weiterhin freundschaftliche Beziehungen pflegen werden.

Die Suche geht noch immer weiter. Doch mit den wenigen Angaben über meinen Vater ist es leider unendlich schwer, nach ihm zu suchen. Trotzdem verliere ich nicht die Hoffnung, und vor allem: Solange noch irgendein Hoffnungsschimmer besteht, gebe ich nicht auf.

Maria Silberstein

Eine Erfolgsstory

Als ich im Oktober 2011 die ORF-Sendung „Thema" mit den vier Beiträgen von Besatzungskindern sah, fasste ich sofort den Entschluss, Eleonore Dupuis, die wie ich einen russischen Vater hat, zu kontaktieren. Als sie meine Geschichte hörte, sagte sie spontan: „Da muss etwas unternommen werden. In diesem Fall muss es gelingen, die Familie zu finden!" Hatte ich doch den vollen Namen meines Vaters, Petr Nikolaevič Tamarovskij, sein Geburtsjahr und zwei Fotos, auf denen man drei Medaillen sieht. Außerdem wusste meine Mutter von einem Bruder von Petr, namens Nikolaj, der in Deutschland stationiert gewesen war. Weitere Details waren bekannt. Trotzdem war meine Vatersuche bis dahin nicht erfolgreich gewesen. Eleonore aber meinte, die Aussichten stünden gut.

Im Russischen Zentralarchiv des Verteidigungsministeriums war jedoch nichts zu finden. Unerklärlich, da mein Vater ja offensichtlich ausgezeich-

Abb. 1: Johanna Scheu aus Neckenmarkt im Burgenland war erst 17 Jahre alt, als sie Petr Tamarovskij kennenlernte. Er war die erste und große Liebe ihres Lebens. Ein Jahr später, am 15. Mai 1947, kam Maria auf die Welt. Der Besatzungssoldat war bereits zuvor abgezogen worden, nachdem seine Vorgesetzten von der Schwangerschaft erfahren hatten. Die Mutter heiratete bald darauf einen 23 Jahre älteren Österreicher, der sehr gut zu Maria war. Das Foto zeigt Johanna Scheu mit Maria und deren kleineren Bruder Franz 1956. Quelle: Sammlung Stelzl-Marx, Bestand Silberstein

Abb. 2: Eleonore Dupuis (v. l. n. r.), die gleichfalls aus einer Beziehung einer Österreicherin mit einem sowjetischen Besatzungssoldaten entstammt, half Maria Silberstein bei ihrer Suche nach dem Vater. Am Roten Platz in Moskau im Juli 2012. Quelle: Sammlung Stelzl-Marx, Bestand Silberstein

net worden war. Gleichzeitig schrieben wir an eine Zeitung. Doch von allen Seiten kamen nur negative Antworten. Nirgends eine Spur von den Tamarovskijs. Wir rätselten: Wie konnte das sein?

Als Nächstes versuchten wir es mit der russischen Suchsendung „Ždi menja" („Warte auf mich"). Ende März 2012 wurde mein Aufruf ausgestrahlt. Aber niemand meldete sich.

Schließlich kam meine Geschichte samt Foto des Vaters im Mai 2012 auch noch in die Charkover Zeitung. Wieder keine Reaktion. Sonderbar! War es möglich, dass niemand diesen Mann kannte?

Ich war ziemlich enttäuscht und wollte schon die Hoffnung aufgeben. Da plötzlich bekam ich Mitte Juni einen Anruf von Elena Rogatkina, Redakteurin von „Ždi menja", ich solle nach Moskau kommen. Weiters wurde nichts verraten. Große Aufregung natürlich bei uns allen! Eleonore begleitete uns.

Wir – das heißt Eleonore, mein Mann, meine Tochter, meine Enkeltochter und ich – kamen am 10. Juli 2012 spätabends in Moskau an. Dann die Aufnahmen beim russischen Fernsehsender: Es war wirklich ein großartiges Ereignis. Lange Zeit saßen wir im Backstage-Bereich. Endlich wurden bei uns allen die Mikrofone befestigt und wir nahmen auf der Bühne Platz. Als Nächstes wurde ein Interview mit einem Jurij aus Rostov am Don gezeigt, der sich auf einen Aufruf hin gemeldet hatte. Vorerst verstanden wir in diesem Tumult und vor lauter Aufregung jedoch nicht einmal, wer er war oder worum es ging. Doch dann wurde es klar: Er war mein Bruder! Schließlich kamen Jurij und seine Frau ins Studio der Sendung und umarmten mich und meine Familie. Jurij war 50 Jahre alt, und der Einzige noch Lebende aus der Familie. Unser Vater ist 2005 gestorben.

Bei unserem ersten Zusammentreffen auf der TV-Bühne haben wir alle geweint. Die erste Umarmung war rührend und bei mir war ein Gefühl da, als ob ich meinen Bruder schon immer gekannt hätte. Er war mir von Anfang an vertraut. Den ganzen nächsten Tag verbrachten wir zusammen. Wir suchten Ähnlichkeiten zwischen uns beiden und fanden sie auch. Da ich meiner Mutter überhaupt nicht ähnlich sehe, habe ich natürlich sehr viel von meinem Vater geerbt. Jurij gleicht auch dem Vater – darum die geschwisterliche Ähnlichkeit. Charakterlich haben wir ebenfalls sehr viel gemeinsam.

Heute muss ich sagen, es war sehr wichtig und gut für mich, dass ich meine Wurzeln gefunden habe. Ich hatte zu meiner Mutter immer ein gespanntes Verhältnis gehabt. Meine Mutter war immer sehr hart und keine besonders liebevolle Mutter gewesen. Heute weiß ich, sie hatte es in ihrem Leben sehr schwer gehabt und nicht anders gekonnt. Mein unbekannter Vater hingegen hatte für mich einen Glorienschein gehabt.

Heute kann ich alles viel besser einschätzen und habe zu meiner Mutter ein dankbares und liebevolles Verhältnis bekommen. Wir beide freuen uns darüber, wir haben viel darüber gesprochen und sind sehr froh, dass alles so gekommen ist.

Reinhard Heninger

Ein Russenkind erzählt

Es ist für mich natürlich nicht einfach, mich lückenlos an meine früheste Kindheit zu erinnern, aber einige Episoden haben sich so sehr im Gedächtnis festgesetzt, dass sie noch heute abgerufen werden können. So erinnere ich mich beispielsweise noch daran, als meine Mutter 1950 einen fremden Mann ins Haus mitbrachte und diesen sogar heiratete. Oder auch daran, dass meine Familie Heninger hieß, ich aber im Kindergarten den Namen Dangl – den Mädchennamen meiner Mutter – trug. Auch ist mir noch in Erinnerung, dass es mir unerklärlich war, weshalb meine (Halb-)Schwester bei den Eltern schlafen durfte, ich aber bei der Oma schlafen musste. Ein weiterer noch verbliebener Eindruck sind die Besuche einer fremden Frau, einer Fürsorgerin, die sich für alles Mögliche rund um meine Person interessierte. Ich durfte praktisch keinen Kontakt zu anderen Kindern in der Nachbarschaft pflegen, sondern lebte immer etwas abgeschirmt. Heute weiß ich, dass mich meine Mutter vor einem etwaigen Zugriff der russischen Besatzung schützen wollte, die angeblich Abkömmlinge ihrer Soldaten in ihre Heimat mitnahm.

1953 erhielt ich durch Namensänderung den Namen Heninger. Nachdem ich nun Schulkind war und mit der Straßenbahn nach Ybbs zur Schule fahren musste, erweiterte sich mein Bekanntenkreis. Allmählich drangen immer öfter Ausdrücke wie „Russenbankert", „Sauruss" oder „Hurenkind" zu mir durch. Wenn ich dann meiner Mutter oder Oma davon berichtete, versuchten diese, mich mit dem Hinweis „Belanglosigkeit" zu beruhigen.

Im Zuge des Schulwechsels ins Gymnasium in Amstetten mussten auch die persönlichen Dokumente für die Anmeldung vorbereitet werden. Alle meine Dokumente waren neu auszustellen, weil, wie ich später erfuhr, mein Stiefvater sämtliche Spuren meines Schicksals beseitigt hatte. Bei der Neuausstellung meiner Geburtsurkunde wurde ich zum ersten Mal stutzig: Auf meiner Geburtsurkunde stand kein Vater! Ja, ist denn der Mann meiner Mutter nicht mein Vater?

Ärgste Zweifel stiegen in mir auf, jedoch fehlte der Mut, Mama diesbezüglich zu fragen. Tagein, tagaus quälte mich die Unsicherheit, wer wohl mein Vater sei: einer der Nachbarn, der Mann von Mutters Freundin oder gar ein Fremder? Immer mehr wuchs in mir die Überzeugung, dass der Mann meiner Mutter nicht mein Vater sein kann. Gegenüber meiner (Halb-)Schwester wurde ich stets seitens des Vaters benachteiligt. Ich war schuld, wenn etwas

Abb. 1: Reinhard Heninger (im Bild vorne) mit Schulkameraden der zweiten Klasse Volksschule in Ybbs an der Donau. Quelle: Sammlung Stelzl-Marx, Bestand Heninger

kaputtging oder wenn etwas fehlte, und ich musste die Folgen ertragen: Bestrafungen für kleinste Vergehen mit Ohrfeigen, knien, ausgesperrtwerden und Ähnliches waren nahezu an der Tagesordnung. Oft nur aus einer Laune heraus, weil der Vater wieder einmal betrunken nach Hause kam, hatte ich tätliche Übergriffe zu erleiden. Einmal wollte er sogar eine gefundene Pistole an mir ausprobieren, sodass Mama und ich versteckt hinter dem Zaun des Nachbarn die halbe Nacht verbrachten, bis der Gewalttäter eingeschlafen war. So wurde die emotionale Kluft zwischen meinem Stiefvater und mir tiefer und breiter, was das Nebeneinanderleben stark beeinträchtigte.

Mit dem Eintritt ins Gymnasium wurde mir plötzlich seitens der Fürsorge eine Patin aus Schweden vermittelt, die einen Teil der zusätzlichen finanziellen Belastung (Schulgeld, Fahrgeld oder Kosten für Bücher) übernahm. Nachdem sich die Ungewissheit und das Nichtgeborgenfühlen weiter verstärkten, wandte ich mich mit etwa zwölf Jahren an die Freundin meiner Mutter, ob sie mir helfen könne, mit diesen Zweifeln aufzuräumen. Sie versprach mir, mit Mama zu sprechen, damit endlich die von mir so sehnlichst gewünschte Klarheit geschaffen werde. Meine Mutter sah sich nicht in der Lage, mit mir persönlich ein klärendes Gespräch zu führen. Sie nahm Kontakt mit meiner Frau Klassenvorstand auf, die mich dann zusammen mit unserem Religionslehrer mit der Wahrheit meiner Herkunft konfrontierte. Nun war bestätigt, was ich schon immer gefühlt hatte: Der Mann an Mamas Seite ist nicht mein Vater,

Abb. 2: *Reinhard Heninger mit seiner Mutter, seinem Stiefvater und seiner Halbschwester. Zur Zeit der Aufnahme dieses Fotos wusste er noch nicht, dass sein Vater ein sowjetischer Besatzungssoldat war. Quelle: Sammlung Stelzl-Marx, Bestand Heninger*

sondern mein Vater ist ein sowjetischer Befreiungssoldat, den der Krieg bis zu uns nach Neusarling gespült hatte.

Nach der erfolgten Aufklärung durch meinen Klassenvorstand folgte ich ihrem Rat, mich mit Mama unter vier Augen zu unterhalten. Nun trat zutage, was sich in meiner Mutter die ganzen Jahre hindurch aufgestaut hatte, die Anfeindungen aus dem Verwandten- und Bekanntenkreis („Russenhure"), die immer noch große Sehnsucht nach dem geliebten sowjetischen Soldaten und die mir widerfahrenen Abneigungen, ja, um nicht zu sagen, Anfeindungen. Nach vielen Tränen und wenigen Worten riet mir Mama, mich mit ihrer Freundin zu treffen, die für mich einige Erinnerungsfotos aufbewahrt habe. Und tatsächlich, diese Freundin hatte einige Fotos von meinem Vater über die Zeit hinweg gerettet, die sie mir schließlich aushändigte und mir dabei das Versprechen abnahm, mit dem Stiefvater nie darüber zu sprechen.

Nun erfuhr ich auch, wie sich die Wege meines Vaters und meiner Mutter gekreuzt hatten: Eine Abordnung der sowjetischen Kommandantur war in unmittelbarer Nähe meines Elternhauses einquartiert. So liefen sich die beiden zwangsweise des Öfteren über den Weg, wenn meine Mutter zur Arbeit in die Schneiderei radelte. Eines Tages kam mein Vater zu ihr mit dem Ersuchen, ihm auf der Uniform einen Knopf anzunähen. Nachdem dann immer öfter ein Knopf locker wurde, kamen sich die beiden näher und verliebten sich Hals über Kopf ineinander. Leider wurde der Vater nach etwa einem halben Jahr mit dem vorläufigen Ziel Wiener Neustadt aus Neusarling abkommandiert. Dort hatte die Mutter noch einmal die Möglichkeit, ihn zu besuchen. Aber eines Tages musste er mit der Truppe zu einem unbestimmten Ziel weiter. Nur einmal noch bekam Mutter einen Brief aus Estland von ihrem Geliebten, dann war die Verbindung abgerissen. Er wusste zwar, dass seine Freundin schwanger war, doch die Geburt, also meine Geburt, konnte er nicht mehr in Österreich erleben. Er erfuhr nichts von mir. Er wird diesen Umstand bestimmt auch verschwiegen haben, denn angeblich sei es nicht ratsam gewesen, wenn es an die Ohren seiner Oberen gedrungen wäre, dass er Vaterfreuden in Österreich entgegenblickte. So verliert sich seine Spur Ende 1946/Anfang 1947.

Natürlich versuchte Mutter immer wieder, mehr über den Verbleib meines Vaters zu erfahren. Sie wandte sich an die vom Vater angegebene Adresse, an das Jugendamt, die niederösterreichische Landesregierung, die österreichische Botschaft in Moskau und das Rote Kreuz. Aber alle Briefe wurden mit dem Vermerk „Retour inconnu" beziehungsweise mit der Aussage „somit ist die weitere Forschung nach dem Vater Ihres Kindes aussichtslos" lapidar beantwortet.

Was diese – ich möchte sagen – „Offenbarung" in mir auslöste, ist schwer wiederzugeben. Einerseits erfüllte mich eine unbändige Freude über die nunmehr erlangte Gewissheit meiner Herkunft, andererseits fühlte ich mich nun als etwas Besonderes, nicht der Norm Entsprechendes und keinesfalls mehr als etwas Minderwertiges, Unwichtiges, bis hin zum Objekt von Beschimpfungen und tätlichen Übergriffen.

Aber es fand noch eine Veränderung in mir statt: An die Stelle der Zweifel über meine Abstammung trat jetzt das grenzenlose Verlangen danach, mehr über meinen „echten" Vater, diesen imponierenden russischen Soldaten, diese erste Liebe meiner Mutter zu erfahren. Mit großen Ohren lauschte ich den sporadischen Erzählungen meines Stiefvaters und anderer Kriegsteilnehmer, wenn sie etwas von ihren Erinnerungen aus dem Russlandfeldzug preisgaben. Und das alles, ohne ein Wort darüber verlieren zu dürfen, dass ich über meine wahre Herkunft genau Bescheid wusste.

Zu der immer stärker anwachsenden Ablehnung gegenüber meinem Stiefvater gesellten sich nun auch leichte Hassgefühle. Es hätte ja ein deutscher Soldat meinen Vater in einer der Schlachten treffen und töten können! Unvorstellbar! Zwar bedeutet das Wort Krieg fraglos ungeheuer Schreckliches, aber bis dahin war es für mich einfach nur ein Wort gewesen, das eigentlich nur die ältere Generation betraf. Nun aber nahm dieses Wort in meiner Vorstellung immer mehr Gestalt an, die mich diese Grässlichkeiten noch mehr verabscheuen ließ.

Als ich 14 Jahre alt war, wollte mein Stiefvater, dass ich die Schule nun beende, und meldete mich im Stahlwerk Ybbs als Hilfsarbeiter an. Nur mit größter Mühe konnten Oma, Mama und ich diesen Schritt abwenden, denn ich wollte unbedingt eine höhere Schulbildung genießen. Das führte dazu, dass ich von da an während der Sommer- beziehungsweise Weihnachtsferien selbst mein Geld für Kleidung, Schulartikel und Ähnliches verdienen musste. So arbeitete ich einmal als Enteiser im Kraftwerk Ybbs, als Zuckerbäckerhelfer, als Fliesenleger, als Holzarbeiter, als Eisengießer, als Bauarbeiter und dank meiner genossenen Ausbildung fast jedes Wochenende als „Wirtshausmusikant".

Die Sehnsucht, meine echten Wurzeln zu finden, kennenzulernen und den Vater in die Arme zu schließen, verfolgte mich ab dem Zeitpunkt, als ich über meine wahre „Entstehungsgeschichte" Bescheid wusste. Oft und oft nahm ich in einem unbeobachteten Augenblick eines der Fotos zur Hand und führte mit meinem Vater ein imaginäres Zwiegespräch. Jetzt wusste ich auch, dass es nicht nur ein Liebesverhältnis Kind – Mutter, sondern auch eines Kind – Vater gibt, was mir bisher versagt geblieben war. Und diesen Jemand zu finden, setzte ich mir zum Ziel. Ich begann nun auch, selbst Briefe an verschiedene Stellen und Ämter zu schreiben, von denen ich mir Hilfe erwartete. Meinen Vater zu finden, blieb aber nur ein frommer Wunsch. Erwartete Unterstützung wurde mir keine zuteil.

Allmählich fand ich mich mit dem Gedanken ab, meinen Vater eben nicht kennenlernen zu können. Der „Eiserne Vorhang" zog eine zu scharfe Trennlinie zwischen mir und dem Mann meiner geheimen Sehnsüchte. Bis, ... Ja, bis ...!

Im Jahre 2007 sollte mit 60 Jahren mein aktives Arbeitsleben als Volksschuldirektor in Neumarkt an der Ybbs in den angeblich verdienten Ruhestand münden. Nun war auch schon der „Eiserne Vorhang" gefallen, und die Kriegsarchive in Ost und West öffneten sich langsam. In dieser Zeit stieß ich auf einen Artikel in einer Tageszeitung, der sich genau mit meinem Problem der Vatersuche beschäftigte. Ich wandte mich unverzüglich an die angeführte Adresse, das Ludwig Boltzmann-Institut für Kriegsfolgen-Forschung mit der Historikerin Dr. Barbara Stelzl-Marx. Und so brachte ich einen Stein ins Rollen, von dessen Existenz ich nie vorher zu träumen gewagt hätte. Barbara Stelzl-Marx stellte für mich die Verbindung zum ORF her, der sich im Rahmen der Sendung „Am Schauplatz" meines Problems annahm. Nun wurde ein Suchfilm angefertigt, in dem meine Mutter unter anderem auch gefragt wurde: „Wie lange haben Sie noch auf Ihren Michael gewartet?" Und Mutter antwortete: „Sechzig Jahre!"

Dieser Suchfilm wurde dem russischen Fernsehen nach Moskau übermittelt, zur Sendung „Ždi menja" – „Warte auf mich", die sich im Besonderen

Abb. 3: 2007 fand Reinhard Heninger (1. v. l.) mithilfe der russischen TV-Sendung „Ždi menja" seine Halbgeschwister (2. und 5. v. l.) in Russland. Vor laufender Kamera erfolgte eine erste persönliche Begegnung. Quelle: Sammlung Stelzl-Marx, Bestand Heninger

mit der Suche nach verschollenen russischen Bürgern beschäftigt. Nach der erfolgten Ausstrahlung lud mich das russische Fernsehen nach Moskau in das Fernsehstudio ein. Unglaublich, aber tatsächlich hielt der Moderator ein Foto von meinem Vater in den Händen, und zwar dasselbe, das auch ich zu Hause von meiner Mutter bekommen hatte. Vater hatte sich in Österreich fotografieren lassen und ein Foto nach Hause zu seiner Schwester geschickt und eines eben meiner Mutter geschenkt. Im Weiteren wurde mir im Rahmen dieser Sendung eröffnet, dass zwar mein Vater bereits 1980 verstorben sei, mich aber zwei russische Geschwister auf der Bühne erwarteten. Das war eine Aussage, die mich wie ein Blitz traf, und in mir, ich möchte einmal sagen, ein emotionales Freudenchaos auslöste. Nach einer zweitägigen Kennenlernphase trennten sich unsere Wege vorübergehend und alle reisten wieder heim. Zuvor musste ich meinem soeben gefundenen Bruder jedoch versprechen, im neuen Jahr zu ihm nach Krasnodar' zu kommen, wo wir drei Geschwister uns treffen würden.

Im Winter des folgenden Jahres reiste ich mit meiner Gattin, meinen beiden Töchtern und dem ORF-Team nach Krasnodar. Dort besuchten wir gemeinsam das Haus, das Vater erbaut hatte, sein Elternhaus, in dem noch seine Schwester lebte, eine Sowchose, wo eine zweite noch lebende Schwester wohnte, und schließlich auch Vaters Grabstätte, wo ich eine Kranzschleife mit der Aufschrift „Endlich gefunden" an der Umzäunung anbrachte. Beim Grab erzählte mein Bruder, dass er von unserem Vater in Kenntnis gesetzt worden sei: „Du hast noch ein Geschwister in Österreich. Nimm damit Verbindung auf, denn mir war es aus Rücksicht auf euch nicht möglich." Die Schwester entrüstete sich, warum er ihr nie von diesem Auftrag erzählt habe, worauf mein Bruder antwortete: „Mir hat es der Vater anvertraut!" Im Weiteren erzählte der Bruder, dass er wohl einmal einen Brief nach Österreich geschrieben habe, aber dabei in Ermangelung einer genaueren Anschrift leider nicht erfolgreich gewesen war.

Selbstverständlich lud ich den Bruder auch nach Österreich ein, er kam tatsächlich. Es war ein großer Augenblick, als er auf den Spuren seines Vaters in Österreich wandeln durfte. Viele bestätigten uns, dass wir verwandt sein müssten, denn eine Reihe von charakteristischen Bewegungsabläufen und Körperhaltungen seien an uns haargenau gleich.

Im Jahr darauf besuchten wir meine Schwester in Kaliningrad. Auch sie war sehr bemüht, uns den Aufenthalt so nett wie möglich zu gestalten.

Ich besuche nun Russischkurse und übe mich im Schreiben von Briefen an meine Geschwister und die übrigen Verwandten im weiten Russland. Dass immer wieder überaus nette Antworten zurückkommen, lässt mich hoffen, dass mein Russisch doch einigermaßen verständlich ist.

Heute bin ich glücklich darüber und dankbar, dass mir so viele helfende Hände bei meiner langen, aber letztendlich erfolgreichen Suche zur Seite standen. Ich bin stolz darauf, etwas von der großräumig-melancholischen russischen Seele in mir zu tragen. Und wenn ich in einer Mußestunde auf meinem Akkordeon improvisiere, dann ertappe ich mich immer öfter dabei, dass ich in die russisch angehauchte Moll-Welt abgleite. Welch ein wunderbares Gefühl!

Michael-Alexander Lauter

Auf der Suche

November 2011

Ein Familienbild, mit meinen Großeltern. Ich halte es in der Hand. So jedenfalls komme ich mir vor, als ich die E-Mail meiner Schwester öffne und mir die digitalen Bilder betrachte. Meine Großeltern väterlicherseits. Erstmals, mit 64 Jahren, blicke ich in ihre Gesichter. Großvater mit dem typischen schmalen Gesicht, welches sich sehr dominant vererbt. Gepflegter Vollbart, tiefliegende Augen, abstehende Ohren, Glatze mit Haarrändern. Ein Patriarch? Eher energisch und entschlossen wirkend. Würdevoll. Seine Hand zur Faust geballt. Der Bart verdeckt seine Gesichtszüge. Großmutter. Ein großer runder Kopf, runzlige Stirn, gütige Augen. Sie laden mich ein, komm her. Vertrautheit. Obwohl wir uns nie begegnet sind. Nicht begegnen konnten. Meine Großeltern waren Juden, lebten in Kiew. Sie überlebten das Massaker von Babyn Jar 1941 nicht. Babyn Jar, die Schlucht bei Kiew, war eine der großen Tragödien des Holocaust.

21. Februar 1953

Ich bin sechs Jahre alt. Es ist ein trüber Tag. Regenschwere Wolken ziehen am Himmel. Der Wind pfeift über Pretzsch. Ich bin warm angezogen und werde abgeholt, von Mama. Es soll nach Hause gehen. „Was ist das: nach Hause?", frage ich meine Mama. „Du Dummerchen, dort, wo wir wohnen." Aber woher sollte ich wissen, wo wir wohnen?

Seit ich mich erinnern kann, lebte ich sehr selten, nur ausnahmsweise mit meiner Mama unter einem Dach. Mama lebte allein. Mit uns drei Kindern, Heinz-Dieter, der älteste, Wolf-Dieter, der mittlere und ich, der jüngste. In Johanngeorgenstadt arbeitete sie seit November 1949 im Uranbergbau in der Wismut. Die Arbeit war hart und schwer. Die Frauen lebten in Baracken, mehrere in einem Zimmer. Mitnehmen durfte sie uns nicht dorthin. Es gab keine Kindereinrichtungen für Frauen, die in Schichten arbeiteten. Sie musste also sehen, wo sie ihre Kinder unterbringen konnte. Der Große kam zu seinem Vater nach Berlin, der Mittlere in ein Kinderheim nach Bitterfeld. Und ich, der jüngste?

Abb. 1: Michael-Alexander Lauter, damals noch mit Familiennamen Ujma, im Alter von etwa zwei Jahren. Quelle: Sammlung Lauter

Mich brachte sie in Bitterfeld unter, bei einer Bekannten, die sie kennengelernt hatte, als sie nach Bombenangriffen auf Berlin evakuiert worden war. Das ging eine Weile gut, bis sich die beiden Frauen zerstritten. Ich musste also woanders hin. Mutter gelang es, obwohl nur Schulkinder dort lebten, mich im selben Kinderheim unterzubringen, in dem auch mein Bruder Wolf war. Aus für mich heute unerklärlichen Gründen mussten wir beide das Kinderheim wechseln und wir kamen Ende Mai 1952 in ein schönes Schloss an der Elbe, nach Pretzsch.

Aber zu Hause war das alles nicht. Mama erklärt mir, dass wir in einem eigenen Haus wohnen, mit Garten. Und ich bekäme ein eigenes Zimmer zusammen mit Wolf. Warum darf Wolf nicht gleich mitkommen? Es gehe noch nicht, er müsse sein Schuljahr noch in Pretzsch beenden. Auch wohnen noch fremde Leute mit im Haus, aber nicht mehr lange. Was für fremde Leute? Umsiedler, die noch keine eigene Wohnung hätten. Deshalb müsse ich noch auf einem Flur schlafen. Während des Gesprächs laufe ich an der Hand von Mama. Wir gehen die gepflasterte Allee entlang, auf der linken Seite, am Straßenrand. Die Apfelbäume sind kahl. Hinter einer Kurve erkenne ich Onkel Kurt mit einem Motorrad. Ich rufe ihn. Mutti berichtigt mich: „Das ist doch der Vati." „Aber das ist doch Onkel Kurt", erwiderte ich. „Nein, das ist dein Vati." Nun verstehe ich gar nichts mehr. Wie kann aus Onkel Kurt „Vati" werden? Was ist das überhaupt: „Vati"? Das klingt so fremd, fern. Ich will viel lieber Onkel Kurt sagen. Das ist mir vertraut. Den kenne ich. Aber Vati? Ich bin verstört, will mich am liebsten hinter Mama verstecken. Aber es gibt kein Entrinnen. Ich muss ihm die Hand geben. Vati habe ich an diesem Tag nicht zu ihm gesagt. Das kam erst später. Aber die Motorradfahrt genieße ich. Ich werde warm verpackt. Onkel Kurt vorn, hinter mir Mama. Mit großem Geknatter geht es nach Hause. Und ich brauchte nicht zu reden. Und alles kam mir so sonderbar vor.

Mama

Abb. 2: Die Mutter, 1946. Quelle: Sammlung Lauter

Mama wurde am 18. August 1914 in Katowice als Helene Ujma geboren. Sie kannte ihren Vater kaum. Mit Beginn des Ersten Weltkrieges wurde er eingezogen. Ihr Vater fiel in den letzten Kriegstagen. Ihr blieben nur die Erinnerung an die stopplige Haut, den Tabakgeruch und das freundliche Lächeln. Sie war das dritte überlebende Kind meiner Oma. Sie sollte noch einen kleinen Bruder bekommen.

Nach dem Ersten Weltkrieg verließ meine Großmutter, nunmehr erneut verheiratet, Katowice und übersiedelte nach Duisburg-Hamborn. Dabei versäumte sie, für ihre Kinder die deutsche Staatsangehörigkeit zu beantragen. Sie dachte, es gehe automatisch. Für ihre Söhne war das unproblematisch. Aber Mama war auf einmal keine Deutsche mehr, sondern Polin. Sie durfte deshalb nicht heiraten. In letzter Minute gelang es doch noch. Am 1. September 1939 gab es Sonderbestimmungen. Sie konnte sich mit Alfred Zeller trauen lassen und erhielt damit die deutsche Staatsbürgerschaft.

Juli/August 1962

Ich bin mittlerweile 15 Jahre alt. Mama liegt mit Onkel Kurt in Scheidung. Die Ehe ist zerrüttet. Ich werde in den Konflikt hineingezogen. Leide darunter. Rebelliere. Alles überfordert mich. Ich habe Schwierigkeiten in der Schule. Bis ich ins Kinderheim nach Dorfhain komme. Mama hat Tbc, muss in eine Heilstätte nach Schmeckwitz. In den großen Ferien fahre ich zu Bekannten von Onkel Kurt nach Lübbenau. Ich freue mich auf die Abwechslung. Es sind schöne Ferien, ich genieße alle Freiheiten. So nutze ich ein Fahrrad, um die Gegend zu erkunden, besonders das Kraftwerk hat es mir angetan. Aber ich nehme mir auch mehr heraus, als mir zusteht. Es kommt zu Vorwürfen und Streit. Dann fällt der Satz: „Denk ja nicht, dass du der bist, der du bist." Und wieder kommt mir die Verwandlung von Onkel Kurt in Vati in den Sinn. Mir wird bewusst: Auf meiner Herkunft lastet ein Geheimnis.

Immer wieder versuche ich zu ergründen, was es für ein Geheimnis war. Keine Chance. Meine Mutter wiegelt immer wieder ab, wenn ich bezweifle, dass Onkel Kurt mein Vater sei. Was ich nur hätte, selbstverständlich sei das mein Vati. Und zeigte mir die Geburtsurkunde. Das Thema war zu Ende. Meine Brüder: Schweigen. Verwandte: Schweigen. Onkel Kurt selbst habe ich nie gefragt.

Frühjahr 1943

Mamas Wohnung in Berlin wurde während der Luftangriffe Januar bis März 1943 von einer Brandbombe getroffen. Man evakuierte sie mit meinen Brüdern Dieter und Wolf nach Ostpreußen. Sie fuhren mit einem Zug bis Lötzen (Giżycko) und von dort in eine Außenstelle eines Rittergutes in unmittelbarer Nähe.

Gleich in ihrer Nachbarschaft war eine Unterkunft für französische Kriegsgefangene. Mit einem von ihnen entwickelte sich mehr als eine Freundschaft. Um zu kontrollieren, ob niemand geflohen ist, mussten sich alle Gefangenen abends auf ihren Zimmern versammeln. Dazu klingelten die Wachleute, aber gleichzeitig klingelte es auch immer in der Wohnung meiner Mama. Ein glücklicher Umstand für eine Liaison.

Geschichten über diese französischen Kriegsgefangenen, ohne die Liaison direkt zu erwähnen, erzählte sie mir immer wieder und ich konnte sie auch nicht oft genug hören. Ich glaubte darin den Schlüssel des Geheimnisses zu finden. Ich träumte mich als Franzosenkind. Und wenn ich konnte, kleidete ich mich auch so. Seitdem liebte ich Baskenmützen und sobald ich eine bekam, trug ich sie. Aber mich quälte das Problem: Wenn mein Vater ein Franzose ist, wie sollte ich ihn jemals kennenlernen? Könnte ich ihm überhaupt schreiben? Es war doch Kalter Krieg und Frankreich Feindesland. Ich ließ es dabei beruhen. Es war ja zwecklos.

1964

Wir sitzen gemütlich in unserer hellen, freundlichen Wohnküche am Tisch. Ich hatte nichts vor. Wir kommen ins Erzählen. Mama grub ihre alten Geschichten aus. Ich höre ihr gerne zu, obwohl es immer die gleichen sind. Und ich frage gerne nach. Auf einmal drängt aus mir heraus: „Sag mal, Mutti, der Holzmüller ist doch nicht mein Vater. Du hast so viel von den Franzosen aus Ostpreußen erzählt, ich bin doch bestimmt ein kleiner Franzose." Ein verschmitztes, verlegenes Lächeln: „Wie kommst du denn darauf?" Ich erzähle ihr meine Überlegungen, wie es hätte gewesen sein können. „Nein, so war es nicht." Sie steht auf, geht in die gute Stube, kommt nach kurzer Zeit zurück. Sie hat einen Umschlag in der Hand. Nimmt ein Bild heraus: „Das ist dein

Vater." Ich sehe einen Mann in der Uniform der Roten Armee. Mama beginnt zu erzählen. Sie habe ihn kennengelernt, nachdem die Amis aus Bitterfeld abgezogen seien. Er habe gut Deutsch gekonnt. Sie hätten sich öfters getroffen. Er habe sie sehr geliebt und sich ein Kind gewünscht. Seine Ehe sei kinderlos geblieben. Er habe bereits in Scheidung gelebt. Er sei Jude, wisse, dass es mich gebe, habe mich aber nie gesehen. Ich will immer mehr wissen. Und sie erzählt und erzählt und ich höre zu, frage sorgsam nach. War ich enttäuscht, dass mein Vater kein Franzose, sondern russischer Jude war? Nein. Die Wahrheit zu erfahren, war für mich in diesem Moment das Allerwichtigste. Zur Gewissheit zu gelangen. All die Hinweise, Nuancen, die sich im Laufe der Zeit angehäuft hatten, die gezeigt hatten, dass mit meiner Geburt etwas nicht stimmte, nicht stimmen konnte, wurden jetzt zur Gewissheit. Und einen Vorzug hatte die Wahrheit. Vielleicht gelingt es mir, meinen Vater zu finden. Im Freundesland muss das doch möglich sein.

Ich frage sie: „Warum hast du mir nicht früher davon erzählt?" Und sie erzählt über ihre Angst, mir könne etwas zustoßen, wenn die Leute wüssten, dass mein Vater Jude sei, ich wisse ja, was bei den Nazis passiert sei. Und es könne ja mal wieder anders kommen. Und sie wollte verhindern, dass ich wegen meiner Herkunft Nachteile in der Gesellschaft haben könnte. Und sie erzählt, wie sie die Spur verwischt habe. Wie die Heirat mit Holzmüller davon abhing, dass er die Vaterschaft anerkenne und er es aus Liebe auch getan habe. Wie sich die ganze Verwandtschaft geeinigt habe, nichts, aber auch gar nichts anderes zu erzählen, als dass ich sein Sohn sei. Und die Geburtsurkunde habe sie sich neu ausstellen lassen, jetzt mit dem Vermerk „ehelich" und dem Familiennamen „Holzmüller".

Und noch eine Frage stelle ich: „Hast du ihn jemals wiedergesehen, hast du versucht, mit ihm in Kontakt zu kommen?" Nein, wiedergesehen habe sie ihn nicht. Sie habe jahrelang auf Post von ihm gewartet, aber nie welche erhalten. Nicht die kleinste Notiz, auch keine Informationen von anderen aus der Sowjetarmee. Ja, sie selbst habe noch einmal versucht, Kontakt aufzunehmen. Aber sie habe ihm nicht aus Deutschland schreiben wollen, sie habe Angst gehabt, der Brief würde abgefangen und die Wahrheit könnte ans Licht kommen. Als sie mit Holzmüller von Nordkorea zurückgefahren sei, habe sich die Gelegenheit ergeben. Sie habe einen Brief geschrieben, ihn im Koffer versteckt und ihn in Moskau in den Briefkasten stecken wollen. Jedoch habe Holzmüller den Brief entdeckt, sei wütend geworden und habe ihn zerrissen. Weitere Versuche habe sie dann nicht mehr unternommen.

Eine Frage habe ich nicht gestellt und sie bleibt bis heute unbeantwortet: „Wie habt ihr euch das weitere gemeinsame Leben vorgestellt?"

Wir sind müde geworden und gehen zu Bett. Ich liege noch lange wach.

Würde die Wahrheit über mich mein Leben verändern? Und wie kann ich Papa finden? Darüber schlief ich ein.

12. Juli 1947

Es ist ein mäßig warmer Sommertag, es riecht nach Gewitter. Mama ist in ihrer Wohnung. Das Laufen fällt ihr schwer. Hochschwanger. Meine Geburt kündigt sich an.

Die sowjetische Kommandantur sah es nicht gerne, wenn Offiziere ein Verhältnis mit einer deutschen Frau hatten. Meine Mama hatte zwei Kinder durch den Krieg gebracht, war geschieden. Papa war noch verheiratet. Heiraten hätten sie auch nicht dürfen. Es war verboten. Die Kommandantur wusste sicherlich davon, dass meine Mama schwanger war. Und reagierte, wie so oft in diesen Fällen, mit der Rückführung ihrer Soldaten.

Nachts: Motorgeräusch und Stimmen auf der Straße. Sie hört ihren Namen rufen. Sie öffnet das Fenster. Papa steht auf der Straße. Es bleibt nur die Zeit für die Mitteilung: Er müsse zurück in die Sowjetunion. Sie wollten in Kontakt bleiben. Keine Umarmung, kein Abschiedskuss. Der Jeep fährt davon. Stille. Für lange Zeit.

1964, die nächsten Tage

Der Gedanke ließ mich nicht mehr los: Wie kann ich Papa finden? In dem Umschlag befand sich noch ein Stück Papier. Auf dem war sorgfältig in kyrillischen Buchstaben aufgeschrieben: „Mojssej Solomonovič Temkin, geboren am 21. Februar 1903 in Kiew, Staršij lejtnant", also Oberleutnant. Dann noch seine Adresse in Leningrad und die Einheit, in der er gedient hatte. Leider ist dieser Zettel verloren gegangen. Ich berate mich mit Mama. Wie kann ich seine aktuelle Adresse erfahren?

Zunächst schreibe ich ans Deutsche Rote Kreuz in Berlin. Nach längerer Wartezeit erhalte ich Antwort. Sie können mir nicht helfen. Sie seien nur zuständig für deutsche Vermisste. Große Enttäuschung. Was weiter tun? Ich war im Jugendverband der DDR, der Freien Deutschen Jugend, aktiv und las damals die „Junge Welt". Ich dachte mir, vielleicht können die mir weiterhelfen. Also schreibe ich an die Redaktion und bitte um Hilfe. Schweigen. Wenigstens antworten hätten sie können. Noch einmal nachhaken? Das war mir zu blöd. Dann lieber an die große Tageszeitung wenden. Ich schreibe also ans „Neue Deutschland", das Zentralorgan der SED. Auch von dort erhalte ich keine Antwort. Sollte es wirklich keine Möglichkeit geben? Sollte ich es dabei beruhen lassen? Nein, das wollte ich nicht. Also schreibe ich an die

"Pravda", das Zentralorgan der KPdSU. Auch hier keine Antwort. Und immer wieder dieses Warten, in den Briefkasten schauen, ob denn Antwort da sei. Also doch keine Chance, wenn die nicht helfen können oder wollen, wer kann es dann? Verzweifelt und schon ohne große Hoffnung schreibe ich dann an die "Komsomolskaja Pravda", die Zeitung des sowjetischen Jugendverbandes. Dann eines Tages. Die Antwort. Sie können mir nicht direkt helfen, aber sie hätten meinen Brief weitergegeben an das Sowjetische Rote Kreuz. Und dann passierte wieder lange Zeit nichts.

21. April 1968

Ich komme von Leipzig nach Hause. Nach dem Abitur 1966 studiere ich dort an der Landwirtschaftlichen Fakultät der Karl-Marx-Universität.

Mama legt einen Brief vom Deutschen Roten Kreuz auf den Küchentisch. Ich wundere mich. Wieso von denen? Die hatten sich doch für nicht zuständig erklärt? Trotzdem bin ich aufgeregt, öffne den Brief. Sie hatten ihn gefunden: "Vom Roten Kreuz der Sowjetunion wurden wir gebeten, Ihnen auf Ihre direkt nach dorthin gerichtete Suchanfrage mitzuteilen, daß Ihr Vater ..." Ich bin aufgewühlt. Ich hatte jetzt die Adresse und stand vor einer schwierigen Entscheidung. Sollte ich den Kontakt wagen oder alles auf sich beruhen lassen? Immerhin hatte er sich mehr als zwanzig Jahre lang nicht um sein Kind in Deutschland gekümmert. Aber das Glück überwog. Was aber schreiben? Wie soll ich ihn anreden? Und wenn es ein Missverständnis, eine Verwechselung ist und er gar nicht mein Vater sein sollte? So wurde der erste Brief ein sehr vorsichtiger, als würde ich an einen Unbekannten schreiben. Vom Gefühl her spüre ich: Ja, er ist es. Aber ich will Gewissheit. Mitte Mai kommt die Antwort. Er ist es, ohne jeden Zweifel.

Ende 1967

Papa erhält eine Vorladung von einer Leningrader Behörde. Ohne Angabe, worum es ging. Was wollen die wieder von mir? Die Rente kann es nicht betreffen. Das ist eine andere Behörde. Verunsicherung. Er geht hin. Zwei Personen im aufgeräumten Zimmer. Eine dünne Mappe auf dem Schreibtisch. Vor dem Schreibtisch ein Stuhl. Er wird gebeten, Platz zu nehmen. Einer nimmt sich die Mappe, schaut hinein, als würde er sich erst einmal mit dem Vorgang befassen. Er blickt ihn streng an: "Haben Sie einen Sohn in Deutschland?" Papa ist überrumpelt. Die Vergangenheit taucht vor ihm auf. Zunächst schweigt er. Er muss nachdenken. Die Konsequenzen abwägen. Viel Zeit bleibt nicht. Bisher weiß seine Familie nichts von mir. Bisher wusste er nicht einmal, dass ich ein Junge bin. Und er ist Jude. Juden waren nicht sehr beliebt in der Sowjetunion. Und er hatte damals gegen Vorschriften verstoßen. Würde er nach Sibirien kommen, wenn er Ja sagt? Und was würde passieren, wenn er Nein sagt? Er richtet sich in seinem Stuhl auf, sieht dem Fragenden ins Gesicht: „Ja, ich habe ein Kind in Deutschland." Ob er einverstanden sei, dass mir seine Adresse übermittelt werden solle. Natürlich wollte er.

Zurück zu seiner Familie. Er hatte nach seiner Rückkehr aus Deutschland wieder geheiratet und zwei Töchter bekommen. Erstmals erzählt er zu Hause von meiner Existenz. Auch dass er Deutsch könne (seine Bücher aus Deutschland hatte er aber immer aufbewahrt – nicht im Bücherregal, sondern in einer Kiste). Die Familie war überrascht. Bestärkt ihn, dass es richtig war, den Kontakt mit mir zu suchen. Vorwürfe gab es nicht. Über die Zeit während des Krieges und danach wurde nicht viel gesprochen. Ein Tabuthema. Meine beiden Schwestern sind stolz, sie haben einen großen Bruder.

Es entwickelte sich ein Briefwechsel. Neben dem Austausch wichtiger Lebensdaten und Befindlichkeiten, wobei Letzteres eine geringere Rolle spielte, wollten wir unbedingt und so schnell wie möglich ein Zusammentreffen. Das gestaltete sich schwieriger und langwieriger, als ich zunächst erwartet hatte. Von Papa, der deutsch schrieb, aber auch bekannte, dass er seit 1947 nicht mehr deutsch gesprochen oder geschrieben hatte, benötigte ich eine Einladung. Die musste aber von einer Behörde ausgestellt werden. Dabei wurde geprüft, ob die betreffende Familie auch sozial in der Lage war, Besuch zu empfangen. Also ob die „Verhältnisse" stimmen, die Wohnung in Ordnung war usw. Erst Anfang Oktober erhalte ich die Einladung. Aber in diesem Jahr wurde es dann doch nicht mehr. Ich hatte inzwischen geheiratet und bald kam auch unser erster Sohn André.

Alles zieht sich bis zum Frühjahr 1969 hin. Ich fahre mit dem Zug nach Leningrad und komme nach anderthalb Tagen auf dem Bahnhof Vitebsk an. Es herrscht Tauwetter, aber es liegt noch Schnee. Auf dem nicht überdachten Bahnsteig sehe ich von Weitem schon Papa. Das konnte nur er sein. Als wir uns anschauen, ist es, als würde ich in mein eigenes Gesicht sehen.

Ich werde sehr warmherzig von allen empfangen und bleibe vierzehn Tage zu Besuch. Es werden wunderbare Tage, mit vielen Gesprächen und natürlich auch Besuchen der Sehenswürdigkeiten von Leningrad. Ich liebe von Beginn an meine Schwestern. Lena, die Ältere, ist sehr klein und zierlich, wir können uns nur russisch unterhalten. Aber mein Russisch war leider schlecht. Inna, die Jüngere, schloss ich besonders ins Herz. Es ist, als würden wir uns schon immer kennen.

Wenn es die Zeit zuließ, lese ich aus dem deutschen Bücherschatz von Papa. Heine, vor allem Feuchtwanger und dann bekomme ich auch noch

Hitlers „Mein Kampf" in die Hände. Nachdem ich es gelesen hatte, war ich erschüttert. Solle mir ein Deutscher noch einmal sagen, er habe von alledem nichts gewusst.

Als ich zurückfuhr, hatte ich ein neues Stück Leben gefunden. Wir wollten uns unbedingt sehr schnell in der DDR wieder treffen. Aber auch hier stand die Bürokratie dagegen. Zunächst wollte Papa mit Inna kommen. Dann konnte Papa nicht. Er bekam keinen Reisepass. Dann wollte Inna alleine kommen. Wir hatten alle Unterlagen zusammen, dann sagte die sowjetische Behörde ab. Sie sei zu jung. So bin ich mit meiner Frau und meinem Sohn 1972 noch einmal zu Besuch in Leningrad gewesen, bevor es dann in Oktober 1974 mit dem Besuch meines Vaters bei uns klappte.

1974

Dieser Besuch stand unter keinem guten Stern. Mehrfach musste er verschoben werden. Meinen Urlaub hatte ich bereits für den ersten Termin verbraucht. Ihn zu verlegen, ging nicht. Weiteren bekam ich nicht. Dann kommt Papa, aber ich muss arbeiten, meine Frau auch. Wir können ihm viele Wünsche nicht erfüllen, sodass er alleine durch die DDR reist. Er will die Stätten besuchen, die er während der Besatzung kennengelernt hatte: Zeitz, Weißenfels, Merseburg, Bitterfeld, Weimar, Jena und natürlich nach Berlin zu meiner Mama. Vieles, was mich brennend interessiert, konnte nicht besprochen werden. Ich kann seine Gefühle nicht miterleben und so schwer verstehen. Ich kenne nicht die Stätten, wo er früher war. Sein ganzer Aufenthalt von 1945 bis 1947 bleibt mir verschlossen. Dafür hatte er eine Einkaufsliste mit. Die haben wir selbstverständlich abgearbeitet. Aber ich war enttäuscht. Ich hatte mir diese Begegnung anders vorgestellt. Dabei traf ihn keine Schuld.

Die Begegnung mit meiner Mama verlief alles andere als harmonisch, aber das weiß ich nur aus ihrem Mund. Papa verlor darüber kaum ein Wort. Als er abfuhr, war mein Verhältnis zu ihm sehr unterkühlt. Aber ich sprach nicht mit ihm darüber. Wir schreiben uns noch eine Weile, ohne dass ich über meine Gefühle schreiben konnte. Letztlich beantwortete ich seine Briefe nicht mehr ...

September 2014

Alles ist vorbereitet. Mit meiner Frau will ich nach Israel zu meiner Schwester Inna fahren. Es ist der dritte Anlauf, uns wiederzusehen. Wird es diesmal? Es ist wieder Krieg. Ich habe Angst. Und bin traurig. Ist dies die letzte Chance?

Oktober 2014

Wir können fliegen. Nach 45 Jahren sehe ich meine Schwester wieder. In einem mir zunächst sehr fremden Land. Sprache, Gewohnheiten, Geografie, alles neu und ungewohnt. Es dauert, sich zurechtzufinden.

Nicht so bei meiner Schwester. Wir lernen ihre Familie kennen, ihre Mama, ihren Mann und ihren erwachsenen Sohn. Unsere Familie ist größer geworden ...

Amerikanische Besatzungskinder und -enkel

Ute Baur-Timmerbrink

„Das solltest du nie erfahren"

Verschwiegene Eltern

„Wer hat dir das gesagt? Ich könnte diese Person ...! Das solltest du nie erfahren!" Das war die Antwort auf meine Frage, ob es stimme, dass mein Vater ein Amerikaner sei. Ich sollte über meine Herkunft im Unklaren gelassen werden. Die Beteiligten hatten diese Entscheidung kurz nach meiner Geburt getroffen und haben sich bis zu ihrem Tod an sie gehalten. Als ich 1998 die Wahrheit zufällig erfahre, gibt es nur noch eine Mitwisserin, die mir mehr über meine Herkunft erzählen könnte. Doch sie hält sich bis heute an ihr Versprechen und schweigt.[1]

Meine frühesten Erfahrungen sind: Ich bin nicht erwünscht, mit mir stimmt etwas nicht. In meinem Zuhause, als Einzelkind in einer gutbürgerlichen Familie, schien alles komplizierter als in anderen Familien, die ich kannte. Verstanden habe ich es nicht.

An meinem 52. Geburtstag, 1998, sprach ich mit einer Freundin über meine frühen Kindheitserlebnisse. Unsere Mütter, damals beide schon über 20 Jahre tot, waren von Jugend an befreundet gewesen. Zum ersten Mal traute ich mich zu fragen: Ist es möglich, dass mein Vater nicht mein richtiger Vater war? Weißt du etwas darüber? Zögernd antwortete sie mit JA. Ihre Mutter habe ihr vor langer Zeit, als wir noch Kinder waren, erzählt: Utes richtiger Vater war ein amerikanischer Soldat in Österreich. Sie habe damals versprechen müssen, niemals darüber zu sprechen. Jetzt wollte sie mich nicht belügen: „Du hast mich bis heute nie gefragt, alle haben die Wahrheit mit ins Grab genommen, ich kann das nicht", sagte sie mit tränenerstickter Stimme.

Danach suchte ich weinend nach Fotos aus dieser Zeit. Es gibt nur fünf Babyfotos und zwei von meiner Mutter. Auf einem Bild steht sie vor einem

---

1 Eine ausführlichere Fassung dieses Beitrages findet sich in: Ute Baur-Timmerbrink, Wir Besatzungskinder. Töchter und Söhne alliierter Soldaten erzählen. Berlin 2015.

Abb. 1: Ute Baur-Timmerbrink, geboren im November 1946 in Oberösterreich, im Alter von zwei Jahren in Bochum.
Quelle: Sammlung Baur-Timmerbrink

schwarzen Mercedes und trägt offensichtlich Militärhose und -pullover. Auf dem anderen Bild sieht sie sehr elegant aus. Auf der Rückseite ihre Handschrift: September 1945, Gmunden. Diese Details fallen mir zum ersten Mal auf. Wochenlang bin ich unfähig, einen klaren Gedanken zu fassen. Tag und Nacht quälte ich mich: Warum haben mich meine Eltern im Glauben gelassen, ich sei ihr gemeinsames Kind? In meine Trauer mischt sich langsam so etwas wie Erleichterung. Jahrelang hatte ich gedacht, ich tue meinen toten Eltern Unrecht, weil ich sie verdächtigte, mir etwas vorzuenthalten. Jetzt musste ich mich nicht mehr für meine Verdächtigungen schämen, mein Gefühl hatte mich nicht getäuscht, es war wahr.

Meine Mutter und jener Mann, von dem ich immer glaubte, er sei mein leiblicher Vater, heirateten 1936. Mein Stiefvater, den ich Zeit seines Lebens nie so genannt habe, war ab 1929 Berufssoldat in der deutschen Reichswehr. Nach dem „Anschluss" Österreichs 1938 lebten sie im neunten Bezirk in Wien. 1944 geriet mein Stiefvater in jugoslawische Kriegsgefangenschaft und meine Mutter flüchtete im Dezember 1944 aus Angst vor „den Russen" aus Wien. Im Sommer 1945 kam sie nach Attnang-Puchheim in Oberösterreich, sie konnte nicht zurück nach Wien. Im November 1946 wurde ich in Oberösterreich geboren; in meiner Geburtsurkunde ist der Ehemann meiner Mutter als Vater eingetragen. Im Herbst 1947 wurden wir aus Österreich ausgewiesen und übersiedelten nach Bochum in Nordrhein-Westfalen. Mein Stiefvater kam nach der Entlassung aus der Kriegsgefangenschaft Anfang 1948 nach.

Meine Kindheit war mit vielen Problemen der Eltern belastet. In den ersten drei Jahren wohnten wir in einem Barackenlager in Bochum. Es war während des Krieges ein Außenlager des KZs Buchenwald gewesen; das habe ich erst 2012 erfahren. Die Zustände dort waren bedrückend, ich erinnere mich nicht gern daran. Zwischen meinen Eltern gab es oft Streit, und eine Frage meines

Abb. 2: Ab 1955 verbrachte Ute Baur-Timmerbrink ihre Sommerferien in Attnang-Puchheim, der bis heute ihre gefühlte Heimat ist. Eine Freundin ihrer Mutter (rechts im Bild) und ihre Mutter (links im Bild). Quelle: Sammlung Baur-Timmerbrink

Stiefvaters, die ich nicht verstand, prägte sich mir ein: „Und was hast du damals in Österreich gemacht?" Ich grübelte nach der Bedeutung: Was hatte meine Mutter in Österreich gemacht? Die Familie väterlicherseits, Großeltern, Tanten, Onkel und deren Kinder, alle hielten Distanz zu meiner Mutter und zu mir.

Meine Mutter schwärmte von Oberösterreich, es sei die schönste Zeit ihres Lebens gewesen. Angeblich hatte sie für die Amerikaner gearbeitet, aber Genaueres erzählte sie nie. Durch die Amerikaner habe es ihr an nichts gefehlt, sie habe eine Wohnung und viele Freunde gehabt. 1955 fuhren meine Eltern in den Sommerferien zum ersten Mal mit mir nach Oberösterreich. Ich lernte unter anderem auch eine Freundin meiner Mutter aus der Zeit in Attnang-Puchheim kennen. Ich erfahre, dass sie meine beiden Vornamen ausgesucht hatte, mein zweiter Vorname ist der ihre. Ich liebte und bewunderte sie spontan. Sie war 15 Jahre jünger als meine Mutter und so schön, sie wurde meine Lieblingstante. Bis 1965 verlebte ich alle Sommerferien in meinem Geburtsort in Oberösterreich. Und er ist für mich bis heute meine gefühlte Heimat.

Nach Schule und Berufsausbildung zog ich 1967 nach Stuttgart, heiratete und bekam zwei Söhne. Seit 1996 wohne ich in Berlin. Meine Eltern starben 1974 beziehungsweise 1982. Beide haben nie mit mir über meine wahre Herkunft gesprochen.

Nach dem Telefongespräch mit meiner Bochumer Freundin wusste ich, dass nur ein Mensch mir helfen kann, meinen Vater zu finden, meine Tante in Oberösterreich. Sie nahm Anteil an meinem Leben, an meinen Kindern, freute sich über unsere regelmäßigen Besuche und machte uns großzügige Geschenke. Sie lebte allein, wir waren ihre Familie. Sie musste über meine Geburt und meinen Vater etwas wissen. Es lebte niemand mehr, den ich sonst hätte fragen können. Ich schrieb ihr einen Brief und erklärte ihr meine jahrelangen Zweifel, über die ich nie gesprochen hatte. Und dass ich die Wahrheit erfahren hatte. Ich bat sie um Hilfe bei der Suche nach meinem amerikanischen Vater.

Drei quälende Wochen lang wartete ich auf ihre Antwort. Ich hatte nicht den Mut, sie anzurufen. Dann endlich ihr Anruf. Aber am Apparat war nicht die liebevolle Person, die ich kannte. Ihre Stimme war verändert, ich spürte ihre Anspannung. Offenbar kostete es sie große Überwindung, mit mir zu sprechen. Sie bestätigte sofort: „Ja, es stimmt, dein Vater ist ein Amerikaner." Es folgte ein wütender Ausbruch über die Person, die mir das erzählt hatte. Auf mein drängendes Fragen nach dem Namen meines Vaters sagte sie schließlich spontan: „Er hieß Bill Knox, mehr weiß ich nicht."

Ich glaubte ihr nicht. Ich war mir sicher, sie müsse mehr wissen. Das Telefongespräch ließ mich erschüttert und enttäuscht zurück. Warum war sie so ablehnend, so ärgerlich, so ohne Mitgefühl für mich und meine Situation?

Mehr und mehr war ich entschlossen, meinen Vater zu suchen, wie das gelingen könnte, wusste ich nicht. Im Dezember 1998 besuchte ich Verwandte meines Stiefvaters in Bochum. Auch die kannten die Wahrheit über mich, wenn auch keine Details. Ich war ein Ami-Kind! Die Kälte, mit der mir das ins Gesicht geschleudert wurde, war kaum zu ertragen. Als Kind hatte ich gespürt, sie gingen anders mit mir um als mit den Cousinen und Cousins. Jetzt erst begriff ich, warum. Ich hatte in dieser Familie nie wirklich einen Platz gehabt.

Im Januar 1999 gab mir eine Stuttgarter Freundin die Telefonnummer eines US-Veteranen in Heidelberg. Er hatte großes Verständnis für meine Situation und sagte mir, ich müsse recherchieren, in welcher Division beziehungsweise Einheit der US-Armee Bill Knox 1945 in Österreich gewesen war. Vor allem müsste ich nach Zeitzeugen in Österreich suchen. Das Institut für Kriegsfolgen-Forschung in Graz gab mir die Empfehlung, mich an den Militärhistoriker Dr. Erwin Schmidl in Wien zu wenden. Er bot mir sofort seine Unterstützung an.

Im März 1999 plante ich eine Reise an meinen Geburtsort. Vorher hatte ich mich bei den zuständigen Gemeindeämtern nach Menschen erkundigt, die sich mit der Besatzungszeit vor Ort beschäftigten. Ich erhielt die Namen von zwei älteren Herren, die bereit waren, sich mit mir zu treffen. Die örtliche Tageszeitung hatte ich um einen Artikel über meine Suche gebeten. Eine Woche vor meinem Besuch erschien der Artikel: „Berlinerin sucht US GI".

Während meines Aufenthaltes erlebte ich eine unerwartet große Hilfsbereitschaft in den Gemeindeämtern und besonders von den Menschen, die ich befragte. Die meisten hatten den Zeitungsartikel gelesen und waren vorbereitet. In der Gemeinde Attnang-Puchheim wurde die Meldekartei meiner Mutter gefunden, und nun wusste ich, dass sie im August 1945 zugezogen war.

Eine alte Dame erinnerte sich besonders gut an meine Mutter und den amerikanischen Offizier mit dem schwarzen Mercedes. Sie hatte in unmittelbarer Nachbarschaft gewohnt und erzählte auch von der Freundin meiner Mutter, die sie namentlich nannte. Meine Tante. Die beiden Frauen hätten ein sehr enges Verhältnis zueinander gehabt. So erfuhr ich Tag für Tag mehr. Vieles schockierte mich, ich hatte ja eigentlich nur nach meinem Vater gesucht. Meine Tante hatte mich von meinem Besuch im Vorfeld abbringen wollen, mit der Begründung, dass niemand etwas wisse. Jeden Tag wurde ich von ihr eingeladen, um zu berichten, was ich herausgefunden hatte. Sie wurde zunehmend nervöser, weil sie viele der Menschen kannte, die mir bereitwillig erzählt hatten. Ich aber nannte den Zeitzeugen nie den Namen meiner Tante und ließ sie im Glauben, ich sei fremd. In den Gesprächen mit meiner Tante kam ich nicht weiter, sie hatte angeblich keinerlei Erinnerungen an diese Zeit, obwohl sie 1945 knapp 20 Jahre alt gewesen war: „Das sind längst vergangene Weisen, lass die alten Geschichten", versuchte sie mich zu überzeugen.

Nach meiner Rückkehr nach Berlin rief mich meine Tante an und sagte zu meiner Überraschung, sie wolle mir die Adresse eines Amerikaners geben. Ein alter Freund, der könne mir vielleicht helfen, Bill Knox zu finden. Sie habe ihn 1945 im Büro der Militärverwaltung kennengelernt. Dieser James G.[2] antwortete mir auf meinen Brief umgehend schriftlich. Sein Briefkopf war beeindruckend, er war der Inhaber einer großen Rechtsanwaltskanzlei in North Carolina. Er bestätigte mir, mit meiner Tante befreundet zu sein, teilte mir mit, wann und mit welcher Division er 1945 nach Österreich gekommen war, und nannte als seinen damaligen Standort Grieskirchen, etwas mehr als 30 Kilometer von Attnag-Puchheim entfernt. Dort oder in meiner Geburtsstadt sei er nicht gewesen. Meine Mutter und Bill Knox seien ihm nicht bekannt. Zuletzt wies er mich darauf hin, dass es unmöglich sei, in Amerika einen Vater zu finden. Ich solle aufhören, mich in private Familienangelegenheiten einzumischen.

Ich war enttäuscht. Der US-Veteran in Heidelberg vermutete, James G. sei mein Vater und wolle mit dem Brief verhindern, dass ich weiter suchte. Bill

---

2   Der Nachname ist der Autorin bekannt.

Abb. 3: Die Mutter 1945 vor dem schwarzen Mercedes des amerikanischen Offiziers in Attnang-Puchheim, mit dem sie eine – später verheimlichte – Liebesbeziehung hatte. Quelle: Sammlung Baur-Timmerbrink

Knox wurde nicht gefunden, obwohl inzwischen viele Menschen in den USA und in Österreich sich darum bemühten. Der amerikanische Botschafter in Berlin John Kornblum hatte sich durch die Fürsprache von Christine Rau, Ehefrau des damaligen Bundespräsidenten Johannes Rau, intensiv um die Suche nach Bill Knox bemüht, ohne Erfolg.

Anfang 2000 schrieb ich ein zweites Mal an James G. Es kamen die gleichen, gut überlegten Formulierungen zurück, die mir nicht weiterhalfen. Meine Tante betonte in unseren regelmäßigen Telefonaten immer wieder, wenn sie mich nach Neuigkeiten ausfragen wollte: „James sagt, du sollst das lassen. Du wirst die Wahrheit nie erfahren." Unser Verhältnis verschlechterte sich, ich vertraute ihr nicht mehr.

Im September 2000 entschloss ich mich, in Grieskirchen zu recherchieren, dort, wo James G. stationiert gewesen war. Ich entdeckte, dass Grieskirchen eine Außenstelle des Counter Intelligence Corps (CIC) Gmunden gewesen war. Der schwarze Mercedes auf dem Foto stammte aus dem dortigen Car-Pool. Ein älterer Herr aus Grieskirchen erzählte mir, die Offiziere des CIC seien häufig zu Gast im Haus seiner Eltern gewesen. Er versprach mir Fotos, die ich auch kurze Zeit später auf dem Postweg erhielt. Eines der Bilder veränderte alles: Es ist das Porträt eines jungen Offiziers mit einer Widmung auf der Rückseite: „Christmas 1945", von First Lieutenant[3] James G. Die Ähnlichkeit zu mir und meinem jüngeren Sohn ist unübersehbar. Ein Freund verglich mittels Overlay das Foto mit Fotos von mir und meinem Sohn, das Ergebnis ist eindeutig. Ich war sicher, James war mein Vater.

Während meiner Recherchen war ich auf die US-Armee-Zeitung „Stars and Stripes", aufmerksam geworden und auf einen Artikel dort über TRACE, heute GItrace. Mein erster Ansprechpartner war ein Anwalt aus Miami, der ehrenamtlich für TRACE arbeitete. Er glaubte nicht an einen Bill Knox und war überzeugt, wir müssen alles über James G. erfahren: „You can catch him, if you proof him." Dr. Niels Zussblatt vom National Personnel Records Center (NPRC) in St. Louis recherchierte erneut. Definitiv gab es keinen Bill Knox, aber relevante Daten über James G. Noch bevor ich nach North Carolina fliegen konnte, erfuhr ich Mitte September 2002, dass James nach langer Krankheit am 1. September 87-jährig gestorben war. In seinem Nachruf las ich, dass er zwei Mal verheiratet gewesen war, keine Kinder hatte und ein hochgeschätzter Anwalt gewesen war. Weiter, dass er in verschiedenen Hilfsorganisationen wie zum Beispiel Amnesty International engagiert und Mitglied der Baptisten Kirche North Carolina gewesen war.

Meine Tante wusste bereits von seinem Tod, als ich sie darüber informieren wollte. Unser einst so liebevolles Verhältnis ist durch die Suche nach meinem Vater zerstört. Wir haben keinen Kontakt mehr zueinander, obwohl sie allein lebt und alt ist, lehnt sie mich nun ab. Warum sie so handelt, bleibt bis heute unbeantwortet.

Ich helfe seit 2002 anderen Besatzungskindern im deutschsprachigen Raum, ihre Väter zu finden. Es hat im Laufe der Jahre annähernd 200 erfolgreiche Familienzusammenführungen gegeben. Aber es gibt auch mindestens ebenso oft Enttäuschungen: Entweder wurde der Vater aufgrund zu geringer Informationen nicht gefunden oder, noch tragischer für die Betroffenen, der gefundene Vater oder die Familie verweigern jeden Kontakt.

Im März 2015 erscheint mein Buch „Wir Besatzungskinder. Töchter und Söhne alliierter Soldaten erzählen" im Christoph Links Verlag in Berlin.[4] Darin berichte ich anhand von zwölf ausgesuchten Porträts über das schwierige Leben von Besatzungskindern nach dem Zweiten Weltkrieg in Deutschland und Österreich, deren weiteres Leben und die große Sehnsucht nach der Wahrheit bis heute. Meine eigene Geschichte ist ein Teil davon.

---

3   Der Rang eines First Lieutenant entspricht in etwa einem Oberleutnant.
4   Dieser Beitrag entspricht im Wesentlichen einem Kapitel aus Ute Baur-Timmerbrinks Buch Wir Besatzungskinder. Abdruck mit freundlicher Genehmigung des Ch. Links Verlages, Berlin.

Stefan Köglberger

Großvater, namenlos

Die Weise von Liebe und Tod des unbekannten schwarzen Mannes

Der Kuss auf die Wange der Mutter. Ihre schwarze Haut und der ölige Geschmack. Mit dem Versprechen wiederzukommen. Das Schnüren der geschenkten Stiefel, die nie mehr recht ausgezogen werden. Bloß für einzelne Nächte. Wenn es keine Geheimnisse mehr gibt und das Kämpfen vorüber ist. Der Duft nach Feldern. Ein letzter Blick in wogende Ähren. Und die Abwesenheit des Vaters, der seiner Arbeit nachgeht. Und dann der Schritt hinaus in die Welt, die ihm ihr Grauen entgegenbrüllen wird. Die so tut, als sei er in ihrem Irrsinn geboren. Seine dunklen Augen blitzen beim Abschied auf der Türschwelle auf. Vorahnung? Schmerz? Der Glaube an Ruhm?[1]

Viel zu jung ist der schwarze Mann und ohne Namen, als er den Atlantik quert. Ohne Namen bleibt er mir. Und das Alter seiner Tage ist ihm nicht bestimmt. Während der Überfahrt, noch kein Land unter den großgewachsenen Füßen, hat er schon vom Tod erfahren. Erzählungen. Gebete. Das Erwartungsgemäße lässt Furchtbares ahnen. Bei einigen wenigen Begeisterung. Begeistert vom Sterbenmüssen. Dann Festland, wo alle Leute bleich sind wie die weißen Fassaden der Bürgerhäuser am Hauptplatz inmitten der Kleinstadt, die er als Kind einmal besucht hat. Und das nicht erahnte Ausmaß der Angst, das macht, dass er seine Uniform beschmutzt. Pausenlos donnernde Geschosse, über deren Auftauchen selbst die Vögel erschrecken. Hochsteigen. Fortfliegen. Niemals landen, bis alles vorüber ist. Dreieinhalb Jahre fliegen sie. Seine Haut wie Ebenholz, und deshalb läuft er in der Nacht weite Strecken. Mit den Geheimnissen im Tornister, von denen ihm gesagt wird, dass von ihnen alles abhinge. Dein Leben. Unser Tod.

Seine Beine tragen ihn so schnell, dass ihm die anderen einen Namen geben. „Panther!", und er dreht seinen breiten Hals, weil er gerufen wird. Er

---

1 Alle hier beschriebenen Personen und Begebenheiten sind frei erfunden. Es gibt keinerlei Zeugnisse über meinen Großvater. Außer der Tatsache, dass es sich um einen schwarzen US-Amerikaner gehandelt haben muss, ist nichts über ihn bekannt. Meine Großmutter hat sämtliche Informationen zeit ihres Lebens verschwiegen.

*Abb. 1: Stefan Köglberger (2. v. l.) und sein Vater Helmut Köglberger (4. v. l.) sind für das Caritas-Projekt „Hope for Future" als Leiter der Fußballakademie „AcakoroFootball" in Nairobi aktiv.
Quelle: Sammlung Stelzl-Marx, Bestand Köglberger*

stellt die Blechschüssel auf die gefrorene Erde. Aus ihr dampft es in die sternklare Nacht, während er eilig seine Hosenbeine in die Stiefel stopft. Die Depesche in den Tornister. Lauf! Und dann läuft er durch eine fremde Nacht, in der keine Eulen zu sehen sind. Die meisten anderen Vögel hier kennt er nicht. Die beißende Kälte. Über Stock und über Stein. Unentdeckt sein. Die Geheimnisse in seinem Tornister bleiben ihm verborgen. Die Buchstaben seiner Sprache sagen ihm nichts. Aber er ist schnell und schwarz. Und die Gedanken an Zuhause werden erst geboren und leben auf und sind anzufassen beim Laufen durch dunkle Wälder. Die letzte Umarmung der Mutter. Ferner die kleine Schwester, die bunte Schleifen über alles liebt. Die breite Straße vor der Hütte. Und das Singen in den Nachbarshütten während der Dämmerung, wenn die Sonnenuntergänge endlos dauern. Das Abspülen des Geschirrs und das Waschen der Kleider unten am Fluss. Seine Beine sind breit wie Baumstämme. Sind sie schon als Kinderbeine gewesen.

Lauf! Lauf! Lauf, Panther! Und immer auf der Hut. Feinde überall. Feinde allüberall. Über Jahre so viele Feinde. Und die Feinde haben keine Namen. Haben gleich ihm keine Namen. Gefechte unter Ebenbürtigen.

Dann ein lauter Knall und das Umkippen, das Fallen des Körpers, wie ein Sack, als einziges Geräusch. Das Hinsinken gegen den einsamen Baum. Sich rot färbender Schnee und das Einstecken der Pistole. Ein letzter Blick ins Gesicht des bleichen Halbwüchsigen, das stumm vor ihm liegt. Seine angster-

füllte Miene. Seine Narbe am Kinn. Der Panther greift dem jungen Weißen ins Haar, er neigt sein Gesicht vor dem toten Antlitz, seine dunklen Augen sehen in die hellen, glanzlosen Augen. Warum ist er nicht fortgelaufen?
 Er brüllt ihm ins tote Gesicht. Er brüllt keine Worte. Der Kopf ist schwer und an ihm hängt ein ganzer willenloser Körper. Das Sich-Fallenlassen. Neben dem Toten im roten Schnee. Warum ist er nicht fortgelaufen?
 Der erste Tod. Dein Tod. Mein Tod. Ein gemeinsamer Tod. Ein weißer Junge, ein halbes Kind. Ein schwarzer junger Mann. Beider Tod. Der schwarze Tote nimmt alles an sich. Die Uhr. Das Feldgeschirr. Die Waffe. Das feste Schuhwerk des Deutschen ist zu klein. Deutsch sein? Amerikaner sein? Den Guten angehören und Buben morden? Die Kälte und das Rot im Schnee. Und dann die Tränen, die über die schwarzen Wangen laufen. Und die zwei Toten, an denselben Baumstamm gelehnt. Wie Freunde. Warum ist er nicht fortgelaufen?
 Der erste Tote wie ein Selbstmord. Aber einer, den er überlebt hat. Jetzt weiß er, dass man töten kann. Und wenn die namenlosen Feinde den Gewehrlauf auf ihn richten, wird er sie erschießen. Das Zögern ist der Tod, hat er gelernt. Und der weiße Tote hat zu viel nachgedacht. Er ist nicht fortgelaufen und hat nicht geschossen. Er war starr. Jetzt sind seine Augen glasig. Sein Mörder kann gut erkennen, dass dieses kindliche Gesicht nicht träumt. In der winterlichen Landschaft ist alles still. Ein einzelner Hase als Beobachter auf schneebedecktem Feld. Seine aufgestellten Löffel. Und die angespannte Haltung seiner Erscheinung. Zart zitternde Muskelstränge. Angst? Oder Neugier? Das Einschussloch im weißen Kehlkopf. Warum ist er nicht fortgelaufen?
 Am Schluss ist der Tod und mit dem Tod ist allem ein Ende. Seine Angst vor dem Ende. Ob er sein Zuhause noch einmal sieht? Die Kirche mit ihren drei schmalen Schiffen? Den kleinen lauten Schreiner, der ihm Arbeit geben wollte? Sein Blut kühlt ab. Und der junge Deutsche bleibt einfach da liegen, blutet vor sich hin, fühllos. Und sein Mörder geht an ihm vorüber. Weil keiner fortgelaufen ist.
 Das Unterschreiben der vorgefertigten Karte. Auf einem Schemel sitzend. In der Stube eines alten Bauernhauses, dessen Bewohner unauffindbar gewesen sind. Das fremde Gefühl beim Halten eines Kugelschreibers zwischen seinen Fingern.
 „Wie heißt du?", fragt der Lieutenant.
 Ich kann seine Antwort nicht hören. Der Lieutenant trägt ein ausgezehrtes Gesicht von der einen Ecke des Raumes zu ihm hin. Darin alle Erlebnisse aus dreieinhalb Jahren. Zu viel Gesehenes. Und er sagt: „Schreib, Panther." Und weil er den Kugelschreiber nicht zu handhaben weiß, führt der Lieutenant

die Hand des Unkundigen. So kommt sein erstes geschriebenes Wort in die Welt und mit ihm schleicht sich Stolz ein und der Mut, die Frage zu stellen, worunter er seinen Namen geschrieben hat. Der Lieutenant liest ihm vor:
„An meine Lieben,
der Krieg ist zu Ende. Die deutsche Kapitulation ist erfolgt. Im Dienste der Vereinigten Staaten von Amerika habe ich meinen Beitrag geleistet und die Welt der Freiheit verteidigt. Die Idee des Guten hat gesiegt.

Ich bin unversehrt. Über den Zeitpunkt meiner Heimkehr kann ich euch noch keine Auskunft geben. Die Verhandlungen über das weitere Vorgehen unserer Streitkräfte in Europa werden in nächster Zeit darüber entscheiden.

Sorgt euch nicht, es geht mir gut. Gott steht auf unserer Seite.

Gott schütze euch.

In Liebe, euer

PANTHER

Die Straße endet nicht. Sie geht immer weiter, von Pappeln gesäumt. Und jeden Tag aufs Neue muss er sie entlanggehen, vom Hauptquartier, dem Bauernhaus, bis ins Dorf, wissend, dass an ihrem Ende nur Gaffer warten. Erstaunte. Verstörte. Zornige. Hasserfüllte. Ihre Mienen zeigen keine Dankbarkeit. Sie sind nicht befreit worden. Bloß besiegt. Aber da sind auch die Augenaufschläge der Frauen, die ihm nicht verborgen bleiben. Und sein Wissen, dass er ihnen gefällt, weil sie niemals einen Schwarzen gesehen haben. Und ihr Wegblicken, wenn er sie ansieht. Er ist noch jung, er weiß nicht, dass er nur Wunsch und Abenteuer ist. Und so geht er die Straße entlang und pfeift ein Lied. Morgens. Wenn die Luft von Nebeln verhangen ist und bisweilen ein Reh seinen Weg kreuzt. Er ist auf diesem kleinen Flecken Land. Stationiert. Keiner hat ihn nach seiner Meinung gefragt. Er ist einfach da. Bad Hall, Upper Austria, Austria, Europe.

Während er die Straße dahinpromeniert, denkt er an nichts und das Heimweh, das unter den Donnerschlägen der Raketen und im Kugelhagel so mächtig war, dass es ihn verlockte, sich einen Beinschuss einzufangen, ist weit fort. Vom Vater hat er einmal geträumt. Davon, wie er betrunken in finsterer Nacht die staubige Straße zur Hütte torkelt. Der Vater hat geschrien, die Nachbarn verwunschen und seine Frau und sich selbst und ihn und seine kleine Schwester. Seine Augen haben vor Zorn geglüht. Und der Vater hat unermesslich geschwitzt, von seinem Leinenhemd fielen unentwegt große

Schweißtropfen zu Boden. Er war eine Wolke und erleichterte sich, indem er seine Flüssigkeit niedergehen ließ. Er war so schwer. Seit langer Zeit sank er immer weiter. Und andernfalls wäre er bis auf den Boden gesunken und nicht mehr hochgekommen. Er träumte, dass der Vater die Tür der Hütte mit dem Fuß aufgestoßen und noch einmal verzweifelt und laut den Namen der Mutter gerufen hat. Noch auf der Türschwelle ist er zusammengebrochen und in den Schlaf gesunken, der seine Wut verschluckt hat. Als die Familie am nächsten Tag aufgestanden ist, war der Vater schon wieder auf den Feldern bei seiner Arbeit als Erntehelfer.

Zwischen den vielen Dahingemetzelten sind dem Panther Träume heilig geworden. Sie lächelt. Er lächelt. Er fragt nach ihrem Namen. Sie lächelt. Ein alter Mann mit scharfem Scheitel geht vorbei, schaut die beiden böse an und spuckt aus. Niemand reagiert. Der alte Mann gerät in Rage. Scheiß Negerschwein, sagt er vor sich hin. So leise, dass er es nicht einmal selbst hören kann. Die beiden sehen sich an und haben keine Augen noch Ohren für ihn. Die Luft flimmert. Der Geruch der aufkeimenden Erde. Nicht mehr lange und es werden Blumen geboren und blütenbehangen neben der Straße darauf warten, dass der Panther sie pflückt.

Ihr Gesicht, das rund und jung und voller Leben ist. Ihr Lächeln macht alles hell, denkt er, ihr Lächeln macht alles strahlen, denkt er, ihr Lächeln macht alles Glück, denkt er. Die Schwierigkeit, einander auch nur das Geringste zu sagen. Wenn, dann deutsch. Wie sonst? Und was vor Kurzem noch die Sprache des Feindes gewesen ist, wird ihm tags darauf zur Sprache der Liebe.

Sie fragt ihn nichts und will nichts wissen darüber, wo er herkommt und wann er wieder weggehen wird. Und er ist es zufrieden, weil er weiß, dass diese Affäre eine Sache für Monate sein wird. Bis er wieder nach Hause kann. Nach schon fast vier Jahren endlich wieder nach Hause. Dass sie das auch weiß, hat er in ihrem nervösen Loslassen seiner Hand gemerkt. Sie sind nebeneinander auf dem Heuboden über dem Stall neben dem alten Bauernhaus gelegen. Sie sind nackt im Heu gelegen und haben sich gegenseitig ihre ungleichen Sprachen und noch vieles mehr gezeigt. Zuvor hat er noch niemals ein solches Erlebnis gehabt. Wie ein Feuerwerk, denkt er. Und nach dem Feuerwerk liegen sie aneinandergedrückt da.

Ihre Hand ist nicht größer als ein kleiner Apfel. Your hand is like a small apple. Sie kichert. Ihre Mundwinkel schnellen zurück und es ist für ihn, als ob er ein Segler, sie der Wind ist, den er herbeigesehnt hat, um endlich einen trostlosen Ort zu verlassen, an dem er schon zu lange gefangen ist und an dem das Immergleiche dazu führt, dass er die Tage verliert. Außen wie innen. Sie liegen da, er nimmt einen ihrer Finger nach dem anderen und ballt ihre Hand zur Faust. Die legt er in seine Hand, schließt sie, zeigt ihr, dass ihre

Abb. 2: Helmut Köglberger und eine Kindheitsfreundin, Eva Krammer, etwa 1949 in Oberösterreich. Ab seinem ersten Lebensjahr wuchs er bei seiner Großmutter auf und lernte seinen Vater, von dem sich weder ein Foto noch ein Name erhalten haben, nie kennen. Quelle: Sammlung Stelzl-Marx, Bestand Köglberger

Hand in seiner vollkommen verschwindet: „Klein like ein Äpfel." Das Heu sticht nicht im Rücken, es ist weich und sanft und wohltuend. Und der Geruch verbindet sich in seinem Kopf mit ihrem Duft. Er meint, er wird immer an sie denken, wenn er daheim Heu riecht. Noch während sie kichert, hören sie Stimmen nach ihm rufen. Unter ihnen gehen zwei seiner Kameraden in den Stall: „Panther! Panther!" Die beiden Nackten halten den Atem an. Und als er seine Hand fester schließt, spürt er, dass ihre nicht mehr da ist.

Ob er weiß, dass mein Vater sich in ihrem Innern zu regen beginnt? Dass sie ahnt, dass sie etwas von ihm hierbehalten wird, obgleich er fortgeht und keiner der beiden ein Wort über ein Wiedersehen verliert? Ob er diesen Abschied betrauert? Ob er lieber hier bei ihr bliebe? Ob er weiß, dass sie denjenigen, den sie in sich trägt, nicht schützen, sondern verstoßen wird, sobald er mit einem lauten Schrei in die Welt kommt? Dass sie die Nähe zu diesem Kind erst suchen wird, wenn es ein Mann und ein bekannter Fußballspieler geworden ist? Und ob er sie, falls er es wüsste, ohrfeigen, schelten, bei ihr bleiben oder sie mit sich nehmen würde? Der Panther kann keine Antworten mehr geben und meine Fragen bleiben mir für immer.

Ihre Haut glänzt. Aber sie glänzt anders als die Haut der schwarzen Frauen, die er von zu Hause kennt. Sie schmeckt auch anders. Wenn sie ihre Augenlider niederschlägt, sieht er, dass sie sie bemalt hat. Mit Ruß. Ihre Lippen sind so kaminrot wie das Kleid, das sie trägt. Das braune Haar ist hochgesteckt und unter einem braunen Hut verborgen. Der kurze Abschied. Die Umarmung. Der letzte Kuss. Ihr Fortgehen. Sein Blick auf ihren schmalen weißen Nacken, während sie fortgeht. Das Muttermal darauf, das er oft geküsst hat. Dann ist sie auf immer verschwunden.

Sein Packen. Seine Freude auf zu Hause und seine Wehmut, weil er sie niemals wiedersehen wird. Die Traurigkeit schmilzt, wenn er seine Kameraden den gleichen Schmerz leiden sieht. Aber nur zögerlich, genauso wie der Schnee in diesem Frühjahr von 1946 geschmolzen ist. Später wird man darüber nachdenken, reden und schreiben, wie viele Liebespaare der Krieg auseinandergerissen hat. Und der Frieden? Ich weiß, dass er nicht minder viele Liebende getrennt hat.

Die Fahrt bis zum Hafen dauert lange. Der Panther lacht über die Geschichten seiner Kameraden und ihre Erzählungen. Die ausgeschmückten Geschehnisse, die ein jeder in Stadt und Land angeblich erlebt hat. So oder so ähnlich. Kein Wort über all jene, die nicht mehr zurückkehren. Draußen ziehen befreite Landschaften vorüber. Man merkt ihnen ihre Befreiung nicht an. In ihnen hat er gekämpft und ist er gelaufen, immer des Nachts. Der Zug ruckelt, keucht und schleppt sich langsam durch das kleine Österreich. Man fühlt, welche Anstrengung es ihn kostet. Sogar das seelenlose Eisen muss sich dieser Tage plagen. Die Geleise sind in schlechtem Zustand. Alles in diesem Land ist ramponiert. Die Häuser, die Schulen, die Straßen, die Kirchen, die Hospitäler, die Fabriken, die Körper, die Gedanken, die Herzen, die Seelen und auch die Zukunft der Kinder, an denen sich alle Barbarei, die die Erwachsenen in ihrer unmenschlichen Dummheit begangen haben, rächen wird.

Die Mutter ist nicht mehr und der Vater ist mit der kleinen Schwester in eine große Stadt gezogen. Die Nachbarn fragen ihn nach ihren Söhnen. Aber er steht bloß da und starrt auf die Tür, die in die Hütte führt, in die er zurückkehren wollte und auf die er nicht länger Anrecht hat. Seine breite Nase zuckt. Und aus der Freude auf zu Hause wird Zorn auf die Welt und im selben Atemzug noch Hass auf den Vater, der ihm das Überleben nicht zugetraut hat.

Keiner aus seiner Straße ist zurückgekommen, bloß er. Alle Mütter warten und manche Väter sehen ihn hilfesuchend an. Es ist heiß und Fliegen surren um die Köpfe der herumstehenden Menschen, setzen sich auf Wangen und Nasen und Lippen und Ohren und lassen sich nur für Augenblicke vertreiben. Vom früheren Singen in den Hütten ist nichts mehr zu hören. Zur Armut kommt jetzt noch der Verlust der Söhne. Und die Erkenntnis hat sich in die Köpfe der Menschen gesetzt, dass das Leben eine Abfolge von Schicksalsschlägen ist. Mit dem Verschwinden der Söhne sind auch die Lieder verschwunden und die Hoffnung und die Freude.

Wo soll er hin? Zum kleinen lauten Schreiner, um ihn nach Arbeit zu fragen? Zurück nach Bad Hall? Auf die Suche nach Vater und Schwester? Der Panther kauft Blumen und geht zur Kirche. Der rundliche Pastor führt ihn

Abb. 3: Helmut Köglberger, am 12. Jänner 1946 in Steyr geboren, in den 1960er- und 1970er-Jahren ein legendärer Kicker bei LASK Linz und bei der Austria Wien, zweifacher Torschützenkönig und Teamkicker. Sein schon in der Kindheit erkanntes sportliches Talent und seine Karriere als Fußballprofi halfen ihm über eine Diskriminierung als schwarzes Besatzungskind hinweg. Quelle: Sammlung Stelzl-Marx, Bestand Köglberger

ans Grab der Mutter. Ein einfaches Holzkreuz. Die beiden schwarzen Männer stehen schweigend davor. Dann beginnen seine dunklen Augen zu tränen und der Pastor zieht sich still zurück. Dabei weiß er nicht, dass das Weinen dem halbwüchsigen weißen Deutschen gilt, der einst im rot gefärbten Schnee lag, auf offenem Feld an einen einsamen Baum gelehnt. Die anderen hat er vergessen, aber die hellen Augen seines ersten Toten sieht er jetzt ganz deutlich vor sich. Er stellt die Blumen neben das Holzkreuz und wischt sich die Augen. Er hält ein Nasenloch zu und rotzt durch das andere auf die Erde vor dem Grab. Wo soll er hin?

1950 fliegt der Panther zum ersten Mal. Beim Aussteigen betrachtet er die großen Propeller der Maschine. Sie faszinieren ihn. Pilot, das will er werden. Die Leute von der Armee haben gesagt, man könne auch Pilot werden. Lesen wird er lernen und Schreiben und vieles mehr. Und eines Tages wird er die Soldaten herumfliegen und nicht länger schießen und laufen. Er trägt die geschenkten Stiefel. Älter ist er geworden, aber nicht zu alt für den Krieg. Der Panther hat noch immer Beine wie Baumstämme. Noch einige Wochen läuft er mit Geheimnissen im Tornister des Nachts durch unwegsames Gelände. In einem fremden Land, von dem er nichts weiß, außer dass seine Bewohner kleiner sind und nicht schwarz und nicht weiß, sondern gelb. Er wird nicht Pilot werden. Ich werde ihn nicht kennenlernen und niemand wird mir etwas über ihn erzählen können. Er wird irgendwo in der Nähe des 38. Breitengrades in Korea sein Ende finden. Namenlos.

Britische Besatzungskinder

Lucia Ofner

Ich bin ein britisches Besatzungskind

Eigentlich wollte ich keine „Autobiografie" schreiben, weil mir meine „Geschichte" im Verhältnis zu meinen Mitgenossinnen, denen es in ihrem Leben viel schlechter ergangen war, nicht so wichtig erschien. Denn in meiner Familie war es nie ein Thema, dass ich „keinen richtigen Vater" hatte. Niemand ließ mich spüren, dass ich ein Besatzungskind war.

Ich wurde 1946 im Mai in Wagna bei Leibnitz geboren, wurde also im September 1945 gezeugt. Sehr bald darauf, also noch vor meiner Geburt, wurde mein Vater plötzlich versetzt, wohin, das wusste meine Mutter nicht. Sie war 21 Jahre alt und verstand kein Englisch.

Es muss für sie sehr schlimm gewesen sein, als sie bemerkte, dass sie schwanger war. In einer ländlichen Gegend, mit streng katholischen Eltern, die Nachkriegszeit nicht besonders üppig usw. Für sie war es sicher nicht leicht. Ich kann mich auch erinnern, dass sie zu mir sagte, sie habe immer Angst davor gehabt, dass mich ihr jemand wegnimmt. Sie muss wohl gehört haben, dass man irgendwo die Besatzungskinder den Müttern wegnahm. Im Nachhinein und mit dem heutigen Wissen kann ich ihre damalige Sorge auch verstehen.

In der Volksschule erfuhr ich von einem Mitschüler das erste Mal, dass ich „keinen Vater" habe, worauf eine andere Mitschülerin, damals schon sehr „altklug", sagte: „Lasst sie in Ruhe, sie ist ein Kind der Liebe!" Ihren Namen habe ich nie vergessen und ich habe auch später versucht, sie zu finden, aber leider vergebens.

Als ich zehn Jahre alt war, ging meine Mutter eine Verbindung mit einem österreichischen Mann ein. Ich bekam im Lauf der nächsten Jahre vier Halbgeschwister, mit denen ich mich sehr gut verstehe. Und auch die, ebenso wie mein Stiefvater, ließen es mich nie spüren, dass ich ein Besatzungskind war.

Nach der Pflichtschule in Leibnitz kam ich ins Internat nach Graz und absolvierte die Krankenpflegeschule. Ein Jahr nach meiner Diplomierung heiratete ich, zog mit meinem Mann nach Judenburg und bald darauf kam unser

Abb. 1: Lucia Ofner als 14-jähriges Mädchen mit ihrer Firmpatin. Quelle: Sammlung Stelzl-Marx, Bestand Ofner

Sohn zur Welt. Ich hatte jetzt andere Prioritäten und dachte nicht daran, nach meinen Vater zu suchen.

Meine Mutter war dann eigentlich die treibende Kraft hinter der Suche nach meinem Vater. Ich war mittlerweile schon sicherlich über 25 Jahre alt und besuchte sie regelmäßig. Dabei sagte sie zu mir: „Versuch nachzuforschen, du hast doch jetzt andere Möglichkeiten!" Sie hatte auch in den Medien davon gehört, dass andere darin Erfolg hatten. So um diese Zeit gab mir meine Mutter auch ein paar Fotos, auf denen sie gemeinsam mit meinem Vater zu sehen ist, sowie das Weihnachtsbillet, das mein Vater meiner Mutter 1947 geschrieben hatte. Sie sagte zu mir: „Pass gut darauf auf! Das ist das Einzige, was du von deinem Vater hast!" Das Kuvert mit dem Absender meines Vaters hatte man meiner Mutter, als sie damals den Dolmetscher für die britischen Soldaten befragte, abgenommen und nie mehr zurückgegeben, sodass auf diese Art nicht über seinen Aufenthaltsort nachgeforscht werden konnte.

Ich betrieb die Suche in größeren Abständen und mit vielen Misserfolgen, Absagen und der Verweigerung von Informationen an mich. Dabei tat es mir besonders für meine Mutter leid, dass ich so erfolglos war, denn ich glaube, auch sie hätte gerne etwas über meinen Vater erfahren.

Ich hatte die Nachforschungen eigentlich aufgegeben, bis mich nach vielen Jahren ein Artikel in der Zeitung wieder darauf aufmerksam machte. Meine Vatersuche war und ist weiterhin insofern sehr schwierig bis unmöglich, als ich keinerlei Daten über ihn habe. Lediglich sein Vorname – John bzw. Johann – ist mir durch meine Mutter und das Weihnachtsbillet, das er ihr 1947 schickte, bekannt. Es sind auch keine Menschen mehr am Leben, die mir auf meine Fragen antworten könnten. In früheren Jahren habe ich es leider verabsäumt, Informationen einzuholen. Ich möchte meine Mutter, die leider schon verstorben ist, so vieles fragen, denn jetzt ist diese Thema ja nicht mehr so tabu wie früher, aber nun ist es leider zu spät dafür.

Abb. 2: Die einzige erhaltene Aufnahme, auf der die Eltern von Lucia Ofner gemeinsam abgebildet sind. Quelle: Sammlung Stelzl-Marx, Bestand Ofner

Ich fragte mich oft, warum sich mein Vater nie mehr gemeldet hat. Er wusste ja von meiner „Existenz". Das kann man aus dem Billet ersehen, das er 1947 schickte und in dem er mir namentlich auch Weihnachtsgrüße ausrichtete.

Ich habe meinen Vater gehasst und dann wieder versucht, ihn zu verstehen, denn ich weiß ja nicht, welche Umstände es ihm unmöglich machten, mit meiner Mutter Kontakt aufzunehmen. Dann dachte ich wiederum, vielleicht lebt er gar nicht mehr und versuchte, für ihn zu beten. Vor allem aber tat und tut mir meine Mutter noch im Nachhinein sehr leid, weil sie nie mehr über ihn erfuhr. Sie zog mich in den schweren Nachkriegsjahren ohne Groll und Bitterkeit entbehrungsreich, aber liebevoll auf. Sie erzählte mir leider nie, was sie damals wahrscheinlich an Anfeindungen erleben musste.

Jetzt denke ich oft, es wäre schön gewesen, meinen Vater gekannt zu haben, zu sehen, wo und wie er gelebt hat, auch, um meinen Charakter und meine Genetik besser zu verstehen. Vielleicht könnte ich dann meine Vorlieben oder Schwächen besser zuordnen. Laut Aussagen einer meiner Cousinen war ich immer „ein bisschen anders".

Obwohl ich in meiner Familie keine Probleme hatte, waren es doch immer wieder gewisse Probleme mit Behörden und deren süffisante Fragen über meinen Vater und die darüber empfundene Leere in mir, die mich bestimmt auch für das ganze Leben prägten, auch wenn ich das objektiv nie so empfand.

Ich erfuhr leider auch erst jetzt, dass mein Vater meine Mutter nach England mitnehmen wollte. Als aber meine Großeltern davon erfuhren, hätten sie meine Mutter aus Angst davor eingesperrt. Dies ließ mich anders, positiver, über meinen Vater denken.

Was mich traurig macht, ist, dass unser Sohn seinen Großvater nie kennenlernen konnte. Auch mein Vater könnte auf seinen Enkelsohn sehr stolz sein. Wie wäre wohl mein Leben unter anderen Umständen verlaufen?

Aber ich kann trotzdem sehr zufrieden sein. Ich bin ehrgeizig meinen Weg gegangen und habe es in meinem Beruf bis zur mittleren Führungsebene gebracht, worauf auch meine Mutter sehr stolz war.

Abschließend möchte ich meiner Familie dafür danken, dass sie es mich niemals spüren ließ, dass ich ein Besatzungskind bin.

Gitta Rupp

Mein Vater Nirgendwo

Das ganze Chinin hat nichts geholfen – ich habe mich nicht abtreiben lassen damals im Oktober 1945. Immerhin – zu Seifenlauge und Stricknadel hast du nicht mehr gegriffen. Irgendetwas in dir wollte, dass die Frucht ausreift – Ergebnis einer zärtlichen Leidenschaft, die du bisher nicht gekannt hattest. Er – der britische Captain – war auch lieb und fürsorglich und hat so gut gerochen. Außerdem war da noch diese Arbeit im Grazer Offizierscasino der Briten, die dir eine seit Jahren unbekannte Sicherheit gegeben hat. Auch zu meiner dreijährigen Schwester, die du meist zur Arbeit mitnehmen konntest, war er freundlich. Du hast wohl so etwas wie Geborgenheit empfunden – ein rares Gefühl in deinem bis dahin 23-jährigen Leben.[1]

Fesch war er auch, groß und hatte eine schöne, warme Stimme – deine illegitime Liebe. Er hat dich als naive Landpomeranze in die Oper ausgeführt, wo die britischen Offiziere die besten Logenplätze hatten. Ja, die italienische Oper hat dich regelrecht gepackt. Aus grünen Brokatvorhängen hast du dir ein schönes Kleid für die Opernbesuche mit ihm geschneidert.

Was genau von Beginn deiner Schwangerschaft bis kurz nach meiner Geburt abgelaufen ist, kann ich dich nicht mehr fragen. Du bist seit drei Jahren tot und er ist bereits 2007 – wie du im 89. Lebensjahr – gestorben.

Du hast jedoch erwähnt, dass er während deiner „guten Hoffnung" sehr behutsam zu dir war und sich letztendlich auf mich gefreut hat. Naja, bis auf den misslungenen Abtreibungsversuch, den ich dir in keiner Weise übel nehme, war dann mein Anfang ganz gut. Du hast mit Kugelbauch den englischen Tee mit Milch für dich entdeckt und den „Porridge". Gebären konntest du mich im Grazer Privatsanatorium in Eggenberg, und das ein Jahr nach Kriegsende – ziemlich nobel.

Als du mit Wehen über den Südtiroler Platz in Richtung Eggenberg gegangen bist, ist ein Orkan aufgekommen, das hätte eine furiose Ouvertüre für eine neue, wunderbare Existenz sein können – schade ...

Du hast es gerade noch bis zur Entbindungsstation geschafft. Warum musstest du mit Wehen die drei Kilometer zu Fuß gehen? Als britischer Offizier hätte er dich doch mit dem Jeep ins Sanatorium bringen können?

---

1   Der Beitrag entstammt einer Sammlung unveröffentlichter Texte aus „Mein Vater Nirgendwo" von Gitta Rupp.

Abb. 1: Paul Wade Brown war von Juni 1945 bis Juni 1946 als verantwortlicher Offizier für die Energieversorgung der Steiermark in Graz stationiert, wo er im britischen Offizierscasino Paula kennenlernte. Quelle: Sammlung Rupp

So viel wollte ich noch von dir über ihn wissen. Wenn ich weiter in die stumme Vergangenheit frage, tauchen immer mehr schmerzliche blinde Flecken auf.

„Ja, ja, er hat dich auf dem Arm gehalten und war gerührt; und schönes Säuglingsgewand hast du auch gehabt und einen Kinderwagen vom Renner." Das heißt, er hat in dieser Zeit für dich gut gesorgt. Meine Ernährung war offensichtlich gesichert, denn du konntest später sogar einen sogenannten Milchbruder mitstillen, den Otti.

Da war aber noch der mit dir verehelichte Vater meiner älteren Schwester. Er war immer irgendwie abwesend. Im Krieg und zeitweise bei anderen Frauen – mit einer hatte er auch noch mindestens einen Sohn, während meine Schwester noch in den Windeln lag. Nach einigen Monaten Kriegsgefangenschaft kehrte er – der Ernstl – zurück und entdeckte dich wieder. Mager und ausgezehrt von Krieg und Gefangenschaft bettelte er um dich, versprach verbindlicher zu sein, mich als Seines anzunehmen. Du erzähltest mir, dass er dir so leid getan habe – nur Liebe hättest du keine empfunden, die war schon lange gestorben und so war dieser Platz für den Engländer frei.

Paul – mein Erzeuger, deine Liebe, der siegermächtige Offizier – hat, kurz bevor ich geboren worden war, auch durchblicken lassen, dass da eine Verpflichtung zu einer anderen Frau bestehe.

Als ich im Alter von zehn Jahren erfuhr, wer mein leiblicher Vater ist, hast du versucht, meine Fragen abzuwimmeln: „Wichtig ist die Mutter; Väter können sich schnell aus dem Staub machen." So hast du das auch erfahren.

Viel später habe ich dir, Mutter Paula, vorgeworfen, dass du im Zwiespalt gewesen seist, statt um Paul zu kämpfen. Wie sehr hätte ich mir das sparen können, wenn du mir und dir die Wahrheit eingestanden hättest: Dass mein Vater nicht den Mut, die Kraft, genügend Liebessicherheit fühlte, um sich für dich, für mich zu entscheiden. Wie sehr hat dich das verletzt? Hast du es deshalb hingenommen, dass der Ernstl ihn von der Tür gewiesen hat, als er mich noch sehen wollte, bevor er nach Wien ging, und das, wie du bereits wusstest, mit der anderen – italienischen – Frau?

Abb. 2: Paula etwa 1955 mit ihren beiden Töchtern Pauli und Gitta. Kurze Zeit später sollte Gitta erfahren, dass sie ein britisches Besatzungskind war. Quelle: Sammlung Rupp

Hast du, Vater Paul, diese Reaktion von Ernstl – gerade ganz passend – als Legitimation dafür eingesetzt, dass du mich in dir einfach auslöschen konntest? Ungeschehen, nicht einmal das Ergebnis einer Affäre – nichts, es war für dich nicht mehr da, das schreiende, trinkende, atmende Ding mit zappelnden Armen und Beinen, das du gezeugt hast, das Ding, das Bedürfnisse nach Fürsorge, Zuwendung, Schutz beanspruchen durfte, das 50 Prozent deiner Gene in sich trug, das dir ähnlich sah, das vielleicht später einmal nach dir fragen würde. Egal, wie es heranwuchs – kein väterlicher Gedanke an mich fand Platz in deinen Gefühlen, deinen Gedanken, deiner Erinnerung. Anfang Juni 1946 hast du mich als Neugeborenes auf dem Arm gehalten und am Ende des gleichen Monats hast du meinen Halbbruder gezeugt, seine Mutter geheiratet, für ihn gesorgt. Natürlich warst du feige genug, ihr nichts von meiner Existenz mitzuteilen – oder waren ich und meine Mutter noch schneller von dir weggewischt, als ich es mir vorstellen kann? Wäre es nicht am bequemsten gewesen, ich wäre gestorben – nicht nur abgetötet in deinem Kopf, sondern materiell wirklich nicht mehr anwesend? Nun, vorerst hattest du Ruhe von mir.

Paula und Ernstl hingegen trennten sich bald. Paula erkrankte, wie so viele damals, an einer schweren offenen Lungentuberkulose. Sie hustete Blut, aber nahm es – so lange es möglich war – hin.

Paula, deine verdrängte Geliebte, war keine Kämpferin. Sie hat sich nicht gewehrt, hat nichts von dir eingefordert, es nicht einmal versucht, als sie völlig verarmt in die Lungenheilanstalt kam, nachdem ihr in der Grazer Herrengasse beim Handarbeitsgeschäft Rebus das Blut aus dem Mund gequollen war, und meine Schwester und ich mit meinen kleinen drei Jahren ins Kinderheim kamen. Einmal hat sie noch versucht, mit dir Kontakt aufzunehmen, da gab man ihr Bescheid, dass mein britischer Vater wieder in London sei, beim BBC, glücklich verheiratet sei und Kinder habe. Sodann gab sie für immer auf. Ich war weiterhin nur das Heimkind einer geschiedenen Todkranken mit wenig Überlebenschancen.

Abb. 3: 2012 fand Gitta Rupp ihre beiden britischen Halbschwestern. Die ältere, Anastasia Lewis, lebt in London, die jüngere, Celia Wade-Brown, ist Bürgermeisterin von Wellington, Neuseeland. Bei ihrem ersten persönlichen Zusammentreffen mit Gitta Rupp (3. v. r.) und ihrer Familie im Juli 2014 wurde Celia (sitzend) von Bürgermeister Mag. Siegfried Nagl (2. v. l. in 2. Reihe) empfangen und trug sich in das Goldene Buch der Stadt Graz ein. Quelle: Sammlung Rupp

Die steirischen Behörden hatten ein großes Interesse daran, dass die Besatzungskinderangelegenheit nicht zu sehr ins öffentliche Bewusstsein drang. Und es gab die Übereinkunft mit der britischen Besatzung, dass keinerlei Alimentationsansprüche geltend gemacht werden dürften. Es blieb also nur das Wahrnehmen einer persönlichen Verantwortung, die übrigens durchaus bei einigen deiner militärischen Kameraden vorhanden war, an die du hingegen keinen Gedanken verschwendet hast. Dir, Vater, ist es in dieser Zeit blendend gegangen, du warst nun in London, in gehobener Position tätig, mit deiner gescheiten Frau, konntest deiner Mutter und Großmutter entsprechen, die dich für einen beinahe Gottgleichen hielten. Deine Lügen, die nicht nur mich betrafen, webten zwar ihr Gespinst in dein Leben – gelitten aber haben die anderen darunter.

Ja, ich hätte dir die Gunst des Verstehens schenken können, wenn du mich nicht, als ich dich mit 16 Jahren in London im Telefonbuch entdeckte und kontaktierte, eiskalt verleugnet hättest. Wie konntest du diese nach dir suchende Tochter so verletzen? Was für ein elender Vater!

Vor einigen Monaten habe ich dein Foto angeschrien, dich beschimpft. Ich habe mir dich vorgestellt als alten Mann, den ich noch hätte treffen können, stattdessen tauchte deine Totenmaske vor mir auf, weiß, wächsern, ausdruckslos, jenseitig. Aus deinen geschlossenen, altersmüden Lidern flossen Tränen – es waren meine Tränen, die aus deinem toten Antlitz geronnen sind.

Doch – Vater Paul – hast du mir neben deinem deutlich vorhandenen genetischen Einfluss gänzlich unbeabsichtigt ein Geschenk hinterlassen: Ich habe auf meiner Suche nach dir zwei deiner Töchter gefunden – meine beiden englischen Schwestern, die sich nun zu meiner geliebten österreichischen gesellen. So erfahre ich in meinen späten Jahren ein Gefühl des Komplettwerdens.

Peter Habura

Liebe oder Hiebe

Meine Suche nach Antwort

„I was born 1946, and my name is Peter", schrieb ich 2006, also vor etwa acht Jahren, nach England, zu der Frau, die mich in einem Brief fragte: „What do you want from my father?"

Ich schrieb als 58-Jähriger einer Frau in England, die ich nicht kannte, deren Entscheidung mir aber sehr wichtig war und von der der weitere „Gang der Dinge" abhing: Würde sie mir nicht antworten, würde ich nie mehr Weiteres von meinem englischen Vater und seiner englischen Familie erfahren. Ich setzte darauf, hoffte ganz inständig, dass diese Frau persönlich neugierig wäre – ja bei der Sachlage sein müsste – und reagieren würde.[1]

Hurra, sie reagierte! Sie reagierte: Wir verabredeten im Briefverkehr ein Treffen in England – Flughafen East Midlands, der und der Flug und diese Ankunftszeit. Sie wolle mit ihrem Ehemann kommen, habe für mich und meine Frau ein Zimmer „Bed and Breakfast" gebucht und wolle mir wichtige Orte (Arbeitsplatz, Kaserne), an denen mein Vater gewirkt hat, zeigen.

Wie viel Gedanken, Überlegungen lagen nun hinter mir, um zu diesem jetzt bevorstehenden Ereignis zu kommen: meine Jahre als Kind, mit einer alleinerziehenden Mutter, die Heirat meiner Mutter Anfang der 1950er-Jahre mit einem polnischen Mann, der vorgab, das Kind Peter zu mögen, Umzug Mitte der 1950er-Jahre aus Niedersachsens Harzbereich ins Ruhrgebiet in die Nähe von Dortmund, die Vergrößerung der Familie durch meine beiden Brüder und meine Schwester in den 1960er-Jahren.

Meine bittere Erfahrung, vom Stiefvater doch nicht angenommen worden zu sein, dramatischerweise mehr noch: Ich wurde abgelehnt. Die zehn Jahre, die ich mit meinem Stiefvater verbrachte, der kaum Sätze mit mir sprach, der aber in diesen Jahren immer wieder davon sprach: Ich sei zu teuer und solle nicht so viel essen ... Ich sei ein „głupie małpy", was so viel wie „dummer Affe" oder „dummer Kerl" auf Polnisch bedeutet. Mehr Sätze nenne ich hier nicht, sie schmerzen zu sehr.

Wenn ich mich mal als Kind ungeschickt angestellt habe, sagte er immer: „Du verflixter Engländer." Als zehn- oder elfjähriges Kind habe ich das alles

---

[1] Alle Personennamen – außer dem des Autors – leicht verändert.

Abb. 1: Peter Habura mit seiner Mutter 1952 in Niedersachsens Harzbereich. Der Stiefvater, der zu dieser Zeit in Peters Leben trat, lehnte das britische Besatzungskind vehement ab. Quelle: Sammlung Habura

nicht einordnen können, wusste nicht, was ein „verflixter Engländer" ist. Ich verstand es nicht, spürte aber deutlich kindlich-schmerzhaft, dass mich jemand nicht mochte, gar hasste.

Dabei gab ich mir doch Mühe, zum Frieden in der Familie beizutragen, verdiente mit Geld, indem ich Zeitungen verteilte. Es waren in jeden Hausbriefkasten in unserer Wohnumgebung die kostenlosen Zeitungen einzuwerfen, fast 1000 Zeitungen jede Woche. Für meine Schularbeiten zu Hause fehlte mir die Zeit, noch viel mehr fehlte mir Energie. War ja auch schon egal, es interessierte niemanden, ob ich meine Hausaufgaben erledigt habe oder nicht.

Gut, dass es nette Mitschüler gab, die mich morgens Minuten vor Schulbeginn Rechenaufgaben und die Lösungen abschreiben ließen. Verstanden habe ich ja vieles, was ich da schnell auf der Schultreppe hockend abschrieb, nur eben nicht selbst erarbeitet. Danke, liebe Mitschülerinnen und Mitschüler.

So wurde ich vor manchen peinlichen Situationen mit den Lehrern gerettet. Mir schien, als haben sie nichts bemerkt. Oder doch? Doch, bestimmt.

... es interessierte nicht, ob ich meine Hausaufgaben erledigt hatte. So empfand ich es damals – heute möchte ich gern glauben, dass meine Mutter an meinem Wohlergehen interessiert war. Ich spürte es nur nicht, ich bemerkte hiervon wenig. Sie erkrankte, zehrte sich körperlich aus; nahm Tabletten, viel zu viele davon, und trank Alkohol, auch davon viel zu viel. Ich war das älteste Kind, wurde des Abends oft von ihr geweckt, mein Stiefvater war zur Nachtschicht. Mit ein paar Groschen wurde ich manchmal schlaftrunken zur Bude (Kiosk) geschickt, um Flaschenbier zu holen. Ich sehe mich heute noch als Kind des Abends an der Bude stehen und Flaschenbier ins Einkaufsnetz packen. Übrigens, meine schmerzhaftesten Erinnerungen.

```
                                                  abf.6,
  - Jugendamt-                          7. Juni 19.
    Ju.H.14

An das
Amtsgericht

W e r n e

Betr.:
Bezug:
              lebt im Haushalt seines Stiefvaters und seiner Mutter in Altlünen,
         3.  Der Stiefvater ist Ausländer. Er hat zu dem Kind keinen guten
Kontakt. Er wirft dem Kind vor, daß zu wenig Geld gezahlt würde.
Hans-Peter ist körperlich gut entwickelt. Der Schulbesuch fällt ihm schwer. Er
ist aber ein gutartiges Kind, das viel Liebe braucht.
Die Mutter selbst ist kränklich und wird neben der Haushaltsarbeit und der Be-
treuung der Kinder wahrscheinlich dem Kinde nicht ganz gerecht.
Unterhaltsbeträge können nicht eingezogen werden, da der Erzeuger Ausländer ist
und der Aufenthalt nicht zu ermitteln ist.
Das Kind wird vom Wohlfahrtsamt mit mtl. DM 25,-- unterstützt.

                                      Der Amtsdirektor
2)Wv. 1.12.57                          Im Auftrage:

                                       Amtsinspektor
```

Abb. 2: Bewertung des Jugendamtes 1957: „Der Schulbesuch fällt ihm schwer. Er ist aber ein gutartiges Kind, das viel Liebe braucht. […] Unterhaltsbeträge können nicht eingezogen werden, da der Erzeuger Ausländer ist und der Aufenthalt nicht zu ermitteln ist." Quelle: Sammlung Habura

Inzwischen wusste ich, dass ein anderer Mann mein Vater war. Ein britischer Besatzungssoldat. Was das hieß und bedeutete, sagte mir – dem Kind – niemand. Von diesem Zeitpunkt an tauchten in mir viele Fragen auf, wie das alles so zusammenpasst. Ich wurde geboren, wie, was, aha und so. Auch habe ich Geschichten gehört, dass Kinder geboren wurden, ohne dass die Mutter es wollte. Wie war das bei mir?

Fragen konnte ich niemanden, nicht meine „Eltern", Tante, Oma. Alle verhielten sich stumm. Also fragte ich auch nicht mehr. Für mich blieb dennoch die Frage als Triebfeder: Entstand mein Leben durch die Liebe zwischen meiner Mutter und meinem Vater oder waren es nur Hiebe gegen meine Mutter, die mir das Leben schenkten? Oder was war wie überhaupt?

Zur Lehre ging ich 1961 als 14-jähriger Junge zur Zeche, um Bergmann zu werden. In der Gegend gingen fast alle Jungen zur Zeche. Gleichzeitig hatte das Jugendamt einen Umzug in das zechenangehörige Berglehrlingsheim im Nachbarort veranlasst. Wahrscheinlich sollte ich wegen dieser Wohnmöglichkeit Bergmann werden.

Die Jugendamtsentscheidung war die „Sternstunde" meines Lebens: Mein eigenes Zimmer, geregeltes Essen, Ansprache und Führung durch die im

Abb. 3: 2007 fand Peter Habura seine britische Halbschwester mithilfe des Internets und einer lokalen Zeitung. Sein Vater, George Wardson, war bereits verstorben, doch entwickelte sich ein enger Kontakt zu seiner englischen Familie. Das Foto zeigt seinen Vater 1945 im Alter von 26 Jahren, als er in Deutschland stationiert war. Peter Habura erhielt es 2007 von seiner englischen Familie. Quelle: Sammlung Habura

Heim Beschäftigten. Vieles von dem Versäumten aus der Volksschulzeit holte ich durch den Besuch der Abendschule nach, erhöhte meine Kenntnisse und mein Wissen, erwarb den Fachschulabschluss, ging zur Höheren Fachschule für Sozialarbeit nach Braunschweig und wurde Sozialarbeiter.

Die Jahre vergingen, ich heiratete als 26-Jähriger. Zu unserer Familie gehören unsere beiden Töchter. In meinem Sozialarbeiterberuf ging ich auf, hatte führende Aufgaben. Mein früheres Erleben war aber in mir gegenwärtig. Mal intensiver, mal weniger intensiv. Es verschwand jedoch nicht. Bis ich mich eines Tages entschloss, in einer englischen Zeitung einen Text veröffentlichen zu lassen. Es war ja durch die Nutzung des Internets leicht geworden, mit einer Zeitungsredaktion in England Kontakt aufzunehmen. Viel einfacher als meine Kontaktversuche in früheren Jahren. Bei diesen ersten Kontakten mit der Britischen Botschaft in Deutschland oder der Deutschen Botschaft in England gab es zwar höflichste Antworten, aber mit dem Unterton, „am besten alles um diese Zeit herum zu vergessen". Zu der Zeit schrieb und suchte ich dann auch nicht mehr weiter.

Jetzt aber – mit Internetmöglichkeit – schrieb ich dem Redakteur einer englischen Zeitung im Bereich Leicestershire (Region East Midlands), dass ich George Wardson suche, er sei 1945/1946 in Germany als Soldat gewesen, und noch einige andere Einzelheiten, die mir bekannt waren.

Abb. 4: Peter Habura mit seiner Frau in London im August 2014. Der pensionierte Sozialarbeiter entwickelte eine starke Affinität zu England. Quelle: Sammlung Habura

Einige Tage später schrieb mir eine Frau, die mich in einem Brief fragte: „What do you want from my father George Wardson?" Sie erläuterte, dass er zu diesem Zeitpunkt in Germany war. Es war – wie sich recht schnell herausstellte – meine Halbschwester aus England. Natürlich einige Jahre jünger als ich. Wir verabredeten ein Treffen in England. Sie wolle mir wichtige Orte (Arbeitsplatz, Kaserne), an denen mein Vater gewirkt hat, zeigen. Ich habe diese Orte gesehen.

Meines Vaters Frau Eunice war sehr begeistert, mich kennenzulernen. Sie erkannte in mir ihren Ehemann, so wie er in jüngeren Jahren ausgesehen haben musste. Welch eine Begeisterung bei ihr. Sie dankte es mir, indem ich Stiefmutter/Stepmother zu ihr sagen durfte. Sie kannte auch den Kurznamen meiner Mutter, sonst aber keine weiteren Einzelheiten. Sie war so besorgt um mich und fragte, ob ich eine gute Kindheit hatte, und ich antwortete der alten Dame: Yes und wollte ihre Begeisterung nicht mildern.

Endlich hatte ich Antworten auf Fragen bekommen.

Ich kam leider einige Jahre zu spät, um meinen Vater kennenzulernen. Er war 1998 verstorben. Das Grab sah ich und war ergriffen.

Ich bin aber dennoch sehr zufrieden und habe meinen inneren Frieden gefunden.

Meine Mutter verstarb im Alter von 48 Jahren, als ich 27 Jahre alt war. Von meinem Stiefvater hörte ich viele Jahre nichts. Als er bereits beerdigt war, erhielt ich Nachricht von seinem Tod. In meinem Herzen habe ich ihm verziehen.

Zu meinen deutschen Halbgeschwistern habe ich heute noch Kontakt. Wir treffen uns manches Mal. Unser damaliges „Familienleben" hat auch bei ihnen – jetzt verblasste – Spuren hinterlassen.

Zu meiner englischen Schwester und deren Familie besteht Kontakt. Ich versuche sie oft in England zu besuchen, auch weil mich das Leben der Menschen in England begeistert. Meine englischen Familienmitglieder sind bei mir und meiner Familie gern gesehene Gäste.

Ich bin jetzt im Ruhestand, nachdem ich über 30 Jahre als Sozialarbeiter tätig war und davon mehrere Jahre im Jugendamt.

Französische Besatzungskinder

Elisabeth F.

Bericht einer französischen Tochter

Wien – mein Beginn als Besatzungskind.
Mein Vater beziehungsweise mein Erzeuger war französischer Besatzungssoldat/Brigadier in Wien. Meine Mutter arbeitete bei einer französischen Familie – durch diese lernten sie sich kennen und lieben. Die bis heute andauernde große Liebe ihres Lebens.

Als sie mit mir schwanger war, teilte sie ihm das mit. Von da an begann die Suche nach ihm. Er wurde versetzt, er sei in Korea, immer wenn meine Mutter nachfragte, gab es diese Antworten; zuletzt, er sei gefallen. Briefe, Fotos, die sie von ihm bekommen hatte, wurden ihr weggenommen. Briefumschläge, Karte und ein Armketterl sind ihr geblieben.

Mutter zog in ihren Heimatort nach Niederösterreich und brachte mich im September 1952 zur Welt.

ER hat mich NIE gesehen.

Vor seinem Abgang aus Österreich gab er bei den französischen Behörden eine Erklärung ab, welche, ist mir bis heute nicht bekannt.

Bei meinen Recherchen stellte sich heraus, dass er von 1951 bis 1953 in Österreich war. Er wusste meinen Vor- und Familiennamen, mein Geburtsdatum und die Adresse von Wien. Vergeblich war die Suche nach ihm, er wurde aufgefordert, sich freiwillig zu seinem Kind zu bekennen. Er tat es nicht.

Meine Mutter wurde oft verhört, ausgefragt, aber sie wusste nichts, warum, wieso ... Das Wort „Russen" hörte ich sehr oft von ihr. Diese Angst von damals verfolgt meine Mutter bis heute. Als kleines Kind wollte man mich wegholen, sagt sie, meine Großmutter verhinderte das.

Meine Mutter musste wieder arbeiten gehen. Die Großeltern mütterlicherseits hatten selber viele Kinder. So begann mein sogenanntes „Wanderleben". Ich kam als Baby zu Bauern in Niederösterreich, die ließen mich liegen und kümmerten sich nicht um mich. Eine Tante hörte das, holte mich und brachte

Abb. 1: Der Vater war von 1951 bis 1953 als französischer Besatzungssoldat in Wien stationiert. Seine 1952 geborene Tochter Elisabeth hat er nie gesehen. Quelle: Sammlung Stelzl-Marx, Bestand Elisabeth F.

mich zu den Großeltern. Die Tante sagte mir im Erwachsenenalter: „Hätte ich dich nicht geholt, würdest nicht mehr leben. Du hattest einen offenen Popsch." Ich lag im Urin und Stuhl ...

Weitere Stationen: Wien, Burgenland, Niederösterreich, Salzburg, wieder Niederösterreich, sechs Wohnorte in der Steiermark. Volksschule in Salzburg, Niederösterreich und Steiermark. Hauptschule an zwei Wohnorten in der Steiermark. Von den Großeltern und Schulfreunden wegzukommen – das war für mich immer sehr traurig.

Vor Kurzem sagte meine Mutter: „Sei froh, dass ich dich nicht in ein Heim gegeben habe."

Es gab unter anderem eine Zeit mit Stiefvater – die war schlimm: Zuschauen müssen, wie er die Mutter schlug. Zu essen gab es das, was er übrig ließ – das kam öfters vor.[1]

Ich war ein Fürsorgekind, ein lediges Kind, man wurde behandelt, als wäre man als lediges Kind ohne Vater nicht viel wert.

Von meiner Mutter hörte ich früher öfters: „Du bist schuld, dass ich so viel krank bin."

Interessant war für mich schon als Kind: wenn ich gefragt wurde, wer mein Vater sei, und ich antwortete, er sei ein Franzose, war das für alle positiv. Aber ich wurde immer negativ behandelt.

Ich fragte schon sehr früh nach meinem Vater. Meine Mutter sagte mir immer seinen Vor- und Familiennamen und wo er in Frankreich wohnte. Nie hörte ich sein Geburtsdatum. „Unternimm nichts, suche nicht nach ihm, du bekommst Schwierigkeiten so wie ich", das hörte ich immer wieder.

Mit 19 bekam ich mein erstes Kind. Mutter sagte: „Verschwinde, ich brauche kein lediges Kind."

Mit 20 Jahren fragte ich beim Roten Kreuz, bekam keine Hilfe. Vor meiner Heirat schrieb ich (mit Unterlagen aus den 1950er-Jahren) ans Außenministerium in Wien. Die konnten mir nicht weiterhelfen; ich konnte nichts vorlegen. Dann schrieb ich an eine Adresse, die ich in einem alten Brief gefunden hatte,

---

1 Die Ehe zwischen der Mutter und dem Stiefvater hielt von 1958 bis 1961. Im Jahr 1974 heiratete die Mutter ein zweites Mal, diesmal aber einen sehr guten Menschen.

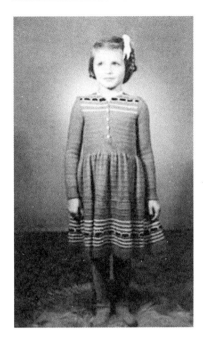

Abb. 2: Elisabeth F. im Alter von sechs Jahren in Niederösterreich: „Zu diesem Kinderfoto habe ich eine sehr gute Erinnerung. Ich ging damals mit meiner Mutter zu Fuß zirka sieben Kilometer vom Haus der Großeltern nach Melk zum Fotografen. Das Kleid hatte mir meine Mutter gestrickt, damit sie ein schönes Foto von mir nach Frankreich senden kann." Quelle: Sammlung Stelzl-Marx, Bestand Elisabeth F.

an meinen Vater. Der Brief kam zurück mit „Unbekannt".

2006 kam ein Anruf aus Niederösterreich: Ein Brief von einem Ahnenforscher aus Frankreich war zuerst nach Wien, dann in meine Geburtsheimat gesendet worden. Man suchte mich. Da erfuhr ich im selben Moment Vaters Geburts- und Sterbedatum. Mir zog es den Boden unter den Füßen weg: einerseits zu erfahren, er hat doch noch gelebt und hat mich nie gesehen. Und gleichzeitig zu erfahren, er sei gestorben.

Mein Vater hat mich im Testament angegeben, mit Vor- und Familiennamen, Geburtsdatum und Adresse von Wien. Aber ohne das Wort „TOCHTER".

Dann begann das Suchen nach Beweisen, Unterlagen etc., zum Notar Unterschrift beglaubigen und vieles mehr. Ich habe alle möglichen Ämter angeschrieben, bekam unter anderem auch eine Väterkartei – leider ohne Unterschrift von ihm.

Ich habe Unterlagen erhalten, die mich erschütterten, was da aufscheint. Der Notar meinte, er sehe keine Aussicht auf Erfolg. Hätte ich abgelehnt, wüsste ich heute nichts über den Vater. So willigte ich ein, verzichtete aber gleichzeitig auf ein Haupterbe.

Mir war und ist wichtig zu wissen: Wo sind meine französischen Wurzeln? Habe ich Verwandte? Ich nahm unter anderem auch Kontakt mit der österreichischen Botschaft in Paris auf. Diese beauftragte den Ahnenforscher, herauszufinden, ob es eine Familie gibt.

Ja, und dann kam endlich die Nachricht mit der E-Mail-Adresse meines Halbbruders. Eine Halbschwester ist verstorben. Am Heiligen Abend 2008 bekam ich die ersten Fotos vom Vater, Halbbruder und von seinem Sohn. So, nun war es soweit: Mit 56 Jahren sah ich zum ersten Mal, wie der Vater

Abb. 3: Die Mutter im Alter von 22 Jahren in Wien. Dieses Bild bewahrte der Vater als oberstes Foto in einer Blechdose mit Aufnahmen aus seiner Zeit in Österreich auf. Auf die Rückseite hatte Elisabeth F.'s Mutter geschrieben:

„Wie schön ist die Welt wie reich
und doch
wenn man einsam durch diese
Pracht geht
vernimmt man mit einem mal
die Kühle der fallenden Blätter
lege sich wie ein unfassbares
weh – um das sehnsüchtige Herz."

Quelle: Sammlung Stelzl-Marx, Bestand Elisabeth F.

aussah. Diesen Heiligen Abend werde ich nie vergessen: Ich zeigte meinen Kindern, wie ihr französischer Großvater aussah.

Es begann ein erstes, vorsichtiges Näherkommen per E-Mail mit dem neu gefundenen Halbbruder. Bald kam die Anfrage wegen eines DNA-Tests. Prof. Erwin Petek aus Graz hat mir dabei sehr geholfen. Ich fühlte mich von ihm gut verstanden und beraten. Danke an ihn und seine Mitarbeiterin, die ins Französische übersetzte. 97,8 Prozent war das Ergebnis – für den Halbbruder zunächst leider zu wenig.

Trotz aller Anfangsschwierigkeiten war es 2013 so weit: Mein Sohn, eine Freundin der Kinder und ich – mit 61 Jahren – fuhren zum ersten Mal in die Heimat meiner französischen Wurzeln. Wir wurden vom Halbbruder in dessen Haus empfangen, bewirtet und hatten bei ihm die Unterkunft. Am Nachmittag fuhren wir mit seinem Sohn zum Grab des Vaters. Wie es mir dort ergangen ist, kann ich nicht mit Worten beschreiben.

Mein französischer Neffe bemühte sich sehr, mir auf viele Fragen Antwort zu geben. Er erfuhr auch vieles von mir über seinen Großvater und meine Mutter.

Im Vorfeld hatte ich mir gedacht: Fragen werde ich nicht „Warum?", ich bekomme ja am Grab keine Antwort. Ich bin am „Ziel" angekommen. Das war immer mein Wunsch – aber sehen konnte ich ihn nicht mehr. Vater war alleine gestorben – niemand von der Familie hatte von seinem Tod gewusst.

Der Halbbruder kam nicht mit zum Friedhof; er hatte 20 Jahre keinen Kontakt mit dem Vater gehabt.

Am selben Abend wurden wir vom Bruder meines Vaters und seiner Frau eingeladen. Sie hatten ihren Urlaub um einen Tag verschoben, um mich zu sehen. Onkel sagte: „Kommt alle, gehen wir in den Garten und machen wir ein Familienfoto." Tante sagte: „Ich möchte dich gerne wiedersehen." Ich war so gerührt und erfreut über diese Aussagen.

Wir waren sieben Tage in Frankreich. Mein Halbbruder zeigte uns so vieles, er war auch mit uns im Ferienhaus, wo er mit Vater, mit seiner Familie die Kindheit verbracht hatte. Am Sonntag war ich mit ihm alleine, wir kochten zusammen ein typisch französisches Essen.

Die Jugend war in der Stadt, mein Halbbruder kam mit einer alten Blechdose aus seinem Büro. Drinnen waren viele Fotos vom Vater aus seiner Zeit in Österreich. Das erste Foto obenauf war von meiner Mutter.

Heute habe ich die Aussagen und Erinnerungen meiner Mutter, jene meiner französischen Familie und viele Unterlagen aus dieser Zeit. In alten Unterlagen und auch in den Erinnerungen scheinen Unwahrheiten auf. Ich, das Ergebnis dieser Beziehung, mache mir meine eigenen Gedanken über mein Schicksal als Besatzungskind. Vielleicht erfahre ich eines Tages, was damals wirklich geschehen ist.

Auch wenn ich es meinem verstorbenen Vater persönlich nicht mehr sagen kann: Danke, dass du dich wenigstens – aus welchem Grund auch immer – am Ende deines Lebens an mich erinnert hast.[2]

Ein Nachsatz: Ich habe sehr viel gelesen über das Schicksal der Besatzungskinder, die Nachkriegszeit. Das hat mir enorm geholfen, alles, auch meine Mutter, besser zu verstehen. Verstehen kann ich es überhaupt nicht, warum es in der heutigen Zeit noch immer so schwierig ist, uns Besatzungskindern bei der Suche zu helfen. Wir sind ganz auf unsere eigene Initiative angewiesen. Wer sucht mit uns? Wer fährt mit uns in das Land der Besat-

---

2   Danke auch an meinen Sohn, der mir diese Reise ins Land meines Vaters als Weihnachtsgeschenk gab und so gut übersetzt hat. Auch an die Freundin meiner Kinder vielen Dank: Sie hat perfekt übersetzt.
„Merci beaucoup" an meine französische Familie, dass sie mich nicht abgelehnt, sondern so herzlich aufgenommen hat. Sie wusste von der französischen Großmutter nur, dass es eventuell ein Kind in Österreich gibt.
Ein herzliches Danke zudem an Frau Doz. Barbara Stelzl-Marx: Auch sie stand mir bei meiner doch sehr schwierigen, aufwühlenden, aufregenden Suche zur Seite.
Weiters an Franziska Lacombe, die Ansprechperson in Österreich von „Herzen ohne Grenzen": vielen Dank für ihre Hilfe und Übersetzungen. Für diesen Verein bin ich die Einzige, bei der ein französischer Besatzungssoldat das Kind im Testament angab. Und auch die Einzige, die so viele Unterlagen hat.

zungsväter? Wer übersetzt für uns? Es ist sehr wichtig, auch dieses Kapitel der Zeitgeschichte endlich aufzuarbeiten.

Unsere Mütter wurden mit dem Kind des Besatzungssoldaten, der plötzlich verschwunden ist, ganz alleine gelassen. Wir sind es ihnen schuldig, rasch zu handeln.

Michael Martin

Kind des Krieges – Kind der Liebe

Autobiografien haben meistens einen Geschmack von Selbstdarstellung, Rechtfertigung und Beschönigung. Deshalb fällt es dem Schreiber dieser Zeilen, der des Schreibens von Berufs wegen durchaus mächtig ist, sehr schwer, die eigene Vita in Worte zu fassen. Er tut es dennoch, um anderen mit ähnlicher Vergangenheit wenigstens etwas dabei zu helfen, das eigene Schicksal mit anderen vergleichen und es damit auch relativieren zu können. Um den eingangs beschriebenen Gefahren etwas zu entgehen, sollen vier andere Biografien ausführlich geschildert werden. Es sind dies zwei Biografien von Vater und Mutter, ohne die das eigene Leben nicht möglich gewesen wäre, der Lebensweg einer frühen Bezugsperson, ohne die das eigene Leben so nicht möglich gewesen wäre, und schließlich die Vita der nach 60 Jahren gefundenen Halbschwester.

Alle Lebensläufe sind miteinander verwoben und lassen sich somit auch in der folgenden Darstellung nicht immer voneinander trennen. Der gut gemeinte Vorsatz, alle vier Biografien ausführlicher als die eigene zu gestalten, scheiterte jedoch teilweise. Nur zwei Menschen, die genannte Bezugsperson und die Schwester, leben noch und können sich an frühere Einzelheiten erinnern. Bei den beiden anderen war es mangels schriftlicher Quellen unmöglich, alle Einzelheiten der Lebensläufe zu rekonstruieren. Im Laufe der Lektüre mag die Vielzahl von Details irritieren. Dass sie zu den Biografien gehören, sollte am Ende doch einleuchtend sein.

Der Vater: der Soldat

Am 8. Juli 1904 kam Marcel Lucien Gaston Challot in Paris im 14. Arrondissement als einziger Sohn des 29-jährigen Elektrikers Felicien Challot und seiner 24-jährigen Ehefrau Jeanne auf die Welt. Nach der Volksschule ließ er sich als Eisenschmied ausbilden. Am 10. April 1926 heiratete er in Paris die 22-jährige Eugénie Alphonsine Yvonne Boileau (verstorben am 13. September 1985). Das Ehepaar wohnte zunächst in Puteaux, 1927 in Nanterre, 1930 in Suresnes und 1932 in Nanterre. Viel kann der Gatte nicht zu Hause gewesen sein, denn am 30. April 1925 verpflichtete er sich für drei Jahre bei der Marine und begann seine Laufbahn als Matrose 2. Klasse (Mechaniker). Nach den drei Jahren wurde er entlassen und blieb in der Reserve. Am 11. November 1939 wurde er eingezogen und diente als Reservist bis zum 26. März 1940, dann ab 16. April 1940 als Arbeiter „affectation spéciale" auf der Kriegswerft in Brest. Nach dem Waffenstillstand wurde er am 1. Juli 1940 entlassen. Die Kriegsjahre lassen sich in seiner Biografie nur teilweise rekonstruieren. 1943 wurde er als STO („Service du travail obligatoire") für die Blériot-Flugzeugwerke in Suresnes zwangsverpflichtet. Er floh von dort, kam in ein Kriegsgefangenenlager bei Alençon und floh nochmals, nur mit einem Schlafanzug bekleidet, aus diesem Lager sechs Wochen lang vor allem nachts 300 Kilometer quer durch Frankreich nach Paris. Von dort aus floh er weiter und versteckte sich als Holzfäller in den Ardennen, bevor er in die Résistance ging. Wo er gekämpft hat, ist unklar. Ein undatierter Ausweis der kommunistischen Gruppe „Roger Vaillant" in Paris zeugt von der Teilnahme an Kämpfen bei der Befreiung von Paris. Eine kurze Erinnerung hat die Tochter an den Moment, als der Vater während des Barrikadenbaus in Suresnes/Puteaux kurz zu Hause war. Ebenso liegt ein Ausweis vor, der ihn als Mitglied der FFI (Forces Françaises de l'Intérieur) „Zone Nord, Bataillon Rueil-Nanterre-Chatou" ausweist. Die FFI waren paramilitärische Einheiten, die ab 1944 in die 1. Armee eingegliedert wurden. Am 10. Mai 1944 wurde er beim Heer als Mechaniker eingestellt. Vielleicht zog er mit der 1. Armee Anfang Juli 1945 in Koblenz ein und lernte dort eine junge Deutsche kennen. Austritt aus dem Militärdienst am 10. Mai 1952.

Die Schwester: eine Kriegsjugend in Frankreich

Geboren am 15. Januar 1934, ist die kleine Colette in Rueil-Malmaison, bis 1946 im Südwesten von Paris, direkt an der Seine gelegen, aufgewachsen. Oberhalb des Ortes lag der Mont Valérien, ein Militärfort. Dieses Fort erlangte während der Besatzung traurige Berühmtheit. Hier wurden Tausende von Geiseln und Widerstandskämpfern erschossen. Die Schwester wohnte nahe bei der SS-Kaserne und bekam die täglichen Aus- und Rückmärsche der Soldaten hautnah mit. Jeder wusste, was oben im Fort passierte. Auch die Razzien sind ihr heute noch präsent. Ebenso die Szene, wo jüdische Mitschüler aus dem Unterricht heraus abgeholt wurden. Dies alles muss in der Biografie erwähnt werden, weil so das Bild des „Deutschen" in ihr entstand, das sich bei ihr bis ins Alter hinein festsetzte.

Oft war die Kleine allein, die Mutter arbeitete tagsüber in einer Druckerei für Lebensmittelmarken. Der Vater war im Krieg. In Paris waren die Lebensbedingungen für eine alleinerziehende Mutter hart. So wurde die Kleine mit neun Jahren zu Bauern aufs Land, nach Gièvre im Département Loire et Cher, geschickt, wo sie wenigstens genug zu essen hatte. Das Bauernehepaar nahm sie jedoch nicht aus Wohltätigkeit auf, sondern gegen Bezahlung. Zwei weitere Kinder waren auf dem Bauernhof in „Pension". Die drei mussten die Kühe hüten. Die Familie hatte einen taubstummen Sohn, der wohl auch etwas schwachsinnig war und seinen Vater tätlich attackierte. Die Lebensbedingungen waren mehr als einfach: kein fließendes Wasser, kein Strom, keine Hygiene. Waschen durften sich die Kinder nur einmal in der Woche. Dem Krieg entkam sie allerdings auch auf dem Lande nicht. Sie erlebte und überlebte Luftangriffe. Einer ist ihr noch besonders in Erinnerung: Ein deutscher Militärkonvoi wurde aus der Luft angegriffen, ein deutscher Soldat zog sie in den Straßengraben, setzte ihr seinen Helm auf und warf sich über sie. Als der Angriff vorbei war, schenkte er ihr eine Tafel Schokolade, die sie zornig wegwarf, da man ihr beigebracht hatte, von deutschen Soldaten nichts anzunehmen, da alles vergiftet sei. Der Soldat war nicht verärgert, sondern weinte, gab ihr einen Kuss auf die Wange und zog weiter. Es war das erste Mal, dass sie Leichen sah. Erst vor Kurzem kam ihr wieder eine Erinnerung hoch, die sie lange vergessen oder verdrängt hatte. Anfang Juni 1944 wurde Rueil-Malmaison, wo sie damals wohnte, evakuiert und die Bevölkerung auf Lastwagen in Richtung Südwesten verbracht. Kurz bevor der Zielort erreicht wurde, musste der Konvoi umkehren. Das nächste Dorf stand in Flammen. Erst später erfuhr sie, dass es sich um das berüchtigte Massaker von Oradour-sur-Glane gehandelt hatte.

Der Krieg ging zu Ende, aber der Vater kam nicht heim. Nur einmal während des Kriegs hatte sie ihn gesehen. Nur um ihr guten Tag zu sagen und sie kurz in den Arm zu nehmen, war er – zu der Zeit schon im Maquis (Widerstand) – für zwei Minuten am Bauernhof vorbeigekommen.

Aus dem für sie fernen und unbekannten Deutschland schickte er ihr Post, die aber von der Mutter immer häufiger abgefangen wurde. Schließlich machte es ein Umweg über Cousins möglich, dass die Kommunikation zwischen den beiden doch aufrechterhalten werden konnte. Um den Lebensunterhalt der beiden Frauen zu ermöglichen, wurde die Tochter mit zwölf Jahren bei Tanten untergebracht. Eine weiterführende Schule kam nicht in Frage und so wurde sie für zwei Jahre zu Verwandten nach La Courneuve in einen Gemüsegroßhandel geschickt. Für die prekäre Situation der beiden machte die Mutter den abwesenden Vater verantwortlich. Das verstand das Mädchen ebenso wenig wie die Bitten des Vaters, doch nach Deutschland zu kommen, um dort „eine neue Familie zu finden". Noch unbegreiflicher war es ihr, als sie sich vor einem Jugendrichter zwischen Mama und Papa entscheiden sollte. Sie hing an ihrem Papa, liebte aber auch ihre Mutter, die ihr immer wieder eintrichterte, dass „ihr" Vater sie verlassen habe. Einmal (1945) sah sie ihn bei ihrer Kommunion, wo er aber nur am Ausgang der Kirche auf sie wartete und an der Familienfeier nicht teilnahm. Dann noch einmal im Jahr 1950, als die Eltern vielleicht einen Versöhnungsversuch unternahmen und zusammen mit einer Cousine der Mutter und der Tochter eine Woche in La Rochelle verbrachten. Dies war auch das Jahr, in dem Colette versuchte, sich (mit 16 Jahren!) zu verheiraten. Dazu brauchte sie allerdings die Erlaubnis der Eltern, die der Vater vehement verweigerte. Erst am 9. Januar 1954 kam es zur Heirat. Der Vater bezahlte das Brautkleid, die Mutter das Restaurant.

Vorher hatte sie zwei Jahre lang bei Verwandten in einem Gemüsegroßhandel gearbeitet, bis eine Sozialarbeiterin sich ihrer annahm und ihr einen Platz in einem Ausbildungszentrum für Jugendliche vermittelte, wo sie Spulenwicklerin lernte. Mit 16 Jahren hatte sie ihr Diplom und arbeitete ab dann in einer Fabrik. Selbstständig bildete sie sich weiter, bestand einige Prüfungen und erreichte das Meisterdiplom. Sie heiratete mit 20 Jahren, bekam kurz hintereinander einen Jungen und ein Mädchen und widmete sich ganz deren Erziehung. Nebenher belegte sie Näh- und Dekorationskurse und engagierte sich beim Roten Kreuz. Ihr Berufsleben beendete sie in der Mairie von Suresnes, wo sie als heute noch geachtete Mitarbeiterin in Rente ging.

Die Mutter: ein Nachkriegsschicksal

Die Biografie der Mutter muss notgedrungen kurz ausfallen. Nur wenige Briefe von ihr und nur drei Fotografien sind erhalten. Das Fehlen weiterer Dokumente ist Teil der traurigen Lebensgeschichte. 1913 zog der Wirt Karl Martin mit seiner Ehefrau Auguste und drei Söhnen von Auerbach im Vogtland aus nicht zu klärenden Gründen nach Koblenz. Hier kam Ingeborg Martin am 26. August 1926 auf die Welt. Drei Brüder waren vor ihr geboren worden. Der Älteste zog 1929 als 25-Jähriger nach Hamburg, wo er um 1990 starb. Zwei Brüder fielen 1941 im Krieg. Der Vater war bereits 1931 im Alter von 53 Jahren verstorben. So musste die Witwe allein für die Kinder sorgen. Zu allem Unglück wurde sie auch noch ausgebombt. Ingeborg war zu Kriegsende also gerade 19 Jahre alt. Ob sie in diesen widrigen Zeitläuften eine Ausbildung machen konnte, ist eher unwahrscheinlich.

Auch für die Schilderung der nächsten und letzten Jahre ihres Lebens ist der Verfasser auf mündliche Überlieferungen und Rekonstruktionen aus verschiedenen Quellen angewiesen.

Spätestens im September 1946 lernte sie – vielleicht war es auch umgekehrt? – den französischen Soldaten Marcel Challot kennen. Mit ihm scheint sie zusammengelebt zu haben. Am 1. Juni 1947 brachte sie in Baden-Baden den gemeinsamen Sohn Michael auf die Welt.

Abb. 1: Bei der Taufe wurde Michael Martin von seiner Mutter gehalten. Später versuchte jemand, sein Gesicht auf dem Foto wegzukratzen. Quelle: Sammlung Martin

Es sollte doch erwähnt werden, was das Jahr 1947 bedeutete: Ein eisiger Winter bis in das Frühjahr hinein, ein Sommer ohne Regen. Dies waren nicht nur außergewöhnliche Wetterbedingungen, nein, das Wetter bestimmte mehr das tägliche Leben, als wir uns dies heute vorstellen können, wo jede Ansammlung von Schneeflocken in den Nachrichten den Stellenwert einer Winterkatastrophe gewinnt. Berichte über die Lebensmittelversorgung sprechen eine deutliche Sprache. Im Februar 1947 heißt es: „Gemessen am Lebensstandard der Bevölkerung hinsichtlich der Ernährung im Jahre 1926 war jener des Jahres 1932 noch dessen Hälfte ... hat der Standard 1946 einen Tiefstand erreicht, der längst die unterste Grenze des Erträglichen überschritten hat und nur als Vegetieren bezeichnet werden kann." Übers Jahr hin änderte sich die Ernährungslage kaum. Erst gegen November zeigten sich langsam Verbesserungen, die uns heute minimal vorkommen. Immerhin konnten dann dem erwachsenen „Otto-Normalverbraucher" 75 Gramm Fett zugeteilt werden!

Was dieses Jahr an Lebensbedingungen für eine junge Frau ohne Beruf bot, kann man sich nur schwer vorstellen. Die Verbindung und das Zusammenleben mit einem französischen Besatzungssoldaten mag über das Gröbste hinweggeholfen haben. Es ist bemerkenswert und sicher als große Ausnahme zu bezeichnen, dass die beiden überhaupt und so lange zusammen leben konnten. Zuerst in Baden-Baden, dann von November 1947 an in Oppenheim und zuletzt in Bad Bergzabern. Dass sie dort, nachweisbar anhand des Melderegisters, mit dem kleinen Sohn sogar in der Kommandantur lebten, lässt sich nur schwer erklären, denn der Normalfall war eher die sofortige Versetzung eines Besatzungssoldaten, sobald offiziell bekannt wurde, dass er zusammen mit einer Deutschen ein Kind gezeugt hatte.

Im Oktober 1948 endet das gemeinsame Leben. Die Gründe dafür sind nicht bekannt.

Der Vater war wohl noch in Deutschland stationiert. Am 7. November wurde er nach Brazzaville versetzt oder ließ sich versetzen. Er starb dort unter ungeklärten Umständen am 30. September 1954.

Die junge Mutter sah sich außer Stande, den Kleinen zu ernähren, und gab ihn nach Speyer in das dortige Waisenhaus der Evangelischen Diakonissenanstalt. Sie selbst schien sich mit Gelegenheitsjobs in Karlsruhe mühsam über Wasser gehalten zu haben. Zahlreiche und häufige Wohnungswechsel lassen auf schwierige finanzielle Verhältnisse schließen. Ob der Vater noch mit ihr in Verbindung stand, ist nicht mehr nachzuvollziehen. Schließlich starb sie am 18. Januar 1951 in Karlsruhe unterernährt an Gelbsucht.

Das Wenige, was sie besitzt, hat wahrscheinlich ihr älterer Bruder an sich genommen und auch verschwinden lassen. Er war es auch, der seiner Schwester, nachdem ihm ihr Verhältnis mit einem Besatzer bekannt geworden war, jeglichen Kontakt mit der Mutter untersagte. Diese wohnte weiterhin in Koblenz in ärmlichsten Verhältnissen.

Die Säuglingsschwester: die Ersatzmutter

Der kleine Michael war also in Speyer im Waisenhaus. Dort arbeitete eine junge Säuglingsschwester, die sich seiner erbarmte und ihn mit nach Hause nahm. Für damalige Verhältnisse ein völlig ungewöhnlicher Vorgang, war die junge Frau doch erst 22 Jahre alt und ledig. Sie lebte zusammen mit ihrem verwitweten Vater, der vor dem Krieg Missionar der Herrnhuter Brüdergemeinde in Afrika und Holländisch-Guyana gewesen war. Dort in Panamaribo war Herta auf die Welt gekommen. Die Eltern mussten wegen einer schweren Erkrankung der Mutter zurück nach Europa, wo die Mutter 1944 starb. Ein Sohn fiel im Krieg, der andere studierte später Theologie und die ältere Schwester wurde Gemeindehelferin bei den Herrnhutern in Basel. Herta also hatte sich um den Vater zu kümmern und dann auch noch um den kleinen Jungen. Eine kleine Episode, die Herta erst in hohem Alter wieder einfiel, mag als weiterer Beweis für das oben geschilderte Zusammenleben des französischen Soldaten mit seiner deutschen Geliebten dienen. (Das Wort „Geliebte" sei hier ohne den üblichen Beigeschmack verwendet!) Herta

Abb. 2: Michael Martin mit der Säuglingsschwester Herta, die als Mutterersatz fungierte, etwa 1954. Quelle: Sammlung Martin

schenkte dem Kleinen bei der Ankunft in seinem neuen Heim ein Kleidungsstück, das der Junge kommentarlos annahm. Herta meinte, er könne wenigstens Danke sagen, worauf der Kleine direkt antwortete: „Merci beaucoup, Madame".

Der „Großvater", ein liebevoller Mensch, nahm Kontakt mit der Mutter auf und forderte sie auf, monatlich etwas zum Unterhalt des Kindes beizusteuern. Selbst kleinste Summen von 5 oder 10 Mark schienen für diese selten möglich zu sein. So viel geht zumindest aus den wenigen Briefen an Herta hervor, in denen sie sich für verspätete oder nicht entrichtete Zahlungen entschuldigte oder rechtfertigte.

Herta versuchte nach dem Tode der Mutter der Großmutter in Koblenz ihren „Enkel" vorzustellen. Dies stieß – unter dem immer noch drohenden Einfluss des Sohnes aus Hamburg – auf Widerstand. Herta ließ sich davon nicht irritieren und präsentierte den Kleinen bei einem Überraschungsbesuch in Koblenz. Noch einige Male hatte der Junge die Gelegenheit, seine leibliche Großmutter zu sehen, die dann jedes Mal alles zusammensparte, um den Kleinen wenigstens bewirten zu können. Die Armut und die späte Zuneigung waren selbst dem noch nicht einmal zehn Jahre alten Jungen deutlich und sind ihm auch jetzt noch erinnerlich. Nur einmal, bei der Beerdigung der alten Frau, sah er seinen Onkel, der ihm zwar große Versprechungen machte, aber nichts an Erinnerungen an seine Mutter und seine Schwester überließ. Ein Cousin der Mutter wurde von Herta aufgefordert, sich für das wie auch immer geartete Erbe des Kleinen einzusetzen, was dieser jedoch verweigerte. Normalerweise wäre es auch dessen Aufgabe gewesen, den Waisenknaben aufzunehmen, was er jedoch unter dem Einfluss seiner Frau nicht tat.

Leider konnte der Junge nur wenige Jahre bei der Kinderschwester bleiben. Die Gesetze ließen nicht zu, dass eine unverheiratete Frau ein fremdes Kind großzog. So musste sie sich schweren Herzens von ihm trennen. Noch heute, in hohem Alter, bleibt diese ungewollte und erzwungene Trennung für sie der größte Fehler und die größte Schuld in ihrem Leben.

Michael kam mit fünf Jahren in die „Obhut" eines kinderlosen Pfarrerehepaares. Hier ist nicht der Rahmen, ausführlich über Erfahrungen von Kindern zu referieren, die entweder adoptiert oder als Pflegekind ihre Jugend verbracht haben. Es sei genug, darauf hinzuweisen, dass die Verbindungen zur Kinderschwester systematisch unterminiert wurden, dass dem Kleinen immer wieder versucht wurde, „das Französische auszutreiben" und dass er nie adoptiert wurde. Dies immer mit dem Hinweis, er solle dankbar sein und sich immer daran erinnern, wo er herkomme. Wie immer, gibt es auch hier etwas Gutes: Der Name der Mutter blieb dem Kind somit erhalten und die Verbindung zur Kinderschwester ist seit Jahren, vor allem nach dem Tod der Pflegeeltern, wieder eng, und es bleibt eine große Dankbarkeit für die Liebe, die sie dem Kleinen geschenkt hat.

Der weitere Lebensweg des Besatzungskindes sollte zeigen, dass „das Französische" eben nicht zu löschen war, eine Tatsache, die in einer Diskussion über die Präponderanz von Genen oder Erziehung durchaus ihren gewichtigen Platz hätte.

Kurzer eigener Lebenslauf

Die Jugend

Seine Herkunft war dem Kleinen, seit er denken konnte, bekannt. Wie weit man davon sprechen kann, dass sie ihm auch bewusst war, ist eine eigene Geschichte. Wer als Kind eines Pfarrers in Dorfgemeinden aufwächst, genießt natürlich einen besonderen Status und auch einen besonderen Schutz. Insofern war der Kleine vor abfälligen Bemerkungen über seine Herkunft, wie sie andere Besatzungskinder erleben und erdulden mussten, sicher. Erst später wurde er gewahr, dass er kein Einzelschicksal war und es in seiner Umgebung mehrere „Fälle" wie den seinen gab. Ob darüber im Dorf gesprochen wurde, bekam man in seiner Jugend freilich nicht mit. Vor eventuellen Frech-

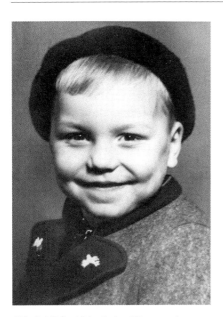

Abb. 3: Michael Martin im Alter von vier Jahren, 1951. Quelle: Sammlung Martin

heiten schützte ihn sicher sein Status als Mitglied der Pfarrerfamilie.

Emotionale Zuwendungen in Form von Zärtlichkeiten gab es nicht. Dafür zog der Kleine im Dorf herum und erzählte, es gebe zu Hause nur Wasser und Brot, worauf er dann mit Kuchen abgefüttert wurde. Dass er mehrmals dabei ertappt wurde, als er mit wildfremden Menschen unterwegs war, gehört in dieses Bild. Der Mangel an Emotionen mag auch dazu beigetragen haben, sich ein idealisiertes Bild von Vater und Mutter zu machen. Die Mutter, die wohl kurz eine Schauspielschule besucht hatte, wurde mit einer Porzellanplastik, die eine Tänzerin darstellte, und die als Dekoration des Wohnzimmers diente (irgendwann verschwand sie), identifiziert und zur bedeutenden Schauspielerin hochstilisiert. Dies umso mehr (aus Trotz?), als dem Kleinen immer wieder eine gewisse Schauspielerei zum Vorwurf gemacht wurde. Der Vater wurde in der kindlichen Fantasie natürlich zum hochdekorierten Militär.

Der Volksschule schloss sich das Gymnasium an, und wie es sich damals für einen Pfarrerssohn gehörte, war es natürlich das Humanistische Gymnasium. Dies sei ohne Ironie vermerkt, denn die Allgemeinbildung, die diese Schulform bot, war eine gute Basis für später. Abitur und die Suche nach einem Beruf waren die weiteren Stationen. Ganz wichtig waren drei Aufenthalte in einem Jugendlager CVJM (Christlicher Verein junger Männer) an der Côte d'Azur. Im Nachhinein waren es entscheidende Sozialisierungen im Französischen. Jetzt erst wurde die Sprache lebendig und persönlich. Die drei Jahre Unterricht im Gymnasium hatten dies nicht erreicht. Heute noch gibt es freundschaftliche Beziehungen zu Teilnehmern aus Frankreich. Der Versuch, Theologie zu studieren, erwies sich als Sackgasse (der Pflegevater hatte davor gewarnt). So folgte der 18-monatige Wehrdienst mit einer Einzelkämpferausbildung und dem Beginn der Laufbahn zum Reserveoffizier. Letztendlich diente der Wehrdienst auch als Findungsprozess. Er bot reichlich Zeit zur Lektüre und so war die Wahl der Fächer Geschichte und Französisch nur logisch. Während des Studiums lag der Schwerpunkt im Fach Geschichte fast ausschließlich auf Themen, die zu Frankreich Bezug hatten. Auch das Thema der Dissertation aus dem Bereich „Französische Revolution" reiht sich in diese Linie ein. Nach dem Universitätsstudium folgte die Ausbildung zum Archivar des Höheren Dienstes. Die Rückkehr nach Landau, der deutschen Stadt mit der längsten französischen Vergangenheit (1680–1815), als Stadtarchivar war ein seltener Glücksfall und eine ideale Kombination. Die folgenden 24 Jahre als Leiter des dortigen Archivs (1988–2012) boten reichlich Gelegenheit zu grenzüberschreitenden Archivstudien (Paris, Straßburg) und zu zahlreichen daraus resultierenden Publikationen. Die Arbeit geht auch nach der 2012 erfolgten Pensionierung weiter.

Die Suche

Die Suche nach eigenen Wurzeln nimmt in dem Maße zu, wie sich der Suchende seiner selbst bewusst wird. Ein anderes Motiv für die Suche sind Anstöße von außen. Sei es, dass man bei der Verbeamtung deutsche Wurzeln bis zurück zum Großvater nachweisen musste, sei es, dass die eigenen Kinder irgendwann nach eigenen Großeltern fragten. Psychologen würden sicher die Berufswahl (Historiker, Archivar – beides Berufe, in denen gesucht wird) als unbewusste Suche nach der eigenen Vergangenheit interpretieren. In der Tat begannen die ersten ernsthaften Recherchen mit dem Berufsleben. Der einzige konkrete Hinweis auf den Vater bestand in einem Foto, das die Mutter zeigte und auf der Rückseite ihren handschriftlichen Vermerk „Pour mon cher Marcel" trug.

Der erste Versuch startete mit einem Brief an das französische Konsulat in Stuttgart. Die Antwort bestand aus einem umfangreichen Fragebogen, in dem z. B. nach der Augenfarbe des Vaters gefragt wurde. Angesichts der nachgewiesenen mehr als rudimentären Kenntnisse eine blanke Unverschämtheit, die allerdings die Lust zu weiteren Recherchen im Keim erstickte. Mit der Funktion als Stadtarchivar von Landau ergaben sich zahlreichen Kontakte zu französischen Kolleginnen und Kollegen. Aus diesem Kreis kamen dann auch entscheidende hilfreiche Hinweise auf Quellen. Auch hier wurde von den entsprechenden Archiven alles abgeblockt – natürlich mit dem berechtigten Hinweis auf die gesetzlich vorgeschriebenen Sperrfristen. Im Jahre 2003 besuchte ein Herausgeber des „Figaro" das Stadtarchiv Landau auf der Suche nach einem Vorfahren, der der letzte königliche Kommandant der Festung vor der Französischen Revolution war. Mit ihm ergab sich ein Gespräch über den eigenen Lebensweg, ohne in dem Moment die Identität des Gegenübers zu kennen. Einige Zeit später, im Jahre 2005, erschien das Buch „Le Crime d'aimer. Les enfants du STO" von Jean-François Picaper,

Journalist bei „Figaro", der die Biografie ohne Rücksprache verkürzt und verfälscht darstellte. Diese Episode hatte zumindest die positive Folge, dass es nun Kontakte zu dem Verein „Cœurs sans Frontières" gab. Diese Gruppierung hat es sich zur Aufgabe gemacht, Betroffenen bei der Suche nach ihren Wurzeln zu helfen. Der Verein existiert auch heute noch und für einen Archivar, also sozusagen Professionellen, ist es eine Selbstverständlichkeit, sich hier zu engagieren.

Das Erscheinen des genannten Buches mit der eigenen Biografie war einer der Gründe, die Recherchen in eigener Sache zu intensivieren. Es ergaben sich (erfolglose) Kontakte mit verschiedenen französischen Archiven, bis eine Anfrage im damaligen „Archives de l'Occupation en Allemagne et en Autriche" in Colmar zumindest die Sicherheit brachte, dass sich dort alle Dossiers der sogenannten Besatzungskinder sogar unter deren eigenem Namen befanden. Auf verschlungenen Wegen wurde wenigstens der Familienname des Vaters bekannt. Herta hatte übrigens alle Hinweise auf die Identität des Vaters vernichtet, um mir, wie sie später bekannte, „das Leben nicht noch schwerer zu machen". Mithilfe von Internet wurden alle Namensträger in Paris ermittelt und auch angeschrieben – ohne Resonanz.

Der NDR drehte im Jahre 2005 einen Film mit dem Titel „Die Kinder der Besatzer". Die Mitarbeit an dieser Dokumentation war selbstverständlich mit Nennung des Namens und des Berufs, was nach der Ausstrahlung eine Reihe von Anfragen mit der Bitte um Hilfe bei der Suche nach sich zog. Im Jahre 2009 befasste sich ein Redakteur des SW mit dem gleichen Thema und bat um Mithilfe. Diese Bitte gab den letzten Anstoß zu einer intensiven Suche. Inzwischen waren auch die Sperrfristen von 60 Jahren abgelaufen und der Zugang zum eigenen Dossier war nun frei. Unbürokratische Hilfe von französischen Kolleginnen und Kollegen brachte nun innerhalb von wenigen Wochen eine Fülle von neuen Erkenntnissen, die letztendlich auf die Spur einer Frau führte, die die Konzession an dem Grab der Witwe des Vaters innehatte. Sie stellte sich letztendlich als die Halbschwester heraus. Mit ihr bestehen seitdem intensive Kontakte mit regelmäßigen Telefonaten und Besuchen. Am Rande sei vermerkt, dass sich ihr Bild vom „Deutschen" entscheidend geändert hat.

Anhang

Karten der Besatzungszonen in Österreich und Deutschland

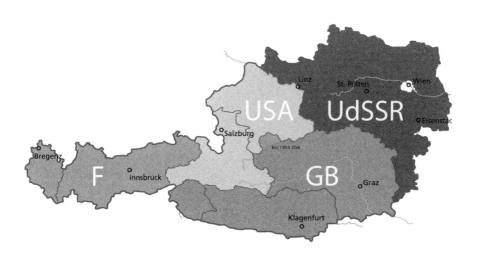

Abb. 1. : Besatzungszonen in Österreich, 1945–1955. Quelle: AdBIK, Grafik: Semlitsch

Abb. 2. : Besatzungszonen und Länder in Deutschland, 1947. Quelle: IEG-Maps – Kartenserver am Institut für Europäische Geschichte Mainz

Abkürzungsverzeichnis

AdBIK	Archiv des Ludwig Boltzmann-Instituts für Kriegsfolgen-Forschung
ADW	Archiv Diakonisches Werk der Evangelischen Kirche Deutschlands
AStS	Archiv der Stadt Salzburg
BArch Berlin	Bundesarchiv Berlin
BArch Koblenz	Bundesarchiv Koblenz
Bd.	Band
Bde.	Bände
BHStA	Bayerisches Hauptstaatsarchiv München
BIK	Ludwig Boltzmann-Institut für Kriegsfolgen-Forschung
Bl.	Blatt
BRD	Bundesrepublik Deutschland
CAD	Centre des Archives Diplomatiques
CAMO	Central'nyj archiv ministerstva oborony (Zentralarchiv des Verteidigungsministeriums der Russischen Föderation
CIC	Counter Intelligence Corps (Spionageabwehr Korps)
CIDI	Composite International Diagnostic Interview
CKDM	Contact Groep Kinderen van Duitse Militairen (Arbeitsgruppe für Kinder von deutschen Soldaten in den Niederlanden)
CVJM	Christlicher Verein junger Männer
d.	delo (Akt)
DDR	Deutsche Demokratische Republik
DKBF	Danske krigsbørns Forening (Dänischer Kriegskinderverein)
Dok.	Dokument
DP	Displaced Person
Dr.	Doktor
ebd.	ebenda
et al.	et alia (und andere)
etc.	et cetera (und so weiter)

f.	folgend
F.	Fond (Bestand)
FFI	Forces Françaises de l'Intérieur (Französische Streitkräfte im Inneren)
GARF	Gosudarstvennyj archiv Rossijskoj Federacii (Staatsarchiv der Russischen Föderation)
GI	Government Issue (von der Regierung oder von einer Behörde gestellt, Soldat der Streitkräfte der Vereinigten Staaten)
GTB	Gewerkschaft Textil und Bekleidung
H.	Heft
Hg.	Herausgeber
HStAStg	Hauptstaatsarchiv Stuttgart
ISE	Inventory of Stigmatizing Experiences
ISMI	Internal Stigma of Mental Illness Scale
Jg.	Jahrgang
NAACP	National Association for the Advancement of Colored People
NACP	National Archives at College Park, College Park, MD
NARA	National Archives and Records Administration, Washington
NKBF	Norges Krigsbarnforbund (Norwegischer Kriegskinderverein)
NPRC	National Personnel Records Center
Nr.	Nummer
NS	Nationalsozialismus
o. D.	ohne Datum
o. J.	ohne Jahr
o. O.	ohne Ort
o. S.	ohne Seite
ÖBM	Österreichische Botschaft Moskau
ÖNB	Österreichische Nationalbibliothek
op.	opis' (Verzeichnis)
ORF	Österreichischer Rundfunk
ÖStA/AdR	Österreichisches Staatsarchiv/Archiv der Republik

PDR	Direction des Personnes Déplacées et Réfugiées (Direktion für displaced persons und Flüchtlinge)
PRO	Public Record Office
PTBS	Posttraumatische Belastungsstörung
RGANI	Rossijskij gosudarstvennyj archiv novejšej istorii (Russisches Staatsarchiv für Zeitgeschichte)
RGASPI	Rossijskij gosudarstvennyj archiv social'no-političeskoj istorii (Russisches Staatsarchiv für sozial-politische Geschichte)
RGVA	Rossijskij gosudarstvennyj voennyj archiv (Russisches staatliches Militärarchiv)
S.	Seite
SAPMO-BArch	Stiftung Archiv der Parteien und Massenorganisationen der DDR im Bundesarchiv
SBM	Sowjetische Besatzungsmacht
SBZ	Sowjetische Besatzungszone
SDS	Sozialistischer Deutscher Studentenbund
SMAD	Sowjetische Militäradministration in Deutschland
SSMIS	Self-Stigma of Mental Illness Scale
St.	Sankt
StLA	Steiermärkisches Stadt- und Landesarchiv
STO	Service du travail obligatoire (Pflichtarbeitsdienst)
TNA	The National Archives
UdSSR	Union der Sozialistischen Sowjetrepubliken
USA	United States of America
USFA	U. S. Forces Austria
vgl.	vergleiche
v. l. n. r.	von links nach rechts
WBM	Westliche Besatzungsmächte
Zit.; zit.	Zitat, zitiert

Literaturverzeichnis

Helle Aarnes, Tyskerjentene. Historiene vi aldri ble fortalt. Oslo 2009.

Alfred Ableitinger – Siegfried Beer – Eduard Staudinger (Hg.), Österreich unter alliierter Besatzung 1945–1955. Studien zu Politik und Verwaltung. Bd. 63. Wien – Köln – Graz 1998.

Beverly Allen, Rape Warfare. The Hidden Genocide in Bosnia-Herzegovina and Croatia. Minneapolis 1996.

Ruth Andreas-Friedrich, Schauplatz Berlin. Berlin 1964.

Thomas Angerer, Der „bevormundete Vormund": Die französische Besatzungsmacht in Österreich, in: Alfred Ableitinger – Siegfried Beer – Eduard G. Staudinger (Hg.), Österreich unter Alliierter Besatzung 1945–1955. Wien – Köln – Graz 1998, S. 159–204.

Anonyma, Eine Frau in Berlin. Tagebuch-Aufzeichnungen vom 20. April bis 22. Juni 1945. Köln 2003 (8. Auflage München 2005).

Eunice Apio, Uganda's Forgotten Children of War, in: R. Charlie Carpenter (Hg.), Born of War. Protecting Children of Sexual Violence Survivors in Conflict Zones. Bloomfield 2007, S. 94–109.

Arbeitsgemeinschaft für Kinder- und Jugendhilfe, Abschlussbericht des Runden Tisches „Heimerziehung in den 50er und 60er Jahren". Berlin 2010.

Anna-Lena Aßmann, Stigmatisierungserfahrungen der deutschen Besatzungskinder des Zweiten Weltkrieges. Masterarbeit, Universität Leipzig 2014.

Anna-Lena Aßmann et al., Stigmatisierungserfahrungen des Zweiten Weltkrieges in Deutschland, in: Trauma & Gewalt (in Druck).

Ruth Bahn-Flessburg, Sie haben die gleichen Chancen wie die Weißen: Auf der Suche nach den farbigen Besatzungskindern, in: Unsere Jugend. Jg. 20, H. 7, 1968, S. 295–303.

Ingrid Bauer, Americanizing/Westernizing Austrian Women: Three Scenarios from the 1950s to the 1970s, in: Günter Bischof – Anton Pelinka (Hg.), The Americanization/Westernization of Austria. Contemporary Austrian Studies. Vol. 12. New Brunswick – London 2004, S. 170–185.

Ingrid Bauer, „Ami-Bräute" – und die österreichische Nachkriegsseele, in: Peter Eppel (Hg.), Frauenleben 1945. Kriegsende in Wien. Katalog zur 205. Sonderausstellung des Historischen Museums der Stadt Wien. Wien 1995, S. 73–83.

Ingrid Bauer, „Austria's Prestige Dragged into the Dirt …"? The ‚GI-Brides' and Postwar Austrian Society (1945–1955), in: Günter Bischof – Anton Pelinka – Erika Thurner (Hg.), Women in Austria. Contemporary Austrian Studies. Vol. 6. New Brunswick – London 1998, S. 41–55.

Ingrid Bauer, „Besatzungsbräute". Diskurse und Praxen einer Ausgrenzung in der österreichischen Nachkriegsgeschichte 1945–1955, in: Irene Bandhauer-Schöffmann – Claire Duchen (Hg.), Nach dem Krieg. Frauenleben und Geschlechterkonstruktionen in Europa nach dem Zweiten Weltkrieg. Herbholzheim 2000, S. 261–276.

Ingrid Bauer, Die „Ami-Braut" – Platzhalterin für das Abgespaltene? Zur (De-)Konstruktion eines Stereotyps der österreichischen Nachkriegsgeschichte 1945–1955, in: L'Homme. Europäische Zeitschrift für feministische Geschichtswissenschaft. Jg. 7, H. 1, 1996, S. 107–121.

Ingrid Bauer, „Die Amis, die Ausländer und wir". Zur Erfahrung und Produktion von Eigenem und Fremdem im Jahrzehnt nach dem Zweiten Weltkrieg, in: Ingrid Bauer – Josef Ehmer – Sylvia Hahn (Hg.), Walz – Migration – Besatzung. Historische Szenarien des Eigenen und des Fremden. Publikationsreihe des Bundesministeriums für Bildung, Wissenschaft und Kultur zum Forschungsschwerpunkt Fremdenfeindlichkeit. Bd. 6. Klagenfurt 2002, S. 197–276.

Ingrid Bauer, „Leiblicher Vater: Amerikaner (Neger)". Besatzungskinder österreichisch-afroamerikanischer Herkunft, in: Helmuth A. Niederle – Ulrike Davis-Sulikowski – Thomas Fillitz (Hg.), Früchte der Zeit. Afrika, Diaspora, Literatur und Migration. Wien 2001, S. 49–67.

Ingrid Bauer, Mächtige Fremde. Zur Erfahrung und Produktion von Eigenem und Fremdem im Nachkriegs- und Besatzungsjahrzehnt, in: Informationen zur Politischen Bildung. Nr. 22, 2004 (Schwerpunkt: Frei – Souverän – Neutral – Europäisch, 1945, 1955, 1995, 2005), S. 28–37.

Ingrid Bauer, Nachkriegsrassismus – Das Stigma der „Mischlingskinder" von afroamerikanischen Besatzungssoldaten und Österreicherinnen, Vortrag auf dem Symposium „Gegenerinnerungen: Zwangsarbeit, Arisierung, Mischlingskinder" am 30. Mai 2005.

Ingrid Bauer, The GI-Bride – On the (De)Construction of an Austrian Postwar Stereotype, in: Claire Duchen – Irene Bandhauer-Schöffmann (Hg.), When the War was Over ... Women, War and Peace in Europe, 1940–1956. London – New York 2000, S. 222–232.

Ingrid Bauer, „USA-Bräute". Österreichisch-Amerikanische Eheschließungen auf dem Salzburger Standesamt, in: Erich Marx (Hg.), Befreit und Besetzt. Stadt Salzburg 1945–1955. Schriftenreihe des Archivs der Stadt Salzburg. Bd. 7, Salzburg – München 1996, S. 147–151.

Ingrid Bauer, „Vom nützlichen und lästigen, erinnerten und vergessenen Fremden". Besatzungssoldaten, Displaced Persons und das Österreichische Gedächtnis, in: Zeitgeschichte. Jg. 27, H. 3, 2000, S. 147–149.

Ingrid Bauer, Von Oral History zu Cyber History? Das WorldWideWeb als „bridge of communication" eines österreichisch-amerikanischen Dialogs zur Besatzungszeit, in: Gertraud Diendorfer – Gerhard Jagschitz – Oliver Rathkolb (Hg.), Zeitgeschichte im Wandel. 3. Österreichische Zeitgeschichtetage 1997. Innsbruck – Wien 1998, S. 463–471.

Ingrid Bauer, Welcome Ami Go Home. Die amerikanische Besatzung in Salzburg 1945–1955. Erinnerungslandschaften aus einem Oral-History-Projekt. Salzburg – München 1998.

Ingrid Bauer – Robert Hoffmann – Christina Kubek, Abgestempelt und ausgeliefert. Fürsorgeerziehung und Fremdunterbringung in Salzburg nach 1945. Innsbruck – Wien – Bozen 2013.

Ingrid Bauer – Renate Huber, Sexual Encounters Across (Former) Enemy Lines, in: Günter Bischof – Anton Pelinka – Dagmar Herzog (Hg.), Sexuality in Austria. Contemporary Austrian Studies. Vol. 15. New Brunswick/US – London 2007, S. 65–101.

Yehuda Bauer, Out of the Ashes: The Impact of American Jews on Post-Holocaust European Jewry. New York 1989.

Marianne Baumgartner, Vergewaltigungen zwischen Mythos und Realität. Wien und Niederösterreich im Jahr 1945, in: Peter Eppel (Hg.), Frauenleben 1945. Kriegsende in Wien. Katalog zur 205. Sonderausstellung des Historischen Museums der Stadt Wien. Wien 1995, S. 59–72.

Ute Baur-Timmerbrink, Wir Besatzungskinder. Töchter und Söhne alliierter Soldaten erzählen. Berlin 2015.

Pia Bayer, Die Rolle der Frau in der burgenländischen Besatzungszeit, in: Michael Hess (Hg.), befreien – besetzen – bestehen. Das Burgenland 1945–1955. Tagungsband des Symposions des Burgenländischen Landesarchivs vom 7./8. April 2005. Eisenstadt 2005, S. 139–160.

Ulrich Beck – Elisabeth Beck-Gernsheim, Fernliebe. Lebensformen im globalen Zeitalter. Berlin 2011.

Mathias Beer, Die Dokumentation der Vertreibung der Deutschen aus Ost-Mitteleuropa (1953–1962). Ein Seismograph bundesdeutscher Erinnerungskultur, in: Jörg-Dieter Gauger – Manfred Kittel (Hg.), Die Vertreibung der Deutschen aus dem Osten in der Erinnerungskultur. Eine Veröffentlichung der Konrad-Adenauer-Stiftung e.V. und des Instituts für Zeitgeschichte. Sankt Augustin 2004, S. 17–37.

Siegfried Beer (Hg.), Die britische Steiermark 1945–1955. Forschungen zur geschichtlichen Landeskunde der Steiermark. Bd. 38. Graz 1995.

Begleitheft „Zeichen der Zeit", anlässlich der Wiederaufführung im Rahmen einer Veranstaltung des Zeughauskinos, Berlin, in Zusammenarbeit mit dem Haus des Dokumentarfilms. Stuttgart 1996.

Franz Severin Berger – Christiane Holler, Trümmerfrauen. Alltag zwischen Hamstern und Hoffen. Wien 1994.

Leonie Biallas, Komm, Frau, raboti. Ich war Kriegsbeute. Leverkusen 2010.
Alexander Perry Biddiscombe, Dangerous Liaisons: The Anti-fraternization Movement in the US Occupation Zones of Germany and Austria, 1945–1948, in: Journal of Social History. Vol. 34, Nr. 3, 2001, S. 611–647.
Liselotte Blumenauer-Montenave, In Buch bei Bregenz im Jahre 1945/46. Aus dem Tagebuch eines Wiener Flüchtlings in Vorarlberg. Wien 1993.
Friedrich Blumenstock, Der Einmarsch der Amerikaner und Franzosen im nördlichen Württemberg im April 1945. Stuttgart 1957.
Anne Boos – Julia Müller, Posttraumatische Belastungsstörungen, in: Hans-Ullrich Wittchen – Jürgen Hoyer (Hg.), Klinische Psychologie und Psychotherapie. Heidelberg 2006, S. 823–840.
Lars Borgersrud, Staten og krigsbarna: En historisk undersøkelse av statsmyndighetenes behandling av krigsbarna i de første etterkrigsårene. Oslo 2004.
Margret Boveri, Tage des Überlebens. Berlin 1945. Frankfurt 1996.
Sibylle Brändli, Wünsche, Zwänge, Bedürfnisse. Geschlecht und Konsum in der Schweiz nach 1945, in: Veronika Aegerter et al. (Hg.), Geschlecht hat Methode. Ansätze und Perspektiven in der Frauen- und Geschlechtergeschichte. Zürich 1999, S. 209–221.
Annette Brauerhoch, „Fräuleins und GIs". Geschichte und Filmgeschichte. Frankfurt – Basel 2006.
Annette Brauerhoch, Mohrenkopf – Schwarzes Kind und weiße Nachkriegsgesellschaft in *Toxi*, in: Frauen und Film. H. 60, 1997, S. 106–130.
Christine Brendel, Partizipation und partizipative Methoden in der Arbeit des DED. Ein Orientierungsrahmen aus der Praxis für die Praxis. Bonn 2002.
Naomi Breslau, Epidemiologic Studies of Trauma, Posttraumatic Stress Disorder, and Other Psychiatric Disorders, in: Canadian Journal of Psychiatry. Vol. 47, Nr. 10, 2002, S. 923–929.
Naomi Breslau, The Epidemiology of Trauma, PTSD, and Other Posttrauma Disorders, in: Trauma, Violence, & Abuse. Vol. 10, Nr. 3, 2009, S. 198–210.
Susann Brownmiller, Gegen unseren Willen. Vergewaltigung und Männerherrschaft. Frankfurt/Main 1978.
Regina Brunnhofer, „Es war wie im Film." Frauenschicksale während der britischen Besatzungszeit, in: Karin M. Schmidlechner – Heimo Halbrainer (Hg.), Aus dem Blickfeld. Graz 2008, S. 134–157.
Regina Brunnhofer, „Liebesgeschichten und Heiratssachen". Das vielfältige Beziehungsgeflecht zwischen Britischen Besatzungssoldaten und Frauen in der Steiermark zwischen 1945–1955. Diplomarbeit, Universität Graz 2002.
Bundesministerium für Vertriebene (Hg.), Dokumentation der Vertreibung der Deutschen aus Ost-Mitteleuropa, 5 Bände, Bonn 1953–1962.
Tina M. Campt, Afro-German Cultural Identity and the Politics of Positionality:

Contests and Contexts in the Formation of a German Ethnic Identity, in: New German Critique. Nr. 58, Winter 1993, S. 109–126.

Tina M. Campt, Reading the Black German Experience: An Introduction, in: Callaloo. Vol. 26, Nr. 2, Spring 2003, S. 288–294.

Tina Campt – Pascal Grosse, „Mischlingskinder" in Nachkriegsdeutschland: Zum Verhältnis von Psychologie, Anthropologie und Gesellschaftspolitik nach 1945, in: Psychologie und Geschichte. Jg. 6, H. 1–2, 1994, S. 48–78.

Tina M. Campt – Michelle Wright (Hg.), Special Section: Reading the Black German Experience, in: Callaloo. Vol. 26, Nr. 2, Spring 2003.

E. Wayne Carp (Hg.), Adoption in America: Historical Perspectives. Ann Arbor 2004.

R. Charli Carpenter (Hg.), Born of War. Protecting Children of Sexual Violence Survivors in Conflict Zones. Bloomfield 2007.

R. Charli Carpenter, Forgetting Children Born of War. Setting the Human Rights Agenda in Bosnia and Beyond. New York 2010.

R. Charli Carpenter, Surfacing Children: Limitations of genocidal Genocidal Rape Discourse, in: Human Rights Quarterly. Vol. 22, Nr. 2, May 2000, S. 428–477.

Center for Investigation and Documentation of the Association of Former Prison Camp Inmates of Bosnia-Herzegovina, I Begged them To Kill Me. Crimes Against the Women of Bosnia Herzegovina. Sarajevo 2002.

Julia Chaitin, „I Wish He Hadn't Told Me That": Methodological and Ethical Issues in Social Trauma and Conflict Research, in: Qualitative Health Research. Vol. 13, Nr. 8, October 2003, S. 1145–1155.

Rita Chin – Heide Fehrenbach – Geoff Eley – Atina Grossmann (Hg.), After the Nazi Racial State: Difference and Democracy in Germany and Europe. Ann Arbor 2009.

Kaitlin A. Chivers-Wilson, Sexual Assault and Posttraumatic Stress Disorder: a Review of the Biological, Psychological and Sociological Factors and Treatments, in: Mcgill Journal of Medicine. Vol. 9, Nr. 2, 2006, S. 111–118.

Christine Clason, Die Einelternfamilie oder die Einelterfamilie?, in: Rosemarie Nave-Herz – Manfred Markefka (Hg.), Handbuch der Familien- und Jugendforschung. Bd. 1: Familienforschung. Neuwied – Frankfurt/Main 1989, S. 413–422.

Christoph Conrad, Der Erbfeind als Nachbar. Französisch-deutsche Wahrnehmungen der 1950er Jahre, in: Themenportal Europäische Geschichte, Nr. 3. 6, 3.3.2013 <http://www.europa.clio-online.de/> (4.3.2015)

Patric W. Corrigan – Amy C. Watson, The Paradox of Self-stigma and Mental Illness, in: Clinical Psychology: Science and Practice. Vol. 9, Nr. 1, March 2002, S. 35–53.

Ralf Dahrendorf, Bildung ist Bürgerrecht. Plädoyer für eine aktive Bildungspolitik. Durchgesehene Auflage. Bramsche – Osnabrück 1965.

Das Parlament. Jg. 2., Nr. 12, 1952.

Kathy Davis, Intersectionality in Transatlantic Perspektive, in: Cornelia Klinger – Gudrun-Axeli Knapp (Hg.), ÜberKreuzungen. Fremdheit, Ungleichheit, Differenz. Münster 2008, S. 19–35.

Yves Denéchère, Des adoptions d'État: les enfants de l'occupation française en Allemagne, 1945–1952, in: Revue d'histoire moderne & contemporaine. H. 2, 2010, S. 159–179.

Der Alemanne. Kampfblatt der Nationalsozialisten Oberbadens, Freiburg im Breisgau, 28.3.1945.

Deutsches Filmmuseum (Hg.), Zwischen Gestern und Morgen. Westdeutscher Nachkriegsfilm 1946–1962. Frankfurt/Main 1989.

Deutschland: noch immer der Erbfeind? Ergebnisse einer Enquête in Frankreich, in: Die politische Meinung. Monatshefte für Fragen der Zeit. Jg. 1, H. 3, 1956, S. 73–82.

Die Welt ist nicht länger weiß. Zur Situation des Negers in den USA und in Afrika. Pädagogenkonferenz des Deutschen Koordinierungsrates. Frankfurt 1965.

Monika Diederichs, Kindern van Duitse militairen in Nederland. En verborgen leven. Soesterberg 2012.

Monika Diederichs, „Moffenkinder": Kinder der Besatzung in den Niederlanden, in: Historical Social Research. Vol. 34, Nr. 3, 2009, S. 304–320.

Wolfram Dornik, Besatzungsalltag in Wien. Die Differenziertheit von Erlebniswelten: Vergewaltigungen – Plünderungen – Erbsen – Straußwalzer, in: Stefan Karner – Barbara Stelzl-Marx (Hg.), Die Rote Armee in Österreich. Sowjetische Besatzung 1945–1955. Beiträge. Graz – Wien – München 2005, S. 449–468.

Ebba D. Drolshagen, Besatzungskinder and Wehrmachstkinder: Germany's War Children, in: Kjersti Ericsson – Eva Simonsen (Hg.), Children of World War II. The Hidden Enemy Legacy. Oxford – New York 2005, S. 229–248.

Ebba D. Drolshagen, Das Schweigen. Das Schicksal der Frauen in besetzten Ländern, die Wehrmachtssoldaten liebten, in: metis. 8, 15, 1999, S. 28–47.

Eleonore Dupuis, Befreiungskind. Wien 2015.

Marten Düring, „Arme Säcke, die auf Gnade der Amerikaner hinein gedurft haben." Studie zur Wahrnehmung der französischen Besatzungszeit in der Bevölkerung Landaus 1945–1948. Bakkalaureatsarbeit Universität Augsburg 2004.

Hermann Ebeling, Zum Problem der deutschen Mischlingskinder, in: Bildung und Erziehung. Jg. 7, H. 10, 1954, S. 612–630.

Elisa van Ee – R. J. Kleber, Child in the Shadowlands, in: The Lancet. Vol. 380, Nr. 9842, August 18, 2012, S. 642–643.

Elisa van Ee – Rolf J. Kleber, Growing Up Under a Shadow: Key Issues in Research on and Treatment of Children Born of Rape, in: Child Abuse Review. Vol. 22, Nr. 6, November/December 2013, S. 386–397.

Svenja Eichhorn et al., Bewältigungsstrategien und wahrgenommene soziale Unterstützung bei deutschen Langzeitüberlebenden der Vergewaltigungen am Ende des II. Weltkriegs, in: Psychiatrische Praxis. Jg. 39, H. 4, Mai 2012, S. 169-173.

Svenja Eichhorn – Philipp Kuwert, Das Geheimnis der Großmütter. Eine empirische Studie über sexualisierte Kriegsgewalt um 1945. Gießen 2011.

Klaus Eisterer, Die Souvenirs d'Autriche von Oberst Henri Jung, in: Montfort. Jg. 47, 3, 1995, S. 101f.

Klaus Eisterer, Frankreich und das Zweite Kontrollabkommen vom 28. Juni 1946, in: Günter Bischof – Josef Leidenfrost (Hg.), Die bevormundete Nation. Österreich und die Alliierten 1945-1949. Innsbruck 1988, S. 187-215.

Klaus Eisterer, Französische Besatzungspolitik. Tirol und Vorarlberg 1945/46. Innsbruck 1991.

Klaus Eisterer, Fraternisierung 1945, in: Dornbirner Schriften. Beiträge zur Stadtkunde. Nr. XIV, Mai 1993, S. 22.

Fatima El Tayeb, Schwarze Deutsche: Der Diskurs um „Rasse" und nationale Identität. Frankfurt/Main 2001.

Dag Ellingsen, En registerbasert undersøkelse, in: Statistics Norway, Rapport. H. 19, 2004, S. 3.

Marlene Epp, The Memory of Violence, in: Journal of Women's History. Vol. 9, Nr. 1, Spring 1997, S. 58-87.

Kjersti Ericsson – Eva Simonsen (Hg.), Children of World War II. The Hidden Enemy Legacy. Oxford – New York 2005.

Kjersti Ericsson – Eva Simonsen, Krigsbarn i fredstid. Oslo 2005.

Karmen Erjavec – Zala Volcic, Living with the Sins of their Fathers: An Analysis of Self-representation of Adolescents Born of War Rape, in: Journal of Adolescent Research. Vol. 25, Nr. 3, May 2010, S. 359-386.

Karmen Erjavec – Zala Volcic, „Target", „Cancer" and „Warrior": Exploring Painful Metaphors of Self-presentation Used by Girls Born of War Rape, in: Discourse & Society. Vol. 21, Nr. 5, September 2010, S. 524-543.

Klaus Eyferth, Die Situation und die Entwicklungsaussichten der Neger-Mischlingskinder in der Bundesrepublik, in: Soziale Arbeit. Jg. 7, H. 11, 1958, S. 469-478.

Klaus Eyferth, Gedanken über die zukünftige Berufseingliederung der Mischlingskinder in Westdeutschland, in: Neues Beginnen. Jg. 13, H. 5, 1959, S. 65-68.

Klaus Eyferth – Ursula Brandt – Wolfgang Hawel, Farbige Kinder in Deutschland. Die Situation der Mischlingskinder und die Aufgabe ihrer Eingliederung. München 1960.

Hannelore F., Lebensgeschichte. Unveröffentlichtes Manuskript. O. O. 2014.

Frantz Fanon, Schwarze Haut, weiße Masken. Frankfurt/Main 1980.

Heide Fehrenbach, Black Occupation Children and the Devolution of the Nazi Racial State, in: Rita Chin – Heide Fehrenbach – Geoff Eley – Atina Grossmann, After the Nazi Racial State: Difference and Democracy in Germany and Europe. Ann Arbor 2009, S. 30–54.

Heide Fehrenbach, Race after Hitler: Black Occupation Children in Postwar Germany and America. Princeton 2005.

J. Kirk Felsman et al., Vietnamese Amerasians. Practical Implications of Current Research. America. D. C. Office of Refugee Resettlement October 1990.

Angelica Fenner, Race under Reconstruction in German Cinema, Robert Stemmle's Toxi. Toronto 2011.

Luise Frankenstein, Soldatenkinder. Die unehelichen Kinder ausländischer Soldaten mit besonderer Berücksichtigung der Mischlinge. München 1954.

Gisela Fremgen, … und wenn du noch dazu schwarz bist. Berichte schwarzer Frauen in der Bundesrepublik. Bremen 1984.

Ludwig von Friedeburg, Bildungsreform in Deutschland. Geschichte und gesellschaftlicher Widerspruch. Frankfurt/Main 1992.

Rudolf Werner Füsslein, Sammlung geltender Staatsangehörigengesetze, Bd. 1. Frankfurt/Main 1949.

Miriam Gebhardt, Als die Soldaten kamen. Die Vergewaltigung deutscher Frauen am Ende des Zweiten Weltkrieges. München 2015.

Miriam Gebhardt, Die Angst vor dem kindlichen Tyrannen. Eine Geschichte der Erziehung im 20. Jahrhundert. München 2009.

Wolfgang Gippert – Elke Kleinau, Zur Konstruktion nationaler Identitäten, in: Wolfgang Gippert – Elke Kleinau (Hg.), Bildungsreisende und Arbeitsmigrantinnen. Auslandserfahrungen deutscher Lehrerinnen zwischen nationaler und internationaler Orientierung (1850–1920). Köln – Weimar – Wien 2014, S. 13–21.

Helmut Glässing, Voraussetzungen der Adoption. Frankfurt/Main 1957.

Heide Glaesmer – Marie Kaiser – Philipp Kuwert, Traumata und aversive Kindheitserfahrungen bei den deutschen Besatzungskindern und Zusammenhänge mit aktuellen psychischen Beschwerden. Vortrag auf dem Kongress des Deutschen Kollegiums für Psychosomatische Medizin. Berlin 2014.

Heide Glaesmer et al., Die Kinder des Zweiten Weltkrieges in Deutschland – Ein Rahmenmodell für die psychosoziale Forschung, in: Trauma & Gewalt. Jg. 6, H. 4, 2012, S. 318–328.

Emmerich Gmeiner (Hg.), Recherche sur Bregenz. Krieg und Frieden 1945 im Tagebuch der Anni Forster. Bregenz 1995.

Dr. med. Habil. Dr. Jur. Hans Göbbels, Die Asozialen. Über Wesen und Begriff der Asozialität. Hamburg 1947.

Christian Goeschel, Selbstmord im Dritten Reich. Berlin 2011.

Eric Goldstein, The Price of Whiteness: Jews, Race and American Identity. Princeton 2006.

Svenja Goltermann, Die Gesellschaft der Überlebenden: Kriegsheimkehrer und ihre Gewalterfahrungen im Zweiten Weltkrieg. München 2009.

Svenja Goltermann, Im Wahn der Gewalt. Massentod, Opferdiskurs und Psychiatrie 1945–1956, in: Klaus Naumann (Hg.), Nachkrieg in Deutschland. Hamburg 2001, S. 343–363.

Susanne Greiter, Flucht und Vertreibung im Familiengedächtnis. Geschichte und Narrativ. München 2014.

Kai Grieg, The War Children of the World. Bergen 2001.

Rainer Gries, Die Rationen-Gesellschaft. Versorgungskampf und Vergleichsmentalität. Leipzig, München und Köln nach dem Kriege. Münster 1991.

Reinhold Grimm, „Germans, Blacks, and Jews; or Is There a German Blackness of Its Own?", in: Reinhold Grimm – Jost Hermand (Hg.), Blacks and German Culture. Madison 1986, S. 150–184.

Atina Grossmann, A Question of Silence: The Rape of German Women by Occupation Soldiers, in: October. Vol. 72, Spring 1995, S. 43–63.

Atina Grossmann, A Question of Silence. The Rape of German Women by Occupation Soldiers, in: Robert Moeller (Hg.), West Germany Under Construction. Politics, Society, and Culture in the Adenauer Era. Michigan 1997, S. 33–52.

Atina Grossmann, Eine Frage des Schweigens: Die Vergewaltigung deutscher Frauen durch Besatzungssoldaten. Zum historischen Hintergrund von Helke Sanders Film BeFreier und BeFreite, in: Frauen und Film. H. 54/55, April 1994, S.14–28.

Atina Grossmann, Eine Frage des Schweigens? Die Vergewaltigung deutscher Frauen durch Besatzungssoldaten, in: Sozialwissenschaftliche Informationen. Jg. 24, H. 2, 1995, S. 109–199.

Atina Grossmann, From Victims to „Homeless Foreigners: Jewish Survivors in Postwar Germany", in: Rita Chin et. al., After the Nazi Racial State. Ann Arbor 2009, S. 55–79.

Atina Grossmann, Trauma, Memory and Motherhood: Germans and Jewish Displaced Personal in Post-Nazi Germany, 1945–1949, in: Archiv für Sozialgeschichte. Bd. 38, 1998, S. 215–239.

Atina Grossmann, Victims, Villains and Survivors, in: Journal of the History of Sexuality. Vol. 11, Nr. 1–2, January/April 2002, S. 291–318.

Monte Gulzow – Carol Mitchell, „Vagina Dentata" and „Incurable Venereal Disease". Legends from the Viet Nam War, in: Western Folklore. Jg. 39, H. 4, 1980, S. 306–316.

Matthew Pratt Guterl, The Color of Race in America, 1900–1940. Cambridge, MA 2001.

Johann Hagenhofer – Gert Dressel (Hg.), Eine Bucklige Welt. Krieg und Verfolgung im Land der tausend Hügel. Lebensspuren III. Unter Mitarbeit von Edith Auer, Friedrich Geiderer, Willibald Kornfeld, Roman Lechner, Maria Stangl und der Dokumentation lebensgeschichtlicher Aufzeichnungen. Kirchschlag 2014.

W. Karin Hal, Humanity or Hegemony: Orphans, Abandoned Children, and the Sovietization of the Youth Welfare System in Mecklenburg, Germany, 1945–1952. Dissertation, Stanford University 1998.

E. T. Hall Jr., Race Prejudice and Negro-White Relations in the Army, in: American Journal of Sociology. Vol. 52, Nr. 2, March 1947, S. 401–409.

Dagmar Hänsel, Frauen im Lehramt – Feminisierung des Lehrberufs?, in: Elke Kleinau – Claudia Opitz (Hg.), Geschichte der Mädchen- und Frauenbildung, Bd. 2: Vom Vormärz bis zur Gegenwart. Köln – Weimar – Wien 1996, S. 414–433.

Ulfert Hapke et al., Post-traumatic Stress Disorder. The role Role of Trauma, Pre-existing Psychiatric Disorder and Gender, in: European Archives of Psychiatry Clinical Neuroscience. Vol. 256, Nr. 5, August 2006, S. 299–306.

Winfried Häuser et al., Misshandlungen in Kindheit und Jugend – Ergebnisse einer repräsentativen deutschen Bevölkerungsstichprobe, in: Deutsches Ärzteblatt. Jg. 108, H. 5, Mai 2011, S. 287–294.

Heimatmuseum Charlottenburg, Ausstellung: Worüber kaum gesprochen wurde: Frauen und alliierte Soldaten, 3.–15.10.1995, Zeitzeugenbefragung.

Elizabeth Heinemann, The „Hour of the Woman", in: American Historical Review. Vol. 101, Nr. 2, April 1996, S. 354–395.

Helga Heinichen, Die Stunde des Einmarsches aus meinem Erleben, in: Ingeborg Kottmann (Hg.), 1939/1949. Fünfzig Jahre Kriegsausbruch. Vierzig Jahre Bundesrepublik Deutschland. Villingen-Schwenningen in Aussagen, Bildern und Dokumenten. Villingen-Schwenningen 1989, S. 35–38.

Helsinki Watch, War Crimes in Bosnia-Herzegovina, 2 Bde. New York 1993.

Peter Henisch, Schwarzer Peter. Salzburg 2000.

Birgit Heppt et al., Beherrschung von Bildungssprache bei Kindern im Grundschulalter, in: Diskurs Kindheits- und Jugendforschung. H. 3, 2012, S. 349–356.

Dagmar Herzog, Sex after Fascism: Memory and Morality in Twentieth-Century Germany. Princeton 2005.

Dagmar Herzog, Sexuality in Europe. A Twentieth-Century History. Cambridge – New York 2011.

Maria Höhn, Frau im Haus und Girl im Spiegel, Discourse on Women in the Interregnum Period of 1945–1949 and the Question of German Identity, in: Central European History. Vol. 26, Nr. 1, 1993, S. 57–90.

Maria Höhn, GIs and Fräuleins. The German-American Encounter in 1950s West Germany. Chapel Hill 2002.

Renate Huber, „Als Mann hätte er mich interessiert, als Mann ...". Beziehungen von Vorarlberger Frauen zu französischen Besatzungssoldaten auf der Basis lebensgeschichtlicher Interviews, in: Montfort. Jg. 49, H. 2, 1997, S. 177–196.

Renate Huber, „I säg all, ma heat vrgessa höra schaffa ...". Alltagsleben von Frauen in Vorarlberg während der Besatzungszeit 1945–1953 anhand lebensgeschichtlicher Interviews. Diplomarbeit, Universität Salzburg 1996.

Renate Huber, Beziehungen von Frauen in Vorarlberg zu französischen Besatzungssoldaten, in: L'Institut français d'Innsbruck (Hg.), 50 Jahre gemeinsame Arbeit. Actes du colloque du 25 octobre 1996 à l'Institut français. Eine Publikation des Institut français in Zusammenarbeit mit dem Land Tirol. Innsbruck 1997, S. 99–108.

Renate Huber, Ein französischer Herr im Haus, ungebetene Gäste und ein Liebäugeln mit den Schweizer Nachbarn. Wahrnehmungen und Deutungsmuster des Fremden und des Eigenen in Vorarlberg, in: Ingrid Bauer – Josef Ehmer – Sylvia Hahn (Hg.), Walz – Migration – Besatzung. Historische Szenarien des Eigenen und des Fremden. Klagenfurt 2002.

Renate Huber, Identität in Bewegung. Zwischen Zugehörigkeit und Differenz. Vorarlberg 1945–1965. Innsbruck 2004.

Ika Hügel-Marshall, Daheim unterwegs: Ein deutsches Leben. Berlin 1998; englische Übersetzung Ika Hügel-Marshall, Invisible Woman: Growing Up Black in Germany. New York 2001, übersetzt von Elizabeth Gaffney.

Human Rights Watch, Sexual Violence and its Consequences Among Displaced People in Dafur and Chad. New York 2004.

Herbert Hurka, Die Mischlingskinder in Deutschland. Ein Situationsbericht auf Grund bisheriger Veröffentlichungen, in: Jugendwohl. Jg. 37, H. 6, 1956, S. 257–275.

A. C. Huth-Bocks – A. A. Levendosk – G. A. Bogat, The Effects of Domestic Violence During Pregnancy on Maternal and Infant Health, in: Violence and Victims. Vol. 17, Nr. 2, 2002, S. 169–185.

A. C. Huth-Bocks et al., The Impact of Maternal Characteristics and Contextual Variables on Infant-mother Attachment, in: Child Development. Vol. 75, Nr. 2, 2004, S. 480–496.

Ingeborg Jacobs, Freiwild. Das Schicksal deutscher Frauen 1945. Berlin 2011.

Matthew Frye Jacobsen, Whiteness of a Different Color: European Immigrants and the Alchemy of Race. Cambridge, MA 1999.

Francine Jobatey, Afro Look: Die Geschichte einer Zeitschrift von Schwarzen Deutschen. Dissertation, University of Massachusetts 2000.

Kirsten Johnson et al., Association of Sexual Violence and Human Rights Violations With Physical and Mental Health in Territories of the Eastern Democratic Republic of the Congo, in: Jama-Journal of the American Medical Association. Vol. 304, Nr. 5, August 2010, S. 553–562.

Barbara Johr, Die Ereignisse in Zahlen, BeFreier und Befreite. Krieg, Vergewaltigung, Kinder. Frankfurt/Main 1995, S. 58.

David E. Kaiser. American Tragedy: Kennedy, Johnson, and the Origins of the Vietnam War. Cambridge 2000.

Marie Kaiser – Philipp Kuwert – Heide Glaesmer, Aufwachsen als Besatzungskind des Zweiten Weltkrieges in Deutschland – Hintergründe und Vorgehen einer Befragung deutscher Besatzungskinder, in: Zeitschrift für Psychosomatische Medizin und Psychotherapie (in Druck).

Marie Kaiser – Philipp Kuwert – Heide Glaesmer, Bindungsverhalten und Bindungsstile der deutschen „Besatzungskinder" des Zweiten Weltkrieges und Zusammenhänge mit den Lebensbedingungen in Kindheit und Jugend. Vortrag auf dem Kongress des Deutschen Kollegiums für Psychosomatische Medizin. Berlin 2014.

Marie Kaiser et al., Depression, Somatization and Posttraumatic Stress Disorder in German Children Born of Occupation after WWII in Comparison With Birthcohort-matched General Population Sample, in: Journal of Nervous and Mental Disease (eingereicht).

E. B. Kapstein, The Baby Trade, in: Foreign Affairs. Vol. 82, Nr. 6, November/December 2003, S. 115–125.

Stefan Karner – Barbara Stelzl-Marx (Hg.), Die Rote Armee in Österreich. Sowjetische Besatzung 1945-1955. Beiträge. Graz – Wien – München 2005.

Stefan Karner – Barbara Stelzl-Marx (Hg.), Stalins letzte Opfer. Verschleppte und erschossene Österreicher in Moskau 1950–1953. Unter Mitarbeit von Daniela Almer, Dieter Bacher und Harald Knoll. Wien – München 2009.

Anthony Kauders, Antisemitismus als Selbsthingebung, oder: Der Kampf gegen den „jüdischen Rationalismus", in: Geschichte und Gesellschaft. H. 39, 2013, S. 502–526.

Natan P. F. Kellermann, Epigenetic Transmission of Holocaust Trauma, in: The Israel Journal of Psychiatry and Related Sciences. Vol. 50, Nr. 2, 2013, S. 33–39.

Ian Kershaw, Das Ende. Kampf bis in den Untergang. NS-Deutschland 1944/45. München 2013.

Walter Kirchner, Eine anthropologische Studie an Mulattenkindern in Berlin unter Berücksichtigung der sozialen Verhältnisse. Dissertation, FU Berlin 1952.

Franz Klein, Kinderhandel als strafbare Handlung, in: Jugendwohl. Jg. 37, H. 3, 1956, S. 95.

Franz Klein, Zur gegenwärtigen Situation der Auslandsadoption, in: Unsere Jugend. H. 9, 1955, S. 401–408.

Regina Klein, Am Anfang steht das letzte Wort. Eine Annäherung an die „Wahrheit" der tiefenhermeneutischen Erkenntnis, in: BIOS. Jg. 12, H. 1, 2000, S. 77–97.

Elke Kleinau, Klasse, Nation und „Rasse" – Intersektionelle Perspektiven in der genderorientierten Historischen Bildungsforschung, in: Der pädagogische Blick. Zeitschrift für Wissenschaft und Praxis in pädagogischen Berufen. Jg. 18, H. 2, 2010, S. 68–81.

Sophie Kleinberger, „... aber gefehlt hat immer was": Auswirkungen der kriegsbedingten Vaterlosigkeit nach 1945 mit besonderem Fokus auf den Raum Graz. Diplomarbeit, Universität Graz 2010.

Johannes Kleinschmidt, Besatzer und Deutsche. Schwarze GIs nach 1945, in: Amerikastudien. Vol. 40, Nr. 4, 1995, S. 646–665.

Johannes Kleinschmidt, „Do not fraternize". Die schwierigen Anfänge deutsch-amerikanischer Freundschaft 1944–1949. Trier 1997.

Robert Knight, Einleitung, in: Robert Knight (Hg.), „Ich bin dafür, die Sache nicht in die Länge zu ziehen". Wortprotokolle der österreichischen Bundesregierung von 1945–1952 über die Entschädigung der Juden. Frankfurt/Main 1988, S. 23–70.

Christian Koller, „Von Wilden aller Rassen niedergemetzelt". Die Diskussion um die Verwendung von Kolonialtruppen in Europa zwischen Rassismus, Kolonial- und Militärpolitik (1914–1930). Stuttgart 2001.

Gabi Köpp, Warum war ich bloß ein Mädchen? Das Trauma einer Flucht 1945. München 2010.

Lynn von Korff – Harold D. Grotevant, Contact in Adoption and Adoptive Identity Formation: The Mediating Role of Family Conversation, in: Journal of Family Psychology. Vol. 25, Nr. 3, June 2011, S. 393–401.

Andreas Kossert, Kalte Heimat. Die Geschichte der deutschen Vertriebenen nach 1945. 3. Auflage. München 2009.

Margret Kraul – Winfried Marotzki, Bildung und Biographische Arbeit – Eine Einleitung, in: Margret Kraul – Winfried Marotzki (Hg.), Biographische Arbeit. Perspektiven erziehungswissenschaftlicher Biographieforschung. Opladen 2002, S. 7–21.

Klaus Kreimeier, Die UFA-Story. München 1992, S. 335.

Mary Jago Krueger – Fred J. Hanna, Why Adoptees Search: An Existential Treatment Perspective, in: Journal of Counselling & Development. Vol. 75, Nr. 3, January/February 1997, S. 195–202.

Erich Kuby, Die Russen in Berlin. München u. a. 1965.

Annette Kuhn, Power and Powerlessness: Women after 1945, or the Continuity of the Ideology of Feminity, in: German History. Vol. 7, Nr. 1, 1989, S. 35–46.

Diana Kunitz, „Kind des Feindes?" – Eine Untersuchung zu den Identitätsbildern der deutschen „Besatzungskinder" des Zweiten Weltkrieges. Masterarbeit, Universität Leipzig 2014.

Philipp Kuwert et al., Long-term Effects of Wartime Rape Compared With Non-sexual War Trauma in Female World War II Survivors: A Matched Pairs Study, in: Archives of Sexual Behavior. Vol. 43, Nr. 6, August 2014, S. 1059–1064.

Philipp Kuwert et al., Trauma and Current Posttraumatic Stress Symptoms in Elderly German Women Who Experienced Wartime Rapes in 1945, in: The Journal of Mental and Nervous Disease. Vol. 198, Nr. 6, June 2010, S. 450–451.

L'Institut français d'Innsbruck (Hg.), 50 Jahre gemeinsame Arbeit. Actes du colloque du 25 octobre 1996 à l'Institut français. Eine Publikation des Institut français in Zusammenarbeit mit dem Land Tirol. Innsbruck 1997.

Hamid Lechhab, Mein Vater ist Marokkaner: die vergessenen Kinder des Zweiten Weltkriegs in Vorarlberg. Erzählung. Innsbruck 2005.

Hamid Lechhab, Marokkanische Besatzungskinder in Vorarlberg nach 1945, in: Walter Sauer (Hg.), Von Soliman zu Omofuma. Innsbruck – Wien 2007, S. 177.

Sabine Lee, Kinder amerikanischer Soldaten in Europa: ein Vergleich der Situation britischer und deutscher Kinder, in: Historical Social Research. Vol. 34, Nr. 3, 2009, S. 321–351.

Sabine Lee, Kinder des Krieges: Vergessene Sekundäropfer einer veränderten Kriegslandschaft im 20. Jahrhundert?, in: Trauma & Gewalt. Jg. 6, H. 2, 2012, S. 94–107.

Yara-Colette Lemke Muniz de Faria, Zwischen Fürsorge und Ausgrenzung. Afro-deutsche „Besatzungskinder" im Nachkriegsdeutschland. Berlin 2002.

Rosemarie K. Lester, Blacks in Germany and German Blacks: A Little-Known Aspect of Black History, in: Reinhold Grimm – Jost Hermand (Hg.), Blacks and German Culture. Madison 1986, S. 113–134.

Rosemarie K. Lester, Trivialneger: Das Bild des Schwarzen im westdeutschen Illustriertenroman. Stuttgart 1982.

Lydia Lettner, Die französische Österreichpolitik von 1943–1946, Dissertation, Universität Salzburg 1980.

Stuart Liebmann (Hg.), Berlin 1945: War and Rape. „Liberators take Liberties" (= Sonderausgabe von October 72). Cambridge 1995.

J. Robert Lilly, Taken by Force: Rape and American GIs in Europe During World War II. New York u. a. 2007.

Bruce G. Link – John C. Phelan, Conceptualizing Stigma, in: Annual Review of Sociology. Vol. 27, 2001, S. 363–385.

Jana K. Lipman, The Face is the Road Map. Vietnamese Amerasians in U.S. Political and Popular Culture 1980–1988, in: Journal for Asian American Studies. Vol. 14, Nr. 1, 2011, S. 33–68.

Gil Löscher – John A. Scanlan, Calculated Kindness. Refugees and America's Half-Open Door, 1945 to the Present. London 1986.

Karlen Lyons☐Ruth – Deborah Block, The Disturbed Caregiving System: Relations Among Childhood Trauma, Maternal Caregiving, and Infant Affect and Attachment, in: Infant Mental Health Journal. Vol. 17, Nr. 3, Autumn (Fall) 1996, S. 257–275.

Andreas Maercker et al., Age of Traumatisation as a Predictor of Post-traumatic Stress Disorder or Major Depression in Young Women, in: British Journal of Psychiatry. Vol. 184, Nr. 6, June 2004, S. 428–487.

Andreas Maercker – Julia Müller, Social Acknowledgment as a Victim or Survivor: A Scale to Measure a Recovery Factor of PTSD, in: Journal of Traumatic Stress. Vol. 17, Nr. 4, August 2004, S. 345–351.

Mary Main – Erik Hesse, Parents' Unresolved Traumatic Experiences are Related to Infant Disorganized Attachment Status: Is Frightened and/or Frightening Parental Behavior the Linking Mechanism?, in: M. T. Greenberg et al. (Hg.), Attachment in the Preschool Years: Theory, Research, and Intervention. Chicago 1990, S. 161–182.

Gustav von Mann, Zum Problem der farbigen Mischlingskinder in Deutschland, in: Jugendwohl. Jg. 36, H. 1, Jänner 1955, S. 50–53.

Marktgemeinde Saalfelden (Hg.), Chronik von Saalfelden. Bd. 1. Saalfelden 1992.

Gigi Martin, Als die Neger kamen. Aufzeichnungen eines Teenagers, in: Eric Godal (Hg.), Teenagers. Hamburg 1958, S. 59–69.

Michael Martin, Schicksale von Nachkriegskindern. Die französischen Kinderheime in Appenthal-Harzhofen und Bad Dürkheim, in: Kaiserslauterer Jahrbuch für Pfälzische Geschichte und Volkskunde. Jg. 12, 2012, S. 327–338.

Peter Martin, Die Kampagne gegen die „Schwarze Schmach" als Ausdruck konservativer Visionen vom Untergang des Abendlandes, in: Gerhard Höpp (Hg.), Fremde Erfahrungen. Asiaten und Afrikaner in Deutschland, Österreich und der Schweiz bis 1945. Zentrum Moderner Orient Bd. 4. Berlin 1996, S. 211–228.

Sandra Maß, Das Trauma des weißen Mannes. Afrikanische Kolonialsoldaten in propagandistischen Texten, 1914–1923, in: L'Homme. Zeitschrift für Feministische Geschichtswissenschaft. Soldaten. Jg. 12, H. 1, 2001, S. 11–33.

Sandra Maß, Weiße Helden, schwarze Krieger. Zur Geschichte kolonialer Männlichkeit in Deutschland. Köln – Weimar – Wien 2006.

Siegfried Mattl, Frauen in Österreich nach 1945, in: Rudolf G. Ardelt – Wolfgang J. A. Huber – Anton Staudinger (Hg.), Unterdrückung und Emanzipation. Festschrift für Erika Weinzierl. Zum 60. Geburtstag. Wien – Salzburg 1985, S. 101–126.

Robert S. McKelvey, Dust of Life. America's Children Abandoned in Vietnam. Seattle – London 1999.

Robert S. McKelvey et al., Premigratory Risk Factors in Vietnamese Amerasians, in: American Journal of Psychiatry. Vol. 150, Nr. 3, 1993, S. 470–473.

Per Arne Löhr Meek, Lebensborn 6210. Kristiansund 2002.

Barbara Melosh, Strangers and Kin: The American Way of Adoption. Cambridge, MA 2002.

Maria Mesner, Vom § 144 zum § 97. Eine Reform mit Hindernissen, in: Beharrlichkeit, Anpassung und Widerstand. Die Sozialdemokratische Frauenorganisation und ausgewählte Bereiche sozialdemokratischer Frauenpolitik. 1945-1990. Wien 1993.

James W. Messerschmidt, Review Symposium: The Forgotten Victims of World War II: Masculinities and Rape in Berlin, 1945, in: Violence Against Women. Vol. 12, Nr. 7, July 2006, S. 706-712.

Sigrid Metz-Göckel, Die „deutsche Bildungskatastrophe" und Frauen als Bildungsreserve, in: Elke Kleinau – Claudia Opitz (Hg.), Geschichte der Mädchen- und Frauenbildung. Bd. 2: Vom Vormärz bis zur Gegenwart. Frankfurt/Main – New York 1996, S. 373-385.

Sibylle Meyer – Eva Schulze, Wie wir das alles geschafft haben. Alleinstehende Frauen berichten über ihr Leben nach 1945. München 1993.

Silva Meznaric, Gender as an Ethno-Marker: Rape, War and Identity in the Former Yugoslavia, in: Valentine Moghadan (Hg.), Identity, Politics and Women: Cultural Reassertion and Feminism in International Perspective. Boulder, Colorado 1994, S. 76-97.

Ingvill C. Mochmann, Children Born of War – Individual Destinies between Societal and International Responsibilities, in: Replikk. Vol. 33, 2012, S. 33.

Ingvill C. Mochmann, Ethical Considerations in Doing Research on Hidden Populations – the Case of Children Born of War. Vortrag auf der Zweiten internationalen und multidisziplinären Konferenz „Children and War: Past and Present". Salzburg 2013.

Ingvill C. Mochmann – Stein Ugelvik Larsen, Kriegskinder in Europa, in: Aus Politik und Zeitgeschichte. H. 18-19, 2005, S. 34-38.

Ingvill C. Mochmann – Stein Ugelvik Larsen, The Forgotten Consequences of War: The Life Course of Children Fathered by German Soldiers in Norway and Denmark during WWII – some Empirical Results, in: Historical Social Research. Vol. 33, Nr. 1, 2008, S. 347-363.

Ingvill C. Mochmann – Sabine Lee, The Human Rights of Children Born of War: Case Analyses of Past and Present Conflicts, in: Historical Social Research. Vol. 35, Nr. 3, 2010, S. 268-298.

Ingvill C. Mochmann – Sabine Lee – Barbara Stelzl-Marx (Hg.), Children Born of War: Second World War and Beyond. Focus. Kinder des Krieges: Zweiter Weltkrieg und danach, in: Historical Social Research. Historische Sozialforschung. Vol. 34, Nr. 3, 2009, S. 263-373.

Ingvill C. Mochmann – Sabine Lee – Barbara Stelzl-Marx, The Children of the Occupations Born During the Second World War and Beyond – An Overview, in: Historical Social Research. Vol. 34, Nr. 3, 2009, S. 263-282.

Ingvill C. Mochmann – Arne Øland, Der lange Schatten des Zweiten Weltkriegs: Kinder deutscher Wehrmachtssoldaten und einheimischer Frauen in Dänemark, in: Historical Social Research. Vol. 34, Nr. 3, 2009, S. 282-303.

Robert G. Moeller, War Stories: The Search for a Usable Past in the Federal Republic of Germany. Berkeley 2002.

Katharina H. S. Moon, Sex Among Allies: Military Prostitution in U.S.-Korean Relations. New York 1997.

Regina Mühlhäuser, Massenvergewaltigungen in Berlin 1945 im Gedächtnis betroffener Frauen. Zur Verwobenheit von nationalistischen, rassistischen und geschlechtsspezifischen Diskursen, in: Veronika Aegerter u. a. (Hg.), Geschlecht hat Methode. Ansätze und Perspektiven in der Frauen- und Geschlechtergeschichte. Beiträge der 9. Schweizerischen Historikerinnentagung 1998. Zürich 1999, S. 235–246.

Regina Mühlhäuser, Vergewaltigungen in Deutschland 1945. Nationaler Opferdiskurs und individuelles Erinnern betroffener Frauen, in: Klaus Naumann (Hg.), Nachkrieg in Deutschland. Hamburg 2001, S. 384–408.

Christian Th. Müller, US-Truppen und Sowjetarmee in Deutschland. Erfahrungen, Beziehungen, Konflikte im Vergleich. Paderborn u. a. 2011.

Laura Mulvey, Notes on Sirk and Melodrama, in: Christine Gledhill (Hg.), Home is Where the Heart is. Studies in Melodrama and the Woman's Film. London. British Film Institute 1978.

Kerstin Muth, Die Wehrmacht in Griechenland – und ihre Kinder. Leipzig 2008.

Clément Mutombo, Les damnes innocents du Vorarlberg. Parianisme envers les enfants historiques 1946. Frankfurt/Main 2007;

Clément Mutombo, Parianismus!: der Fall der „Kriegskinder" in Vorarlberg: zwischen Feindschaft und Partnerschaft (1946–1995). Frankfurt/Main 2012.

Nitsa Nacasch et al., Prolonged Exposure Therapy for Chronic Combat-related PTSD: A Case Report of Five Veterans, in: CNS spectrums. Vol. 12, Nr. 9, September 2007, S. 690–695.

Norman M. Naimark, Die Russen in Deutschland. Die sowjetische Besatzungszone 1945–1949. Berlin 1997.

Norman Naimark, The Russians in Germany. Cambridge MA 1995.

Fritz Naton, Schwangerschaftsunterbrechung nach Sittlichkeitsverbrechen. Dissertation, Universität München 1952.

Jan Nederveen Pieterse, White on Black. Images of Africa and Blacks in Western Popular Culture. New Haven – London 1992.

Susanne zur Nieden, Chronistinnen des Krieges. Frauentagebücher im Zweiten Weltkrieg, in: Hans-Erich Volkmann (Hg.), Ende des Dritten Reiches – Ende des Zweiten Weltkrieges. Eine perspektivische Rückschau. München – Zürich 1995, S. 835–860.

Vitalij Nikol'skij, GRU v gody Velikoj otečestvennoj vojny. Moskau 2005.

Katharina Oguntoye – May Opitz – Dagmar Schultz (Hg.), Farbe bekennen. Afro-deutsche Frauen auf den Spuren ihrer Geschichte. Frankfurt/Main 1992.

Arne Øland, Horeunger og Helligdage – tyskerbørns beretninger. Århus 2001.

Kåre Olsen, Krigens barn: De norske krigsbarna og deres mødre. Oslo 1998.

Kåre Olsen, Under the Care of Lebensborn: Norwegian War Children and their Mothers, in: Kjersti Ericsson – Eva Simonsen (Hg.), Children of World War II. The Hidden Enemy Legacy. Oxford – New York 2005, S. 15–34.

May Opitz (Ayim) – Katharina Oguntoye – Dagmar Schultz (Hg.), Showing our Colors: Afro-German Women Speak Out. Amherst, MA 1992.

Susan C. Pearce – Elizabeth C. Clifford – Reena Tandon, Immigration and Women. Understanding the American Experience. New York – London 2011.

Anna-Maria Pedron, Besatzer und Besetzte in der Enklave Bremen nach dem Zweiten Weltkrieg. Bremen 2010.

Monika Pelz, Heiratsmigrantinnen 1945–1955, in: Traude Horvath – Gerda Neyer (Hg.), Auswanderung aus Österreich: Von der Mitte des 19. Jahrhunderts bis zur Gegenwart. Wien 1996, S. 387–409.

Antonio Peter – Werner Wolf (Hg.), Arbeit, Amis, Aufbau. Alltag in Hessen 1949–1955. Frankfurt/Main 1990.

Hans Pfaffenberger, Zur Situation der Mischlingskinder, in: Unsere Jugend. Jg. 8, H. 2, 1956, S. 64–71.

Jean-Paul Picaper – Ludwig Norz, Enfants maudits. Paris 2004.

Georg Picht, Die deutsche Bildungskatastrophe. Analyse und Dokumentation. Olten – Freiburg/Breisgau 1964.

Saundra Pollock Sturdevant – Brenda Stoltzfus, Let the Good Times Roll: Prostitution and the US Military in Asia. New York 1993.

Reiner Pommerin, Sterilisierung der Rheinlandbastarde: Das Schicksal einer farbigen deutschen Minderheit 1918–1937. Düsseldorf 1979.

Lieselotte Pongratz, Prostituiertenkinder. Umwelt und Entwicklung in den ersten acht Lebensjahren. Stuttgart 1964.

Kirsten Poutrus, Von der Massenvergewaltigung zum Mutterschutzgesetz. Abtreibungspolitik und Abtreibungspraxis in Ostdeutschland, 1945–1950, in: Richard Besser – Ralph Jessen (Hg.), Die Grenzen der Diktatur. Staat und Gesellschaft in der DDR. Göttingen 1996, S. 170–198.

Johannes Putz, Zwischen Liebe und Business. Österreicherinnen und Amerikanische Gis in der Besatzungszeit. Diplomarbeit, Universität Salzburg 1995.

Hartmut Radebold, Abwesende Väter und Kriegskindheit. Fortbestehende Folgen in Psychoanalysen. Göttingen 2004.

Hartmut Radebold – Werner Bohleber – Jürgen Zinnecker (Hg.), Transgenerationale Weitergabe kriegsbelasteter Kindheiten. Weinheim – München 2009.

Manfried Rauchensteiner, Nachkriegsösterreich 1945, in: Österreichische Militärische Zeitschrift. 6, 1972, S. 407–421.

Manfried Rauchensteiner, Stalinplatz 4. Österreich unter alliierter Besatzung. Wien 2005.

Sieglinde Reif, Das „Recht des Siegers". Vergewaltigungen in München 1945, in: Sybille Kraft (Hg.), Zwischen den Fronten. Münchner Frauen in Krieg und Frieden 1900–1950. München 1995, S. 360–371.

David Reynolds, Rich Relations. The American Occupation of Britain 1942–1945. London 2000.

Robert Rie, Das Schicksal der Neger in den Vereinigten Staaten, Schloss Laupheim. Württemberg 1956.

Hermann Riedel, Halt! Schweizer Grenze. 2. Aufl., Konstanz 1984.

Mary Louise Roberts, What Soldiers Do. Sex and the American GI in World War II France. Chicago 2014.

Maren Röger, The Children of German Soldiers in Poland, 1939–45, in: Lars Westerlund (Hg.), The Children of Foreign Soldiers. Helsinki 2011.

Gabriele Rosenthal, Erlebte und erzählte Lebensgeschichte. Gestalt und Struktur biographischer Selbstbeschreibungen. Frankfurt/Main – New York 1995.

Carola Sachse, Der Hausarbeitstag. Gerechtigkeit und Gleichberechtigung in Ost und West 1939–1994. Göttingen 2002.

Carola Sachse – Benoit Massin, Biowissenschaftliche Forschung an Kaiser-Wilhelm-Instituten und die Verbrechen des NS-Regimes: Informationen über den gegenwärtigen Wissensstand. Berlin 2002.

Matthew J. Salganik – Douglas D. Heckathorn, Sampling and Estimation in Hidden Populations Using Respondent-Driven Sampling, in: Sociological Methodology. Vol. 34, 2004, S. 193–239.

Salzburger Landesregierung (Hg.), 10 Jahre Aufbau 1945–1955, o. J.

Helke Sander – Barbara Johr (Hg.), BeFreier und Befreite. Krieg, Vergewaltigung, Kinder. Frankfurt/Main 1995.

Silke Satjukow, „Bankerte!" Verschwiegene Kinder des Krieges, in: Bulletin des Deutschen Historischen Instituts Moskau. Nr. 3, 2008.

Silke Satjukow, Befreiung? Die Ostdeutschen und 1945. Leipzig 2009.

Silke Satjukow, Besatzer. „Die Russen" in Deutschland 1945–1994. Göttingen 2008.

Silke Satjukow, „Besatzungskinder". Nachkommen deutscher Frauen und alliierter Soldaten seit 1945, in: Geschichte und Gesellschaft. Jg. 37, H. 4, 2011, S. 559–591.

Silke Satjukow – Rainer Gries, „Bankerte!" Besatzungskinder in Deutschland nach 1945. Frankfurt/Main – New York 2015.

Zeanah D. S. Schechter et al., Psychobiological Dysregulation in Violence-exposed Mothers: Salivary Cortisol of Mothers with Very Young Children Pre- and Post-separation Stress, in: Bulletin of the Menninger Clinic. Vol. 68, 2004, S. 319–336.

Uwe Schellinger – Rolf Oswald – Egbert Hoferer (Hg.), Deportiert aus Nordrach. Das Schicksal der letzten jüdischen Patientinnen und Angestellten des Rothschild-Sanatoriums. Zell am Harmersbach 2010.

Elke Scherstjanoi, „Wir sind in der Höhle der Bestie." Die Briefkommunikation von Rotarmisten mit der Heimat über ihre Erlebnisse in Deutschland, in: Elke Scherstjanoi (Hg.), Rotarmisten schreiben aus Deutschland. Briefe von der Front (1945) und historische Analysen. Texte und Materialien zur Zeitgeschichte Bd. 14. München 2004, S. 194–228.

Rudolf Schlaipfer, Die Aumühl. Geschichte und Geschichten eines obersteirischen Industriestandortes und seiner Bevölkerung. Kindberg 1991.

Karin M. Schmidlechner, Frauen – Leben in Männerwelten. Ein Beitrag zur Geschichte der steirischen Frauen in der Nachkriegszeit. Habilitationsschrift, Graz 1994.

Karin M. Schmidlechner, Frauenleben in Männerwelten. Kriegsende und Nachkriegszeit in der Steiermark. Wien 1997.

Karin M. Schmidlechner, Über die Bewältigung der NS-Vergangenheit, in: Hannes Grandits – Karin M. Schmidlechner – Andrea Strutz – Heidemarie Uhl (Hg.), Der Krieg geht uns alle an – Wie gehen wir damit um? Graz 1997, S. 72–81.

Ingrid Schmidt-Harzbach, Eine Woche im April. Berlin 1945, in: Helke Sander – Barbara Johr (Hg.), Befreier und Befreite. Krieg, Vergewaltigung, Kinder. München 1992, S. 21–45.

Ingrid Schmidt-Harzbach, Eine Woche im April: Berlin 1945 – Vergewaltigung als Massenschicksal, in: Feministische Studien. H. 3, 1984, S. 51–65.

Astrid Schmoll, Dornbirner Frauen und ihre Alltagsgeschichten in der Nachkriegszeit, in: Dornbirner Schriften. Beiträge zur Stadtkunde. Nr. XIV, Mai 1993, S. 3–19.

Felix Schneider, Aspekte britischer Sicherheitspolitik zur Zeit der Besatzung in Österreich. Diplomarbeit, Universität Graz 1993.

Felix Schneider, Zur Tätigkeit des militärischen Geheimdienstes FSS und des Public Safety Branch in Graz 1945–1947, in: Friedrich Bouvier – Helfried Valentinitsch (Hg.), Graz 1945. Historisches Jahrbuch der Stadt Graz. Bd. 25. Graz 1994, S. 215–233.

Isabel Schopper, Austrian Female Migration to Great Britain, 1945–1960. Dissertation, University of London 2010.

Joachim Schröder, „Betrifft: Uneheliche deutsche farbige Mischlingskinder". Ein aufschlussreiches Kapitel deutscher Bildungspolitik, in: Martin Spetsmann-Kunkel (Hg.), Gegen den Mainstream. Kritische Perspektiven auf Bildung und Gesellschaft. Festschrift für Georg Hansen. Lernen in Europa. Bd. 13. Münster 2009, S. 176–201.

Timothy L. Schroer, Recasting Race after World War II: Germans and African Americans in American-Occupied Germany. Boulder 2007.

Isabel Schropper, Austrian Female Migration to Great Britain, 1945–1960. Dissertation, University of London 2010.

Hermann Schulz – Hartmut Radebold – Jürgen Reulecke, Söhne ohne Väter. Bonn 2005.

Dieter Schwab, Gleichberechtigung und Familienrecht im 20. Jahrhundert, in: Ute Gerhard (Hg.), Frauen in der Geschichte des Rechts. Von der Frühen Neuzeit bis zur Gegenwart. München 1997, S. 790–827.

Kami L. Schwerdtfeger – Briana S. Nelson Goff, Intergenerational Transmission of Trauma: Exploring Mother-infant Prenatal Attachment, in: Journal of Traumatic Stress. Vol. 20, Nr. 1, 2007, S. 39–51.

Julius Schwörer, Die Rechtsstellung des in Deutschland geborenen unehelichen Kindes einer deutschen Mutter und eines französischen Vaters. Freiburg im Breisgau 1948.

Lu Seegers, Vater-Los – Der gefallene Vater in der Erinnerung von Halbwaisen in Deutschland nach 1945, in: José Brunner (Hg.), Mütterliche Macht und väterliche Autorität. Elternbilder im deutschen Diskurs. Tel Aviver Jahrbuch für deutsche Geschichte Bd. 36. Göttingen 2008, S. 128–151.

Lu Seegers, „Vati blieb im Krieg." Vaterlosigkeit als generationelle Erfahrung im 20. Jahrhundert – Deutschland und Polen. Göttingen 2013.

Albin Segmüller, Über reaktive Selbstmorde und Selbstmordversuche in der Nachkriegszeit. Psychiatrische- und Nervenklinik des Städtischen Krankenhauses Nürnberg. Dissertation, Universität Erlangen 1949.

Renate Seibt, Für Neger verboten. Kassel 1965.

Bernd Serger – Karin-Anne Böttcher, Der Einmarsch der Alliierten, in: Bernd Serger et al. (Hg.), Südbaden unter Hakenkreuz und Trikolore. Zeitzeugen berichten über das Kriegsende und die französische Besetzung 1945. Freiburg im Breisgau 2006, S. 242–329.

Kimberly L. Shipman et al., Maternal Emotion Socialization in Maltreating and Non-maltreating Families: Implications for Children's Emotion Regulation, in: Social Development. Vol. 16, Nr. 2, May 2007, S. 268–285.

Rudolf Sieg, Mischlingskinder in Westdeutschland: eine anthropologische Studie an farbigen Kindern. Dissertation Universität Mainz 1956.

Rudolf Sieg, Mischlingskinder in Westdeutschland. Festschrift für Frederic Falkenburger. Baden-Baden 1955.

Peter Sixl (Hg.), Sowjetische Tote des Zweiten Weltkrieges in Österreich. Namens- und Grablagenverzeichnis. Ein Gedenkbuch. Unter Mitarbeit von Veronika Bacher und Grigorij Sidko. Graz – Wien 2010.

Harry Slapnicka, Oberösterreich – Zweigeteiltes Land 1945–1955. Beiträge zur Zeitgeschichte Oberösterreichs. Linz 1986.

Quinn Slobodian, Foreign Front: Third World Politics in Sixties West Germany. Duke UP 2012.

SOS-Kinderdorf-Bote. Nr. 30, 1959.

Joseph R. Starr, Fraternization with the Germans in World War II. Office of the Chief Historian, European Command, Occupation Forces in Europa Series, 1945–1946. Frankfurt/M. 1947.

Statistisches Bundesamt (Hg.), Statistische Berichte. Wiesbaden 1956.

Helen Steele, The Experiences of Women in Vienna, 1944–1948. Dissertation University Swansea 2012.

Heinz Steguweit, Der schwarze Mann. Bonn – Antwerpen – Paris – Amsterdam 1950.

Bertram von der Stein, „Flüchtlingskinder". Transgenerationale Perspektive von Spätfolgen des Zweiten Weltkrieges bei Nachkommen von Flüchtlingen aus den ehemaligen deutschen Ostgebieten, in: Hartmut Radebold – Werner Bohleber – Jürgen Zinnecker (Hg.), Transgenerationale Weitergabe kriegsbelasteter Kindheiten. Weinheim – München 2009, S. 183–191.

Barbara Stelzl-Marx, Die unsichtbare Generation. Kinder sowjetischer Besatzungssoldaten in Österreich und Deutschland, in: Ingvill C. Mochmann – Sabine Lee – Barbara Stelzl Marx (Hg.), Children Born of
War: Second World War and Beyond. Historical Research. Vol. 34, Nr. 3, 2009, S. 352–372.

Barbara Stelzl-Marx, Freier und Befreier. Zum Beziehungsgeflecht zwischen sowjetischen Besatzungssoldaten und österreichischen Frauen, in: Stefan Karner – Barbara Stelzl-Marx (Hg.), Die Rote Armee in Österreich. Sowjetische Besatzung 1945–1955. Beiträge. Graz – Wien – München 2005, S. 421–448.

Barbara Stelzl-Marx, Stalins Soldaten in Österreich. Die Innensicht der sowjetischen Besatzung 1945–1955. Wien – München 2012.

Frank Stern, The Whitewashing of the Yellow Badge: Antisemitism and Philosemitism in Postwar Germany. New York 1992.

Gillian Stevens – Hiromi Ishizawa – Xavier Escandell, Marrying into the American Population: Pathways into Cross-Nativity Marriages, in: International Migration Review. Vol. 46, Nr. 3, 2012, S. 740–759.

Gabriela Stieber, Die Briten als Besatzungsmacht in Kärnten 1945–1955. Klagenfurt 2005.

Vernon W. Stone, German Baby Crop Left by Negro GIs, in: The Survey. 85, November 1949, S. 579–583.

Heather Marie Stur, Beyond Combat: Women and Gender in the Vietnam War Era. Cambridge 2011.

Sharain Suliman et al., Cumulative Effect of Multiple Trauma on Symptoms of Posttraumatic Stress Disorder, Anxiety, and Depression in Adolescents, in: Comprehensive Psychiatry. Vol. 50, Nr. 2, March–April 2009, S. 121–127.

Rosemary Taylor, Orphans of War. Work with Abandoned Children of Vietnam 1967–1975. London 1988.

Richard G. Tedeschi – Lawrence G. Calhoun, Posttraumatic growth: Conceptual Foundations and Empirical Evidence, in: Psychological Inquiry. Vol. 15, Nr. 1, 2004, S. 1–18.

Hsu-Ming Teo, The Continuum of Sexual Violence in Occupied Germany, 1945–1949, in: Women's History Review. Vol. 5, Nr. 2, 1996, S. 191–218.

Karen Thimm – DuRell Echols, Schwarze in Deutschland. München 1973.

Hans Tomforde – Friedrich Diefenbach – Heinrich Webler, Das Recht des unehelichen Kindes und seiner Mutter im In- und Ausland. 4. Aufl. Berlin 1935.

Annemarie Tröger, Between Rape and Prostitution, in: Judith Friedlander et al. (Hg.), Women in Culture and Politics: A Century of Change. Bloomington 1997, S. 97–117.

Toxi, eine Materialsammlung, anlässlich einer Veranstaltung im Kino Arsenal in Berlin am 8./9. November 1996.

Amanda J. Turner – Adrian Coyle, What Does It Mean to be a Donor Offspring? The Identity Experiences of Adults Conceived by Donor Insemination and the Implications for Counselling and Therapy, in: Human Reproduction. Vol. 15, Nr. 9, September 2000, S. 2041–2051.

Silvia Ulrich, Zur aktuellen Diskussion um die Verankerung von Ehe und Familie in der Österreichischen Bundesverfassung, in: Simon Gertrud u. a. (Hg.), Die heilige Familie – Vom Sinn und Ansinnen einer Institution. Reihe Frauenforschung. Bd. 13. Wien 1991, S. 181–196.

US General Accounting Office, Vietnamese Amerasian Resettlement: Education, Employment, and Family Outcomes in the United States. Washington, D.C. 1994.

Caroline Kieu-Linh Valverde, From Dust to Gold: The Vietnamese Amerasian Experience, in: Maria P. P. Root (Hg.), Racially Mixed People in America. London 1992, S. 144–161.

Elisabeth Vikman, Ancient Origins: Sexual Violence in Warfare, Part 1, in: Anthropology & Medicine. Vol. 12, Nr. 1, 2005, S. 21–31.

Fabrice Virgili, Enfants de Boches: The War Children of France, in: Kjersti Ericsson – Eva Simonsen (Hg.), Children of World War II. The Hidden Enemy Legacy. Oxford – New York 2005, S. 138–150.

Fabrice Virgili, Naître ennemi. Les enfants de couples franco-allemands nés pendant la seconde guerre mondiale. Paris 2009.

Fabrice Virgili, Shorn Women. Gender and Punishment in Liberation France. Oxford 2002.

Katharina Walgenbach, Heterogenität, Intersektionalität, Diversity in der Erziehungswissenschaft. Opladen – Farmington Hills 2014.

Anette Warring, Intimate and Sexual Relations, in: Robert Gildea – Olivier Wieviorka – Anette Warring (Hg.), Surviving Hitler and Mussolini. Daily Life in Occupied Europe, 1939–1945. Oxford – New York 2006, S. 88–128.

Heinrich Webler, Adoptions-Markt, in: Zentralblatt für Jugendrecht und Jugendwohl. Jg. 42, Nr. 5, 1955, S. 123–124.

Thomas Weidenholzer, Alles drehte sich um Kalorien, in: Erich Marx (Hg.), Befreit und Besetzt. Stadt Salzburg 1945–1955. Salzburg 1996, S. 46–51.

Sepp Weisskind, Das Land als soziale Gemeinschaft, in: Salzburger Landesregierung (Hg.), Salzburg – Kleinod von Österreich. 10 Jahre Aufbau 1945–1955, Salzburg o. J., S. 132–153.

Harald Welzer, Von Fehlern und Daten. Zur Rolle des Forschers im interpretativen Paradigma, in: Psychologie und Gesellschaftskritik. Jg. 14, H. 2/3, 1990, S. 153–174.

Walter White, A Rising Wind. Garden City, NY. 1945.

Iris Wigger, Die „Schwarze Schmach amerikanische Rhein". Rassistische Diskriminierung zwischen Geschlecht, Klasse, Nation und Rasse. Münster 2007.

Marta Wild, Das Lied der kleinen Negerlein. Bern 1948.

Lora Wildenthal, Race, Gender and Citizenship in the German Colonial Empire, in: Frederick Cooper – Ann Laura Stoler (Hg.), Tensions of Empire. Berkeley 1997.

Barbara Willenbacher, Zerrüttung und Bewährung der Nachkriegs-Familie, in: Martin Broszat (Hg.), Zäsuren nach 1945. Essays zur Periodisierung der deutschen Nachkriegsgeschichte. München 1990, S. 595–618.

John Willoughby, Remaking the Conquering Heroes. The Postwar America Occupation of Germany. New York 2001.

Jürgen Wolfer, Ein hartes Stück Zeitgeschichte: Kriegsende und französische Besatzungszeit im mittleren Schwarzwald. Zwischen „Wehrwölfen", „Kränzlemännern" und „schamlosen Weibern". Dissertation Universität Freiburg im Breisgau 2010.

Edgar Wolfrum, Die Zähmung des Chaos' in der Zusammenbruchsgesellschaft. Selbsthilfe gegen Resignation und Franzosenfeindschaft. Antifas und Gewerkschaften, in: Edgar Wolfrum – Peter Fässler – Reinhard Grohnert, Krisenjahre und Aufbruchszeit. Alltag und Politik im französisch besetzten Baden 1945–1949. München 1996, S. 53–74.

Philip E. Wolgin – Irene Bloemraad, „Our Gratitude to Our Soldiers". Military Spouses, Family Re-Unification, and Postwar Immigration Reform, in: Journal for Interdisciplinary History. Vol. 41, Nr. 1, 2010, S. 27–60.

Elisabeth Jean Wood, Armed Groups and Sexual Violence: When is Wartime Rape Rare, in: Politics and Society. Vol. 37, Nr. 1, 2009, S. 131–162.

World Health Organization, Composite International Diagnostic Interview (CIDI), Geneva 1997.
Ji-Yeon Yuh, Beyond the Shadow of Camptown. Korean Military Brides in America. New York – London 2002.
Ji-Hen Yuh, Beyond the Shadow of Camptown. Korean Military Brides in America. New York 2004.
Nira Yuval-Davis, Gender & Nation. Los Angeles 1997.
Susan Zeiger, Entangling Alliances. Foreign War Brides and American Soldiers in the Twentieth Century. New York – London 2010.

Filmografie (Auswahl)

Affaire Blum, D 1948, Regie: Erich Engel
Berliner Ballade, D 1948, Regie: Robert A. Stemmle
Color Me German, USA/BRD 1969, Regie: Victor Vicas
Der dunkle Stern, BRD 1955, Regie: Hermann Kugelstadt
Das Haus in Montevideo, BRD 1963, Regie: Helmut Käutner
Imitations of Life, USA 1934, Regie: John Stahl
Liebe, Tanz und 1000 Schlager, BRD 1955, Regie: Paul Martin
Skandal um Dodo, A 1958, Regie: Eduard von Borsody
Tante Wanda aus Uganda, BRD 1957, Regie: Paul Martin
Toxi, BRD 1952, Regie: Robert A. Stemmle
Toxi lebt anders, BRD 1958, Regie: Peter Schier-Grabowski
Unsere tollen Tanten, BRD 1961, Regie: Rolf Olsen
Zwei Bayern im Harem, BRD 1957, Regie: Joe Stöckel

Archivverzeichnis

Archive der ehemaligen Besatzungsmächte
Central'nyj archiv ministerstva oborony, Podol'sk
Centre des Archives Diplomatique, La Courneuve
Gosudarstvennyj archiv Rossijskoj Federacii, Moskau
National Archives and Records Administration, Washington
Rossijskij gosudarstvennyj archiv novejšej istorii, Moskau
Rossijskij gosudarstvennyj archiv social'no-političeskoj istorii, Moskau
Rossijskij gosudarstvennyj voennyj archiv, Moskau
The National Archives (ehem. Public Record Office), Kew Richmond

Deutsche Archive
Archiv der Stiftung Deutsche Kinemathek, Berlin
Bayerisches Hauptstaatsarchiv, München
Archiv des Bundesbeauftragten für die Unterlagen des Staatssicherheitsdienstes der ehemaligen DDR
Archiv des Diakonischen Werkes der Evangelischen Kirche Deutschland, Berlin
Archiv des Instituts für Zeitgeschichte, München
Bundesarchiv Berlin
Bundesarchiv Koblenz
Bundesarchiv-Militärarchiv Freiburg
Deutsches Institut für Filmkunde Frankfurt am Main
Hauptstaatsarchiv Stuttgart
Hessisches Hauptstaatsarchiv
Landesarchiv Berlin
Niedersächsisches Hauptstaatsarchiv Hannover
Politisches Archiv des Auswärtigen Amtes Berlin
Staatsarchiv Augsburg
Staatsarchiv Hamburg
Staatsarchiv Freiburg
Stadtarchiv Augsburg
Stadtarchiv Freiburg
Stadtarchiv Karlsruhe
Stadtarchiv Ladenburg
Stadtarchiv Magdeburg
Stadtarchiv Mannheim
Stadtarchiv Nürnberg

Stadtarchiv Rastatt
Stadtarchiv Weimar

Österreichische Archive
Archiv der Stadt Salzburg
Archiv des Ludwig Boltzmann-Instituts für Kriegsfolgen-Forschung, Graz – Wien – Raabs
Österreichische Nationalbibliothek, Wien
Österreichisches Staatsarchiv/Archiv der Republik, Wien
Stadtarchiv Bregenz
Stadtarchiv Dornbirn
Steiermärkisches Stadt- und Landesarchiv, Graz

Ortsregister

Aachen 273
Amberg 214
Imst 207
Alençon 484
Amstetten 110, 429
Apfelstädt 136, 158
Appenthal 394
Attnang-Puchheim 447f., 450f.
Auerbach 486
Aumühl 243

Babyn Jar 436
Bad Bergzabern 448
Bad Dürkheim 394
Bad Hall 456, 459
Baden bei Wien 98
Baden-Baden 280f., 283, 486, 488
Baltimore 310f.
Barlonyo 15
Basel 488
Baumholder 223
Bergen 47, 57
Berlin 15, 62f., 67f., 70, 74, 78, 86, 141, 146, 148, 168, 231, 262, 266, 269, 271f., 276, 296, 304f., 334, 436f., 439, 441, 444, 448, 450, 451f.,
Bielefeld 83
Bitterfeld 436f., 440, 444
Bochum 447, 449
Bonn 286f.
Brazzaville 488
Bregenz 361, 367, 376
Bremen 87, 302, 304
Bremerhaven 302
Brest 484

Colmar 383, 493

Darfur 16
Dinslaken 268
Dorfhain 438
Duisburg 438
Düsseldorf 290

Erfurt 148

Feldkirchen bei München 78
Felixdorf 112
Frankfurt am Main 289, 381
Freudenstadt 388

Gaflenz 122
Gelsenkirchen 80
Gièvre 484
Giżycko 439
Gmunden 447, 451
Graz 13f., 52, 57, 93, 97, 103, 105, 126, 128, 199, 239, 241f., 245–247, 449, 462, 466–469, 480
Greifswald 48f., 52, 60, 73
Grieskirchen 450f.
Großenzersdorf 109

Haigerloch 284
Hamburg 168, 288, 304, 486, 489
Heidelberg 302, 394, 449, 451
Heroldsberg bei Nürnberg 85
Hochwolkersdorf 123

Immendingen 72
Innsbruck 356, 360

Jegerjevskoje s. Sellwethen
Jena 444
Johanngeorgenstadt 436

Kaiserslautern 223, 302
Kalinin s. Tver'
Kaliningrad/Königsberg 417, 435
Karlsruhe 279f., 284, 286, 488
Katowice/Kattowitz 438
Kiew 436, 441
Klagenfurt 246, 255
Koblenz 162, 484, 486, 488f.
Köln 57, 170
Königsberg s. Kaliningrad
Kopenhagen 22
Krasnodar' 434,

La Courneuve 383, 485
La Rochelle 486
Landau 492
Leipzig 52, 54, 60, 126, 239, 442
Leningrad/St. Petersburg 441-444
Leoben 98
Lienz 255
Linz 460
London 27, 254, 266, 268-272, 468f., 475
Lötzen s. Giżycko 439
Lübbenau 438

Magdeburg 13f., 149
Mainz 302
Mannheim 261, 277f., 302, 311
Merseburg 444
Miami 452
Minsk 174
Moskau 95, 97, 131-133, 143, 423-427, 432-434, 440
München 78, 315
Murmansk 417

Nanterre 483
Neckenmarkt 108, 427
Neumarkt an der Ybbs 433
Neusarling 431f.
Nördlingen 77
Nordrach 394f., 398f., 400-403, 407
Nürnberg 71, 85, 302

Oppenheim 488
Oradour-sur-Glane 485

Panamaribo 488
Penzing bei Landsberg 77
Podol'sk 132
Portadown 256
Pretzsch 436f.
Puteaux 483f.

Rastatt 407
Reichenau 72
Reims 405
Rostov am Don 426
Rueil-Malmaison 484f.

Saalfelden 184f., 197, 205
Saigon 27-29, 32
Salzburg 192, 196-199, 211, 218f., 258, 375f.
Sarajevo 36,
Schmeckwitz 438
Sellwethen/Jegerjevskoje 87
Smolensk 131f., 411
Speyer 488
Spittal an der Drau 254f., 257f.
St. Blasien im Schwarzwald 79
St. Georgen 390
St. Louis 452
St. Petersburg s. Leningrad
St. Pölten 98, 124, 421, 423f.
Steyr 460

Straßburg 395, 492
Stuttgart 302, 361, 389, 448f., 492
Suresnes 483f., 486

Ternitz 101
Tübingen 394
Tver'/Kalinin 422f.

Vitebsk 443

Weimar 136, 138, 147f., 160–162, 166, 444
Weißenfels 444

Wellington 469
Wien 13f., 96, 98, 105, 107f., 113, 119–121, 131, 196, 204, 209, 214, 238, 240, 247, 257, 374f., 378, 411, 416, 424, 447, 449, 460, 467, 477–480
Wiener Neustadt 112, 432
Wiesbaden 275, 323
Wünsdorf 143

Ybbs 123f., 429f., 433

Zeitz 444

Personenregister

Abel, Wolfgang 303
Adenauer, Konrad 289, 339
Andreas-Friedrich, Ruth 74
Anonyma 63, 67f., 70

Bacher, Dieter 93
Baker, Josephine 345
Bauer, Ingrid 207, 212, 220, 222, 375, 377
Baur-Timmerbrink, Ute 15, 189, 205
Beavers, Louise 337
Beck, Ulrich 231
Beck-Gernsheim, Elisabeth 231
Bernstorff, Madeleine 330
Bildt, Paul 332
Bisky, Jens 63
Boileau, Eugénie Alphonsine Yvonne 483
Boveri, Margret 63, 70
Bowlby, John 169
Brendel, Christine 57
Breslau, Naomi 51
Brown, Paul Wade 467
Burke, Eldon 268

Challot, Colette 484, 486
Challot, Felicien 483
Challot, Jeanne 483
Challot, Marcel Lucien Gaston 483, 486
Charles, Prince of Wales 272
Clark, Mark W. 209
Colbert, Claudette 337
Corrigan, Patrick W. 44

Dahrendorf, Ralf 168
Dandridge, Dorothy 345
Dangl, Katharina 429, 123
Dangl, Reinhard s. Heninger, Reinhard
Davenport, Charles 303
Daxer, Erika 184–186, 190
Diederichs, Monika 26
Dupuis, Eleonore 115, 124f., 128, 134, 422, 426f.

Eger, Adolf 22, 25
Eichhorn, Svenja 73
Eisenhower, Dwight D. 96
Elizabeth II., Herzogin von Edinburgh 271
Escandell, Xavier 232

Feuchtwanger, Lion 443
Fiegert, Elfie 330, 338, 342, 344–346, 349
Fischer, Eugen 303f.
Flickenschild, Elisabeth 332
François-Poncet, André 393
Frank, Herbert 164
Franklin, Barbara 234
Frettlöh, Ruth Irmgard 75
Fritz, Georg 371f., 377
Fritz, Regina 195
Fulbright, J. William 28

Ganswohl, Vera 116
Gaulles, Charles de 389
Glaesmer, Heide 126
Goltermann, Svenja 72
Grammer, Mabel 311

Grange, Lester 310
Grossmann, Atina 49
Habura, Peter 472, 474f.
Heine, Heinrich 443
Helmer, Marie 398–400, 403
Heninger, Karl 123
Heninger, Reinhard 123f., 131, 133, 429–431, 434
Herbst, Tatjana 109, 114, 117f., 131f., 411
Herskovits, Melville 303
Herzog, Dagmar 223, 316
Hitler, Adolf 295, 444
Hofer, Johanna 333
Höhn, Maria 223
Holzmüller, Carl 439f.

Ishizawa, Hiromi 232

Johr, Barbara 146

Kaiser, Marie 126, 239
Karner, Stefan 93, 195
Kastner, Florentine 93
Keller, Gottfried 417
Kennedy, John F. 179
Kirchner, Walter 302–307
Knoll, Harald 93
Knox, Bill 449–452
Kœnig, Pierre 380, 383, 400
Kofler, Alexandra 93
Köglberger, Helmut 202, 454, 458, 460
Köglberger, Stefan 454
Kolesnitschenko, Iwan 143
Köpp, Gabi 71
Koppel, Walter 325
Kornblum, John 451
Krammer, Eva 458
Krammer, Marion 195

Kruglov, Sergej 100
Kuby, Erich 63, 66, 68f.
Kuwert, Philipp 49, 51, 73, 126, 239

Larsen, Stein Ugelvik 47
Lazar, Sigrid 93
Leber, Emilie 390
Lee, Sabine 56, 209, 216
Lester, Rosemarie 331
Link, Bruce G. 44
Loginov, Michail 420
Lopatka, Reinhold 132
Louis, Anastasia 469
Louzek, Ingeborg 95

Marfan, Antoine 399
Markovič, Aleksandr 425
Markovič, Pronman I. 424
Martin, Auguste 486
Martin, Ingeborg 486
Martin, Karl 486
Martin, Michael 487, 489, 491
Mayer, Daisy 121, 124
Mikat, Paul 177
Minh-ha, Trinh 228, 231
Mochmann, Ingvill 56, 126, 239
Mulvey, Laura 328

Nadig, Frieda 84
Negra, Leila 331
Nielsen, Margrethe Sofie 22, 25
Novy, Eleonore s. Dupuis, Eleonore
Novy, Stefanie 423

Osten-Sacken, Maria 348

Pakenham, Lord Frank 270f.
Petek, Erwin 480
Phelan, John C. 44
Picaper, Jean-François 493

Picht, Georg 167f.
Pils, Herbert 122, 127
Pokulev, Anton 124, 131, 133
Pross, Helge 168
Pulpitel, Roman 112, 130

Radebold, Hartmut 153
Rau, Christine 451
Rau, Johannes 451
Reichling, Gerhard 48, 65, 146
Rieder, Erna 205f.
Rogatkina, Elena 427
Rohrbach, Philipp 195
Romanik, Emilie (Lilly) 102, 411, 413f.
Romanik, Tatjana 102, 411, 413
Rosenthal, Gabriele 170
Rupp, Gitta 256, 469
Rupp, Paula 467f.
Rust, Bernhard 288

Sander, Helke 146
Scheu, Johanna 426
Scheu, Maria s. Silberstein, Maria
Schieder, Theodor 83
Schmidl, Erwin 449
Schnabl, Inge 122, 419f.
Schröder, Gerhard 89
Seegers, Lu 155
Segmüller, Albin 71
Seyferth, Wilfried 332
Sieg, Rudolf 302, 305–307
Silberstein, Maria 108f., 134, 427
Sixl, Peter 128
Spiridonova, Natal'ja 425

Stalin, Joseph 102, 140, 143, 156, 161
Stelzl-Marx, Barbara 57, 126, 195f., 239, 377, 433, 481
Stemmle, R. A. 324f., 328, 330, 347–350
Stern, Silke 93
Stevens, Gillian 232
Stieber, Gabriela 239

Tamarovskij, Jurij 426f.
Tamarovskij, Petr N. 426f.
Taranenko, Nikolaj 132, 411, 415
Temkin, Mojssej S. 441
Thalheimer, Jeanne 403
Trew, Kenneth 184f.
Trinder, Tommy 96

Ujma, Helene 438

Vartanov, Valerij 424f.
Verschuer, Otmar Freiherr von 303

Wade-Brown, Celia 469
Wahl, Niko 195
Walla-Grom, Ingeborg 103
Wardson, George 474f.
Watson, Amy C. 44
Weber-Naus, Monica 346
White, Walter 311

Yuh, Ji-Yeon 230

Zeiger, Susan 228–231
Zeller, Alfred 438
Zussblatt, Niels 452

Verzeichnis der Autorinnen und Autoren

Ingrid Bauer, geb. 1954, Professorin für Zeit- und Kulturgeschichte an der Universität Salzburg.

Annette Brauerhoch, geb. 1955, Professorin für Film- und Fernsehwissenschaften an der Universität Paderborn.

Svenja Eichhorn, geb. 1983, Diplompsychologin und wissenschaftliche Mitarbeiterin an der Abteilung für Medizinische Psychologie und Medizinische Soziologie der Universität Leipzig.

Heide Fehrenbach, Professorin für Zeitgeschichte an der Northern Illinois University.

Regina Fritz, geb. 1980, Dr. phil., Historikerin und wissenschaftliche Mitarbeiterin des Ludwig Boltzmann-Instituts für Historische Sozialwissenschaft, Wien.

Miriam Gebhardt, geb. 1962, apl. Professorin, Historikerin und Lehrbeauftragte an der Universität Konstanz.

Heide Glaesmer, geb. 1973, Privatdozentin, Psychologin und Psychologische Psychotherapeutin sowie stellvertretende Leiterin der Abteilung für Medizinische Psychologie und Medizinische Soziologie der Universität Leipzig.

Rainer Gries, geb. 1958, Historiker und Kommunikationswissenschaftler, Professor für Psychologische und Historische Anthropologie an der Sigmund Freud Privat Universität Wien – Berlin – Paris sowie Inhaber des Franz Vranitzky Chair for European Studies an der Universität Wien.

Renate Huber, geb. 1969, Dr. phil., Historikerin und Kulturwissenschaftlerin, arbeitet als Trainerin im Bereich Interkulturelle Kompetenz / diversity / Umgang mit Vielfalt und als Coach mit systemischem Ansatz in eigener Praxis in Dornbirn.

Marie Kaiser, geb. 1982, Diplompsychologin und wissenschaftliche Mitarbeiterin an der Abteilung für Medizinische Psychologie und Medizinische Soziologie der Universität Leipzig.

Elke Kleinau, geb. 1954, Professorin für Historische Bildungsforschung mit dem Schwerpunkt Frauen- und Geschlechtergeschichte an der Universität zu Köln.

Marion Krammer, geb. 1980, Mag. phil., Kommunikationshistorikerin und FWF-Projektmitarbeiterin am Institut für Publizistik- und Kommunikationswissenschaft der Universität Wien.

Philipp Kuwert, geb. 1969, Privatdozent, Facharzt für Psychiatrie, Psychosomatische Medizin und Psychotherapie sowie Leiter der Abteilung für Psychosomatische Medizin und Psychotherapie an der Klinik für Psychiatrie und Psychotherapie der Universitätsmedizin Greifswald an dem HELIOS Hanseklinikum Stralsund.

Sabine Lee, geb. 1965, Professorin für Geschichte an der University of Birmingham.

Eva Maltschnig, geb. 1987, Sozioökonomin und Doktorandin am Institut für Wirtschafts- und Sozialgeschichte der Wirtschaftsuniversität Wien.

Ingvill C. Mochmann, geb. 1969, Professorin für Internationale Politik und Vizepräsidentin für Forschung an der Cologne Business School sowie Leiterin des European Data Laboratory for Comparative Social Research beim GESIS-Leibniz Institut für Sozialwissenschaften in Köln.

Philipp Rohrbach, geb. 1979, MA, Philipp Rohrbach, geb. 1979, Historiker und wissenschaftlicher Mitarbeiter am Wiener Wiesenthal Institut für Holocaust-Studien (VWI).

Silke Satjukow, geb. 1965, Professorin für die Geschichte der Neuzeit an der Universität Magdeburg.

Karin M. Schmidlechner, geb.1954, Professorin für Zeitgeschichte am Institut für Geschichte der Universität Graz.

Barbara Stelzl-Marx, geb. 1971, Dozentin, Zeithistorikerin und stellvertretende Leiterin des Ludwig Boltzmann-Instituts für Kriegsfolgen-Forschung, Graz – Wien – Raabs.

Niko Wahl, geb. 1974, Mag. Historiker und Kurator.

Autorinnen und Autoren der autobiografischen Texte

Ute Baur-Timmerbrink, geb. 1946 in Oberösterreich, Tochter einer Österreicherin und eines amerikanischen Besatzungssoldaten, engagiert sich seit 2003 ehrenamtlich bei GItrace, wohnhaft in Berlin.

Eleonore Dupuis, geb. 1946 in St. Pölten, Tochter einer Österreicherin und eines sowjetischen Besatzungssoldaten, Pensionistin, wohnhaft in Wien.

Elisabeth F., geb. 1952 im Bezirk Melk, Tochter einer Österreicherin und eines französischen Besatzungssoldaten, pensionierte kaufmännische Angestellte und Hausfrau, wohnhaft im Ennstal in der Steiermark.

Hans-Peter Habura, geb. 1946 in Peine, Sohn einer Deutschen und eines britischen Besatzungssoldaten, Pensionierter Dipl.-Sozialarbeiter, wohnhaft in Grevenbroich in Nordrhein Westfalen.

Reinhard Heninger, geb. 1947 in Ybbs an der Donau, Sohn einer Österreicherin und eines sowjetischen Besatzungssoldaten, Oberschulrat und Vorsitzender der niederösterreichischen Musikvolksschulen im Ruhestand, wohnhaft in Golling.

Helmut Köglberger, geb. 1946 in Sierning, Sohn eines amerikanischen Besatzungssoldaten und einer Österreicherin, ehemaliger Kapitän des österreichischen Fußballnationalteams, Spieler von LASK Linz und Austria Wien, mehrfacher Torschützenkönig der österreichischen Bundesliga sowie einmalig drittbester Torschütze Europas, gewählter Jahrhundertspieler von LASK Linz, wohnhaft in Altenberg bei Linz.

Stefan Köglberger, geb. 1983 in Linz, Sohn von Christina und Helmut Köglberger, Leiter der Fußballakademie „ACAKORO Football" im Slum Korogocho, Nairobi, Kenia.

Michael-Alexander Lauter, geb. 1947 in Bitterfeld, Sohn einer Deutschen und eines sowjetisch-jüdischen Besatzungssoldaten, pensionierter und tätiger Selbstständiger, wohnhaft in Leipzig.

Michael Martin, geb. 1947 in Baden-Baden, Dr. phil., Sohn einer Deutschen und eines sowjetischen Besatzungssoldaten, Archivar außer Dienst, wohnhaft in Landau in der Pfalz.

Lucia Ofner, geb. 1946 in Wagna bei Leibnitz, Tochter einer Österreicherin und eines britischen Besatzungssoldaten, pensionierte Gesunden- und Krankenschwester, wohnhaft in Judenburg.

Emilie Romanik, geb. 1925 in Wien, brachte 1947 aus einer Beziehung mit einem sowjetischen Besatzungssoldaten die gemeinsame Tochter, Tatjana Herbst (geb. Romanik), in Aspern auf die Welt, verstorben 2014 in Wien.

Gitta Rupp, geb. 1946 in Graz, Tochter einer Österreicherin und eines britischen Besatzungssoldaten, Lehrerin im Ruhestand, Bio-Weinbäuerin sowie diplomierte Sozial- und Lebensberaterin, wohnhaft in Ehrenhausen.

Inge Schnabl, geb. 1946 im Burgenland, Tochter einer Österreicherin und eines sowjetischen Besatzungssoldaten, pensionierte Fremdsprachenlehrerin, wohnhaft in der Nähe von Zürich.

Maria Silberstein, geb. 1947 in Neckenmarkt, Tochter einer Österreicherin und eines sowjetischen Besatzungssoldaten, Trafikantin im Ruhestand, wohnhaft in Wien.

böhlau

HELMUT KONRAD, GERHARD BOTZ,
STEFAN KARNER, SIEGFRIED MATTL (HG.)
TERROR UND GESCHICHTE
VERÖFFENTLICHUNGEN DES CLUSTER
GESCHICHTE DER LUDWIG BOLTZMANN
GESELLSCHAFT, BAND 2

Krieg und Gewalt prägten die Entwicklung Europas und der Welt im 20. Jahrhundert ganz wesentlich. Einen zentralen Stellenwert nimmt dabei der Umgang mit dem Erlebten und Erzählten ein, stellen Traumatisierungen von einzelnen Personen und ganzen Gruppen Gesellschaften doch immer wieder vor Herausforderungen – in der Vergangenheit, aber auch in der Gegenwart. In diesem Band präsentieren nicht nur HistorikerInnen, sondern auch Politikwissenschafterlnnen, PsychologInnen und VertreterInnen anderer Fächer Ergebnisse aktueller Forschungen. Darin werden nicht nur Gewalt- und Terrorerfahrungen thematisiert, die durch die beiden Weltkriege des 20. Jahrhunderts verursacht wurden, sondern viele unterschiedliche Formen des Terrors, etwa im Umfeld der Revolution in Ungarn 1919, in NS-Konzentrationslagern, in der Sowjetunion oder im Kambodscha der Roten Khmer.

2012. 265 S. 40 S/W-ABB. BR. 170 X 240 MM.
ISBN 978-3-205-78559-0

BÖHLAU VERLAG, WIESINGERSTRASSE 1, 1010 WIEN. T : +43 (0) 1 330 24 27-0
BOEHLAU@BOEHLAU.AT, WWW.BOEHLAU-VERLAG.COM | WIEN KÖLN WEIMAR

KRIEGSFOLGEN-FORSCHUNG

HERAUSGEGEBEN VON STEFAN KARNER

NICHT AUFGEFÜHRTE BÄNDE
SIND VERGRIFFEN.

BD. 1 | STEFAN KARNER
IM ARCHIPEL GUPVI
KRIEGSGEFANGENENSCHAFT UND
INTERNIERUNG IN DER SOWJETUNION
1941–1956
1995. 272 S. GB.
ISBN 978-3-7029-0399-2

BD. 2 | PAVEL POLIAN
DEPORTIERT NACH HAUSE
SOWJETISCHE KRIEGSGEFANGENE
IM „DRITTEN REICH" UND IHRE
REPATRIIERUNG
2001. 224 S. BR.
ISBN 978-3-7029-0450-0

BD. 3 | HUBERT SPECKNER
IN DER GEWALT DES FEINDES
KRIEGSGEFANGENENLAGER IN DER
„OSTMARK" 1939 BIS 1945
2003. 354 S. BR.
ISBN 978-3-7029-0471-5

BD. 5 | STEFAN KARNER,
BARBARA STELZL-MARX (HG.)
STALINS LETZTE OPFER
VERSCHLEPPTE UND ERSCHOSSENE
ÖSTERREICHER IN MOSKAU 1950–1953
2009. 676 S. ZAHLR. S/W-ABB. BR.
ISBN 978-3-205-78281-0

BD. 6 | BARBARA STELZL-MARX
STALINS SOLDATEN IN ÖSTERREICH
DIE INNENSICHT DER SOWJETISCHEN
BESATZUNG 1945–1955
2012. 865 S. 128 S/W-ABB. UND 8 TAB. BR.
ISBN 978-3-205-78700-6

BD. 7 | BARBARA STELZL-MARX,
SILKE SATJUKOW (HG.)
BESATZUNGSKINDER
DIE NACHKOMMEN ALLIIERTER
SOLDATEN IN ÖSTERREICH UND
DEUTSCHLAND
2015. 538 S. 94 S/W-ABB. UND 3 TAB. GB.
ISBN 978-3-205-79657-2

BD. 8 | STEFAN KARNER,
ALEXANDER O. TSCHUBARJAN (HG.)
DIE MOSKAUER DEKLARATION 1943
„ÖSTERREICH WIEDER HERSTELLEN"
2015. 296 S. 30 S/W-ABB. BR.
ISBN 978-3-205-79689-3

BÖHLAU VERLAG, WIESINGERSTRASSE 1, A-1010 WIEN, T:+43 1 330 24 27-0
INFO@BOEHLAU-VERLAG.COM, WWW.BOEHLAU-VERLAG.COM | WIEN KÖLN WEIMAR